[Wissen für die Praxis]

WALHALLA Kurzkommentare
Alle Sozialgesetzbücher SGB I bis SGB XII

SGB I
Allgemeiner Teil des Sozialgesetzbuches
ISBN 978-3-8029-7290-4

SGB II
Grundsicherung für Arbeitsuchende
ISBN 978-3-8029-7292-8

SGB III
Arbeitsförderung – Arbeitslosengeld I
ISBN 978-3-8029-7307-9

SGB IV
Gemeinsame Vorschriften für die Sozialversicherung
ISBN 978-3-8029-7304-8

SGB V
Gesetzliche Krankenversicherung
ISBN 978-3-8029-7297-3

SGB VI
Gesetzliche Rentenversicherung
ISBN 978-3-8029-7201-0

SGB VII
Gesetzliche Unfallversicherung
ISBN 978-3-8029-7296-6

SGB VIII
Kinder- und Jugendhilfe
ISBN 978-3-8029-7294-2

SGB IX
Rehabilitation und Teilhabe von Menschen mit Behinderungen
ISBN 978-3-8029-7293-5

SGB X
Verwaltungsverfahren und Datenschutz
ISBN 978-3-8029-7298-8

SGB XI
Soziale Pflegeversicherung
ISBN 978-3-8029-7305-5

SGB XII – Sozialhilfe
Grundsicherung im Alter und bei Erwerbsminderung
ISBN 978-3-8029-7291-1

Wir freuen uns über Ihr Interesse an diesem Buch. Gerne stellen wir Ihnen zusätzliche Informationen zu diesem Programmsegment zur Verfügung.
Bitte sprechen Sie uns an:
E-Mail: WALHALLA@WALHALLA.de
http://www.WALHALLA.de
Walhalla Fachverlag · Haus an der Eisernen Brücke · 93042 Regensburg
Telefon 09 41/56 84-0 · Telefax 09 41/56 84-1 11

Horst Marburger

SGB VI
Gesetzliche Rentenversicherung

Vorschriften und Verordnungen
Mit praxisorientierter Einführung

11., aktualisierte Auflage

WALHALLA Rechtshilfen

Bibliografische Information der Deutschen Nationalbibliothek
Die Deutsche Nationalbibliothek verzeichnet diese Publikation in der Deutschen Nationalbibliografie; detaillierte bibliografische Daten sind im Internet über http://dnb.dnb.de abrufbar.

Zitiervorschlag:
Horst Marburger, SGB VI – Gesetzliche Rentenversicherung
Walhalla Fachverlag, Regensburg 2018

Hinweis: Unsere Werke sind stets bemüht, Sie nach bestem Wissen zu informieren. Alle Angaben in diesem Buch sind sorgfältig zusammengetragen und geprüft. Durch Neuerungen in der Gesetzgebung, Rechtsprechung sowie durch den Zeitablauf ergeben sich zwangsläufig Änderungen. Bitte haben Sie deshalb Verständnis dafür, dass wir für die Vollständigkeit und Richtigket des Inhalts keine Haftung übenehmen.
Bearbeitungsstand: Juli 2018

11., aktualisierte Auflage

© Walhalla u. Praetoria Verlag GmbH & Co. KG, Regensburg
Alle Rechte, insbesondere das Recht der Vervielfältigung und Verbreitung sowie der Übersetzung, vorbehalten. Kein Teil des Werkes darf in irgendeiner Form (durch Fotokopie, Datenübertragung oder ein anderes Verfahren) ohne schriftliche Genehmigung des Verlages reproduziert oder unter Verwendung elektronischer Systeme gespeichert, verarbeitet, vervielfältigt oder verbreitet werden.
Produktion: Walhalla Fachverlag, 93042 Regensburg
Druck und Bindung: Kessler Druck + Medien GmbH & Co. KG
Printed in Germany
ISBN 978-3-8029-7201-0

Schnellübersicht

Rentenansprüche richtig beurteilen	7
Abkürzungen	9

1

Einführung	11

2

Gesetzliche Grundlagen – einschließlich Anlagen zum SGB VI	47

3

Stichwortverzeichnis	325

4

Rentenansprüche richtig beurteilen

Die gesetzliche Rentenversicherung ist nach wie vor der wichtigste Pfeiler der Alterssicherung. In Anbetracht der demografischen Bevölkerungsentwicklung ist sie seit einigen Jahren gravierenden Änderungen unterworfen.

Zur Absicherung der zukünftigen Rente wurde insbesondere das gesetzliche Renteneintrittsalter von bisher 65 auf 67 Jahre angehoben. Wer früher Rente beziehen möchte, muss mit einer entsprechenden Kürzung seiner Rente rechnen. Als Ausnahme von diesem Grundsatz sieht das Gesetz über Leistungsverbesserungen in der gesetzlichen Rentenversicherung (RV-Leistungsverbesserungsgesetz) seit 1. 7. 2014 den Anspruch auf die abschlagsfreie Rente mit 63 vor. Voraussetzung ist, dass 45 Jahre Versicherungszeiten vorliegen.

Das genannte Gesetz enthält zudem weitere wichtige Leistungsverbesserungen:

- Mütterrente
- Erwerbsminderungsrente
- Reha-Budget

Nach dem RV-Leistungsverbesserungsgesetz sind zahlreiche weitere Änderungsgesetze in Kraft getreten. Die drei wichtigsten sind zunächst das Zweite Pflegestärkungsgesetz (PSG II) vom 21. 12. 2015, das Gesetz zur Neuordnung des Rechts der Syndikusanwälte und zur Änderung der Finanzgerichtsordnung, ebenfalls vom 21. 12. 2015 und das Flexirentengesetz vom 6. 12. 2016.

Das PSG II berührt das Recht der rentenversicherten Personen, die ehrenamtlich andere pflegen. Insbesondere geht es um die beitragspflichtigen Einnahmen, aus denen die Pflegekassen die Beiträge zahlen. Für die spätere Rentenberechnung sind diese Werte natürlich enorm wichtig. Die seit 1. 1. 2017 neue Berechnungsmethode unterscheidet sich wesentlich vom bisherigen Recht.

Das Bundessozialgericht hat Syndikusanwälte nicht mehr als Rechtsanwälte im Sinne des § 6 SGB VI angesehen. Die Änderung der Bundesrechtsanwalts- sowie der Patentanwaltsordnung stellt nun sicher, dass seit dem 1. 1. 2016 eine Befreiung bei Zugehörigkeit zu einer berufsständischen Versorgungseinrichtung möglich ist.

Das Gesetz zur Flexibilisierung des Übergangs vom Erwerbsleben in den Ruhestand und zur Stärkung von Prävention und Rehabilitation im Erwerbsleben (Flexirentengesetz) vom 6. 12. 2016 hat das SGB VI in wesentlichen Bereichen geändert. Die Änderungen sind zu unterschiedlichen Zeitpunkten in Kraft getreten. Die Vorschriften über Prävention und Rehabilitation gelten seit 14. 12. 2016, die anderen Bestimmungen seit 1. 1. 2017, zum Teil erst seit 1. 7. 2017.

1 Das Rentenüberleitungs-Abschlussgesetz vom 17. 7. 2017 soll die abweichenden Regelungen im Osten Deutschlands beenden. Hier wird beispielsweise vorgesehen, dass der Rentenwert Ost nur noch bis 30. 6. 20124 existiert. Danach gibt es nur einen einheitlichen Rentenwert für ganz Deutschland. Damit ist dann ein in Ost und West identisches Rentenrecht vorhanden. Das Rentenüberleitungs-Abschlussgesetz tritt zu verschiedenen Zeitpunkten in Kraft. Soweit Änderungen seit 1. 1. 2018 bzw. 1. 7. 2018 gelten, sind sie in den Gesetzestext eingearbeitet.

Das Gleiche gilt für das Gesetz zur Verbesserung der Leistungen bei Renten wegen verminderter Erwerbsunfähigkeit und zur Änderung anderer Gesetzes (EM-Leistungsverbesserungsgesetz) vom 17. 7. 2017. Hier geht es u. a. um Verbesserungen im Zusammenhang mit der Zurechnungszeit.

Die große Koalition plant weitere Änderungen im Rentenversicherungsrecht ab 1. 1. 2019, die wir in der nächsten Ausgabe berücksichtigen werden.

Vor dem Hintergrund der enorm lebendigen Gesetzgebung ist es hilfreich, auf eine Textausgabe zurückgreifen zu können, die nicht nur die Vorschriften beinhaltet, sondern darüber hinaus in einer einführenden Erläuterung einen praxisorientierten Überblick über die wichtigsten Regelungen vermittelt.

Horst Marburger

Abkürzungen

Abs.	Absatz
Art.	Artikel
ber.	berichtigt
BGBl.	Bundesgesetzblatt
f., ff.	folgende
GRV	Gesetzliche Rentenversicherung
Nr.	Nummer
PSG II	Pflegestärkungsgesetz II
S.	Seite
SGB	Sozialgesetzbuch
SGB I	Sozialgesetzbuch – Erstes Buch (Allgemeiner Teil)
SGB V	Sozialgesetzbuch – Fünftes Buch (Gesetzliche Krankenversicherung)
SGB VI	Sozialgesetzbuch – Sechstes Buch (Gesetzliche Rentenversicherung)
SGB IX	Sozialgesetzbuch – Neuntes Buch (Rehabilitation und Teilhabe von Menschen mit Behinderungen)
VAStrRefG	Gesetz zur Strukturreform des Versorgungsausgleichs
vgl.	vergleiche

2 Einführung

Grundsätze der gesetzlichen Rentenversicherung 13
Versicherter Personenkreis 13
Vorrang von Rehabilitation 17
Rentenansprüche 20
Rentenbeginn bei Rente wegen Alters 34
Rentenanpassung 39
Finanzierung 42
Sonderregelungen 45

Einführung

Grundsätze der gesetzlichen Rentenversicherung

Die gesetzliche Rentenversicherung (GRV) ist einer der wichtigsten Versicherungszweige, soll sie doch die Alterssicherung der Versicherten – insbesondere der Arbeitnehmer – gewährleisten. Hier werden immer wieder Zweifel laut, ob dies künftig überhaupt noch möglich sei. Nach wie vor ist die gesetzliche Rentenversicherung aber zweifellos der wichtigste Pfeiler der Alterssicherung in der Bundesrepublik. Im Wesentlichen wird sie über ein Umlageverfahren finanziert, das heißt die derzeit einbezahlten Beiträge der Arbeitnehmer dienen der Rentenzahlung der jetzigen Rentner und Rentnerinnen.

Der Gesetzgeber will allerdings, dass zusätzlich zur gesetzlichen Versicherung eine private Absicherung vorgenommen wird.

Ursprünglich bestand die gesetzliche Rentenversicherung aus mehreren getrennten Versicherungszweigen, die in verschiedenen Gesetzen geregelt wurden. Dies hat sich grundlegend geändert. Nunmehr wird die gesamte gesetzliche Rentenversicherung im Sozialgesetzbuch – Sechstes Buch (SGB VI) geregelt. Das gilt für die allgemeine Rentenversicherung (früher: Rentenversicherung der Arbeiter und Rentenversicherung der Angestellten) sowie für die knappschaftliche Rentenversicherung (Versicherung der Bergleute). Lediglich die Alterssicherung der selbstständigen Landwirte ist in einem gesonderten Gesetz geregelt.

Versicherter Personenkreis

Die gesetzliche Rentenversicherung ist in erster Linie eine Versicherung der Arbeitnehmer. Allerdings sind im Laufe der Zeit weitere Personengruppen hinzugekommen, die der Gesetzgeber für entsprechend schutzwürdig hielt.

Rechtsgrundlage hierzu ist § 1 SGB VI. Dort wird zunächst vorgesehen, dass Personen versicherungspflichtig sind, die gegen Arbeitsentgelt oder zu ihrer Berufsausbildung beschäftigt werden. Während des Bezugs von Kurzarbeitergeld besteht die Versicherungspflicht fort.

Wichtig: Auch deutsche Arbeitnehmer und Auszubildende, die im Ausland beschäftigt sind, bleiben Mitglied in der GRV. Die Beschäftigung muss bei einer amtlichen Vertretung des Bundes oder der Länder oder bei deren Leitern, deutschen Mitgliedern oder Bediensteten stattfinden.

Von der Versicherungspflicht werden unter bestimmten Voraussetzungen auch behinderte Menschen erfasst.

Im Gegensatz zur Kranken- und Pflegeversicherung unterliegen auch bestimmte selbständig Tätige der Versicherungspflicht (§ 2 SGB VI). Dies betrifft beispielsweise Lehrer und Erzieher, die im Zusammenhang mit ihrer selbstständigen Tätigkeit regelmäßig keinen versicherungspflichtigen Arbeitnehmer beschäftigen. Angesprochen sind auch Hebammen und Entbindungspfleger sowie in die Handwerksrolle eingetragene Gewerbetreibende.

Als sonstige Versicherte bezeichnet § 3 SGB VI beispielsweise Personen in der Zeit, für die ihnen Kindererziehungszeiten anzurechnen sind (beachten Sie dazu die Ausführungen zum Thema „Beitragszeiten").

Wichtig: Personen, die einen Pflegebedürftigen nicht erwerbsmäßig pflegen, unterliegen ebenfalls der Pflichtversicherung.

Seit 1. 1. 2017 besteht Versicherungspflicht für Personen in der Zeit, in der sie eine oder mehrere pflegebedürftige Personen mit mindestens Pflegegrad 2 wenigstens zehn Stunden wöchtlich, verteilt auf regelmäßig mindestens zwei Tage in der Woche, in ihrer häuslichen Umgebung nicht erwerbsmäßig pflegen. Das Gesetz spricht hier von nicht erwerbsmäßig tätigen Pflegepersonen. Voraussetzung ist, dass der Pflegebedürftige Anspruch auf Leistungen aus der sozialen Pflegeversicherung oder einer privaten Pflege-Pflichtversicherung hat.

Versicherungspflicht besteht ferner für Empfänger von Entgeltersatzleistungen. Dabei handelt es sich um Personen, die von einem Leistungsträger Krankengeld, Verletztengeld, Versorgungskrankengeld, Übergangsgeld oder Arbeitslosengeld beziehen. Versicherungspflichtig sind unter bestimmten Voraussetzungen auch Spender von Organen oder Geweben.

Voraussetzung ist allerdings, dass sie im letzten Jahr vor Leistungsbeginn versicherungspflichtig waren. Ist diese Voraussetzung nicht erfüllt, können die Betreffenden die Versicherungspflicht beantragen (§ 4 SGB VI).

Auf Antrag versicherungspflichtig sind zudem Personen, die nicht nur vorübergehend selbstständig tätig sind. Voraussetzung ist, dass sie die Versicherungspflicht innerhalb von fünf Jahren nach der Aufnahme der selbstständigen Tätigkeit oder dem Ende einer Versicherungspflicht aufgrund dieser Tätigkeit beantragen.

Die Versicherungspflicht der Bezieher von Arbeitslosengeld II ist zum 1. 1. 2011 entfallen. Die entsprechenden Zeiten werden seitdem als Anrechnungszeiten berücksichtigt.

Versicherungsfreiheit

§ 5 SGB VI sieht die Versicherungsfreiheit von Personen vor, die nach Ansicht des Gesetzgebers nicht des Versicherungsschutzes bedürfen. Insbesondere handelt es sich dabei um Beamte und Richter auf Lebenszeit, auf Zeit oder auf Probe. Ferner sind Berufs- und Zeitsoldaten sowie Beamte auf Widerruf im Vorbereitungsdienst betroffen.

Die Versicherungsfreiheit gilt aber beispielsweise auch für sonstige Beschäftigte von Körperschaften, Anstalten oder Stiftungen, wenn ihnen nach beamtenrechtlichen Vorschriften oder Grundsätzen Anwartschaft auf Versorgung gewährleistet ist. Angesprochen sind auch kirchenrechtliche Regelungen.

Die Versicherungsfreiheit besteht in der jeweiligen Beschäftigung sowie in weiteren Beschäftigungen, auf die die Gewährleistung einer Versorgungsanwartschaft erstreckt wird.

Versicherungsfrei sind zudem Personen in einer

- geringfügigen kurzfristigen Beschäftigung,
- geringfügigen selbstständigen Tätigkeit sowie in einer
- geringfügigen nicht erwerbsmäßigen Pflegetätigkeit.

In der Rentenversicherung sind geringfügig entlohnte Beschäftigte (450-Euro-Kräfte) zunächst versicherungspflichtig, können aber bei ihrem Arbeitgeber die Befreiung von der Versicherungspflicht beantragen (Regelfall). Der Arbeitgeber verständigt hiervon die Einzugsstelle mittels einer Meldung. Diese kann widersprechen, wenn beispielsweise weitere geringfügige Beschäftigungsverhältnisse festgestellt werden, die zusammengerechnet zur Versicherungspflicht führen.

In diesem Zusammenhang ist zu beachten, dass eine nicht erwerbsmäßige Pflegetätigkeit geringfügig ist, wenn die Beitragsbemessungsgrundlage für die Pflegetätigkeit auf den Monat bezogen 400 Euro nicht übersteigt. Die Geringfügigkeitsgrenze (sog. 450-Euro-Grenze) gilt hier nicht. Dabei sind mehrere nicht erwerbsmäßige Pflegetätigkeiten zusammenzurechnen.

Versicherungsfrei sind auch Personen, die während der Dauer eines Studiums ein Praktikum ableisten, das in ihrer Studien- oder Prüfungsordnung vorgeschrieben ist. Hier liegt ein wesentlicher Unterschied zur Kranken- und Pflegeversicherung sowie zur Arbeitslosenversicherung vor. Dort genügt es für die Versicherungsfreiheit, wenn das Studium im Vordergrund steht, die Beschäftigung somit 20 Stunden in der Woche nicht übersteigt.

§ 5 Abs. 4 SGB VI sieht die Versicherungsfreiheit von Personen vor, die nach Ablauf des Monats, in dem die Regelaltersgrenze erreicht wurde, eine Vollrente wegen Alters beziehen oder beispielsweise nach beamtenrechtlichen Bestimmungen eine Versorgung erhalten. Da der Gesetzgeber aber vermeiden wollte, dass bevorzugt solche Personen eingestellt werden, hat er vorgeschrieben, dass die Arbeitgeber ihren Beitragsanteil zu entrichten haben (§ 172 SGB VI).

Die Versicherungsfreiheit für die zuerst angesprochenen Rentenbezieher gilt allerdings nicht für Beschäftigte in einer Beschäftigung, in der sie durch schriftliche Erklärung gegenüber dem Arbeitgeber auf die Versicherungsfreiheit verzichten. Der Verzicht kann nur mit Wirkung für die Zukunft erklärt werden und ist für die Dauer der Beschäftigung bindend. Vorstehendes gilt entsprechend für selbstständig Tätige, die den Verzicht gegenüber dem zuständigen Rentenversicherungsträger erklären.

Befreiung von der Versicherungspflicht

Die Möglichkeit, sich auf Antrag von der Versicherungspflicht befreien zu lassen, sieht § 6 SGB VI vor. Dabei geht es in erster Linie um Personen, die Mitglied einer Versicherungs- oder Versorgungseinrichtung ihrer

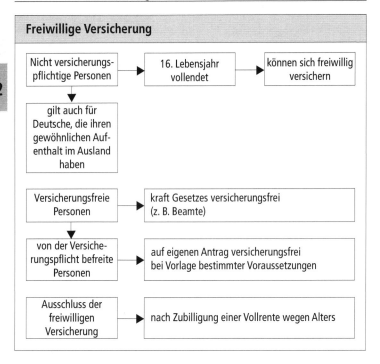

Berufsgruppe sind. Die Voraussetzungen werden im Einzelnen in § 6 Abs. 1 SGB VI geregelt.

Seit 1. 1. 2017 bestimmt § 7 Abs. 2 SGB VI, dass nach bindender Bewilligung einer Vollrente wegen Alters oder für Zeiten des Bezugs einer solchen Rente eine freiwillige Versicherung nicht zulässig ist. Voraussetzung ist, dass der Monat abgelaufen ist, in dem die Regelaltersgrenze erreicht wurde.

Nachversicherung

Es wurde bereits erwähnt, dass beispielsweise Beamte oder Richter versicherungsfrei sind. In der Praxis kommt es aber immer wieder vor, dass solche Personen aus ihrem Dienstverhältnis ausscheiden, ohne Anspruch auf die „übliche" Versorgung zu haben. Insbesondere geht es hier um den Wechsel vom öffentlichen Dienst in die Privatwirtschaft.

Für solche Fälle sieht § 8 SGB VI vor, dass eine Nachversicherung durchzuführen ist.

Die Nachversicherung erstreckt sich auf den Zeitraum, in dem die Versicherungsfreiheit oder die Befreiung von der Versicherungspflicht vorgelegen hat (Nachversicherungszeitraum). Allerdings erfolgt bei einem

Ausscheiden durch Tod eine Nachversicherung nur dann, wenn ein Anspruch auf Hinterbliebenenrente (beachten Sie dazu bitte die nachfolgenden Ausführungen) geltend gemacht wird.

Die Beiträge sind hier von den Arbeitgebern allein zu tragen (§ 181 Abs. 5 SGB VI).

Leistungen der gesetzlichen Rentenversicherung

- Regelaltersrenten
- Altersrenten für langjährig Versicherte
- Altersrenten für besonders langjährig Versicherte ohne Abschlag
- Altersrenten für schwerbehinderte Versicherte
- Altersrenten wegen Arbeitslosigkeit
- Renten für Erwerbsgeminderte (sog. Frührenten)
- Renten von Todes wegen (Witwer-, Witwenrenten, Waisenrenten, Erziehungsrenten)
- Leistungen für Kindererziehung
- Leistungen aus Höherversicherungsbeiträgen
- Zusatzleistungen nach dem Rentenüberleitungsgesetz
- Leistungen aus überführten Zusatz- und Sonderversorgungssystemen
- Erstattungen an die Deutsche Rentenversicherung Knappschaft-Bahn-See und die Träger der Unfallversicherung
- Leistungen zur medizinischen Rehabilitation, Leistungen zur Teilhabe am Arbeitsleben sowie ergänzende Leistungen
- Krankenversicherung der Rentner
- Finanzausgleichszahlungen
- Kosten des Sozialmedizinischen Dienstes
- Personal- und Verwaltungskosten

Vorrang von Rehabilitation

Gemäß § 9 Abs. 1 SGB VI erbringt die Rentenversicherung zur Wiederherstellung der Erwerbsfähigkeit von Berufstätigen Leistungen zur

- medizinischen Rehabilitation,
- Teilhabe am Arbeitsleben sowie
- ergänzende Leistungen.

Wichtig: Ziel des Gesetzgebers ist es, die Erwerbsfähigkeit der Versicherten möglichst lange zu erhalten, so dass die Auszahlung einer Rentenleistung auf einen späteren Zeitpunkt verschoben werden kann.

Hierzu werden persönliche (§ 10 SGB VI) und versicherungsrechtliche (§ 11 SGB VI) Voraussetzungen gefordert.

§ 11 Abs. 2 SGB VI regelt die versicherungsrechtlichen Voraussetzungen für die Gewährung von Leistungen zur Prävention und zur medizinischen Rehabilitation.

An und für sich wird als Voraussetzung für die Leistungen zur Teilhabe eine Wartezeit von 15 Jahren verlangt. Für die medizinische Rehabilitation reicht es aber aus, wenn die Betreffenden in den letzten zwei Jahren vor der Antragstellung sechs Kalendermonate Pflichtbeiträge für eine versicherte Beschäftigung oder Tätigkeit haben.

Seit 14. 12. 2016 wird in § 11 Abs. 2 SGB VI auch bestimmt, dass für die Leistungen nach § 15a SGB VI an Kinder von Versicherten die versicherungsrechtlichen Voraussetzungen erfüllt sind, wenn der Versicherte die allgemeine Wartezeit oder die sonstigen versicherungsrechtlichen Voraussetzungen für die Leistungen zur Teilhabe erfüllt hat.

§ 15a SGB VI beschäftigt sich mit Leistungen zur Kinderrehabilitation. Seit 14. 12. 2016 erbringen die Träger der Rentenversicherungen Leistungen zur medizinischen Rehabilitation für Kinder von Versicherten sowie für Kinder von Beziehern einer Rente wegen Alters oder verminderter Erwerbsfähigkeit und für Kinder, die eine Waisenrente beziehen. Voraussetzung ist, dass hierdurch eine erhebliche Gefährdung der Gesundheit beseitigt oder die insbesondere durch chronische Erkrankungen beeinträchtigte Gesundheit wesentlich verbessert oder wiederhergestellt werden und dies Einfluss auf die spätere Erwerbstätigkeit hat.

Im Übrigen haben Kinder Anspruch auf Mitnahme einer Begleitperson, wenn diese für die Durchführung oder den Erfolg der Leistung zur Kinderrehabilitation oder die Einbeziehung der Familie in den Rehabilitationsprozess notwendig ist. Außerdem sind Leistungen zur Nachsorge zu erbringen, wenn sie zur Sicherung der Rehabilitationsleistungen erforderlich sind.

Diese Nachsorgeleistungen regelt seit 14. 12. 2016 § 17 SGB VI; diese werden von den Rentenversicherungsträgern im Anschluss an eine Leistung zur Teilhabe erbracht. Voraussetzung ist, dass sie erforderlich sind, um den Erfolg der vorangegangenen Leistung zur Teilhabe zu sichern. Das Gesetz spricht hier von Leistungen zur Nachsorge. Diese Leistungen können zeitlich begrenzt werden.

Es reicht im Übrigen auch aus, wenn innerhalb von zwei Jahren nach Beendigung einer Ausbildung eine versicherte Beschäftigung oder Tätigkeit aufgenommen und bis zum Leistungsantrag ausgeübt wurde.

§ 12 SGB VI beschäftigt sich mit dem Ausschluss von Leistungen zur Teilhabe. Beispielsweise sind hier Personen ausgeschlossen, die eine Rente wegen Alters von mindestens zwei Dritteln der Vollrente beziehen oder beantragt haben.

In diesem Zusammenhang sind die sogenannten sonstigen Leistungen des § 31 SGB VI zu beachten. Seit 1. 1. 2017 können als sonstige Leistungen zur Teilhabe erbracht werden:

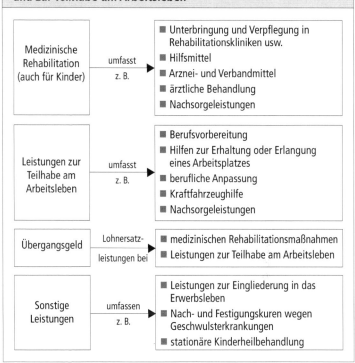

- Leistungen zur Eingliederung von Versicherten in das Erwerbsleben, die von sonstigen Vorschriften nicht umfasst werden
- Leistungen zur onkologischen Nachsorge für Versicherte, Bezieher einer Rente und ihre jeweiligen Angehörigen
- Zuwendungen für Einrichtungen, die auf dem Gebiet der Rehabilitation forschen oder die Rehabilitation fördern

Die Versicherungsträger können die Leistungen des § 31 SGB VI gewähren. Das bedeutet, dass es sich hier um sogenannte Ermessensleistungen handelt. Die Versicherungsträger haben im Rahmen ihres pflichtgemäßen Ermessens zu entscheiden, ob sie die Leistungen erbringen wollen.

Um eine Gleichbehandlung aller Versicherten zu erreichen, bestehen hierzu Richtlinien bei den Rentenversicherungsträgern.

Zu erwähnen ist insbesondere noch, dass beispielsweise Heilbehandlungsmaßnahmen für Kinder, aber auch für Bezieher von Altersrenten erbracht werden können.

Seit 25. 7. 2015 beteiligen sich die Rentenversicherungsträger an der Nationalen Präventionsstrategie, wie sie in der gesetzlichen Krankenversicherung vorgeschrieben ist.

Für die Gewährung von Leistungen zur Teilhabe sind nicht nur Vorschriften des SGB VI, sondern auch des Sozialgesetzbuchs – Neuntes Buch (SGB IX) zu beachten.

§ 32 SGB VI behandelt die Zuzahlung bei Leistungen zur medizinischen Rehabilitation nach § 15 SGB VI und bei sonstigen Leistungen. Es wird hierbei auf das Recht der Krankenversicherung verwiesen. Dies bedeutet, dass kalendertäglich 10 Euro zu zahlen sind. Die Zuzahlung ist für längstens 14 Tage zu leisten, wenn der unmittelbare Anschluss der stationären Heilbehandlung an eine Krankenhausbehandlung medizinisch notwendig ist (Anschlussrehabilitation). Als unmittelbar gilt auch, wenn die Maßnahme innerhalb von 14 Tagen beginnt, es sei denn, die Einhaltung dieser Frist ist aus zwingenden tatsächlichen oder medizinischen Gründen nicht möglich.

Dabei ist eine innerhalb eines Kalenderjahres an einen Träger der gesetzlichen Krankenversicherung geleistete Zuzahlung anzurechnen.

Leistungsverbesserungen beim Reha-Budget

Für Leistungen zur medizinischen und beruflichen Rehabilitation stehen den Trägern der gesetzlichen Rentenversicherung begrenzte Mittel zur Verfügung, das sogenannte Reha-Budget, das jährlich neu festgesetzt wird und bislang nur an die voraussichtliche Entwicklung der Bruttolöhne und -gehälter je Arbeitnehmer angepasst wurde.

Das RV-Leistungsverbesserungsgesetz brachte hier erhebliche Leistungsverbesserungen. Das Reha-Budget wurde an die Bevölkerungsentwicklung angepasst. Rückwirkend zum 1. 1. 2014 wurde das jährliche Reha-Budget dadurch um rund 100 Mio. Euro erhöht. Diese zusätzliche Erhöhung steigt auf bis zu 233 Mio. Euro im Jahr 2017. Danach wird die Erhöhung wieder abgebaut, bis die geburtenstarken Jahrgänge in Rente gegangen sind.

Rentenansprüche

Rentenarten

Nach § 33 Abs. 1 SGB VI werden Renten geleistet wegen:

- Alters
- verminderter Erwerbsfähigkeit
- Todes

Rentenarten

Renten wegen Alters	Renten wegen verminderter Erwerbsfähigkeit	Renten wegen Todes
Regelaltersrente	Rente wegen teilweiser Erwerbsminderung	Kleine Witwen- oder Witwerrente
Altersrente für langjährig Versicherte	Rente wegen voller Erwerbsminderung	Große Witwen- oder Witwerrente
Altersrente für besonders langjährig Versicherte ohne Abschlag	Rente für Bergleute	Erziehungsrente
Altersrente für schwerbehinderte Menschen	Rente wegen Berufsunfähigkeit	Waisenrente
Altersrente für Frauen	Rente wegen Erwerbsunfähigkeit	Halbwaisenrente / Vollwaisenrente
Altersrente wegen Arbeitslosigkeit oder nach Altersteilzeit	Rente wegen teilweiser Erwerbsminderung bei Berufsunfähigkeit	
Altersrente für langjährig unter Tage Beschäftigte	außerdem: Knappschaftsausgleichsleistung	

Altersrenten können bezogen werden als:

- Vollrenten
- Teilrenten

Die Teilrente beträgt

- ein Drittel,
- die Hälfte oder
- zwei Drittel

der erreichten Vollrente.

Arbeiten im Ruhestand

Nach ausdrücklicher Vorschrift in § 42 Abs. 3 SGB VI können Versicherte, die wegen der beabsichtigten Inanspruchnahme einer Teilrente ihre Arbeitsleistung einschränken wollen, von ihrem Arbeitgeber verlangen, dass er mit ihnen die Möglichkeiten einer solchen Einschränkung erörtert. Macht der Versicherte hierzu für seinen Arbeitsbereich Vorschläge, muss der Arbeitgeber diese zwar nicht annehmen, er muss zu ihnen aber Stellung nehmen.

Wichtig in diesem Zusammenhang ist die Kenntnis von § 41 Satz 3 SGB VI: Sieht danach eine Vereinbarung die Beendigung des Arbeitsverhältnisses mit dem Erreichen der Regelaltersgrenze vor, können die Arbeitsvertragsparteien durch Vereinbarung während des Arbeitsverhältnisses den Beendigungszeitpunkt, gegebenenfalls auch mehrfach, hinausschieben.

Viele Rentner wollen zu ihrer Rente noch etwas hinzuverdienen, ohne ihre Rente zu beeinträchtigen. Handelt es sich bei der Rente um eine Teilrente, hat der Gesetzgeber einen gewissen Hinzuverdienst gewissermaßen einkalkuliert.

Seit 1. 7. 2017 gelten hier neue Regelungen. Nach § 34 Abs. 2 SGB VI besteht ab diesem Zeitpunkt Anspruch auf eine Altersrente als Vollrente vor Erreichen der Regelaltersgrenze nur, wenn die kalenderjährliche Hinzuverdienstgrenze von 6.300 Euro (entspricht dem Monatsbetrag von 525 Euro) nicht überschritten wird.

Wird die Hinzuverdienstgrenze überschritten, besteht ein Anspruch auf Teilrente (§ 34 Abs. 3 SGB VI). Die Teilrente wird berechnet, indem ein Zwölftel des die Hinzuverdienstgrenze übersteigenden Betrags zu 40 % von der Vollrente abgezogen wird. Überschreitet der sich dabei ergebende Rentenbetrag zusammen mit einem Zwölftel des kalenderjährlichen Hinzuverdiensts den sogenannten Hinzuverdienstdeckel nach § 34 Abs. 3a SGB VI, wird der überschreitende Betrag von dem sich nach Vorstehendem ergebenden Rentenbetrag abgezogen. Der Rentenanspruch besteht nicht, wenn der von der Rente abzuziehende Hinzuverdienst den Betrag der Vollrente erreicht.

Der erwähnte Hinzuverdienstdeckel wird nach § 34 Abs. 3a SGB VI berechnet, indem die monatliche Bezugsgröße mit den Entgeltpunkten des Kalenderjahres mit den höchsten Entgeltpunkten aus den letzten 15 Kalenderjahren vor Beginn der ersten Rente wegen Alters vervielfältigt wird. Er beträgt mindestens die Summe aus einem Zwölftel von 6.300 Euro (525 Euro) und dem Monatsbetrag der Vollrente. Der Hinzuverdienstdeckel wird jährlich zum 1. 7. neu berechnet.

§ 42 Abs. 2 SGB VI sieht die Möglichkeit vor, eine unabhängig vom Hinzuverdienst errechnete Teilrente zu wählen. Sie beträgt mindestens 10 % der Vollrente und kann höchstens in der Höhe in Anspruch genommen werden, die sich nach Vorstehendem ergibt.

Rentenansprüche | **Gesetzliche Rentenversicherung**

§ 96a SGB VI beschäftigt sich mit der Rente wegen verminderter Erwerbsfähigkeit bei Hinzuverdienst. Dabei wird zwischen einer Rente wegen teilweiser Erwerbsminderungsrente und einer Rente wegen voller Erwerbsminderung unterschieden. In letzterem Fall beträgt die Hinzuverdienstgrenze 6.300 Euro. Sonderregelungen bestehen bei einer Rente für Bergleute.

Die Hinzuverdienstgrenze beträgt bei einer Rente wegen teilweiser Erwerbsminderung das 0,81-fache der jährlichen Bezugsgröße, vervielfältigt mit den Entgeltpunkten des Kalenderjahres mit den höchsten Entgeltpunkten aus den letzten 15 Kalenderjahren vor Eintritt der Erwerbsminderung, mindestens jedoch mit 0,5 Entgeltpunkten (Ergebnis seit 1. 7. 2018: 14.798,70 Euro Jahresbetrag, umgerechnet monatlich: 1.233,23 Euro).

Für die Hinterbliebenenrenten gelten seit 1. 1. 2018 folgende Werte:

	West EUR	Ost EUR
Witwen- und Witwerrenten	822,30	786,79
zuzüglich für jedes Kind	173,77	166,26

Die Hinzuverdienstgrenze wird jährlich zum 1. 7. neu berechnet. Es erfolgt dabei eine Überprüfung der vorausgegangenen Prognose-Berechnung anhand des tatsächlichen Hinzuverdienstes.

Praxis-Tipp:

Im Rahmen des Flexirentengesetzes überprüft die Rentenversicherung zum 1. 7. 2018 erstmals die Hinzuverdienstgrenzen auf Basis des tatsächlichen Hinzuverdienstes. Sollte sich aufgrund des tatsächlichen Hinzuverdienstes gegenüber der Prognoseentscheidung eine abweichende Rentenhöhe ergeben, werden die bisherigen abweichenden Rentenbescheide aufgehoben. War die Rente im vergangenen Jahr zu niedrig, gibt es eine Nachzahlung.

Ergibt sich eine Rentenrückforderung, wird diese von der laufenden Rentenzahlung einbehalten, wenn der Rückforderungsbetrag 200 Euro nicht übersteigt (vgl. § 34a Abs. 3g SGB VI). Zu diesem Vorgehen muss der Rentenbezieher seine Einwilligung geben. Tut er dies nicht, erhält der Rentenbezieher eine Aufforderung, den überzahlten Rentenbetrag an die Rentenkasse zurückzuzahlen.

Wartezeit

Als Voraussetzung für den Rentenanspruch wird unter anderem eine Wartezeit gefordert. Dabei unterscheidet § 50 SGB VI fünf verschiedene Arten von Wartezeiten:

- allgemeine Wartezeit von 5 Jahren
- Wartezeit von 20 Jahren

Wartezeiten

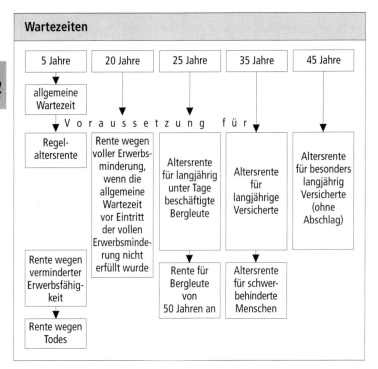

- Wartezeit von 25 Jahren
- Wartezeit von 35 Jahren
- Wartezeit von 45 Jahren

Die allgemeine Wartezeit von fünf Jahren nach § 53 SGB VI ist vorzeitig erfüllt, wenn die Versicherten vermindert erwerbsfähig geworden oder gestorben sind:

- wegen eines Arbeitsunfalls oder einer Berufskrankheit
- wegen einer Wehrdienstbeschädigung nach dem Soldatenversorgungsgesetz als Wehrdienstleistende oder Soldaten auf Zeit
- wegen einer Zivildienstbeschädigung nach dem Zivildienstgesetz als Zivildienstleistende oder
- wegen eines Gewahrsams im Sinne des Häftlingshilfegesetzes

Der erste Aufzählungspunkt findet lediglich für Versicherte Anwendung, die bei Eintritt des Arbeitsunfalls oder der Berufskrankheit versicherungspflichtig waren oder in den letzten zwei Jahren davor mindestens ein Jahr Pflichtbeiträge für eine versicherte Beschäftigung oder Tätigkeit haben. Sonderregelungen gelten in diesem Zusammenhang für die Rente für Bergleute.

Nach § 53 SGB VI ist die allgemeine Wartezeit vorzeitig erfüllt, wenn Versicherte vor Ablauf von sechs Jahren nach Beendigung einer Ausbildung voll erwerbsgemindert oder gestorben sind.

Voraussetzung ist allerdings, dass sie in den letzten zwei Jahren vorher mindestens ein Jahr Pflichtbeiträge für eine versicherte Beschäftigung oder Tätigkeit erworben haben.

Der Zeitraum von zwei Jahren vor Eintritt der vollen Erwerbsminderung oder des Todes verlängert sich um Zeiten einer schulischen Ausbildung nach Vollendung des 17. Lebensjahres bis zu sieben Jahre.

Welche Arten von Zeiten auf die einzelnen Wartezeiten anzurechnen sind, ergibt sich aus § 51 SGB VI. Die bedeutsamsten Zeiten stellen hier sicherlich die Beitragszeiten dar.

Beitragszeiten

Beitragszeiten spielen natürlich nicht nur bei den Wartezeiten, sondern auch bei der Rentenberechnung selbst eine wesentliche Rolle.

Nach § 55 Abs. 2 SGB VI sind Beitragszeiten solche Zeiten, für die nach Bundesrecht

- Pflichtbeiträge oder
- freiwillige Beiträge

gezahlt worden sind.

Pflichtbeitragszeiten sind auch Zeiten, für die Pflichtbeiträge nach besonderen Vorschriften als gezahlt gelten. Dies gilt insbesondere für Kindererziehungszeiten (§ 56 Abs. 1 SGB VI):

- Bei Geburten ab dem Jahr 1992 wird die Erziehungszeit in den ersten drei Lebensjahren berücksichtigt.
- Bei Geburten vor dem 1. 1. 1992 wurden bis 30. 6. 2014 12 Kalendermonate angerechnet. Neu seit 1. 7. 2014: die sogenannte Mütterrente, mit der nun 24 Kalendermonate berücksichtigt werden.

Mit dieser Verbesserung durch das RV-Leistungsverbesserungsgesetz sollte mehr Gerechtigkeit erreicht werden. Allerdings besteht nach wie vor ein erheblicher Unterschied zwischen Frauen, die seit 1992 Kinder bekommen haben bzw. bekommen werden und Frauen, die vor 1992 Kinder geboren haben. Die Verbesserung der Mütterrente führt zu jährlichen Kosten von derzeit rund 6,7 Milliarden Euro. Diese Kosten können – so die Bundesregierung – in den nächsten Jahren ohne Beitragssatzerhöhung in der Rentenversicherung finanziert werden. Ab 2019 beteiligt sich der Bund mit zusätzlichen Mitteln an der Finanzierung der neuen Leistungen für Kindererziehung.

Eine Kindererziehungszeit wird unter anderem angerechnet, wenn die Erziehung im Inland erfolgt ist oder einer solchen gleichsteht.

Die Erziehungszeit wird dem Elternteil zugeordnet, der sein Kind erzogen hat. Haben mehrere Elternteile das Kind gemeinsam erzogen, wird die Erziehungszeit einem Elternteil zugeordnet. Mittels übereinstimmender Erklärung kann bestimmt werden, wem die Erziehungszeit zuzurechnen ist. Einzelheiten dazu entnehmen Sie § 56 SGB VI.

Berücksichtigungszeit

Die Zeit der Erziehung eines Kindes wird darüber hinaus als Berücksichtigungszeit herangezogen, was sich auf den späteren Rentenanspruch positiv auswirkt. Berücksichtigt wird hierbei die Erziehungszeit bis zur Vollendung des zehnten Lebensjahres des Kindes (§ 57 SGB VI).

Zurechnungszeit

§ 59 SGB VI beschäftigt sich mit einer weiteren rentenrechtlich bedeutsamen Zeit. Die Zurechnungszeit erhöht die Rente in Fällen, in denen die Berechtigung frühzeitig eingetreten ist.

Die Zurechnungszeit allein kann einen Rentenanspruch nicht begründen. Sie steigert ihn aber.

Zurechnungszeit ist die Zeit, die bei einer Rente wegen Erwerbsminderung oder einer Rente wegen Todes hinzugerechnet wird. Voraussetzung ist allerdings, dass der Versicherte das 60. Lebensjahr noch nicht vollendet hat.

Die Zurechnung beginnt beispielsweise bei einer Rente wegen Erwerbsminderung mit dem Eintritt der hierfür maßgebenden Erwerbsminderung. Sie endete bisher mit Vollendung des 60. Lebensjahres.

Das RV-Leistungsverbesserungsgesetz hat hier insofern eine Änderung gebracht: Mit Wirkung seit 1. 7. 2014 wurde die Zurechnungszeit um zwei Jahre – von 60 auf 62 Jahre – verlängert. Erwerbsgeminderte sind seither so gestellt, als ob sie mit ihrem bisherigen durchschnittlichen Einkommen zwei Jahre länger als bisher gearbeitet hätten. Von dieser Verbesserung profitieren Rentenzugänge in die Erwerbsminderungsrente im Alter von unter 62 Jahren.

Neben der Länge der Zurechnungszeit ist für die Höhe der Erwerbsminderungsrente auch entscheidend, wie der Verdienst ermittelt wird, der für die Zurechnungszeit fortgeschrieben wird. Bis zum 30. 6. 2014 wurde die Zurechnungszeit auf Grundlage des Durchschnittsverdienstes während des gesamten Erwerbslebens bis zum Eintritt der Erwerbsminderung bewertet. Seit 1. 7. 2014 wird zudem geprüft, ob die letzten vier Jahre bis zum Eintritt der Erwerbsminderung diese Bewertung ggf. negativ beeinflussen. Dies ist möglich, wenn in dieser Zeit wegen Einschränkungen bereits Einkommenseinbußen zu verzeichnen waren.

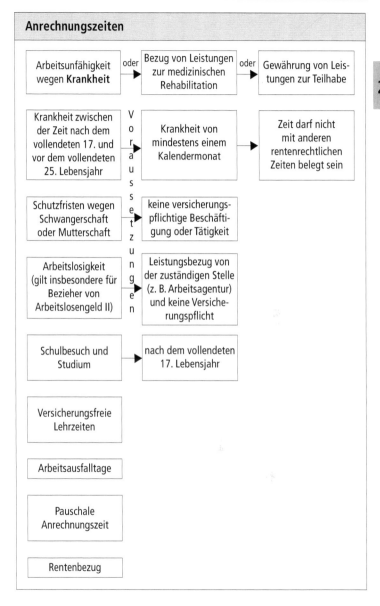

Gesetzliche Rentenversicherung — Rentenansprüche

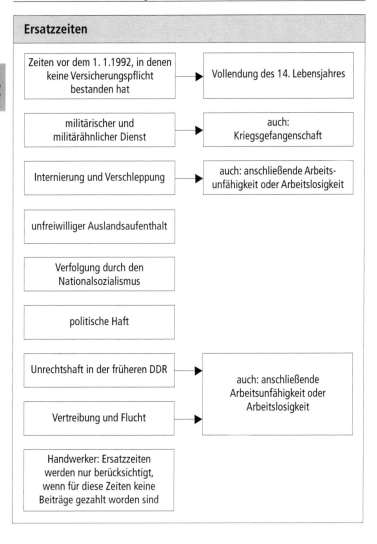

Das ist häufig der Fall, etwa weil die Menschen in dieser Zeit schon öfter krank waren oder krankheitsbedingt nicht mehr so viel bzw. gar nicht mehr arbeiten konnten. Mindern die letzten vier Jahre bis zum Eintritt der Erwerbsminderung die Ansprüche, fallen sie aus der Berechnung heraus. Diese sogenannte „Günstigerprüfung" führt der Rentenversicherungsträger durch. Das Ergebnis ist immer das für den Erwerbsminderungsrentner positivere.

Von der verbesserten Erwerbsminderungsrente profitieren alle Versicherten, die seit 1. 7. 2014 im Alter von unter 62 Jahren in Erwerbminderungsrente gehen.

Mit Geltung ab 1. 1. 2018 sieht § 253a SGB VI vor, dass das Ende einer Zurechnungszeit angehoben wird. Das ist dann der Fall, wenn eine Rente wegen verminderter Erwerbsunfähigkeit oder einer Erziehungsrente vor dem 1. 1. 2024 beginnt. Das Gleiche gilt, wenn bei einer Hinterbliebenenrente der Versicherte vor dem 1. 1. 2024 verstorben ist.

Für die Zurechnungszeiten werden Entgeltpunkte gebildet, die für die Zeit nach Beginn der zu berechnenden Rente gelten.

Weitere rentenrechtliche Begriffe

§ 54 SGB VI beschäftigt sich mit den Begriffen „Beitragszeiten", „beitragsgeminderte Zeiten", „beitragsfreie Zeiten" und „Berücksichtigungszeiten".

Dabei sind Zeiten mit vollwertigen Beiträgen solche Kalendermonate, die mit Beiträgen belegt und keine beitragsgeminderte Zeiten sind.

Bei beitragsgeminderten Zeiten handelt es sich um Kalendermonate, die sowohl mit Beitragszeiten als auch mit einer Ersatzzeit, Anrechnungszeit oder Zurechnungszeit belegt sind.

Das Gleiche gilt für Zeiten einer beruflichen Ausbildung.

Die beitragsgeminderten Zeiten werden bei der Rentenberechnung besonders bewertet.

Beitragsfreie Zeiten sind die Kalendermonate, die mit einer Ersatzzeit, Anrechnungszeit und nicht zugleich mit einer Beitragszeit belegt sind. Diese Zeiten können für den Rentenanspruch wichtig sein, denn sie erhöhen die Rente.

Besonderheiten gibt es in Zusammenhang mit der Zuordnung beitragsfreier Zeiten zur knappschaftlichen Rentenversicherung.

§ 63 SGB VI enthält als Grundsatz die Feststellung, dass sich die Höhe einer Rente vor allem nach der Höhe der während des Versicherungslebens durch Beiträge versicherten Arbeitsentgelte und Arbeitseinkommen richtet.

Das in den einzelnen Kalenderjahren durch Beiträge versicherte Arbeitsentgelt und Arbeitseinkommen wird in Entgeltpunkte umgerechnet. Die Versicherung eines Arbeitsentgelts oder Arbeitseinkommens in Höhe des Durchschnittsentgelts eines Kalenderjahres ergibt einen vollen Entgeltpunkt. Eine Auflistung der Durchschnittsentgelte findet sich in der Anlage 1 zum SGB VI.

Gesetzliche Rentenversicherung — Rentenansprüche

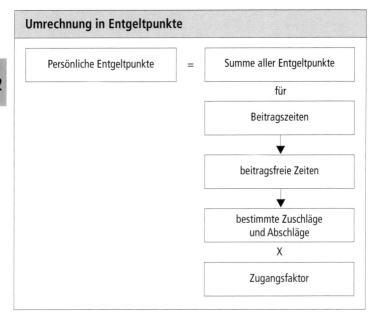

Für beitragsfreie Zeiten werden Entgeltpunkte angerechnet, deren Höhe von der Höhe der in der übrigen Zeit versicherten Arbeitsentgelte und Arbeitseinkommen abhängig ist. Beachten Sie bitte die Ausführungen bezüglich der beitragsfreien Zeiten.

Wichtig: Das Sicherungsziel der jeweiligen Rentenart im Verhältnis zu einer Altersrente wird durch den Rentenartfaktor bestimmt.

Der Rentenartfaktor wird in § 67 SGB VI behandelt. Er beläuft sich beispielsweise bei Renten wegen Alters auf 1,0. Gleiches gilt bei einer Rente wegen voller Erwerbsminderung. Bei einer Rente wegen teilweiser Erwerbsminderung beläuft er sich auf 0,5.

Nach § 63 Abs. 4 SGB VI werden Vorteile und Nachteile einer unterschiedlichen Rentenbezugsdauer durch einen Zugangsfaktor vermieden. Rechtsgrundlage für den Zugangsfaktor ist § 77 SGB VI. Danach richtet sich der Zugangsfaktor nach dem Alter des Versicherten bei Rentenbeginn oder bei Tod. Er bestimmt, in welchem Umfang Entgeltpunkte bei der Ermittlung des Monatsbetrags der Rente als persönliche Entgeltpunkte zu berücksichtigen sind.

Nach näherer Vorschrift des § 77 Abs. 2 SGB VI ist der Zugangsfaktor für Entgeltpunkte, die noch nicht Grundlage von persönlichen Entgeltpunkten einer Rente waren, zum Beispiel bei der Altersrente 1,0. Werden

Renten wegen Alters allerdings vorzeitig in Anspruch genommen, ist der Zugangsfaktor für jeden Kalendermonat um 0,0003 niedriger als 1,0. Wird eine Regelaltersrente trotz Erreichens des für diese Rente maßgebenden Lebensjahres bei erfüllter Wartezeit nicht in Anspruch genommen, ist der Zugangsfaktor für jeden Kalendermonat um 0,005 höher als 1,0.

Das Gleiche gilt bei Renten wegen verminderter Erwerbsfähigkeit und bei Erziehungsrenten für jeden Kalendermonat, für den eine Rente vor Ablauf des Kalendermonats der Vollendung des 63. Lebensjahres in Anspruch genommen wird.

Für Hinterbliebenenrenten sind Zuschläge vorgesehen (§§ 78, 78a SGB VI). § 76d SGB VI sieht Zuschläge aus Entgeltpunkten aus Beiträgen vor, die nach einer Altersrente entrichtet worden sind.

Zuschläge oder Abschläge gibt es auch beim Versorgungsausgleich (§ 76 SGB VI). Das Prinzip des Versorgungsausgleichs geht davon aus, dass im Falle einer Scheidung die in der Ehezeit erworbenen Anwartschaften auf eine Versorgung beiden Ehegatten zu gleichen Teilen gehören.

Hat ein Ehegatte in der Ehe höhere Versorgungen erreicht, muss er an den anderen Ehegatten so viel abgeben, dass nach dem durchgeführten Ausgleich die Versorgungsanrechte beider Ehegatten aus der Ehezeit gleich hoch sind. Dabei spielt es keine Rolle, ob der Mann oder die Frau ausgleichsberechtigt ist.

Zu- oder Abschläge gibt es auch beim Rentensplitting. Seit 1. 1. 2002 können Ehegatten bei Erfüllung bestimmter Voraussetzungen zwischen der Hinterbliebenenrente und dem Rentensplitting unter Ehegatten wählen.

Beim Rentensplitting bestimmen die Ehegatten gemeinsam, dass die von ihnen in der Ehe erworbenen Ansprüche auf eine Rente aus der gesetzlichen Rentenversicherung gleichmäßig zwischen ihnen aufgeteilt werden.

Das Rentensplitting ist an den Grundgedanken des Versorgungsausgleichs angelehnt.

Rechtsgrundlage für die Zu- oder Abschläge beim Rentensplitting ist § 76c SGB VI. Zuschläge an Entgeltpunkten aus einem durchgeführten Rentensplitting entfallen zu gleichen Teilen auf die in der Splittingzeit liegenden Kalendermonate, Abschläge zu gleichen Teilen auf die in der Splittingzeit liegenden Kalendermonate mit Beitragszeiten und beitragsfreien Zeiten.

Rentenformel

Die Rentenformel lautet:

Persönliche Entgeltpunkte unter Berücksichtigung des Zugangsfaktors x Rentenartfaktor × aktueller Rentenwert.

Der aktuelle Rentenwert wird in § 68 SGB VI geregelt. Er ist der Betrag, der einer monatlichen Altersrente entspricht, wenn für ein Kalenderjahr Beiträge aufgrund des Durchschnittsentgelts gezahlt worden sind.

§ 68a SGB VI enthält eine Schutzklausel, die ein Absenken des aktuellen Rentenwerts und damit der Rentenhöhe verhindert.

Der aktuelle Rentenwert beläuft sich vom 1. 7. 2018 bis 30. 6. 2019

- in den alten Bundesländern auf 32,03 Euro und
- in den neuen Bundesländern auf 30,69 Euro.

Der aktuelle Rentenwert spielt nicht nur eine Rolle bei der Rentenberechnung, sondern auch bei den Hinzuverdienstgrenzen für Teilrentner und Hinterbliebenenrenten sowie für Rentner, die zum Beispiel Erwerbsminderungsrente beziehen.

Renteninformation – Rentenauskunft – Rentenbescheid

§ 109 SGB VI enthält Regelungen zur Renteninformation und zur Rentenauskunft. Danach erhalten Versicherte, die das 27. Lebensjahr vollendet haben, jährlich eine schriftliche Renteninformation. Nach Vollendung des 55. Lebensjahres wird diese alle drei Jahre durch eine Rentenauskunft ersetzt. Besteht ein berechtigtes Interesse, kann die Rentenauskunft auch jüngeren Versicherten erteilt werden oder in kürzeren Abständen erfolgen.

Seit 14. 12. 2016 bestimmt § 109 Abs. 2 SGB VI, dass mit dem Versand der zuletzt vor Vollendung des 50. Lebensjahres zu erteilenden Renteninformation darauf hinzuweisen ist, dass eine Rentenauskunft auch vor Vollendung des 55. Lebensjahres erteilt werden kann und eine Rentenauskunft auf Antrag auch die Höhe der Beitragszahlung zum Ausgleich einer Rentenminderung bei vorzeitiger Inanspruchnahme einer Rente wegen Alters enthält. Der Inhalt der Rentenauskunft wurde zum Teil seit 14. 12. 2016 und zum Teil seit 1. 7. 2017 erweitert.

§ 109 Abs. 6 SGB VI regelt die Auskünfte über Angelegenheiten des Versorgungsausgleichs wegen Ehescheidung an das Familiengericht.

Wichtig: Sowohl Renteninformation als auch Rentenauskunft haben nur dann einen Sinn, wenn der Versicherte

- diese auf ihre Richtigkeit genau überprüft,
- sich bei falschen Angaben sofort um die Beschaffung von Beweisunterlagen über die tatsächlichen Verhältnisse kümmert und diese dem Rentenversicherungsträger zur Berichtigung vorlegt und
- die Durchführung dieser Berichtigung überwacht.

Es kommt hier auf die Daten an, die im Versicherungskonto des einzelnen Versicherten gespeichert sind. Sie sind Grundlage der Berechnung des Rentenversicherungsträgers.

Die Rentenversicherungsträger sind verpflichtet, für jeden Versicherten ein Versicherungskonto zu führen. Dieses ist nach der Versicherungsnummer geordnet.

> **Praxis-Tipp:**
> Achten Sie bitte darauf, dass Sie die Rentenversicherungsnummer nicht mit der Versicherungsnummer bei Ihrer gesetzlichen Krankenkasse verwechseln. Die Krankenkassen sind verpflichtet, andere Versicherungsnummern als die Rentenversicherungsträger zur Identifikation für ihre Versicherten zu verwenden.

Renten werden nicht von Amts wegen gewährt. Sie sind vielmehr zu beantragen. Allerdings ist kein Antrag erforderlich, wenn Rente wegen der Änderung der tatsächlichen oder rechtlichen Verhältnisse in niedrigerer als der bisherigen Höhe zu leisten ist. Beispielsweise geht es um Hinzuverdienste, die zu einer Neuberechnung des Anspruchs führen.

Rentenanträge sind beim zuständigen Rentenversicherungsträger zu stellen. Beachten Sie dazu die Ausführungen zum Thema „Rentenanpassung".

Wichtig: Die Anträge werden auch von allen anderen Sozialleistungsträgern, von allen Gemeinden und bei Personen, die sich im Ausland aufhalten, auch von den amtlichen Vertretungen der Bundesrepublik im Ausland entgegengenommen.

Anträge, die bei einem nicht zuständigen Leistungsträger, bei einer für die Sozialleistung nicht zuständigen Gemeinde oder bei einer amtlichen Vertretung der Bundesrepublik im Ausland gestellt werden, sind unverzüglich (das heißt, ohne schuldhaftes Zögern) an den zuständigen Leistungsträger weiterzuleiten.

Der Antrag gilt in diesen Fällen als zu dem Zeitpunkt gestellt, an dem er bei der unzuständigen Stelle eingegangen ist.

Die Leistungsträger sind verpflichtet, darauf hinzuwirken, dass unverzüglich klare und sachdienliche Anträge gestellt und unvollständige Angaben ergänzt werden.

Zur Fristwahrung ist es durchaus möglich, Rentenanträge formlos zu stellen. Ansonsten verlangen die Rentenversicherungsträger aber, dass der Antragsteller die dazu vorgesehenen Anträge (Rentenanträge) benutzt.

> **Praxis-Tipp:**
> Die Rentenversicherungsträger sollen die Berechtigten in geeigneten Fällen (das heißt wenn sie erkennen, dass jemand einen Rentenantrag oder einen Antrag auf Rehabilitation stellen kann) darauf hinweisen, dass sie eine Leistung erhalten können, sofern sie diese beantragen.

Die Rentenversicherungsträger sind verpflichtet, die Versicherten aufzuklären und zu beraten. So wird bereits im Ersten Buch des Sozialgesetzbuchs (SGB I) bestimmt, dass Sozialleistungsträger verpflichtet sind, im Rahmen ihrer Zuständigkeit die Bevölkerung über die Rechte und Pflichten nach dem SGB aufzuklären.

Im Übrigen hat jeder Anspruch auf Beratung über seine Rechte und Pflichten nach dem SGB. Zuständig für die Beratung sind die Rentenversicherungsträger.

Sie bieten zahlreiche kostenlose Informationsbroschüren an. Die Beratung führen sie in ihren Auskunfts- und Beratungsstellen durch, die sich an jedem größeren Ort befinden. In kleineren Orten werden Sprechstunden veranstaltet. In besonders entlegenen ländlichen Gebieten wird die Aufklärung oftmals mithilfe von Informationsbussen durchgeführt.

Das Gesetz schreibt ausdrücklich vor, dass die Entscheidung über einen Leistungsanspruch der Schriftform bedarf (§ 177 SGB VI). Hier handelt es sich um den Rentenbescheid, der – rechtlich gesehen – einen Verwaltungsakt darstellt.

Im Rentenbescheid werden die bestehenden oder bestrittenen Ansprüche begründet. Die Begründung muss schlüssig sein. Das bedeutet, dass sie angeben muss, warum bestimmte Ansprüche in der angegebenen Höhe bestehen oder Ansprüche abgelehnt werden.

Rentenbeginn bei Rente wegen Alters

Seit 2012 ist die Regelaltersgrenze angehoben und das Regeleintrittsalter je nach Geburtsjahrgang gestaffelt (Rentenreform 2008). Die bis dahin geltende einfache Regelung „in Rente geht man mit 65 Jahren" hat seitdem ihre Gültigkeit verloren. Es gilt nun grundsätzlich folgende Staffelung:

- das 65. bis 67. Lebensjahr für die Regelaltersrente und die Altersrente für langjährig Versicherte
- das 65. Lebensjahr für die Altersrente für besonders langjährig Versicherte (mit der Möglichkeit der abschlagsfreien Rente mit 63 Jahren ab 1. 7. 2014, wenn die Voraussetzungen vorliegen; siehe dazu unten)
- das 63. bis 65. Lebensjahr für die Altersrente für schwerbehinderte Menschen
- das 65. Lebensjahr für die Altersrente für Frauen und die Altersrente wegen Arbeitslosigkeit oder nach Altersteilzeit. Dies gilt allerdings nur noch für bis 1951 Geborene, für Versicherte ab dem Geburtsjahrgang 1952 entfallen diese Rentenarten ersatzlos.

Wer vor Beginn der Regelaltersgrenze in Rente geht, muss Abschläge in Kauf nehmen.

Regelaltersrente

Nach § 35 SGB VI erhält Rente wegen Alters, wer die Regelaltersgrenze – das heißt das gesetzlich vorgegebene Alter zum Regeleintritt – erreicht und die allgemeine Wartezeit nach § 50 SGB VI – das heißt eine Vorversicherungszeit von fünf Jahren (= 60 Monaten) – erfüllt hat.

Die Regelaltersgrenze wird mit Vollendung des 67. Lebensjahres erreicht. So der Grundsatz seit der Rentenreform von 2008. Allerdings enthält diese Reform Staffelungen nach Geburtsjahren, um den Vertrauensschutz der Versicherten zu berücksichtigen und die Anhebung des Rentenalters „allgemeinverträglich" zu gestalten. Diese Staffelung nach § 235 SGB VI gilt seit 2012:

- Vor 1947 Geborene haben die Regelaltersgrenze mit Vollendung des 65. Lebensjahres erreicht.
- Für zwischen 1947 und 1963 Geborene wird die Regelaltersgrenze stufenweise auf 67 Jahre angehoben.
- Für Versicherte, die 1964 oder später geboren sind, gilt die Regelaltersgrenze von 67 Jahren.

Die stufenweise Anhebung wird dabei pro Jahr (gestaffelt nach Geburtsjahrgängen) um einen Monat bis auf 67 Jahre angehoben. Dieser Prozess wird im Jahr 2029 abgeschlossen sein. Ab 2023 wird der Geburtsjahrgang 1958 ab dem 66. Lebensjahr einen Rentenanspruch haben. Danach vollzieht sich die Übergangsfrist in Zwei-Monatsschritten. Ab dem Jahr 2029 wird die Reform der Rente mit 67 dann für den Geburtsjahrgang 1964 und später vollzogen sein. Zur Verdeutlichung siehe auch die Tabelle in § 235 Abs. 2 SGB VI.

Altersrente für langjährig Versicherte

Voraussetzung für diese Gruppe ist, dass der Versicherte das 67. Lebensjahr vollendet und die Wartezeit von 35 Jahren erfüllt hat. Diese Regelung in § 36 SGB VI gilt für Geburtsjahrgänge ab 1964.

Für Versicherte, die vor 1964 geboren sind, gilt wieder eine Staffelregelung (§ 236 SGB VI): Die Altersgrenze für eine abschlagsfreie Altersrente für langjährige Versicherte wird beginnend mit dem Geburtsjahrgang 1949 stufenweise von 65 auf 67 Jahre angehoben. Dabei gilt prinzipiell die gleiche Monatsstaffelung wie bei der Regelaltersgrenze. Die Anhebung der Altersgrenze verdeutlicht auch die Tabelle in § 236 Abs. 2 SGB VI.

Die Altersrente kann auch bereits mit 63 Jahren in Anspruch genommen werden – allerdings muss der Versicherte in diesem Fall Abschläge von der Rentenhöhe hinnehmen. Für jeden Monat vor Erreichen der gesetzlichen Altersgrenze muss ein Abzug von 0,3 Prozent der sonst möglichen Rente hingenommen werden (§ 77 SGB VI). Je nach Geburtsjahr ist somit mit einem Rentenabschlag von bis zu 14,4 Prozent zu rechnen.

Gesetzliche Rentenversicherung — Rentenbeginn bei Rente wegen Alters

Wichtig – Vertrauensschutzregelung: Für einige Geburtsjahrgänge besteht nach § 236 Abs. 3 SGB VI die Möglichkeit, die Rente sogar schon vor dem 63. Lebensjahr zu beziehen. Dazu müssen die Versicherten zwischen 1948 und 1954 geboren sein und vor dem 1. 1. 2007 mit dem Arbeitgeber Altersteilzeitarbeit vereinbart haben. Für Bergleute besteht auch dann Vertrauensschutz, wenn sie nach 1947 und vor 1964 geboren wurden und Anpassungsgeld für entlassene Arbeitnehmer des Bergbaus bezogen haben. Aber auch diese Personen können die vorzeitige Rente nur mit Abschlägen erhalten.

Altersrente für besonders langjährig Versicherte

Mit der sukzessiven Anhebung der Regelaltersgrenze auf das 67. Lebensjahr wurde zum 1. 1. 2012 mit § 38 SGB VI eine neue Rentenart, die „Altersrente für besonders langjährig Versicherte", eingeführt: Wer 65 Jahre alt ist und eine Wartezeit von 45 Jahren erfüllt hat, kann ohne Abschläge in Rente gehen.

Zum 1. 7. 2014 wurde mit dem RV-Leistungsverbesserungsgesetz (Rentenpaket 2014) für diesen Personenkreis eine weitere Verbesserung mit der „abschlagsfreien Rente mit 63" eingeführt: Wer 45 Jahre Beiträge zur Rentenversicherung gezahlt hat, kann jetzt bereits mit Vollendung des 63. Lebensjahres bzw. früher in Rente gehen, ohne Abzüge hinnehmen zu müssen.

Folgende Versicherungszeiten werden angerechnet:

- Zeiten mit Pflichtbeiträgen aus Beschäftigung
- Zeiten der geringfügigen, nicht versicherungspflichtigen Beschäftigung (anteilige Berücksichtigung)
- Zeiten mit Pflichtbeiträgen aus selbstständiger Tätigkeit
- Zeiten mit freiwilligen Beiträgen, wenn mindestens 18 Jahre mit Pflichtbeiträgen aus einer Beschäftigung bzw. selbstständigen Tätigkeit vorhanden sind
- Zeiten der Wehr- oder Zivildienstpflicht
- Zeiten der nicht erwerbsmäßigen Pflege von Angehörigen, sofern Versicherungsbeiträge gezahlt wurden
- Zeiten der Kindererziehung bis zum 10. Lebensjahr des Kindes
- Zeiten, in denen Arbeitslosengeld I, Teilarbeitslosengeld, Leistungen bei Krankheit (z. B. Krankengeld, Verletztengeld) oder Übergangsgeld bezogen wurden
- Zeiten des Bezugs von Leistungen bei beruflicher Weiterbildung
- Zeiten des Bezugs von Kurzarbeitergeld, Schlechtwettergeld und Winterausfallgeld
- Zeiten des Bezugs von Insolvenzgeld und Konkursausfallgeld (Zahlungsunfähigkeit des Arbeitgebers).

Nicht berücksichtigt werden folgende Unterbrechungen:
- Zeiten der Arbeitslosigkeit mit Bezug von Arbeitslosenhilfe oder Arbeitslosengeld II, da es sich hierbei um Fürsorgeleistungen handelt und nicht um Versicherungsleistungen
- Zurechnungszeiten und zusätzliche Wartezeitmonate aufgrund eines Versorgungsausgleichs oder Rentensplittings
- Zeiten des Arbeitslosengeldbezuges in den letzten zwei Jahren vor Rentenbeginn, es sei denn, es liegt eine Insolvenz oder eine vollständige Geschäftsaufgabe des Arbeitgebers vor

Die „abschlagsfreie Rente mit 63" gilt nur für Versicherte,
- die vor dem 1. 1. 1953 geboren sind,
- deren Rente nach dem 1. 7. 2014 beginnt und
- die die sonstigen Voraussetzungen erfüllen.

Für Versicherte, die nach dem 1. 1. 1953 geboren sind, steigt die Altersgrenze mit jedem Jahrgang um zwei Monate:

Jahrgang	Rentenbeginn (vollendetes Lebensjahr + Monat)
1953	63 + 2 Monate
1954	63 + 4 Monate
1955	63 + 6 Monate
1956	63 + 8 Monate
1957	63 + 10 Monate
1958	64
1959	64 + 2 Monate
1960	64 + 4 Monate
1961	64 + 6 Monate
1962	64 + 8 Monate
1963	64 + 10 Monate
1964	65

Altersrente für schwerbehinderte Menschen

Versicherte, die vor dem 1. 1. 1964 geboren sind, haben frühestens Anspruch auf Altersrente, wenn sie
- das 63. Lebensjahr vollendet,
- die Wartezeit von 35 Jahren erfüllt haben und
- die Schwerbehinderung – Grad der Behinderung (GdB) von mindestens 50 – durch einen Schwerbehindertenausweis nachgewiesen ist.

Die vorzeitige Inanspruchnahme dieser Altersrente ist frühestens nach Vollendung des 60. Lebensjahres möglich.

Versicherte, die vor dem 1. 1. 1952 geboren sind, haben Anspruch auf diese Altersrente nach Vollendung des 63. Lebensjahres. Für sie ist die vorzeitige Inanspruchnahme nach Vollendung des 60. Lebensjahres möglich.

Für Versicherte, die nach dem 31. 12. 1951 geboren sind, ist die Altersgrenze von 63 Jahren und die Altersgrenze für die vorzeitige Inanspruchnahme schrittweise angehoben worden; beachten Sie dazu die Tabelle in § 236a SGB VI.

Rentenantrag

Das Gesetz enthält keine genaue Regelung darüber, wann ein Rentenantrag zu stellen ist.

Bei Altersrenten ist das Erreichen der jeweiligen Altersgrenze maßgebend.

Die Rentenversicherungsträger empfehlen, den Antrag auf Versichertenrente etwa drei Monate vor dem Rentenbeginn zu stellen. Dieses Verfahren hat sich in der Praxis als günstig erwiesen. In der Regel ist in solchen Fällen bis zum Zeitpunkt des Rentenbeginns der Rentenbescheid vom Versicherungsträger erlassen und dem Versicherten zugegangen.

Im Fall der Hinterbliebenenrente kommt es auf den Zeitpunkt des Todes des Versicherten an.

Bei einer Erwerbsminderungsrente hängt der Zeitpunkt der Antragstellung davon ab, wann der Versicherte bzw. sein behandelnder Arzt der Auffassung ist, Erwerbsminderung läge vor.

Rechtsgrundlage für den Rentenbeginn sind die §§ 99, 101 SGB VI.

Viele Renten werden befristet gewährt. So wird in § 102 SGB VI ausgeführt, dass Renten wegen verminderter Erwerbsfähigkeit und große Witwenrenten bzw. große Witwerrenten wegen Minderung der Erwerbsfähigkeit auf Zeit geleistet werden. Die Befristung erfolgt für längstens drei Jahre nach Rentenbeginn. Sie kann wiederholt werden.

Sonderregelungen bestehen nach § 101 Abs. 3a, 3b SGB VI im Zusammenhang mit dem Versorgungsausgleich.

Die Besondere Meldung

Es wurde bereits empfohlen, eine Altersrente etwa drei Monate vor Rentenbeginn zu beantragen. Das bedeutet für Arbeitnehmer, dass der Rentenversicherungsträger wissen muss, welches Arbeitsentgelt in der Zeit bis zum Rentenbeginn anfällt. Das ist wichtig, damit dieses Entgelt bei der Rentenberechnung Berücksichtigung finden kann.

§ 194 SGB VI sieht hier eine Besondere Meldung durch den Arbeitgeber vor.

Es ist dabei gleichgültig, ob es sich bei der beantragten Rente um eine Regelaltersrente oder eine sogenannte vorgezogene Altersrente handelt.

Wichtig: Die Meldepflicht des Arbeitgebers wird in keiner Weise durch die Besondere Meldung berührt. Schließlich muss der Arbeitnehmer, der wegen des Rentenbezugs aus einem Betrieb ausscheidet, abgemeldet und dabei das für ihn in diesem Kalenderjahr gezahlte Arbeitsentgelt ange-

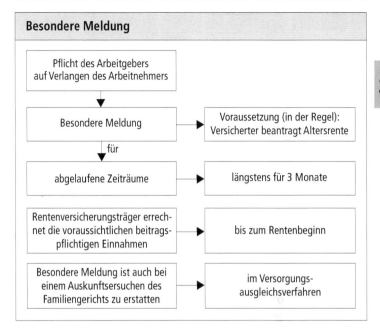

geben werden. Der Arbeitgeber muss hier das tatsächliche Arbeitsentgelt angeben, auch wenn dieses von dem in der Besonderen Meldung genannten Entgelt abweichen sollte. Auch die Beitragsberechnung erfolgt nach der tatsächlichen beitragspflichtigen Einnahme. Beachten Sie zur Beitragsberechnung bitte die nachfolgenden Ausführungen zum Thema „Finanzierung".

Rentenanpassung

Der aktuelle Rentenwert (vgl. Ausführungen ab Seite 32) beeinflusst nicht nur die Hinzuverdienstgrenzen von Rentnern, sondern auch die Höhe der Rente. Seine Entwicklung ist Ausgangspunkt für Rentenanpassungen. Zuletzt erfolgte eine Rentenerhöhung zum 1. 7. 2018 um 3,22 Prozent im Westen und 3,37 Prozent im Osten. Der sogenannte Standardrentner erhält damit ab 1. 7. 2018 bis zu 45 Euro mehr Rente.

Rentenversicherungsträger

Die Träger der gesetzlichen Rentenversicherung und ihre Zuständigkeiten werden in §§ 125 bis 142 SGB VI geregelt.

Zu beachten ist in diesem Zusammenhang auch § 145 SGB VI. Gemäß dieser Vorschrift unterhalten die Rentenversicherungsträger gemeinsam eine Datenstelle, die von der Deutschen Rentenversicherung Bund ver-

Wann die Rente beginnt

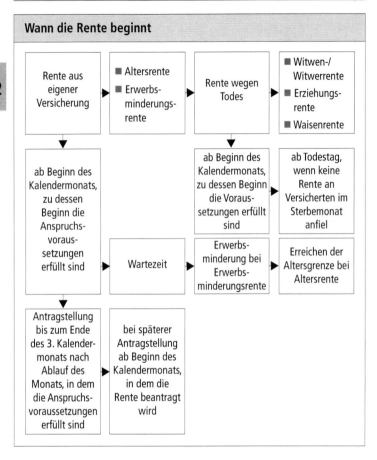

waltet wird. Es ist dabei sicherzustellen, dass die Datenbestände, die die Deutsche Rentenversicherung Bund als Träger der Rentenversicherung führt, und die Datenbestände der Datenstelle der Rentenversicherungsträger dauerhaft getrennt bleiben.

Die Rentenversicherungsträger sind berechtigt, die Datenstelle als Vermittlungsstelle einzuschalten.

Die Deutsche Rentenversicherung Bund darf eine Datei mit Sozialdaten, die nicht ausschließlich einer Versicherungsnummer der bei ihr Versicherten zugeordnet ist, nur bei der Datenstelle und nur dann führen, wenn die Einrichtung dieser Datei gesetzlich bestimmt ist.

Die Datenstelle untersteht der Aufsicht des Bundesministeriums für Arbeit und Soziales, soweit ihr durch Gesetz oder aufgrund eines Gesetzes Aufgaben zugewiesen worden sind.

Versicherungsnummer

Die Versicherungsnummer ist das Ordnungsmerkmal der gesetzlichen Rentenversicherung. Sie ist auf allen Bescheiden der Rentenversicherungsträger angegeben.

Praxis-Tipp:
Achten Sie bitte darauf, dass die Rentenversicherungsnummer bei allen Schreiben und Anfragen an den für Sie zuständigen Rentenversicherungsträger angegeben ist. Dadurch ersparen Sie sich unnötige Rückfragen. Halten Sie für telefonische Rückfragen die Versicherungsnummer bereit.

Finanzierung

Die Finanzierung der gesetzlichen Rentenversicherung erfolgt durch ein Umlageverfahren:

Nach § 157 SGB VI werden die Beiträge nach einem Prozentsatz (Beitragssatz) von der Beitragsbemessungsgrundlage erhoben. Bezüglich der Bemessungsgrundlage bestimmt § 161 SGB VI, dass für Versicherungspflichtige die Beitragsbemessungsgrundlage die beitragspflichtigen Einnahmen (das Bruttoentgelt) sind.

Es gibt eine Höchstgrenze, bis zu der die Beiträge zur Rentenversicherung berücksichtigt werden (sog. Beitragsbemessungsgrenze). Diese ändert sich in der Regel jährlich.

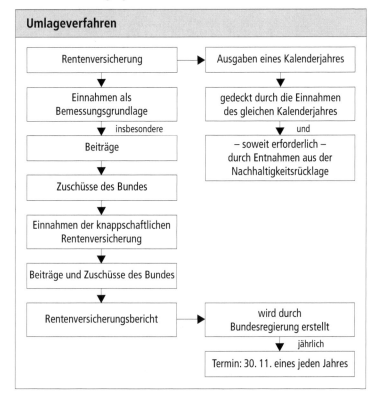

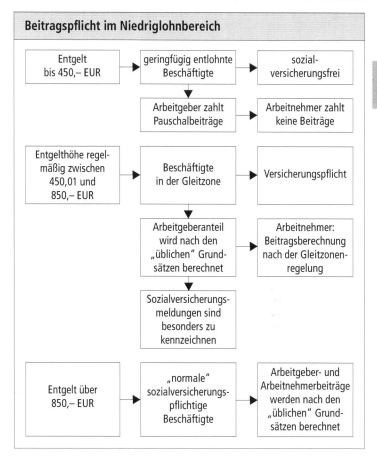

2018 beträgt sie

- in den alten Bundesländern 6.500 Euro im Monat (Jahresbetrag: 78.000 Euro),
- in den neuen Ländern 5.800 Euro im Monat (Jahresbetrag: 69.600 Euro).

Die Berechnung des Beitragssatzes beschreibt § 158 SGB VI. Er beläuft sich zurzeit auf 18,6 Prozent des Bruttoentgelts.

Bezüglich der Beitragsbemessungsgrundlage sind insbesondere die Sonderregelungen für verschiedene Personengruppen, wie etwa behinderte Menschen oder ehrenamtlich Tätige, zu beachten. Besonderheiten

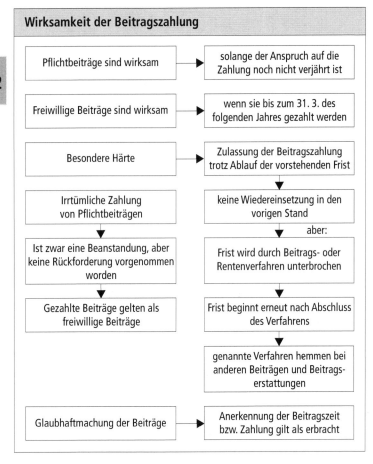

bestehen auch für Beschäftigte in der sogenannten Gleitzone (Verdienst zwischen 450 und 850 Euro – § 163 Abs. 1 SGB VI) sowie für die selbstständig Tätigen.

Beitragsbemessungsgrundlage für freiwillig Versicherte ist nach § 161 Abs. 2 SGB VI jeder Beitrag zwischen der Mindestbeitragsbemessungsgrundlage und der Beitragsbemessungsgrenze. Die Mindestbeitragsbemessungsgrundlage beläuft sich nach § 167 SGB VI auf monatlich 450 Euro.

Arbeitnehmer und Arbeitgeber tragen die Beiträge jeweils zur Hälfte. Besonderheiten bestehen hinsichtlich der bereits erwähnten Gleitzone, aber auch für die sogenannten 450-Euro-Beschäftigten.

Freiwillig Versicherte tragen die Beiträge allein (§ 171 SGB VI). Für bestimmte versicherungsfreie Personen ist in § 172 SGB VI eine alleinige Beitragspflicht der Arbeitgeber vorgesehen. Es handelt sich dabei um

- Bezieher einer Vollrente wegen Alters nach Ablauf des Monats, in dem die Regelaltersgrenze erreicht wurde,
- Versorgungsbezieher,
- Personen, die die Regelaltersgrenze erreicht haben oder
- wegen einer Beitragserstattung versicherungsfrei sind.

Beachten Sie zur „Versicherungsfreiheit" dieser Personengruppen bitte die Ausführungen ab Seite 14.

§ 177 SGB VI bestimmt ausdrücklich, dass die Beiträge für Kindererziehungszeiten vom Bund gezahlt werden.

Mit der Beitragszahlung für Nachzuversichernde beschäftigen sich die §§ 181 bis 186 SGB VI.

Nach § 187 SGB VI können im Rahmen des Versorgungsausgleichs Beiträge gezahlt werden, um

- Rentenanwartschaften, die um einen Abschlag an Entgeltpunkten gemindert worden sind, ganz oder teilweise wieder aufzufüllen,
- aufgrund einer Entscheidung des Familiengerichts oder aufgrund einer vom Familiengericht genehmigten Vereinbarung Rentenanwartschaften zu begründen,
- die Erstattungspflicht für die Begründung von Rentenanwartschaften zugunsten des Ausgleichsberechtigten abzulösen.

In Zusammenhang mit der immer wieder geführten Diskussion über die Abschläge bei vorzeitiger Inanspruchnahme von Altersrenten ist § 187a SGB VI zu beachten. Danach (Abs. 1) können nämlich Rentenminderungen aufgrund einer vorzeitigen Inanspruchnahme einer Altersrente durch die Zahlung von Beiträgen ausgeglichen werden. Die Berechtigung zur Zahlung setzt allerdings voraus, dass der Versicherte erklärt, eine solche Rente beanspruchen zu wollen.

Eine Ausgleichszahlung auf Grundlage einer entsprechenden Auskunft ist ab dem Zeitpunkt nicht mehr zulässig, ab dem Versicherte die Altersrente, für die die Auskunft erteilt wurde, nicht beansprucht haben oder ab dem eine Altersrente ohne Rentenminderung bezogen werden kann.

Mit der Wirksamkeit von Beiträgen beschäftigen sich die §§ 197 bis 203 SGB VI.

Sonderregelungen

Das fünfte Kapitel des SGB VI beschäftigt sich mit Sonderregelungen. In § 228 SGB VI heißt es, dass die Vorschriften des ersten Abschnitts (§§ 228 bis 299 SGB VI) die Vorschriften der vorangehenden Kapitel für Sachverhalte ergänzen, die von dem Zeitpunkt des Inkrafttretens der

Vorschriften der vorangehenden Kapitel an nicht mehr oder nur noch übergangsweise eintreten können.

Hier finden sich beispielsweise Anspruchsvoraussetzungen für einzelne Renten (§§ 236 bis 254a SGB VI).

Der zweite Abschnitt des fünften Kapitels behandelt die Ausnahmen von der Anwendung neuen Rechts.

Das sechste Kapitel enthält Bußgeldvorschriften. Dabei geht es insbesondere um Meldeverstöße der Arbeitgeber, beispielsweise aber auch um Verstöße gegen das Schwarzarbeitsbekämpfungsgesetz.

Das SGB VI enthält zahlreiche Anlagen, die Anlagen 19 und 20 beschäftigen sich mit der Anhebung der Altersgrenzen für Renten.

3 Gesetzliche Grundlagen

	Sozialgesetzbuch Sechstes Buch – Gesetzliche Rentenversicherung – (SGB VI)	49
Anlage 1	Durchschnittsentgelt in Euro/DM/RM	243
Anlage 2	Jährliche Beitragsbemessungsgrenzen in Euro/DM/RM	245
Anlage 2a	Jährliche Beitragsbemessungsgrenzen des Beitrittsgebiets in Euro/DM ...	247
Anlage 2b	Jährliche Höchstwerte an Entgeltpunkten	248
Anlage 3	Entgeltpunkte für Beiträge nach Lohn-, Beitrags- oder Gehaltsklassen ...	250
Anlage 4	Beitragsbemessungsgrundlage für Beitragsklassen	252
Anlage 5	Entgeltpunkte für Berliner Beiträge	253
Anlage 6	Werte zur Umrechnung der Beitragsbemessungsgrundlagen von Franken in Deutsche Mark	254
Anlage 7	Entgeltpunkte für saarländische Beiträge	255
Anlage 8	Lohn-, Beitrags- oder Gehaltsklassen und Beitragsbemessungsgrundlagen in RM/DM für Sachbezugszeiten, in denen der Versicherte nicht Lehrling oder Anlernling war	258
Anlage 9	Folgende im Gebiet der Bundesrepublik Deutschland ohne das Beitrittsgebiet ausgeübte Arbeiten vor dem 1. Januar 1969 sind	260
Anlage 10	Werte zur Umrechnung der Beitragsbemessungsgrundlagen des Beitrittsgebiets	263
Anlage 11	Verdienst für freiwillige Beiträge im Beitrittsgebiet	265
Anlage 12	Gesamtdurchschnittseinkommen zur Umwertung der anpassungsfähigen Bestandsrenten des Beitrittsgebiets	266
Anlage 13	Definition der Qualifikationsgruppen	267
Anlage 14	Bereich	269
Anlage 15	Entgeltpunkte für glaubhaft gemachte Beitragszeiten mit freiwilligen Beiträgen	316
Anlage 16	Höchstverdienste bei glaubhaft gemachten Beitragszeiten ohne Freiwillige Zusatzrentenversicherung	317
Anlage 17 und 18 (weggefallen)		318
Anlage 19	Anhebung der Altersgrenze bei der Altersrente wegen Arbeitslosigkeit oder nach Altersteilzeitarbeit	319
Anlage 20	Anhebung der Altersgrenze bei der Altersrente für Frauen	322

Sozialgesetzbuch (SGB) Sechstes Buch (VI)
– Gesetzliche Rentenversicherung –
(SGB VI)

in der Fassung der Bekanntmachung
vom 19. Februar 2002 (BGBl. I S. 754, S. 1404, S. 3384)
Zuletzt geändert durch
Sozialversicherungs-Rechengrößenverordnung 2018
vom 16. November 2017 (BGBl. I S. 3778)[1])

Inhaltsübersicht

Erstes Kapitel
Versicherter Personenkreis

Erster Abschnitt
Versicherung kraft Gesetzes
- § 1 Beschäftigte
- § 2 Selbständig Tätige
- § 3 Sonstige Versicherte
- § 4 Versicherungspflicht auf Antrag
- § 5 Versicherungsfreiheit
- § 6 Befreiung von der Versicherungspflicht

Zweiter Abschnitt
Freiwillige Versicherung
- § 7 Freiwillige Versicherung

Dritter Abschnitt
Nachversicherung, Versorgungsausgleich und Rentensplitting
- § 8 Nachversicherung, Versorgungsausgleich und Rentensplitting

Zweites Kapitel
Leistungen

Erster Abschnitt
Leistungen zur Teilhabe

Erster Unterabschnitt
Voraussetzungen für die Leistungen
- § 9 Aufgabe der Leistungen zur Teilhabe
- § 10 Persönliche Voraussetzungen
- § 11 Versicherungsrechtliche Voraussetzungen
- § 12 Ausschluss von Leistungen

Zweiter Unterabschnitt
Umfang der Leistungen

Erster Titel
Allgemeines
- § 13 Leistungsumfang

Zweiter Titel
Leistungen zur Prävention, zur medizinischen Rehabilitation, zur Teilhabe am Arbeitsleben und zur Nachsorge
- § 14 Leistungen zur Prävention
- § 15 Leistungen zur medizinischen Rehabilitation
- § 15a Leistungen zur Kinderrehabilitation
- § 16 Leistungen zur Teilhabe am Arbeitsleben
- § 17 Leistungen zur Nachsorge
- §§ 18 und 19 (weggefallen)

Dritter Titel
Übergangsgeld
- § 20 Anspruch
- § 21 Höhe und Berechnung
- §§ 22 bis 27 (weggefallen)

Vierter Titel
Ergänzende Leistungen
- § 28 Ergänzende Leistungen
- §§ 29 und 30 (weggefallen)

---

[1]) Die am 1. Juli 2018 in Kraft getretenen Änderungen durch das Rentenüberleitungsabschlussgesetz vom 17. Juli 2017 (BGBl. I S. 2575) sowie die am 1. April 2018 in Kraft getretenen Änderungen durch das Gesetz zur Verbesserung der Leistungen bei Renten wegen verminderter Erwerbsfähigkeit und zur Änderung anderer Gesetze vom 17. Juli 2017 (BGBl. I S. 2509) sind eingearbeitet.

Fünfter Titel
Sonstige Leistungen
§ 31 Sonstige Leistungen

Sechster Titel
Zuzahlung bei Leistungen zur medizinischen Rehabilitation und bei sonstigen Leistungen
§ 32 Zuzahlung bei Leistungen zur medizinischen Rehabilitation und bei sonstigen Leistungen

Zweiter Abschnitt
Renten

Erster Unterabschnitt
Rentenarten und Voraussetzungen für einen Rentenanspruch
§ 33 Rentenarten
§ 34 Voraussetzungen für einen Rentenanspruch und Hinzuverdienstgrenze

Zweiter Unterabschnitt
Anspruchsvoraussetzungen für einzelne Renten

Erster Titel
Renten wegen Alters
§ 35 Regelaltersrente
§ 36 Altersrente für langjährig Versicherte
§ 37 Altersrente für schwerbehinderte Menschen
§ 38 Altersrente für besonders langjährig Versicherte
§ 39 (weggefallen)
§ 40 Altersrente für langjährig unter Tage beschäftigte Bergleute
§ 41 Altersrente und Kündigungsschutz
§ 42 Vollrente und Teilrente

Zweiter Titel
Renten wegen verminderter Erwerbsfähigkeit
§ 43 Rente wegen Erwerbsminderung
§ 44 (weggefallen)
§ 45 Rente für Bergleute

Dritter Titel
Renten wegen Todes
§ 46 Witwenrente und Witwerrente
§ 47 Erziehungsrente
§ 48 Waisenrente
§ 49 Renten wegen Todes bei Verschollenheit

Vierter Titel
Wartezeiterfüllung
§ 50 Wartezeiten
§ 51 Anrechenbare Zeiten
§ 52 Wartezeiterfüllung durch Versorgungsausgleich, Rentensplitting und Zuschläge an Entgeltpunkten für Arbeitsentgelt aus geringfügiger Beschäftigung
§ 53 Vorzeitige Wartezeiterfüllung

Fünfter Titel
Rentenrechtliche Zeiten
§ 54 Begriffsbestimmungen
§ 55 Beitragszeiten
§ 56 Kindererziehungszeiten
§ 57 Berücksichtigungszeiten
§ 58 Anrechnungszeiten
§ 59 Zurechnungszeit
§ 60 Zuordnung beitragsfreier Zeiten zur knappschaftlichen Rentenversicherung
§ 61 Ständige Arbeiten unter Tage
§ 62 Schadenersatz bei rentenrechtlichen Zeiten

Dritter Unterabschnitt
Rentenhöhe und Rentenanpassung

Erster Titel
Grundsätze
§ 63 Grundsätze

Zweiter Titel
Berechnung und Anpassung der Renten
§ 64 Rentenformel für Monatsbetrag der Rente
§ 65 Anpassung der Renten
§ 66 Persönliche Entgeltpunkte
§ 67 Rentenartfaktor
§ 68 Aktueller Rentenwert
§ 68a Schutzklausel
§ 69 Verordnungsermächtigung

Inhaltsübersicht SGB VI: Gesetzliche Rentenversicherung

Dritter Titel
Ermittlung der persönlichen Entgeltpunkte
§ 70 Entgeltpunkte für Beitragszeiten
§ 71 Entgeltpunkte für beitragsfreie und beitragsgeminderte Zeiten (Gesamtleistungsbewertung)
§ 72 Grundbewertung
§ 73 Vergleichsbewertung
§ 74 Begrenzte Gesamtleistungsbewertung
§ 75 Entgeltpunkte für Zeiten nach Rentenbeginn
§ 76 Zuschläge oder Abschläge beim Versorgungsausgleich
§ 76a Zuschläge an Entgeltpunkten aus Zahlung von Beiträgen bei vorzeitiger Inanspruchnahme einer Rente wegen Alters oder bei Abfindungen einer Anwartschaft auf betriebliche Altersversorgung oder von Anrechten bei der Versorgungsausgleichskasse
§ 76b Zuschläge an Entgeltpunkten für Arbeitsentgelt aus geringfügiger Beschäftigung
§ 76c Zuschläge oder Abschläge bei Rentensplitting
§ 76d Zuschläge an Entgeltpunkten aus Beiträgen nach Beginn einer Rente wegen Alters
§ 76e Zuschläge an Entgeltpunkten für Zeiten einer besonderen Auslandsverwendung
§ 76f Zuschläge an Entgeltpunkten für nachversicherte Soldaten auf Zeit
§ 77 Zugangsfaktor
§ 78 Zuschlag bei Waisenrenten
§ 78a Zuschlag bei Witwenrenten und Witwerrenten

Vierter Titel
Knappschaftliche Besonderheiten
§ 79 Grundsatz
§ 80 Monatsbetrag der Rente
§ 81 Persönliche Entgeltpunkte
§ 82 Rentenartfaktor
§ 83 Entgeltpunkte für Beitragszeiten
§ 84 Entgeltpunkte für beitragsfreie und beitragsgeminderte Zeiten (Gesamtleistungsbewertung)
§ 85 Entgeltpunkte für ständige Arbeiten unter Tage (Leistungszuschlag)
§ 86 (weggefallen)
§ 86a Zugangsfaktor
§ 87 Zuschlag bei Waisenrenten

Fünfter Titel
Ermittlung des Monatsbetrags der Rente in Sonderfällen
§ 88 Persönliche Entgeltpunkte bei Folgerenten
§ 88a Höchstbetrag bei Witwenrenten und Witwerrenten

Vierter Unterabschnitt
Zusammentreffen von Renten und von Einkommen
§ 89 Mehrere Rentenansprüche
§ 90 Witwenrente und Witwerrente nach dem vorletzten Ehegatten und Ansprüche infolge Auflösung der letzten Ehe
§ 91 Aufteilung von Witwenrenten und Witwerrenten auf mehrere Berechtigte
§ 92 Waisenrente und andere Leistungen an Waisen
§ 93 Rente und Leistungen aus der Unfallversicherung
§§ 94 und 95 (weggefallen)
§ 96 Nachversicherte Versorgungsbezieher
§ 96a Rente wegen verminderter Erwerbsfähigkeit und Hinzuverdienst
§ 97 Einkommensanrechnung auf Renten wegen Todes
§ 98 Reihenfolge bei der Anwendung von Berechnungsvorschriften

Fünfter Unterabschnitt
Beginn, Änderung und Ende von Renten
§ 99 Beginn
§ 100 Änderung und Ende
§ 101 Beginn und Änderung in Sonderfällen
§ 102 Befristung und Tod

Sechster Unterabschnitt
Ausschluss und Minderung von Renten

§ 103 Absichtliche Minderung der Erwerbsfähigkeit
§ 104 Minderung der Erwerbsfähigkeit bei einer Straftat
§ 105 Tötung eines Angehörigen

Dritter Abschnitt
Zusatzleistungen

§ 106 Zuschuss zur Krankenversicherung
§ 107 Rentenabfindung
§ 108 Beginn, Änderung und Ende von Zusatzleistungen

Vierter Abschnitt
Serviceleistungen

§ 109 Renteninformation und Rentenauskunft
§ 109a Hilfen in Angelegenheiten der Grundsicherung

Fünfter Abschnitt
Leistungen an Berechtigte im Ausland

§ 110 Grundsatz
§ 111 Rehabilitationsleistungen und Krankenversicherungszuschuss
§ 112 Renten bei verminderter Erwerbsfähigkeit
§ 113 Höhe der Rente
§ 114 Besonderheiten

Sechster Abschnitt
Durchführung

Erster Unterabschnitt
Beginn und Abschluss des Verfahrens

§ 115 Beginn
§ 116 Besonderheiten bei Leistungen zur Teilhabe
§ 117 Abschluss

Zweiter Unterabschnitt
Auszahlung und Anpassung

§ 118 Fälligkeit und Auszahlung
§ 118a Anpassungsmitteilung

§ 119 Wahrnehmung von Aufgaben durch die Deutsche Post AG
§ 120 Verordnungsermächtigung

Dritter Unterabschnitt
Rentensplitting

§ 120a Grundsätze für das Rentensplitting unter Ehegatten
§ 120b Tod eines Ehegatten vor Empfang angemessener Leistungen
§ 120c Abänderung des Rentensplittings unter Ehegatten
§ 120d Verfahren und Zuständigkeit
§ 120e Rentensplitting unter Lebenspartnern

Vierter Unterabschnitt
Besonderheiten beim Versorgungsausgleich

§ 120f Interne Teilung und Verrechnung von Anrechten
§ 120g Externe Teilung
§ 120h Abzuschmelzende Anrechte

Fünfter Unterabschnitt
Berechnungsgrundsätze

§ 121 Allgemeine Berechnungsgrundsätze
§ 122 Berechnung von Zeiten
§ 123 Berechnung von Geldbeträgen
§ 124 Berechnung von Durchschnittswerten und Rententeilen

Drittes Kapitel
Organisation, Datenschutz und Datensicherheit

Erster Abschnitt
Organisation

Erster Unterabschnitt
Deutsche Rentenversicherung

§ 125 Träger der gesetzlichen Rentenversicherung

Zweiter Unterabschnitt
Zuständigkeit in der allgemeinen Rentenversicherung

§ 126 Zuständigkeit der Träger der Rentenversicherung
§ 127 Zuständigkeit für Versicherte und Hinterbliebene

§ 127a Verbindungsstelle für Leistungen bei Invalidität, bei Alter und an Hinterbliebene sowie für Vorruhestandsleistungen
§ 128 Örtliche Zuständigkeit der Regionalträger
§ 128a Sonderzuständigkeit der Deutschen Rentenversicherung Saarland
§ 129 Zuständigkeit der Deutschen Rentenversicherung Knappschaft-Bahn-See für Versicherte
§ 130 Sonderzuständigkeit der Deutschen Rentenversicherung Knappschaft-Bahn-See
§ 131 Auskunfts- und Beratungsstellen

Dritter Unterabschnitt
Zuständigkeit in der knappschaftlichen Rentenversicherung

§ 132 Versicherungsträger
§ 133 Zuständigkeit der Deutschen Rentenversicherung Knappschaft-Bahn-See für Beschäftigte
§ 134 Knappschaftliche Betriebe und Arbeiten
§ 135 Nachversicherung
§ 136 Sonderzuständigkeit der Deutschen Rentenversicherung Knappschaft-Bahn-See
§ 136a Verbindungsstelle für Leistungen bei Invalidität, bei Alter und an Hinterbliebene der knappschaftlichen Rentenversicherung
§ 137 Besonderheit bei der Durchführung der Versicherung und bei den Leistungen

Unterabschnitt 3a
Zuständigkeit der Deutschen Rentenversicherung Knappschaft-Bahn-See für die Seemannskasse

§ 137a Zuständigkeit der Deutschen Rentenversicherung Knappschaft-Bahn-See für die Seemannskasse
§ 137b Besonderheiten bei den Leistungen und bei der Durchführung der Versicherung
§ 137c Vermögen, Haftung
§ 137d Organe
§ 137e Beirat

Vierter Unterabschnitt
Grundsatz- und Querschnittsaufgaben der Deutschen Rentenversicherung, Erweitertes Direktorium

§ 138 Grundsatz- und Querschnittsaufgaben der Deutschen Rentenversicherung
§ 139 Erweitertes Direktorium
§ 140 Arbeitsgruppe Personalvertretung der Deutschen Rentenversicherung

Fünfter Unterabschnitt
Vereinigung von Regionalträgern

§ 141 Vereinigung von Regionalträgern auf Beschluss ihrer Vertreterversammlungen
§ 142 Vereinigung von Regionalträgern durch Rechtsverordnung

Sechster Unterabschnitt
Beschäftigte der Versicherungsträger

§ 143 Bundesunmittelbare Versicherungsträger
§ 144 Landesunmittelbare Versicherungsträger

Siebter Unterabschnitt
Datenstelle der Rentenversicherung

§ 145 Aufgaben der Datenstelle der Rentenversicherung
§ 146 (weggefallen)

Zweiter Abschnitt
Datenschutz und Datensicherheit

§ 147 Versicherungsnummer
§ 148 Datenerhebung, Datenverarbeitung und Datennutzung beim Rentenversicherungsträger
§ 149 Versicherungskonto
§ 150 Dateien bei der Datenstelle
§ 151 Auskünfte der Deutschen Post AG
§ 151a Antragstellung im automatisierten Verfahren beim Versicherungsamt
§ 152 Verordnungsermächtigung

Viertes Kapitel
Finanzierung

Erster Abschnitt
Finanzierungsgrundsatz und Rentenversicherungsbericht

Erster Unterabschnitt
Umlageverfahren

§ 153 Umlageverfahren

Zweiter Unterabschnitt
Rentenversicherungsbericht und Sozialbeirat

§ 154 Rentenversicherungsbericht, Stabilisierung des Beitragssatzes und Sicherung des Rentenniveaus
§ 155 Aufgabe des Sozialbeirats
§ 156 Zusammensetzung des Sozialbeirats

Zweiter Abschnitt
Beiträge und Verfahren

Erster Unterabschnitt
Beiträge

Erster Titel
Allgemeines

§ 157 Grundsatz
§ 158 Beitragssätze
§ 159 Beitragsbemessungsgrenzen
§ 160 Verordnungsermächtigung

Zweiter Titel
Beitragsbemessungsgrundlagen

§ 161 Grundsatz
§ 162 Beitragspflichtige Einnahmen Beschäftigter
§ 163 Sonderregelung für beitragspflichtige Einnahmen Beschäftigter
§ 164 (weggefallen)
§ 165 Beitragspflichtige Einnahmen selbständig Tätiger
§ 166 Beitragspflichtige Einnahmen sonstiger Versicherter
§ 167 Freiwillig Versicherte

Dritter Titel
Verteilung der Beitragslast

§ 168 Beitragstragung bei Beschäftigten
§ 169 Beitragstragung bei selbständig Tätigen
§ 170 Beitragstragung bei sonstigen Versicherten
§ 171 Freiwillig Versicherte
§ 172 Arbeitgeberanteil bei Versicherungsfreiheit und Befreiung von der Versicherungspflicht
§ 172a Beitragszuschüsse des Arbeitgebers für Mitglieder berufsständischer Versorgungseinrichtungen

Vierter Titel
Zahlung der Beiträge

§ 173 Grundsatz
§ 174 Beitragszahlung aus dem Arbeitsentgelt und Arbeitseinkommen
§ 175 Beitragszahlung bei Künstlern und Publizisten
§ 176 Beitragszahlung und Abrechnung bei Bezug von Sozialleistungen, bei Leistungen im Eingangsverfahren und im Berufsbildungsbereich anerkannter Werkstätten für behinderte Menschen
§ 176a Beitragszahlung und Abrechnung bei Pflegepersonen
§ 177 Beitragszahlung für Kindererziehungszeiten
§ 178 Verordnungsermächtigung

Fünfter Titel
Erstattungen

§ 179 Erstattung von Aufwendungen
§ 180 Verordnungsermächtigung

Sechster Titel
Nachversicherung

§ 181 Berechnung und Tragung der Beiträge
§ 182 Zusammentreffen mit vorhandenen Beiträgen
§ 183 Erhöhung und Minderung der Beiträge bei Versorgungsausgleich
§ 184 Fälligkeit der Beiträge und Aufschub
§ 185 Zahlung der Beiträge und Wirkung der Beitragszahlung
§ 186 Zahlung an eine berufsständische Versorgungseinrichtung
§ 186a Zeiten einer besonderen Auslandsverwendung im Nachversicherungszeitraum

**Siebter Titel
Zahlung von Beiträgen in besonderen Fällen**

§ 187 Zahlung von Beiträgen und Ermittlung von Entgeltpunkten aus Beiträgen beim Versorgungsausgleich

§ 187a Zahlung von Beiträgen bei vorzeitiger Inanspruchnahme einer Rente wegen Alters

§ 187b Zahlung von Beiträgen bei Abfindungen von Anwartschaften auf betriebliche Altersversorgung oder von Anrechten bei der Versorgungsausgleichskasse

§ 188 Beitragszahlung für Zeiten einer besonderen Auslandsverwendung

**Achter Titel
Berechnungsgrundsätze**

§ 189 Berechnungsgrundsätze

**Zweiter Unterabschnitt
Verfahren**

**Erster Titel
Meldungen**

§ 190 Meldepflichten bei Beschäftigten und Hausgewerbetreibenden

§ 190a Meldepflicht von versicherungspflichtigen selbständig Tätigen

§ 191 Meldepflichten bei sonstigen versicherungspflichtigen Personen

§ 192 Meldepflichten bei Einberufung zum Wehrdienst oder Zivildienst

§ 192a Meldepflicht für Zeiten einer besonderen Auslandsverwendung

§ 193 Meldung von sonstigen rechtserheblichen Zeiten

§ 194 Gesonderte Meldung und Hochrechnung

§ 195 Verordnungsermächtigung

**Zweiter Titel
Auskunfts- und Mitteilungspflichten**

§ 196 Auskunfts- und Mitteilungspflichten

§ 196a Elektronische Bescheinigungen

**Dritter Titel
Wirksamkeit der Beitragszahlung**

§ 197 Wirksamkeit von Beiträgen

§ 198 Neubeginn und Hemmung von Fristen

§ 199 Vermutung der Beitragszahlung

§ 200 Änderung der Beitragsberechnungsgrundlagen

§ 201 Beiträge an nicht zuständige Träger der Rentenversicherung

§ 202 Irrtümliche Pflichtbeitragszahlung

§ 203 Glaubhaftmachung der Beitragszahlung

**Vierter Titel
Nachzahlung**

§ 204 Nachzahlung von Beiträgen bei Ausscheiden aus einer internationalen Organisation

§ 205 Nachzahlung bei Strafverfolgungsmaßnahmen

§ 206 Nachzahlung für Geistliche und Ordensleute

§ 207 Nachzahlung für Ausbildungszeiten

§ 208 (weggefallen)

§ 209 Berechtigung und Beitragsberechnung zur Nachzahlung

**Fünfter Titel
Beitragserstattung und Beitragsüberwachung**

§ 210 Beitragserstattung

§ 211 Sonderregelung bei der Zuständigkeit zu Unrecht gezahlter Beiträge

§ 212 Beitragsüberwachung

§ 212a Prüfung der Beitragszahlungen und Meldungen für sonstige Versicherte, Nachversicherte und für Zeiten einer besonderen Auslandsverwendung

§ 212b Prüfung der Beitragszahlung bei versicherungspflichtigen Selbständigen

**Dritter Abschnitt
Beteiligung des Bundes, Finanzbeziehungen und Erstattungen**

**Erster Unterabschnitt
Beteiligung des Bundes**

§ 213 Zuschüsse des Bundes

§ 214 Liquiditätssicherung
§ 214a Liquiditätserfassung
§ 215 Beteiligung des Bundes in der knappschaftlichen Rentenversicherung

**Zweiter Unterabschnitt
Nachhaltigkeitsrücklage und Finanzausgleich**

§ 216 Nachhaltigkeitsrücklage
§ 217 Anlage der Nachhaltigkeitsrücklage
§ 218 (weggefallen)
§ 219 Finanzverbund in der allgemeinen Rentenversicherung
§ 220 Aufwendungen für Leistungen zur Teilhabe, Verwaltung und Verfahren
§ 221 Ausgaben für das Anlagevermögen
§ 222 Ermächtigung

**Dritter Unterabschnitt
Erstattungen**

§ 223 Wanderversicherungsausgleich und Wanderungsausgleich
§ 224 Erstattung durch die Bundesagentur für Arbeit
§ 224a Tragung pauschalierter Beiträge für Renten wegen voller Erwerbsminderung
§ 224b Erstattung für Begutachtung in Angelegenheiten der Grundsicherung
§ 225 Erstattung durch den Träger der Versorgungslast
§ 226 Verordnungsermächtigung

**Vierter Unterabschnitt
Abrechnung der Aufwendungen**

§ 227 Abrechnung der Aufwendungen

**Fünftes Kapitel
Sonderregelungen**

**Erster Abschnitt
Ergänzungen für Sonderfälle**

**Erster Unterabschnitt
Grundsatz**

§ 228 Grundsatz
§ 228a Besonderheiten für das Beitrittsgebiet
§ 228b Maßgebende Werte in der Anpassungsphase

**Zweiter Unterabschnitt
Versicherter Personenkreis**

§ 229 Versicherungspflicht
§ 229a Versicherungspflicht im Beitrittsgebiet
§ 230 Versicherungsfreiheit
§ 231 Befreiung von der Versicherungspflicht
§ 231a Befreiung von der Versicherungspflicht im Beitrittsgebiet
§ 232 Freiwillige Versicherung
§ 233 Nachversicherung
§ 233a Nachversicherung im Beitrittsgebiet

**Dritter Unterabschnitt
Teilhabe**

§ 234 Übergangsgeldanspruch und -berechnung bei Arbeitslosenhilfe
§ 234a Übergangsgeldanspruch und -berechnung bei Unterhaltsgeldbezug

**Vierter Unterabschnitt
Anspruchsvoraussetzungen für einzelne Renten**

§ 235 Regelaltersrente
§ 236 Altersrente für langjährig Versicherte
§ 236a Altersrente für schwerbehinderte Menschen
§ 236b Altersrente für besonders langjährig Versicherte
§ 237 Altersrente wegen Arbeitslosigkeit oder nach Altersteilzeitarbeit
§ 237a Altersrente für Frauen
§ 238 Altersrente für langjährig unter Tage beschäftigte Bergleute
§ 239 Knappschaftsausgleichsleistung
§ 240 Rente wegen teilweiser Erwerbsminderung bei Berufsunfähigkeit
§ 241 Rente wegen Erwerbsminderung
§ 242 Rente für Bergleute
§ 242a Witwenrente und Witwerrente
§ 243 Witwenrente und Witwerrente an vor dem 1. Juli 1977 geschiedene Ehegatten
§ 243a Rente wegen Todes an vor dem 1. Juli 1977 geschiedene Ehegatten im Beitrittsgebiet

§ 243b Wartezeit
§ 244 Anrechenbare Zeiten
§ 244a Wartezeiterfüllung durch Zuschläge an Entgeltpunkten für Arbeitsentgelt aus geringfügiger versicherungsfreier Beschäftigung
§ 245 Vorzeitige Wartezeiterfüllung
§ 245a Wartezeiterfüllung bei früherem Anspruch auf Hinterbliebenenrente im Beitrittsgebiet
§ 246 Beitragsgeminderte Zeiten
§ 247 Beitragszeiten
§ 248 Beitragszeiten im Beitrittsgebiet und im Saarland
§ 249 Beitragszeiten wegen Kindererziehung
§ 249a Beitragszeiten wegen Kindererziehung im Beitrittsgebiet
§ 249b Berücksichtigungszeiten wegen Pflege
§ 250 Ersatzzeiten
§ 251 Ersatzzeiten bei Handwerkern
§ 252 Anrechnungszeiten
§ 252a Anrechnungszeiten im Beitrittsgebiet
§ 253 Pauschale Anrechnungszeit
§ 253a Zurechnungszeit
§ 254 Zuordnung beitragsfreier Zeiten zur knappschaftlichen Rentenversicherung
§ 254a Ständige Arbeiten unter Tage im Beitrittsgebiet

**Fünfter Unterabschnitt
Rentenhöhe und Rentenanpassung**

§ 254b Rentenformel für Monatsbetrag der Rente
§ 254c Anpassung der Renten
§ 254d Entgeltpunkte (Ost)
§ 255 Rentenartfaktor
§ 255a Bestimmung des aktuellen Rentenwerts (Ost) für die Zeit vom 1. Juli 2018 bis zum 1. Juli 2023
§ 255b Verordnungsermächtigung
§ 255c Anwendung des aktuellen Rentenwerts zum 1. Juli 2024

§ 255d Bestimmung des aktuellen Rentenwerts für die Zeit vom 1. Juli 2018 bis zum 1. Juli 2026
§ 256 Entgeltpunkte für Beitragszeiten
§ 256a Entgeltpunkte für Beitragszeiten im Beitrittsgebiet
§ 256b Entgeltpunkte für glaubhaft gemachte Beitragszeiten
§ 256c Entgeltpunkte für nachgewiesene Beitragszeiten ohne Beitragsbemessungsgrundlage
§ 257 Entgeltpunkte für Berliner Beitragszeiten
§ 258 Entgeltpunkte für saarländische Beitragszeiten
§ 259 Entgeltpunkte für Beitragszeiten mit Sachbezug
§ 259a Besonderheiten für Versicherte der Geburtsjahrgänge vor 1937
§ 259b Besonderheiten bei Zugehörigkeit zu einem Zusatz- oder Sonderversorgungssystem
§ 260 Beitragsbemessungsgrenzen
§ 261 Beitragszeiten ohne Entgeltpunkte
§ 262 Mindestentgeltpunkte bei geringem Arbeitsentgelt
§ 263 Gesamtleistungsbewertung für beitragsfreie und beitragsgeminderte Zeiten
§ 263a Gesamtleistungsbewertung für beitragsfreie und beitragsgeminderte Zeiten mit Entgeltpunkten (Ost)
§ 264 Zuschläge oder Abschläge bei Versorgungsausgleich
§ 264a Zuschläge oder Abschläge bei Versorgungsausgleich im Beitrittsgebiet
§ 264b Zuschläge an Entgeltpunkten für Arbeitsentgelt aus geringfügiger versicherungsfreier Beschäftigung
§ 264c Zuschlag bei Hinterbliebenenrenten
§ 264d Zugangsfaktor
§ 265 Knappschaftliche Besonderheiten
§ 265a Knappschaftliche Besonderheiten bei rentenrechtlichen Zeiten im Beitrittsgebiet

**Sechster Unterabschnitt
Zusammentreffen von Renten und von Einkommen**

§ 266 Erhöhung des Grenzbetrags

§ 267 Rente und Leistungen aus der Unfallversicherung

**Siebter Unterabschnitt
Beginn von Witwenrenten und Witwerrenten an vor dem 1. Juli 1977 geschiedene Ehegatten und Änderung von Renten beim Versorgungsausgleich**

§ 268 Beginn von Witwenrenten und Witwerrenten an vor dem 1. Juli 1977 geschiedene Ehegatten

§ 268a Änderung von Renten beim Versorgungsausgleich

**Achter Unterabschnitt
Zusatzleistungen**

§ 269 Steigerungsbeträge

§ 269a (weggefallen)

§ 269b Rentenabfindung bei Wiederheirat von Witwen und Witwern

§ 270 (weggefallen)

§ 270a (weggefallen)

**Neunter Unterabschnitt
Leistungen an Berechtigte im Ausland und Auszahlung**

§ 270b Rente wegen teilweiser Erwerbsminderung bei Berufsunfähigkeit

§ 271 Höhe der Rente

§ 272 Besonderheiten

§ 272a Fälligkeit und Auszahlung laufender Geldleistungen bei Beginn vor dem 1. April 2004

**Zehnter Unterabschnitt
Organisation, Datenverarbeitung und Datenschutz**

**Erster Titel
Organisation**

§ 273 Zuständigkeit der Deutschen Rentenversicherung Knappschaft-Bahn-See

§ 273a Zuständigkeit in Zweifelsfällen

**Zweiter Titel
Datenverarbeitung und Datenschutz**

§ 274 Dateien bei der Datenstelle hinsichtlich der Verordnung (EWG) Nr. 1408/71 des Rates vom 14. Juni 1971

§ 274a (weggefallen)

§ 274b (weggefallen)

**Dritter Titel
Übergangsvorschriften zur Zuständigkeit der Rentenversicherungsträger**

§ 274c Ausgleichsverfahren

**Elfter Unterabschnitt
Finanzierung**

**Erster Titel
(weggefallen)**

§ 275 (weggefallen)

**Zweiter Titel
Beiträge**

§ 275a Beitragsbemessungsgrenzen im Beitrittsgebiet für die Zeit bis zum 31. Dezember 2024

§ 275b Verordnungsermächtigung

§ 276 (weggefallen)

§ 276a Arbeitgeberanteil bei Versicherungsfreiheit

§ 276b Gleitzone

§ 277 Beitragsrecht bei Nachversicherung

§ 277a Durchführung der Nachversicherung im Beitrittsgebiet

§ 278 Mindestbeitragsbemessungsgrundlage für die Nachversicherung

§ 278a Mindestbeitragsbemessungsgrundlage für die Nachversicherung im Beitrittsgebiet

§ 279 Beitragspflichtige Einnahmen bei Hebammen und Handwerkern

§ 279a Beitragspflichtige Einnahmen mitarbeitender Ehegatten im Beitrittsgebiet

§ 279b Beitragsbemessungsgrundlage für freiwillig Versicherte

§ 279c Beitragstragung im Beitrittsgebiet

§ 279d Beitragszahlung im Beitrittsgebiet

§§ 279e und 279f (weggefallen)
§ 279g Sonderregelungen bei Altersteilzeitbeschäftigten
§ 280 Höherversicherung für Zeiten vor 1998
§ 281 Nachversicherung
§ 281a Zahlung von Beiträgen im Rahmen des Versorgungsausgleichs im Beitrittsgebiet
§ 281b Verordnungsermächtigung

Dritter Titel
Verfahren

§ 281c Meldepflichten im Beitrittsgebiet
§ 282 Nachzahlung nach Erreichen der Regelaltersgrenze
§ 283 (weggefallen)
§ 284 Nachzahlung für Vertriebene, Flüchtlinge und Evakuierte
§ 285 Nachzahlung bei Nachversicherung
§ 286 Versicherungskarten
§ 286a Glaubhaftmachung der Beitragszahlung und Aufteilung von Beiträgen
§ 286b Glaubhaftmachung der Beitragszahlung im Beitrittsgebiet
§ 286c Vermutung der Beitragszahlung im Beitrittsgebiet
§ 286d Beitragserstattung
§ 286e Ausweis für Arbeit und Sozialversicherung
§ 286f Erstattung zu Unrecht gezahlter Pflichtbeiträge an die berufsständische Versorgungseinrichtung
§ 286g Erstattung von nach dem 21. Juli 2009 gezahlten freiwilligen Beiträgen

Vierter Titel
Berechnungsgrundlagen

§ 287 (weggefallen)
§ 287a (weggefallen)
§ 287b Ausgaben für Leistungen zur Teilhabe
§ 287c (weggefallen)
§ 287d Erstattungen in besonderen Fällen
§ 287e Veränderung des Bundeszuschusses im Beitrittsgebiet

§ 287f Getrennte Abrechnung
§ 288 (weggefallen)

Fünfter Titel
Erstattungen

§ 289 Wanderversicherungsausgleich
§ 289a Besonderheiten beim Wanderversicherungsausgleich
§ 290 Erstattung durch den Träger der Versorgungslast
§ 290a Erstattung durch den Träger der Versorgungslast im Beitrittsgebiet
§ 291 (weggefallen)
§ 291a Erstattung von Invalidenrenten und Aufwendungen für Pflichtbeitragszeiten bei Erwerbsunfähigkeit
§ 291b Erstattung nicht beitragsgedeckter Leistungen
§ 292 Verordnungsermächtigung
§ 292a Verordnungsermächtigung für das Beitrittsgebiet

Sechster Titel
Vermögensanlagen

§ 293 Vermögensanlagen

Zwölfter Unterabschnitt
Leistungen für Kindererziehung an Mütter der Geburtsjahrgänge vor 1921

§ 294 Anspruchsvoraussetzungen
§ 294a Besonderheiten für das Beitrittsgebiet
§ 295 Höhe der Leistung
§ 295a Höhe der Leistung im Beitrittsgebiet
§ 296 Beginn und Ende
§ 297 Zuständigkeit
§ 298 Durchführung
§ 299 Anrechnungsfreiheit

Zweiter Abschnitt
Ausnahmen von der Anwendung neuen Rechts

Erster Unterabschnitt
Grundsatz

§ 300 Grundsatz

Zweiter Unterabschnitt
Leistungen zur Teilhabe

§ 301 Leistungen zur Teilhabe

§ 301a Einmalzahlungs-Neuregelungsgesetz

Dritter Unterabschnitt
Anspruchsvoraussetzungen für einzelne Renten

§ 302 Anspruch auf Altersrente in Sonderfällen

§ 302a Renten wegen verminderter Erwerbsfähigkeit und Bergmannsvollrenten

§ 302b Renten wegen verminderter Erwerbsfähigkeit

§ 303 Witwerrente

§ 303a Große Witwenrente und große Witwerrente wegen Berufsunfähigkeit oder Erwerbsunfähigkeit

§ 304 Waisenrente

§ 305 Wartezeit und sonstige zeitliche Voraussetzungen

Vierter Unterabschnitt
Rentenhöhe

§ 306 Grundsatz

§ 307 Umwertung in persönliche Entgeltpunkte

§ 307a Persönliche Entgeltpunkte aus Bestandsrenten des Beitrittsgebiets

§ 307b Bestandsrenten aus überführten Renten des Beitrittsgebiets

§ 307c Durchführung der Neuberechnung von Bestandsrenten nach § 307b

§ 307d Zuschlag an persönlichen Entgeltpunkten für Kindererziehung

§ 308 Umstellungsrenten

§ 309 Neufeststellung auf Antrag

§ 310 Erneute Neufeststellung von Renten

§ 310a Neufeststellung von Renten mit Zeiten der Beschäftigung bei der Deutschen Reichsbahn oder bei der Deutschen Post

§ 310b Neufeststellung von Renten mit überführten Zeiten nach dem Anspruchs- und Anwartschaftsüberführungsgesetz

§ 310c Neufeststellung von Renten wegen Beschäftigungszeiten während des Bezugs einer Invalidenrente

Fünfter Unterabschnitt
Zusammentreffen von Renten und von Einkommen

§ 311 Rente und Leistungen aus der Unfallversicherung

§ 312 Mindestgrenzbetrag bei Versicherungsfällen vor dem 1. Januar 1979

§ 313 Hinzuverdienst bei Renten wegen verminderter Erwerbsfähigkeit

§ 314 Einkommensanrechnung auf Renten wegen Todes

§ 314a Einkommensanrechnung auf Renten wegen Todes aus dem Beitrittsgebiet

Sechster Unterabschnitt
Zusatzleistungen

§ 315 Zuschuss zur Krankenversicherung

§ 315a Auffüllbetrag

§ 315b Renten aus freiwilligen Beiträgen des Beitrittsgebiets

§ 316 (weggefallen)

Siebter Unterabschnitt
Leistungen an Berechtigte im Ausland

§ 317 Grundsatz

§ 317a Neufeststellung

§ 318 (weggefallen)

§ 319 Zusatzleistungen

Achter Unterabschnitt
Zusatzleistungen bei gleichzeitigem Anspruch auf Renten nach dem Übergangsrecht für Renten nach den Vorschriften des Beitrittsgebiets

§ 319a Rentenzuschlag bei Rentenbeginn in den Jahren 1992 und 1993

Neunter Unterabschnitt
Leistungen bei gleichzeitigem Anspruch auf Renten nach dem Übergangsrecht für Renten nach den Vorschriften des Beitrittsgebiets

§ 319b Übergangszuschlag

Sechstes Kapitel
Bußgeldvorschriften

§ 320 Bußgeldvorschriften
§ 321 Zusammenarbeit zur Verfolgung und Ahndung von Ordnungswidrigkeiten

Anlage 1
Durchschnittsentgelt in Euro/DM/RM

Anlage 2
Jährliche Beitragsbemessungsgrenzen in Euro/DM/RM

Anlage 2a
Jährliche Beitragsbemessungsgrenzen des Beitrittsgebiets in Euro/DM

Anlage 2b
Jährliche Höchstwerte an Entgeltpunkten

Anlage 3
Entgeltpunkte für Beiträge nach Lohn-, Beitrags- oder Gehaltsklassen

Anlage 4
Beitragsbemessungsgrundlage für Beitragsklassen

Anlage 5
Entgeltpunkte für Berliner Beiträge

Anlage 6
Werte zur Umrechnung der Beitragsbemessungsgrundlagen von Franken in Deutsche Mark

Anlage 7
Entgeltpunkte für saarländische Beiträge

Anlage 8
Lohn-, Beitrags- oder Gehaltsklassen und Beitragsbemessungsgrundlagen in RM/DM für Sachbezugszeiten, in denen der Versicherte nicht Lehrling oder Anlernling war

Anlage 9
Folgende im Gebiet der Bundesrepublik Deutschland ohne das Beitrittsgebiet ausgeübte Arbeiten vor dem 1. Januar 1969 sind

Anlage 10
Werte zur Umrechnung der Beitragsbemessungsgrundlagen des Beitrittsgebiets

Anlage 11
Verdienst für freiwillige Beiträge im Beitrittsgebiet

Anlage 12
Gesamtdurchschnittseinkommen zur Umwertung der anpassungsfähigen Bestandsrenten des Beitrittsgebiets

Anlage 13
Definition der Qualifikationsgruppen

Anlage 14
Bereich

Anlage 15
Entgeltpunkte für glaubhaft gemachte Beitragszeiten mit freiwilligen Beiträgen

Anlage 16
Höchstverdienste bei glaubhaft gemachten Beitragszeiten ohne Freiwillige Zusatzrentenversicherung

Anlagen 17 und 18
(weggefallen)

Anlage 19
Anhebung der Altersgrenze bei der Altersrente wegen Arbeitslosigkeit oder nach Altersteilzeitarbeit

Anlage 20
Anhebung der Altersgrenze bei der Altersrente für Frauen

Erstes Kapitel
Versicherter Personenkreis

Erster Abschnitt
Versicherung kraft Gesetzes

§ 1 Beschäftigte

₁Versicherungspflichtig sind

1. Personen, die gegen Arbeitsentgelt oder zu ihrer Berufsausbildung beschäftigt sind; während des Bezugs von Kurzarbeitergeld nach dem Dritten Buch besteht die Versicherungspflicht fort,
2. behinderte Menschen, die
   a) in anerkannten Werkstätten für behinderte Menschen oder in Blindenwerkstätten im Sinne des § 226 des Neunten Buches oder für diese Einrichtungen in Heimarbeit oder bei einem anderen Leistungsanbieter nach § 60 des Neunten Buches tätig sind,
   b) in Anstalten, Heimen oder gleichartigen Einrichtungen in gewisser Regelmäßigkeit eine Leistung erbringen, die einem Fünftel der Leistung eines voll erwerbsfähigen Beschäftigten in gleichartiger Beschäftigung entspricht; hierzu zählen auch Dienstleistungen für den Träger der Einrichtung,
3. Personen, die in Einrichtungen der Jugendhilfe oder in Berufsbildungswerken oder ähnlichen Einrichtungen für behinderte Menschen für eine Erwerbstätigkeit befähigt werden sollen; dies gilt auch für Personen während der individuellen betrieblichen Qualifizierung im Rahmen der Unterstützten Beschäftigung nach § 55 des Neunten Buches,
3a. Auszubildende, die in einer außerbetrieblichen Einrichtung im Rahmen eines Berufsausbildungsvertrages nach dem Berufsbildungsgesetz ausgebildet werden,
4. Mitglieder geistlicher Genossenschaften, Diakonissen und Angehörige ähnlicher Gemeinschaften während ihres Dienstes für die Gemeinschaft und während der Zeit ihrer außerschulischen Ausbildung.

₂Personen, die Wehrdienst leisten und nicht in einem Dienstverhältnis als Berufssoldat oder Soldat auf Zeit stehen, sind in dieser Beschäftigung nicht nach Satz 1 Nr. 1 versicherungspflichtig; sie gelten als Wehrdienstleistende im Sinne des § 3 Satz 1 Nr. 2 oder 2a und Satz 4. ₃Mitglieder des Vorstands einer Aktiengesellschaft sind in dem Unternehmen, dessen Vorstand sie angehören, nicht versicherungspflichtig beschäftigt, wobei Konzernunternehmen im Sinne des § 18 des Aktiengesetzes als ein Unternehmen gelten. ₄Die in Satz 1 Nr. 2 bis 4 genannten Personen gelten als Beschäftigte im Sinne des Rechts der Rentenversicherung. ₅Teilnehmer an dualen Studiengängen stehen den Beschäftigten zur Berufsausbildung im Sinne des Satzes 1 Nummer 1 gleich.

§ 2 Selbständig Tätige

₁Versicherungspflichtig sind selbständig tätige

1. Lehrer und Erzieher, die im Zusammenhang mit ihrer selbständigen Tätigkeit regelmäßig keinen versicherungspflichtigen Arbeitnehmer beschäftigen,
2. Pflegepersonen, die in der Kranken-, Wochen-, Säuglings- oder Kinderpflege tätig sind und im Zusammenhang mit ihrer selbständigen Tätigkeit regelmäßig keinen versicherungspflichtigen Arbeitnehmer beschäftigen,
3. Hebammen und Entbindungspfleger,
4. Seelotsen der Reviere im Sinne des Gesetzes über das Seelotswesen,
5. Künstler und Publizisten nach näherer Bestimmung des Künstlersozialversicherungsgesetzes,
6. Hausgewerbetreibende,
7. Küstenschiffer und Küstenfischer, die zur Besatzung ihres Fahrzeuges gehören oder als Küstenfischer ohne Fahrzeug fischen und regelmäßig nicht mehr als vier versicherungspflichtige Arbeitnehmer beschäftigen,
8. Gewerbetreibende, die in die Handwerksrolle eingetragen sind und in ihrer Person die für die Eintragung in die Handwerksrolle erforderlichen Voraussetzungen erfüllen, wobei Handwerksbetriebe im Sinne der §§ 2 und 3 der Handwerksordnung sowie Betriebsfortführungen auf Grund von § 4 der Handwerksordnung außer Be-

tracht bleiben; ist eine Personengesellschaft in die Handwerksrolle eingetragen, gilt als Gewerbetreibender, wer als Gesellschafter in seiner Person die Voraussetzungen für die Eintragung in die Handwerksrolle erfüllt,

9. Personen, die
   a) im Zusammenhang mit ihrer selbständigen Tätigkeit regelmäßig keinen versicherungspflichtigen Arbeitnehmer beschäftigen und
   b) auf Dauer und im Wesentlichen nur für einen Auftraggeber tätig sind; bei Gesellschaftern gelten als Auftraggeber die Auftraggeber der Gesellschaft.

₂Als Arbeitnehmer im Sinne des Satzes 1 Nr. 1, 2, 7 und 9 gelten

1. auch Personen, die berufliche Kenntnisse, Fertigkeiten oder Erfahrungen im Rahmen beruflicher Bildung erwerben,
2. nicht Personen, die geringfügig beschäftigt sind,
3. für Gesellschafter auch die Arbeitnehmer der Gesellschaft.

§ 3 Sonstige Versicherte

₁Versicherungspflichtig sind Personen in der Zeit,

1. für die ihnen Kindererziehungszeiten anzurechnen sind (§ 56),
1a. in der sie eine oder mehrere pflegebedürftige Personen mit mindestens Pflegegrad 2 wenigstens zehn Stunden wöchentlich, verteilt auf regelmäßig mindestens zwei Tage in der Woche, in ihrer häuslichen Umgebung nicht erwerbsmäßig pflegen (nicht erwerbsmäßig tätige Pflegepersonen), wenn der Pflegebedürftige Anspruch auf Leistungen aus der sozialen Pflegeversicherung oder einer privaten Pflege-Pflichtversicherung hat,
2. in der sie aufgrund gesetzlicher Pflicht Wehrdienst oder Zivildienst leisten,
2a. in der sie sich in einem Wehrdienstverhältnis besonderer Art nach § 6 des Einsatz-Weiterverwendungsgesetzes befinden, wenn sich der Einsatzunfall während einer Zeit ereignet hat, in der sie nach Nummer 2 versicherungspflichtig waren,
3. für die sie von einem Leistungsträger Krankengeld, Verletztengeld, Versorgungskrankengeld, Übergangsgeld, Arbeitslosengeld oder von der sozialen oder einer privaten Pflegeversicherung Pflegeunterstützungsgeld beziehen, wenn sie im letzten Jahr vor Beginn der Leistung zuletzt versicherungspflichtig waren; der Zeitraum von einem Jahr verlängert sich um Anrechnungszeiten wegen des Bezugs von Arbeitslosengeld II,
3a. für die sie von einem privaten Krankenversicherungsunternehmen, von einem Beihilfeträger des Bundes, von einem sonstigen öffentlich-rechtlichen Träger von Kosten in Krankheitsfällen auf Bundesebene, von dem Träger der Heilfürsorge im Bereich des Bundes, von dem Träger der truppenärztlichen Versorgung oder von einem öffentlich-rechtlichen Träger von Kosten in Krankheitsfällen auf Landesebene, soweit das Landesrecht dies vorsieht, Leistungen für den Ausfall von Arbeitseinkünften im Zusammenhang mit einer nach den §§ 8 und 8a des Transplantationsgesetzes erfolgenden Spende von Organen oder Geweben oder im Zusammenhang mit einer im Sinne von § 9 des Transfusionsgesetzes erfolgenden Spende von Blut zur Separation von Blutstammzellen oder anderen Blutbestandteilen beziehen, wenn sie im letzten Jahr vor Beginn dieser Zahlung zuletzt versicherungspflichtig waren; der Zeitraum von einem Jahr verlängert sich um Anrechnungszeiten wegen des Bezugs von Arbeitslosengeld II,
4. für die sie Vorruhestandsgeld beziehen, wenn sie unmittelbar vor Beginn der Leistung versicherungspflichtig waren.

₂Pflegepersonen, die für ihre Tätigkeit von dem oder den Pflegebedürftigen ein Arbeitsentgelt erhalten, das das dem Umfang der jeweiligen Pflegetätigkeit entsprechende Pflegegeld im Sinne des § 37 des Elften Buches nicht übersteigt, gelten als nicht erwerbsmäßig tätig; sie sind insoweit nicht nach § 1 Satz 1 Nr. 1 versicherungspflichtig. ₃Nicht erwerbsmäßig tätige Pflegepersonen, die daneben regelmäßig mehr als 30 Stunden wöchentlich beschäftigt oder selbständig tätig sind, sind nicht nach Satz 1 Nr. 1a versiche-

SGB VI: Gesetzliche Rentenversicherung § 4

rungspflichtig. ₄Wehrdienstleistende oder Zivildienstleistende, die für die Zeit ihres Dienstes Arbeitsentgelt weiter erhalten oder Leistungen an Selbständige nach § 7 des Unterhaltssicherungsgesetzes erhalten, sind nicht nach Satz 1 Nr. 2 versicherungspflichtig; die Beschäftigung oder selbständige Tätigkeit gilt in diesen Fällen als nicht unterbrochen.

₅Trifft eine Versicherungspflicht nach Satz 1 Nr. 3 im Rahmen von Leistungen zur Teilhabe am Arbeitsleben mit einer Versicherungspflicht nach § 1 Satz 1 Nr. 2 oder 3 zusammen, geht die Versicherungspflicht vor, nach der die höheren Beiträge zu zahlen sind. ₆Die Versicherungspflicht nach Satz 1 Nr. 3 und 4 erstreckt sich auch auf Personen, die ihren gewöhnlichen Aufenthalt im Ausland haben.

§ 4 Versicherungspflicht auf Antrag

(1) ₁Auf Antrag versicherungspflichtig sind folgende Personen, wenn die Versicherung von einer Stelle beantragt wird, die ihren Sitz im Inland hat:

1. Entwicklungshelfer im Sinne des Entwicklungshelfer-Gesetzes, die Entwicklungsdienst oder Vorbereitungsdienst leisten,
2. Angehörige eines Mitgliedstaates der Europäischen Union, Angehörige eines Vertragsstaates des Abkommens über den Europäischen Wirtschaftsraum oder Staatsangehörige der Schweiz, die für eine begrenzte Zeit im Ausland beschäftigt sind,
3. sekundierte Personen nach dem Sekundierungsgesetz.

₂Auf Antrag ihres Arbeitgebers versicherungspflichtig sind auch Angehörige eines Mitgliedstaates der Europäischen Union, Angehörige eines Vertragsstaates des Abkommens über den Europäischen Wirtschaftsraum oder Staatsangehörige der Schweiz, die im Ausland bei einer amtlichen Vertretung des Bundes oder der Länder oder bei einem Leiter, Mitglied oder Bediensteten einer amtlichen Vertretung des Bundes oder der Länder beschäftigt sind. ₃Personen, denen für die Zeit des Dienstes oder der Beschäftigung im Ausland Versorgungsanwartschaften gewährleistet sind, gelten im Rahmen der Nachversicherung auch ohne Antrag als versicherungspflichtig.

(2) Auf Antrag versicherungspflichtig sind Personen, die nicht nur vorübergehend selbständig tätig sind, wenn sie die Versicherungspflicht innerhalb von fünf Jahren nach der Aufnahme der selbständigen Tätigkeit oder dem Ende einer Versicherungspflicht aufgrund dieser Tätigkeit beantragen.

(3) ₁Auf Antrag versicherungspflichtig sind Personen, die

1. eine der in § 3 Satz 1 Nr. 3 genannten Sozialleistungen oder Leistungen für den Ausfall von Arbeitseinkünften nach § 3 Satz 1 Nummer 3a beziehen und nicht nach diesen Vorschriften versicherungspflichtig sind,
2. nur deshalb keinen Anspruch auf Krankengeld haben, weil sie nicht in der gesetzlichen Krankenversicherung versichert sind oder in der gesetzlichen Krankenversicherung ohne Anspruch auf Krankengeld versichert sind, für die Zeit der Arbeitsunfähigkeit oder der Ausführung von Leistungen zur medizinischen Rehabilitation oder zur Teilhabe am Arbeitsleben, wenn sie im letzten Jahr vor Beginn der Arbeitsunfähigkeit oder der Ausführung von Leistungen zur medizinischen Rehabilitation oder zur Teilhabe am Arbeitsleben zuletzt versicherungspflichtig waren, längstens jedoch für 18 Monate.

₂Dies gilt auch für Personen, die ihren gewöhnlichen Aufenthalt im Ausland haben.

(3a) ₁Die Vorschriften über die Versicherungsfreiheit und die Befreiung von der Versicherungspflicht gelten auch für die Versicherungspflicht auf Antrag nach Absatz 3. ₂Bezieht sich die Versicherungsfreiheit oder die Befreiung von der Versicherungspflicht auf jede Beschäftigung oder selbständige Tätigkeit, kann ein Antrag nach Absatz 3 nicht gestellt werden. ₃Bezieht sich die Versicherungsfreiheit oder die Befreiung von der Versicherungspflicht auf eine bestimmte Beschäftigung oder bestimmte selbständige Tätigkeit, kann ein Antrag nach Absatz 3 nicht gestellt werden, wenn die Versicherungsfreiheit oder die Befreiung von der Versicherungspflicht auf der Zugehörigkeit zu einem anderweitigen Alterssicherungssystem, insbesondere einem abgeschlossenen Lebensversicherungsvertrag oder der Mitgliedschaft in einer öffentlich-rechtlichen Versicherungseinrichtung oder Versorgungseinrichtung einer Berufsgruppe (§ 6 Abs. 1 Satz 1 Nr. 1), beruht und die Zeit des Bezugs der jeweiligen Sozialleistung in dem anderweitigen Alterssicherungssystem abgesichert ist oder abgesichert werden kann.

(4) ₁Die Versicherungspflicht beginnt

1. in den Fällen der Absätze 1 und 2 mit dem Tag, an dem erstmals die Voraussetzungen nach den Absätzen 1 und 2 vorliegen, wenn sie innerhalb von drei Monaten danach beantragt wird, sonst mit dem Tag, der dem Eingang des Antrags folgt,
2. in den Fällen des Absatzes 3 Satz 1 Nr. 1 mit Beginn der Leistung und in den Fällen des Absatzes 3 Satz 1 Nr. 2 mit Beginn der Arbeitsunfähigkeit oder Rehabilitation, wenn der Antrag innerhalb von drei Monaten danach gestellt wird, andernfalls mit dem Tag, der dem Eingang des Antrags folgt, frühestens jedoch mit dem Ende der Versicherungspflicht aufgrund einer vorausgehenden versicherungspflichtigen Beschäftigung oder Tätigkeit.

₂Sie endet mit Ablauf des Tages, an dem die Voraussetzungen weggefallen sind.

§ 5 Versicherungsfreiheit

(1) ₁Versicherungsfrei sind

1. Beamte und Richter auf Lebenszeit, auf Zeit oder auf Probe, Berufssoldaten und Soldaten auf Zeit sowie Beamte auf Widerruf im Vorbereitungsdienst,
2. sonstige Beschäftigte von Körperschaften, Anstalten oder Stiftungen des öffentlichen Rechts, deren Verbänden einschließlich der Spitzenverbände oder ihrer Arbeitsgemeinschaften, wenn ihnen nach beamtenrechtlichen Vorschriften oder Grundsätzen Anwartschaft auf Versorgung bei verminderter Erwerbsfähigkeit und im Alter sowie auf Hinterbliebenenversorgung gewährleistet und die Erfüllung der Gewährleistung gesichert ist,
3. Beschäftigte im Sinne von Nummer 2, wenn ihnen nach kirchenrechtlichen Regelungen eine Anwartschaft im Sinne von Nummer 2 gewährleistet und die Erfüllung der Ge-

währleistung gesichert ist, sowie satzungsmäßige Mitglieder geistlicher Genossenschaften, Diakonissen und Angehörige ähnlicher Gemeinschaften, wenn ihnen nach den Regeln der Gemeinschaft Anwartschaft auf die in der Gemeinschaft übliche Versorgung bei verminderter Erwerbsfähigkeit und im Alter gewährleistet und die Erfüllung der Gewährleistung gesichert ist,

in dieser Beschäftigung und in weiteren Beschäftigungen, auf die die Gewährleistung einer Versorgungsanwartschaft erstreckt wird. ₂Für Personen nach Satz 1 Nr. 2 gilt dies nur, wenn sie

1. nach beamtenrechtlichen Vorschriften oder Grundsätzen Anspruch auf Vergütung und bei Krankheit auf Fortzahlung der Bezüge haben oder
2. nach beamtenrechtlichen Vorschriften oder Grundsätzen bei Krankheit Anspruch auf Beihilfe oder Heilfürsorge haben oder
3. innerhalb von zwei Jahren nach Beginn des Beschäftigungsverhältnisses in ein Rechtsverhältnis nach Nummer 1 berufen werden sollen oder
4. in einem öffentlich-rechtlichen Ausbildungsverhältnis stehen.

₃Über das Vorliegen der Voraussetzungen nach Satz 1 Nr. 2 und 3 sowie nach Satz 2 und die Erstreckung der Gewährleistung auf weitere Beschäftigungen entscheidet für Beschäftigte beim Bund und bei Dienstherren oder anderen Arbeitgebern, die der Aufsicht des Bundes unterstehen, das zuständige Bundesministerium, im Übrigen die oberste Verwaltungsbehörde des Landes, in dem die Arbeitgeber, Genossenschaften oder Gemeinschaften ihren Sitz haben. ₄Die Gewährleistung von Anwartschaften begründet die Versicherungsfreiheit von Beginn des Monats an, in dem die Zusicherung der Anwartschaften vertraglich erfolgte.

(2) ₁Versicherungsfrei sind Personen, die eine

1. Beschäftigung nach § 8 Absatz 1 Nummer 2 oder § 8a in Verbindung mit § 8 Absatz 1 Nummer 2 des Vierten Buches oder
2. geringfügige selbständige Tätigkeit nach § 8 Absatz 3 in Verbindung mit § 8 Absatz 1 oder nach § 8 Absatz 3 in Verbindung mit den §§ 8a und 8 Absatz 1 des Vierten Buches

SGB VI: Gesetzliche Rentenversicherung §6

ausüben, in dieser Beschäftigung oder selbständigen Tätigkeit. ₂§ 8 Absatz 2 des Vierten Buches ist mit der Maßgabe anzuwenden, dass eine Zusammenrechnung mit einer nicht geringfügigen selbständigen Tätigkeit nur erfolgt, wenn diese versicherungspflichtig ist. ₃Satz 1 Nummer 1 gilt nicht für Personen, die im Rahmen betrieblicher Berufsbildung beschäftigt sind.

(3) Versicherungsfrei sind Personen, die während der Dauer eines Studiums als ordentliche Studierende einer Fachschule oder Hochschule ein Praktikum ableisten, das in ihrer Studienordnung oder Prüfungsordnung vorgeschrieben ist.

(4) ₁Versicherungsfrei sind Personen, die

1. nach Ablauf des Monats, in dem die Regelaltersgrenze erreicht wurde, eine Vollrente wegen Alters beziehen,
2. nach beamtenrechtlichen Vorschriften oder Grundsätzen oder entsprechenden kirchenrechtlichen Regelungen oder nach den Regelungen einer berufsständischen Versorgungseinrichtung eine Versorgung nach Erreichen einer Altersgrenze beziehen oder die in der Gemeinschaft übliche Versorgung im Alter nach Absatz 1 Satz 1 Nr. 3 erhalten oder
3. bis zum Erreichen der Regelaltersgrenze nicht versichert waren oder nach Erreichen der Regelaltersgrenze eine Beitragserstattung aus ihrer Versicherung erhalten haben.

₂Satz 1 gilt nicht für Beschäftigte in einer Beschäftigung, in der sie durch schriftliche Erklärung gegenüber dem Arbeitgeber auf die Versicherungsfreiheit verzichten. ₃Der Verzicht kann nur mit Wirkung für die Zukunft erklärt werden und ist für die Dauer der Beschäftigung bindend. ₄Die Sätze 2 und 3 gelten entsprechend für selbständig Tätige, die den Verzicht gegenüber dem zuständigen Träger der Rentenversicherung erklären.

§6 Befreiung von der Versicherungspflicht

(1) ₁Von der Versicherungspflicht werden befreit

1. Beschäftigte und selbständig Tätige für die Beschäftigung oder selbständige Tätigkeit, wegen der sie aufgrund einer durch Gesetz angeordneten oder auf Gesetz beruhenden Verpflichtung Mitglied einer öffentlich-rechtlichen Versicherungseinrichtung oder Versorgungseinrichtung ihrer Berufsgruppe (berufsständische Versorgungseinrichtung) und zugleich kraft gesetzlicher Verpflichtung Mitglied einer berufsständischen Kammer sind, wenn

   a) am jeweiligen Ort der Beschäftigung oder selbständigen Tätigkeit für ihre Berufsgruppe bereits vor dem 1. Januar 1995 eine gesetzliche Verpflichtung zur Mitgliedschaft in der berufsständischen Kammer bestanden hat,

   b) für sie nach näherer Maßgabe der Satzung einkommensbezogene Beiträge unter Berücksichtigung der Beitragsbemessungsgrenze zur berufsständischen Versorgungseinrichtung zu zahlen sind und

   c) aufgrund dieser Beiträge Leistungen für den Fall verminderter Erwerbsfähigkeit und des Alters sowie für Hinterbliebene erbracht und angepasst werden, wobei auch die finanzielle Lage der berufsständischen Versorgungseinrichtung zu berücksichtigen ist,

2. Lehrer oder Erzieher, die an nichtöffentlichen Schulen beschäftigt sind, wenn ihnen nach beamtenrechtlichen Grundsätzen oder entsprechenden kirchenrechtlichen Regelungen Anwartschaft auf Versorgung bei verminderter Erwerbsfähigkeit und im Alter sowie auf Hinterbliebenenversorgung gewährleistet und die Erfüllung der Gewährleistung gesichert ist und wenn diese Personen die Voraussetzungen nach § 5 Abs. 1 Satz 2 Nr. 1 und 2 erfüllen,

3. nichtdeutsche Besatzungsmitglieder deutscher Seeschiffe, die ihren Wohnsitz oder gewöhnlichen Aufenthalt nicht in einem Mitgliedstaat der Europäischen Union, einem Vertragsstaat des Abkommens über den Europäischen Wirtschaftsraum oder der Schweiz haben,

4. Gewerbetreibende in Handwerksbetrieben, wenn für sie mindestens 18 Jahre lang Pflichtbeiträge gezahlt worden sind.

₂Die gesetzliche Verpflichtung für eine Berufsgruppe zur Mitgliedschaft in einer berufsständischen Kammer im Sinne des Satzes 1 Nr. 1 gilt mit dem Tag als entstanden, an dem das die jeweilige Kammerzugehörigkeit begründende Gesetz verkündet worden ist. ₃Wird der Kreis der Pflichtmitglieder einer berufsständischen Kammer nach dem 31. Dezember 1994 erweitert, werden diejenigen Pflichtmitglieder des berufsständischen Versorgungswerks nicht nach Satz 1 Nr. 1 befreit, die nur wegen dieser Erweiterung Pflichtmitglieder ihrer Berufskammer geworden sind. ₄Für die Bestimmung des Tages, an dem die Erweiterung des Kreises der Pflichtmitglieder erfolgt ist, ist Satz 2 entsprechend anzuwenden. ₅Personen, die nach bereits am 1. Januar 1995 geltenden versorgungsrechtlichen Regelungen verpflichtet sind, für die Zeit der Ableistung eines gesetzlich vorgeschriebenen Vorbereitungs- oder Anwärterdienstes Mitglied einer berufsständischen Versorgungseinrichtung zu sein, werden auch dann nach Satz 1 Nr. 1 von der Versicherungspflicht befreit, wenn eine gesetzliche Verpflichtung zur Mitgliedschaft in einer berufsständischen Kammer für die Zeit der Ableistung des Vorbereitungs- oder Anwärterdienstes nicht besteht. ₆Satz 1 Nr. 1 gilt nicht für die in Satz 1 Nr. 4 genannten Personen.

(1a) ₁Personen, die nach § 2 Satz 1 Nr. 9 versicherungspflichtig sind, werden von der Versicherungspflicht befreit
1. für einen Zeitraum von drei Jahren nach erstmaliger Aufnahme einer selbständigen Tätigkeit, die die Merkmale des § 2 Satz 1 Nr. 9 erfüllt,
2. nach Vollendung des 58. Lebensjahres, wenn sie nach einer zuvor ausgeübten selbständigen Tätigkeit erstmals nach § 2 Satz 1 Nr. 9 versicherungspflichtig werden.

₂Satz 1 Nr. 1 gilt entsprechend für die Aufnahme einer zweiten selbständigen Tätigkeit, die die Merkmale des § 2 Satz 1 Nr. 9 erfüllt. ₃Tritt nach Ende einer Versicherungspflicht nach § 2 Satz 1 Nr. 10 Versicherungspflicht nach § 2 Satz 1 Nr. 9 ein, wird die Zeit, in der die dort genannten Merkmale bereits vor dem Eintritt der Versicherungspflicht nach dieser Vorschrift vorgelegen haben, auf den in Satz 1 Nr. 1 genannten Zeitraum nicht angerechnet. ₄Eine Aufnahme einer selbständigen Tätigkeit liegt nicht vor, wenn eine bestehende selbständige Existenz lediglich umbenannt oder deren Geschäftszweck gegenüber der vorangegangenen nicht wesentlich verändert worden ist.

(1b) ₁Personen, die eine geringfügige Beschäftigung nach § 8 Absatz 1 Nummer 1 oder § 8a in Verbindung mit § 8 Absatz 1 Nummer 1 des Vierten Buches ausüben, werden auf Antrag von der Versicherungspflicht befreit. ₂Der schriftliche Befreiungsantrag ist dem Arbeitgeber zu übergeben. ₃§ 8 Absatz 2 des Vierten Buches ist mit der Maßgabe anzuwenden, dass eine Zusammenrechnung mit einer nicht geringfügigen Beschäftigung nur erfolgt, wenn diese versicherungspflichtig ist. ₄Der Antrag kann bei mehreren geringfügigen Beschäftigungen nur einheitlich gestellt werden und ist für die Dauer der Beschäftigungen bindend. ₅Satz 1 gilt nicht für Personen, die im Rahmen betrieblicher Berufsbildung, nach dem Jugendfreiwilligendienstegesetz, nach dem Bundesfreiwilligendienstgesetz oder nach § 1 Satz 1 Nummer 2 bis 4 beschäftigt sind oder von der Möglichkeit einer stufenweisen Wiederaufnahme einer nicht geringfügigen Tätigkeit (§ 74 des Fünften Buches) Gebrauch machen.

(2) Die Befreiung erfolgt auf Antrag des Versicherten, in den Fällen des Absatzes 1 Nr. 2 und 3 auf Antrag des Arbeitgebers.

(3) ₁Über die Befreiung entscheidet der Träger der Rentenversicherung, nachdem in den Fällen
1. des Absatzes 1 Nr. 1 die für die berufsständische Versorgungseinrichtung zuständige oberste Verwaltungsbehörde,
2. des Absatzes 1 Nr. 2 die oberste Verwaltungsbehörde des Landes, in dem der Arbeitgeber seinen Sitz hat,

das Vorliegen der Voraussetzungen bestätigt hat. ₂In den Fällen des Absatzes 1b gilt die Befreiung als erteilt, wenn die nach § 28i Satz 5 des Vierten Buches zuständige Einzugsstelle nicht innerhalb eines Monats nach Eingang der Meldung des Arbeitgebers nach § 28a des Vierten Buches dem Befreiungsantrag des Beschäftigten widerspricht. ₃Die Vorschriften des Zehnten Buches über die Bestandskraft von Verwaltungsakten und über das Rechtsbehelfsverfahren gelten entsprechend.

(4) ₁Die Befreiung wirkt vom Vorliegen der Befreiungsvoraussetzungen an, wenn sie innerhalb von drei Monaten beantragt wird, sonst vom Eingang des Antrags an. ₂In den Fällen des Absatzes 1b wirkt die Befreiung bei Vorliegen der Befreiungsvoraussetzungen nach Eingang der Meldung des Arbeitgebers nach § 28a des Vierten Buches bei der zuständigen Einzugsstelle rückwirkend vom Beginn des Monats, in dem der Antrag des Beschäftigten dem Arbeitgeber zugegangen ist, wenn der Arbeitgeber den Befreiungsantrag der Einzugsstelle mit der ersten folgenden Entgeltabrechnung, spätestens aber innerhalb von sechs Wochen nach Zugang, gemeldet und die Einzugsstelle innerhalb eines Monats nach Eingang der Meldung des Arbeitgebers nicht widersprochen hat. ₃Erfolgt die Meldung des Arbeitgebers später, wirkt die Befreiung vom Beginn des auf den Ablauf der Widerspruchsfrist nach Absatz 3 folgenden Monats. ₄In den Fällen, in denen bei einer Mehrfachbeschäftigung die Befreiungsvoraussetzungen vorliegen, hat die Einzugsstelle die weiteren Arbeitgeber über den Zeitpunkt der Wirkung der Befreiung unverzüglich durch eine Meldung zu unterrichten.

(5) ₁Die Befreiung ist auf die jeweilige Beschäftigung oder selbständige Tätigkeit beschränkt. ₂Sie erstreckt sich in den Fällen des Absatzes 1 Nr. 1 und 2 auch auf eine andere versicherungspflichtige Tätigkeit, wenn diese infolge ihrer Eigenart oder vertraglich im Voraus zeitlich begrenzt ist und der Versorgungsträger für die Zeit der Tätigkeit den Erwerb einkommensbezogener Versorgungsanwartschaften gewährleistet.

Zweiter Abschnitt
Freiwillige Versicherung

§ 7 Freiwillige Versicherung

(1) ₁Personen, die nicht versicherungspflichtig sind, können sich für Zeiten von der Vollendung des 16. Lebensjahres an freiwillig versichern. ₂Dies gilt auch für Deutsche, die ihren gewöhnlichen Aufenthalt im Ausland haben.

(2) Nach bindender Bewilligung einer Vollrente wegen Alters oder für Zeiten des Bezugs einer solchen Rente ist eine freiwillige Versicherung nicht zulässig, wenn der Monat abgelaufen ist, in dem die Regelaltersgrenze erreicht wurde.

Dritter Abschnitt
Nachversicherung, Versorgungsausgleich und Rentensplitting

§ 8 Nachversicherung, Versorgungsausgleich und Rentensplitting

(1) ₁Versichert sind auch Personen,

1. die nachversichert sind oder
2. für die aufgrund eines Versorgungsausgleichs oder eines Rentensplittings Rentenanwartschaften übertragen oder begründet sind.

₂Nachversicherte stehen den Personen gleich, die versicherungspflichtig sind.

(2) ₁Nachversichert werden Personen, die als

1. Beamte oder Richter auf Lebenszeit, auf Zeit oder auf Probe, Berufssoldaten und Soldaten auf Zeit sowie Beamte auf Widerruf im Vorbereitungsdienst,
2. sonstige Beschäftigte von Körperschaften, Anstalten oder Stiftungen des öffentlichen Rechts, deren Verbänden einschließlich der Spitzenverbände oder ihrer Arbeitsgemeinschaften,
3. satzungsmäßige Mitglieder geistlicher Genossenschaften, Diakonissen oder Angehörige ähnlicher Gemeinschaften oder
4. Lehrer oder Erzieher an nichtöffentlichen Schulen oder Anstalten

versicherungsfrei waren oder von der Versicherungspflicht befreit worden sind, wenn sie ohne Anspruch oder Anwartschaft auf Versorgung aus der Beschäftigung ausgeschieden sind oder ihren Anspruch auf Versorgung verloren haben und Gründe für einen Aufschub der Beitragszahlung (§ 184 Abs. 2) nicht gegeben sind. ₂Die Nachversicherung erstreckt sich auf den Zeitraum, in dem die Versicherungsfreiheit oder die Befreiung von der Versicherungspflicht vorgelegen hat (Nachversicherungszeitraum). ₃Bei einem Ausscheiden durch Tod erfolgt eine Nachversicherung nur, wenn ein Anspruch auf Hinterbliebenenrente geltend gemacht werden kann.

Zweites Kapitel
Leistungen

Erster Abschnitt
Leistungen zur Teilhabe

Erster Unterabschnitt
Voraussetzungen für die Leistungen

§ 9 Aufgabe der Leistungen zur Teilhabe

(1) ₁Die Träger der Rentenversicherung erbringen Leistungen zur Prävention, Leistungen zur medizinischen Rehabilitation, Leistungen zur Teilhabe am Arbeitsleben, Leistungen zur Nachsorge sowie ergänzende Leistungen, um

1. den Auswirkungen einer Krankheit oder einer körperlichen, geistigen oder seelischen Behinderung auf die Erwerbsfähigkeit der Versicherten vorzubeugen, entgegenzuwirken oder sie zu überwinden und

2. dadurch Beeinträchtigungen der Erwerbsfähigkeit der Versicherten oder ihr vorzeitiges Ausscheiden aus dem Erwerbsleben zu verhindern oder sie möglichst dauerhaft in das Erwerbsleben wiedereinzugliedern.

₂Die Leistungen zur Teilhabe haben Vorrang vor Rentenleistungen, die bei erfolgreichen Leistungen zur Teilhabe nicht oder voraussichtlich erst zu einem späteren Zeitpunkt zu erbringen sind.

(2) Die Leistungen nach Absatz 1 sind zu erbringen, wenn die persönlichen und versicherungsrechtlichen Voraussetzungen dafür erfüllt sind.

§ 10 Persönliche Voraussetzungen

(1) Für Leistungen zur Teilhabe haben Versicherte die persönlichen Voraussetzungen erfüllt,

1. deren Erwerbsfähigkeit wegen Krankheit oder körperlicher, geistiger oder seelischer Behinderung erheblich gefährdet oder gemindert ist und

2. bei denen voraussichtlich
   a) bei erheblicher Gefährdung der Erwerbsfähigkeit eine Minderung der Erwerbsfähigkeit durch Leistungen zur medizinischen Rehabilitation oder zur Teilhabe am Arbeitsleben abgewendet werden kann,

   b) bei geminderter Erwerbsfähigkeit diese durch Leistungen zur medizinischen Rehabilitation oder zur Teilhabe am Arbeitsleben wesentlich gebessert oder wiederhergestellt oder hierdurch deren wesentliche Verschlechterung abgewendet werden kann,

   c) bei teilweiser Erwerbsminderung ohne Aussicht auf eine wesentliche Besserung der Erwerbsfähigkeit durch Leistungen zur Teilhabe am Arbeitsleben

   aa) der bisherige Arbeitsplatz erhalten werden kann oder

   bb) ein anderer in Aussicht stehender Arbeitsplatz erlangt werden kann, wenn die Erhaltung des bisherigen Arbeitsplatzes nach Feststellung des Trägers der Rentenversicherung nicht möglich ist.

(2) Für Leistungen zur Teilhabe haben auch Versicherte die persönlichen Voraussetzungen erfüllt,

1. die im Bergbau vermindert berufsfähig sind und bei denen voraussichtlich durch die Leistungen die Erwerbsfähigkeit wesentlich gebessert oder wiederhergestellt werden kann oder

2. bei denen der Eintritt von im Bergbau verminderter Berufsfähigkeit droht und bei denen voraussichtlich durch die Leistungen der Eintritt der im Bergbau verminderten Berufsfähigkeit abgewendet werden kann.

(3) Für die Leistungen nach den §§ 14, 15a und 17 haben die Versicherten oder die Kinder die persönlichen Voraussetzungen bei Vorliegen der dortigen Anspruchsvoraussetzungen erfüllt.

§ 11 Versicherungsrechtliche Voraussetzungen

(1) Für Leistungen zur Teilhabe haben Versicherte die versicherungsrechtlichen Voraussetzungen erfüllt, die bei Antragstellung

1. die Wartezeit von 15 Jahren erfüllt haben oder

2. eine Rente wegen verminderter Erwerbsfähigkeit beziehen.

(2) ₁Für die Leistungen zur Prävention und zur medizinischen Rehabilitation haben Versi-

cherte die versicherungsrechtlichen Voraussetzungen auch erfüllt, die

1. in den letzten zwei Jahren vor der Antragstellung sechs Kalendermonate mit Pflichtbeiträgen für eine versicherte Beschäftigung oder Tätigkeit haben,
2. innerhalb von zwei Jahren nach Beendigung einer Ausbildung eine versicherte Beschäftigung oder selbständige Tätigkeit aufgenommen und bis zum Antrag ausgeübt haben oder nach einer solchen Beschäftigung oder Tätigkeit bis zum Antrag arbeitsunfähig oder arbeitslos gewesen sind oder
3. vermindert erwerbsfähig sind oder bei denen dies in absehbarer Zeit zu erwarten ist, wenn sie die allgemeine Wartezeit erfüllt haben.

₂§ 55 Abs. 2 ist entsprechend anzuwenden. ₃Der Zeitraum von zwei Jahren nach Nummer 1 verlängert sich um Anrechnungszeiten wegen des Bezugs von Arbeitslosengeld II. ₄Für die Leistungen nach § 15a an Kinder von Versicherten sind die versicherungsrechtlichen Voraussetzungen erfüllt, wenn der Versicherte die allgemeine Wartezeit oder die in Satz 1 oder in Absatz 1 genannten versicherungsrechtlichen Voraussetzungen erfüllt hat.

(2a) Leistungen zur Teilhabe am Arbeitsleben werden an Versicherte auch erbracht,

1. wenn ohne diese Leistungen Rente wegen verminderter Erwerbsfähigkeit zu leisten wäre oder
2. wenn sie für eine voraussichtlich erfolgreiche Rehabilitation unmittelbar im Anschluss an Leistungen zur medizinischen Rehabilitation der Träger der Rentenversicherung erforderlich sind.

(3) ₁Die versicherungsrechtlichen Voraussetzungen haben auch überlebende Ehegatten erfüllt, die Anspruch auf große Witwenrente oder große Witwerrente wegen verminderter Erwerbsfähigkeit haben. ₂Sie gelten für die Vorschriften dieses Abschnitts als Versicherte.

§ 12 Ausschluss von Leistungen

(1) Leistungen zur Teilhabe werden nicht für Versicherte erbracht, die

1. wegen eines Arbeitsunfalls, einer Berufskrankheit, einer Schädigung im Sinne des sozialen Entschädigungsrechts oder wegen eines Einsatzunfalls, der Ansprüche nach dem Einsatz-Weiterverwendungsgesetz begründet, gleichartige Leistungen eines anderen Rehabilitationsträgers oder Leistungen zur Eingliederung nach dem Einsatz-Weiterverwendungsgesetz erhalten können,
2. eine Rente wegen Alters von wenigstens zwei Dritteln der Vollrente beziehen oder beantragt haben,
3. eine Beschäftigung ausüben, aus der ihnen nach beamtenrechtlichen oder entsprechenden Vorschriften Anwartschaft auf Versorgung gewährleistet ist,
4. als Bezieher einer Versorgung wegen Erreichens einer Altersgrenze versicherungsfrei sind,
4a. eine Leistung beziehen, die regelmäßig bis zum Beginn einer Rente wegen Alters gezahlt wird, oder
5. sich in Untersuchungshaft oder im Vollzug einer Freiheitsstrafe oder freiheitsentziehenden Maßregel der Besserung und Sicherung befinden oder einstweilig nach § 126a Abs. 1 der Strafprozessordnung untergebracht sind. Dies gilt nicht für Versicherte im erleichterten Strafvollzug bei Leistungen zur Teilhabe am Arbeitsleben.

(2) ₁Leistungen zur medizinischen Rehabilitation werden nicht vor Ablauf von vier Jahren nach Durchführung solcher oder ähnlicher Leistungen zur Rehabilitation erbracht, deren Kosten aufgrund öffentlich-rechtlicher Vorschriften getragen oder bezuschusst worden sind. ₂Dies gilt nicht, wenn vorzeitige Leistungen aus gesundheitlichen Gründen dringend erforderlich sind.

Zweiter Unterabschnitt
Umfang der Leistungen

Erster Titel
Allgemeines

§ 13 Leistungsumfang

(1) ₁Der Träger der Rentenversicherung bestimmt im Einzelfall unter Beachtung der Grundsätze der Wirtschaftlichkeit und Spar-

samkeit Art, Dauer, Umfang, Beginn und Durchführung dieser Leistungen sowie die Rehabilitationseinrichtung nach pflichtgemäßem Ermessen. ₂Die Leistungen werden auf Antrag durch ein Persönliches Budget erbracht; § 29 des Neunten Buches gilt entsprechend.

(2) Der Träger der Rentenversicherung erbringt nicht

1. Leistungen zur medizinischen Rehabilitation in der Phase akuter Behandlungsbedürftigkeit einer Krankheit, es sei denn, die Behandlungsbedürftigkeit tritt während der Ausführung von Leistungen zur medizinischen Rehabilitation ein,
2. Leistungen zur medizinischen Rehabilitation anstelle einer sonst erforderlichen Krankenhausbehandlung,
3. Leistungen zur medizinischen Rehabilitation, die dem allgemein anerkannten Stand medizinischer Erkenntnisse nicht entsprechen.

(3) ₁Der Träger der Rentenversicherung erbringt nach Absatz 2 Nr. 1 im Benehmen mit dem Träger der Krankenversicherung für diesen Krankenbehandlung und Leistungen bei Schwangerschaft und Mutterschaft. ₂Der Träger der Rentenversicherung kann von dem Träger der Krankenversicherung Erstattung der hierauf entfallenden Aufwendungen verlangen.

(4) Die Träger der Rentenversicherung vereinbaren mit den Spitzenverbänden der Krankenkassen gemeinsam und einheitlich im Benehmen mit dem Bundesministerium für Arbeit und Soziales Näheres zur Durchführung von Absatz 2 Nr. 1 und 2.

Zweiter Titel
Leistungen zur Prävention, zur medizinischen Rehabilitation, zur Teilhabe am Arbeitsleben und zur Nachsorge

§ 14 Leistungen zur Prävention

(1) ₁Die Träger der Rentenversicherung erbringen medizinische Leistungen zur Sicherung der Erwerbsfähigkeit an Versicherte, die erste gesundheitliche Beeinträchtigungen aufweisen, die die ausgeübte Beschäftigung gefährden. ₂Die Leistungen können zeitlich begrenzt werden.

(2) ₁Um eine einheitliche Rechtsanwendung durch alle Träger der Rentenversicherung sicherzustellen, erlässt die Deutsche Rentenversicherung Bund bis zum 1. Juli 2018 im Benehmen mit dem Bundesministerium für Arbeit und Soziales eine gemeinsame Richtlinie der Träger der Rentenversicherung, die insbesondere die Ziele, die persönlichen Voraussetzungen sowie Art und Umfang der medizinischen Leistungen näher ausführt. ₂Die Deutsche Rentenversicherung Bund hat die Richtlinie im Bundesanzeiger zu veröffentlichen. ₃Die Richtlinie ist regelmäßig an den medizinischen Fortschritt und die gewonnenen Erfahrungen im Benehmen mit dem Bundesministerium für Arbeit und Soziales anzupassen.

(3) ₁Die Träger der Rentenversicherung beteiligen sich mit den Leistungen nach Absatz 1 an der nationalen Präventionsstrategie nach den §§ 20d bis 20g des Fünften Buches. ₂Sie wirken darauf hin, dass die Einführung einer freiwilligen, individuellen, berufsbezogenen Gesundheitsvorsorge für Versicherte ab Vollendung des 45. Lebensjahres trägerübergreifend in Modellprojekten erprobt wird.

§ 15 Leistungen zur medizinischen Rehabilitation

(1) ₁Die Träger der Rentenversicherung erbringen im Rahmen von Leistungen zur medizinischen Rehabilitation Leistungen nach den §§ 42 bis 47 des Neunten Buches, ausgenommen Leistungen nach § 42 Abs. 2 Nr. 2 und § 46 des Neunten Buches. ₂Zahnärztliche Behandlung einschließlich der Versorgung mit Zahnersatz wird nur erbracht, wenn sie unmittelbar und gezielt zur wesentlichen Besserung oder Wiederherstellung der Erwerbsfähigkeit, insbesondere zur Ausübung des bisherigen Berufs, erforderlich und soweit sie nicht als Leistung der Krankenversicherung oder als Hilfe nach dem Fünften Kapitel des Zwölften Buches zu erbringen ist.

(2) ₁Die stationären Leistungen zur medizinischen Rehabilitation werden einschließlich der erforderlichen Unterkunft und Verpflegung in Einrichtungen erbracht, die unter ständiger ärztlicher Verantwortung und unter

Mitwirkung von besonders geschultem Personal entweder von dem Träger der Rentenversicherung selbst betrieben werden oder mit denen ein Vertrag nach § 38 des Neunten Buches besteht. ₂Die Einrichtung braucht nicht unter ständiger ärztlicher Verantwortung zu stehen, wenn die Art der Behandlung dies nicht erfordert. ₃Die Leistungen der Einrichtungen der medizinischen Rehabilitation müssen nach Art oder Schwere der Erkrankung erforderlich sein.

(3) ₁Die stationären Leistungen zur medizinischen Rehabilitation sollen für längstens drei Wochen erbracht werden. ₂Sie können für einen längeren Zeitraum erbracht werden, wenn dies erforderlich ist, um das Rehabilitationsziel zu erreichen.

§ 15a Leistungen zur Kinderrehabilitation

(1) ₁Die Träger der Rentenversicherung erbringen Leistungen zur medizinischen Rehabilitation für

1. Kinder von Versicherten,
2. Kinder von Beziehern einer Rente wegen Alters oder verminderter Erwerbsfähigkeit und
3. Kinder, die eine Waisenrente beziehen.

₂Voraussetzung ist, dass hierdurch voraussichtlich eine erhebliche Gefährdung der Gesundheit beseitigt oder die insbesondere durch chronische Erkrankungen beeinträchtigte Gesundheit wesentlich gebessert oder wiederhergestellt werden kann und dies Einfluss auf die spätere Erwerbsfähigkeit haben kann.

(2) ₁Kinder haben Anspruch auf Mitaufnahme

1. einer Begleitperson, wenn diese für die Durchführung oder den Erfolg der Leistung zur Kinderrehabilitation notwendig ist und
2. der Familienangehörigen, wenn die Einbeziehung der Familie in den Rehabilitationsprozess notwendig ist.

₂Leistungen zur Nachsorge nach § 17 sind zu erbringen, wenn sie zur Sicherung des Rehabilitationserfolges erforderlich sind.

(3) ₁Als Kinder werden auch Kinder im Sinne des § 48 Absatz 3 berücksichtigt. ₂Für die Dauer des Anspruchs gilt § 48 Absatz 4 und 5 entsprechend.

(4) ₁Die stationären Leistungen werden in der Regel für mindestens vier Wochen erbracht. ₂§ 12 Absatz 2 Satz 1 findet keine Anwendung.

(5) ₁Um eine einheitliche Rechtsanwendung durch alle Träger der Rentenversicherung sicherzustellen, erlässt die Deutsche Rentenversicherung Bund bis zum 1. Juli 2018 im Benehmen mit dem Bundesministerium für Arbeit und Soziales eine gemeinsame Richtlinie der Träger der Rentenversicherung, die insbesondere die Ziele, die persönlichen Voraussetzungen sowie Art und Umfang der Leistungen näher ausführt. ₂Die Deutsche Rentenversicherung Bund hat die Richtlinie im Bundesanzeiger zu veröffentlichen. ₃Die Richtlinie ist regelmäßig an den medizinischen Fortschritt und die gewonnenen Erfahrungen der Träger der Rentenversicherung im Benehmen mit dem Bundesministerium für Arbeit und Soziales anzupassen.

§ 16 Leistungen zur Teilhabe am Arbeitsleben

Die Träger der gesetzlichen Rentenversicherung erbringen die Leistungen zur Teilhabe am Arbeitsleben nach den §§ 49 bis 54 des Neunten Buches, im Eingangsverfahren und im Berufsbildungsbereich der Werkstätten für behinderte Menschen nach § 57 des Neunten Buches sowie entsprechende Leistungen bei anderen Leistungsanbietern nach § 60 des Neunten Buches.

§ 17 Leistungen zur Nachsorge

(1) ₁Die Träger der Rentenversicherung erbringen im Anschluss an eine von ihnen erbrachte Leistung zur Teilhabe nachgehende Leistungen, wenn diese erforderlich sind, um den Erfolg der vorangegangenen Leistung zur Teilhabe zu sichern (Leistungen zur Nachsorge). ₂Die Leistungen zur Nachsorge können zeitlich begrenzt werden.

(2) ₁Um eine einheitliche Rechtsanwendung durch alle Träger der Rentenversicherung sicherzustellen, erlässt die Deutsche Rentenversicherung Bund bis zum 1. Juli 2018 im Benehmen mit dem Bundesministerium für Arbeit und Soziales eine gemeinsame Richtlinie der Träger der Rentenversicherung, die insbesondere die Ziele, die persönlichen Voraussetzungen sowie Art und Umfang der

Leistungen näher ausführt. ₂Die Deutsche Rentenversicherung Bund hat die Richtlinie im Bundesanzeiger zu veröffentlichen. ₃Die Richtlinie ist regelmäßig an den medizinischen Fortschritt und die gewonnenen Erfahrungen im Benehmen mit dem Bundesministerium für Arbeit und Soziales anzupassen.

§§ 18 und 19 (weggefallen)

Dritter Titel
Übergangsgeld

§ 20 Anspruch

(1) Anspruch auf Übergangsgeld haben Versicherte, die

1. von einem Träger der Rentenversicherung Leistungen zur Prävention, Leistungen zur medizinischen Rehabilitation, Leistungen zur Teilhabe am Arbeitsleben, Leistungen zur Nachsorge oder sonstige Leistungen zur Teilhabe erhalten,
2. (weggefallen)
3. bei Leistungen zur Prävention, Leistungen zur medizinischen Rehabilitation, Leistungen zur Nachsorge oder sonstigen Leistungen zur Teilhabe unmittelbar vor Beginn der Arbeitsunfähigkeit oder, wenn sie nicht arbeitsunfähig sind, unmittelbar vor Beginn der Leistungen
   a) Arbeitsentgelt oder Arbeitseinkommen erzielt und im Bemessungszeitraum Beiträge zur Rentenversicherung gezahlt haben oder
   b) Krankengeld, Verletztengeld, Versorgungskrankengeld, Übergangsgeld, Kurzarbeitergeld, Arbeitslosengeld, Arbeitslosengeld II oder Mutterschaftsgeld bezogen haben und für die von dem der Sozialleistung zugrundeliegenden Arbeitsentgelt oder Arbeitseinkommen oder im Falle des Bezugs von Arbeitslosengeld II zuvor aus Arbeitsentgelt oder Arbeitseinkommen Beiträge zur Rentenversicherung gezahlt worden sind.

(2) Versicherte, die Anspruch auf Arbeitslosengeld nach dem Dritten Buch haben, haben nur Anspruch auf Übergangsgeld, wenn sie wegen der Inanspruchnahme der Leistungen zur Teilhabe keine ganztägige Erwerbstätigkeit ausüben können.

(3) Versicherte, die Anspruch auf Krankengeld nach § 44 des Fünften Buches haben und ambulante Leistungen zur Prävention und Nachsorge in einem zeitlich geringen Umfang erhalten, haben ab Inkrafttreten der Vereinbarung nach Absatz 4 nur Anspruch auf Übergangsgeld, sofern die Vereinbarung dies vorsieht.

(4) ₁Die Deutsche Rentenversicherung Bund und der Spitzenverband Bund der Krankenkassen vereinbaren im Benehmen mit dem Bundesministerium für Arbeit und Soziales und dem Bundesministerium für Gesundheit bis zum 31. Dezember 2017, unter welchen Voraussetzungen Versicherte nach Absatz 3 einen Anspruch auf Übergangsgeld haben. ₂Unzuständig geleistete Zahlungen von Entgeltersatzleistungen sind vom zuständigen Träger der Leistung zu erstatten.

§ 21 Höhe und Berechnung

(1) Höhe und Berechnung des Übergangsgeldes bestimmen sich nach Teil 1 Kapitel 11 des Neunten Buches, soweit die Absätze 2 bis 4 nichts Abweichendes bestimmen.

(2) Die Berechnungsgrundlage für das Übergangsgeld wird für Versicherte, die Arbeitseinkommen erzielt haben, und für freiwillig Versicherte, die Arbeitsentgelt erzielt haben, aus 80 vom Hundert des Einkommens ermittelt, das den vor Beginn der Leistungen für das letzte Kalenderjahr (Bemessungszeitraum) gezahlten Beiträgen zugrunde liegt.

(3) § 69 des Neunten Buches wird mit der Maßgabe angewendet, dass Versicherte unmittelbar vor dem Bezug der dort genannten Leistungen Pflichtbeiträge geleistet haben.

(4) ₁Versicherte, die unmittelbar vor Beginn der Arbeitsunfähigkeit oder, wenn sie nicht arbeitsunfähig sind, unmittelbar vor Beginn der medizinischen Leistungen Arbeitslosengeld bezogen und die zuvor Pflichtbeiträge gezahlt haben, erhalten Übergangsgeld bei medizinischen Leistungen in Höhe des bei Krankheit zu erbringenden Krankengeldes (§ 47b des Fünften Buches); Versicherte, die unmittelbar vor Beginn der Arbeitsunfähigkeit oder, wenn sie nicht arbeitsunfähig sind, unmittelbar vor Beginn der medizinischen

Leistungen Arbeitslosengeld II bezogen und die zuvor Pflichtbeiträge gezahlt haben, erhalten Übergangsgeld bei medizinischen Leistungen in Höhe des Betrages des Arbeitslosengeldes II. ₂Dies gilt nicht für Empfänger der Leistung,

a) die Arbeitslosengeld II nur darlehensweise oder
b) die nur Leistungen nach § 24 Absatz 3 Satz 1 des Zweiten Buches beziehen, oder
c) die auf Grund von § 2 Abs. 1a des Bundesausbildungsförderungsgesetzes keinen Anspruch auf Ausbildungsförderung haben oder
d) deren Bedarf sich nach § 12 Absatz 1 Nummer 1 des Bundesausbildungsförderungsgesetzes, nach § 62 Absatz 1 oder § 124 Absatz 1 Nummer 1 des Dritten Buches bemisst.

(5) Für Versicherte, die im Bemessungszeitraum eine Bergmannsprämie bezogen haben, wird die Berechnungsgrundlage um einen Betrag in Höhe der gezahlten Bergmannsprämie erhöht.

§§ 22 bis 27 (weggefallen)

Vierter Titel
Ergänzende Leistungen

§ 28 Ergänzende Leistungen

(1) Die Leistungen zur Teilhabe werden außer durch das Übergangsgeld ergänzt durch die Leistungen nach § 64 Absatz 1 Nummer 2 bis 6 und Absatz 2 sowie nach den §§ 73 und 74 des Neunten Buches.

(2) ₁Für ambulante Leistungen zur Prävention und Nachsorge gilt Absatz 1 mit der Maßgabe, dass die Leistungen nach den §§ 73 und 74 des Neunten Buches im Einzelfall bewilligt werden können, wenn sie zur Durchführung der Leistungen notwendig sind. ₂Fahrkosten nach § 73 Absatz 4 des Neunten Buches können pauschaliert bewilligt werden.

§§ 29 und 30 (weggefallen)

Fünfter Titel
Sonstige Leistungen

§ 31 Sonstige Leistungen

(1) Als sonstige Leistungen zur Teilhabe können erbracht werden:

1. Leistungen zur Eingliederung von Versicherten in das Erwerbsleben, die von den Leistungen nach den §§ 14, 15, 15a, 16 und 17 sowie den ergänzenden Leistungen nach § 44 des Neunten Buches nicht umfasst sind,
2. Leistungen zur onkologischen Nachsorge für Versicherte, Bezieher einer Rente und ihre jeweiligen Angehörigen sowie
3. Zuwendungen für Einrichtungen, die auf dem Gebiet der Rehabilitation forschen oder die Rehabilitation fördern.

(2) ₁Die Leistungen nach Absatz 1 Nummer 1 setzen voraus, dass die persönlichen und versicherungsrechtlichen Voraussetzungen erfüllt sind. ₂Die Leistungen für Versicherte nach Absatz 1 Nummer 2 setzen voraus, dass die versicherungsrechtlichen Voraussetzungen erfüllt sind. ₃Die Deutsche Rentenversicherung Bund kann im Benehmen mit dem Bundesministerium für Arbeit und Soziales Richtlinien erlassen, die insbesondere die Ziele sowie Art und Umfang der Leistungen näher ausführen.

Sechster Titel
Zuzahlung bei Leistungen zur medizinischen Rehabilitation und bei sonstigen Leistungen

§ 32 Zuzahlung bei Leistungen zur medizinischen Rehabilitation und bei sonstigen Leistungen

(1) ₁Versicherte, die das 18. Lebensjahr vollendet haben und stationäre Leistungen zur medizinischen Rehabilitation nach § 15 in Anspruch nehmen, zahlen für jeden Kalendertag dieser Leistungen den sich nach § 40 Abs. 5 des Fünften Buches ergebenden Betrag. ₂Die Zuzahlung ist für längstens 14 Tage und in Höhe des sich nach § 40 Abs. 6 des Fünften Buches ergebenden Betrags zu leisten, wenn der unmittelbare Anschluss der stationären Heilbehandlung an eine Krankenhausbehandlung medizinisch notwendig

ist (Anschlussrehabilitation); als unmittelbar gilt auch, wenn die Maßnahme innerhalb von 14 Tagen beginnt, es sei denn, die Einhaltung dieser Frist ist aus zwingenden tatsächlichen oder medizinischen Gründen nicht möglich. ₃Hierbei ist eine innerhalb eines Kalenderjahres an einen Träger der gesetzlichen Krankenversicherung geleistete Zuzahlung anzurechnen.

(2) Absatz 1 gilt auch für Versicherte oder Bezieher einer Rente, die das 18. Lebensjahr vollendet haben und für sich, ihre Ehegatten oder Lebenspartner sonstige stationäre Leistungen in Anspruch nehmen.

(3) Bezieht ein Versicherter Übergangsgeld, das nach § 66 Absatz 1 des Neunten Buches begrenzt ist, hat er für die Zeit des Bezugs von Übergangsgeld eine Zuzahlung nicht zu leisten.

(4) Der Träger der Rentenversicherung bestimmt, unter welchen Voraussetzungen von der Zuzahlung nach Absatz 1 oder 2 abgesehen werden kann, wenn sie den Versicherten oder den Rentner unzumutbar belasten würde.

(5) Die Zuzahlung steht der Annahme einer vollen Übernahme der Aufwendungen für die Leistungen zur Teilhabe im Sinne arbeitsrechtlicher Vorschriften nicht entgegen.

**Zweiter Abschnitt
Renten**

**Erster Unterabschnitt
Rentenarten und Voraussetzungen für einen Rentenanspruch**

§ 33 Rentenarten

(1) Renten werden geleistet wegen Alters, wegen verminderter Erwerbsfähigkeit oder wegen Todes.

(2) Renten wegen Alters sind

1. Regelaltersrente,
2. Altersrente für langjährig Versicherte,
3. Altersrente für schwerbehinderte Menschen,
3a. Altersrente für besonders langjährig Versicherte,
4. Altersrente für langjährig unter Tage beschäftigte Bergleute

sowie nach den Vorschriften des Fünften Kapitels

5. Altersrente wegen Arbeitslosigkeit oder nach Altersteilzeitarbeit,
6. Altersrente für Frauen.

(3) Renten wegen verminderter Erwerbsfähigkeit sind

1. Rente wegen teilweiser Erwerbsminderung,
2. Rente wegen voller Erwerbsminderung,
3. Rente für Bergleute.

(4) Renten wegen Todes sind

1. kleine Witwenrente oder Witwerrente,
2. große Witwenrente oder Witwerrente,
3. Erziehungsrente,
4. Waisenrente.

(5) Renten nach den Vorschriften des Fünften Kapitels sind auch die Knappschaftsausgleichsleistung, Rente wegen teilweiser Erwerbsminderung bei Berufsunfähigkeit und Witwenrente und Witwerrente an vor dem 1. Juli 1977 geschiedene Ehegatten.

§ 34 Voraussetzungen für einen Rentenanspruch und Hinzuverdienstgrenze

(1) Versicherte und ihre Hinterbliebenen haben Anspruch auf Rente, wenn die für die jeweilige Rente erforderliche Mindestversicherungszeit (Wartezeit) erfüllt ist und die jeweiligen besonderen versicherungsrechtlichen und persönlichen Voraussetzungen vorliegen.

(2) Anspruch auf eine Rente wegen Alters als Vollrente besteht vor Erreichen der Regelaltersgrenze nur, wenn die kalenderjährliche Hinzuverdienstgrenze von 6300 Euro nicht überschritten wird.

(3) ₁Wird die Hinzuverdienstgrenze überschritten, besteht ein Anspruch auf Teilrente. ₂Die Teilrente wird berechnet, indem ein Zwölftel des die Hinzuverdienstgrenze übersteigenden Betrages zu 40 Prozent von der Vollrente abgezogen wird. ₃Überschreitet der sich dabei ergebende Rentenbetrag zusammen mit einem Zwölftel des kalenderjährlichen Hinzuverdienstes den Hinzuverdienstdeckel nach Absatz 3a, wird der überschreitende Betrag von dem sich nach Satz 2 ergebenden Rentenbetrag abgezogen. ₄Der Rentenanspruch besteht nicht, wenn der von der

SGB VI: Gesetzliche Rentenversicherung § 34

Rente abzuziehende Hinzuverdienst den Betrag der Vollrente erreicht.

(3a) ₁Der Hinzuverdienstdeckel wird berechnet, indem die monatliche Bezugsgröße mit den Entgeltpunkten (§ 66 Absatz 1 Nummer 1 bis 3) des Kalenderjahres mit den höchsten Entgeltpunkten aus den letzten 15 Kalenderjahren vor Beginn der ersten Rente wegen Alters vervielfältigt wird. ₂Er beträgt mindestens die Summe aus einem Zwölftel von 6300 Euro und dem Monatsbetrag der Vollrente. ₃Der Hinzuverdienstdeckel wird jährlich zum 1. Juli neu berechnet.

(3b) ₁Als Hinzuverdienst sind Arbeitsentgelt, Arbeitseinkommen und vergleichbares Einkommen zu berücksichtigen. ₂Diese Einkünfte sind zusammenzurechnen. ₃Nicht als Hinzuverdienst gilt das Entgelt, das

1. eine Pflegeperson von der pflegebedürftigen Person erhält, wenn es das dem Umfang der Pflegetätigkeit entsprechende Pflegegeld im Sinne des § 37 des Elften Buches nicht übersteigt, oder
2. ein behinderter Mensch von dem Träger einer in § 1 Satz 1 Nummer 2 genannten Einrichtung erhält.

(3c) ₁Als Hinzuverdienst ist der voraussichtliche kalenderjährliche Hinzuverdienst zu berücksichtigen. ₂Dieser ist jeweils vom 1. Juli an neu zu bestimmen, wenn sich dadurch eine Änderung ergibt, die den Rentenanspruch betrifft. ₃Satz 2 gilt nicht in einem Kalenderjahr, in dem erstmals Hinzuverdienst oder nach Absatz 3e Hinzuverdienst in geänderter Höhe berücksichtigt wurde.

(3d) ₁Von dem Kalenderjahr an, das dem folgt, in dem erstmals Hinzuverdienst berücksichtigt wurde, ist jeweils zum 1. Juli für das vorige Kalenderjahr der tatsächliche Hinzuverdienst statt des bisher berücksichtigten Hinzuverdienstes zu berücksichtigen, wenn sich dadurch rückwirkend eine Änderung ergibt, die den Rentenanspruch betrifft. ₂In dem Kalenderjahr, in dem die Regelaltersgrenze erreicht wird, ist dies abweichend von Satz 1 nach Ablauf des Monats durchzuführen, in dem die Regelaltersgrenze erreicht wurde; dabei ist der tatsächliche Hinzuverdienst bis zum Ablauf des Monats des Erreichens der Regelaltersgrenze zu berücksichtigen. ₃Kann der tatsächliche Hinzuverdienst noch nicht nachgewiesen werden, ist er zu berücksichtigen, sobald der Nachweis vorliegt.

(3e) ₁Änderungen des nach Absatz 3c berücksichtigten Hinzuverdienstes sind auf Antrag zu berücksichtigen, wenn der voraussichtliche kalenderjährliche Hinzuverdienst um mindestens 10 Prozent vom bisher berücksichtigten Hinzuverdienst abweicht und sich dadurch eine Änderung ergibt, die den Rentenanspruch betrifft. ₂Eine Änderung im Sinne von Satz 1 ist auch der Hinzutritt oder der Wegfall von Hinzuverdienst. ₃Ein Hinzutritt von Hinzuverdienst oder ein höherer als der bisher berücksichtigte Hinzuverdienst wird dabei mit Wirkung für die Zukunft berücksichtigt.

(3f) ₁Ergibt sich nach den Absätzen 3c bis 3e eine Änderung, die den Rentenanspruch betrifft, sind die bisherigen Bescheide von dem sich nach diesen Absätzen ergebenden Zeitpunkt an aufzuheben. ₂Soweit Bescheide aufgehoben wurden, sind bereits erbrachte Leistungen zu erstatten; § 50 Absatz 3 und 4 des Zehnten Buches bleibt unberührt. ₃Nicht anzuwenden sind die Vorschriften zur Anhörung Beteiligter (§ 24 des Zehnten Buches), zur Rücknahme eines rechtswidrigen begünstigenden Verwaltungsaktes (§ 45 des Zehnten Buches) und zur Aufhebung eines Verwaltungsaktes mit Dauerwirkung bei Änderung der Verhältnisse (§ 48 des Zehnten Buches).

(3g) ₁Ein nach Absatz 3f Satz 2 zu erstattender Betrag in Höhe von bis zu 200 Euro ist von der laufenden Rente bis zu deren Hälfte einzubehalten, wenn das Einverständnis dazu vorliegt. ₂Der Aufhebungsbescheid ist mit dem Hinweis zu versehen, dass das Einverständnis jederzeit durch schriftliche Erklärung mit Wirkung für die Zukunft widerrufen werden kann.

(4) Nach bindender Bewilligung einer Rente wegen Alters oder für Zeiten des Bezugs einer solchen Rente ist der Wechsel in eine

1. Rente wegen verminderter Erwerbsfähigkeit,
2. Erziehungsrente oder
3. andere Rente wegen Alters

ausgeschlossen.

Zweiter Unterabschnitt
Anspruchsvoraussetzungen für einzelne Renten

Erster Titel
Renten wegen Alters

§ 35 Regelaltersrente

₁Versicherte haben Anspruch auf Regelaltersrente, wenn sie
1. die Regelaltersgrenze erreicht und
2. die allgemeine Wartezeit erfüllt

haben. ₂Die Regelaltersgrenze wird mit Vollendung des 67. Lebensjahres erreicht.

§ 36 Altersrente für langjährig Versicherte

₁Versicherte haben Anspruch auf Altersrente für langjährig Versicherte, wenn sie
1. das 67. Lebensjahr vollendet und
2. die Wartezeit von 35 Jahren erfüllt

haben. ₂Die vorzeitige Inanspruchnahme dieser Altersrente ist nach Vollendung des 63. Lebensjahres möglich.

§ 37 Altersrente für schwerbehinderte Menschen

₁Versicherte haben Anspruch auf Altersrente für schwerbehinderte Menschen, wenn sie
1. das 65. Lebensjahr vollendet haben,
2. bei Beginn der Altersrente als schwerbehinderte Menschen (§ 2 Abs. 2 Neuntes Buch) anerkannt sind und
3. die Wartezeit von 35 Jahren erfüllt haben.

₂Die vorzeitige Inanspruchnahme dieser Altersrente ist nach Vollendung des 62. Lebensjahres möglich.

§ 38 Altersrente für besonders langjährig Versicherte

Versicherte haben Anspruch auf Altersrente für besonders langjährig Versicherte, wenn sie
1. das 65. Lebensjahr vollendet und
2. die Wartezeit von 45 Jahren erfüllt

haben.

§ 39 (weggefallen)

§ 40 Altersrente für langjährig unter Tage beschäftigte Bergleute

Versicherte haben Anspruch auf Altersrente für langjährig unter Tage beschäftigte Bergleute, wenn sie
1. das 62. Lebensjahr vollendet und
2. die Wartezeit von 25 Jahren erfüllt

haben.

§ 41 Altersrente und Kündigungsschutz

₁Der Anspruch des Versicherten auf eine Rente wegen Alters ist nicht als ein Grund anzusehen, der die Kündigung eines Arbeitsverhältnisses durch den Arbeitgeber nach dem Kündigungsschutzgesetz bedingen kann. ₂Eine Vereinbarung, die die Beendigung des Arbeitsverhältnisses eines Arbeitnehmers ohne Kündigung zu einem Zeitpunkt vorsieht, zu dem der Arbeitnehmer vor Erreichen der Regelaltersgrenze eine Rente wegen Alters beantragen kann, gilt dem Arbeitnehmer gegenüber als auf das Erreichen der Regelaltersgrenze abgeschlossen, es sei denn, dass die Vereinbarung innerhalb der letzten drei Jahre vor diesem Zeitpunkt abgeschlossen oder von dem Arbeitnehmer innerhalb der letzten drei Jahre vor diesem Zeitpunkt bestätigt worden ist. ₃Sieht eine Vereinbarung die Beendigung des Arbeitsverhältnisses mit dem Erreichen der Regelaltersgrenze vor, können die Arbeitsvertragsparteien durch Vereinbarung während des Arbeitsverhältnisses den Beendigungszeitpunkt, gegebenenfalls auch mehrfach, hinausschieben.

§ 42 Vollrente und Teilrente

(1) Versicherte können eine Rente wegen Alters in voller Höhe (Vollrente) oder als Teilrente in Anspruch nehmen.

(2) ₁Eine unabhängig vom Hinzuverdienst gewählte Teilrente beträgt mindestens 10 Prozent der Vollrente. ₂Sie kann höchstens in der Höhe in Anspruch genommen werden, die sich nach Anwendung von § 34 Absatz 3 ergibt.

(3) ₁Versicherte, die wegen der beabsichtigten Inanspruchnahme einer Teilrente ihre Arbeitsleistung einschränken wollen, können von ihrem Arbeitgeber verlangen, dass er mit ihnen die Möglichkeiten einer solchen Einschränkung erörtert. ₂Macht der Versicherte hierzu für seinen Arbeitsbereich Vorschläge,

SGB VI: Gesetzliche Rentenversicherung

Zweiter Titel
Renten wegen verminderter Erwerbsfähigkeit

§ 43 Rente wegen Erwerbsminderung

(1) ₁Versicherte haben bis zum Erreichen der Regelaltersgrenze Anspruch auf Rente wegen teilweiser Erwerbsminderung, wenn sie

1. teilweise erwerbsgemindert sind,
2. in den letzten fünf Jahren vor Eintritt der Erwerbsminderung drei Jahre Pflichtbeiträge für eine versicherte Beschäftigung oder Tätigkeit haben und
3. vor Eintritt der Erwerbsminderung die allgemeine Wartezeit erfüllt haben.

₂Teilweise erwerbsgemindert sind Versicherte, die wegen Krankheit oder Behinderung auf nicht absehbare Zeit außerstande sind, unter den üblichen Bedingungen des allgemeinen Arbeitsmarktes mindestens sechs Stunden täglich erwerbstätig zu sein.

(2) ₁Versicherte haben bis zum Erreichen der Regelaltersgrenze Anspruch auf Rente wegen voller Erwerbsminderung, wenn sie

1. voll erwerbsgemindert sind,
2. in den letzten fünf Jahren vor Eintritt der Erwerbsminderung drei Jahre Pflichtbeiträge für eine versicherte Beschäftigung oder Tätigkeit haben und
3. vor Eintritt der Erwerbsminderung die allgemeine Wartezeit erfüllt haben.

₂Voll erwerbsgemindert sind Versicherte, die wegen Krankheit oder Behinderung auf nicht absehbare Zeit außerstande sind, unter den üblichen Bedingungen des allgemeinen Arbeitsmarktes mindestens drei Stunden täglich erwerbstätig zu sein. ₃Voll erwerbsgemindert sind auch

1. Versicherte nach § 1 Satz 1 Nr. 2, die wegen Art oder Schwere der Behinderung nicht auf dem allgemeinen Arbeitsmarkt tätig sein können und
2. Versicherte, die bereits vor Erfüllung der allgemeinen Wartezeit voll erwerbsgemindert waren, in der Zeit einer nicht erfolgreichen Eingliederung in den allgemeinen Arbeitsmarkt.

(3) Erwerbsgemindert ist nicht, wer unter den üblichen Bedingungen des allgemeinen Arbeitsmarktes mindestens sechs Stunden täglich erwerbstätig sein kann; dabei ist die jeweilige Arbeitsmarktlage nicht zu berücksichtigen.

(4) Der Zeitraum von fünf Jahren vor Eintritt der Erwerbsminderung verlängert sich um folgende Zeiten, die nicht mit Pflichtbeiträgen für eine versicherte Beschäftigung oder Tätigkeit belegt sind:

1. Anrechnungszeiten und Zeiten des Bezugs einer Rente wegen verminderter Erwerbsfähigkeit,
2. Berücksichtigungszeiten,
3. Zeiten, die nur deshalb keine Anrechnungszeiten sind, weil durch sie eine versicherte Beschäftigung oder selbständige Tätigkeit nicht unterbrochen ist, wenn in den letzten sechs Kalendermonaten vor Beginn dieser Zeiten wenigstens ein Pflichtbeitrag für eine versicherte Beschäftigung oder Tätigkeit oder eine Zeit nach Nummer 1 oder 2 liegt,
4. Zeiten einer schulischen Ausbildung nach Vollendung des 17. Lebensjahres bis zu sieben Jahren, gemindert um Anrechnungszeiten wegen schulischer Ausbildung.

(5) Eine Pflichtbeitragszeit von drei Jahren für eine versicherte Beschäftigung oder Tätigkeit ist nicht erforderlich, wenn die Erwerbsminderung aufgrund eines Tatbestandes eingetreten ist, durch den die allgemeine Wartezeit vorzeitig erfüllt ist.

(6) Versicherte, die bereits vor Erfüllung der allgemeinen Wartezeit voll erwerbsgemindert waren und seitdem ununterbrochen voll erwerbsgemindert sind, haben Anspruch auf Rente wegen voller Erwerbsminderung, wenn sie die Wartezeit von 20 Jahren erfüllt haben.

§ 44 (weggefallen)

§ 45 Rente für Bergleute

(1) Versicherte haben bis zum Erreichen der Regelaltersgrenze Anspruch auf Rente für Bergleute, wenn sie

1. im Bergbau vermindert berufsfähig sind,
2. in den letzten fünf Jahren vor Eintritt der im Bergbau verminderten Berufsfähigkeit

drei Jahre knappschaftliche Pflichtbeitragszeiten haben und

3. vor Eintritt der im Bergbau verminderten Berufsfähigkeit die allgemeine Wartezeit in der knappschaftlichen Rentenversicherung erfüllt haben.

(2) ₁Im Bergbau vermindert berufsfähig sind Versicherte, die wegen Krankheit oder Behinderung nicht imstande sind,

1. die von ihnen bisher ausgeübte knappschaftliche Beschäftigung und
2. eine andere wirtschaftlich im Wesentlichen gleichwertige knappschaftliche Beschäftigung, die von Personen mit ähnlicher Ausbildung sowie gleichwertigen Kenntnissen und Fähigkeiten ausgeübt wird,

auszuüben. ₂Die jeweilige Arbeitsmarktlage ist nicht zu berücksichtigen. ₃Nicht im Bergbau vermindert berufsfähig sind Versicherte, die eine im Sinne des Satzes 1 Nr. 2 wirtschaftlich und qualitativ gleichwertige Beschäftigung oder selbständige Tätigkeit außerhalb des Bergbaus ausüben.

(3) Versicherte haben bis zum Erreichen der Regelaltersgrenze auch Anspruch auf Rente für Bergleute, wenn sie

1. das 50. Lebensjahr vollendet haben,
2. im Vergleich zu der von ihnen bisher ausgeübten knappschaftlichen Beschäftigung eine wirtschaftlich gleichwertige Beschäftigung oder selbständige Tätigkeit nicht mehr ausüben und
3. die Wartezeit von 25 Jahren erfüllt haben.

(4) § 43 Abs. 4 und 5 ist anzuwenden.

**Dritter Titel
Renten wegen Todes**

§ 46 Witwenrente und Witwerrente

(1) ₁Witwen oder Witwer, die nicht wieder geheiratet haben, haben nach dem Tod des versicherten Ehegatten Anspruch auf kleine Witwenrente oder kleine Witwerrente, wenn der versicherte Ehegatte die allgemeine Wartezeit erfüllt hat. ₂Der Anspruch besteht längstens für 24 Kalendermonate nach Ablauf des Monats, in dem der Versicherte verstorben ist.

(2) ₁Witwen oder Witwer, die nicht wieder geheiratet haben, haben nach dem Tode des versicherten Ehegatten, der die allgemeine Wartezeit erfüllt hat, Anspruch auf große Witwenrente oder große Witwerrente, wenn sie

1. ein eigenes Kind oder ein Kind des versicherten Ehegatten, das das 18. Lebensjahr noch nicht vollendet hat, erziehen,
2. das 47. Lebensjahr vollendet haben oder
3. erwerbsgemindert sind.

₂Als Kinder werden auch berücksichtigt

1. Stiefkinder und Pflegekinder (§ 56 Abs. 2 Nr. 1 und 2 Erstes Buch), die in den Haushalt der Witwe oder des Witwers aufgenommen sind,
2. Enkel und Geschwister, die in den Haushalt der Witwe oder des Witwers aufgenommen sind oder von diesen überwiegend unterhalten werden.

₃Der Erziehung steht die in häuslicher Gemeinschaft ausgeübte Sorge für ein eigenes Kind oder ein Kind des versicherten Ehegatten, das wegen körperlicher, geistiger oder seelischer Behinderung außerstande ist, sich selbst zu unterhalten, auch nach dessen vollendetem 18. Lebensjahr gleich.

(2a) Witwen oder Witwer haben keinen Anspruch auf Witwenrente oder Witwerrente, wenn die Ehe nicht mindestens ein Jahr gedauert hat, es sei denn, dass nach den besonderen Umständen des Falles die Annahme nicht gerechtfertigt ist, dass es der alleinige oder überwiegende Zweck der Heirat war, einen Anspruch auf Hinterbliebenenversorgung zu begründen.

(2b) ₁Ein Anspruch auf Witwenrente oder Witwerrente besteht auch nicht von dem Kalendermonat an, zu dessen Beginn das Rentensplitting durchgeführt ist. ₂Der Rentenbescheid über die Bewilligung der Witwenrente oder Witwerrente ist mit Wirkung von diesem Zeitpunkt aufzuheben; die §§ 24 und 48 des Zehnten Buches sind anzuwenden.

(3) Überlebende Ehegatten, die wieder geheiratet haben, haben unter den sonstigen Voraussetzungen der Absätze 1 bis 2b Anspruch auf kleine oder große Witwenrente oder Witwerrente, wenn die erneute Ehe aufgelöst oder für nichtig erklärt ist (Wit-

wenrente oder Witwerrente nach dem vorletzten Ehegatten).

(4) ₁Für einen Anspruch auf Witwenrente oder Witwerrente gelten als Heirat auch die Begründung einer Lebenspartnerschaft, als Ehe auch eine Lebenspartnerschaft, als Witwe und Witwer auch ein überlebender Lebenspartner und als Ehegatte auch ein Lebenspartner. ₂Der Auflösung oder Nichtigkeit einer erneuten Ehe entspricht die Aufhebung oder Auflösung einer erneuten Lebenspartnerschaft.

§ 47 Erziehungsrente

(1) Versicherte haben bis zum Erreichen der Regelaltersgrenze Anspruch auf Erziehungsrente, wenn

1. ihre Ehe nach dem 30. Juni 1977 geschieden und ihr geschiedener Ehegatte gestorben ist,
2. sie ein eigenes Kind oder ein Kind des geschiedenen Ehegatten erziehen (§ 46 Abs. 2),
3. sie nicht wieder geheiratet haben und
4. sie bis zum Tode des geschiedenen Ehegatten die allgemeine Wartezeit erfüllt haben.

(2) Geschiedenen Ehegatten stehen Ehegatten gleich, deren Ehe für nichtig erklärt oder aufgehoben ist.

(3) Anspruch auf Erziehungsrente besteht bis zum Erreichen der Regelaltersgrenze auch für verwitwete Ehegatten, für die ein Rentensplitting durchgeführt wurde, wenn

1. sie ein eigenes Kind oder ein Kind des verstorbenen Ehegatten erziehen (§ 46 Abs. 2),
2. sie nicht wieder geheiratet haben und
3. sie bis zum Tod des Ehegatten die allgemeine Wartezeit erfüllt haben.

(4) Für einen Anspruch auf Erziehungsrente gelten als Scheidung einer Ehe auch die Aufhebung einer Lebenspartnerschaft, als geschiedener Ehegatte auch der frühere Lebenspartner, als Heirat auch die Begründung einer Lebenspartnerschaft, als verwitweter Ehegatte auch ein überlebender Lebenspartner und als Ehegatte auch der Lebenspartner.

§ 48 Waisenrente

(1) Kinder haben nach dem Tode eines Elternteils Anspruch auf Halbwaisenrente, wenn

1. sie noch einen Elternteil haben, der unbeschadet der wirtschaftlichen Verhältnisse unterhaltspflichtig ist, und
2. der verstorbene Elternteil die allgemeine Wartezeit erfüllt hat.

(2) Kinder haben nach dem Tode eines Elternteils Anspruch auf Vollwaisenrente, wenn

1. sie einen Elternteil nicht mehr haben, der unbeschadet der wirtschaftlichen Verhältnisse unterhaltspflichtig war, und
2. der verstorbene Elternteil die allgemeine Wartezeit erfüllt hat.

(3) Als Kinder werden auch berücksichtigt:

1. Stiefkinder und Pflegekinder (§ 56 Abs. 2 Nr. 1 und 2 Erstes Buch), die in den Haushalt des Verstorbenen aufgenommen waren,
2. Enkel und Geschwister, die in den Haushalt des Verstorbenen aufgenommen waren oder von ihm überwiegend unterhalten wurden.

(4) ₁Der Anspruch auf Halb- oder Vollwaisenrente besteht längstens

1. bis zur Vollendung des 18. Lebensjahres oder
2. bis zur Vollendung des 27. Lebensjahres, wenn die Waise
   a) sich in Schulausbildung oder Berufsausbildung befindet oder
   b) sich in einer Übergangszeit von höchstens vier Kalendermonaten befindet, die zwischen zwei Ausbildungsabschnitten oder zwischen einem Ausbildungsabschnitt und der Ableistung des gesetzlichen Wehr- oder Zivildienstes oder der Ableistung eines freiwilligen Dienstes im Sinne des Buchstabens c liegt, oder
   c) einen freiwilligen Dienst im Sinne des § 32 Absatz 4 Satz 1 Nummer 2 Buchstabe d des Einkommensteuergesetzes leistet oder
   d) wegen körperlicher, geistiger oder seelischer Behinderung außerstande ist, sich selbst zu unterhalten.

₂Eine Schulausbildung oder Berufsausbildung im Sinne des Satzes 1 liegt nur vor, wenn die Ausbildung einen tatsächlichen zeitlichen Aufwand von wöchentlich mehr als 20 Stunden erfordert. ₃Der tatsächliche zeitliche Aufwand ist ohne Bedeutung für Zeiten, in denen das Ausbildungsverhältnis trotz einer Erkrankung fortbesteht und damit gerechnet werden kann, dass die Ausbildung fortgesetzt wird. ₄Das gilt auch für die Dauer der Schutzfristen nach dem Mutterschutzgesetz.

(5) ₁In den Fällen des Absatzes 4 Nr. 2 Buchstabe a erhöht sich die für den Anspruch auf Waisenrente maßgebende Altersbegrenzung bei Unterbrechung oder Verzögerung der Schulausbildung oder Berufsausbildung durch den gesetzlichen Wehrdienst, Zivildienst oder einen gleichgestellten Dienst um die Zeit dieser Dienstleistung, höchstens um einen der Dauer des gesetzlichen Grundwehrdienstes oder Zivildienstes entsprechenden Zeitraum. ₂Die Ableistung eines freiwilligen Dienstes im Sinne von Absatz 4 Nr. 2 Buchstabe c ist kein gleichgestellter Dienst im Sinne von Satz 1.

(6) Der Anspruch auf Waisenrente endet nicht dadurch, dass die Waise als Kind angenommen wird.

§ 49 Renten wegen Todes bei Verschollenheit

₁Sind Ehegatten, geschiedene Ehegatten oder Elternteile verschollen, gelten sie als verstorben, wenn die Umstände ihren Tod wahrscheinlich machen und seit einem Jahr Nachrichten über ihr Leben nicht eingegangen sind. ₂Der Träger der Rentenversicherung kann von den Berechtigten die Versicherung an Eides statt verlangen, dass ihnen weitere als die angezeigten Nachrichten über den Verschollenen nicht bekannt sind. ₃Der Träger der Rentenversicherung ist berechtigt, für die Rentenleistung den nach den Umständen mutmaßlichen Todestag festzustellen. ₄Dieser bleibt auch bei gerichtlicher Feststellung oder Beurkundung eines abweichenden Todesdatums maßgeblich.

Vierter Titel
Wartezeiterfüllung

§ 50 Wartezeiten

(1) ₁Die Erfüllung der allgemeinen Wartezeit von fünf Jahren ist Voraussetzung für einen Anspruch auf
1. Regelaltersrente,
2. Rente wegen verminderter Erwerbsfähigkeit und
3. Rente wegen Todes.

₂Die allgemeine Wartezeit gilt als erfüllt für einen Anspruch auf
1. Regelaltersrente, wenn der Versicherte bis zum Erreichen der Regelaltersgrenze eine Rente wegen verminderter Erwerbsfähigkeit oder eine Erziehungsrente bezogen hat,
2. Hinterbliebenenrente, wenn der verstorbene Versicherte bis zum Tod eine Rente bezogen hat.

(2) Die Erfüllung der Wartezeit von 20 Jahren ist Voraussetzung für einen Anspruch auf Rente wegen voller Erwerbsminderung an Versicherte, die die allgemeine Wartezeit vor Eintritt der vollen Erwerbsminderung nicht erfüllt haben.

(3) Die Erfüllung der Wartezeit von 25 Jahren ist Voraussetzung für einen Anspruch auf
1. Altersrente für langjährig unter Tage beschäftigte Bergleute und
2. Rente für Bergleute vom 50. Lebensjahr an.

(4) Die Erfüllung der Wartezeit von 35 Jahren ist Voraussetzung für einen Anspruch auf
1. Altersrente für langjährig Versicherte und
2. Altersrente für schwerbehinderte Menschen.

(5) Die Erfüllung der Wartezeit von 45 Jahren ist Voraussetzung für einen Anspruch auf Altersrente für besonders langjährig Versicherte.

§ 51 Anrechenbare Zeiten

(1) Auf die allgemeine Wartezeit und auf die Wartezeiten von 15 und 20 Jahren werden Kalendermonate mit Beitragszeiten angerechnet.

(2) Auf die Wartezeit von 25 Jahren werden Kalendermonate mit Beitragszeiten aufgrund einer Beschäftigung mit ständigen Arbeiten unter Tage angerechnet.

(3) Auf die Wartezeit von 35 Jahren werden alle Kalendermonate mit rentenrechtlichen Zeiten angerechnet.

(3a) ₁Auf die Wartezeit von 45 Jahren werden Kalendermonate angerechnet mit
1. Pflichtbeiträgen für eine versicherte Beschäftigung oder Tätigkeit,
2. Berücksichtigungszeiten,
3. Zeiten des Bezugs von
   a) Entgeltersatzleistungen der Arbeitsförderung,
   b) Leistungen bei Krankheit und
   c) Übergangsgeld,

   soweit sie Pflichtbeitragszeiten oder Anrechnungszeiten sind; dabei werden Zeiten nach Buchstabe a in den letzten zwei Jahren vor Rentenbeginn nicht berücksichtigt, es sei denn, der Bezug von Entgeltersatzleistungen der Arbeitsförderung ist durch eine Insolvenz oder vollständige Geschäftsaufgabe des Arbeitgebers bedingt, und
4. freiwilligen Beiträgen, wenn mindestens 18 Jahre mit Zeiten nach Nummer 1 vorhanden sind; dabei werden Zeiten freiwilliger Beitragszahlung in den letzten zwei Jahren vor Rentenbeginn nicht berücksichtigt, wenn gleichzeitig Anrechnungszeiten wegen Arbeitslosigkeit vorliegen.

₂Kalendermonate, die durch Versorgungsausgleich oder Rentensplitting ermittelt werden, werden nicht angerechnet.

(4) Auf die Wartezeiten werden auch Kalendermonate mit Ersatzzeiten (Fünftes Kapitel) angerechnet.

§ 52 Wartezeiterfüllung durch Versorgungsausgleich, Rentensplitting und Zuschläge an Entgeltpunkten für Arbeitsentgelt aus geringfügiger Beschäftigung

(1) ₁Ist ein Versorgungsausgleich in der gesetzlichen Rentenversicherung allein zugunsten von Versicherten durchgeführt, wird auf die Wartezeit die volle Anzahl an Monaten angerechnet, die sich ergibt, wenn die Entgeltpunkte für übertragene oder begründete Rentenanwartschaften durch die Zahl 0,0313 geteilt werden. ₂Ist ein Versorgungsausgleich sowohl zugunsten als auch zu Lasten von Versicherten durchgeführt und ergibt sich hieraus nach Verrechnung ein Zuwachs an Entgeltpunkten, wird auf die Wartezeit die volle Anzahl an Monaten angerechnet, die sich ergibt, wenn die Entgeltpunkte aus dem Zuwachs durch die Zahl 0,0313 geteilt werden. ₃Ein Versorgungsausgleich ist durchgeführt, wenn die Entscheidung des Familiengerichts wirksam ist. ₄Ergeht eine Entscheidung zur Abänderung des Wertausgleichs nach der Scheidung, entfällt eine bereits von der ausgleichsberechtigten Person erfüllte Wartezeit nicht. ₅Die Anrechnung erfolgt nur insoweit, als die in die Ehezeit oder Lebenspartnerschaftszeit fallenden Kalendermonate nicht bereits auf die Wartezeit anzurechnen sind.

(1a) ₁Ist ein Rentensplitting durchgeführt, wird dem Ehegatten oder Lebenspartner, der einen Splittingzuwachs erhalten hat, auf die Wartezeit die volle Anzahl an Monaten angerechnet, die sich ergibt, wenn die Entgeltpunkte aus dem Splittingzuwachs durch die Zahl 0,0313 geteilt werden. ₂Die Anrechnung erfolgt nur insoweit, als die in die Splittingzeit fallenden Kalendermonate nicht bereits auf die Wartezeit anzurechnen sind.

(2) ₁Sind Zuschläge an Entgeltpunkten für Arbeitsentgelt aus geringfügiger Beschäftigung, für die Beschäftigte nach § 6 Absatz 1b von der Versicherungspflicht befreit sind, ermittelt, wird auf die Wartezeit die volle Anzahl an Monaten angerechnet, die sich ergibt, wenn die Zuschläge an Entgeltpunkten durch die Zahl 0,0313 geteilt werden. ₂Zuschläge an Entgeltpunkten aus einer geringfügigen Beschäftigung, die in Kalendermonaten ausgeübt wurde, die bereits auf die Wartezeit anzurechnen sind, bleiben unberücksichtigt. ₃Wartezeitmonate für in die Ehezeit, Lebenspartnerschaftszeit oder Splittingzeit fallende Kalendermonate einer geringfügigen Beschäftigung sind vor Anwendung von Absatz 1 oder 1a gesondert zu ermitteln.

§ 53 Vorzeitige Wartezeiterfüllung

(1) ₁Die allgemeine Wartezeit ist vorzeitig erfüllt, wenn Versicherte
1. wegen eines Arbeitsunfalls oder einer Berufskrankheit,
2. wegen einer Wehrdienstbeschädigung nach dem Soldatenversorgungsgesetz als Wehrdienstleistende oder Soldaten auf Zeit,
3. wegen einer Zivildienstbeschädigung nach dem Zivildienstgesetz als Zivildienstleistende oder

4. wegen eines Gewahrsams (§ 1 Häftlingshilfegesetz)

vermindert erwerbsfähig geworden oder gestorben sind. ₂Satz 1 Nr. 1 findet nur Anwendung für Versicherte, die bei Eintritt des Arbeitsunfalls oder der Berufskrankheit versicherungspflichtig waren oder in den letzten zwei Jahren davor mindestens ein Jahr Pflichtbeiträge für eine versicherte Beschäftigung oder Tätigkeit haben. ₃Die Sätze 1 und 2 finden für die Rente für Bergleute nur Anwendung, wenn der Versicherte vor Eintritt der im Bergbau verminderten Berufsfähigkeit zuletzt in der knappschaftlichen Rentenversicherung versichert war.

(2) ₁Die allgemeine Wartezeit ist auch vorzeitig erfüllt, wenn Versicherte vor Ablauf von sechs Jahren nach Beendigung einer Ausbildung voll erwerbsgemindert geworden oder gestorben sind und in den letzten zwei Jahren vorher mindestens ein Jahr Pflichtbeiträge für eine versicherte Beschäftigung oder Tätigkeit haben. ₂Der Zeitraum von zwei Jahren vor Eintritt der vollen Erwerbsminderung oder des Todes verlängert sich um Zeiten einer schulischen Ausbildung nach Vollendung des 17. Lebensjahres bis zu sieben Jahren.

(3) Pflichtbeiträge für eine versicherte Beschäftigung oder Tätigkeit im Sinne der Absätze 1 und 2 liegen auch vor, wenn

1. freiwillige Beiträge gezahlt worden sind, die als Pflichtbeiträge gelten, oder
2. Pflichtbeiträge aus den in § 3 oder 4 genannten Gründen gezahlt worden sind oder als gezahlt gelten oder
3. für Anrechnungszeiten Beiträge gezahlt worden sind, die ein Leistungsträger mitgetragen hat.

**Fünfter Titel
Rentenrechtliche Zeiten**

§ 54 Begriffsbestimmungen

(1) Rentenrechtliche Zeiten sind
1. Beitragszeiten,
   a) als Zeiten mit vollwertigen Beiträgen,
   b) als beitragsgeminderte Zeiten,
2. beitragsfreie Zeiten und
3. Berücksichtigungszeiten.

(2) Zeiten mit vollwertigen Beiträgen sind Kalendermonate, die mit Beiträgen belegt und nicht beitragsgeminderte Zeiten sind.

(3) ₁Beitragsgeminderte Zeiten sind Kalendermonate, die sowohl mit Beitragszeiten als auch Anrechnungszeiten, einer Zurechnungszeit oder Ersatzzeiten (Fünftes Kapitel) belegt sind. ₂Als beitragsgeminderte Zeiten gelten Kalendermonate mit Pflichtbeiträgen für eine Berufsausbildung (Zeiten einer beruflichen Ausbildung).

(4) Beitragsfreie Zeiten sind Kalendermonate, die mit Anrechnungszeiten, mit einer Zurechnungszeit oder mit Ersatzzeiten belegt sind, wenn für sie nicht auch Beiträge gezahlt worden sind.

§ 55 Beitragszeiten

(1) ₁Beitragszeiten sind Zeiten, für die nach Bundesrecht Pflichtbeiträge (Pflichtbeitragszeiten) oder freiwillige Beiträge gezahlt worden sind. ₂Pflichtbeitragszeiten sind auch Zeiten, für die Pflichtbeiträge nach besonderen Vorschriften als gezahlt gelten. ₃Als Beitragszeiten gelten auch Zeiten, für die Entgeltpunkte gutgeschrieben worden sind, weil gleichzeitig Berücksichtigungszeiten wegen Kindererziehung oder Zeiten der Pflege eines pflegebedürftigen Kindes für mehrere Kinder vorliegen.

(2) Soweit ein Anspruch auf Rente eine bestimmte Anzahl an Pflichtbeiträgen für eine versicherte Beschäftigung oder Tätigkeit voraussetzt, zählen hierzu auch

1. freiwillige Beiträge, die als Pflichtbeiträge gelten, oder
2. Pflichtbeiträge, für die aus den in § 3 oder § 4 genannten Gründen Beiträge gezahlt worden sind oder als gezahlt gelten, oder
3. Beiträge für Anrechnungszeiten, die ein Leistungsträger mitgetragen hat.

§ 56 Kindererziehungszeiten

(1) ₁Kindererziehungszeiten sind Zeiten der Erziehung eines Kindes in dessen ersten drei Lebensjahren. ₂Für einen Elternteil (§ 56 Abs. 1 Satz 1 Nr. 3 und Abs. 3 Nr. 2 und 3 Erstes Buch) wird eine Kindererziehungszeit angerechnet, wenn

1. die Erziehungszeit diesem Elternteil zuzuordnen ist,

SGB VI: Gesetzliche Rentenversicherung § 57

2. die Erziehung im Gebiet der Bundesrepublik Deutschland erfolgt ist oder einer solchen gleichsteht und
3. der Elternteil nicht von der Anrechnung ausgeschlossen ist.

(2) ₁Eine Erziehungszeit ist dem Elternteil zuzuordnen, der sein Kind erzogen hat. ₂Haben mehrere Elternteile das Kind gemeinsam erzogen, wird die Erziehungszeit einem Elternteil zugeordnet. ₃Haben die Eltern ihr Kind gemeinsam erzogen, können sie durch eine übereinstimmende Erklärung bestimmen, welchem Elternteil sie zuzuordnen ist. ₄Die Zuordnung kann auf einen Teil der Erziehungszeit beschränkt werden. ₅Die übereinstimmende Erklärung der Eltern ist mit Wirkung für künftige Kalendermonate abzugeben. ₆Die Zuordnung kann rückwirkend für bis zu zwei Kalendermonate vor Abgabe der Erklärung erfolgen, es sei denn, für einen Elternteil ist unter Berücksichtigung dieser Zeiten eine Leistung bindend festgestellt, ein Versorgungsausgleich oder ein Rentensplitting durchgeführt. ₇Für die Abgabe der Erklärung gilt § 16 des Ersten Buches über die Antragstellung entsprechend. ₈Haben die Eltern eine übereinstimmende Erklärung nicht abgegeben, ist die Erziehungszeit der Mutter zuzuordnen. ₉Haben mehrere Elternteile das Kind erzogen, ist die Erziehungszeit demjenigen zuzuordnen, der das Kind überwiegend erzogen hat, soweit sich aus Satz 3 nicht etwas anderes ergibt.

(3) ₁Eine Erziehung ist im Gebiet der Bundesrepublik Deutschland erfolgt, wenn der erziehende Elternteil sich mit dem Kind dort gewöhnlich aufgehalten hat. ₂Einer Erziehung im Gebiet der Bundesrepublik Deutschland steht gleich, wenn der erziehende Elternteil sich mit seinem Kind im Ausland gewöhnlich aufgehalten hat und während der Erziehung oder unmittelbar vor der Geburt des Kindes wegen einer dort ausgeübten Beschäftigung oder selbständigen Tätigkeit Pflichtbeitragszeiten hat. ₃Dies gilt bei einem gemeinsamen Aufenthalt von Ehegatten oder Lebenspartnern im Ausland auch, wenn der Ehegatte oder Lebenspartner des erziehenden Elternteils solche Pflichtbeitragszeiten hat oder nur deshalb nicht hat, weil er zu den in § 5 Abs. 1 und 4 genannten Personen gehörte oder von der Versicherungspflicht befreit war.

(4) Elternteile sind von der Anrechnung ausgeschlossen, wenn sie

1. während der Erziehungszeit oder unmittelbar vor der Geburt des Kindes eine Beschäftigung oder selbständige Tätigkeit im Gebiet der Bundesrepublik Deutschland ausgeübt haben, die aufgrund

   a) einer zeitlich begrenzten Entsendung in dieses Gebiet (§ 5 Viertes Buch) oder

   b) einer Regelung des zwischen- oder überstaatlichen Rechts oder einer für Bedienstete internationaler Organisationen getroffenen Regelung (§ 6 Viertes Buch)

   den Vorschriften über die Versicherungspflicht nicht unterliegt,

2. während der Erziehungszeit zu den in § 5 Absatz 4 genannten Personen gehören oder

3. während der Erziehungszeit Anwartschaften auf Versorgung im Alter aufgrund der Erziehung erworben haben, wenn diese nach den für sie geltenden besonderen Versorgungsregelungen systembezogen annähernd gleichwertig berücksichtigt wird wie die Kindererziehung nach diesem Buch; als in diesem Sinne systembezogen annähernd gleichwertig gilt eine Versorgung nach beamtenrechtlichen Vorschriften oder Grundsätzen oder entsprechenden kirchenrechtlichen Regelungen.

(5) ₁Die Kindererziehungszeit beginnt nach Ablauf des Monats der Geburt und endet nach 36 Kalendermonaten. ₂Wird während dieses Zeitraums vom erziehenden Elternteil ein weiteres Kind erzogen, für das ihm eine Kindererziehungszeit anzurechnen ist, wird die Kindererziehungszeit für dieses und jedes weitere Kind um die Anzahl an Kalendermonaten der gleichzeitigen Erziehung verlängert.

§ 57 Berücksichtigungszeiten

₁Die Zeit der Erziehung eines Kindes bis zu dessen vollendetem zehnten Lebensjahr ist bei einem Elternteil eine Berücksichtigungszeit, soweit die Voraussetzungen für die Anrechnung einer Kindererziehungszeit auch in dieser Zeit vorliegen. ₂Dies gilt für Zeiten einer mehr als geringfügig ausgeübten selbständigen Tätigkeit nur, soweit diese Zeiten auch Pflichtbeitragszeiten sind.

§ 58 Anrechnungszeiten

(1) ₁Anrechnungszeiten sind Zeiten, in denen Versicherte

1. wegen Krankheit arbeitsunfähig gewesen sind oder Leistungen zur medizinischen Rehabilitation oder zur Teilhabe am Arbeitsleben erhalten haben,
1a. nach dem vollendeten 17. und vor dem vollendeten 25. Lebensjahr mindestens einen Kalendermonat krank gewesen sind, soweit die Zeiten nicht mit anderen rentenrechtlichen Zeiten belegt sind,
2. wegen Schwangerschaft oder Mutterschaft während der Schutzfristen nach dem Mutterschutzgesetz eine versicherte Beschäftigung oder selbständige Tätigkeit nicht ausgeübt haben,
3. wegen Arbeitslosigkeit bei einer deutschen Agentur für Arbeit als Arbeitsuchende gemeldet waren und eine öffentlich-rechtliche Leistung bezogen oder nur wegen des zu berücksichtigenden Einkommens oder Vermögens nicht bezogen haben,
3a. nach dem vollendeten 17. Lebensjahr mindestens einen Kalendermonat bei einer deutschen Agentur für Arbeit als Ausbildungsuchende gemeldet waren, soweit die Zeiten nicht mit anderen rentenrechtlichen Zeiten belegt sind,
4. nach dem vollendeten 17. Lebensjahr eine Schule, Fachschule oder Hochschule besucht oder an einer berufsvorbereitenden Bildungsmaßnahme teilgenommen haben (Zeiten einer schulischen Ausbildung), insgesamt jedoch höchstens bis zu acht Jahren, oder
5. eine Rente bezogen haben, soweit diese Zeiten auch als Zurechnungszeit in der Rente berücksichtigt waren, und die vor dem Beginn dieser Rente liegende Zurechnungszeit,
6. nach dem 31. Dezember 2010 Arbeitslosengeld II bezogen haben; dies gilt nicht für Empfänger der Leistung,
    a) die Arbeitslosengeld II nur darlehensweise oder
    b) nur Leistungen nach § 24 Absatz 3 Satz 1 des Zweiten Buches bezogen haben.

₂Berufsvorbereitende Bildungsmaßnahmen sind alle beruflichen Bildungsmaßnahmen, die auf die Aufnahme einer Berufsausbildung vorbereiten oder der beruflichen Eingliederung dienen, sowie Vorbereitungslehrgänge zum nachträglichen Erwerb des Hauptschulabschlusses und allgemein bildende Kurse zum Abbau von schwerwiegenden beruflichen Bildungsdefiziten. ₃Zeiten, in denen Versicherte nach Vollendung des 25. Lebensjahres wegen des Bezugs von Sozialleistungen versicherungspflichtig waren, sind nicht Anrechnungszeiten nach Satz 1 Nummer 1 und 3. ₄Nach Vollendung des 25. Lebensjahres schließen Anrechnungszeiten wegen des Bezugs von Arbeitslosengeld II Anrechnungszeiten wegen Arbeitslosigkeit aus.

(2) ₁Anrechnungszeiten nach Absatz 1 Satz 1 Nr. 1 und 2 bis 3a liegen nur vor, wenn dadurch eine versicherte Beschäftigung oder selbständige Tätigkeit oder ein versicherter Wehrdienst oder Zivildienst oder ein versichertes Wehrdienstverhältnis besonderer Art nach § 6 des Einsatz-Weiterverwendungsgesetzes unterbrochen ist; dies gilt nicht für Zeiten nach Vollendung des 17. und vor Vollendung des 25. Lebensjahres. ₂Eine selbständige Tätigkeit ist nur dann unterbrochen, wenn sie ohne die Mitarbeit des Versicherten nicht weiter ausgeübt werden kann.

(3) Anrechnungszeiten wegen Arbeitsunfähigkeit oder der Ausführung der Leistungen zur medizinischen Rehabilitation oder zur Teilhabe am Arbeitsleben liegen bei Versicherten, die nach § 4 Abs. 3 Satz 1 Nr. 2 versicherungspflichtig werden konnten, erst nach Ablauf der auf Antrag begründeten Versicherungspflicht vor.

(4) Anrechnungszeiten liegen bei Beziehern von Arbeitslosengeld oder Übergangsgeld nicht vor, wenn die Bundesagentur für Arbeit für sie Beiträge an eine Versicherungseinrichtung oder Versorgungseinrichtung, an ein Versicherungsunternehmen oder an sie selbst gezahlt haben.

(4a) Zeiten der schulischen Ausbildung neben einer versicherten Beschäftigung oder Tätig-

SGB VI: Gesetzliche Rentenversicherung §§ 59–62

keit sind nur Anrechnungszeiten wegen schulischer Ausbildung, wenn der Zeitaufwand für die schulische Ausbildung unter Berücksichtigung des Zeitaufwands für die Beschäftigung oder Tätigkeit überwiegt.

(5) Anrechnungszeiten sind nicht für die Zeit der Leistung einer Rente wegen Alters zu berücksichtigen.

§ 59 Zurechnungszeit

(1) Zurechnungszeit ist die Zeit, die bei einer Rente wegen Erwerbsminderung oder einer Rente wegen Todes hinzugerechnet wird, wenn der Versicherte das 65. Lebensjahr noch nicht vollendet hat.

(2) ₁Die Zurechnungszeit beginnt

1. bei einer Rente wegen Erwerbsminderung mit dem Eintritt der hierfür maßgebenden Erwerbsminderung,
2. bei einer Rente wegen voller Erwerbsminderung, auf die erst nach Erfüllung einer Wartezeit von 20 Jahren ein Anspruch besteht, mit Beginn dieser Rente,
3. bei einer Witwenrente, Witwerrente oder Waisenrente mit dem Tod des Versicherten und
4. bei einer Erziehungsrente mit Beginn dieser Rente.

₂Die Zurechnungszeit endet mit Vollendung des 65. Lebensjahres.

§ 60 Zuordnung beitragsfreier Zeiten zur knappschaftlichen Rentenversicherung

(1) Anrechnungszeiten und eine Zurechnungszeit werden der knappschaftlichen Rentenversicherung zugeordnet, wenn vor dieser Zeit der letzte Pflichtbeitrag zur knappschaftlichen Rentenversicherung gezahlt worden ist.

(2) Anrechnungszeiten wegen einer schulischen Ausbildung werden der knappschaftlichen Rentenversicherung auch dann zugeordnet, wenn während oder nach dieser Zeit die Versicherung beginnt und der erste Pflichtbeitrag zur knappschaftlichen Rentenversicherung gezahlt worden ist.

§ 61 Ständige Arbeiten unter Tage

(1) Ständige Arbeiten unter Tage sind solche Arbeiten nach dem 31. Dezember 1967, die nach ihrer Natur ausschließlich unter Tage ausgeübt werden.

(2) Den ständigen Arbeiten unter Tage werden gleichgestellt:

1. Arbeiten, die nach dem Tätigkeitsbereich der Versicherten sowohl unter Tage als auch über Tage ausgeübt werden, wenn sie während eines Kalendermonats in mindestens 18 Schichten überwiegend unter Tage ausgeübt worden sind; Schichten, die in einem Kalendermonat wegen eines auf einen Arbeitstag fallenden Feiertags ausfallen, gelten als überwiegend unter Tage verfahrene Schichten,
2. Arbeiten als Mitglieder der für den Einsatz unter Tage bestimmten Grubenwehr, mit Ausnahme als Gerätewarte, für die Dauer der Zugehörigkeit,
3. Arbeiten als Mitglieder des Betriebsrats, wenn die Versicherten bisher ständige Arbeiten unter Tage oder nach Nummer 1 oder 2 gleichgestellte Arbeiten ausgeübt haben und im Anschluss daran wegen der Betriebsratstätigkeit von diesen Arbeiten freigestellt worden sind.

(3) Als überwiegend unter Tage verfahren gelten auch Schichten, die in einem Kalendermonat wegen

1. krankheitsbedingter Arbeitsunfähigkeit,
2. bezahlten Urlaubs oder
3. Inanspruchnahme einer Leistung zur medizinischen Rehabilitation oder zur Teilhabe am Arbeitsleben oder einer Vorsorgekur

ausfallen, wenn in diesem Kalendermonat aufgrund von ständigen Arbeiten unter Tage oder gleichgestellten Arbeiten Beiträge gezahlt worden sind und die Versicherten in den drei vorausgegangenen Kalendermonaten mindestens einen Kalendermonat ständige Arbeiten unter Tage oder gleichgestellte Arbeiten ausgeübt haben.

§ 62 Schadenersatz bei rentenrechtlichen Zeiten

Durch die Berücksichtigung rentenrechtlicher Zeiten wird ein Anspruch auf Schadenersatz wegen verminderter Erwerbsfähigkeit nicht ausgeschlossen oder gemindert.

Dritter Unterabschnitt
Rentenhöhe und Rentenanpassung

Erster Titel
Grundsätze

§ 63 Grundsätze

(1) Die Höhe einer Rente richtet sich vor allem nach der Höhe der während des Versicherungslebens durch Beiträge versicherten Arbeitsentgelte und Arbeitseinkommen.

(2) ₁Das in den einzelnen Kalenderjahren durch Beiträge versicherte Arbeitsentgelt und Arbeitseinkommen wird in Entgeltpunkte umgerechnet. ₂Die Versicherung eines Arbeitsentgelts oder Arbeitseinkommens in Höhe des Durchschnittsentgelts eines Kalenderjahres (Anlage 1) ergibt einen vollen Entgeltpunkt.

(3) Für beitragsfreie Zeiten werden Entgeltpunkte angerechnet, deren Höhe von der Höhe der in der übrigen Zeit versicherten Arbeitsentgelte und Arbeitseinkommen abhängig ist.

(4) Das Sicherungsziel der jeweiligen Rentenart im Verhältnis zu einer Altersrente wird durch den Rentenartfaktor bestimmt.

(5) Vorteile und Nachteile einer unterschiedlichen Rentenbezugsdauer werden durch einen Zugangsfaktor vermieden.

(6) Der Monatsbetrag einer Rente ergibt sich, indem die unter Berücksichtigung des Zugangsfaktors ermittelten persönlichen Entgeltpunkte mit dem Rentenartfaktor und dem aktuellen Rentenwert vervielfältigt werden.

(7) Der aktuelle Rentenwert wird entsprechend der Entwicklung des Durchschnittsentgelts unter Berücksichtigung der Veränderung des Beitragssatzes zur allgemeinen Rentenversicherung jährlich angepasst.

Zweiter Titel
Berechnung und Anpassung der Renten

§ 64 Rentenformel für Monatsbetrag der Rente

Der Monatsbetrag der Rente ergibt sich, wenn

1. die unter Berücksichtigung des Zugangsfaktors ermittelten persönlichen Entgeltpunkte,
2. der Rentenartfaktor und
3. der aktuelle Rentenwert

mit ihrem Wert bei Rentenbeginn miteinander vervielfältigt werden.

§ 65 Anpassung der Renten

Zum 1. Juli eines jeden Jahres werden die Renten angepasst, indem der bisherige aktuelle Rentenwert durch den neuen aktuellen Rentenwert ersetzt wird.

§ 66 Persönliche Entgeltpunkte

(1) Die persönlichen Entgeltpunkte für die Ermittlung des Monatsbetrags der Rente ergeben sich, indem die Summe aller Entgeltpunkte für

1. Beitragszeiten,
2. beitragsfreie Zeiten,
3. Zuschläge für beitragsgeminderte Zeiten,
4. Zuschläge oder Abschläge aus einem durchgeführten Versorgungsausgleich oder Rentensplitting,
5. Zuschläge aus Zahlung von Beiträgen bei vorzeitiger Inanspruchnahme einer Rente wegen Alters oder bei Abfindungen von Anwartschaften auf betriebliche Altersversorgung oder von Anrechten bei der Versorgungsausgleichskasse,
6. Zuschläge an Entgeltpunkten für Arbeitsentgelt aus geringfügiger Beschäftigung,
7. Arbeitsentgelt aus nach § 23b Abs. 2 Satz 1 bis 4 des Vierten Buches aufgelösten Wertguthaben,
8. Zuschläge an Entgeltpunkten aus Beiträgen nach Beginn einer Rente wegen Alters,
9. Zuschläge an Entgeltpunkten für Zeiten einer besonderen Auslandsverwendung und
10. Zuschläge an Entgeltpunkten für nachversicherte Soldaten auf Zeit

mit dem Zugangsfaktor vervielfältigt und bei Witwenrenten und Witwerrenten sowie bei Waisenrenten um einen Zuschlag erhöht wird.

(2) Grundlage für die Ermittlung der persönlichen Entgeltpunkte sind die Entgeltpunkte

1. des Versicherten bei einer Rente wegen Alters, wegen verminderter Erwerbsfähigkeit und bei einer Erziehungsrente,
2. des verstorbenen Versicherten bei einer Witwenrente, Witwerrente und Halbwaisenrente,

SGB VI: Gesetzliche Rentenversicherung §§ 67–68

3. der zwei verstorbenen Versicherten mit den höchsten Renten bei einer Vollwaisenrente.

(3) ₁Bei einer unabhängig vom Hinzuverdienst gewählten Teilrente (§ 42 Absatz 2) ergeben sich die in Anspruch genommenen Entgeltpunkte aus der Summe aller Entgeltpunkte entsprechend dem Verhältnis der Teilrente zu der Vollrente. ₂Bei einer vom Hinzuverdienst abhängigen Teilrente (§ 34 Absatz 3) ergeben sich die jeweils in Anspruch genommenen Entgeltpunkte aus dem Monatsbetrag der Rente nach Anrechnung des Hinzuverdienstes im Wege einer Rückrechnung unter Berücksichtigung des maßgeblichen aktuellen Rentenwerts, des Rentenartfaktors und des jeweiligen Zugangsfaktors.

(3a) ₁Zuschläge an Entgeltpunkten aus Beiträgen nach Beginn einer Rente wegen Alters werden mit Ablauf des Kalendermonats des Erreichens der Regelaltersgrenze und anschließend jährlich zum 1. Juli berücksichtigt. ₂Dabei sind für die jährliche Berücksichtigung zum 1. Juli die für das vergangene Kalenderjahr ermittelten Zuschläge maßgebend.

(4) Bei einer nur teilweise zu leistenden Rente wegen verminderter Erwerbsfähigkeit ergeben sich die jeweils in Anspruch genommenen Entgeltpunkte aus dem Monatsbetrag der Rente nach Anrechnung des Hinzuverdienstes im Wege einer Rückrechnung unter Berücksichtigung des maßgeblichen aktuellen Rentenwerts, des Rentenartfaktors und des jeweiligen Zugangsfaktors.

§ 67 Rentenartfaktor

Der Rentenartfaktor beträgt für persönliche Entgeltpunkte bei

1. Renten wegen Alters 1,0
2. Renten wegen teilweiser Erwerbsminderung 0,5
3. Renten wegen voller Erwerbsminderung 1,0
4. Erziehungsrenten 1,0
5. kleinen Witwenrenten und kleinen Witwerrenten bis zum Ende des dritten Kalendermonats nach Ablauf des Monats, in dem der Ehegatte verstorben ist, 1,0 anschließend 0,25
6. großen Witwenrenten und großen Witwerrenten bis zum Ende des dritten Kalendermonats nach Ablauf des Monats, in dem der Ehegatte verstorben ist, 1,0 anschließend 0,55
7. Halbwaisenrenten 0,1
8. Vollwaisenrenten 0,2.

§ 68 Aktueller Rentenwert

(1) ₁Der aktuelle Rentenwert ist der Betrag, der einer monatlichen Rente wegen Alters der allgemeinen Rentenversicherung entspricht, wenn für ein Kalenderjahr Beiträge aufgrund des Durchschnittsentgelts gezahlt worden sind. ₂Am 30. Juni 2005 beträgt der aktuelle Rentenwert 26,13 Euro. ₃Er verändert sich zum 1. Juli eines jeden Jahres, indem der bisherige aktuelle Rentenwert mit den Faktoren für die Veränderung

1. der Bruttolöhne und -gehälter je Arbeitnehmer,
2. des Beitragssatzes zur allgemeinen Rentenversicherung und
3. dem Nachhaltigkeitsfaktor

vervielfältigt wird.

(2) ₁Bruttolöhne und -gehälter je Arbeitnehmer sind die durch das Statistische Bundesamt ermittelten Bruttolöhne und -gehälter je Arbeitnehmer ohne Personen in Arbeitsgelegenheiten mit Entschädigungen für Mehraufwendungen jeweils nach der Systematik der Volkswirtschaftlichen Gesamtrechnungen. ₂Der Faktor für die Veränderung der Bruttolöhne und -gehälter je Arbeitnehmer wird ermittelt, indem deren Wert für das vergangene Kalenderjahr durch den Wert für das vorvergangene Kalenderjahr geteilt wird. ₃Dabei wird der Wert für das vorvergangene Kalenderjahr an die Entwicklung der Einnahmen der gesetzlichen Rentenversicherung angepasst, indem er mit dem Faktor vervielfältigt wird, der sich aus dem Verhältnis der Veränderung der Bruttolöhne und -gehälter je Arbeitnehmer im vorvergangenen Kalenderjahr gegenüber dem dritten zurückliegenden Kalenderjahr und der Veränderung der aus der Versichertenstatistik der Deutschen Rentenversicherung Bund ermittelten beitragspflichtigen Bruttolöhne und -gehälter je Arbeitnehmer ohne Beamte einschließlich der Be-

zieher von Arbeitslosengeld im vorvergangenen Kalenderjahr gegenüber dem dritten zurückliegenden Kalenderjahr ergibt.

(3) ₁Der Faktor, der sich aus der Veränderung des Beitragssatzes zur allgemeinen Rentenversicherung ergibt, wird ermittelt, indem

1. der durchschnittliche Beitragssatz in der allgemeinen Rentenversicherung des vergangenen Kalenderjahres von der Differenz aus 100 vom Hundert und dem Altersvorsorgeanteil für das Jahr 2012 subtrahiert wird,

2. der durchschnittliche Beitragssatz in der allgemeinen Rentenversicherung für das vorvergangene Kalenderjahr von der Differenz aus 100 vom Hundert und dem Altersvorsorgeanteil für das Jahr 2012 subtrahiert wird,

und anschließend der nach Nummer 1 ermittelte Wert durch den nach Nummer 2 ermittelten Wert geteilt wird. ₂Altersvorsorgeanteil für das Jahr 2012 ist der Wert, der im Fünften Kapitel für das Jahr 2012 als Altersvorsorgeanteil bestimmt worden ist.

(4) ₁Der Nachhaltigkeitsfaktor wird ermittelt, indem der um die Veränderung des Rentnerquotienten im vergangenen Kalenderjahr gegenüber dem vorvergangenen Kalenderjahr verminderte Wert eins mit einem Parameter α vervielfältigt und um den Wert eins erhöht wird. ₂Der Rentnerquotient wird ermittelt, indem die Anzahl der Äquivalenzrentner durch die Anzahl der Äquivalenzbeitragszahler dividiert wird. ₃Die Anzahl der Äquivalenzrentner wird ermittelt, indem das aus den Rechnungsergebnissen auf 1000 Euro genau bestimmte Gesamtvolumen der Renten abzüglich erstatteter Aufwendungen für Renten und Rententeile eines Kalenderjahres durch eine Regelaltersrente desselben Kalenderjahres aus der allgemeinen Rentenversicherung mit 45 Entgeltpunkten dividiert wird. ₄Die Anzahl der Äquivalenzbeitragszahler wird ermittelt, indem das aus den Rechnungsergebnissen auf 1000 Euro genau bestimmte Gesamtvolumen der Beiträge aller in der allgemeinen Rentenversicherung versicherungspflichtig Beschäftigten, der geringfügig Beschäftigten (§ 8 Viertes Buch) und der Bezieher von Arbeitslosengeld eines Kalenderjahres durch den auf das Durchschnittsentgelt nach Anlage 1 entfallenden Beitrag der allgemeinen Rentenversicherung desselben Kalenderjahres dividiert wird. ₅Die jeweilige Anzahl der Äquivalenzrentner und der Äquivalenzbeitragszahler ist auf 1000 Personen genau zu berechnen. ₆Der Parameter α beträgt 0,25.

(5) Der nach den Absätzen 1 bis 4 anstelle des bisherigen aktuellen Rentenwerts zu bestimmende neue aktuelle Rentenwert wird nach folgender Formel ermittelt:

$AR_t = AR_{t-1} \times (BE_{t-1}/BE_{t-2}) \times ([100 - AVA_{2012} - RVB_{t-1}]/[100 - AVA_{2012} - RVB_{t-2}]) \times ([1 - [RQ_{t-1}/RQ_{t-2}]] \times \alpha + 1)$

Dabei sind:

AR_t = zu bestimmender aktueller Rentenwert ab dem 1. Juli,

AR_{t-1} = bisheriger aktueller Rentenwert,

BE_{t-1} = Bruttolöhne und -gehälter je Arbeitnehmer im vergangenen Kalenderjahr,

BE_{t-2} = Bruttolöhne und -gehälter je Arbeitnehmer im vorvergangenen Kalenderjahr unter Berücksichtigung der Veränderung der beitragspflichtigen Bruttolöhne und -gehälter je Arbeitnehmer ohne Beamte einschließlich der Bezieher von Arbeitslosengeld,

AVA_{2012} = Altersvorsorgeanteil für das Jahr 2012 in Höhe von 4 vom Hundert,

RVB_{t-1} = durchschnittlicher Beitragssatz in der allgemeinen Rentenversicherung im vergangenen Kalenderjahr,

RVB_{t-2} = durchschnittlicher Beitragssatz in der allgemeinen Rentenversicherung im vorvergangenen Kalenderjahr,

RQ_{t-1} = Rentnerquotient im vergangenen Kalenderjahr,

RQ_{t-2} = Rentnerquotient im vorvergangenen Kalenderjahr.

(6) (weggefallen)

(7) ₁Bei der Bestimmung des neuen aktuellen Rentenwerts sind für das vergangene Kalenderjahr die vom Statistischen Bundesamt zu Beginn des Kalenderjahres vorliegenden Daten zu den Bruttolöhnen und -gehältern je Arbeitnehmer und für das vorvergangene und das dritte zurückliegende Kalenderjahr die bei der Bestimmung des bisherigen aktuellen Rentenwerts verwendeten Daten zur Bruttolohn- und -gehaltssumme je durchschnittlich beschäftig-

ten Arbeitnehmer zugrunde zu legen. ₂Für die Bestimmung der beitragspflichtigen Bruttolöhne und -gehälter je Arbeitnehmer ohne Beamte einschließlich der Bezieher von Arbeitslosengeld nach Absatz 2 Satz 3 sind die der Deutschen Rentenversicherung Bund vorliegenden Daten aus der Versichertenstatistik zu verwenden. ₃Dabei sind für das vorvergangene Kalenderjahr die zu Beginn des Kalenderjahres vorliegenden Daten zu den beitragspflichtigen Bruttolöhnen und -gehältern je Arbeitnehmer ohne Beamte einschließlich der Bezieher von Arbeitslosengeld und für das dritte zurückliegende Kalenderjahr die bei der Bestimmung des bisherigen aktuellen Rentenwerts verwendeten Daten zur beitragspflichtigen Bruttolohn- und -gehaltssumme je durchschnittlich beschäftigten Arbeitnehmer ohne Beamte einschließlich der Bezieher von Arbeitslosengeld zugrunde zu legen. ₄Bei der Ermittlung des Rentnerquotienten für das vergangene Kalenderjahr sind die der Deutschen Rentenversicherung Bund im ersten Vierteljahr des Kalenderjahres vorliegenden Daten und für das vorvergangene Kalenderjahr die bei der Bestimmung des bisherigen aktuellen Rentenwerts verwendeten Daten zugrunde zu legen.

§ 68a Schutzklausel

(1) ₁Abweichend von § 68 vermindert sich der bisherige aktuelle Rentenwert nicht, wenn der nach § 68 berechnete aktuelle Rentenwert geringer ist als der bisherige aktuelle Rentenwert. ₂Die unterbliebene Minderungswirkung (Ausgleichsbedarf) wird mit Erhöhungen des aktuellen Rentenwerts verrechnet. ₃Die Verrechnung darf nicht zu einer Minderung des bisherigen aktuellen Rentenwerts führen.

(2) ₁In den Jahren, in denen Absatz 1 Satz 1 anzuwenden ist, wird der Ausgleichsbedarf ermittelt, indem der nach § 68 berechnete aktuelle Rentenwert durch den bisherigen aktuellen Rentenwert geteilt wird (Ausgleichsfaktor). ₂Der Wert des Ausgleichsbedarfs verändert sich, indem der im Vorjahr bestimmte Wert mit dem Ausgleichsfaktor des laufenden Jahres vervielfältigt wird.

(3) ₁Ist der nach § 68 berechnete aktuelle Rentenwert höher als der bisherige aktuelle Rentenwert und ist der im Vorjahr bestimmte Wert des Ausgleichsbedarfs kleiner als 1,0000, wird der neue aktuelle Rentenwert abweichend von § 68 ermittelt, indem der bisherige aktuelle Rentenwert mit dem hälftigen Anpassungsfaktor vervielfältigt wird. ₂Der hälftige Anpassungsfaktor wird ermittelt, indem der nach § 68 berechnete aktuelle Rentenwert durch den bisherigen aktuellen Rentenwert geteilt wird (Anpassungsfaktor) und dieser Anpassungsfaktor um 1 vermindert, durch 2 geteilt und um 1 erhöht wird. ₃Der Wert des Ausgleichsbedarfs verändert sich, indem der im Vorjahr bestimmte Wert mit dem hälftigen Anpassungsfaktor vervielfältigt wird. ₄Übersteigt der Ausgleichsbedarf nach Anwendung von Satz 3 den Wert 1,0000, wird der bisherige aktuelle Rentenwert abweichend von Satz 1 mit dem Faktor vervielfältigt, der sich ergibt, wenn der Anpassungsfaktor mit dem im Vorjahr bestimmten Wert des Ausgleichsbedarfs vervielfältigt wird; der Wert des Ausgleichsbedarfs beträgt dann 1,0000.

(4) Sind weder Absatz 1 noch Absatz 3 anzuwenden, bleibt der Wert des Ausgleichsbedarfs unverändert.

§ 69 Verordnungsermächtigung

(1) Die Bundesregierung hat durch Rechtsverordnung mit Zustimmung des Bundesrates den 1. Juli eines Jahres maßgebenden aktuellen Rentenwert und den Ausgleichsbedarf bis zum 30. Juni des jeweiligen Jahres zu bestimmen.

(2) ₁Die Bundesregierung hat durch Rechtsverordnung mit Zustimmung des Bundesrates zum Ende eines jeden Jahres

1. für das vergangene Kalenderjahr das auf volle Euro gerundete Durchschnittsentgelt in Anlage 1 entsprechend der Entwicklung der Bruttolöhne und -gehälter je Arbeitnehmer (§ 68 Abs. 2 Satz 1),

2. für das folgende Kalenderjahr das auf volle Euro gerundete vorläufige Durchschnittsentgelt, das sich ergibt, wenn das Durchschnittsentgelt für das vergangene Kalenderjahr um das Doppelte des Vomhundertsatzes verändert wird, um den sich das Durchschnittsentgelt des vergangenen Kalenderjahres gegenüber dem Durchschnittsentgelt des vorvergangenen Kalenderjahres verändert hat,

zu bestimmen. ₂Die Bestimmung soll bis zum 31. Dezember des jeweiligen Jahres erfolgen.

Dritter Titel
Ermittlung der persönlichen Entgeltpunkte

§ 70 Entgeltpunkte für Beitragszeiten

(1) ₁Für Beitragszeiten werden Entgeltpunkte ermittelt, indem die Beitragsbemessungsgrundlage durch das Durchschnittsentgelt (Anlage 1) für dasselbe Kalenderjahr geteilt wird. ₂Für das Kalenderjahr des Rentenbeginns und für das davor liegende Kalenderjahr wird als Durchschnittsentgelt der Betrag zugrunde gelegt, der für diese Kalenderjahre vorläufig bestimmt ist.

(2) ₁Kindererziehungszeiten erhalten für jeden Kalendermonat 0,0833 Entgeltpunkte (Entgeltpunkte für Kindererziehungszeiten). ₂Entgeltpunkte für Kindererziehungszeiten sind auch Entgeltpunkte, die für Kindererziehungszeiten mit sonstigen Beitragszeiten ermittelt werden, indem die Entgeltpunkte für sonstige Beitragszeiten um 0,0833 erhöht werden, höchstens um die Entgeltpunkte bis zum Erreichen der jeweiligen Höchstwerte nach Anlage 2b.

(3) ₁Aus der Zahlung von Beiträgen für Arbeitsentgelt aus nach § 23b Abs. 2 Satz 1 bis 4 des Vierten Buches aufgelösten Wertguthaben werden zusätzliche Entgeltpunkte ermittelt, indem dieses Arbeitsentgelt durch das vorläufige Durchschnittsentgelt (Anlage 1) für das Kalenderjahr geteilt wird, dem das Arbeitsentgelt zugeordnet ist. ₂Die so ermittelten Entgeltpunkte gelten als Entgeltpunkte für Zeiten mit vollwertigen Pflichtbeiträgen nach dem 31. Dezember 1991.

(3a) ₁Sind mindestens 25 Jahre mit rentenrechtlichen Zeiten vorhanden, werden für nach dem Jahr 1991 liegende Kalendermonate mit Berücksichtigungszeiten wegen Kindererziehung oder mit Zeiten der nicht erwerbsmäßigen Pflege eines pflegebedürftigen Kindes bis zur Vollendung des 18. Lebensjahres Entgeltpunkte zusätzlich ermittelt oder gutgeschrieben. ₂Diese betragen für jeden Kalendermonat

a) mit Pflichtbeiträgen die Hälfte der hierfür ermittelten Entgeltpunkte, höchstens 0,0278 an zusätzlichen Entgeltpunkten,
b) in dem für den Versicherten Berücksichtigungszeiten wegen Kindererziehung oder Zeiten der Pflege eines pflegebedürftigen Kindes für ein Kind mit entsprechenden Zeiten für ein anderes Kind zusammentreffen, 0,0278 an gutgeschriebenen Entgeltpunkten, abzüglich des Wertes der zusätzlichen Entgeltpunkte nach Buchstabe a.

₃Die Summe der zusätzlich ermittelten und gutgeschriebenen Entgeltpunkte ist zusammen mit den für Beitragszeiten und Kindererziehungszeiten ermittelten Entgeltpunkten auf einen Wert von höchstens 0,0833 Entgeltpunkte begrenzt.

(4) ₁Ist für eine Rente wegen Alters die voraussichtliche beitragspflichtige Einnahme für den verbleibenden Zeitraum bis zum Beginn der Rente wegen Alters vom Rentenversicherungsträger errechnet worden (§ 194 Absatz 1 Satz 6, Abs. 2 Satz 2), sind für diese Rente Entgeltpunkte daraus wie aus der Beitragsbemessungsgrundlage zu ermitteln. ₂Weicht die tatsächlich erzielte beitragspflichtige Einnahme von der durch den Rentenversicherungsträger errechneten voraussichtlichen beitragspflichtigen Einnahme ab, bleibt sie für diese Rente außer Betracht.

(5) Für Zeiten, für die Beiträge aufgrund der Vorschriften des Vierten Kapitels über die Nachzahlung gezahlt worden sind, werden Entgeltpunkte ermittelt, indem die Beitragsbemessungsgrundlage durch das Durchschnittsentgelt des Jahres geteilt wird, in dem die Beiträge gezahlt worden sind.

§ 71 Entgeltpunkte für beitragsfreie und beitragsgeminderte Zeiten (Gesamtleistungsbewertung)

(1) ₁Beitragsfreie Zeiten erhalten den Durchschnittswert an Entgeltpunkten, der sich aus der Gesamtleistung an Beiträgen im belegungsfähigen Zeitraum ergibt. ₂Dabei erhalten sie den höheren Durchschnittswert aus der Grundbewertung aus allen Beiträgen oder der Vergleichsbewertung aus ausschließlich vollwertigen Beiträgen.

(2) ₁Für beitragsgeminderte Zeiten ist die Summe der Entgeltpunkte um einen Zuschlag so zu erhöhen, dass mindestens der Wert erreicht wird, den diese Zeiten jeweils als beitragsfreie Anrechnungszeiten wegen Krankheit und Arbeitslosigkeit, wegen einer schulischen Ausbildung und als Zeiten wegen ei-

SGB VI: Gesetzliche Rentenversicherung §§ 72–73

ner beruflichen Ausbildung oder als sonstige beitragsfreie Zeiten hätten. ₂Die zusätzlichen Entgeltpunkte werden den jeweiligen Kalendermonaten mit beitragsgeminderten Zeiten zu gleichen Teilen zugeordnet.

(3) ₁Für die Gesamtleistungsbewertung werden jedem Kalendermonat

1. an Berücksichtigungszeit die Entgeltpunkte zugeordnet, die sich ergeben würden, wenn diese Kalendermonate Kindererziehungszeiten wären,
2. mit Zeiten einer beruflichen Ausbildung mindestens 0,0833 Entgeltpunkte zugrunde gelegt und diese Kalendermonate insoweit nicht als beitragsgeminderte Zeiten berücksichtigt.

₂Bei der Anwendung von Satz 1 Nr. 2 gelten die ersten 36 Kalendermonate mit Pflichtbeiträgen für Zeiten einer versicherten Beschäftigung oder selbständigen Tätigkeit bis zur Vollendung des 25. Lebensjahres stets als Zeiten einer beruflichen Ausbildung. ₃Eine Zuordnung an Entgeltpunkten für Kalendermonate mit Berücksichtigungszeiten unterbleibt in dem Umfang, in dem bereits nach § 70 Abs. 3a Entgeltpunkte zusätzlich ermittelt oder gutgeschrieben worden sind. ₄Satz 1 Nr. 2 gilt nicht für Kalendermonate mit Zeiten der beruflichen Ausbildung, für die bereits Entgeltpunkte nach Satz 1 Nr. 1 zugeordnet werden.

(4) Soweit beitragsfreie Zeiten mit Zeiten zusammentreffen, die bei einer Versorgung aus einem

1. öffentlich-rechtlichen Dienstverhältnis oder
2. Arbeitsverhältnis mit Anspruch auf Versorgung nach beamtenrechtlichen Vorschriften oder Grundsätzen oder entsprechenden kirchenrechtlichen Regelungen

ruhegehaltfähig sind oder bei Eintritt des Versorgungsfalls als ruhegehaltfähig anerkannt werden, bleiben sie bei der Gesamtleistungsbewertung unberücksichtigt.

§ 72 Grundbewertung

(1) Bei der Grundbewertung werden für jeden Kalendermonat Entgeltpunkte in der Höhe zugrunde gelegt, die sich ergibt, wenn die Summe der Entgeltpunkte für Beitragszeiten und Berücksichtigungszeiten durch die Anzahl der belegungsfähigen Monate geteilt wird.

(2) ₁Der belegungsfähige Gesamtzeitraum umfasst die Zeit vom vollendeten 17. Lebensjahr bis zum

1. Kalendermonat vor Beginn der zu berechnenden Rente bei einer Rente wegen Alters, bei einer Rente wegen voller Erwerbsminderung, auf die erst nach Erfüllung einer Wartezeit von 20 Jahren ein Anspruch besteht, oder bei einer Erziehungsrente,
2. Eintritt der maßgebenden Minderung der Erwerbsfähigkeit bei einer Rente wegen verminderter Erwerbsfähigkeit,
3. Tod des Versicherten bei einer Hinterbliebenenrente.

₂Der belegungsfähige Gesamtzeitraum verlängert sich um Kalendermonate mit rentenrechtlichen Zeiten vor Vollendung des 17. Lebensjahres.

(3) Nicht belegungsfähig sind Kalendermonate mit

1. beitragsfreien Zeiten, die nicht auch Berücksichtigungszeiten sind, und
2. Zeiten, in denen eine Rente aus eigener Versicherung bezogen worden ist, die nicht auch Beitragszeiten oder Berücksichtigungszeiten sind.

§ 73 Vergleichsbewertung

₁Bei der Vergleichsbewertung werden für jeden Kalendermonat Entgeltpunkte in der Höhe zugrunde gelegt, die sich ergibt, wenn die Summe der Entgeltpunkte aus der Grundbewertung ohne Entgeltpunkte für

1. beitragsgeminderte Zeiten,
2. Berücksichtigungszeiten, die auch beitragsfreie Zeiten sind, und
3. Beitragszeiten oder Berücksichtigungszeiten, in denen eine Rente aus eigener Versicherung bezogen worden ist,

durch die Anzahl der belegungsfähigen Monate geteilt wird; bei Renten wegen verminderter Erwerbsfähigkeit werden außerdem Entgeltpunkte für die letzten vier Jahre bis zum Eintritt der hierfür maßgebenden Minderung der Erwerbsfähigkeit nicht berücksichtigt, wenn sich dadurch ein höherer Wert aus der Vergleichsbewertung ergibt. ₂Dabei sind von den belegungsfähigen Monaten aus der

Grundbewertung die bei der Vergleichsbewertung außer Betracht gebliebenen Kalendermonate mit Entgeltpunkten abzusetzen.

§ 74 Begrenzte Gesamtleistungsbewertung

$_1$Der sich aus der Gesamtleistungsbewertung ergebende Wert wird für jeden Kalendermonat mit Zeiten einer beruflichen Ausbildung, Fachschulausbildung oder der Teilnahme an einer berufsvorbereitenden Bildungsmaßnahme auf 75 vom Hundert begrenzt. $_2$Der so begrenzte Gesamtleistungswert darf für einen Kalendermonat 0,0625 Entgeltpunkte nicht übersteigen. $_3$Zeiten einer beruflichen Ausbildung, Fachschulausbildung oder der Teilnahme an einer berufsvorbereitenden Bildungsmaßnahme werden insgesamt für höchstens drei Jahre bewertet, vorrangig die beitragsfreien Zeiten der Fachschulausbildung und der Teilnahme an einer berufsvorbereitenden Bildungsmaßnahme. $_4$Zeiten einer Schul- oder Hochschulausbildung und Kalendermonate, die nur deshalb Anrechnungszeiten sind, weil

1. Arbeitslosigkeit nach dem 30. Juni 1978 vorgelegen hat, für die Arbeitslosengeld oder Arbeitslosengeld II nicht oder Arbeitslosengeld II nur darlehensweise gezahlt worden ist oder nur Leistungen nach § 24 Absatz 3 Satz 1 des Zweiten Buches erbracht worden sind,

1a. Arbeitslosengeld II bezogen worden ist,

2. Krankheit nach dem 31. Dezember 1983 vorgelegen hat und nicht Beiträge gezahlt worden sind,

3. Ausbildungssuche vorgelegen hat,

werden nicht bewertet.

§ 75 Entgeltpunkte für Zeiten nach Rentenbeginn

(1) Für Zeiten nach Beginn der zu berechnenden Rente werden Entgeltpunkte nur für eine Zurechnungszeit und für Zuschläge an Entgeltpunkten aus Beiträgen nach Beginn einer Rente wegen Alters ermittelt.

(2) $_1$Bei Renten wegen verminderter Erwerbsfähigkeit werden für

1. Beitragszeiten und Anrechnungszeiten, die nach Eintritt der hierfür maßgebenden Minderung der Erwerbsfähigkeit liegen,

2. freiwillige Beiträge, die nach Eintritt der hierfür maßgebenden Minderung der Erwerbsfähigkeit gezahlt worden sind,

Entgeltpunkte nicht ermittelt. $_2$Dies gilt nicht für

1. eine Rente wegen voller Erwerbsminderung, auf die erst nach Erfüllung einer Wartezeit von 20 Jahren ein Anspruch besteht,

2. freiwillige Beiträge nach Satz 1 Nr. 2, wenn die Minderung der Erwerbsfähigkeit während eines Beitragsverfahrens oder eines Verfahrens über einen Rentenanspruch eingetreten ist.

(3) Für eine Rente wegen voller Erwerbsminderung werden auf Antrag Entgeltpunkte auch für Beitragszeiten und Anrechnungszeiten nach Eintritt der vollen Erwerbsminderung ermittelt, wenn diese Beitragszeiten 20 Jahre umfassen.

(4) Für eine Rente wegen Alters besteht Anspruch auf Ermittlung von Entgeltpunkten auch für Pflichtbeiträge nach § 119 des Zehnten Buches, wenn diese nach dem Beginn der Rente aufgrund eines Schadensereignisses vor Rentenbeginn gezahlt worden sind; § 34 Abs. 4 Nr. 3 gilt nicht.

§ 76 Zuschläge oder Abschläge beim Versorgungsausgleich

(1) Ein zugunsten oder zulasten von Versicherten durchgeführter Versorgungsausgleich wird durch einen Zuschlag oder Abschlag an Entgeltpunkten berücksichtigt.

(2) $_1$Die Übertragung oder Begründung von Rentenanwartschaften zugunsten von Versicherten führt zu einem Zuschlag an Entgeltpunkten. $_2$Der Begründung von Rentenanwartschaften stehen gleich

1. die Wiederauffüllung geminderter Rentenanwartschaften (§ 187 Abs. 1 Nr. 1),

2. die Abwendung einer Kürzung der Versorgungsbezüge, wenn später eine Nachversicherung durchgeführt worden ist (§ 183 Abs. 1).

(3) Die Übertragung von Rentenanwartschaften zu Lasten von Versicherten führt zu einem Abschlag an Entgeltpunkten.

(4) $_1$Die Entgeltpunkte werden in der Weise ermittelt, dass der Monatsbetrag der Rentenanwartschaften durch den aktuellen Rentenwert

mit seinem Wert bei Ende der Ehezeit oder Lebenspartnerschaftszeit geteilt wird. ₂Entgeltpunkte aus einer Begründung durch externe Teilung nach § 14 des Versorgungsausgleichsgesetzes werden ermittelt, indem der vom Familiengericht nach § 222 Abs. 3 des Gesetzes über das Verfahren in Familiensachen und in den Angelegenheiten der freiwilligen Gerichtsbarkeit festgesetzte Kapitalbetrag mit dem zum Ende der Ehezeit maßgebenden Umrechnungsfaktor für die Ermittlung von Entgeltpunkten im Rahmen des Versorgungsausgleichs vervielfältigt wird. ₃An die Stelle des Endes der Ehezeit oder Lebenspartnerschaftszeit tritt in Fällen, in denen der Versorgungsausgleich nicht Folgesache im Sinne von § 137 Abs. 2 Satz 1 Nr. 1 des Gesetzes über das Verfahren in Familiensachen und in den Angelegenheiten der freiwilligen Gerichtsbarkeit ist oder im Abänderungsverfahren der Eingang des Antrags auf Durchführung oder Abänderung des Versorgungsausgleichs beim Familiengericht, in Fällen der Aussetzung des Verfahrens über den Versorgungsausgleich der Zeitpunkt der Wiederaufnahme des Verfahrens über den Versorgungsausgleich. ₄Ist nach der Entscheidung des Familiengerichts der Kapitalbetrag zu verzinsen, tritt an die Stelle der in den Sätzen 2 und 3 genannten Umrechnungszeitpunkte der Zeitpunkt, bis zu dem nach der Entscheidung des Familiengerichts Zinsen zu berechnen sind.

(5) Ein Zuschlag an Entgeltpunkten, die sich aus der Zahlung von Beiträgen zur Begründung einer Rentenanwartschaft oder zur Wiederauffüllung einer geminderten Rentenanwartschaft ergeben, erfolgt nur, wenn die Beiträge bis zu einem Zeitpunkt gezahlt worden sind, bis zu dem Entgeltpunkte für freiwillig gezahlte Beiträge zu ermitteln sind.

(6) Der Zuschlag an Entgeltpunkten entfällt zu gleichen Teilen auf die in der Ehezeit oder Lebenspartnerschaftszeit liegenden Kalendermonate, der Abschlag zu gleichen Teilen auf die in der Ehezeit oder Lebenspartnerschaftszeit liegenden Kalendermonate mit Beitragszeiten und beitragsfreien Zeiten.

(7) Ist eine Rente um einen Zuschlag oder Abschlag aus einem durchgeführten Versorgungsausgleich zu verändern, ist von der Summe der bisher der Rente zugrunde liegenden Entgeltpunkte auszugehen.

§ 76a Zuschläge an Entgeltpunkten aus Zahlung von Beiträgen bei vorzeitiger Inanspruchnahme einer Rente wegen Alters oder bei Abfindungen einer Anwartschaft auf betriebliche Altersversorgung oder von Anrechten bei der Versorgungsausgleichskasse

(1) Entgeltpunkte aus der Zahlung von Beiträgen bei vorzeitiger Inanspruchnahme einer Rente wegen Alters werden ermittelt, indem gezahlte Beiträge mit dem im Zeitpunkt der Zahlung maßgebenden Umrechnungsfaktor für die Ermittlung von Entgeltpunkten im Rahmen des Versorgungsausgleichs vervielfältigt werden.

(2) Entgeltpunkte aus der Zahlung von Beiträgen bei Abfindungen von Anwartschaften auf betriebliche Altersversorgung oder von Anrechten bei der Versorgungsausgleichskasse werden ermittelt, indem aus dem Abfindungsbetrag gezahlte Beiträge mit dem zum Zeitpunkt der Zahlung maßgebenden Umrechnungsfaktor für die Ermittlung von Entgeltpunkten im Rahmen des Versorgungsausgleichs vervielfältigt werden.

(3) Ein Zuschlag aus der Zahlung solcher Beiträge erfolgt nur, wenn sie bis zu einem Zeitpunkt gezahlt worden sind, bis zu dem Entgeltpunkte für freiwillig gezahlte Beiträge zu ermitteln sind.

§ 76b Zuschläge an Entgeltpunkten für Arbeitsentgelt aus geringfügiger Beschäftigung

(1) Für Arbeitsentgelt aus geringfügiger Beschäftigung, für die Beschäftigte nach § 6 Absatz 1b von der Versicherungspflicht befreit sind, und für das der Arbeitgeber einen Beitragsanteil getragen hat, werden Zuschläge an Entgeltpunkten ermittelt.

(2) ₁Die Zuschläge an Entgeltpunkten werden ermittelt, indem das Arbeitsentgelt, das beitragspflichtig wäre, wenn die Beschäftigung versicherungspflichtig wäre, durch das Durchschnittsentgelt (Anlage 1) für dasselbe Kalenderjahr geteilt und mit dem Verhältnis vervielfältigt wird, das dem vom Arbeitgeber gezahlten Beitragsanteil und dem Beitrag entspricht, der zu zahlen wäre, wenn das Arbeitsentgelt beitragspflichtig wäre. ₂Für das Kalenderjahr

des Rentenbeginns und für das davor liegende Kalenderjahr wird als Durchschnittsentgelt der Betrag zugrunde gelegt, der für diese Kalenderjahre vorläufig bestimmt ist.

(3) Für den Zuschlag an Entgeltpunkten gelten die §§ 75 und 124 entsprechend.

(4) Absatz 1 gilt nicht für Beschäftigte, die versicherungsfrei sind wegen

1. des Bezugs einer Vollrente wegen Alters nach Erreichen der Regelaltersgrenze,
2. des Bezugs einer Versorgung,
3. des Erreichens der Regelaltersgrenze oder
4. einer Beitragserstattung.

§ 76c Zuschläge oder Abschläge bei Rentensplitting

(1) Ein durchgeführtes Rentensplitting wird beim Versicherten durch Zuschläge oder Abschläge an Entgeltpunkten berücksichtigt.

(2) Zuschläge an Entgeltpunkten aus einem durchgeführten Rentensplitting entfallen zu gleichen Teilen auf die in der Splittingzeit liegenden Kalendermonate, Abschläge zu gleichen Teilen auf die in der Splittingzeit liegenden Kalendermonate mit Beitragszeiten und beitragsfreien Zeiten.

(3) Ist eine Rente um Zuschläge oder Abschläge aus einem durchgeführten Rentensplitting zu verändern, ist von der Summe der bisher der Rente zugrunde liegenden Entgeltpunkte auszugehen.

§ 76d Zuschläge an Entgeltpunkten aus Beiträgen nach Beginn einer Rente wegen Alters

Für die Ermittlung von Zuschlägen an Entgeltpunkten aus Beiträgen nach Beginn einer Rente wegen Alters gelten die Regelungen zur Ermittlung von Entgeltpunkten für Beitragszeiten oder von Zuschlägen für Arbeitsentgelt aus geringfügiger Beschäftigung entsprechend.

§ 76e Zuschläge an Entgeltpunkten für Zeiten einer besonderen Auslandsverwendung

(1) Für Zeiten einer besonderen Auslandsverwendung nach § 63c Absatz 1 des Soldatenversorgungsgesetzes oder § 31a Absatz 1 des Beamtenversorgungsgesetzes ab dem 13. Dezember 2011 werden Zuschläge an Entgeltpunkten ermittelt, wenn während dieser Zeiten Pflichtbeitragszeiten vorliegen und nach dem 30. November 2002 insgesamt mindestens 180 Tage an Zeiten einer besonderen Auslandsverwendung vorliegen, die jeweils ununterbrochen mindestens 30 Tage gedauert haben.

(2) Die Zuschläge an Entgeltpunkten betragen für jeden Kalendermonat der besonderen Auslandsverwendung 0,18 Entgeltpunkte, wenn diese Zeiten jeweils ununterbrochen mindestens 30 Tage gedauert haben; für jeden Teilzeitraum wird der entsprechende Anteil zugrunde gelegt.

§ 76f Zuschläge an Entgeltpunkten für nachversicherte Soldaten auf Zeit

Für die Ermittlung von Zuschlägen an Entgeltpunkten aus Beiträgen für beitragspflichtige Einnahmen von nachversicherten Soldaten auf Zeit, die über dem Betrag der Beitragsbemessungsgrenze liegen, gelten die Regelungen zur Ermittlung von Entgeltpunkten für Beitragszeiten entsprechend.

§ 77 Zugangsfaktor

(1) Der Zugangsfaktor richtet sich nach dem Alter der Versicherten bei Rentenbeginn oder bei Tod und bestimmt, in welchem Umfang Entgeltpunkte bei der Ermittlung des Monatsbetrags der Rente als persönliche Entgeltpunkte zu berücksichtigen sind.

(2) ₁Der Zugangsfaktor ist für Entgeltpunkte, die noch nicht Grundlage von persönlichen Entgeltpunkten einer Rente waren,

1. bei Renten wegen Alters, die mit Ablauf des Kalendermonats des Erreichens der Regelaltersgrenze oder eines für den Versicherten maßgebenden niedrigeren Rentenalters beginnen, 1,0,
2. bei Renten wegen Alters, die
   a) vorzeitig in Anspruch genommen werden, für jeden Kalendermonat um 0,003 niedriger als 1,0 und
   b) nach Erreichen der Regelaltersgrenze trotz erfüllter Wartezeit nicht in Anspruch genommen werden, für jeden Kalendermonat um 0,005 höher als 1,0,
3. bei Renten wegen verminderter Erwerbsfähigkeit und bei Erziehungsrenten für jeden Kalendermonat, für den eine Rente vor Ab-

lauf des Kalendermonats der Vollendung des 65. Lebensjahres in Anspruch genommen wird, um 0,003 niedriger als 1,0,
4. bei Hinterbliebenenrenten für jeden Kalendermonat,
   a) der sich vom Ablauf des Monats, in dem der Versicherte verstorben ist, bis zum Ablauf des Kalendermonats der Vollendung des 65. Lebensjahres des Versicherten ergibt, um 0,003 niedriger als 1,0 und
   b) für den Versicherte trotz erfüllter Wartezeit eine Rente wegen Alters nach Erreichen der Regelaltersgrenze nicht in Anspruch genommen haben, um 0,005 höher als 1,0.

₂Beginnt eine Rente wegen verminderter Erwerbsfähigkeit oder eine Erziehungsrente vor Vollendung des 62. Lebensjahres oder ist bei Hinterbliebenenrenten der Versicherte vor Vollendung des 62. Lebensjahres verstorben, ist die Vollendung des 62. Lebensjahres für die Bestimmung des Zugangsfaktors maßgebend. ₃Die Zeit des Bezugs einer Rente vor Vollendung des 62. Lebensjahres des Versicherten gilt nicht als Zeit einer vorzeitigen Inanspruchnahme. ₄Dem Beginn und der vorzeitigen oder späteren Inanspruchnahme einer Rente wegen Alters stehen für die Ermittlung des Zugangsfaktors für Zuschläge an Entgeltpunkten aus Beiträgen nach Beginn einer Rente wegen Alters die Zeitpunkte nach § 66 Absatz 3a Satz 1 gleich, zu denen die Zuschläge berücksichtigt werden.

(3) ₁Für diejenigen Entgeltpunkte, die bereits Grundlage von persönlichen Entgeltpunkten einer früheren Rente waren, bleibt der frühere Zugangsfaktor maßgebend. ₂Dies gilt nicht für die Hälfte der Entgeltpunkte, die Grundlage einer Rente wegen teilweiser Erwerbsminderung waren. ₃Der Zugangsfaktor wird für Entgeltpunkte, die Versicherte bei

1. einer Rente wegen Alters nicht mehr vorzeitig in Anspruch genommen haben, um 0,003 oder
2. einer Rente wegen verminderter Erwerbsfähigkeit oder einer Erziehungsrente mit einem Zugangsfaktor kleiner als 1,0 nach Ablauf des Kalendermonats der Vollendung des 62. Lebensjahres bis zum Ende des Kalendermonats der Vollendung des 65. Lebensjahres nicht in Anspruch genommen haben, um 0,003,
3. einer Rente nach Erreichen der Regelaltersgrenze nicht in Anspruch genommen haben, um 0,005

je Kalendermonat erhöht.

(4) Bei Renten wegen verminderter Erwerbsfähigkeit und bei Hinterbliebenenrenten, deren Berechnung 40 Jahre mit den in § 51 Abs. 3a und 4 und mit den in § 52 Abs. 2 genannten Zeiten zugrunde liegen, sind die Absätze 2 und 3 mit der Maßgabe anzuwenden, dass an die Stelle der Vollendung des 65. Lebensjahres die Vollendung des 63. Lebensjahres und an die Stelle der Vollendung des 62. Lebensjahres die Vollendung des 60. Lebensjahres tritt.

§ 78 Zuschlag bei Waisenrenten

(1) ₁Der Zuschlag an persönlichen Entgeltpunkten bei Waisenrenten richtet sich nach der Anzahl an Kalendermonaten mit rentenrechtlichen Zeiten und dem Zugangsfaktor des verstorbenen Versicherten. ₂Dabei wird der Zuschlag für jeden Kalendermonat mit Beitragszeiten in vollem Umfang berücksichtigt. ₃Für jeden Kalendermonat mit sonstigen rentenrechtlichen Zeiten wird der Zuschlag in dem Verhältnis berücksichtigt, in dem die Anzahl der Kalendermonate mit Beitragszeiten und Berücksichtigungszeiten zur Anzahl der für die Grundbewertung belegungsfähigen Monate steht.

(2) Bei einer Halbwaisenrente sind der Ermittlung des Zuschlags für jeden Kalendermonat 0,0833 Entgeltpunkte zugrunde zu legen.

(3) ₁Bei einer Vollwaisenrente sind der Ermittlung des Zuschlags für jeden Kalendermonat des verstorbenen Versicherten mit der höchsten Rente 0,075 Entgeltpunkte zugrunde zu legen. ₂Auf den Zuschlag werden die persönlichen Entgeltpunkte des verstorbenen Versicherten mit der zweithöchsten Rente angerechnet.

§ 78a Zuschlag bei Witwenrenten und Witwerrenten

(1) ₁Der Zuschlag an persönlichen Entgeltpunkten bei Witwenrenten und Witwerrenten richtet sich nach der Dauer der Erziehung von Kindern bis zur Vollendung ihres dritten Lebensjahres. ₂Die Dauer ergibt sich aus der

Summe der Anzahl an Kalendermonaten mit Berücksichtigungszeiten wegen Kindererziehung, die der Witwe oder dem Witwer zugeordnet worden sind, beginnend nach Ablauf des Monats der Geburt, bei Geburten am Ersten eines Monats jedoch vom Monat der Geburt an. ₃Für die ersten 36 Kalendermonate sind jeweils 0,1010 Entgeltpunkte, für jeden weiteren Kalendermonat 0,0505 Entgeltpunkte zugrunde zu legen. ₄Witwenrenten und Witwerrenten werden nicht um einen Zuschlag erhöht, solange der Rentenartfaktor mindestens 1,0 beträgt.

(1a) Absatz 1 gilt entsprechend, soweit Berücksichtigungszeiten nur deshalb nicht angerechnet werden, weil

1. die Voraussetzungen des § 56 Absatz 4 vorliegen,
2. die Voraussetzung nach § 57 Satz 2 nicht erfüllt wird oder
3. sie auf Grund einer Beitragserstattung nach § 210 untergegangen sind.

(2) ₁Sterben Versicherte vor der Vollendung des dritten Lebensjahres des Kindes, wird mindestens der Zeitraum zugrunde gelegt, der zum Zeitpunkt des Todes an der Vollendung des dritten Lebensjahres des Kindes fehlt. ₂Sterben Versicherte vor der Geburt des Kindes, werden 36 Kalendermonate zugrunde gelegt, wenn das Kind innerhalb von 300 Tagen nach dem Tod geboren wird. ₃Wird das Kind nach Ablauf dieser Frist geboren, erfolgt der Zuschlag mit Beginn des Monats, der auf den letzten Monat der zu berücksichtigenden Kindererziehung folgt.

(3) Absatz 1 gilt nicht, wenn eine Leistung, die dem Zuschlag gleichwertig ist, nach beamtenrechtlichen Vorschriften oder Grundsätzen oder nach entsprechenden kirchenrechtlichen Regelungen erbracht wird.

**Vierter Titel
Knappschaftliche Besonderheiten**

§ 79 Grundsatz

Für die Berechnung von Renten mit Zeiten in der knappschaftlichen Rentenversicherung sind die vorangehenden Vorschriften über die Rentenhöhe und die Rentenanpassung anzuwenden, soweit nicht im Folgenden etwas anderes bestimmt ist.

§ 80 Monatsbetrag der Rente

Liegen der Rente persönliche Entgeltpunkte sowohl der knappschaftlichen Rentenversicherung als auch der allgemeinen Rentenversicherung zugrunde, sind aus den persönlichen Entgeltpunkten der knappschaftlichen Rentenversicherung und denen der allgemeinen Rentenversicherung Monatsteilbeträge zu ermitteln, deren Summe den Monatsbetrag der Rente ergibt.

§ 81 Persönliche Entgeltpunkte

(1) Zur Summe aller Entgeltpunkte der knappschaftlichen Rentenversicherung gehören auch Entgeltpunkte aus dem Leistungszuschlag.

(2) Grundlage für die Ermittlung des Monatsbetrags einer Rente für Bergleute sind nur die persönlichen Entgeltpunkte, die auf die knappschaftliche Rentenversicherung entfallen.

§ 82 Rentenartfaktor

₁Der Rentenartfaktor beträgt für persönliche Entgeltpunkte in der knappschaftlichen Rentenversicherung bei

1. Renten wegen Alters 1,3333
2. Renten wegen teilweiser Erwerbsminderung
   a) solange eine in der knappschaftlichen Rentenversicherung versicherte Beschäftigung ausgeübt wird 0,6
   b) in den übrigen Fällen 0,9
3. Renten wegen voller Erwerbsminderung 1,3333
4. Renten für Bergleute 0,5333
5. Erziehungsrenten 1,3333
6. kleinen Witwenrenten und kleinen Witwerrenten bis zum Ablauf des dritten Kalendermonats nach Ablauf des Monats, in dem der Ehegatte verstorben ist, 1,3333 anschließend 0,3333
7. großen Witwenrenten und großen Witwerrenten bis zum Ablauf des dritten Kalendermonats nach Ablauf des Monats, in dem der Ehegatte verstorben ist, 1,3333 anschließend 0,7333
8. Halbwaisenrenten 0,1333
9. Vollwaisenrenten 0,2667.

₂Der Rentenartfaktor beträgt abweichend von Satz 1 für persönliche Entgeltpunkte aus zusätzlichen Entgeltpunkten für ständige Arbeiten unter Tage bei

1. Renten wegen teilweiser Erwerbsminderung 1,3333
2. Renten für Bergleute 1,3333
3. kleinen Witwenrenten und kleinen Witwerrenten bis zum Ablauf des dritten Kalendermonats nach Ablauf des Monats, in dem der Ehegatte verstorben ist, 1,3333 anschließend 0,7333.

§ 83 Entgeltpunkte für Beitragszeiten

(1) ₁Kindererziehungszeiten erhalten für jeden Kalendermonat 0,0625 Entgeltpunkte (Entgeltpunkte für Kindererziehungszeiten). ₂Entgeltpunkte für Kindererziehungszeiten sind auch Entgeltpunkte, die für Kindererziehungszeiten mit sonstigen Beitragszeiten der knappschaftlichen Rentenversicherung ermittelt werden, indem die Entgeltpunkte für diese sonstigen Beitragszeiten um 0,0625 erhöht werden, höchstens aber um drei Viertel des Unterschiedsbetrags. ₃Der Unterschiedsbetrag ergibt sich, indem die ermittelten Entgeltpunkte für sonstige Beitragszeiten um 0,0833, höchstens aber auf den jeweiligen Höchstbetrag nach Anlage 2b für die knappschaftliche Rentenversicherung erhöht und um die ermittelten Entgeltpunkte für sonstige Beitragszeiten gemindert werden. ₄Kindererziehungszeiten in der knappschaftlichen Rentenversicherung werden bei Anwendung des § 70 Abs. 3a wie Kindererziehungszeiten in der allgemeinen Rentenversicherung bewertet.

(2) ₁Für Zeiten nach dem 31. Dezember 1971, in denen Versicherte eine Bergmannsprämie bezogen haben, wird die Beitragsbemessungsgrundlage, aus der die Entgeltpunkte ermittelt werden, bis zur Beitragsbemessungsgrenze um einen Betrag in Höhe der gezahlten Bergmannsprämie erhöht. ₂Dies gilt nicht für die Berechnung einer Rente für Bergleute.

§ 84 Entgeltpunkte für beitragsfreie und beitragsgeminderte Zeiten (Gesamtleistungsbewertung)

(1) Für die Gesamtleistungsbewertung werden jedem Kalendermonat mit Beitragszeiten der knappschaftlichen Rentenversicherung, der gleichzeitig Kindererziehungszeit ist, die um ein Drittel erhöhten Entgeltpunkte für Kindererziehungszeiten zugeordnet.

(2) Bei Kalendermonaten mit Beitragszeiten der allgemeinen Rentenversicherung, die beitragsgeminderte Zeiten sind, weil sie auch mit Anrechnungszeiten oder einer Zurechnungszeit belegt sind, die der knappschaftlichen Rentenversicherung zugeordnet sind, werden für die Ermittlung des Wertes für beitragsgeminderte Zeiten die Entgeltpunkte für diese Beitragszeiten zuvor mit 0,75 vervielfältigt.

(3) Bei Kalendermonaten mit Beitragszeiten der knappschaftlichen Rentenversicherung, die beitragsgeminderte Zeiten sind, weil sie auch mit Anrechnungszeiten oder einer Zurechnungszeit belegt sind, die der allgemeinen Rentenversicherung zugeordnet sind, werden für die Ermittlung des Wertes für beitragsgeminderte Zeiten die ohne Anwendung des Absatzes 1 ermittelten Entgeltpunkte für diese Beitragszeiten zuvor mit 1,3333 vervielfältigt.

§ 85 Entgeltpunkte für ständige Arbeiten unter Tage (Leistungszuschlag)

(1) ₁Versicherte erhalten nach sechs Jahren ständiger Arbeiten unter Tage für jedes volle Jahr mit solchen Arbeiten

vom sechsten bis zum zehnten Jahr 0,125
vom elften bis zum zwanzigsten Jahr 0,25
für jedes weitere Jahr 0,375

zusätzliche Entgeltpunkte. ₂Dies gilt nicht für Zeiten, in denen eine Rente wegen Erwerbsminderung bezogen worden ist.

(2) Die zusätzlichen Entgeltpunkte werden den Kalendermonaten mit ständigen Arbeiten unter Tage zu gleichen Teilen zugeordnet.

§ 86 (weggefallen)

§ 86a Zugangsfaktor

₁Bei Renten für Bergleute ist als niedrigstes Lebensalter für die Bestimmung des Zugangsfaktors (§ 77) die Vollendung des 64. Lebensjahres zugrunde zu legen. ₂§ 77 Abs. 3 Satz 2 ist bei Renten für Bergleute mit der Maßgabe anzuwenden, dass an die Stelle der Hälfte der Entgeltpunkte drei Fünftel der Entgeltpunkte treten. ₃§ 77 Abs. 4 ist bei Renten für Bergleute mit der Maßgabe anzuwenden, dass als niedrigstes Lebensalter für die Bestimmung des Zugangsfaktors die Vollendung des 62. Lebensjahres zugrunde zu legen ist.

§ 87 Zuschlag bei Waisenrenten

(1) Bei der Ermittlung des Zuschlags bei Waisenrenten mit Entgeltpunkten der knappschaftlichen Rentenversicherung sind für jeden Kalendermonat mit Beitragszeiten des verstorbenen Versicherten

1. bei einer Halbwaisenrente 0,0625 Entgeltpunkte,
2. bei einer Vollwaisenrente 0,0563 Entgeltpunkte

zugrunde zu legen.

(2) Sind persönliche Entgeltpunkte der allgemeinen Rentenversicherung auf den Zuschlag für eine Vollwaisenrente mit Entgeltpunkten der knappschaftlichen Rentenversicherung anzurechnen, sind sie zuvor mit 0,75 zu vervielfältigen.

(3) Sind persönliche Entgeltpunkte der knappschaftlichen Rentenversicherung auf den Zuschlag für eine Vollwaisenrente mit Entgeltpunkten der allgemeinen Rentenversicherung anzurechnen, sind sie zuvor mit 1,3333 zu vervielfältigen.

Fünfter Titel
Ermittlung des Monatsbetrags der Rente in Sonderfällen

§ 88 Persönliche Entgeltpunkte bei Folgerenten

(1) $_1$Hat ein Versicherter eine Rente wegen Alters bezogen, werden ihm für eine spätere Rente mindestens die bisherigen persönlichen Entgeltpunkte zugrunde gelegt. $_2$Hat ein Versicherter eine Rente wegen verminderter Erwerbsfähigkeit oder eine Erziehungsrente bezogen und beginnt spätestens innerhalb von 24 Kalendermonaten nach Ende des Bezugs dieser Rente erneut eine Rente, werden ihm für diese Rente mindestens die bisherigen persönlichen Entgeltpunkte zugrunde gelegt. $_3$Satz 2 gilt bei Renten für Bergleute nur, wenn ihnen eine Rente für Bergleute vorausgegangen ist.

(2) $_1$Hat der verstorbene Versicherte eine Rente aus eigener Versicherung bezogen und beginnt spätestens innerhalb von 24 Kalendermonaten nach Ende des Bezugs dieser Rente eine Hinterbliebenenrente, werden ihr mindestens die bisherigen persönlichen Entgeltpunkte des verstorbenen Versicherten zugrunde gelegt. $_2$Haben eine Witwe, ein Witwer oder eine Waise eine Hinterbliebenenrente bezogen und beginnt spätestens innerhalb von 24 Kalendermonaten nach Ende des Bezugs dieser Rente erneut eine solche Rente, werden ihr mindestens die bisherigen persönlichen Entgeltpunkte zugrunde de gelegt.

(3) Haben Beiträge nach Beginn einer Rente wegen Alters noch nicht zu Zuschlägen an Entgeltpunkten geführt, werden bei der Folgerente zusätzlich zu den bisherigen persönlichen Entgeltpunkten auch persönliche Entgeltpunkte aus Zuschlägen an Entgeltpunkten aus Beiträgen nach Beginn der Rente wegen Alters zugrunde gelegt.

§ 88a Höchstbetrag bei Witwenrenten und Witwerrenten

$_1$Der Monatsbetrag einer Witwenrente oder Witwerrente darf den Monatsbetrag der Rente wegen voller Erwerbsminderung oder die Vollrente wegen Alters des Verstorbenen nicht überschreiten. $_2$Anderenfalls ist der Zuschlag an persönlichen Entgeltpunkten bei Witwenrenten und Witwerrenten entsprechend zu verringern.

Vierter Unterabschnitt
Zusammentreffen von Renten und von Einkommen

§ 89 Mehrere Rentenansprüche

(1) $_1$Bestehen für denselben Zeitraum Ansprüche auf mehrere Renten aus eigener Versicherung, wird nur die höchste Rente geleistet. $_2$Bei gleich hohen Renten ist folgende Rangfolge maßgebend:

1. Regelaltersrente,
2. Altersrente für langjährig Versicherte,
3. Altersrente für schwerbehinderte Menschen,

SGB VI: Gesetzliche Rentenversicherung §§ 90–92

3a. Altersrente für besonders langjährig Versicherte,
4. Altersrente wegen Arbeitslosigkeit oder nach Altersteilzeitarbeit (Fünftes Kapitel),
5. Altersrente für Frauen (Fünftes Kapitel),
6. Altersrente für langjährig unter Tage beschäftigte Bergleute,
7. Rente wegen voller Erwerbsminderung,
8. (weggefallen)
9. Erziehungsrente,
10. (weggefallen)
11. Rente wegen teilweiser Erwerbsminderung,
12. Rente für Bergleute.

(2) Für den Zeitraum, für den Anspruch auf große Witwenrente oder große Witwerrente besteht, wird eine kleine Witwenrente oder eine kleine Witwerrente nicht geleistet.

(3) ₁Besteht für denselben Zeitraum Anspruch auf mehrere Waisenrenten, wird nur die höchste Waisenrente geleistet. ₂Bei gleich hohen Waisenrenten wird nur die zuerst beantragte Rente geleistet.

§ 90 Witwenrente und Witwerrente nach dem vorletzten Ehegatten und Ansprüche infolge Auflösung der letzten Ehe

(1) Auf eine Witwenrente oder Witwerrente nach dem vorletzten Ehegatten werden für denselben Zeitraum bestehende Ansprüche auf Witwenrente oder Witwerrente, auf Versorgung, auf Unterhalt oder auf sonstige Renten nach dem letzten Ehegatten angerechnet; dabei werden die Vorschriften über die Einkommensanrechnung auf Renten wegen Todes nicht berücksichtigt.

(2) ₁Wurde bei der Wiederheirat eine Rentenabfindung geleistet und besteht nach Auflösung oder Nichtigerklärung der erneuten Ehe Anspruch auf Witwenrente oder Witwerrente nach dem vorletzten Ehegatten, wird für jeden Kalendermonat, der Zeit nach Auflösung oder Nichtigerklärung der erneuten Ehe bis zum Ablauf des 24. Kalendermonats nach Ablauf des Monats der Wiederheirat entfällt, von dieser Rente ein Vierundzwanzigstel der Rentenabfindung in angemessenen Teilbeträgen einbehalten. ₂Wurde die Rentenabfindung nach kleiner Witwenrente oder kleiner Witwerrente in verminderter Höhe geleistet, vermindert sich der Zeitraum des Einbehalts um die Kalendermonate, für die eine kleine Witwenrente oder kleine Witwerrente geleistet wurde. ₃Als Teiler zur Ermittlung der Höhe des Einbehalts ist dabei die Anzahl an Kalendermonaten maßgebend, für die die Abfindung geleistet wurde. ₄Wird die Rente verspätet beantragt, mindert sich die einzubehaltende Rentenabfindung um den Betrag, der dem Berechtigten bei frühestmöglicher Antragstellung an Witwenrente oder Witwerrente nach dem vorletzten Ehegatten zugestanden hätte.

(3) Als Witwenrente oder Witwerrente nach dem vorletzten Ehegatten gelten auch eine Witwenrente oder Witwerrente nach dem vorletzten Lebenspartner, als letzter Ehegatte auch der letzte Lebenspartner, als Wiederheirat auch die erstmalige oder erneute Begründung einer Lebenspartnerschaft und als erneute Ehe auch die erstmalige oder erneute Lebenspartnerschaft.

§ 91 Aufteilung von Witwenrenten und Witwerrenten auf mehrere Berechtigte

₁Besteht für denselben Zeitraum aus den Rentenanwartschaften eines Versicherten Anspruch auf Witwenrente oder Witwerrente für mehrere Berechtigte, erhält jeder Berechtigte den Teil der Witwenrente oder Witwerrente, der dem Verhältnis der Dauer seiner Ehe mit dem Versicherten zu der Dauer der Ehen des Versicherten mit allen Berechtigten entspricht. ₂Dies gilt nicht für Witwen oder Witwer, solange der Rentenartfaktor der Witwenrente oder Witwerrente mindestens 1,0 beträgt. ₃Ergibt sich aus der Anwendung des Rechts eines anderen Staates, dass mehrere Berechtigte vorhanden sind, erfolgt die Aufteilung nach § 34 Abs. 2 des Ersten Buches.

§ 92 Waisenrente und andere Leistungen an Waisen

₁Besteht für denselben Zeitraum Anspruch auf Waisenrente aus der Rentenanwartschaft eines verstorbenen Elternteils und auf eine Leistung an Waisen, weil ein anderer verstorbener Elternteil oder bei einer Vollwaisenrente der Elternteil mit der zweithöchsten Rente zu den in § 5 Abs. 1 oder § 6 Abs. 1

Satz 1 Nr. 1 und 2 genannten Personen gehörte, wird der Zuschlag zur Waisenrente nur insoweit gezahlt, als er diese Leistung übersteigt. ₂Änderungen der Höhe der anrechenbaren Leistung an Waisen aufgrund einer regelmäßigen Anpassung sind erst zum Zeitpunkt der Anpassung der Waisenrente zu berücksichtigen.

§ 93 Rente und Leistungen aus der Unfallversicherung

(1) Besteht für denselben Zeitraum Anspruch
1. auf eine Rente aus eigener Versicherung und auf eine Verletztenrente aus der Unfallversicherung oder
2. auf eine Hinterbliebenenrente und eine entsprechende Hinterbliebenenrente aus der Unfallversicherung,

wird die Rente insoweit nicht geleistet, als die Summe der zusammentreffenden Rentenbeträge vor Einkommensanrechnung den jeweiligen Grenzbetrag übersteigt.

(2) Bei der Ermittlung der Summe der zusammentreffenden Rentenbeträge bleiben unberücksichtigt
1. bei dem Monatsteilbetrag der Rente, der auf persönlichen Entgeltpunkten der knappschaftlichen Rentenversicherung beruht,
   a) der auf den Leistungszuschlag für ständige Arbeiten unter Tage entfallende Anteil und
   b) 15 vom Hundert des verbleibenden Anteils,
2. bei der Verletztenrente aus der Unfallversicherung
   a) ein der Grundrente nach dem Bundesversorgungsgesetz entsprechender Betrag, bei einer Minderung der Erwerbsfähigkeit um 20 vom Hundert zwei Drittel der Mindestgrundrente, bei einer Minderung der Erwerbsfähigkeit um 10 vom Hundert ein Drittel der Mindestgrundrente, und
   b) je 16,67 vom Hundert des aktuellen Rentenwerts für jeden Prozentpunkt der Minderung der Erwerbsfähigkeit, wenn diese mindestens 60 vom Hundert beträgt und die Rente aufgrund einer entschädigungspflichtigen Berufskrankheit nach den Nummern 4101, 4102 oder 4111 der Anlage zur Berufskrankheiten-Verordnung vom 31. Oktober 1997 geleistet wird.

(3) ₁Der Grenzbetrag beträgt 70 vom Hundert eines Zwölftels des Jahresarbeitsverdienstes, der der Berechnung der Rente aus der Unfallversicherung zugrunde liegt, vervielfältigt mit dem jeweiligen Rentenartfaktor für persönliche Entgeltpunkte der allgemeinen Rentenversicherung; bei einer Rente für Bergleute beträgt der Faktor 0,4. ₂Mindestgrenzbetrag ist der Monatsbetrag der Rente ohne die Beträge nach Absatz 2 Nr. 1.

(4) ₁Die Absätze 1 bis 3 werden auch angewendet,
1. soweit an die Stelle der Rente aus der Unfallversicherung eine Abfindung getreten ist,
2. soweit die Rente aus der Unfallversicherung für die Dauer einer Heimpflege gekürzt worden ist,
3. wenn nach § 10 Abs. 1 des Entwicklungshelfer-Gesetzes eine Leistung erbracht wird, die einer Rente aus der Unfallversicherung vergleichbar ist,
4. wenn von einem Träger mit Sitz im Ausland eine Rente wegen eines Arbeitsunfalls oder einer Berufskrankheit geleistet wird, die einer Rente aus der Unfallversicherung nach diesem Gesetzbuch vergleichbar ist.

₂Die Abfindung tritt für den Zeitraum, für den sie bestimmt ist, an die Stelle der Rente. ₃Im Fall des Satzes 1 Nr. 4 wird als Jahresarbeitsverdienst der 18fache Monatsbetrag der Rente wegen Arbeitsunfalls oder Berufskrankheit zugrunde gelegt. ₄Wird die Rente für eine Minderung der Erwerbsfähigkeit von weniger als 100 vom Hundert geleistet, ist von dem Rentenbetrag auszugehen, der sich für eine Minderung der Erwerbsfähigkeit von 100 vom Hundert ergeben würde.

(5) ₁Die Absätze 1 bis 4 werden nicht angewendet, wenn die Rente aus der Unfallversicherung
1. für einen Versicherungsfall geleistet wird, der sich nach Rentenbeginn oder nach Eintritt der für die Rente maßgebenden Minderung der Erwerbsfähigkeit ereignet hat, oder

2. ausschließlich nach dem Arbeitseinkommen des Unternehmers oder seines Ehegatten oder Lebenspartners oder nach einem festen Betrag, der für den Unternehmer oder seinen Ehegatten oder Lebenspartner bestimmt ist, berechnet wird.

₂Als Zeitpunkt des Versicherungsfalls gilt bei Berufskrankheit der letzte Tag, an dem der Versicherte versicherte Tätigkeiten verrichtet hat, die ihrer Art nach geeignet waren, die Berufskrankheit zu verursachen. ₃Satz 1 Nr. 1 gilt nicht für Hinterbliebenenrenten.

§§ 94 und 95 (weggefallen)

§ 96 Nachversicherte Versorgungsbezieher

Nachversicherten, die ihren Anspruch auf Versorgung ganz und auf Dauer verloren haben, wird die Rente oder die höhere Rente für den Zeitraum nicht geleistet, für den Versorgungsbezüge zu leisten sind.

§ 96a Rente wegen verminderter Erwerbsfähigkeit und Hinzuverdienst

(1) Eine Rente wegen verminderter Erwerbsfähigkeit wird in voller Höhe geleistet, wenn die kalenderjährliche Hinzuverdienstgrenze nach Absatz 1c nicht überschritten wird.

(1a) ₁Wird die Hinzuverdienstgrenze überschritten, wird die Rente nur teilweise geleistet. ₂Die teilweise zu leistende Rente wird berechnet, indem ein Zwölftel des die Hinzuverdienstgrenze übersteigenden Betrages zu 40 Prozent von der Rente in voller Höhe abgezogen wird. ₃Überschreitet der sich dabei ergebende Rentenbetrag zusammen mit einem Zwölftel des kalenderjährlichen Hinzuverdienstes den Hinzuverdienstdeckel nach Absatz 1b, wird der überschreitende Betrag von dem sich nach Satz 2 ergebenden Rentenbetrag abgezogen. ₄Die Rente wird nicht geleistet, wenn der von der Rente abzuziehende Hinzuverdienst den Betrag der Rente in voller Höhe erreicht.

(1b) ₁Der Hinzuverdienstdeckel wird berechnet, indem die monatliche Bezugsgröße mit den Entgeltpunkten (§ 66 Absatz 1 Nummer 1 bis 3) des Kalenderjahres mit den höchsten Entgeltpunkten aus den letzten 15 Kalenderjahren vor Eintritt der Erwerbsminderung vervielfältigt wird. ₂Er beträgt mindestens

1. bei einer Rente wegen teilweiser Erwerbsminderung die Summe aus einem Zwölftel des nach Absatz 1c Satz 1 Nummer 1 berechneten Betrags und dem Monatsbetrag der Rente in voller Höhe,
2. bei einer Rente wegen voller Erwerbsminderung die Summe aus einem Zwölftel von 6300 Euro und dem Monatsbetrag der Rente in voller Höhe,
3. bei einer Rente für Bergleute die Summe aus einem Zwölftel des nach Absatz 1c Satz 1 Nummer 3 berechneten Betrags und dem Monatsbetrag der Rente in voller Höhe.

₃Der Hinzuverdienstdeckel wird jährlich zum 1. Juli neu berechnet. ₄Bei einer Rente für Bergleute tritt an die Stelle des Eintritts der Erwerbsminderung der Eintritt der im Bergbau verminderten Berufsfähigkeit oder die Erfüllung der Voraussetzungen nach § 45 Absatz 3.

(1c) ₁Die Hinzuverdienstgrenze beträgt

1. bei einer Rente wegen teilweiser Erwerbsminderung das 0,81fache der jährlichen Bezugsgröße, vervielfältigt mit den Entgeltpunkten (§ 66 Absatz 1 Nummer 1 bis 3) des Kalenderjahres mit den höchsten Entgeltpunkten aus den letzten 15 Kalenderjahren vor Eintritt der Erwerbsminderung, mindestens jedoch mit 0,5 Entgeltpunkten,
2. bei einer Rente wegen voller Erwerbsminderung in voller Höhe 6300 Euro,
3. bei einer Rente für Bergleute das 0,89fache der jährlichen Bezugsgröße, vervielfältigt mit den Entgeltpunkten (§ 66 Absatz 1 Nummer 1 bis 3) des Kalenderjahres mit den höchsten Entgeltpunkten aus den letzten 15 Kalenderjahren vor Eintritt der im Bergbau verminderten Berufsfähigkeit oder der Erfüllung der Voraussetzungen nach § 45 Absatz 3, mindestens jedoch mit 0,5 Entgeltpunkten.

₂Die nach Satz 1 Nummer 1 und 3 ermittelten Hinzuverdienstgrenzen werden jährlich zum 1. Juli neu berechnet.

(2) ₁Als Hinzuverdienst sind Arbeitsentgelt, Arbeitseinkommen und vergleichbares Einkommen zu berücksichtigen. ₂Diese Einkünfte

sind zusammenzurechnen. ₃Nicht als Hinzuverdienst gilt das Entgelt,

1. das eine Pflegeperson von der pflegebedürftigen Person erhält, wenn es das dem Umfang der Pflegetätigkeit entsprechende Pflegegeld im Sinne des § 37 des Elften Buches nicht übersteigt, oder
2. das ein behinderter Mensch von dem Träger einer in § 1 Satz 1 Nummer 2 genannten Einrichtung erhält.

(3) ₁Bei einer Rente wegen teilweiser Erwerbsminderung oder einer Rente für Bergleute sind zusätzlich zu dem Hinzuverdienst nach Absatz 2 Satz 1 als Hinzuverdienst zu berücksichtigen:

1. Krankengeld,
   a) das aufgrund einer Arbeitsunfähigkeit geleistet wird, die nach dem Beginn der Rente eingetreten ist, oder
   b) das aufgrund einer stationären Behandlung geleistet wird, die nach dem Beginn der Rente begonnen worden ist,
2. Versorgungskrankengeld,
   a) das aufgrund einer Arbeitsunfähigkeit geleistet wird, die nach dem Beginn der Rente eingetreten ist, oder
   b) das während einer stationären Behandlungsmaßnahme geleistet wird, wenn diesem ein nach Beginn der Rente erzieltes Arbeitsentgelt oder Arbeitseinkommen zugrunde liegt,
3. Übergangsgeld,
   a) dem ein nach Beginn der Rente erzieltes Arbeitsentgelt oder Arbeitseinkommen zugrunde liegt oder
   b) das aus der gesetzlichen Unfallversicherung geleistet wird und
4. die weiteren in § 18a Absatz 3 Satz 1 Nummer 1 des Vierten Buches genannten Sozialleistungen.

₂Bei einer Rente wegen voller Erwerbsminderung sind zusätzlich zu dem Hinzuverdienst nach Absatz 2 Satz 1 als Hinzuverdienst zu berücksichtigen:

1. Verletztengeld und
2. Übergangsgeld aus der gesetzlichen Unfallversicherung.

₃Als Hinzuverdienst ist das der Sozialleistung zugrunde liegende Arbeitsentgelt oder Arbeitseinkommen zu berücksichtigen. ₄Die Sätze 1 und 2 sind auch für eine Sozialleistung anzuwenden, die aus Gründen ruht, die nicht im Rentenbezug liegen.

(4) Absatz 3 wird auch für vergleichbare Leistungen einer Stelle mit Sitz im Ausland angewendet.

(5) § 34 Absatz 3c bis 3g gilt sinngemäß.

§ 97 Einkommensanrechnung auf Renten wegen Todes

(1) ₁Einkommen (§ 18a des Vierten Buches) von Berechtigten, das mit einer Witwenrente, Witwerrente oder Erziehungsrente zusammentrifft, wird hierauf angerechnet. ₂Dies gilt nicht bei Witwenrenten oder Witwerrenten, solange deren Rentenartfaktor mindestens 1,0 beträgt.

(2) ₁Anrechenbar ist das Einkommen, das monatlich das 26,4fache des aktuellen Rentenwerts übersteigt. ₂Das nicht anrechenbare Einkommen erhöht sich um das 5,6fache des aktuellen Rentenwerts für jedes Kind des Berechtigten, das Anspruch auf Waisenrente hat oder nur deshalb nicht hat, weil es nicht ein Kind des Verstorbenen ist. ₃Von dem danach verbleibenden anrechenbaren Einkommen werden 40 vom Hundert angerechnet. ₄Führt das Einkommen auch zur Kürzung oder zum Wegfall einer vergleichbaren Rente in einem Mitgliedstaat der Europäischen Union, einem Vertragsstaat des Abkommens über den Europäischen Wirtschaftsraum oder der Schweiz, ist der anrechenbare Betrag mit dem Teil zu berücksichtigen, der dem Verhältnis entspricht, in dem die Entgeltpunkte für Zeiten im Inland zu den Entgeltpunkten für alle in einem Mitgliedstaat der Europäischen Union, einem Vertragsstaat des Abkommens über den Europäischen Wirtschaftsraum und der Schweiz zurückgelegten Zeiten stehen.

(3) ₁Für die Einkommensanrechnung ist bei Anspruch auf mehrere Renten folgende Rangfolge maßgebend:

1. (weggefallen)
2. Witwenrente oder Witwerrente,
3. Witwenrente oder Witwerrente nach dem vorletzten Ehegatten.

₂Die Einkommensanrechnung auf eine Hinterbliebenenrente aus der Unfallversicherung

SGB VI: Gesetzliche Rentenversicherung §§ 98–100

hat Vorrang vor der Einkommensanrechnung auf eine entsprechende Rente wegen Todes. ₃Das auf eine Hinterbliebenenrente anzurechnende Einkommen mindert sich um den Betrag, der bereits zu einer Einkommensanrechnung auf eine vorrangige Hinterbliebenenrente geführt hat.

(4) Trifft eine Erziehungsrente mit einer Hinterbliebenenrente zusammen, ist der Einkommensanrechnung auf die Hinterbliebenenrente das Einkommen zugrunde zu legen, das sich nach Durchführung der Einkommensanrechnung auf die Erziehungsrente ergibt.

§ 98 Reihenfolge bei der Anwendung von Berechnungsvorschriften

₁Für die Berechnung einer Rente, deren Leistung sich aufgrund eines Versorgungsausgleichs, eines Rentensplittings, eines Aufenthalts von Berechtigten im Ausland oder aufgrund eines Zusammentreffens mit Renten oder mit sonstigem Einkommen erhöht, mindert oder entfällt, sind, soweit nichts anderes bestimmt ist, die entsprechenden Vorschriften in folgender Reihenfolge anzuwenden:

1. Versorgungsausgleich und Rentensplitting,
2. Leistungen an Berechtigte im Ausland,
3. Aufteilung von Witwenrenten oder Witwerrenten auf mehrere Berechtigte,
4. Waisenrente und andere Leistungen an Waisen,
5. Rente und Leistungen aus der Unfallversicherung,
6. Witwenrente und Witwerrente nach dem vorletzten Ehegatten und Ansprüche infolge Auflösung der letzten Ehe,
7. (weggefallen)
7a. Renten wegen verminderter Erwerbsfähigkeit und Hinzuverdienst,
8. Einkommensanrechnung auf Renten wegen Todes,
9. mehrere Rentenansprüche.

₂Einkommen, das bei der Berechnung einer Rente aufgrund einer Regelung über das Zusammentreffen von Renten und Einkommen bereits berücksichtigt wurde, wird bei der Berechnung dieser Rente aufgrund einer weiteren solchen Regelung nicht nochmals berücksichtigt.

Fünfter Unterabschnitt
Beginn, Änderung und Ende von Renten

§ 99 Beginn

(1) ₁Eine Rente aus eigener Versicherung wird von dem Kalendermonat an geleistet, zu dessen Beginn die Anspruchsvoraussetzungen für die Rente erfüllt sind, wenn die Rente bis zum Ende des dritten Kalendermonats nach Ablauf des Monats beantragt wird, in dem die Anspruchsvoraussetzungen erfüllt sind. ₂Bei späterer Antragstellung wird eine Rente aus eigener Versicherung von dem Kalendermonat an geleistet, in dem die Rente beantragt wird.

(2) ₁Eine Hinterbliebenenrente wird von dem Kalendermonat an geleistet, zu dessen Beginn die Anspruchsvoraussetzungen für die Rente erfüllt sind. ₂Sie wird bereits vom Todestag an geleistet, wenn an den Versicherten eine Rente im Sterbemonat nicht zu leisten ist. ₃Eine Hinterbliebenenrente wird nicht für mehr als zwölf Kalendermonate vor dem Monat, in dem die Rente beantragt wird, geleistet.

§ 100 Änderung und Ende

(1) ₁Ändern sich aus tatsächlichen oder rechtlichen Gründen die Voraussetzungen für die Höhe einer Rente nach ihrem Beginn, wird die Rente in neuer Höhe von dem Kalendermonat an geleistet, zu dessen Beginn die Änderung wirksam ist. ₂Satz 1 gilt nicht beim Zusammentreffen von Renten und Einkommen mit Ausnahme von § 96a.

(2) (weggefallen)

(3) ₁Fallen aus tatsächlichen oder rechtlichen Gründen die Anspruchsvoraussetzungen für eine Rente weg, endet die Rentenzahlung mit dem Beginn des Kalendermonats, zu dessen Beginn der Wegfall wirksam ist. ₂Entfällt ein Anspruch auf Rente, weil sich die Erwerbsfähigkeit der Berechtigten nach einer Leistung zur medizinischen Rehabilitation oder zur Teilhabe am Arbeitsleben gebessert hat, endet die Rentenzahlung erst mit Beginn des vierten Kalendermonats nach der Besserung der Erwerbsfähigkeit. ₃Die Rentenzahlung nach Satz 2 endet mit Beginn eines dem vierten Kalendermonat vorangehenden Monats, wenn zu dessen Beginn eine Beschäftigung oder selbständige Tätigkeit ausgeübt wird, die mehr als geringfügig ist.

(4) Liegen die in § 44 Abs. 1 Satz 1 des Zehnten Buches genannten Voraussetzungen für die Rücknahme eines rechtswidrigen nicht begünstigenden Verwaltungsaktes vor, weil er auf einer Rechtsnorm beruht, die nach Erlass des Verwaltungsaktes für nichtig oder für unvereinbar mit dem Grundgesetz erklärt oder in ständiger Rechtsprechung anders als durch den Rentenversicherungsträger ausgelegt worden ist, so ist der Verwaltungsakt, wenn er unanfechtbar geworden ist, nur mit Wirkung für die Zeit ab dem Beginn des Kalendermonats nach Wirksamwerden der Entscheidung des Bundesverfassungsgerichts oder dem Bestehen der ständigen Rechtsprechung zurückzunehmen.

§ 101 Beginn und Änderung in Sonderfällen

(1) Befristete Renten wegen verminderter Erwerbsfähigkeit werden nicht vor Beginn des siebten Kalendermonats nach dem Eintritt der Minderung der Erwerbsfähigkeit geleistet.

(1a) $_1$Befristete Renten wegen voller Erwerbsminderung, auf die Anspruch unabhängig von der jeweiligen Arbeitsmarktlage besteht, werden vor Beginn des siebten Kalendermonats nach dem Eintritt der Minderung der Erwerbsfähigkeit geleistet, wenn

1. entweder
    a) die Feststellung der verminderten Erwerbsfähigkeit durch den Träger der Rentenversicherung zur Folge hat, dass ein Anspruch auf Arbeitslosengeld entfällt, oder
    b) nach Feststellung der verminderten Erwerbsfähigkeit durch den Träger der Rentenversicherung ein Anspruch auf Krankengeld nach § 48 des Fünften Buches oder auf Krankentagegeld von einem privaten Krankenversicherungsunternehmen endet und
2. der siebte Kalendermonat nach dem Eintritt der Minderung der Erwerbsfähigkeit noch nicht erreicht ist.

$_2$In diesen Fällen werden die Renten von dem Tag an geleistet, der auf den Tag folgt, an dem der Anspruch auf Arbeitslosengeld, Krankengeld oder Krankentagegeld endet.

(2) Befristete große Witwenrenten oder befristete große Witwerrenten wegen Minderung der Erwerbsfähigkeit werden nicht vor Beginn des siebten Kalendermonats nach dem Eintritt der Minderung der Erwerbsfähigkeit geleistet.

(3) $_1$Ist nach Beginn der Rente ein Versorgungsausgleich durchgeführt, wird die Rente der leistungsberechtigten Person von dem Kalendermonat an um Zuschläge oder Abschläge an Entgeltpunkten verändert, zu dessen Beginn der Versorgungsausgleich durchgeführt ist. $_2$Der Rentenbescheid ist mit Wirkung von diesem Zeitpunkt an aufzuheben; die §§ 24 und 48 des Zehnten Buches sind nicht anzuwenden. $_3$Bei einer rechtskräftigen Abänderung des Versorgungsausgleichs gelten die Sätze 1 und 2 mit der Maßgabe, dass auf den Zeitpunkt nach § 226 Abs. 4 des Gesetzes über das Verfahren in Familiensachen und in den Angelegenheiten der freiwilligen Gerichtsbarkeit abzustellen ist. $_4$§ 30 des Versorgungsausgleichsgesetzes bleibt unberührt.

(3a) $_1$Hat das Familiengericht über eine Abänderung der Anpassung nach § 33 des Versorgungsausgleichsgesetzes rechtskräftig entschieden und mindert sich der Anpassungsbetrag, ist dieser in der Rente der leistungsberechtigten Person von dem Zeitpunkt an zu berücksichtigen, der sich aus § 34 Abs. 3 des Versorgungsausgleichsgesetzes ergibt. $_2$Der Rentenbescheid ist mit Wirkung von diesem Zeitpunkt an aufzuheben; die §§ 24 und 48 des Zehnten Buches sind nicht anzuwenden.

(3b) $_1$Der Rentenbescheid der leistungsberechtigten Person ist aufzuheben

1. in den Fällen des § 33 Abs. 1 des Versorgungsausgleichsgesetzes mit Wirkung vom Zeitpunkt
    a) des Beginns einer Leistung an die ausgleichsberechtigte Person aus einem von ihr im Versorgungsausgleich erworbenen Anrecht (§ 33 Abs. 1 des Versorgungsausgleichsgesetzes),
    b) des Beginns einer Leistung an die ausgleichspflichtige Person aus einem von ihr im Versorgungsausgleich erworbenen Anrecht (§ 33 Abs. 3 des Versorgungsausgleichsgesetzes) oder

c) der vollständigen Einstellung der Unterhaltszahlungen der ausgleichspflichtigen Person (§ 34 Abs. 5 des Versorgungsausgleichsgesetzes),

2. in den Fällen des § 35 Abs. 1 des Versorgungsausgleichsgesetzes mit Wirkung vom Zeitpunkt des Beginns einer Leistung an die ausgleichspflichtige Person aus einem von ihr im Versorgungsausgleich erworbenen Anrecht (§ 36 Abs. 4 des Versorgungsausgleichsgesetzes) und

3. in den Fällen des § 37 Abs. 3 des Versorgungsausgleichsgesetzes mit Wirkung vom Zeitpunkt der Aufhebung der Kürzung des Anrechts (§ 37 Abs. 1 des Versorgungsausgleichsgesetzes).

₂Die §§ 24 und 48 des Zehnten Buches sind nicht anzuwenden.

(4) ₁Ist nach Beginn der Rente ein Rentensplitting durchgeführt, wird die Rente von dem Kalendermonat an um Zuschläge oder Abschläge an Entgeltpunkten verändert, zu dessen Beginn das Rentensplitting durchgeführt ist. ₂Der Rentenbescheid ist mit Wirkung von diesem Zeitpunkt an aufzuheben; die §§ 24 und 48 des Zehnten Buches sind nicht anzuwenden. ₃Entsprechendes gilt bei einer Abänderung des Rentensplittings.

(5) ₁Ist nach Beginn einer Waisenrente ein Rentensplitting durchgeführt, durch das die Waise nicht begünstigt ist, wird die Rente erst zu dem Zeitpunkt um Abschläge oder Zuschläge an Entgeltpunkten verändert, zu dem eine Rente aus der Versicherung des überlebenden Ehegatten oder Lebenspartners, der durch das Rentensplitting begünstigt ist, beginnt. ₂Der Rentenbescheid der Waise ist mit Wirkung von diesem Zeitpunkt an aufzuheben; die §§ 24 und 48 des Zehnten Buches sind nicht anzuwenden. ₃Entsprechendes gilt bei einer Abänderung des Rentensplittings.

§ 102 Befristung und Tod

(1) ₁Sind Renten befristet, enden sie mit Ablauf der Frist. ₂Dies schließt eine vorherige Änderung oder ein Ende der Rente aus anderen Gründen nicht aus. ₃Renten dürfen nur auf das Ende eines Kalendermonats befristet werden.

(2) ₁Renten wegen verminderter Erwerbsfähigkeit und große Witwenrenten oder große Witwerrenten wegen Minderung der Erwerbsfähigkeit werden auf Zeit geleistet. ₂Die Befristung erfolgt für längstens drei Jahre nach Rentenbeginn. ₃Sie kann verlängert werden; dabei verbleibt es bei dem ursprünglichen Rentenbeginn. ₄Verlängerungen erfolgen für längstens drei Jahre nach dem Ablauf der vorherigen Frist. ₅Renten, auf die ein Anspruch unabhängig von der jeweiligen Arbeitsmarktlage besteht, werden unbefristet geleistet, wenn unwahrscheinlich ist, dass die Minderung der Erwerbsfähigkeit behoben werden kann; hiervon ist nach einer Gesamtdauer der Befristung von neun Jahren auszugehen. ₆Wird unmittelbar im Anschluss an eine auf Zeit geleistete Rente diese Rente unbefristet geleistet, verbleibt es bei dem ursprünglichen Rentenbeginn.

(2a) Werden Leistungen zur medizinischen Rehabilitation oder zur Teilhabe am Arbeitsleben erbracht, ohne dass zum Zeitpunkt der Bewilligung feststeht, wann die Leistung enden wird, kann bestimmt werden, dass Renten wegen verminderter Erwerbsfähigkeit oder große Witwenrenten oder große Witwerrenten wegen Minderung der Erwerbsfähigkeit mit Ablauf des Kalendermonats enden, in dem die Leistung zur medizinischen Rehabilitation oder zur Teilhabe am Arbeitsleben beendet wird.

(3) ₁Große Witwenrenten oder große Witwerrenten wegen Kindererziehung und Erziehungsrenten werden auf das Ende des Kalendermonats befristet, in dem die Kindererziehung voraussichtlich endet. ₂Die Befristung kann verlängert werden; dabei verbleibt es bei dem ursprünglichen Rentenbeginn.

(4) ₁Waisenrenten werden auf das Ende des Kalendermonats befristet, in dem voraussichtlich der Anspruch auf die Waisenrente entfällt. ₂Die Befristung kann verlängert werden; dabei verbleibt es bei dem ursprünglichen Rentenbeginn.

(5) Renten werden bis zum Ende des Kalendermonats geleistet, in dem die Berechtigten gestorben sind.

(6) ₁Renten an Verschollene werden längstens bis zum Ende des Monats geleistet, in dem sie nach Feststellung des Rentenversicherungsträgers als verstorben gelten; § 49 gilt entsprechend. ₂Widerspruch und Anfechtungsklage gegen die Feststellung des Ren-

tenversicherungsträgers haben keine aufschiebende Wirkung. ₃Kehren Verschollene zurück, lebt der Anspruch auf die Rente wieder auf; die für den Zeitraum des Wiederauflebens geleisteten Renten wegen Todes an Hinterbliebene sind auf die Nachzahlung anzurechnen.

Sechster Unterabschnitt
Ausschluss und Minderung von Renten

§ 103 Absichtliche Minderung der Erwerbsfähigkeit

Anspruch auf Rente wegen verminderter Erwerbsfähigkeit, Altersrente für schwerbehinderte Menschen oder große Witwenrente oder große Witwerrente besteht nicht für Personen, die die für die Rentenleistung erforderliche gesundheitliche Beeinträchtigung absichtlich herbeigeführt haben.

§ 104 Minderung der Erwerbsfähigkeit bei einer Straftat

(1) ₁Renten wegen verminderter Erwerbsfähigkeit, Altersrenten für schwerbehinderte Menschen oder große Witwenrenten oder große Witwerrenten können ganz oder teilweise versagt werden, wenn die Berechtigten sich die für die Rentenleistung erforderliche gesundheitliche Beeinträchtigung bei einer Handlung zugezogen haben, die nach strafgerichtlichem Urteil ein Verbrechen oder vorsätzliches Vergehen ist. ₂Dies gilt auch, wenn aus einem in der Person der Berechtigten liegenden Grunde ein strafgerichtliches Urteil nicht ergeht. ₃Zuwiderhandlungen gegen Bergverordnungen oder bergbehördliche Anordnungen gelten nicht als Vergehen im Sinne des Satzes 1.

(2) ₁Soweit die Rente versagt wird, kann sie an unterhaltsberechtigte Ehegatten, Lebenspartner und Kinder geleistet werden. ₂Die Vorschriften der §§ 48 und 49 des Ersten Buches über die Auszahlung der Rente an Dritte werden entsprechend angewendet.

§ 105 Tötung eines Angehörigen

Anspruch auf Rente wegen Todes und auf Versichertenrente, soweit der Anspruch auf dem Rentensplitting beruht, besteht nicht für die Personen, die den Tod vorsätzlich herbeigeführt haben.

Dritter Abschnitt
Zusatzleistungen

§ 106 Zuschuss zur Krankenversicherung

(1) ₁Rentenbezieher, die freiwillig in der gesetzlichen Krankenversicherung oder bei einem Krankenversicherungsunternehmen, das der deutschen Aufsicht unterliegt, versichert sind, erhalten zu ihrer Rente einen Zuschuss zu den Aufwendungen für die Krankenversicherung. ₂Dies gilt nicht, wenn sie gleichzeitig in einer in- oder ausländischen gesetzlichen Krankenversicherung pflichtversichert sind.

(2) Für Rentenbezieher, die freiwillig in der gesetzlichen Krankenversicherung versichert sind, wird der monatliche Zuschuss in Höhe des halben Betrages geleistet, der sich aus der Anwendung des allgemeinen Beitragssatzes der gesetzlichen Krankenversicherung auf den Zahlbetrag der Rente ergibt.

(3) ₁Für Rentenbezieher, die bei einem Krankenversicherungsunternehmen versichert sind, das der deutschen Aufsicht unterliegt, wird der monatliche Zuschuss in Höhe des halben Betrages geleistet, der sich aus der Anwendung des allgemeinen Beitragssatzes der gesetzlichen Krankenversicherung auf den Zahlbetrag der Rente ergibt. ₂Der monatliche Zuschuss wird auf die Hälfte der tatsächlichen Aufwendungen für die Krankenversicherung begrenzt. ₃Beziehen Rentner mehrere Renten, wird ein begrenzter Zuschuss von den Rentenversicherungsträgern anteilig nach dem Verhältnis der Höhen der Renten geleistet. ₄Er kann auch in einer Summe zu einer dieser Renten geleistet werden.

(4) Rentenbezieher, die freiwillig in der gesetzlichen Krankenversicherung und bei einem Krankenversicherungsunternehmen versichert sind, das der deutschen Aufsicht unterliegt, erhalten zu ihrer Rente ausschließlich einen Zuschuss nach Absatz 2.

§ 107 Rentenabfindung

(1) ₁Witwenrenten oder Witwerrenten werden bei der ersten Wiederheirat der Berechtigten mit dem 24fachen Monatsbetrag abgefunden. ₂Für die Ermittlung anderer Witwenrenten oder Witwerrenten aus derselben Rentenanwartschaft wird bis zum Ablauf des

SGB VI: Gesetzliche Rentenversicherung §§ 108–109

24. Kalendermonats nach Ablauf des Kalendermonats der Wiederheirat unterstellt, dass ein Anspruch auf Witwenrente oder Witwerrente besteht. ₃Bei kleinen Witwenrenten oder kleinen Witwerrenten vermindert sich das 24fache des abzufindenden Monatsbetrages um die Anzahl an Kalendermonaten, für die eine kleine Witwenrente oder kleine Witwerrente geleistet wurde. ₄Entsprechend vermindert sich die Anzahl an Kalendermonaten nach Satz 2.

(2) ₁Monatsbetrag ist der Durchschnitt der für die letzten zwölf Kalendermonate geleisteten Witwenrente oder Witwerrente. ₂Bei Wiederheirat vor Ablauf des 15. Kalendermonats nach dem Tod des Versicherten ist Monatsbetrag der Durchschnittsbetrag der Witwenrente oder Witwerrente, die nach Ablauf des dritten auf den Sterbemonat folgenden Kalendermonats zu leisten war. ₃Bei Wiederheirat vor Ablauf dieses Kalendermonats ist Monatsbetrag der Betrag der Witwenrente oder Witwerrente, der für den vierten auf den Sterbemonat folgenden Kalendermonat zu leisten wäre.

(3) Für eine Rentenabfindung gelten als erste Wiederheirat auch die erste Wiederbegründung einer Lebenspartnerschaft, die erste Heirat nach einer Lebenspartnerschaft sowie die erste Begründung einer Lebenspartnerschaft nach einer Ehe.

§ 108 Beginn, Änderung und Ende von Zusatzleistungen

(1) Für laufende Zusatzleistungen sind die Vorschriften über Beginn, Änderung und Ende von Renten entsprechend anzuwenden.

(2) ₁Sind die Anspruchsvoraussetzungen für den Zuschuss zu den Aufwendungen für die freiwillige gesetzliche Krankenversicherung entfallen, weil die Krankenkasse rückwirkend eine Pflichtmitgliedschaft in der gesetzlichen Krankenversicherung festgestellt hat, ist der Bescheid über die Bewilligung des Zuschusses vom Beginn der Pflichtmitgliedschaft an aufzuheben. ₂Dies gilt nicht für Zeiten, für die freiwillige Beiträge gezahlt wurden, die wegen § 27 Absatz 2 des Vierten Buches nicht erstattet werden. ₃Nicht anzuwenden sind die Vorschriften zur Anhörung Beteiligter (§ 24 des Zehnten Buches), die Vorschriften zur Rücknahme eines rechtswidrigen begünstigenden Verwaltungsaktes (§ 45 des Zehnten Buches) und die Vorschriften zur Aufhebung eines Verwaltungsaktes mit Dauerwirkung bei Änderung der Verhältnisse (§ 48 des Zehnten Buches).

Vierter Abschnitt
Serviceleistungen

§ 109 Renteninformation und Rentenauskunft

(1) ₁Versicherte, die das 27. Lebensjahr vollendet haben, erhalten jährlich eine schriftliche oder elektronische Renteninformation. ₂Nach Vollendung des 55. Lebensjahres wird diese alle drei Jahre durch eine Rentenauskunft ersetzt. ₃Besteht ein berechtigtes Interesse, kann die Rentenauskunft auch jüngeren Versicherten erteilt werden oder in kürzeren Abständen erfolgen.

(2) ₁Die Renteninformation und die Rentenauskunft sind mit dem Hinweis zu versehen, dass sie auf der Grundlage des geltenden Rechts und der im Versicherungskonto gespeicherten rentenrechtlichen Zeiten erstellt sind und damit unter dem Vorbehalt künftiger Rechtsänderungen sowie der Richtigkeit und Vollständigkeit der im Versicherungskonto gespeicherten rentenrechtlichen Zeiten stehen. ₂Mit dem Versand der zuletzt vor Vollendung des 50. Lebensjahres zu erteilenden Renteninformation ist darauf hinzuweisen, dass eine Rentenauskunft auch vor Vollendung des 55. Lebensjahres erteilt werden kann und dass eine Rentenauskunft auf Antrag auch die Höhe der Beitragszahlung zum Ausgleich einer Rentenminderung bei vorzeitiger Inanspruchnahme einer Rente wegen Alters enthält.

(3) Die Renteninformation hat insbesondere zu enthalten:

1. Angaben über die Grundlage der Rentenberechnung,
2. Angaben über die Höhe einer Rente wegen verminderter Erwerbsfähigkeit, die zu zahlen wäre, würde der Leistungsfall der vollen Erwerbsminderung vorliegen,
3. eine Prognose über die Höhe der zu erwartenden Regelaltersrente,
4. Informationen über die Auswirkungen künftiger Rentenanpassungen,

5. eine Übersicht über die Höhe der Beiträge, die für Beitragszeiten vom Versicherten, dem Arbeitgeber oder von öffentlichen Kassen gezahlt worden sind.

(4) Die Rentenauskunft hat insbesondere zu enthalten:

1. eine Übersicht über die im Versicherungskonto gespeicherten rentenrechtlichen Zeiten,
2. eine Darstellung über die Ermittlung der persönlichen Entgeltpunkte mit der Angabe ihres derzeitigen Wertes und dem Hinweis, dass sich die Berechnung der Entgeltpunkte aus beitragsfreien und beitragsgeminderten Zeiten nach der weiteren Versicherungsbiografie richtet,
3. Angaben über die Höhe der Rente, die auf der Grundlage des geltenden Rechts und der im Versicherungskonto gespeicherten rentenrechtlichen Zeiten ohne den Erwerb weiterer Beitragszeiten
   a) bei verminderter Erwerbsfähigkeit als Rente wegen voller Erwerbsminderung,
   b) bei Tod als Witwen- oder Witwerrente,
   c) nach Erreichen der Regelaltersgrenze als Regelaltersrente
   zu zahlen wäre,
4. eine Prognose über die Höhe der zu erwartenden Regelaltersrente,
5. allgemeine Hinweise
   a) zur Erfüllung der persönlichen und versicherungsrechtlichen Voraussetzungen für einen Rentenanspruch,
   b) zum Ausgleich von Abschlägen bei vorzeitiger Inanspruchnahme einer Altersrente,
   c) zu den Auswirkungen der Inanspruchnahme einer Teilrente und zu den Folgen für den Hinzuverdienst,
6. Hinweise
   a) zu den Auswirkungen der vorzeitigen Inanspruchnahme einer Rente wegen Alters,
   b) zu den Auswirkungen eines Hinausschiebens des Rentenbeginns über die Regelaltersgrenze.

(5) ₁Auf Antrag erhalten Versicherte Auskunft über die Höhe ihrer auf die Ehezeit oder Lebenspartnerschaftszeit entfallenden Rentenanwartschaft. ₂Diese Auskunft erhält auf Antrag auch der Ehegatte oder geschiedene Ehegatte oder der Lebenspartner oder frühere Lebenspartner eines Versicherten, wenn der Träger der Rentenversicherung diese Auskunft nach § 74 Nr. 2 Buchstabe b des Zehnten Buches erteilen darf, weil der Versicherte seine Auskunftspflicht gegenüber dem Ehegatten oder Lebenspartner nicht oder nicht vollständig erfüllt hat. ₃Die nach Satz 2 erteilte Auskunft wird auch dem Versicherten mitgeteilt. ₄Ferner enthält die Rentenauskunft auf Antrag die Höhe der Beitragszahlung, die zum Ausgleich einer Rentenminderung bei vorzeitiger Inanspruchnahme einer Rente wegen Alters erforderlich ist, und Angaben über die ihr zugrunde liegende Altersrente. ₅Diese Auskunft unterbleibt, wenn die Erfüllung der versicherungsrechtlichen Voraussetzungen für eine vorzeitige Rente wegen Alters offensichtlich ausgeschlossen ist.

(6) Für die Auskunft an das Familiengericht nach § 220 Abs. 4 des Gesetzes über das Verfahren in Familiensachen und in den Angelegenheiten der freiwilligen Gerichtsbarkeit ergeben sich die nach § 39 des Versorgungsausgleichsgesetzes zu ermittelnden Entgeltpunkte aus der Berechnung einer Vollrente wegen Erreichens der Regelaltersgrenze.

§ 109a Hilfen in Angelegenheiten der Grundsicherung

(1) ₁Die Träger der Rentenversicherung informieren und beraten Personen, die

1. die Regelaltersgrenze erreicht haben oder
2. das 18. Lebensjahr vollendet haben, unabhängig von der jeweiligen Arbeitsmarktlage voll erwerbsgemindert im Sinne des § 43 Abs. 2 sind und bei denen es unwahrscheinlich ist, dass die volle Erwerbsminderung behoben werden kann,

über die Leistungsvoraussetzungen nach dem Vierten Kapitel des Zwölften Buches, soweit die genannten Personen rentenberechtigt sind. ₂Personen nach Satz 1, die nicht rentenberechtigt sind, werden auf Anfrage beraten und informiert. ₃Liegt eine Rente unter dem 27fachen des aktuellen Rentenwertes, ist der Information zusätzlich ein Antragsformular beizufügen. ₄Es ist darauf hinzuweisen, dass

SGB VI: Gesetzliche Rentenversicherung §§ 110–112

der Antrag auf Leistungen der Grundsicherung im Alter und bei Erwerbsminderung nach dem Vierten Kapitel des Zwölften Buches auch bei dem zuständigen Träger der Rentenversicherung gestellt werden kann, der den Antrag an den zuständigen Träger der Sozialhilfe weiterleitet. ₅Darüber hinaus sind die Träger der Rentenversicherung verpflichtet, mit den zuständigen Trägern der Sozialhilfe zur Zielerreichung der Grundsicherung im Alter und bei Erwerbsminderung nach dem Vierten Kapitel des Zwölften Buches zusammenzuarbeiten. ₆Eine Verpflichtung nach Satz 1 besteht nicht, wenn eine Inanspruchnahme von Leistungen der genannten Art wegen der Höhe der gezahlten Rente sowie der im Rentenverfahren zu ermittelnden weiteren Einkünfte nicht in Betracht kommt.

(2) ₁Die Träger der Rentenversicherung prüfen und entscheiden auf ein Ersuchen nach § 45 des Zwölften Buches durch den zuständigen Träger der Sozialhilfe, ob Personen, die das 18. Lebensjahr vollendet haben, unabhängig von der jeweiligen Arbeitsmarktlage voll erwerbsgemindert im Sinne des § 43 Abs. 2 sind und es unwahrscheinlich ist, dass die volle Erwerbsminderung behoben werden kann. ₂Ergibt die Prüfung, dass keine volle Erwerbsminderung vorliegt, ist ergänzend eine gutachterliche Stellungnahme abzugeben, ob hilfebedürftige Personen, die das 15. Lebensjahr vollendet haben, erwerbsfähig im Sinne des § 8 des Zweiten Buches sind.

(3) ₁Die Träger der Rentenversicherung geben nach § 44a Absatz 1 Satz 5 des Zweiten Buches eine gutachterliche Stellungnahme ab, ob hilfebedürftige Personen, die das 15. Lebensjahr vollendet haben, erwerbsfähig im Sinne des § 8 des Zweiten Buches sind. ₂Ergibt die gutachterliche Stellungnahme, dass Personen, die das 18. Lebensjahr vollendet haben, unabhängig von der jeweiligen Arbeitsmarktlage voll erwerbsgemindert im Sinne des § 43 Absatz 2 Satz 2 sind, ist ergänzend zu prüfen, ob es unwahrscheinlich ist, dass die volle Erwerbsminderung behoben werden kann.

(4) Zuständig für die Prüfung und Entscheidung nach Absatz 2 und die Erstellung der gutachterlichen Stellungnahme nach Absatz 3 ist

1. bei Versicherten der Träger der Rentenversicherung, der für die Erbringung von Leistungen an den Versicherten zuständig ist,
2. bei sonstigen Personen der Regionalträger, der für den Sitz des Trägers der Sozialhilfe oder der Agentur für Arbeit örtlich zuständig ist.

(5) Die kommunalen Spitzenverbände, die Bundesagentur für Arbeit und die Deutsche Rentenversicherung Bund können Vereinbarungen über das Verfahren nach den Absätzen 2 und 3 schließen.

Fünfter Abschnitt
Leistungen an Berechtigte im Ausland

§ 110 Grundsatz

(1) Berechtigte, die sich nur vorübergehend im Ausland aufhalten, erhalten für diese Zeit Leistungen wie Berechtigte, die ihren gewöhnlichen Aufenthalt im Inland haben.

(2) Berechtigte, die ihren gewöhnlichen Aufenthalt im Ausland haben, erhalten diese Leistungen, soweit nicht die folgenden Vorschriften über Leistungen an Berechtigte im Ausland etwas anderes bestimmen.

(3) Die Vorschriften dieses Abschnitts sind nur anzuwenden, soweit nicht nach über- oder zwischenstaatlichem Recht etwas anderes bestimmt ist.

§ 111 Rehabilitationsleistungen und Krankenversicherungszuschuss

(1) Berechtigte erhalten die Leistungen zur medizinischen Rehabilitation oder zur Teilhabe am Arbeitsleben nur, wenn für sie für den Kalendermonat, in dem der Antrag gestellt ist, Pflichtbeiträge gezahlt oder nur deshalb nicht gezahlt worden sind, weil sie im Anschluss an eine versicherte Beschäftigung oder selbständige Tätigkeit arbeitsunfähig waren.

(2) Berechtigte erhalten keinen Zuschuss zu den Aufwendungen für die Krankenversicherung.

§ 112 Renten bei verminderter Erwerbsfähigkeit

₁Berechtigte erhalten wegen verminderter Erwerbsfähigkeit eine Rente nur, wenn der Anspruch unabhängig von der jeweiligen Arbeitsmarktlage besteht. ₂Für eine Rente für

Bergleute ist zusätzlich erforderlich, dass die Berechtigten auf diese Rente bereits für die Zeit, in der sie ihren gewöhnlichen Aufenthalt noch im Inland gehabt haben, einen Anspruch hatten.

§ 113 Höhe der Rente

(1) ₁Die persönlichen Entgeltpunkte von Berechtigten werden ermittelt aus

1. Entgeltpunkten für Bundesgebiets-Beitragszeiten,
2. dem Leistungszuschlag für Bundesgebiets-Beitragszeiten,
3. Zuschlägen an Entgeltpunkten aus einem durchgeführten Versorgungsausgleich oder Rentensplitting,
4. Abschlägen an Entgeltpunkten aus einem durchgeführten Versorgungsausgleich oder Rentensplitting, soweit sie auf Bundesgebiets-Beitragszeiten entfallen,
5. Zuschlägen aus Zahlung von Beiträgen bei vorzeitiger Inanspruchnahme einer Rente wegen Alters oder bei Abfindungen von Anwartschaften auf betriebliche Altersversorgung oder von Anrechten bei der Versorgungsausgleichskasse,
6. Zuschlägen an Entgeltpunkten für Arbeitsentgelt aus geringfügiger Beschäftigung,
7. zusätzlichen Entgeltpunkten für Arbeitsentgelt aus nach § 23b Abs. 2 Satz 1 bis 4 des Vierten Buches aufgelösten Wertguthaben,
8. Zuschlägen an Entgeltpunkten bei Witwenrenten und Witwerrenten,
9. Zuschlägen an Entgeltpunkten aus Beiträgen nach Beginn einer Rente wegen Alters,
10. Zuschlägen an Entgeltpunkten für Zeiten einer besonderen Auslandsverwendung und
11. Zuschlägen an Entgeltpunkten für nachversicherte Soldaten auf Zeit.

₂Bundesgebiets-Beitragszeiten sind Beitragszeiten, für die Beiträge nach Bundesrecht nach dem 8. Mai 1945 gezahlt worden sind, und die diesen im Fünften Kapitel gleichgestellten Beitragszeiten.

(2) Der Zuschlag an persönlichen Entgeltpunkten bei Waisenrenten von Berechtigten wird allein aus Bundesgebiets-Beitragszeiten ermittelt.

§ 114 Besonderheiten

(1) ₁Die persönlichen Entgeltpunkte von Berechtigten werden zusätzlich ermittelt aus

1. Entgeltpunkten für beitragsfreie Zeiten,
2. dem Zuschlag an Entgeltpunkten für beitragsgeminderte Zeiten und
3. Abschlägen an Entgeltpunkten aus einem durchgeführten Versorgungsausgleich oder Rentensplitting, soweit sie auf beitragsfreie Zeiten oder einen Zuschlag an Entgeltpunkten für beitragsgeminderte Zeiten entfallen.

₂Die nach Satz 1 ermittelten Entgeltpunkte werden dabei in dem Verhältnis berücksichtigt, in dem die Entgeltpunkte für Bundesgebiets-Beitragszeiten und die nach § 272 Abs. 1 Nr. 1 sowie § 272 Abs. 3 Satz 1 ermittelten Entgeltpunkte zu allen Entgeltpunkten für Beitragszeiten einschließlich Beschäftigungszeiten nach dem Fremdrentengesetz stehen.

(2) Der Zuschlag an persönlichen Entgeltpunkten bei Waisenrenten von Berechtigten wird zusätzlich aus

1. beitragsfreien Zeiten in dem sich nach Absatz 1 Satz 2 ergebenden Verhältnis und
2. Berücksichtigungszeiten im Inland

ermittelt.

Sechster Abschnitt
Durchführung

Erster Unterabschnitt
Beginn und Abschluss des Verfahrens

§ 115 Beginn

(1) ₁Das Verfahren beginnt mit dem Antrag, wenn nicht etwas anderes bestimmt ist. ₂Eines Antrags bedarf es nicht, wenn eine Rente wegen der Änderung der tatsächlichen oder rechtlichen Verhältnisse in niedrigerer als der bisherigen Höhe zu leisten ist.

(2) Anträge von Witwen oder Witwern auf Zahlung eines Vorschusses auf der Grundlage der für den Sterbemonat an den verstorbenen

Ehegatten geleisteten Rente gelten als Anträge auf Leistung einer Witwenrente oder Witwerrente.

(3) ₁Haben Versicherte bis zum Erreichen der Regelaltersgrenze eine Rente wegen verminderter Erwerbsfähigkeit oder eine Erziehungsrente bezogen, ist anschließend eine Regelaltersrente zu leisten, wenn sie nicht etwas anderes bestimmen. ₂Haben Witwen oder Witwer bis zum Erreichen der Altersgrenze für eine große Witwenrente oder große Witwerrente eine kleine Witwenrente oder kleine Witwerrente bezogen, ist anschließend eine große Witwenrente oder große Witwerrente zu leisten.

(4) ₁Leistungen zur Teilhabe können auch von Amts wegen erbracht werden, wenn die Versicherten zustimmen. ₂Die Zustimmung gilt als Antrag auf Leistungen zur Teilhabe.

(5) Rentenauskünfte werden auch von Amts wegen erteilt.

(6) ₁Die Träger der Rentenversicherung sollen die Berechtigten in geeigneten Fällen darauf hinweisen, dass sie eine Leistung erhalten können, wenn sie diese beantragen. ₂In Richtlinien der Deutschen Rentenversicherung Bund kann bestimmt werden, unter welchen Voraussetzungen solche Hinweise erfolgen sollen.

§ 116 Besonderheiten bei Leistungen zur Teilhabe

(1) (weggefallen)

(2) Der Antrag auf Leistungen zur medizinischen Rehabilitation oder zur Teilhabe am Arbeitsleben gilt als Antrag auf Rente, wenn Versicherte vermindert erwerbsfähig sind und

1. ein Erfolg von Leistungen zur medizinischen Rehabilitation oder zur Teilhabe am Arbeitsleben nicht zu erwarten ist oder
2. Leistungen zur medizinischen Rehabilitation oder zur Teilhabe am Arbeitsleben nicht erfolgreich gewesen sind, weil sie die verminderte Erwerbsfähigkeit nicht verhindert haben.

(3) ₁Ist Übergangsgeld gezahlt worden und wird nachträglich für denselben Zeitraum der Anspruch auf eine Rente wegen verminderter Erwerbsfähigkeit festgestellt, gilt dieser Anspruch bis zur Höhe des gezahlten Übergangsgeldes als erfüllt. ₂Übersteigt das Übergangsgeld den Betrag der Rente, kann der übersteigende Betrag nicht zurückgefordert werden.

§ 117 Abschluss

Die Entscheidung über einen Anspruch auf Leistung bedarf der Schriftform.

Zweiter Unterabschnitt
Auszahlung und Anpassung

§ 118 Fälligkeit und Auszahlung

(1) ₁Laufende Geldleistungen mit Ausnahme des Übergangsgeldes werden am Ende des Monats fällig, zu dessen Beginn die Anspruchsvoraussetzungen erfüllt sind; sie werden am letzten Bankarbeitstag dieses Monats ausgezahlt. ₂Bei Zahlung auf ein Konto im Inland ist die Gutschrift der laufenden Geldleistung, auch wenn sie nachträglich erfolgt, so vorzunehmen, dass die Wertstellung des eingehenden Überweisungsbetrages auf dem Empfängerkonto unter dem Datum des Tages erfolgt, an dem der Betrag dem Geldinstitut zur Verfügung gestellt worden ist. ₃Für die rechtzeitige Auszahlung im Sinne von Satz 1 genügt es, wenn nach dem gewöhnlichen Verlauf die Wertstellung des Betrages der laufenden Geldleistung unter dem Datum des letzten Bankarbeitstages erfolgen kann.

(2) Laufende Geldleistungen, die bei Auszahlungen

1. im Inland den aktuellen Rentenwert,
2. im Ausland das Dreifache des aktuellen Rentenwerts

nicht übersteigen, können für einen angemessenen Zeitraum im Voraus ausgezahlt werden.

(2a) Nachzahlungsbeträge, die ein Zehntel des aktuellen Rentenwerts nicht übersteigen, sollen nicht ausgezahlt werden.

(3) ₁Geldleistungen, die für die Zeit nach dem Tod des Berechtigten auf ein Konto bei einem Geldinstitut, für das die Verordnung (EU) Nr. 260/2012 des Europäischen Parlaments und des Rates vom 14. März 2012 zur Festlegung der technischen Vorschriften und der Geschäftsanforderungen für Überweisungen und Lastschriften in Euro und zur Änderung der Verordnung (EG) Nr. 924/2009 (ABl. L 94 vom 30. 3. 2012, S. 22) gilt, überwiesen

wurden, gelten als unter Vorbehalt erbracht. ₂Das Geldinstitut hat sie der überweisenden Stelle oder dem Träger der Rentenversicherung zurückzuüberweisen, wenn diese sie als zu Unrecht erbracht zurückfordern. ₃Eine Verpflichtung zur Rücküberweisung besteht nicht, soweit über den entsprechenden Betrag bei Eingang der Rückforderung bereits anderweitig verfügt wurde, es sei denn, dass die Rücküberweisung aus einem Guthaben erfolgen kann. ₄Das Geldinstitut darf den überwiesenen Betrag nicht zur Befriedigung eigener Forderungen verwenden.

(4) ₁Soweit Geldleistungen für die Zeit nach dem Tod des Berechtigten zu Unrecht erbracht worden sind, sind sowohl die Personen, die die Geldleistungen unmittelbar in Empfang genommen haben oder an die der entsprechende Betrag durch Dauerauftrag, Lastschrifteinzug oder sonstiges bankübliches Zahlungsgeschäft auf ein Konto weitergeleitet wurde (Empfänger), als auch die Personen, die als Verfügungsberechtigte über den entsprechenden Betrag ein bankübliches Zahlungsgeschäft zu Lasten des Kontos vorgenommen oder zugelassen haben (Verfügende), dem Träger der Rentenversicherung zur Erstattung des entsprechenden Betrages verpflichtet. ₂Der Träger der Rentenversicherung hat Erstattungsansprüche durch Verwaltungsakt geltend zu machen. ₃Ein Geldinstitut, das eine Rücküberweisung mit dem Hinweis abgelehnt hat, dass über den entsprechenden Betrag bereits anderweitig verfügt wurde, hat der überweisenden Stelle oder dem Träger der Rentenversicherung auf Verlangen Name und Anschrift des Empfängers oder Verfügenden und etwaiger neuer Kontoinhaber zu benennen. ₄Ein Anspruch gegen die Erben nach § 50 des Zehnten Buches bleibt unberührt.

(4a) ₁Die Ansprüche nach den Absätzen 3 und 4 verjähren in vier Jahren nach Ablauf des Kalenderjahres, in dem der Träger der Rentenversicherung Kenntnis von der Überzahlung und in den Fällen des Absatzes 4 zusätzlich Kenntnis von dem Erstattungspflichtigen erlangt hat. ₂Für die Hemmung, die Ablaufhemmung, den Neubeginn und die Wirkung der Verjährung gelten die Vorschriften des Bürgerlichen Gesetzbuchs sinngemäß.

(5) Sind laufende Geldleistungen, die nach Absatz 1 auszuzahlen und in dem Monat fällig geworden sind, in dem der Berechtigte verstorben ist, auf das bisherige Empfängerkonto bei einem Geldinstitut überwiesen worden, ist der Anspruch der Erben gegenüber dem Träger der Rentenversicherung erfüllt.

§ 118a Anpassungsmitteilung
Rentenbezieher erhalten eine Anpassungsmitteilung, wenn sich die Höhe des aktuellen Rentenwerts verändert.

§ 119 Wahrnehmung von Aufgaben durch die Deutsche Post AG
(1) ₁Die Träger der allgemeinen Rentenversicherung zahlen die laufenden Geldleistungen mit Ausnahme des Übergangsgeldes durch die Deutsche Post AG aus. ₂Im Übrigen können die Träger der Rentenversicherung Geldleistungen durch die Deutsche Post AG auszahlen lassen.

(2) ₁Soweit die Deutsche Post AG laufende Geldleistungen für die Träger der Rentenversicherung auszahlt, führt sie auch Arbeiten zur Anpassung der Leistungen durch. ₂Die Anpassungsmitteilungen ergehen im Namen des Trägers der Rentenversicherung.

(3) Die Auszahlung und die Durchführung der Anpassung von Geldleistungen durch die Deutsche Post AG umfassen auch die Wahrnehmung der damit im Zusammenhang stehenden Aufgaben der Träger der Rentenversicherung, insbesondere

1. die Überwachung der Zahlungsvoraussetzungen durch die Auswertung der Sterbefallmitteilungen nach § 101a des Zehnten Buches und durch die Einholung von Lebensbescheinigungen im Rahmen des § 60 Abs. 1 und des § 65 Abs. 1 Nr. 3 des Ersten Buches sowie

2. die Erstellung statistischen Materials und dessen Übermittlung an das Bundesministerium für Arbeit und Soziales und die Deutsche Rentenversicherung Bund.

(4) ₁Die Träger der Rentenversicherung werden von ihrer Verantwortung gegenüber dem Leistungsberechtigten nicht entbunden. ₂Der Leistungsberechtigte soll jedoch Änderungen in den tatsächlichen oder rechtlichen Verhältnissen, die für die Auszahlung oder die

Durchführung der Anpassung der von der Deutschen Post AG gezahlten Geldleistungen erheblich sind, unmittelbar der Deutschen Post AG mitteilen.

(5) ₁Zur Auszahlung der Geldleistungen erhält die Deutsche Post AG von den Trägern der Rentenversicherung monatlich rechtzeitig angemessene Vorschüsse. ₂Die Deutsche Rentenversicherung Bund setzt für die Träger der allgemeinen Rentenversicherung die Vorschüsse fest.

(6) ₁Die Deutsche Post AG erhält für ihre Tätigkeit von den Trägern der Rentenversicherung eine angemessene Vergütung und auf die Vergütung monatlich rechtzeitig angemessene Vorschüsse. ₂Die Deutsche Rentenversicherung Bund setzt für die Träger der allgemeinen Rentenversicherung die Vorschüsse fest.

§ 120 Verordnungsermächtigung

Das Bundesministerium für Arbeit und Soziales wird ermächtigt, im Einvernehmen mit dem Bundesministerium der Finanzen durch Rechtsverordnung mit Zustimmung des Bundesrates

1. den Inhalt der von der Deutschen Post AG wahrzunehmenden Aufgaben der Träger der Rentenversicherung nach § 119 Abs. 1 bis 3 näher zu bestimmen und die Rechte und Pflichten der Beteiligten festzulegen,
2. die Höhe und Fälligkeit der Vorschüsse, die die Deutsche Post AG von den Trägern der Rentenversicherung nach § 119 Abs. 5 erhält, näher zu bestimmen,
3. die Höhe und Fälligkeit der Vergütung und der Vorschüsse, die die Deutsche Post AG von den Trägern der Rentenversicherung nach § 119 Abs. 6 erhält, näher zu bestimmen.

Dritter Unterabschnitt
Rentensplitting

§ 120a Grundsätze für das Rentensplitting unter Ehegatten

(1) Ehegatten können gemeinsam bestimmen, dass die von ihnen in der Ehe erworbenen Ansprüche auf eine anpassungsfähige Rente zwischen ihnen aufgeteilt werden (Rentensplitting unter Ehegatten).

(2) Die Durchführung des Rentensplittings unter Ehegatten ist zulässig, wenn

1. die Ehe nach dem 31. Dezember 2001 geschlossen worden ist oder
2. die Ehe am 31. Dezember 2001 bestand und beide Ehegatten nach dem 1. Januar 1962 geboren sind.

(3) Anspruch auf Durchführung des Rentensplittings unter Ehegatten besteht, wenn

1. erstmalig beide Ehegatten nach Ablauf des Monats, in dem die Regelaltersgrenze erreicht wurde, Anspruch auf Leistung einer Vollrente wegen Alters aus der gesetzlichen Rentenversicherung haben oder
2. erstmalig ein Ehegatte nach Ablauf des Monats, in dem die Regelaltersgrenze erreicht wurde, Anspruch auf Leistung einer Vollrente wegen Alters aus der gesetzlichen Rentenversicherung und der andere Ehegatte die Regelaltersgrenze erreicht hat oder
3. ein Ehegatte verstirbt, bevor die Voraussetzungen der Nummern 1 und 2 vorliegen. In diesem Fall kann der überlebende Ehegatte das Rentensplitting unter Ehegatten allein herbeiführen.

(4) ₁Anspruch auf Durchführung des Rentensplittings unter Ehegatten besteht nur, wenn am Ende der Splittingzeit

1. in den Fällen von Absatz 3 Nr. 1 und 2 bei beiden Ehegatten und
2. im Fall von Absatz 3 Nr. 3 beim überlebenden Ehegatten

25 Jahre an rentenrechtlichen Zeiten vorhanden sind. ₂Im Fall von Satz 1 Nr. 2 gilt als rentenrechtliche Zeit auch die Zeit vom Zeitpunkt des Todes des verstorbenen Ehegatten bis zum Erreichen der Regelaltersgrenze des überlebenden Ehegatten in dem Verhältnis, in dem die Kalendermonate an rentenrechtlichen Zeiten des überlebenden Ehegatten in der Zeit von seinem vollendeten 17. Lebensjahr bis zum Tod des verstorbenen Ehegatten zu allen Kalendermonaten in dieser Zeit stehen.

(5) Anspruch auf Durchführung des Rentensplittings unter Ehegatten besteht nicht, wenn der überlebende Ehegatte eine Rentenabfindung erhalten hat.

(6) ₁Der Anspruch auf Durchführung des Rentensplittings unter Ehegatten besteht für die Zeit vom Beginn des Monats, in dem die Ehe geschlossen worden ist, bis zum Ende des Monats, in dem der Anspruch entstanden ist (Splittingzeit). ₂Entsteht der Anspruch auf Durchführung des Rentensplittings unter Ehegatten nach Ablauf des Monats, in dem die Regelaltersgrenze erreicht wurde, durch Leistung einer Vollrente wegen Alters, endet die Splittingzeit mit dem Ende des Monats vor Leistungsbeginn.

(7) ₁Die Höhe der Ansprüche richtet sich nach den Entgeltpunkten der Ehegatten, getrennt nach

1. Entgeltpunkten der allgemeinen Rentenversicherung und
2. Entgeltpunkten der knappschaftlichen Rentenversicherung,

die mit demselben aktuellen Rentenwert für die Berechnung einer Rente zu vervielfältigen sind. ₂Der Ehegatte mit der jeweils niedrigeren Summe solcher Entgeltpunkte hat Anspruch auf Übertragung der Hälfte des Unterschieds zwischen den gleichartigen Entgeltpunkten der Ehegatten (Einzelsplitting).

(8) Besteht zwischen den jeweiligen Summen aller Entgeltpunkte der Ehegatten in der Splittingzeit ein Unterschied, ergibt sich für den Ehegatten mit der niedrigeren Summe aller Entgeltpunkte ein Zuwachs an Entgeltpunkten in Höhe der Hälfte des Unterschieds zwischen der Summe aller Entgeltpunkte für den Ehegatten mit der höheren Summe an Entgeltpunkten und der Summe an Entgeltpunkten des anderen Ehegatten (Splittingzuwachs).

(9) Das Rentensplitting unter Ehegatten ist durchgeführt, wenn die Entscheidung des Rentenversicherungsträgers über das Rentensplitting

1. in den Fällen von Absatz 3 Nr. 1 und 2 für beide Ehegatten und
2. im Fall von Absatz 3 Nr. 3 für den überlebenden Ehegatten

unanfechtbar geworden ist.

§ 120b Tod eines Ehegatten vor Empfang angemessener Leistungen

(1) ₁Ist ein Ehegatte verstorben und sind ihm aus dem Rentensplitting unter Ehegatten nicht länger als 36 Monate Rentenleistungen erbracht worden, wird die Rente des überlebenden Ehegatten auf Antrag nicht länger auf Grund des Rentensplittings gekürzt. ₂Satz 1 gilt nicht, wenn ein Rentensplitting nach § 120a Absatz 3 Nummer 3 herbeigeführt wurde.

(2) Antragsberechtigt ist der überlebende Ehegatte.

(3) Die Anpassung wirkt ab dem ersten Tag des Monats, der auf den Monat der Antragstellung folgt.

§ 120c Abänderung des Rentensplittings unter Ehegatten

(1) Ehegatten haben Anspruch auf Abänderung des Rentensplittings, wenn sich für sie eine Abweichung des Wertunterschieds von dem bisher zugrunde liegenden Wertunterschied ergibt.

(2) ₁Die Änderung der Anspruchshöhe kommt nur in Betracht, wenn durch sie Versicherte

1. eine Übertragung von Entgeltpunkten erhalten, deren Wert insgesamt vom Wert der bislang insgesamt übertragenen Entgeltpunkte wesentlich abweicht, oder
2. eine maßgebende Wartezeit erfüllen.

₂Eine Abweichung ist wesentlich, wenn sie 10 vom Hundert der durch die abzuändernde Entscheidung insgesamt übertragenen Entgeltpunkte, mindestens jedoch 0,5 Entgeltpunkte übersteigt, wobei Entgeltpunkte der knappschaftlichen Rentenversicherung zuvor mit 1,3333 zu vervielfältigen sind.

(3) Für den Ehegatten, der einen Splittingzuwachs erhalten hat, entfällt durch die Abänderung eine bereits erfüllte Wartezeit nicht.

(4) ₁Antragsberechtigt zur Abänderung des Rentensplittings unter Ehegatten sind neben den Ehegatten auch ihre Hinterbliebenen. ₂Eine Abänderung von Amts wegen ist möglich.

(5) Das Verfahren endet mit dem Tod des antragstellenden Ehegatten oder des antragstellenden Hinterbliebenen, wenn nicht ein Antragsberechtigter binnen drei Monaten gegenüber dem Rentenversicherungsträger erklärt, das Verfahren fortsetzen zu wollen.

(6) ₁Die Ehegatten oder ihre Hinterbliebenen sind verpflichtet, einander die Auskünfte zu erteilen, die zur Wahrnehmung ihrer Rechte nach den vorstehenden Vorschriften erforder-

SGB VI: Gesetzliche Rentenversicherung §§ 120d – 120g

lich sind. ₂Sofern ein Ehegatte oder seine Hinterbliebenen die erforderlichen Auskünfte von dem anderen Ehegatten oder dessen Hinterbliebenen nicht erhalten, haben sie einen entsprechenden Auskunftsanspruch gegen die betroffenen Rentenversicherungsträger. ₃§ 74 Satz 1 Nr. 2 Buchstabe b des Zehnten Buches findet entsprechende Anwendung. ₄Die Ehegatten und ihre Hinterbliebenen haben den betroffenen Rentenversicherungsträgern die erforderlichen Auskünfte zu erteilen.

(7) Die Abänderung des Rentensplittings unter Ehegatten ist durchgeführt, wenn die Entscheidung des Rentenversicherungsträgers über die Abänderung für die Ehegatten und ihre Hinterbliebenen unanfechtbar geworden ist.

§ 120d Verfahren und Zuständigkeit

(1) ₁Die Erklärung der Ehegatten zum Rentensplitting kann frühestens sechs Monate vor der voraussichtlichen Erfüllung der Anspruchsvoraussetzungen abgegeben werden. ₂In den Fällen des § 120a Abs. 3 Nr. 3 ist die Erklärung zum Rentensplitting von dem überlebenden Ehegatten spätestens bis zum Ablauf von zwölf Kalendermonaten nach Ablauf des Monats abzugeben (Ausschlussfrist), in dem der Ehegatte verstorben ist. ₃Die Ausschlussfrist gilt nur für Todesfälle ab dem 1. Januar 2008. ₄Die Frist des Satzes 2 wird durch ein Verfahren bei einem Rentenversicherungsträger unterbrochen; die Frist beginnt erneut nach Abschluss des Verfahrens. ₅Eine Wiedereinsetzung in den vorigen Stand ist ausgeschlossen.

(2) ₁Erklärungen zum Rentensplitting können von einem oder von beiden Ehegatten widerrufen werden, bis das Rentensplitting durchgeführt ist. ₂Nach diesem Zeitpunkt sind die Erklärungen unwiderruflich.

(3) ₁Für die Durchführung des Rentensplittings ist der Rentenversicherungsträger des jüngeren Ehegatten zuständig. ₂Hat ein Ehegatte keine eigenen Anwartschaften in der gesetzlichen Rentenversicherung erworben, ist der Rentenversicherungsträger des anderen Ehegatten zuständig. ₃In den Fällen des § 120a Abs. 3 Nr. 3 ist der Rentenversicherungsträger des verstorbenen Ehegatten zuständig. ₄Ist für einen Ehegatten die Zuständigkeit der Deutschen Rentenversicherung Knappschaft-Bahn-See gegeben, ist dieser Rentenversicherungsträger für die Durchführung des Rentensplittings zuständig.

(4) Der am Verfahren über das Rentensplitting unter Ehegatten beteiligte, nicht zuständige Rentenversicherungsträger ist an die Entscheidung des zuständigen Rentenversicherungsträgers gebunden.

§ 120e Rentensplitting unter Lebenspartnern

₁Lebenspartner können gemeinsam bestimmen, dass die von ihnen in der Lebenspartnerschaft erworbenen Ansprüche auf eine anpassungsfähige Rente zwischen ihnen aufgeteilt werden (Rentensplitting unter Lebenspartnern). ₂Die Durchführung des Rentensplittings, der Anspruch auf eine nicht aufgrund des Rentensplittings gekürzte Rente, die Abänderung des Rentensplittings unter Lebenspartnern und das Verfahren sowie die Zuständigkeit richten sich nach den vorangegangenen Vorschriften dieses Unterabschnitts. ₃Dabei gelten als Eheschließung die Begründung einer Lebenspartnerschaft, als Ehe eine Lebenspartnerschaft und als Ehegatte ein Lebenspartner.

Vierter Unterabschnitt
Besonderheiten beim Versorgungsausgleich

§ 120f Interne Teilung und Verrechnung von Anrechten

(1) Als erworbene Anrechte gleicher Art im Sinne des § 10 Abs. 2 des Versorgungsausgleichsgesetzes gelten die in der gesetzlichen Rentenversicherung erworbenen Anrechte.

(2) Als Anrechte gleicher Art im Sinne des § 10 Abs. 2 des Versorgungsausgleichsgesetzes gelten nicht

1. die bis zum 30. Juni 2024 im Beitrittsgebiet und im übrigen Bundesgebiet erworbenen Anrechte,
2. die in der allgemeinen Rentenversicherung und in der knappschaftlichen Rentenversicherung erworbenen Anrechte.

§ 120g Externe Teilung

Wählt die ausgleichsberechtigte Person bei der externen Teilung von Anrechten nach dem Versorgungsausgleichsgesetz keine Zielversorgung aus und erfolgt der Ausgleich nach § 15 Abs. 5 des Versorgungsausgleichsgesetzes in der gesetzlichen Rentenversicherung, werden Anrechte mit Zahlungseingang des Betrags erworben, der vom Familiengericht nach § 222 Abs. 3 des Gesetzes über das Verfahren in Familiensachen und in den Angelegenheiten der freiwilligen Gerichtsbarkeit festgesetzt wurde.

§ 120h Abzuschmelzende Anrechte

Abzuschmelzende Anrechte im Sinne des § 19 Abs. 2 Nr. 2 des Versorgungsausgleichsgesetzes, die Ausgleichsansprüchen nach der Scheidung nach den §§ 20 bis 24 des Versorgungsausgleichsgesetzes unterliegen, sind

1. der Auffüllbetrag (§ 315a),
2. der Rentenzuschlag (§ 319a),
3. der Übergangszuschlag (§ 319b) und
4. der weiterzuzahlende Betrag oder der besitzgeschützte Zahlbetrag der nach dem Anspruchs- und Anwartschaftsüberführungsgesetz oder nach dem Zusatzversorgungssystem-Gleichstellungsgesetz überführten Rente des Beitrittsgebiets, soweit dieser den Monatsbetrag der Renten nach § 307b Abs. 1 Satz 3 übersteigt (§ 307b Abs. 6).

**Fünfter Unterabschnitt
Berechnungsgrundsätze**

§ 121 Allgemeine Berechnungsgrundsätze

(1) Berechnungen werden auf vier Dezimalstellen durchgeführt, wenn nicht etwas anderes bestimmt ist.

(2) Bei einer auf Dezimalstellen vorzunehmenden Berechnung wird die letzte Dezimalstelle um 1 erhöht, wenn sich in der folgenden Dezimalstelle eine der Zahlen 5 bis 9 ergeben würde.

(3) Bei einer Berechnung, die auf volle Werte vorzunehmen ist, wird der Wert vor der ersten Dezimalstelle um 1 erhöht, wenn sich in den ersten vier Dezimalstellen eine der Zahlen 1 bis 9 ergeben würde.

(4) Bei einer Berechnung werden vor einer Division zunächst die anderen Rechengänge durchgeführt.

§ 122 Berechnung von Zeiten

(1) Ein Kalendermonat, der nur zum Teil mit rentenrechtlichen Zeiten belegt ist, zählt als voller Monat.

(2) ₁Ein Zeitraum, der in Jahren bestimmt ist, umfasst für jedes zu berücksichtigende Jahr zwölf Monate. ₂Ist für den Beginn oder das Ende eines Zeitraums ein bestimmtes Ereignis maßgebend, wird auch der Kalendermonat, in den das Ereignis fällt, berücksichtigt.

(3) Sind Zeiten bis zu einer Höchstdauer zu berücksichtigen, werden die am weitesten zurückliegenden Kalendermonate zunächst berücksichtigt.

§ 123 Berechnung von Geldbeträgen

(1) Berechnungen von Geldbeträgen werden auf zwei Dezimalstellen durchgeführt.

(2) Bei der Ermittlung von Geldbeträgen, für die ausdrücklich ein voller Betrag vorgegeben oder bestimmt ist, wird der Betrag nur dann um 1 erhöht, wenn sich in der ersten Dezimalstelle eine der Zahlen 5 bis 9 ergeben würde.

(3) ₁Der auf einen Teilzeitraum entfallende Betrag ergibt sich, wenn der Gesamtbetrag mit dem Teilzeitraum vervielfältigt und durch den Gesamtzeitraum geteilt wird. ₂Dabei werden das Kalenderjahr mit 360 Tagen, der Kalendermonat außer bei der anteiligen Ermittlung einer Monatsrente mit 30 Tagen und die Kalenderwoche mit sieben Tagen gerechnet.

§ 124 Berechnung von Durchschnittswerten und Rententeilen

(1) Durchschnittswerte werden aus der Summe der Einzelwerte und der für ihre Ermittlung zugrunde gelegten Summe der jeweiligen Zeiteinheiten ermittelt, soweit nicht eine andere Summe von Zeiteinheiten ausdrücklich bestimmt ist.

(2) Die Rente oder Rentenanwartschaft, die auf einen Zeitabschnitt entfällt, ergibt sich, wenn nach der Ermittlung der Entgeltpunkte für alle rentenrechtlichen Zeiten die Rente oder Rentenanwartschaft aus den Entgeltpunkten berechnet wird, die auf diesen Zeitabschnitt entfallen.

Drittes Kapitel
Organisation, Datenschutz und Datensicherheit

Erster Abschnitt
Organisation

Erster Unterabschnitt
Deutsche Rentenversicherung

§ 125 Träger der gesetzlichen Rentenversicherung

(1) ₁Die Aufgaben der gesetzlichen Rentenversicherung (allgemeine Rentenversicherung und knappschaftliche Rentenversicherung) werden von Regionalträgern und Bundesträgern wahrgenommen. ₂Der Name der Regionalträger der gesetzlichen Rentenversicherung besteht aus der Bezeichnung „Deutsche Rentenversicherung" und einem Zusatz für ihre jeweilige Zuständigkeit.

(2) ₁Bundesträger sind die Deutsche Rentenversicherung Bund und die Deutsche Rentenversicherung Knappschaft-Bahn-See. ₂Die Deutsche Rentenversicherung Bund nimmt auch die Grundsatz- und Querschnittsaufgaben und die gemeinsamen Angelegenheiten der Träger der Rentenversicherung wahr.

Zweiter Unterabschnitt
Zuständigkeit in der allgemeinen Rentenversicherung

§ 126 Zuständigkeit der Träger der Rentenversicherung

₁Für die Erfüllung der Aufgaben der Rentenversicherung sind in der allgemeinen Rentenversicherung die Regionalträger, die Deutsche Rentenversicherung Bund und die Deutsche Rentenversicherung Knappschaft-Bahn-See zuständig. ₂Dies gilt auch für die Anwendung des über- und zwischenstaatlichen Rechts.

§ 127 Zuständigkeit für Versicherte und Hinterbliebene

(1) ₁Zuständig für Versicherte ist der Träger der Rentenversicherung, der durch die Datenstelle der Rentenversicherung bei der Vergabe der Versicherungsnummer festgelegt worden ist. ₂Ist eine Versicherungsnummer noch nicht vergeben, ist bis zur Vergabe der Versicherungsnummer die Deutsche Rentenversicherung Bund zuständig.

(2) Das Erweiterte Direktorium der Deutschen Rentenversicherung Bund bestimmt die Zuordnung von Versicherten zu einem Träger der Rentenversicherung nach folgenden Grundsätzen:

1. Die Versicherten werden zu 55 vom Hundert den Regionalträgern, zu 40 vom Hundert der Deutschen Rentenversicherung Bund und zu 5 vom Hundert der Deutschen Rentenversicherung Knappschaft-Bahn-See zugeordnet.

2. Im ersten Schritt werden Versicherte gemäß § 129 oder § 133 der Deutschen Rentenversicherung Knappschaft-Bahn-See unter Anrechnung auf ihre Quote nach Nummer 1 zugeordnet.

3. Im zweiten Schritt werden den Regionalträgern so viele der verbleibenden Versicherten zugeordnet, dass, für jeden örtlichen Zuständigkeitsbereich eines Regionalträgers gesondert, jeweils die Quote nach Nummer 1 hergestellt wird.

4. Im dritten Schritt werden die übrigen Versicherten zur Herstellung der Quote nach Nummer 1 zwischen der Deutschen Rentenversicherung Bund und, unter Anrechnung der Vorwegzuordnung nach Nummer 2, der Deutschen Rentenversicherung Knappschaft-Bahn-See verteilt. Dabei werden der Deutschen Rentenversicherung Knappschaft-Bahn-See Versicherte in Brandenburg, Hamburg, Hessen, Nordrhein-Westfalen, Oberbayern, Sachsen und im Saarland gleichmäßig zugewiesen.

(3) ₁Für Personen, die als Hinterbliebene eines verstorbenen Versicherten Ansprüche gegen die Rentenversicherung geltend machen, ist der Träger der Rentenversicherung zuständig, an den zuletzt Beiträge für den verstorbenen Versicherten gezahlt worden sind. ₂Der so zuständige Träger bleibt auch zuständig, wenn nach dem Tod eines weiteren Versicherten ein anderer Träger zuständig wäre. ₃Bei gleichzeitigem Tod mehrerer Versicherter ist der Träger der Rentenversicherung zuständig, an den der letzte Beitrag gezahlt worden ist. ₄Sind zuletzt an mehrere Träger

der Rentenversicherung Beiträge gezahlt worden, ergibt sich die Zuständigkeit nach folgender Reihenfolge:

1. Deutsche Rentenversicherung Knappschaft-Bahn-See,
2. Deutsche Rentenversicherung Bund,
3. Regionalträger.

§ 127a Verbindungsstelle für Leistungen bei Invalidität, bei Alter und an Hinterbliebene sowie für Vorruhestandsleistungen

(1) ₁Die Zuständigkeit der Träger der gesetzlichen Rentenversicherung erstreckt sich auch auf die Wahrnehmung der Aufgaben einer Verbindungsstelle, die durch über- und zwischenstaatliches Recht festgelegt sind. ₂Hierzu gehören insbesondere

1. die Prüfung und Entscheidung über die weitere Anwendbarkeit der deutschen Rechtsvorschriften für eine Person, die
   a) vorübergehend in einen anderen Mitgliedstaat der Europäischen Union, in einen anderen Vertragsstaat des Abkommens über den Europäischen Wirtschaftsraum oder in die Schweiz entsandt ist oder dort vorübergehend selbstständig tätig ist und
   b) die nicht Mitglied einer gesetzlichen Krankenkasse und nicht Mitglied einer berufsständischen Versorgungseinrichtung ist,
2. die Koordinierung der Verwaltungshilfe und des Datenaustauschs bei grenzüberschreitenden Sachverhalten,
3. Aufklärung, Beratung und Information.

(2) ₁Im Anwendungsbereich der Verordnung (EG) Nr. 883/2004 des Europäischen Parlaments und des Rates vom 29. April 2004 zur Koordinierung der Systeme der sozialen Sicherheit (ABl. L 166 vom 30. 4. 2004, S. 1, L 200 vom 7. 6. 2004, S. 1), die zuletzt durch die Verordnung (EG) Nr. 988/2009 (ABl. L 284 vom 30. 10. 2009, S. 43) geändert worden ist, handelt die Deutsche Rentenversicherung Bund auch als Verbindungsstelle für den Bereich der Pensionen eines Sondersystems für Beamte. ₂Sie arbeitet hierbei mit der Generalzolldirektion eng zusammen und unterstützt diese. ₃Sie darf personenbezogene Daten erheben, verarbeiten und nutzen, soweit dies zur Erfüllung ihrer Aufgaben erforderlich ist.

(3) ₁Im Anwendungsbereich der Verordnung (EG) Nr. 883/2004 handelt die Deutsche Rentenversicherung Knappschaft-Bahn-See auch als Verbindungsstelle für den Bereich der Vorruhestandsleistungen. ₂Hierzu gehören insbesondere

1. das Anpassungsgeld für entlassene Arbeitnehmer des Bergbaus und
2. das Überbrückungsgeld der Seemannskasse.

§ 128 Örtliche Zuständigkeit der Regionalträger

(1) ₁Die örtliche Zuständigkeit der Regionalträger richtet sich, soweit nicht nach Absatz 3 oder nach über- und zwischenstaatlichem Recht etwas anderes bestimmt ist, nach folgender Reihenfolge:

1. Wohnsitz,
2. gewöhnlicher Aufenthalt,
3. Beschäftigungsort,
4. Tätigkeitsort

der Versicherten oder der Hinterbliebenen im Inland. ₂Bei Leistungsansprüchen ist für die örtliche Zuständigkeit der Zeitpunkt der Antragstellung maßgebend. ₃Bei Halbwaisenrenten ist der für den überlebenden Ehegatten, bei Waisenrenten, bei denen ein überlebender Ehegatte nicht vorhanden ist, der für die jüngste Waise bestimmte Regionalträger zuständig. ₄Wären bei Leistungsansprüchen von Hinterbliebenen mehrere Regionalträger zuständig, ist der Regionalträger zuständig, bei dem zuerst ein Antrag gestellt worden ist.

(2) Liegt der nach Absatz 1 maßgebende Ort nicht im Inland, ist der Regionalträger zuständig, der zuletzt nach Absatz 1 zuständig war.

(3) Die örtliche Zuständigkeit der Regionalträger richtet sich für Berechtigte, die

1. in einem der in der nachfolgenden Tabelle genannten Staaten wohnen,
2. die Staatsangehörigkeit eines dieser Staaten besitzen und in einem Gebiet außerhalb der genannten Staaten wohnen oder
3. in Deutschland oder als Deutsche in einem Gebiet außerhalb der genannten Staaten wohnen und der letzte nach den Rechts-

SGB VI: Gesetzliche Rentenversicherung § 128a

vorschriften eines Mitgliedstaates der Europäischen Union, eines Vertragsstaates des Abkommens über den Europäischen Wirtschaftsraum oder der Schweiz entrichtete ausländische Beitrag an einen Rentenversicherungsträger dieser Staaten gezahlt wurde,

nach der folgenden Tabelle:

Land	Träger
Belgien	Deutsche Rentenversicherung Rheinland,
Bulgarien	Deutsche Rentenversicherung Mitteldeutschland,
Dänemark	Deutsche Rentenversicherung Nord,
Estland	Deutsche Rentenversicherung Nord,
Finnland	Deutsche Rentenversicherung Nord,
Frankreich	Deutsche Rentenversicherung Rheinland-Pfalz,
Griechenland	Deutsche Rentenversicherung Baden-Württemberg,
Großbritannien	Deutsche Rentenversicherung Nord,
Irland	Deutsche Rentenversicherung Nord,
Island	Deutsche Rentenversicherung Westfalen,
Italien	Deutsche Rentenversicherung Schwaben,
Lettland	Deutsche Rentenversicherung Nord,
Liechtenstein	Deutsche Rentenversicherung Baden-Württemberg,
Litauen	Deutsche Rentenversicherung Nord,
Luxemburg	Deutsche Rentenversicherung Rheinland-Pfalz,
Malta	Deutsche Rentenversicherung Schwaben,
Niederlande	Deutsche Rentenversicherung Westfalen,
Norwegen	Deutsche Rentenversicherung Nord,
Österreich	Deutsche Rentenversicherung Bayern Süd,
Polen	Deutsche Rentenversicherung Berlin-Brandenburg; in Fällen, in denen allein das Abkommen vom 9. Oktober 1975 über Renten- und Unfallversicherung anzuwenden ist, der nach § 128 Absatz 1 örtlich zuständige Regionalträger,
Portugal	Deutsche Rentenversicherung Nordbayern,
Rumänien	Deutsche Rentenversicherung Nordbayern,
Schweden	Deutsche Rentenversicherung Nord,
Schweiz	Deutsche Rentenversicherung Baden-Württemberg,
Slowakei	Deutsche Rentenversicherung Bayern Süd
Slowenien	Deutsche Rentenversicherung Bayern Süd,
Spanien	Deutsche Rentenversicherung Rheinland,
Tschechische Republik	Deutsche Rentenversicherung Bayern Süd,
Ungarn	Deutsche Rentenversicherung Mitteldeutschland,
Zypern	Deutsche Rentenversicherung Baden-Württemberg.

(4) Ist kein Rentenversicherungsträger nach den Absätzen 1 bis 3 zuständig, so ist die Deutsche Rentenversicherung Rheinland zuständig.

§ 128a Sonderzuständigkeit der Deutschen Rentenversicherung Saarland

(1) ₁Die Deutsche Rentenversicherung Saarland ist örtlich zuständig, wenn

1. vor dem 1. Januar 2009 deutsche Beiträge gezahlt worden sind und der letzte deutsche Beitrag vor diesem Stichtag an die Deutsche Rentenversicherung Saarland entrichtet worden ist oder

2. vor dem 1. Januar 2009 keine deutschen Beiträge gezahlt worden sind und die Deutsche Rentenversicherung Saarland zuletzt das Versicherungskonto geführt hat.

₂Satz 1 gilt unter der Voraussetzung, dass die Berechtigten

1. in Frankreich, Italien oder Luxemburg wohnen,
2. die Staatsangehörigkeit dieser Staaten besitzen und außerhalb eines Mitgliedstaates der Europäischen Union, eines Vertragsstaates des Abkommens über den Europäischen Wirtschaftsraum oder der Schweiz wohnen oder
3. als Deutsche außerhalb eines Mitgliedstaates der Europäischen Union, eines Vertragsstaates des Abkommens über den Europäischen Wirtschaftsraum oder der Schweiz wohnen und der letzte nach den Rechtsvorschriften eines nicht deutschen Mitgliedstaates der Europäischen Union, eines nicht deutschen Vertragsstaates des Abkommens über den Europäischen Wirtschaftsraum oder der Schweiz entrichtete Beitrag an einen französischen, italienischen oder luxemburgischen Rentenversicherungsträger entrichtet worden ist.

(2) Bei Wohnsitz im Saarland ist die Deutsche Rentenversicherung Saarland auch zuständig, wenn der letzte nach den Rechtsvorschriften eines anderen Mitgliedstaates der Europäischen Union, eines anderen Vertragsstaates des Abkommens über den Europäischen Wirtschaftsraum oder nach den Rechtsvorschriften der Schweiz entrichtete Beitrag an einen französischen, italienischen oder luxemburgischen Rentenversicherungsträger entrichtet worden ist.

(3) Die Deutsche Rentenversicherung Saarland nimmt die Funktion der Verbindungsstelle für die hüttenknappschaftliche Zusatzversicherung auf der Grundlage des über- und zwischenstaatlichen Rechts wahr.

§ 129 Zuständigkeit der Deutschen Rentenversicherung Knappschaft-Bahn-See für Versicherte

(1) Die Deutsche Rentenversicherung Knappschaft-Bahn-See ist zuständig, wenn die Versicherten
1. beim Bundeseisenbahnvermögen,
2. bei der Deutschen Bahn Aktiengesellschaft oder den gemäß § 2 Abs. 1 des Deutsche Bahn Gründungsgesetzes vom 27. Dezember 1993 (BGBl. I S. 2378, 2386) ausgegliederten Aktiengesellschaften,
3. bei Unternehmen, die gemäß § 3 Abs. 3 des genannten Gesetzes aus den Aktiengesellschaften ausgegliedert worden sind, von diesen überwiegend beherrscht werden und unmittelbar und überwiegend Eisenbahnverkehrsleistungen erbringen oder eine Eisenbahninfrastruktur betreiben,
4. bei den Bahn-Versicherungsträgern, der Krankenversorgung der Bundesbahnbeamten und dem Bahnsozialwerk,
5. in der Seefahrt (Seeschifffahrt und Seefischerei) oder
6. bei der Deutschen Rentenversicherung Knappschaft-Bahn-See

beschäftigt sind.

(2) Die Deutsche Rentenversicherung Knappschaft-Bahn-See ist auch zuständig für selbständig Tätige, die als Seelotse, Küstenschiffer oder Küstenfischer versicherungspflichtig sind.

§ 130 Sonderzuständigkeit der Deutschen Rentenversicherung Knappschaft-Bahn-See

₁Die Deutsche Rentenversicherung Knappschaft-Bahn-See ist für Leistungen zuständig, wenn ein Beitrag auf Grund einer Beschäftigung oder selbständigen Tätigkeit nach § 129 Abs. 1 oder Abs. 2 gezahlt worden ist. ₂In diesen Fällen führt die Deutsche Rentenversicherung Knappschaft-Bahn-See auch die Versicherung durch.

§ 131 Auskunfts- und Beratungsstellen

Die Regionalträger unterhalten für den Bereich der Auskunft und Beratung ein Dienststellennetz für die Deutsche Rentenversicherung.

Dritter Unterabschnitt
Zuständigkeit in der knappschaftlichen Rentenversicherung

§ 132 Versicherungsträger

Träger der knappschaftlichen Rentenversicherung ist die Deutsche Rentenversicherung Knappschaft-Bahn-See.

§ 133 Zuständigkeit der Deutschen Rentenversicherung Knappschaft-Bahn-See für Beschäftigte

Die Deutsche Rentenversicherung Knappschaft-Bahn-See ist zuständig, wenn die Versicherten

1. in einem knappschaftlichen Betrieb beschäftigt sind,
2. ausschließlich oder überwiegend knappschaftliche Arbeiten verrichten oder
3. bei Arbeitnehmerorganisationen oder Arbeitgeberorganisationen, die berufsständische Interessen des Bergbaus wahrnehmen, oder bei den Bergämtern, Oberbergämtern oder bergmännischen Prüfstellen, Forschungsstellen oder Rettungsstellen beschäftigt sind und für sie vor Aufnahme dieser Beschäftigung fünf Jahre Beiträge zur knappschaftlichen Rentenversicherung gezahlt worden sind.

§ 134 Knappschaftliche Betriebe und Arbeiten

(1) Knappschaftliche Betriebe sind Betriebe, in denen Mineralien oder ähnliche Stoffe bergmännisch gewonnen werden, Betriebe der Industrie der Steine und Erden jedoch nur dann, wenn sie überwiegend unterirdisch betrieben werden.

(2) Als knappschaftliche Betriebe gelten auch Versuchsgruben des Bergbaus.

(3) Knappschaftliche Betriebe sind auch Betriebsanstalten oder Gewerbeanlagen, die als Nebenbetriebe eines knappschaftlichen Betriebs mit diesem räumlich und betrieblich zusammenhängen.

(4) Knappschaftliche Arbeiten sind nachstehende Arbeiten, wenn sie räumlich und betrieblich mit einem Bergwerksbetrieb zusammenhängen, aber von einem anderen Unternehmer ausgeführt werden:
1. alle Arbeiten unter Tage mit Ausnahme von vorübergehenden Montagearbeiten,
2. Abraumarbeiten zum Aufschließen der Lagerstätte,
3. die Gewinnung oder das Verladen von Versatzmaterial innerhalb des Zechengeländes in Betrieb befindlicher Werke mit Ausnahme der Arbeiten an Baggern,
4. das Umarbeiten (Aufbereiten) von Berghalden (Erzgruben) innerhalb des Zechengeländes in Betrieb befindlicher Werke,
5. laufende Unterhaltungsarbeiten an Grubenbahnen sowie Grubenanschlussbahnen innerhalb des Zechengeländes,
6. das Rangieren der Wagen auf den Grubenanlagen,
7. Arbeiten in den zur Zeche gehörenden Reparaturwerkstätten,
8. Arbeiten auf den Zechenholzplätzen, die nur dem Betrieb von Zechen dienen, soweit das Holz in das Eigentum der Zeche übergegangen ist,
9. Arbeiten in den Lampenstuben,
10. das Stapeln des Geförderten, das Verladen von gestürzten Produkten, das Aufhalden und das Abhalden von Produkten, von Bergen und von sonstigen Abfällen innerhalb des Zechengeländes,
11. Sanierungsarbeiten wie beispielsweise Aufräumungsarbeiten und Ebnungsarbeiten sowie das Laden von Schutt und dergleichen, wenn diese Arbeiten regelmäßig innerhalb des Zechengeländes ausgeführt werden.

(5) Knappschaftliche Arbeiten stehen für die knappschaftliche Versicherung einem knappschaftlichen Betrieb gleich.

(6) Montagearbeiten unter Tage sind knappschaftliche Arbeiten im Sinne von Absatz 4 Nr. 1, wenn sie die Dauer von drei Monaten überschreiten.

§ 135 Nachversicherung

₁Für die Nachversicherung ist die Deutsche Rentenversicherung Knappschaft-Bahn-See als Träger der knappschaftlichen Rentenversicherung nur zuständig, soweit diese für die Zeit einer Beschäftigung bei dem Träger der knappschaftlichen Rentenversicherung durchgeführt wird. ₂Sie ist auch zuständig für die Nachversicherung einer Beschäftigung bei einem Bergamt, Oberbergamt oder einer bergmännischen Prüfstelle, wenn vor Aufgabe dieser Beschäftigung für fünf Jahre Beiträge zur knappschaftlichen Rentenversicherung gezahlt worden sind.

§ 136 Sonderzuständigkeit der Deutschen Rentenversicherung Knappschaft-Bahn-See

₁Die Deutsche Rentenversicherung Knappschaft-Bahn-See ist für Leistungen zuständig, wenn ein Beitrag auf Grund einer Beschäftigung zur knappschaftlichen Rentenversicherung gezahlt worden ist. ₂In diesen Fällen führt die Deutsche Rentenversicherung Knappschaft-Bahn-See auch die Versicherung durch. ₃Dies gilt auch bei Anwendung des über- und zwischenstaatlichen Rechts.

§ 136a Verbindungsstelle für Leistungen bei Invalidität, bei Alter und an Hinterbliebene der knappschaftlichen Rentenversicherung

₁Die Zuständigkeit der Deutschen Rentenversicherung Knappschaft-Bahn-See erstreckt sich auch auf die Wahrnehmung der durch über- und zwischenstaatliches Recht festgelegten Aufgaben einer Verbindungsstelle. ₂§ 127a Absatz 1 Satz 2 gilt entsprechend.

§ 137 Besonderheit bei der Durchführung der Versicherung und bei den Leistungen

Die Deutsche Rentenversicherung Knappschaft-Bahn-See führt die Versicherung für Personen, die wegen

1. einer Kindererziehung,
2. eines Wehrdienstes oder Zivildienstes,
3. eines Bezuges von Sozialleistungen oder von Vorruhestandsgeld

bei ihr versichert sind, in der knappschaftlichen Rentenversicherung durch, wenn diese im letzten Jahr vor Beginn dieser Zeiten zuletzt wegen einer Beschäftigung in der knappschaftlichen Rentenversicherung versichert waren.

Unterabschnitt 3a
Zuständigkeit der Deutschen Rentenversicherung Knappschaft-Bahn-See für die Seemannskasse

§ 137a Zuständigkeit der Deutschen Rentenversicherung Knappschaft-Bahn-See für die Seemannskasse

Die Seemannskasse, die von der See-Berufsgenossenschaft gemäß § 891a der Reichsversicherungsordnung in der Fassung des Artikels 1 § 4 Nr. 2 des Rentenreformgesetzes vom 16. Oktober 1972 (BGBl. I S. 1965) und den dieses ändernden oder ergänzenden Gesetzen errichtet wurde und durchgeführt wird, wird mit Wirkung vom 1. Januar 2009 unter ihrem Namen durch die Deutsche Rentenversicherung Knappschaft-Bahn-See als Träger der allgemeinen Rentenversicherung nach den §§ 137b bis 137e weitergeführt.

§ 137b Besonderheiten bei den Leistungen und bei der Durchführung der Versicherung

(1) ₁Aufgabe der Seemannskasse ist die Gewährung eines Überbrückungsgeldes nach Vollendung des 55. Lebensjahres an die bei ihr versicherten Seeleute sowie an Küstenschiffer und Küstenfischer, die aus der Seefahrt ausgeschieden sind. ₂Die Satzung kann ergänzende Leistungen für Versicherte nach Erreichen der Regelaltersgrenze und bei Bezug einer Altersrente mit ungemindertem Zugangsfaktor vor Erreichen der Regelaltersgrenze vorsehen.

(2) Versicherungspflichtig sind in der Seemannskasse

1. Seeleute nach § 13 Absatz 1 des Vierten Buches, die an Bord von Kauffahrteischiffen oder Fischereifahrzeugen gegen Arbeitsentgelt oder zu ihrer Berufsausbildung beschäftigt und bei der Deutschen Rentenversicherung Knappschaft-Bahn-See rentenversichert sind, sofern diese Beschäftigung nicht geringfügig im Sinne von § 8 des Vierten Buches ausgeübt wird,
2. Küstenschiffer und Küstenfischer, die nach § 2 Satz 1 Nr. 7 oder nach § 229a Abs. 1 rentenversichert sind und ihre Tätigkeit nicht im Nebenerwerb ausüben.

(2a) Für deutsche Seeleute, für die vor dem 21. April 2015 nach § 2 Absatz 3 Satz 1 Nummer 1 des Vierten Buches Versicherungspflicht bestand und die nicht bei einer gewerblichen Berufsgenossenschaft unfallversichert sind, gilt Absatz 2 Nummer 1 nicht, es sei denn, der Arbeitgeber stellt für diese Personen einen Antrag auf Versicherungspflicht in der Seemannskasse.

(2b) ₁Auf Antrag des öffentlichen Arbeitgebers werden alle von ihm beschäftigten Seeleute nach § 13 Absatz 1 des Vierten Buches, die bei der Deutschen Rentenversicherung Knappschaft-Bahn-See rentenversichert sind, in der Seemannskasse versichert. ₂Die Satzung der Seemannskasse kann bestimmen, dass eine Versicherungspflicht, die bei öffentlichen Arbeitgebern am 21. April 2015 bestand, bestehen bleibt sowie dass diese sich auch auf Seeleute erstreckt, deren Beschäftigung bei diesen Arbeitgebern nach dem 21. April 2015 beginnt.

(3) Die Meldungen zur Seemannskasse sind mit den Meldungen zur Sozialversicherung (§ 28a des Vierten Buches) zu verbinden.

§ 137c Vermögen, Haftung

(1) Das Vermögen der Seemannskasse geht zum 1. Januar 2009 mit allen Rechten und Pflichten auf die Deutsche Rentenversicherung Knappschaft-Bahn-See über.

(2) ₁Das Vermögen der Seemannskasse ist als Sondervermögen getrennt von dem sonstigen Vermögen der Deutschen Rentenversicherung Knappschaft-Bahn-See zu verwalten. ₂Der Überschuss der Einnahmen über die Ausgaben ist dem Vermögen zuzuführen; ein etwaiger Fehlbetrag ist aus diesem zu decken. ₃Der Bewirtschaftungsplan über Einnahmen und Ausgaben einschließlich der Aufwendungen für Verwaltungskosten ist in einem Einzelplan des Haushaltsplans der Deutschen Rentenversicherung Knappschaft-Bahn-See zu führen.

(3) ₁Die Mittel der Seemannskasse sind im Wege der Umlage durch die Unternehmer aufzubringen, die bei ihr versichert sind oder die bei ihr Versicherte beschäftigen. ₂Das Nähere, insbesondere die Voraussetzungen und den Umfang der Leistungen sowie die Festsetzung und die Zahlung der Beiträge, bestimmt die Satzung der Seemannskasse. ₃Sie kann auch eine Beteiligung der Seeleute an der Aufbringung der Mittel vorsehen.

(4) Die Haftung der Deutschen Rentenversicherung Knappschaft-Bahn-See für Verbindlichkeiten der Seemannskasse ist auf das Sondervermögen der Seemannskasse beschränkt; dieses haftet nicht für Verbindlichkeiten der übrigen Aufgabenbereiche der Deutschen Rentenversicherung Knappschaft-Bahn-See.

(5) Die Seemannskasse wird von der Aufsichtsbehörde geschlossen, wenn die Erfüllbarkeit der satzungsmäßigen Leistungspflichten nicht mehr auf Dauer gewährleistet ist.

§ 137d Organe

Die Selbstverwaltungsorgane und die Geschäftsführung der Deutschen Rentenversicherung Knappschaft-Bahn-See vertreten und verwalten die Seemannskasse nach dem für die Deutsche Rentenversicherung Knappschaft-Bahn-See als Rentenversicherungsträger geltenden Recht und nach Maßgabe der Satzung der Seemannskasse.

§ 137e Beirat

(1) ₁Die Deutsche Rentenversicherung Knappschaft-Bahn-See bildet für die Angelegenheiten der Seemannskasse einen Beirat aus Vertretern der Unternehmer nach § 137c Abs. 3 sowie Vertretern der in der Seemannskasse versicherten Seeleute. ₂Die Mitglieder des Beirats und ihre Stellvertreter werden auf Vorschlag der Tarifvertragsparteien der Seeschifffahrt durch den Vorstand der Deutschen Rentenversicherung Knappschaft-Bahn-See berufen. ₃Für ihre Amtsdauer gilt § 58 Abs. 2 des Vierten Buches entsprechend. ₄Ein Mitglied des Beirats kann aus wichtigem Grund vor Ablauf der Amtsdauer abberufen werden.

(2) Die §§ 40 bis 42 des Vierten Buches über Ehrenämter, Entschädigung der ehrenamtlich Tätigen und Haftung gelten entsprechend.

(3) ₁Der Beirat berät die Selbstverwaltungsorgane der Deutschen Rentenversicherung Knappschaft-Bahn-See in den Angelegenheiten der Seemannskasse. ₂Er behandelt die Entscheidungsvorlagen und legt eigene Beschlussvorschläge vor. ₃Die Satzung der Seemannskasse kann bestimmen, dass insbesondere in Belangen der Satzung der Seemannskasse, der Versicherung, der Umlage und des Sondervermögens der Vorstand und die Vertreterversammlung der Deutschen Rentenversicherung Knappschaft-Bahn-See nicht abweichend von dem Beschlussvorschlag des Beirats entscheiden dürfen. ₄Gelingt es in derartigen Fällen nicht, eine übereinstimmende Meinungsbildung der am Entscheidungsverfahren beteiligten Gremien herzustellen, entscheidet die Aufsichtsbehörde. ₅Das Nähere regelt die Satzung der Seemannskasse.

Vierter Unterabschnitt
Grundsatz- und Querschnittsaufgaben der Deutschen Rentenversicherung, Erweitertes Direktorium

§ 138 Grundsatz- und Querschnittsaufgaben der Deutschen Rentenversicherung

(1) ₁Die Deutsche Rentenversicherung Bund nimmt die Grundsatz- und Querschnittsaufgaben der Deutschen Rentenversicherung wahr. ₂Dazu gehören:

1. Vertretung der Rentenversicherung in ihrer Gesamtheit gegenüber Politik, Bundes-, Landes-, Europäischen und sonstigen nationalen und internationalen Institutionen sowie Sozialpartnern, Abstimmung mit dem verfahrensführenden Träger der Rentenversicherung in Verfahren vor dem Europäischen Gerichtshof, dem Bundesverfassungsgericht und dem Bundessozialgericht,
2. Öffentlichkeitsarbeit einschließlich der Herausgabe von regelmäßigen Informationen zur Alterssicherung für Arbeitgeber, Versicherte und Rentner und der Grundsätze für regionale Broschüren,
3. Statistik,
4. Klärung von grundsätzlichen Fach- und Rechtsfragen zur Sicherung der einheitlichen Rechtsanwendung aus den Bereichen
    a) Rehabilitation und Teilhabe,
    b) Sozialmedizin,
    c) Versicherung,
    d) Beitrag,
    e) Beitragsüberwachung,
    f) Rente,
    g) Auslandsrecht, Sozialversicherungsabkommen, Recht der Europäischen Union, soweit es die Rentenversicherung betrifft,
5. Organisation des Qualitäts- und Wirtschaftlichkeitswettbewerbs zwischen den Trägern, insbesondere Erlass von Rahmenrichtlinien für Aufbau und Durchführung eines zielorientierten Benchmarking der Leistungs- und Qualitätsdaten,
6. Grundsätze für die Aufbau- und Ablauforganisation, das Personalwesen und Investitionen unter Wahrung der Selbständigkeit der Träger,
7. Grundsätze und Steuerung der Finanzausstattung und -verwaltung im Rahmen der Finanzverfassung für das gesamte System,
8. Koordinierung der Planung von Rehabilitationsmaßnahmen, insbesondere der Bettenbedarfs- und Belegungsplanung,
9. Grundsätze und Koordinierung der Datenverarbeitung und Servicefunktionen,
10. Funktion zur Registrierung und Authentifizierung für die elektronischen Serviceangebote der Rentenversicherung,
11. Funktion als Signaturstelle,
12. Grundsätze für die Aus- und Fortbildung,
13. Grundsätze der Organisation und Aufgabenzuweisung der Auskunfts- und Beratungsstellen,
14. Bereitstellung von Informationen für die Träger der Rentenversicherung,
15. Forschung im Bereich der Alterssicherung und der Rehabilitation und
16. Treuhänderschaft gemäß dem Gesetz zur Regelung der Rechtsverhältnisse der unter Artikel 131 des Grundgesetzes fallenden Personen.

(2) ₁Die Entscheidungen der Deutschen Rentenversicherung Bund zu Grundsatz- und Querschnittsaufgaben der Deutschen Rentenversicherung sowie die notwendig werdende Festlegung weiterer Grundsatz- und Querschnittsaufgaben werden durch die Bundesvertreterversammlung der Deutschen Rentenversicherung Bund gemäß § 64 Abs. 4 des Vierten Buches getroffen; für die Träger der Rentenversicherung sind die Entscheidungen verbindlich. ₂Die Bundesvertreterversammlung kann die Entscheidungsbefugnis gemäß § 64 Abs. 4 des Vierten Buches ganz oder teilweise auf den Bundesvorstand der Deutschen Rentenversicherung Bund übertragen, der gemäß § 64 Abs. 4 des Vierten Buches entscheidet. ₃Entscheidungen über die Auslegung von Rechtsfragen werden von der Bundesvertreterversammlung und vom Bundesvorstand mit der einfachen Mehrheit aller gewichteten Stimmen der satzungsmäßigen Mitgliederzahl getroffen.

(3) ₁Der Bundesvorstand kann die Entscheidungsbefugnis gemäß § 64 Abs. 4 des Vierten Buches ganz oder teilweise auf einen Ausschuss des Bundesvorstandes übertragen. ₂Die Entscheidungen dieses Ausschusses müssen einstimmig ergehen. ₃Der Ausschuss legt dem Bundesvorstand die Entscheidungen vor; der Bundesvorstand kann gemäß § 64 Abs. 4 des Vierten Buches abweichende Entscheidungen treffen.

(4) ₁Soweit das Direktorium Vorlagen an die Bundesvertreterversammlung oder den Bundesvorstand unterbreitet, die verbindliche Entscheidungen oder notwendig werdende Festlegungen weiterer Grundsatz- und Querschnittsaufgaben betreffen, bedürfen diese der vorherigen Zustimmung durch das Erweiterte Direktorium. ₂Beratungsergebnisse der Fachausschüsse, in denen alle Träger der Rentenversicherung vertreten sind, sind an die Bundesvertreterversammlung oder den Bundesvorstand weiterzuleiten. ₃Das Nähere regelt die Satzung.

(5) Die verbindlichen Entscheidungen und die Festlegung weiterer Grundsatz- und Querschnittsaufgaben werden im Amtlichen Mitteilungsblatt der Deutschen Rentenversicherung Bund veröffentlicht.

§ 139 Erweitertes Direktorium

(1) ₁Das Erweiterte Direktorium der Deutschen Rentenversicherung Bund besteht aus fünf Geschäftsführern aus dem Bereich der Regionalträger, den Mitgliedern des Direktoriums der Deutschen Rentenversicherung Bund und einem Mitglied der Geschäftsführung der Deutschen Rentenversicherung Knappschaft-Bahn-See. ₂Das Erweiterte Direktorium wählt aus seiner Mitte mit der Mehrheit von mindestens zwei Dritteln aller gewichteten Stimmen einen Vorsitzenden. ₃Die Geschäftsführer aus dem Bereich der Regionalträger werden durch die Vertreter der Regionalträger in der Bundesvertreterversammlung auf Vorschlag der Vertreter der Regionalträger im Bundesvorstand mit der Mehrheit der abgegebenen Stimmen gewählt. ₄Das Nähere zur Beschlussfassung und zur Geschäftsordnung des Erweiterten Direktoriums bestimmt die Satzung der Deutschen Rentenversicherung Bund.

(2) ₁Beschlüsse des Erweiterten Direktoriums werden mit der Mehrheit von mindestens zwei Dritteln aller gewichteten Stimmen getroffen. ₂Die Stimmen der Regionalträger werden mit insgesamt 55 vom Hundert und die der Bundesträger mit insgesamt 45 vom Hundert gewichtet. ₃Dabei werden die Stimmen der Bundesträger untereinander nach der Anzahl der Versicherten gewichtet. ₄Das Nähere zur Stimmengewichtung nach Satz 2 regelt die Satzung.

§ 140 Arbeitsgruppe Personalvertretung der Deutschen Rentenversicherung

(1) Vor verbindlichen Entscheidungen der Deutschen Rentenversicherung Bund nach § 138 Abs. 1 über

1. Grundsätze für die Aufbau- und Ablauforganisation und das Personalwesen,
2. Grundsätze und Koordinierung der Datenverarbeitung,
3. Grundsätze für die Aus- und Fortbildung,
4. Grundsätze der Organisation der Auskunfts- und Beratungsstellen sowie
5. Entscheidungen, deren Umsetzung in gleicher Weise wie die Umsetzung von Entscheidungen gemäß den Nummern 1 bis 4 Einfluss auf die Arbeitsbedingungen der Beschäftigten haben können,

ist die Arbeitsgruppe Personalvertretung der Deutschen Rentenversicherung anzuhören.

(2) ₁Die Arbeitsgruppe Personalvertretung der Deutschen Rentenversicherung setzt sich wie folgt zusammen:

1. drei Mitglieder aus der Personalvertretung der Deutschen Rentenversicherung Bund und ein Mitglied aus der Personalvertretung der Deutschen Rentenversicherung Knappschaft-Bahn-See; Mitglieder sind jeweils der Vorsitzende des Gesamtpersonalrates oder, falls eine Stufenvertretung besteht, der Vorsitzende des Hauptpersonalrates, bei der Personalvertretung der Deutschen Rentenversicherung Bund auch die beiden weiteren Mitglieder des Vorstandes sowie
2. je ein Mitglied aus der Personalvertretung eines jeden landesunmittelbaren Trägers der Rentenversicherung; die Regelungen

zur Auswahl dieser Mitglieder und das Verfahren der Entsendung werden durch Landesrecht bestimmt.

₂Die Mitglieder der Arbeitsgruppe Personalvertretung beteiligen ihre jeweiligen Hauptpersonalvertretungen, sind diese nicht eingerichtet, ihre Gesamtpersonalvertretungen. ₃Die Arbeitsgruppe Personalvertretung der Deutschen Rentenversicherung beschließt mit der Mehrheit der Stimmen ihrer Mitglieder eine Geschäftsordnung, die Regelungen über den Vorsitz, das Verfahren zur internen Willensbildung und zur Beschlussfassung enthalten muss. ₄Ergänzend finden die Regelungen des Bundespersonalvertretungsgesetzes Anwendung. ₅Kostentragende Dienststelle im Sinne des § 44 des Bundespersonalvertretungsgesetzes ist die Deutsche Rentenversicherung Bund.

**Fünfter Unterabschnitt
Vereinigung von Regionalträgern**

§ 141 Vereinigung von Regionalträgern auf Beschluss ihrer Vertreterversammlungen

(1) ₁Regionalträger können sich zur Verbesserung der Wirtschaftlichkeit oder Leistungsfähigkeit auf Beschluss ihrer Vertreterversammlungen zu einem Regionalträger vereinigen, wenn sich durch die Vereinigung der Zuständigkeitsbereich des neuen Regionalträgers nicht über mehr als drei Länder erstreckt. ₂Der Vereinigungsbeschluss bedarf der Genehmigung der für die Sozialversicherung zuständigen obersten Landesbehörden der betroffenen Länder.

(2) ₁Im Vereinigungsbeschluss müssen insbesondere Festlegungen über Name und Sitz des neuen Regionalträgers getroffen werden. ₂Auf Verlangen der für die Sozialversicherung zuständigen obersten Landesbehörde mindestens eines betroffenen Landes muss bei länderübergreifenden Vereinigungen zusätzlich eine Festlegung über die Arbeitsmengenverteilung auf die Gebiete der Länder getroffen werden, auf die sich die an der Vereinigung beteiligten Regionalträger erstrecken.

(3) ₁Die beteiligten Regionalträger legen der nach der Vereinigung zuständigen Aufsichtsbehörde eine Satzung, einen Vorschlag zur Berufung der Mitglieder der Organe und eine Vereinbarung über die Rechtsbeziehungen zu Dritten vor. ₂Die Aufsichtsbehörde genehmigt im Einvernehmen mit den Aufsichtsbehörden der übrigen Länder, auf deren Gebiete sich der Regionalträger erstreckt, die Satzung und die Vereinbarung, beruft die Mitglieder der Organe und bestimmt den Zeitpunkt, an dem die Vereinigung wirksam wird. ₃Mit diesem Zeitpunkt tritt der neue Regionalträger in die Rechte und Pflichten des bisherigen Regionalträgers ein.

(4) Beschlüsse der Vertreterversammlung des neuen Regionalträgers, die von der im Vereinigungsbeschluss getroffenen Festlegung über den Namen, den Sitz oder die Arbeitsmengenverteilung wesentlich abweichen, bedürfen der Genehmigung der für die Sozialversicherung zuständigen obersten Landesbehörden der Länder, auf die sich der neue Regionalträger erstreckt.

§ 142 Vereinigung von Regionalträgern durch Rechtsverordnung

(1) ₁Haben in einem Land mehrere Regionalträger ihren Sitz, kann die Landesregierung zur Verbesserung der Wirtschaftlichkeit oder der Leistungsfähigkeit zwei oder mehrere Regionalträger durch Rechtsverordnung vereinigen. ₂Das Nähere regelt die Landesregierung nach Anhörung der beteiligten Regionalträger in der Rechtsverordnung nach Satz 1.

(2) ₁Die Landesregierungen von höchstens drei Ländern können zu den in Absatz 1 genannten Zwecken durch gleichlautende Rechtsverordnungen sich auf ihre Gebiete erstreckende Regionalträger vereinigen. ₂Absatz 1 Satz 2 gilt entsprechend.

**Sechster Unterabschnitt
Beschäftigte der Versicherungsträger**

§ 143 Bundesunmittelbare Versicherungsträger

(1) Die Deutsche Rentenversicherung Bund, die Deutsche Rentenversicherung Knappschaft-Bahn-See und die bundesunmittelbaren Regionalträger besitzen Dienstherrnfähigkeit im Sinne des § 2 des Bundesbeamtengesetzes.

(2) ₁Die Mitglieder des Direktoriums der Deutschen Rentenversicherung Bund werden von dem Bundespräsidenten auf Vorschlag der Bundesregierung für die Dauer von sechs Jahren zu Beamten auf Zeit ernannt. ₂Die beamtenrechtlichen Vorschriften über die Laufbahnen und die Probezeit sind nicht anzuwenden.

(3) ₁Ist ein Mitglied des Direktoriums der Deutschen Rentenversicherung Bund aus einem Beamten- oder Richterverhältnis auf Lebenszeit ernannt worden, ruhen für die Dauer der Amtszeit die Rechte und Pflichten aus dem zuletzt im Beamten- oder Richterverhältnis auf Lebenszeit übertragenen Amt mit Ausnahme der Pflicht zur Amtsverschwiegenheit und des Verbots der Annahme von Belohnungen und Geschenken. ₂§ 15a des Beamtenversorgungsgesetzes ist entsprechend anzuwenden.

(4) ₁Ist ein Mitglied des Direktoriums der Deutschen Rentenversicherung Bund nicht aus einem Beamten- oder Richterverhältnis auf Lebenszeit ernannt worden, ist § 66 Abs. 1 des Beamtenversorgungsgesetzes mit der Maßgabe anzuwenden, dass ein Anspruch auf Ruhegehalt aus dem Beamtenverhältnis auf Zeit mit Ablauf des Monats der Vollendung der für Bundesbeamte geltenden Regelaltersgrenze nach § 51 Abs. 1 und 2 des Bundesbeamtengesetzes entsteht. ₂Die Höhe des Ruhegehalts ist entsprechend § 14 Abs. 1 und 3 des Beamtenversorgungsgesetzes zu berechnen.

(5) Wird ein Geschäftsführer der Deutschen Rentenversicherung Bund nach seiner Amtszeit zum Präsidenten der Deutschen Rentenversicherung Bund ernannt, gilt § 66 Abs. 4 Satz 2 des Beamtenversorgungsgesetzes entsprechend.

(6) Die Mitglieder der Geschäftsführungen der Deutschen Rentenversicherung Knappschaft-Bahn-See und der bundesunmittelbaren Regionalträger werden auf Vorschlag der Bundesregierung von dem Bundespräsidenten zu Beamten ernannt.

(7) ₁Das Bundesministerium für Arbeit und Soziales ernennt die übrigen Beamten der Deutschen Rentenversicherung Bund, der Deutschen Rentenversicherung Knappschaft-Bahn-See und der bundesunmittelbaren Regionalträger auf Vorschlag des jeweiligen Vorstandes. ₂Es kann seine Befugnisse auf den Vorstand übertragen, dieser für den einfachen, mittleren und gehobenen Dienst auf das Direktorium oder die Geschäftsführung. ₃Soweit die Ernennungsbefugnis auf den Vorstand oder auf das Direktorium oder die Geschäftsführung übertragen wird, bestimmt die Satzung, durch wen die Ernennungsurkunde zu vollziehen ist.

(8) ₁Oberste Dienstbehörde für die Mitglieder des Direktoriums der Deutschen Rentenversicherung Bund und für die Mitglieder der Geschäftsführungen der Deutschen Rentenversicherung Knappschaft-Bahn-See und der bundesunmittelbaren Regionalträger ist das Bundesministerium für Arbeit und Soziales, für die übrigen Beamten der Vorstand. ₂Dieser kann seine Befugnisse auf den Präsidenten, das Direktorium, den Geschäftsführer oder auf die Geschäftsführung übertragen. ₃§ 144 Abs. 1 des Bundesbeamtengesetzes und § 83 Abs. 1 des Bundesdisziplinargesetzes bleiben unberührt.

§ 144 Landesunmittelbare Versicherungsträger

(1) Die landesunmittelbaren Regionalträger besitzen im Rahmen des Absatzes 2 Dienstherrnfähigkeit im Sinne des § 2 des Beamtenstatusgesetzes.

(2) Die Beamten der landesunmittelbaren Regionalträger sind Beamte des Landes, soweit nicht eine landesgesetzliche Regelung etwas anderes bestimmt.

(3) Die landesunmittelbaren Regionalträger tragen die Bezüge der Beamten und ihrer Hinterbliebenen.

**Siebter Unterabschnitt
Datenstelle der Rentenversicherung**

§ 145 Aufgaben der Datenstelle der Rentenversicherung

(1) ₁Die Träger der Rentenversicherung unterhalten gemeinsam eine Datenstelle, die von der Deutschen Rentenversicherung Bund verwaltet wird. ₂Dabei ist sicherzustellen, dass die Datenbestände, die die Deutsche Rentenversicherung Bund als Träger der Rentenversicherung führt, und die Datenbestände der Datenstelle der Rentenversicherung dauerhaft getrennt bleiben. ₃Die Träger der

Rentenversicherung können die Datenstelle als Vermittlungsstelle einschalten. ₄Sie können durch die Datenstelle auch die Ausstellung von Sozialversicherungsausweisen veranlassen.

(2) Die Deutsche Rentenversicherung Bund darf eine Datei mit Sozialdaten, die nicht ausschließlich einer Versicherungsnummer der bei ihr Versicherten zugeordnet ist, nur bei der Datenstelle und nur dann führen, wenn die Einrichtung dieser Datei gesetzlich bestimmt ist.

(3) ₁Die Deutsche Rentenversicherung Bund kann durch öffentlich-rechtlichen Vertrag die Verpflichtung eingehen, dass die Datenstelle in Versorgungsausgleichssachen die Aufgabe als Vermittlungsstelle zur Durchführung des elektronischen Rechtsverkehrs auch für andere öffentlich-rechtliche Versorgungsträger wahrnimmt. ₂Diese sind verpflichtet, der Deutschen Rentenversicherung Bund den entstehenden Aufwand zu erstatten.

(4) ₁Die Datenstelle untersteht der Aufsicht des Bundesministeriums für Arbeit und Soziales, soweit ihr durch Gesetz oder auf Grund eines Gesetzes Aufgaben zugewiesen worden sind. ₂Für die Aufsicht gelten die §§ 87 bis 89 des Vierten Buches entsprechend. ₃Das Bundesministerium für Arbeit und Soziales kann die Aufsicht ganz oder teilweise dem Bundesversicherungsamt übertragen.

§ 146 (weggefallen)

**Zweiter Abschnitt
Datenschutz und Datensicherheit**

§ 147 Versicherungsnummer

(1) ₁Die Datenstelle der Rentenversicherung kann für Personen eine Versicherungsnummer vergeben, wenn dies zur personenbezogenen Zuordnung der Daten für die Erfüllung einer gesetzlichen Aufgabe nach diesem Gesetzbuch erforderlich oder dies durch Gesetz oder aufgrund eines Gesetzes bestimmt ist. ₂Für die nach diesem Buche versicherten Personen hat sie eine Versicherungsnummer zu vergeben.

(2) ₁Die Versicherungsnummer einer Person setzt sich zusammen aus

1. der Bereichsnummer des zuständigen Trägers der Rentenversicherung,
2. dem Geburtsdatum,
3. dem Anfangsbuchstaben des Geburtsnamens,
4. der Seriennummer, die auch eine Aussage über das Geschlecht einer Person enthalten darf, und
5. der Prüfziffer.

₂Weitere personenbezogene Merkmale darf die Versicherungsnummer nicht enthalten.

(3) Jede Person, an die eine Versicherungsnummer vergeben wird, und der für sie zuständige Träger der Rentenversicherung sind unverzüglich über die vergebene Versicherungsnummer sowie über die Zuordnung nach § 127 zu unterrichten.

§ 148 Datenerhebung, Datenverarbeitung und Datennutzung beim Rentenversicherungsträger

(1) ₁Der Träger der Rentenversicherung darf Sozialdaten nur erheben, verarbeiten und nutzen, soweit dies zur Erfüllung seiner gesetzlich zugewiesenen oder zugelassenen Aufgaben erforderlich ist. ₂Aufgaben nach diesem Buche sind

1. die Feststellung eines Versicherungsverhältnisses einschließlich einer Versicherungsfreiheit oder Versicherungsbefreiung,
2. der Nachweis von rentenrechtlichen Zeiten,
3. die Festsetzung und Durchführung von Leistungen zur Teilhabe,
4. die Festsetzung, Zahlung, Anpassung, Überwachung, Einstellung oder Abrechnung von Renten und anderen Geldleistungen,
5. die Erteilung von Auskünften sowie die Führung und Klärung der Versicherungskonten,
6. der Nachweis von Beiträgen und deren Erstattung.

₃Der Rentenversicherungsträger darf die Versicherungsnummer, den Familiennamen, den Geburtsnamen, die Vornamen, den Geburtsort und die Anschrift, die ihm die zentrale Stelle im Rahmen der Datenanforderung nach § 91 Abs. 1 Satz 1 des Einkommensteuergesetzes übermittelt, zur Aktualisierung der im Versicherungskonto gespeicherten Namens- und Anschriftendaten verarbeiten und nutzen.

(2) Der Träger der Rentenversicherung darf Daten, aus denen die Art einer Erkrankung erkennbar ist, zusammen mit anderen Daten in einer gemeinsamen Datei nur speichern, wenn durch technische und organisatorische Maßnahmen sichergestellt ist, dass die Daten über eine Erkrankung nur den Personen zugänglich sind, die sie zur Erfüllung ihrer Aufgaben benötigen.

(3) ₁Die Einrichtung eines automatisierten Verfahrens, das die Übermittlung von Sozialdaten aus Dateien der Träger der Rentenversicherung durch Abruf ermöglicht, ist nur zwischen den Trägern der Rentenversicherung sowie mit der gesetzlichen Krankenversicherung dem Bundesversicherungsamt als Verwalter des Gesundheitsfonds, der Bundesagentur für Arbeit oder in den Fällen des § 6a des Zweiten Buches den zugelassenen kommunalen Trägern, der Deutschen Rentenversicherung Knappschaft-Bahn-See, soweit sie bei geringfügig Beschäftigten Aufgaben nach dem Einkommensteuergesetz durchführt, der Deutschen Post AG, soweit sie mit der Berechnung oder Auszahlung von Sozialleistungen betraut ist, der Versorgungsanstalt des Bundes und der Länder, soweit diese Daten zur Feststellung von Leistungen erforderlich sind, und den Versicherungsämtern und Gemeindebehörden, soweit sie mit der Aufnahme von Anträgen auf Leistungen aus der gesetzlichen Rentenversicherung betraut sind, zulässig; dabei dürfen auch Vermittlungsstellen eingeschaltet werden. ₂Sie ist mit Leistungsträgern außerhalb des Geltungsbereichs dieses Gesetzbuchs zulässig, soweit diese Daten zur Feststellung von Leistungen nach über- und zwischenstaatlichem Recht erforderlich sind und nicht Grund zur Annahme besteht, dass dadurch schutzwürdige Belange der davon betroffenen Personen beeinträchtigt werden. ₃Die Übermittlung darf auch durch Abruf im automatisierten Verfahren erfolgen, ohne dass es einer Genehmigung nach § 79 Abs. 1 des Zehnten Buches bedarf.

(4) ₁Die Träger der Rentenversicherung dürfen der Datenstelle der Rentenversicherung Sozialdaten nur übermitteln, soweit dies zur Führung einer Datei oder zur Erfüllung einer anderen gesetzlich vorgeschriebenen oder zugelassenen Aufgabe erforderlich ist. ₂Die Einschränkungen des Satzes 1 gelten nicht, wenn die Sozialdaten in einer anonymisierten Form übermittelt werden.

§ 149 Versicherungskonto

(1) ₁Der Träger der Rentenversicherung führt für jeden Versicherten ein Versicherungskonto, das nach der Versicherungsnummer geordnet ist. ₂In dem Versicherungskonto sind die Daten, die für die Durchführung der Versicherung sowie die Feststellung und Erbringung von Leistungen einschließlich der Rentenauskunft erforderlich sind, zu speichern. ₃Ein Versicherungskonto darf auch für Personen geführt werden, die nicht nach den Vorschriften dieses Buches versichert sind, soweit es für die Feststellung der Versicherungs- oder Beitragspflicht und für Prüfungen bei Arbeitgebern (§ 28p Viertes Buch) erforderlich ist.

(2) ₁Der Träger der Rentenversicherung hat darauf hinzuwirken, dass die im Versicherungskonto gespeicherten Daten vollständig und geklärt sind. ₂Die Daten sollen so gespeichert werden, dass sie jederzeit abgerufen und auf maschinell verwertbaren Datenträgern oder durch Datenübertragung übermittelt werden können. ₃Stellt der Träger der Rentenversicherung fest, dass für einen Beschäftigten mehrere Beschäftigungen nach § 8 Abs. 1 Nr. 1 oder § 8a des Vierten Buches gemeldet oder die Zeitgrenzen des § 8 Abs. 1 Nr. 2 des Vierten Buches überschritten sind, überprüft er unverzüglich diese Beschäftigungsverhältnisse. ₄Stellen der Träger der Rentenversicherung fest, dass eine Beschäftigung infolge einer Zusammenrechnung versicherungspflichtig ist, sie jedoch nicht oder als versicherungsfrei gemeldet worden ist, teilen sie diese Beschäftigung mit den notwendigen Daten der Einzugsstelle mit. ₅Satz 4 gilt entsprechend, wenn die Träger der Rentenversicherung feststellen, dass beim Zusammentreffen mehrerer Beschäftigungsverhältnisse die Voraussetzungen für die Anwendung der Vorschriften über die Gleitzone nicht oder nicht mehr vorliegen.

(3) Der Träger der Rentenversicherung unterrichtet die Versicherten regelmäßig über die

in ihrem Versicherungskonto gespeicherten Sozialdaten, die für die Feststellung der Höhe einer Rentenanwartschaft erheblich sind (Versicherungsverlauf).

(4) Versicherte sind verpflichtet, bei der Klärung des Versicherungskontos mitzuwirken, insbesondere den Versicherungsverlauf auf Richtigkeit und Vollständigkeit zu überprüfen, alle für die Kontenklärung erheblichen Tatsachen anzugeben und die notwendigen Urkunden und sonstigen Beweismittel beizubringen.

(5) ₁Hat der Versicherungsträger das Versicherungskonto geklärt oder hat der Versicherte innerhalb von sechs Kalendermonaten nach Versendung des Versicherungsverlaufs seinem Inhalt nicht widersprochen, stellt der Versicherungsträger die im Versicherungsverlauf enthaltenen und nicht bereits festgestellten Daten, die länger als sechs Kalenderjahre zurückliegen, durch Bescheid fest. ₂Bei Änderung der dem Feststellungsbescheid zugrunde liegenden Vorschriften ist der Feststellungsbescheid durch einen neuen Feststellungsbescheid oder im Rentenbescheid mit Wirkung für die Vergangenheit aufzuheben; die §§ 24 und 48 des Zehnten Buches sind nicht anzuwenden. ₃Über die Anrechnung und Bewertung der im Versicherungsverlauf enthaltenen Daten wird erst bei Feststellung einer Leistung entschieden.

§ 150 Dateien bei der Datenstelle

(1) ₁Bei der Datenstelle darf eine Stammsatzdatei geführt werden, soweit dies erforderlich ist, um

1. sicherzustellen, dass eine Person nur eine Versicherungsnummer erhält und eine vergebene Versicherungsnummer nicht noch einmal für eine andere Person verwendet wird,
2. für eine Person die vergebene Versicherungsnummer festzustellen,
3. zu erkennen, welcher Träger der Rentenversicherung für die Führung eines Versicherungskontos zuständig ist oder war,
4. Daten, die aufgrund eines Gesetzes oder nach über- und zwischenstaatlichem Recht entgegenzunehmen sind, an die zuständigen Stellen weiterleiten zu können,
5. zu erkennen, bei welchen Trägern der Rentenversicherung oder welchen Leistungsträgern im Ausland weitere Daten zu einer Person gespeichert sind,
6. Mütter über die Versicherungspflicht während der Kindererziehung zu unterrichten, wenn bei Geburtsmeldungen eine Versicherungsnummer der Mutter nicht eindeutig zugeordnet werden kann,
7. das Zusammentreffen von Renten aus eigener Versicherung und Hinterbliebenenrenten und Arbeitsentgelt festzustellen, um die ordnungsgemäße Berechnung und Zahlung von Beiträgen der Rentner zur gesetzlichen Krankenversicherung überprüfen zu können,
8. es den Trägern der Rentenversicherung zu ermöglichen, überlebende Ehegatten oder Lebenspartner auf das Bestehen eines Leistungsanspruchs hinzuweisen,
9. es den Trägern der Rentenversicherung zu ermöglichen, die unrechtmäßige Erbringung von Witwenrenten und Witwerrenten sowie Erziehungsrenten nach Eheschließung oder Begründung einer Lebenspartnerschaft zu vermeiden.

₂Weitere Sozialdaten dürfen in der Stammsatzdatei der Datenstelle nur gespeichert werden, soweit dies zur Erfüllung einer der Deutschen Rentenversicherung Bund zugewiesenen oder übertragenen Aufgabe erforderlich und dafür die Verarbeitung oder Nutzung von Sozialdaten in einer anonymisierten Form nicht ausreichend ist.

(2) Die Stammsatzdatei darf außer den personenbezogenen Daten über das Verhältnis einer Person zur Rentenversicherung nur folgende Daten enthalten:

1. Versicherungsnummer, bei Beziehern einer Rente wegen Todes auch die Versicherungsnummer des verstorbenen Versicherten,
2. Familienname und Vornamen einschließlich des Geburtsnamens,
3. Geburtsort einschließlich des Geburtslandes,
4. Staatsangehörigkeit,
5. Tod,
6. Anschrift,

SGB VI: Gesetzliche Rentenversicherung § 150

7. Betriebsnummer des Arbeitgebers,
8. Tag der Beschäftigungsaufnahme.

(3) ₁Für die Prüfung, ob eine Beschäftigung oder selbstständige Erwerbstätigkeit innerhalb des Geltungsbereichs dieses Buches die Voraussetzungen erfüllt, nach denen die deutschen Rechtsvorschriften über die soziale Sicherheit nach den Vorschriften des Titels II der Verordnung (EG) Nr. 883/2004 keine Anwendung finden, speichert die Datenstelle der Rentenversicherung folgende Daten:

1. die Daten, die in der von der Verwaltungskommission für die Koordinierung der Systeme der sozialen Sicherheit festgelegten Bescheinigung über das anzuwendende Recht oder in dem entsprechenden strukturierten Dokument des Trägers eines anderen Mitgliedstaates der Europäischen Union, eines anderen Vertragsstaates des Abkommens über den Europäischen Wirtschaftsraum oder der Schweiz enthalten sind,
2. ein Identifikationsmerkmal der Person, für die die Bescheinigung ausgestellt oder das entsprechende strukturierte Dokument erstellt wurde,
3. ein Identifikationsmerkmal des ausländischen Arbeitgebers,
4. ein Identifikationsmerkmal des inländischen Arbeitgebers,
5. die Mitteilung über eine Anfrage beim ausstellenden Träger, einer Bescheinigung nach Nummer 1 oder eines entsprechenden strukturierten Dokuments,
6. das Ergebnis der Überprüfung der Bescheinigung nach Nummer 1 oder des entsprechenden strukturierten Dokuments.

₂Als Identifikationsmerkmal des Arbeitnehmers oder der Arbeitnehmerin wird die Versicherungsnummer verwendet. ₃Ist eine Versicherungsnummer nicht vergeben, vergibt die Datenstelle ein neues Identifikationsmerkmal. ₄Entsprechendes gilt für das Identifikationsmerkmal des Selbständigen. ₅Für die Zusammensetzung dieses Identifikationsmerkmales gilt § 147 Abs. 2 entsprechend. ₆Die Datenstelle vergibt ein Identifikationsmerkmal des ausländischen Arbeitgebers. ₇Als Identifikationsmerkmal des Unternehmens im Inland wird die Betriebsnummer verwendet. ₈Ist eine Betriebsnummer noch nicht vergeben, vergibt die Datenstelle ein eindeutiges Identifikationsmerkmal als vorläufige Betriebsnummer. ₉Die Datenstelle erhebt, verarbeitet und nutzt die in Satz 1 genannten Daten, soweit dies für den darin genannten Prüfungszweck erforderlich ist. ₁₀Die Datenstelle übermittelt der Urlaubs- und Lohnausgleichskasse der Bauwirtschaft die in Satz 1 genannten Daten, soweit dies für die Erfüllung einer sich aus einem Tarifvertrag ergebenden Aufgabe der Urlaubs- und Lohnausgleichskasse der Bauwirtschaft zum Zwecke der Einziehung von Beiträgen und der Gewährung von Leistungen erforderlich ist. ₁₁Die Daten sind spätestens fünf Jahre nach dem Ablauf des in der Bescheinigung oder dem entsprechenden strukturierten Dokument genannten Geltungszeitraums oder, wenn dieser nicht genannt ist, nach Ablauf des Zeitraums, auf den sich der Sachverhalt bezieht, zu löschen. ₁₂Das Nähere regeln die Deutsche Rentenversicherung Bund und die Spitzenverbände der gesetzlichen Unfallversicherung in gemeinsamen Grundsätzen. ₁₃Die gemeinsamen Grundsätze werden vom Bundesministerium für Arbeit und Soziales im Einvernehmen mit dem Bundesministerium der Finanzen genehmigt.

(4) Bei der Datenstelle darf zu den gesetzlich bestimmten Dateien jeweils eine weitere Datei geführt werden, soweit dies erforderlich ist, um die Ausführung des Datenschutzes, insbesondere zur Feststellung der Benutzer der Dateien, zu gewährleisten.

(5) ₁Die Einrichtung eines automatisierten Abrufverfahrens für eine Datei der Datenstelle ist nur gegenüber den in § 148 Abs. 3 genannten Stellen, der Deutschen Rentenversicherung Bund, soweit sie als zentrale Stelle Aufgaben nach dem Einkommensteuergesetz durchführt, den Trägern der gesetzlichen Unfallversicherung, soweit sie prüfen, ob eine Beschäftigung den Voraussetzungen entspricht, unter denen die deutschen Rechtsvorschriften über die soziale Sicherheit keine Anwendung finden oder für eine Beschäftigung die Meldungen nach § 110 Abs. 1a Satz 2 des Siebten Buches prüfen, ob die Meldungen nach § 28a des Vierten Buches erstattet wurden, und den Behörden der Zollverwaltung, soweit diese Auf-

gaben nach § 2 des Schwarzarbeitsbekämpfungsgesetzes durchführen, zulässig. ₂Die dort enthaltenen besonderen Voraussetzungen für die Deutsche Post AG, für die Versicherungsämter und Gemeindebehörden und für Leistungsträger im Ausland müssen auch bei Satz 1 erfüllt sein. ₃Die Einrichtung eines automatisierten Abrufverfahrens für eine Datei der Datenstelle ist ferner gegenüber dem Bundesamt für Güterverkehr, soweit dieses Aufgaben nach § 11 Absatz 2 Nummer 3 Buchstabe a des Güterkraftverkehrsgesetzes wahrnimmt, zulässig.

§ 151 Auskünfte der Deutschen Post AG

(1) Die Deutsche Post AG darf den für Sozialleistungen zuständigen Leistungsträgern und den diesen Gleichgestellten (§ 35 Erstes Buch sowie § 69 Abs. 2 Zehntes Buch) von den Sozialdaten, die ihr im Zusammenhang mit der Zahlung, Anpassung, Überwachung, Einstellung oder Abrechnung von Renten oder anderen Geldleistungen nach diesem Buche bekannt geworden sind und die sie nach den Vorschriften des Zweiten Kapitels des Zehnten Buches übermitteln darf, nur folgende Daten übermitteln:

1. Familienname und Vornamen einschließlich des Geburtsnamens,
2. Geburtsdatum,
3. Versicherungsnummer,
4. Daten über den Familienstand,
5. Daten über den Tod einschließlich der Daten, die sich aus den Sterbefallmitteilungen der Meldebehörden nach § 101a des Zehnten Buches ergeben,
6. Daten über das Versicherungsverhältnis,
7. Daten über die Art und Höhe der Geldleistung einschließlich der diese Leistung unmittelbar bestimmenden Daten,
8. Daten über Beginn, Änderung und Ende der Geldleistung einschließlich der diese unmittelbar bestimmenden Daten,
9. Daten über die Zahlung einer Geldleistung,
10. Daten über Mitteilungsempfänger oder nicht nur vorübergehend Bevollmächtigte sowie über weitere Forderungsberechtigte.

(2) Die Deutsche Post AG darf dem Träger der Rentenversicherung von den Sozialdaten, die ihr im Zusammenhang mit der Zahlung, Anpassung, Überwachung, Einstellung oder Abrechnung von Sozialleistungen anderer Sozialleistungsträger sowie von anderen Geldleistungen der den Sozialleistungsträgern Gleichgestellten bekannt geworden sind, nur die Daten des Absatzes 1 übermitteln.

(3) Der Träger der Rentenversicherung darf der Deutschen Post AG die für die Anpassung von Renten oder anderen Geldleistungen erforderlichen Sozialdaten auch dann übermitteln, wenn diese die Anpassung der Renten oder anderen Geldleistungen der Rentenversicherung nicht selbst durchführt, diese Daten aber für Auskünfte nach Absatz 1 oder 2 von anderen Sozialleistungsträgern oder diesen Gleichgestellten benötigt werden.

§ 151a Antragstellung im automatisierten Verfahren beim Versicherungsamt

(1) Für die Aufnahme von Leistungsanträgen bei dem Versicherungsamt oder der Gemeindebehörde und die Übermittlung der Anträge an den Träger der Rentenversicherung kann ein automatisiertes Verfahren eingerichtet werden, das es dem Versicherungsamt oder der Gemeindebehörde ermöglicht, die für das automatisierte Verfahren erforderlichen Daten der Versicherten aus der Stammsatzdatei der Datenstelle der Rentenversicherung (§ 150 Abs. 2) und dem Versicherungskonto (§ 149 Abs. 1) abzurufen, wenn die Versicherten oder anderen Leistungsberechtigten ihren Wohnsitz oder gewöhnlichen Aufenthalt, ihren Beschäftigungsort oder Tätigkeitsort im Bezirk des Versicherungsamtes oder in der Gemeinde haben.

(2) ₁Aus der Stammsatzdatei dürfen nur die in § 150 Abs. 2 Nr. 1 bis 4 genannten Daten und die Angabe des aktuell kontoführenden Rentenversicherungsträgers abgerufen werden. ₂Aus dem Versicherungskonto dürfen nur folgende Daten abgerufen werden:

1. Datum des letzten Zuzugs aus dem Ausland unter Angabe des Staates,
2. Datum der letzten Kontoklärung,
3. Anschrift,
4. Datum des Eintritts in die Versicherung,

SGB VI: Gesetzliche Rentenversicherung §§ 152–153

5. Lücken im Versicherungsverlauf, an deren Klärung der Versicherte noch nicht mitgewirkt hat,
6. Kindererziehungszeiten und Berücksichtigungszeiten,
7. Berufsausbildungszeiten,
8. Wartezeitauskunft zu der beantragten Rente einschließlich der Wartezeiterfüllung nach § 52,
9. die zuständigen Einzugsstellen mit Angabe des jeweiligen Zeitraums.

(3) ₁Die Deutsche Rentenversicherung Bund erstellt im Einvernehmen mit dem Bundesamt für Sicherheit in der Informationstechnik ein Sicherheitskonzept für die Einrichtung des automatisierten Verfahrens, das insbesondere die nach § 78a des Zehnten Buches erforderlichen technischen und organisatorischen Maßnahmen enthalten muss. ₂Wenn sicherheitserhebliche Änderungen am automatisierten Verfahren vorgenommen werden, das Sicherheitskonzept nicht mehr dem Stand der Technik entspricht oder dieses aus einem sonstigen Grund nicht geeignet ist, die Datensicherheit zu gewährleisten, spätestens jedoch alle vier Jahre, ist das Sicherheitskonzept im Einvernehmen mit dem Bundesamt für Sicherheit in der Informationstechnik zu aktualisieren. ₃Das Sicherheitskonzept ist der jeweiligen Aufsichtsbehörde unter Beifügung der Erklärung des Bundesamtes für Sicherheit in der Informationstechnik vorzulegen. ₄Einrichtung und sicherheitserhebliche Änderungen des Verfahrens bedürfen der vorherigen Zustimmung der jeweiligen Aufsichtsbehörde. ₅Die Zustimmung gilt als erteilt, wenn die Aufsichtsbehörde nicht innerhalb einer Frist von drei Monaten nach Vorlage des Antrags eine andere Entscheidung trifft. ₆Die Aufsichtsbehörde kann den Betrieb des Verfahrens untersagen, wenn eine Aktualisierung nicht erfolgt.

§ 152 Verordnungsermächtigung

Das Bundesministerium für Arbeit und Soziales wird ermächtigt, durch Rechtsverordnung mit Zustimmung des Bundesrates

1. Personen, an die eine Versicherungsnummer zu vergeben ist,
2. den Zeitpunkt der Vergabe einer Versicherungsnummer,
3. das Nähere über die Zusammensetzung der Versicherungsnummer sowie über ihre Änderung,
4. die für die Vergabe einer Versicherungsnummer zuständigen Versicherungsträger,
5. das Nähere über Voraussetzungen, Form und Inhalt sowie Verfahren der Versendung von Versicherungsverläufen,
6. die Art und den Umfang des Datenaustausches zwischen den Trägern der Rentenversicherung sowie mit der Deutschen Post AG sowie die Führung des Versicherungskontos und die Art der Daten, die darin gespeichert werden dürfen,
7. Fristen, mit deren Ablauf Sozialdaten spätestens zu löschen sind,
8. die Behandlung von Versicherungsunterlagen einschließlich der Voraussetzungen, unter denen sie vernichtet werden können, sowie die Art, den Umfang und den Zeitpunkt ihrer Vernichtung

zu bestimmen.

Viertes Kapitel
Finanzierung

Erster Abschnitt
Finanzierungsgrundsatz und Rentenversicherungsbericht

Erster Unterabschnitt
Umlageverfahren

§ 153 Umlageverfahren

(1) In der Rentenversicherung werden die Ausgaben eines Kalenderjahres durch die Einnahmen des gleichen Kalenderjahres und, soweit erforderlich, durch Entnahmen aus der Nachhaltigkeitsrücklage gedeckt.

(2) Einnahmen der allgemeinen Rentenversicherung sind insbesondere die Beiträge und die Zuschüsse des Bundes, Einnahmen der knappschaftlichen Rentenversicherung sind insbesondere die Beiträge und die Mittel des Bundes zum Ausgleich von Einnahmen und Ausgaben.

(3) ₁Nach § 7f Abs. 1 Satz 1 Nr. 2 des Vierten Buches übertragene Wertguthaben sind nicht Teil des Umlageverfahrens. ₂Insbesondere sind die aus der Übertragung und Verwendung von Wertguthaben fließenden und zu

verwaltenden Mittel keine Einnahmen, Ausgaben oder Zahlungsverpflichtungen der allgemeinen Rentenversicherung.

**Zweiter Unterabschnitt
Rentenversicherungsbericht und Sozialbeirat**

§ 154 Rentenversicherungsbericht, Stabilisierung des Beitragssatzes und Sicherung des Rentenniveaus

(1) ₁Die Bundesregierung erstellt jährlich einen Rentenversicherungsbericht. ₂Der Bericht enthält

1. auf der Grundlage der letzten Ermittlungen der Zahl der Versicherten und Rentner sowie der Einnahmen, der Ausgaben und der Nachhaltigkeitsrücklage insbesondere Modellrechnungen zur Entwicklung von Einnahmen und Ausgaben, der Nachhaltigkeitsrücklage sowie des jeweils erforderlichen Beitragssatzes in den künftigen 15 Kalenderjahren,
2. eine Übersicht über die voraussichtliche finanzielle Entwicklung der Rentenversicherung in den künftigen fünf Kalenderjahren auf der Grundlage der aktuellen Einschätzung der mittelfristigen Wirtschaftsentwicklung,
3. eine Darstellung, wie sich die Anhebung der Altersgrenzen voraussichtlich auf die Arbeitsmarktlage, die Finanzlage der Rentenversicherung und andere öffentliche Haushalte auswirkt.

₃Die Entwicklung in der allgemeinen Rentenversicherung und in der knappschaftlichen Rentenversicherung ist getrennt darzustellen. ₄Der Bericht ist bis zum 30. November eines jeden Jahres den gesetzgebenden Körperschaften zuzuleiten.

(2) ₁Der Rentenversicherungsbericht ist einmal in jeder Wahlperiode des Deutschen Bundestages um einen Bericht zu ergänzen, der insbesondere darstellt:

1. die Leistungen der anderen ganz oder teilweise öffentlich finanzierten Alterssicherungssysteme sowie deren Finanzierung,
2. die Einkommenssituation der Leistungsbezieher der Alterssicherungssysteme,
3. das Zusammentreffen von Leistungen der Alterssicherungssysteme,
4. in welchem Umfang die steuerliche Förderung nach § 10a oder Abschnitt XI § 3 Nr. 63 des Einkommensteuergesetzes in Anspruch genommen worden ist und welchen Grad der Verbreitung die betriebliche und private Altersvorsorge dadurch erreicht haben und
5. die Höhe des Gesamtversorgungsniveaus, das für typische Rentner einzelner Zugangsjahrgänge unter Berücksichtigung ergänzender Altersvorsorge in Form einer Rente aus einem geförderten Altersvorsorgevertrag sowie einer Rente aus der Anlage der Nettoeinkommenserhöhung aus den steuerfrei gestellten Beiträgen zur gesetzlichen Rentenversicherung und der steuerlichen Belastung ermittelt wird.

₂Die Darstellungen zu der Nummer 4 sind erstmals im Jahre 2005 vorzulegen.

(3) ₁Die Bundesregierung hat den gesetzgebenden Körperschaften geeignete Maßnahmen vorzuschlagen, wenn

1. der Beitragssatz in der allgemeinen Rentenversicherung in der mittleren Variante der 15-jährigen Vorausberechnungen des Rentenversicherungsberichts bis zum Jahre 2020 20 vom Hundert oder bis zum Jahre 2030 22 vom Hundert überschreitet,
2. das Verhältniswert aus einer jahresdurchschnittlichen verfügbaren Standardrente und dem verfügbaren Durchschnittsentgelt in der mittleren Variante der 15-jährigen Vorausberechnungen des Rentenversicherungsberichts (Sicherungsniveau vor Steuern) bis zum Jahr 2020 46 vom Hundert oder bis zum Jahr 2030 43 vom Hundert unterschreitet; verfügbare Standardrente ist die Regelaltersrente aus der allgemeinen Rentenversicherung mit 45 Entgeltpunkten ohne Berücksichtigung der auf sie entfallenden Steuern, gemindert um den allgemeinen Beitragsanteil sowie den durchschnittlichen Zusatzbeitrag zur Krankenversicherung und den Beitrag zur Pflegeversicherung; verfügbares Durchschnittsentgelt ist das Durchschnittsentgelt ohne Berücksichtigung der darauf entfallenden Steuern, gemindert um den

durchschnittlich zu entrichtenden Arbeitnehmersozialbeitrag einschließlich des durchschnittlichen Aufwands zur zusätzlichen Altersvorsorge.

₂Die Bundesregierung soll den gesetzgebenden Körperschaften geeignete Maßnahmen vorschlagen, wenn sich zeigt, dass durch die Förderung der freiwilligen zusätzlichen Altersvorsorge eine ausreichende Verbreitung nicht erreicht werden kann.

(4) ₁Die Bundesregierung hat den gesetzgebenden Körperschaften vom Jahre 2010 an alle vier Jahre über die Entwicklung der Beschäftigung älterer Arbeitnehmer zu berichten und eine Einschätzung darüber abzugeben, ob die Anhebung der Regelaltersgrenze unter Berücksichtigung der Entwicklung der Arbeitsmarktlage sowie der wirtschaftlichen und sozialen Situation älterer Arbeitnehmer weiterhin vertretbar erscheint und die getroffenen gesetzlichen Regelungen bestehen bleiben können. ₂In diesem Bericht sind zur Beibehaltung eines Sicherungsniveauziels vor Steuern von 46 vom Hundert über das Jahr 2020 hinaus von der Bundesregierung entsprechende Maßnahmen unter Wahrung der Beitragssatzstabilität vorzuschlagen. ₃Die Bundesregierung berichtet zudem vom Jahre 2018 an über die Auswirkungen der Altersrente für besonders langjährig Versicherte in der Fassung des RV-Leistungsverbesserungsgesetzes, insbesondere über den Umfang der Inanspruchnahme und die Erfüllung der Zugangsvoraussetzungen vor dem Hintergrund der Berücksichtigung von Zeiten des Arbeitslosengeldbezugs und macht Vorschläge für eine Weiterentwicklung dieser Rentenart.

§ 155 Aufgabe des Sozialbeirats

(1) Der Sozialbeirat hat insbesondere die Aufgabe, in einem Gutachten zum Rentenversicherungsbericht der Bundesregierung Stellung zu nehmen.

(2) Das Gutachten des Sozialbeirats ist zusammen mit dem Rentenversicherungsbericht den gesetzgebenden Körperschaften zuzuleiten.

§ 156 Zusammensetzung des Sozialbeirats

(1) ₁Der Sozialbeirat besteht aus
1. vier Vertretern der Versicherten,
2. vier Vertretern der Arbeitgeber,
3. einem Vertreter der Deutschen Bundesbank und
4. drei Vertretern der Wirtschafts- und Sozialwissenschaften.

₂Seine Geschäfte führt das Bundesministerium für Arbeit und Soziales.

(2) ₁Die Bundesregierung beruft die Mitglieder des Sozialbeirats für die Dauer von vier Jahren. ₂Es werden

1. vom Bundesvorstand der Deutschen Rentenversicherung Bund gemäß § 64 Abs. 4 des Vierten Buches je drei Vertreter der allgemeinen Rentenversicherung und
2. vom Vorstand der Deutschen Rentenversicherung Knappschaft-Bahn-See als Träger der knappschaftlichen Rentenversicherung je ein Vertreter

der Versicherten und der Arbeitgeber vorgeschlagen; hierbei ist sicherzustellen, dass die Regionalträger und die Bundesträger gleichgewichtig im Sozialbeirat vertreten sind.

(3) ₁Die vorgeschlagenen Personen müssen die Voraussetzungen für die Mitgliedschaft in einem Organ der Selbstverwaltung (§ 51 Viertes Buch) erfüllen. ₂Vor der Berufung der Vertreter der Wirtschafts- und Sozialwissenschaften ist die Hochschulrektorenkonferenz anzuhören.

Zweiter Abschnitt
Beiträge und Verfahren

Erster Unterabschnitt
Beiträge

Erster Titel
Allgemeines

§ 157 Grundsatz

Die Beiträge werden nach einem Vomhundertsatz (Beitragssatz) von der Beitragsbemessungsgrundlage erhoben, die nur bis zur jeweiligen Beitragsbemessungsgrenze berücksichtigt wird.

§ 158 Beitragssätze

(1) ₁Der Beitragssatz in der allgemeinen Rentenversicherung ist vom 1. Januar eines Jahres an zu verändern, wenn am 31. Dezember dieses Jahres bei Beibehaltung des bisheri-

gen Beitragssatzes die Mittel der Nachhaltigkeitsrücklage

1. das 0,2fache der durchschnittlichen Ausgaben zu eigenen Lasten der Träger der allgemeinen Rentenversicherung für einen Kalendermonat (Mindestrücklage) voraussichtlich unterschreiten oder
2. das 1,5fache der in Nummer 1 genannten Ausgaben für einen Kalendermonat (Höchstnachhaltigkeitsrücklage) voraussichtlich übersteigen.

₂Ausgaben zu eigenen Lasten sind alle Ausgaben nach Abzug des Bundeszuschusses nach § 213 Abs. 2, der Erstattungen und der empfangenen Ausgleichszahlungen.

(2) ₁Der Beitragssatz ist so neu festzusetzen, dass die voraussichtlichen Beitragseinnahmen unter Berücksichtigung der voraussichtlichen Entwicklung der Bruttolöhne und -gehälter je Arbeitnehmer (§ 68 Abs. 2 Satz 1) und der Zahl der Pflichtversicherten zusammen mit den Zuschüssen des Bundes und den sonstigen Einnahmen unter Berücksichtigung von Entnahmen aus der Nachhaltigkeitsrücklage ausreichen, um die voraussichtlichen Ausgaben in dem auf die Festsetzung folgenden Kalenderjahr zu decken und sicherzustellen, dass die Mittel der Nachhaltigkeitsrücklage am Ende dieses Kalenderjahres

1. im Falle von Absatz 1 Nr. 1 dem Betrag der Mindestrücklage oder
2. im Falle von Absatz 1 Nr. 2 dem Betrag der Höchstnachhaltigkeitsrücklage

voraussichtlich entsprechen. ₂Der Beitragssatz ist auf eine Dezimalstelle aufzurunden.

(3) Der Beitragssatz in der knappschaftlichen Rentenversicherung wird jeweils in dem Verhältnis verändert, in dem er sich in der allgemeinen Rentenversicherung ändert; der Beitragssatz ist nur für das jeweilige Kalenderjahr auf eine Dezimalstelle aufzurunden.

(4) Wird der Beitragssatz in der allgemeinen Rentenversicherung vom 1. Januar des Jahres an nicht verändert, macht das Bundesministerium für Arbeit und Soziales im Bundesgesetzblatt das Weitergelten der Beitragssätze bekannt.

§ 159 Beitragsbemessungsgrenzen

₁Die Beitragsbemessungsgrenzen in der allgemeinen Rentenversicherung sowie in der knappschaftlichen Rentenversicherung ändern sich zum 1. Januar eines jeden Jahres in dem Verhältnis, in dem die Bruttolöhne und -gehälter je Arbeitnehmer (§ 68 Abs. 2 Satz 1) im vergangenen zu den entsprechenden Bruttolöhnen und -gehältern im vorvergangenen Kalenderjahr stehen. ₂Die veränderten Beträge werden nur für das Kalenderjahr, für das die Beitragsbemessungsgrenze bestimmt wird, auf das nächsthöhere Vielfache von 600 aufgerundet.

§ 160 Verordnungsermächtigung

Die Bundesregierung hat durch Rechtsverordnung mit Zustimmung des Bundesrates

1. die Beitragssätze in der Rentenversicherung,
2. in Ergänzung der Anlage 2 die Beitragsbemessungsgrenzen

festzusetzen.

**Zweiter Titel
Beitragsbemessungsgrundlagen**

§ 161 Grundsatz

(1) Beitragsbemessungsgrundlage für Versicherungspflichtige sind die beitragspflichtigen Einnahmen.

(2) Beitragsbemessungsgrundlage für freiwillig Versicherte ist jeder Betrag zwischen der Mindestbeitragsbemessungsgrundlage (§ 167) und der Beitragsbemessungsgrenze.

§ 162 Beitragspflichtige Einnahmen Beschäftigter

₁Beitragspflichtige Einnahmen sind

1. bei Personen, die gegen Arbeitsentgelt beschäftigt werden, das Arbeitsentgelt aus der versicherungspflichtigen Beschäftigung, jedoch bei Personen, die zu ihrer Berufsausbildung beschäftigt werden, mindestens 1 vom Hundert der Bezugsgröße,
2. bei behinderten Menschen das Arbeitsentgelt, mindestens 80 vom Hundert der Bezugsgröße,
2a. bei behinderten Menschen, die im Anschluss an eine Beschäftigung in einer nach dem Neunten Buch anerkannten Werkstatt für behinderte Menschen oder

nach einer Beschäftigung bei einem anderen Leistungsanbieter nach § 60 des Neunten Buches in einem Inklusionsbetrieb (§ 215 des Neunten Buches) beschäftigt sind, das Arbeitsentgelt, mindestens 80 vom Hundert der Bezugsgröße,

3. bei Personen, die für eine Erwerbstätigkeit befähigt werden sollen oder im Rahmen einer Unterstützten Beschäftigung nach § 55 des Neunten Buches individuell betrieblich qualifiziert werden, ein Arbeitsentgelt in Höhe von 20 vom Hundert der monatlichen Bezugsgröße,

3a. bei Auszubildenden, die in einer außerbetrieblichen Einrichtung im Rahmen eines Berufsausbildungsvertrages nach dem Berufsbildungsgesetz ausgebildet werden, ein Arbeitsentgelt in Höhe der Ausbildungsvergütung,

4. bei Mitgliedern geistlicher Genossenschaften, Diakonissen und Angehörigen ähnlicher Gemeinschaften die Geld- und Sachbezüge, die sie persönlich erhalten, jedoch bei Mitgliedern, denen nach Beendigung ihrer Ausbildung eine Anwartschaft auf die in der Gemeinschaft übliche Versorgung nicht gewährleistet oder für die die Gewährleistung nicht gesichert ist (§ 5 Abs. 1 Satz 1 Nr. 3), mindestens 40 vom Hundert der Bezugsgröße,

5. bei Personen, deren Beschäftigung nach dem Einkommensteuerrecht als selbständige Tätigkeit bewertet wird, ein Einkommen in Höhe der Bezugsgröße, bei Nachweis eines niedrigeren oder höheren Einkommens jedoch dieses Einkommen, mindestens jedoch monatlich 450 Euro. ₂§ 165 Abs. 1 Satz 2 bis 10 gilt entsprechend.

§ 163 Sonderregelung für beitragspflichtige Einnahmen Beschäftigter

(1) ₁Für unständig Beschäftigte ist als beitragspflichtige Einnahme ohne Rücksicht auf die Beschäftigungsdauer das innerhalb eines Kalendermonats erzielte Arbeitsentgelt bis zur Höhe der monatlichen Beitragsbemessungsgrenze zugrunde zu legen. ₂Unständig ist die Beschäftigung, die auf weniger als eine Woche entweder nach der Natur der Sache befristet zu sein pflegt oder im Voraus durch den Arbeitsvertrag befristet ist. ₃Bestanden innerhalb eines Kalendermonats mehrere unständige Beschäftigungen und übersteigt das Arbeitsentgelt insgesamt die monatliche Beitragsbemessungsgrenze, sind bei der Berechnung der Beiträge die einzelnen Arbeitsentgelte anteilmäßig nur zu berücksichtigen, soweit der Gesamtbetrag die monatliche Beitragsbemessungsgrenze nicht übersteigt. ₄Soweit Versicherte oder Arbeitgeber dies beantragen, verteilt die zuständige Einzugsstelle die Beiträge nach den zu berücksichtigenden Arbeitsentgelten aus unständigen Beschäftigungen.

(2) ₁Für Seeleute gilt als beitragspflichtige Einnahme der Betrag, der nach dem Recht der gesetzlichen Unfallversicherung für die Beitragsberechnung maßgebend ist. ₂§ 215 Abs. 4 des Siebten Buches gilt entsprechend.

(3) ₁Bei Arbeitnehmern, die ehrenamtlich tätig sind und deren Arbeitsentgelt infolge der ehrenamtlichen Tätigkeit gemindert wird, gilt auch der Betrag zwischen dem tatsächlich erzielten Arbeitsentgelt und dem Arbeitsentgelt, das ohne die ehrenamtliche Tätigkeit erzielt worden wäre, höchstens bis zur Beitragsbemessungsgrenze als Arbeitsentgelt (Unterschiedsbetrag), wenn der Arbeitnehmer dies beim Arbeitgeber beantragt. ₂Satz 1 gilt nur für ehrenamtliche Tätigkeiten für Körperschaften, Anstalten oder Stiftungen des öffentlichen Rechts, deren Verbände einschließlich der Spitzenverbände oder ihrer Arbeitsgemeinschaften, Parteien, Gewerkschaften sowie Körperschaften, Personenvereinigungen und Vermögensmassen, die wegen des ausschließlichen und unmittelbaren Dienstes für gemeinnützige, mildtätige oder kirchliche Zwecke von der Körperschaftsteuer befreit sind. ₃Der Antrag kann nur für laufende und künftige Lohn- und Gehaltsabrechnungszeiträume gestellt werden.

(4) ₁Bei Versicherten, die eine versicherungspflichtige ehrenamtliche Tätigkeit aufnehmen und für das vergangene Kalenderjahr freiwillige Beiträge gezahlt haben, gilt jeder Betrag zwischen dem Arbeitsentgelt und der Beitragsbemessungsgrenze als Arbeitsentgelt (Unterschiedsbetrag), wenn die Versicherten dies beim Arbeitgeber beantragen.

₂Satz 1 gilt nur für versicherungspflichtige ehrenamtliche Tätigkeiten für Körperschaften des öffentlichen Rechts. ₃Der Antrag kann nur für laufende und künftige Lohn- und Gehaltsabrechnungszeiträume gestellt werden.

(5) ₁Bei Arbeitnehmern, die nach dem Altersteilzeitgesetz Aufstockungsbeträge zum Arbeitsentgelt erhalten, gilt auch mindestens ein Betrag in Höhe von 80 vom Hundert des Regelarbeitsentgelts für die Altersteilzeitarbeit, begrenzt auf den Unterschiedsbetrag zwischen 90 vom Hundert der monatlichen Beitragsbemessungsgrenze und dem Regelarbeitsentgelt, höchstens jedoch bis zur Beitragsbemessungsgrenze, als beitragspflichtige Einnahme. ₂Für Personen, die nach § 3 Satz 1 Nr. 3 für die Zeit des Bezugs von Krankengeld, Versorgungskrankengeld, Verletztengeld oder Übergangsgeld versichert sind, und für Personen, die für die Zeit der Arbeitsunfähigkeit oder der Ausführung von Leistungen zur Teilhabe, in der sie Krankentagegeld von einem privaten Krankenversicherungsunternehmen erhalten, nach § 4 Abs. 3 Satz 1 Nr. 2 versichert sind, gilt Satz 1 entsprechend.

(6) Soweit Kurzarbeitergeld geleistet wird, gilt als beitragspflichtige Einnahmen 80 vom Hundert des Unterschiedsbetrages zwischen dem Soll-Entgelt und dem Ist-Entgelt nach § 106 des Dritten Buches.

(7) (weggefallen)

(8) Bei Arbeitnehmern, die eine geringfügige Beschäftigung ausüben, ist beitragspflichtige Einnahme das Arbeitsentgelt, mindestens jedoch der Betrag in Höhe von 175 Euro.

(9) (weggefallen)

(10) ₁Bei Arbeitnehmern, die gegen ein monatliches Arbeitsentgelt bis zum oberen Grenzbetrag der Gleitzone (§ 20 Abs. 2 Viertes Buch) mehr als geringfügig beschäftigt sind, ist beitragspflichtige Einnahme der Betrag, der sich aus folgender Formel ergibt:

$$F \times 450 + \left(\left\{ \frac{850}{850-450} \right\} - \left\{ \frac{450}{850-450} \right\} \times F \right) \times (AE - 450)$$

₂Dabei ist AE das Arbeitsentgelt und F der Faktor, der sich ergibt, wenn der Wert 30 vom Hundert durch den Gesamtsozialversicherungsbeitragssatz des Kalenderjahres, in dem der Anspruch auf das Arbeitsentgelt entstanden ist, geteilt wird. ₃Der Gesamtsozialversicherungsbeitragssatz eines Kalenderjahres ergibt sich aus der Summe der zum 1. Januar desselben Kalenderjahres geltenden Beitragssätze in der allgemeinen Rentenversicherung, in der gesetzlichen Pflegeversicherung sowie zur Arbeitsförderung und des um den durchschnittlichen Zusatzbeitragssatz erhöhten allgemeinen Beitragssatzes in der gesetzlichen Krankenversicherung. ₄Für die Zeit vom 1. Juli 2006 bis zum 31. Dezember 2006 beträgt der Faktor F 0,7160. ₅Der Gesamtsozialversicherungsbeitragssatz und der Faktor F sind vom Bundesministerium für Arbeit und Soziales bis zum 31. Dezember eines Jahres für das folgende Kalenderjahr im Bundesanzeiger bekannt zu geben. ₆Abweichend von Satz 1 ist beitragspflichtige Einnahme das Arbeitsentgelt aus der versicherungspflichtigen Beschäftigung, wenn der Arbeitnehmer dies schriftlich gegenüber dem Arbeitgeber erklärt. ₇Die Erklärung kann nur mit Wirkung für die Zukunft und bei mehreren Beschäftigungen nach Satz 1 nur einheitlich abgegeben werden und ist für die Dauer der Beschäftigungen bindend. ₈Satz 1 gilt nicht für Personen, die zu ihrer Berufsausbildung beschäftigt sind.

§ 164 (weggefallen)

§ 165 Beitragspflichtige Einnahmen selbständig Tätiger

(1) ₁Beitragspflichtige Einnahmen sind

1. bei selbständig Tätigen ein Arbeitseinkommen in Höhe der Bezugsgröße, bei Nachweis eines niedrigeren oder höheren Arbeitseinkommens jedoch dieses Arbeitseinkommen, mindestens jedoch monatlich 450 Euro,

2. bei Seelotsen das Arbeitseinkommen,

3. bei Künstlern und Publizisten das voraussichtliche Jahresarbeitseinkommen (§ 12 Künstlersozialversicherungsgesetz), mindestens jedoch 3900 Euro, wobei Arbeitseinkommen auch die Vergütung für die Verwertung und Nutzung urheberrechtlich geschützter Werke oder Leistungen sind,

4. bei Hausgewerbetreibenden das Arbeitseinkommen,

5. bei Küstenschiffern und Küstenfischern das in der Unfallversicherung maßgebende beitragspflichtige Arbeitseinkommen.

₂Beitragspflichtige Einnahmen sind bei selbständig Tätigen abweichend von Satz 1 Nr. 1 bis zum Ablauf von drei Kalenderjahren nach dem Jahr der Aufnahme der selbständigen Tätigkeit ein Arbeitseinkommen in Höhe von 50 vom Hundert der Bezugsgröße, auf Antrag des Versicherten jedoch ein Arbeitseinkommen in Höhe der Bezugsgröße. ₃Für den Nachweis des von der Bezugsgröße abweichenden Arbeitseinkommens nach Satz 1 Nummer 1 sind die sich aus dem letzten Einkommensteuerbescheid für das zeitnaheste Kalenderjahr ergebenden Einkünfte aus der versicherungspflichtigen selbständigen Tätigkeit so lange maßgebend, bis ein neuer Einkommensteuerbescheid vorgelegt wird; wurden diese Einkünfte nicht während des gesamten Kalenderjahres erzielt, sind sie auf ein Jahresarbeitseinkommen hochzurechnen. ₄Das nach Satz 3 festgestellte Arbeitseinkommen ist mit dem Vomhundertsatz zu vervielfältigen, der sich aus dem Verhältnis des vorläufigen Durchschnittsentgelts (Anlage 1) für das Kalenderjahr, für das das Arbeitseinkommen nachzuweisen ist, zu dem Durchschnittsentgelt (Anlage 1) für das maßgebende Veranlagungsjahr des Einkommensteuerbescheides ergibt. ₅Übersteigt das nach Satz 4 festgestellte Arbeitseinkommen die Beitragsbemessungsgrenze des nachzuweisenden Kalenderjahres, wird ein Arbeitseinkommen in Höhe der jeweiligen Beitragsbemessungsgrenze so lange zugrunde gelegt, bis sich aus einem neuen Einkommensteuerbescheid niedrigere Einkünfte ergeben. ₆Der Einkommensteuerbescheid ist dem Träger der Rentenversicherung spätestens zwei Kalendermonate nach seiner Ausfertigung vorzulegen. ₇Statt des Einkommensteuerbescheides kann auch eine Bescheinigung des Finanzamtes vorgelegt werden, die die für den Nachweis des Arbeitseinkommens erforderlichen Daten des Einkommensteuerbescheides enthält. ₈Änderungen des Arbeitseinkommens werden vom Ersten des auf die Vorlage des Bescheides oder der Bescheinigung folgenden Kalendermonats, spätestens aber vom Beginn des dritten Kalendermonats nach Ausfertigung des Einkommensteuerbescheides, an berücksichtigt. ₉Ist eine Veranlagung zur Einkommensteuer aufgrund der versicherungspflichtigen selbständigen Tätigkeit noch nicht erfolgt, ist für das Jahr des Beginns der Versicherungspflicht ein Jahresarbeitseinkommen zugrunde zu legen, das sich aus den vom Versicherten vorzulegenden Unterlagen ergibt. ₁₀Für die Folgejahre ist Satz 4 sinngemäß anzuwenden.

(1a) ₁Abweichend von Absatz 1 Satz 3 ist auf Antrag des Versicherten vom laufenden Arbeitseinkommen auszugehen, wenn dieses im Durchschnitt voraussichtlich um wenigstens 30 vom Hundert geringer ist als das Arbeitseinkommen nach Absatz 1 Satz 3. ₂Das laufende Arbeitseinkommen ist durch entsprechende Unterlagen nachzuweisen. ₃Änderungen des Arbeitseinkommens werden vom Ersten des auf die Vorlage des Nachweise folgenden Kalendermonats an berücksichtigt. ₄Das festgestellte laufende Arbeitseinkommen bleibt so lange maßgebend, bis der Einkommensteuerbescheid über dieses Veranlagungsjahr vorgelegt wird und zu berücksichtigen ist. ₅Für die Folgejahre ist Absatz 1 Satz 4 sinngemäß anzuwenden. ₆Die Sätze 1 bis 3 gelten entsprechend für Küstenschiffer und Küstenfischer, wenn das laufende Arbeitseinkommen im Durchschnitt voraussichtlich um wenigstens 30 vom Hundert geringer ist als das Arbeitseinkommen nach Absatz 1 Satz 1 Nummer 5. ₇Das für Küstenschiffer und Küstenfischer festgestellte laufende Arbeitseinkommen bleibt für ein Jahr maßgebend. ₈Für die Folgejahre sind die Sätze 6 und 7 erneut anzuwenden.

(1b) Bei Künstlern und Publizisten wird für die Dauer des Bezugs von Elterngeld oder Erziehungsgeld oder für die Zeit, in der Erziehungsgeld nur wegen des zu berücksichtigenden Einkommens nicht bezogen wird, auf Antrag des Versicherten das in diesen Zeiten voraussichtlich erzielte Arbeitseinkommen, wenn es im Durchschnitt monatlich 325 Euro übersteigt, zugrunde gelegt.

(2) Für Hausgewerbetreibende, die ehrenamtlich tätig sind, gelten die Regelungen für Arbeitnehmer, die ehrenamtlich tätig sind, entsprechend.

(3) Bei Selbständigen, die auf Antrag versicherungspflichtig sind, gelten als Arbeitseinkommen im Sinne des § 15 des Vierten Buches auch die Einnahmen, die steuerrechtlich als Einkommen aus abhängiger Beschäftigung behandelt werden.

§ 166 Beitragspflichtige Einnahmen sonstiger Versicherter

(1) Beitragspflichtige Einnahmen sind
1. bei Personen, die als Wehr- oder Zivildienstleistende versichert sind, 60 vom Hundert der Bezugsgröße, jedoch bei Personen, die Leistungen an Nichtselbständige nach § 6 des Unterhaltssicherungsgesetzes erhalten, das Arbeitsentgelt, das dieser Leistung vor Abzug von Steuern und Beitragsanteilen zugrunde liegt,
1a. bei Personen, die in einem Wehrdienstverhältnis besonderer Art nach § 6 des Einsatz-Weiterverwendungsgesetzes versichert sind, die daraus gewährten Dienstbezüge in dem Umfang, in dem sie bei Beschäftigten als Arbeitsentgelt zu berücksichtigen wären,
2. bei Personen, die Arbeitslosengeld, Übergangsgeld, Krankengeld, Verletztengeld oder Versorgungskrankengeld beziehen, 80 vom Hundert des der Leistung zugrunde liegenden Arbeitsentgelts oder Arbeitseinkommens, wobei 80 vom Hundert des beitragspflichtigen Arbeitsentgelts aus einem nicht geringfügigen Beschäftigungsverhältnis abzuziehen sind, und bei gleichzeitigem Bezug von Krankengeld neben einer anderen Leistung das dem Krankengeld zugrunde liegende Einkommen nicht zu berücksichtigen ist,
2a. bei Personen, die im Anschluss an den Bezug von Arbeitslosengeld II Übergangsgeld oder Verletztengeld beziehen, monatlich der Betrag von 205 Euro,
2b. bei Personen, die Krankengeld nach § 44a des Fünften Buches beziehen, das der Leistung zugrunde liegende Arbeitsentgelt oder Arbeitseinkommen; wird dieses Krankengeld nach § 47b des Fünften Buches gezahlt, gilt Nummer 2,
2c. bei Personen, die Teilarbeitslosengeld beziehen, 80 vom Hundert des dieser Leistung zugrunde liegenden Arbeitsentgelts,
2d. bei Personen, die von einem privaten Krankenversicherungsunternehmen, von einem Beihilfeträger des Bundes, von einem sonstigen öffentlich-rechtlichen Träger von Kosten in Krankheitsfällen auf Bundesebene, von dem Träger der Heilfürsorge im Bereich des Bundes, von dem Träger der truppenärztlichen Versorgung oder von einem öffentlich-rechtlichen Träger von Kosten in Krankheitsfällen auf Landesebene, soweit Landesrecht dies vorsieht, Leistungen für den Ausfall von Arbeitseinkünften im Zusammenhang mit einer nach den §§ 8 und 8a des Transplantationsgesetzes erfolgenden Spende von Organen oder Geweben oder im Zusammenhang mit einer im Sinne von § 9 des Transfusionsgesetzes erfolgenden Spende von Blut zur Separation von Blutstammzellen oder anderen Blutbestandteilen beziehen, das diesen Leistungen zugrunde liegende Arbeitsentgelt oder Arbeitseinkommen,
2e. bei Personen, die Krankengeld nach § 45 Absatz 1 des Fünften Buches oder Verletztengeld nach § 45 Absatz 4 des Siebten Buches in Verbindung mit § 45 Absatz 1 des Fünften Buches beziehen, 80 vom Hundert des während der Freistellung ausgefallenen, laufenden Arbeitsentgelts oder des der Leistung zugrunde liegenden Arbeitseinkommens,
2f. bei Personen, die Pflegeunterstützungsgeld beziehen, 80 vom Hundert des während der Freistellung ausgefallenen, laufenden Arbeitsentgelts,
3. bei Beziehern von Vorruhestandsgeld das Vorruhestandsgeld,
4. bei Entwicklungshelfern das Arbeitsentgelt oder, wenn dies günstiger ist, der Betrag, der sich ergibt, wenn die Beitragsbemessungsgrenze mit dem Verhältnis vervielfältigt wird, in dem die Summe der Arbeitsentgelte oder Arbeitseinkommen für die letzten drei vor Aufnahme der nach § 4 Abs. 1 versicherungspflichtigen Beschäftigung oder Tätigkeit voll mit Pflichtbeiträgen belegten Kalendermonate zur Summe der Beträge der Beitragsbemessungsgrenzen für diesen Zeitraum steht; der Verhältniswert beträgt mindestens 0,6667,

4a. bei Personen, die für eine begrenzte Zeit im Ausland beschäftigt sind, das Arbeitsentgelt oder der sich abweichend vom Arbeitsentgelt nach Nummer 4 ergebende Betrag, wenn dies mit der antragstellenden Stelle vereinbart wird; die Vereinbarung kann nur für laufende und künftige Lohn- und Gehaltsabrechnungszeiträume getroffen werden,

4b. bei sekundierten Personen das Arbeitsentgelt und die Leistungen nach § 9 des Sekundierungsgesetzes; im Übrigen gilt Nummer 4 entsprechend,

4c. bei sonstigen im Ausland beschäftigten Personen, die auf Antrag versicherungspflichtig sind, das Arbeitsentgelt,

5. bei Personen, die für Zeiten der Arbeitsunfähigkeit oder der Ausführung von Leistungen zur Teilhabe ohne Anspruch auf Krankengeld versichert sind, 80 vom Hundert des zuletzt für einen vollen Kalendermonat versicherten Arbeitsentgelts oder Arbeitseinkommens.

(2) ₁Beitragspflichtige Einnahmen sind bei nicht erwerbsmäßig tätigen Pflegepersonen bei Pflege einer

1. pflegebedürftigen Person des Pflegegrades 5 nach § 15 Absatz 3 Satz 4 Nummer 5 des Elften Buches

   a) 100 vom Hundert der Bezugsgröße, wenn die pflegebedürftige Person ausschließlich Pflegegeld nach § 37 des Elften Buches bezieht,

   b) 85 vom Hundert der Bezugsgröße, wenn die pflegebedürftige Person Kombinationsleistungen nach § 38 des Elften Buches bezieht,

   c) 70 vom Hundert der Bezugsgröße, wenn die pflegebedürftige Person ausschließlich Pflegesachleistungen nach § 36 des Elften Buches bezieht,

2. pflegebedürftigen Person des Pflegegrades 4 nach § 15 Absatz 3 Satz 4 Nummer 4 des Elften Buches

   a) 70 vom Hundert der Bezugsgröße, wenn die pflegebedürftige Person ausschließlich Pflegegeld nach § 37 des Elften Buches bezieht,

   b) 59,5 vom Hundert der Bezugsgröße, wenn die pflegebedürftige Person Kombinationsleistungen nach § 38 des Elften Buches bezieht,

   c) 49 vom Hundert der Bezugsgröße, wenn die pflegebedürftige Person ausschließlich Pflegesachleistungen nach § 36 des Elften Buches bezieht,

3. pflegebedürftigen Person des Pflegegrades 3 nach § 15 Absatz 3 Satz 4 Nummer 3 des Elften Buches

   a) 43 vom Hundert der Bezugsgröße, wenn die pflegebedürftige Person ausschließlich Pflegegeld nach § 37 des Elften Buches bezieht,

   b) 36,55 vom Hundert der Bezugsgröße, wenn die pflegebedürftige Person Kombinationsleistungen nach § 38 des Elften Buches bezieht,

   c) 30,1 vom Hundert der Bezugsgröße, wenn die pflegebedürftige Person ausschließlich Pflegesachleistungen nach § 36 des Elften Buches bezieht,

4. pflegebedürftigen Person des Pflegegrades 2 nach § 15 Absatz 3 Satz 4 Nummer 2 des Elften Buches

   a) 27 vom Hundert der Bezugsgröße, wenn die pflegebedürftige Person ausschließlich Pflegegeld nach § 37 des Elften Buches bezieht,

   b) 22,95 vom Hundert der Bezugsgröße, wenn die pflegebedürftige Person Kombinationsleistungen nach § 38 des Elften Buches bezieht,

   c) 18,9 vom Hundert der Bezugsgröße, wenn die pflegebedürftige Person ausschließlich Pflegesachleistungen nach § 36 des Elften Buches bezieht.

₂Üben mehrere nicht erwerbsmäßig tätige Pflegepersonen die Pflege gemeinsam aus (Mehrfachpflege), sind die beitragspflichtigen Einnahmen nach Satz 1 entsprechend dem nach § 44 Absatz 1 Satz 3 des Elften Buches festgestellten prozentualen Umfang der jeweiligen Pflegetätigkeit im Verhältnis zum Gesamtpflegeaufwand je pflegebedürftiger Person aufzuteilen. ₃Werden mehrere Pflegebedürftige gepflegt, ergeben sich die beitragspflichtigen Einnahmen jeweils nach den Sätzen 1 und 2.

§ 167 Freiwillig Versicherte

Die Mindestbeitragsbemessungsgrundlage beträgt für freiwillig Versicherte monatlich 450 Euro.

Dritter Titel
Verteilung der Beitragslast

§ 168 Beitragstragung bei Beschäftigten

(1) Die Beiträge werden getragen

1. bei Personen, die gegen Arbeitsentgelt beschäftigt werden, von den Versicherten und von den Arbeitgebern je zur Hälfte,

1a. bei Arbeitnehmern, die Kurzarbeitergeld beziehen, vom Arbeitgeber,

1b. bei Personen, die gegen Arbeitsentgelt geringfügig versicherungspflichtig beschäftigt werden, von den Arbeitgebern in Höhe des Betrages, der 15 vom Hundert des der Beschäftigung zugrunde liegenden Arbeitsentgelts entspricht, im Übrigen von den Versicherten,

1c. bei Personen, die gegen Arbeitsentgelt in Privathaushalten geringfügig versicherungspflichtig beschäftigt werden, von den Arbeitgebern in Höhe des Betrages, der 5 vom Hundert des der Beschäftigung zugrunde liegenden Arbeitsentgelts entspricht, im Übrigen vom Versicherten,

1d. bei Arbeitnehmern, deren beitragspflichtige Einnahme sich nach § 163 Abs. 10 Satz 1 bestimmt, von den Arbeitgebern in Höhe der Hälfte des Betrages, der sich ergibt, wenn der Beitragssatz auf das der Beschäftigung zugrunde liegende Arbeitsentgelt angewendet wird, im Übrigen vom Versicherten,

2. bei behinderten Menschen von den Trägern der Einrichtung oder dem anderen Leistungsanbieter nach § 60 des Neunten Buches, wenn ein Arbeitsentgelt nicht bezogen wird oder das monatliche Arbeitsentgelt 20 vom Hundert der monatlichen Bezugsgröße nicht übersteigt, sowie für den Betrag zwischen dem monatlichen Arbeitsentgelt und 80 vom Hundert der monatlichen Bezugsgröße, wenn das monatliche Arbeitsentgelt 80 vom Hundert der monatlichen Bezugsgröße nicht übersteigt, im Übrigen von den Versicherten und den Trägern der Einrichtung je zur Hälfte,

2a. bei behinderten Menschen, die im Anschluss an eine Beschäftigung in einer nach dem Neunten Buch anerkannten Werkstatt für behinderte Menschen oder nach einer Beschäftigung bei einem anderen Leistungsanbieter nach § 60 des Neunten Buches in einem Inklusionsbetrieb (§ 215 Neuntes Buch) beschäftigt sind, von den Trägern der Inklusionsbetriebe für den Betrag zwischen dem monatlichen Arbeitsentgelt und 80 vom Hundert der monatlichen Bezugsgröße, wenn das monatliche Arbeitsentgelt 80 vom Hundert der monatlichen Bezugsgröße nicht übersteigt, im Übrigen von den Versicherten und den Trägern der Inklusionsbetriebe je zur Hälfte,

3. bei Personen, die für eine Erwerbstätigkeit befähigt werden sollen, von den Trägern der Einrichtung,

3a. bei Auszubildenden, die in einer außerbetrieblichen Einrichtung im Rahmen eines Berufsausbildungsvertrages nach dem Berufsbildungsgesetz ausgebildet werden, von den Trägern der Einrichtung,

3b. bei behinderten Menschen während der individuellen betrieblichen Qualifizierung im Rahmen der Unterstützten Beschäftigung nach § 55 des Neunten Buches von dem zuständigen Rehabilitationsträger,

4. bei Mitgliedern geistlicher Genossenschaften, Diakonissen und Angehörigen ähnlicher Gemeinschaften von den Genossenschaften oder Gemeinschaften, wenn das monatliche Arbeitsentgelt 40 vom Hundert der monatlichen Bezugsgröße nicht übersteigt, im Übrigen von den Mitgliedern und den Genossenschaften oder Gemeinschaften je zur Hälfte,

5. bei Arbeitnehmern, die ehrenamtlich tätig sind, für den Unterschiedsbetrag von ihnen selbst,

6. bei Arbeitnehmern, die nach dem Altersteilzeitgesetz Aufstockungsbeträge zum Arbeitsentgelt erhalten, für die sich nach § 163 Abs. 5 Satz 1 ergebende beitragspflichtige Einnahme von den Arbeitgebern,

7. bei Arbeitnehmern, die nach dem Altersteilzeitgesetz Aufstockungsbeträge zum Krankengeld, Versorgungskrankengeld, Verletztengeld, Übergangsgeld oder Krankentagegeld erhalten, für die sich nach § 163 Abs. 5 Satz 2 ergebende beitragspflichtige Einnahme

   a) von der Bundesagentur oder, im Fall der Leistungserbringung nach § 10 Abs. 2 Satz 2 des Altersteilzeitgesetzes, von den Arbeitgebern, wenn die Voraussetzungen des § 4 des Altersteilzeitgesetzes vorliegen,

   b) von den Arbeitgebern, wenn die Voraussetzungen des § 4 des Altersteilzeitgesetzes nicht vorliegen.

(2) Wird infolge einmalig gezahlten Arbeitsentgelts die in Absatz 1 Nr. 2 genannte Grenze von 20 vom Hundert der monatlichen Bezugsgröße überschritten, tragen die Versicherten und die Arbeitgeber die Beiträge von dem diese Grenze übersteigenden Teil des Arbeitsentgelts jeweils zur Hälfte; im Übrigen tragen die Arbeitgeber den Beitrag allein.

(3) Personen, die in der knappschaftlichen Rentenversicherung versichert sind, tragen die Beiträge in Höhe des Vomhundertsatzes, den sie zu tragen hätten, wenn sie in der allgemeinen Rentenversicherung versichert wären; im Übrigen tragen die Arbeitgeber die Beiträge.

§ 169 Beitragstragung bei selbständig Tätigen

Die Beiträge werden getragen

1. bei selbständig Tätigen von ihnen selbst,
2. bei Künstlern und Publizisten von der Künstlersozialkasse,
3. bei Hausgewerbetreibenden von den Versicherten und den Arbeitgebern je zur Hälfte,
4. bei Hausgewerbetreibenden, die ehrenamtlich tätig sind, für den Unterschiedsbetrag von ihnen selbst.

§ 170 Beitragstragung bei sonstigen Versicherten

(1) Die Beiträge werden getragen

1. bei Wehr- oder Zivildienstleistenden, Personen in einem Wehrdienstverhältnis besonderer Art nach § 6 des Einsatz-Weiterverwendungsgesetzes und für Kindererziehungszeiten vom Bund,

2. bei Personen, die

   a) Krankengeld oder Verletztengeld beziehen, von den Beziehern der Leistung und den Leistungsträgern je zur Hälfte, soweit sie auf die Leistung entfallen und diese Leistungen nicht in Höhe der Leistungen der Bundesagentur für Arbeit zu zahlen sind, im Übrigen vom Leistungsträger; die Beiträge werden auch dann von den Leistungsträgern getragen, wenn die Bezieher der Leistung zur Berufsausbildung beschäftigt sind und das der Leistung zugrunde liegende Arbeitsentgelt auf den Monat bezogen 450 Euro nicht übersteigt,

   b) Versorgungskrankengeld, Übergangsgeld oder Arbeitslosengeld beziehen, von den Leistungsträgern,

   c) Krankengeld nach § 44a des Fünften Buches beziehen, vom Leistungsträger,

   d) für Personen, die Leistungen für den Ausfall von Arbeitseinkünften im Zusammenhang mit einer nach den §§ 8 und 8a des Transplantationsgesetzes erfolgenden Spende von Organen oder Geweben oder im Zusammenhang mit einer im Sinne von § 9 des Transfusionsgesetzes erfolgenden Spende von Blut zur Separation von Blutstammzellen oder anderen Blutbestandteilen erhalten, von der Stelle, die die Leistung erbringt; wird die Leistung von mehreren Stellen erbracht, sind die Beiträge entsprechend anteilig zu tragen,

   e) Pflegeunterstützungsgeld beziehen, von den Beziehern der Leistung zur Hälfte, soweit sie auf die Leistung entfallen, im Übrigen

      aa) von der Pflegekasse, wenn der Pflegebedürftige in der sozialen Pflegeversicherung versichert ist,

      bb) von dem privaten Versicherungsunternehmen, wenn der Pflegebedürftige in der sozialen Pflegeversicherung versicherungsfrei ist,

      cc) von der Festsetzungsstelle für die Beihilfe oder dem Dienstherrn und

§§ 171–172 SGB VI: Gesetzliche Rentenversicherung

der Pflegekasse oder dem privaten Versicherungsunternehmen anteilig, wenn der Pflegebedürftige Anspruch auf Beihilfe oder Heilfürsorge hat und in der sozialen Pflegeversicherung oder bei einem privaten Versicherungsunternehmen versichert ist; ist ein Träger der Rentenversicherung Festsetzungsstelle für die Beihilfe, gelten die Beiträge insoweit als gezahlt; dies gilt auch im Verhältnis der Rentenversicherungsträger untereinander;

die Beiträge werden von den Stellen, die die Leistung zu erbringen haben, allein getragen, wenn die Bezieher der Leistung zur Berufsausbildung beschäftigt sind und das der Leistung zugrunde liegende Arbeitsentgelt auf den Monat bezogen 450 Euro nicht übersteigt; Doppelbuchstabe cc gilt entsprechend,

3. bei Bezug von Vorruhestandsgeld von den Beziehern und den zur Zahlung des Vorruhestandsgeldes Verpflichteten je zur Hälfte,

4. bei Entwicklungshelfern, bei Personen, die für eine begrenzte Zeit im Ausland beschäftigt sind, bei sekundierten Personen oder bei sonstigen im Ausland beschäftigten Personen von den antragstellenden Stellen,

5. bei Zeiten der Arbeitsunfähigkeit oder der Ausführung von Leistungen zur Teilhabe ohne Anspruch auf Krankengeld von den Versicherten selbst,

6. bei nicht erwerbsmäßig tätigen Pflegepersonen, die einen

   a) in der sozialen Pflegeversicherung versicherten Pflegebedürftigen pflegen, von der Pflegekasse,

   b) in der sozialen Pflegeversicherung versicherungsfreien Pflegebedürftigen pflegen, von dem privaten Versicherungsunternehmen,

   c) Pflegebedürftigen pflegen, der wegen Pflegebedürftigkeit Beihilfeleistungen oder Leistungen der Heilfürsorge und Leistungen einer Pflegekasse oder eines privaten Versicherungsunternehmens erhält, von der Festsetzungsstelle für die Beihilfe oder vom Dienstherrn

und der Pflegekasse oder dem privaten Versicherungsunternehmen anteilig; ist ein Träger der Rentenversicherung Festsetzungsstelle für die Beihilfe, gelten die Beiträge insoweit als gezahlt; dies gilt auch im Verhältnis der Rentenversicherungsträger untereinander.

(2) ₁Bezieher von Krankengeld, Pflegeunterstützungsgeld oder Verletztengeld, die in der knappschaftlichen Rentenversicherung versichert sind, tragen die Beiträge in Höhe des Vomhundertsatzes, den sie zu tragen hätten, wenn sie in der allgemeinen Rentenversicherung versichert wären; im Übrigen tragen die Beiträge die Leistungsträger. ₂Satz 1 gilt entsprechend für Bezieher von Vorruhestandsgeld, die in der knappschaftlichen Rentenversicherung versichert sind.

§ 171 Freiwillig Versicherte

Freiwillig Versicherte tragen ihre Beiträge selbst.

§ 172 Arbeitgeberanteil bei Versicherungsfreiheit und Befreiung von der Versicherungspflicht

(1) ₁Für Beschäftigte, die versicherungsfrei sind wegen

1. des Bezugs einer Vollrente wegen Alters nach Ablauf des Monats, in dem die Regelaltersgrenze erreicht wurde,

2. des Bezugs einer Versorgung,

3. des Erreichens der Regelaltersgrenze oder

4. einer Beitragserstattung,

tragen die Arbeitgeber die Hälfte des Beitrags, der zu zahlen wäre, wenn die Beschäftigten versicherungspflichtig wären; in der knappschaftlichen Rentenversicherung ist statt der Hälfte des Beitrags der auf die Arbeitgeber entfallende Beitragsanteil zu zahlen. ₂Satz 1 findet keine Anwendung auf versicherungsfrei geringfügig Beschäftigte und Beschäftigte nach § 1 Satz 1 Nr. 2.

(2) (weggefallen)

(3) ₁Für Beschäftigte nach § 8 Abs. 1 Nr. 1 des Vierten Buches, die in dieser Beschäftigung nach § 6 Absatz 1b oder nach anderen Vorschriften von der Versicherungspflicht befreit sind oder die nach § 5 Abs. 4 versicherungs-

SGB VI: Gesetzliche Rentenversicherung

frei sind, tragen die Arbeitgeber einen Beitragsanteil in Höhe von 15 vom Hundert des Arbeitsentgelts, das beitragspflichtig wäre, wenn die Beschäftigten versicherungspflichtig wären. ₂Dies gilt nicht für Personen, die während der Dauer eines Studiums als ordentliche Studierende einer Fachschule oder Hochschule ein Praktikum ableisten, das nicht in ihrer Studienordnung oder Prüfungsordnung vorgeschrieben ist.

(3a) Für Beschäftigte in Privathaushalten nach § 8a Satz 1 des Vierten Buches, die in dieser Beschäftigung nach § 6 Absatz 1b oder nach anderen Vorschriften von der Versicherungspflicht befreit sind oder die nach § 5 Abs. 4 versicherungsfrei sind, tragen die Arbeitgeber einen Beitragsanteil in Höhe von 5 vom Hundert des Arbeitsentgelts, das beitragspflichtig wäre, wenn die Beschäftigten versicherungspflichtig wären.

(4) Für den Beitragsanteil des Arbeitgebers gelten die Vorschriften des Dritten Abschnitts des Vierten Buches sowie die Bußgeldvorschriften des § 111 Abs. 1 Nr. 2 bis 4, 8 und Abs. 2 und 4 des Vierten Buches entsprechend.

§ 172a Beitragszuschüsse des Arbeitgebers für Mitglieder berufsständischer Versorgungseinrichtungen

Für Beschäftigte, die nach § 6 Absatz 1 Satz 1 Nummer 1 von der Versicherungspflicht befreit sind, zahlen die Arbeitgeber einen Zuschuss in Höhe der Hälfte des Beitrags zu einer berufsständischen Versorgungseinrichtung, höchstens aber die Hälfte des Beitrags, der zu zahlen wäre, wenn die Beschäftigten nicht von der Versicherungspflicht in der gesetzlichen Rentenversicherung befreit worden wären.

Vierter Titel
Zahlung der Beiträge

§ 173 Grundsatz

Die Beiträge sind, soweit nicht etwas anderes bestimmt ist, von denjenigen, die sie zu tragen haben (Beitragsschuldner), unmittelbar an die Träger der Rentenversicherung zu zahlen.

§ 174 Beitragszahlung aus dem Arbeitsentgelt und Arbeitseinkommen

(1) Für die Zahlung der Beiträge von Versicherungspflichtigen aus Arbeitsentgelt und Hausgewerbetreibenden gelten die Vorschriften über den Gesamtsozialversicherungsbeitrag (§§ 28d bis 28n und 28r Viertes Buch).

(2) Für die Beitragszahlung

1. aus dem Arbeitseinkommen von Seelotsen,
2. aus Vorruhestandsgeld,
3. aus der maßgebenden beitragspflichtigen Einnahme für Entwicklungshelfer, für Personen, die für eine begrenzte Zeit im Ausland beschäftigt sind, für sekundierte Personen oder für die sonstigen im Ausland beschäftigten Personen

gilt Absatz 1 entsprechend.

(3) Für die Beitragszahlung nach Absatz 2 gelten als Arbeitgeber

1. die Lotsenbrüderschaften,
2. die zur Zahlung des Vorruhestandsgeldes Verpflichteten,
3. die antragstellenden Stellen.

§ 175 Beitragszahlung bei Künstlern und Publizisten

(1) Die Künstlersozialkasse zahlt für nachgewiesene Zeiten des Bezugs von Krankengeld, Verletztengeld, Versorgungskrankengeld, Übergangsgeld oder Mutterschaftsgeld sowie für nachgewiesene Anrechnungszeiten von Künstlern und Publizisten keine Beiträge.

(2) Die Künstlersozialkasse ist zur Zahlung eines Beitrags für Künstler und Publizisten nur insoweit verpflichtet, als diese ihren Beitragsanteil zur Rentenversicherung nach dem Künstlersozialversicherungsgesetz an die Künstlersozialkasse gezahlt haben.

§ 176 Beitragszahlung und Abrechnung bei Bezug von Sozialleistungen, bei Leistungen im Eingangsverfahren und im Berufsbildungsbereich anerkannter Werkstätten für behinderte Menschen

(1) ₁Soweit Personen, die Krankengeld, Pflegeunterstützungsgeld oder Verletztengeld beziehen, an den Beiträgen zur Rentenversi-

cherung beteiligt sind, zahlen die Leistungsträger die Beiträge an die Träger der Rentenversicherung. ₂Als Leistungsträger gelten bei Bezug von Pflegeunterstützungsgeld auch private Versicherungsunternehmen, Festsetzungsstellen für die Beihilfe und Dienstherren. ₃Für den Beitragsabzug gilt § 28g Satz 1 des Vierten Buches entsprechend.

(2) ₁Das Nähere über Zahlung und Abrechnung der Beiträge für Bezieher von Sozialleistungen können die Leistungsträger und die Deutsche Rentenversicherung Bund durch Vereinbarung regeln. ₂Bei Bezug von Pflegeunterstützungsgeld gilt § 176a entsprechend.

(3) ₁Ist ein Träger der Rentenversicherung Träger der Rehabilitation, gelten die Beiträge als gezahlt. ₂Satz 1 gilt entsprechend bei Leistungen im Eingangsverfahren und im Berufsbildungsbereich anerkannter Werkstätten für behinderte Menschen oder entsprechenden Leistungen bei einem anderen Leistungsanbieter nach § 60 des Neunten Buches.

§ 176a Beitragszahlung und Abrechnung bei Pflegepersonen

Das Nähere über Zahlung und Abrechnung der Beiträge für nicht erwerbsmäßig tätige Pflegepersonen können die Spitzenverbände der Pflegekassen, der Verband der privaten Krankenversicherung e. V., die Festsetzungsstellen für die Beihilfe und die Deutsche Rentenversicherung Bund durch Vereinbarung regeln.

§ 177 Beitragszahlung für Kindererziehungszeiten

(1) Die Beiträge für Kindererziehungszeiten werden vom Bund gezahlt.

(2) ₁Der Bund zahlt zur pauschalen Abgeltung für die Beitragszahlung für Kindererziehungszeiten an die allgemeine Rentenversicherung für das Jahr 2000 einen Betrag in Höhe von 22,4 Milliarden Deutsche Mark. ₂Dieser Betrag verändert sich im jeweils folgenden Kalenderjahr in dem Verhältnis, in dem

1. die Bruttolöhne und -gehälter je Arbeitnehmer (§ 68 Abs. 2 Satz 1) im vergangenen Kalenderjahr zu den entsprechenden Bruttolöhnen und -gehältern im vorvergangenen Kalenderjahr stehen,
2. bei Veränderungen des Beitragssatzes der Beitragssatz des Jahres, für das er bestimmt wird, zum Beitragssatz des laufenden Kalenderjahres steht,
3. die Anzahl der unter Dreijährigen im vorvergangenen Kalenderjahr zur entsprechenden Anzahl der unter Dreijährigen in dem dem vorvergangenen vorausgehenden Kalenderjahr steht.

(3) ₁Bei der Bestimmung der Bruttolöhne und -gehälter je Arbeitnehmer sind für das vergangene Kalenderjahr die dem Statistischen Bundesamt zu Beginn eines Kalenderjahres vorliegenden Daten und für das vorvergangene Kalenderjahr die bei der Bestimmung der bisherigen Veränderungsrate verwendeten Daten zugrunde zu legen. ₂Bei der Anzahl der unter Dreijährigen in einem Kalenderjahr sind die für das jeweilige Kalenderjahr zum Jahresende vorliegenden Daten des Statistischen Bundesamtes zugrunde zu legen.

(4) ₁Die Beitragszahlung des Bundes erfolgt in zwölf gleichen Monatsraten. ₂Die Festsetzung und Auszahlung der Monatsraten sowie die Abrechnung führt das Bundesversicherungsamt entsprechend den haushaltsrechtlichen Vorschriften durch.

§ 178 Verordnungsermächtigung

(1) Das Bundesministerium für Arbeit und Soziales wird ermächtigt, im Einvernehmen mit dem Bundesministerium der Verteidigung, dem Bundesministerium für Familie, Senioren, Frauen und Jugend und dem Bundesministerium der Finanzen durch Rechtsverordnung mit Zustimmung des Bundesrates

1. eine pauschale Berechnung der Beiträge für Wehrdienstleistende und Zivildienstleistende sowie die Berechnung der Beiträge für Personen in einem Wehrdienstverhältnis besonderer Art nach § 6 des Einsatz-Weiterverwendungsgesetzes,
2. die Verteilung des Gesamtbetrags auf die Träger der Rentenversicherung und
3. die Zahlungsweise sowie das Verfahren

zu bestimmen.

(2) Das Bundesministerium für Arbeit und Soziales wird ermächtigt, durch Rechtsverordnung mit Zustimmung des Bundesrates Berechnungs- und Zahlungsweise sowie das Verfahren für die Zahlung der Beiträge außerhalb der Vorschriften über den Einzug des

SGB VI: Gesetzliche Rentenversicherung § 179

Gesamtsozialversicherungsbeitrags und für die Zahlungsweise von Pflichtbeiträgen und von freiwilligen Beiträgen bei Aufenthalt im Ausland zu bestimmen.

(3) Das Bundesministerium für Arbeit und Soziales macht im Einvernehmen mit dem Bundesministerium der Finanzen den Betrag, der vom Bund für Kindererziehungszeiten an die allgemeine Rentenversicherung pauschal zu zahlen ist, im Bundesanzeiger bekannt.

Fünfter Titel
Erstattungen

§ 179 Erstattung von Aufwendungen

(1) ₁Für behinderte Menschen nach § 1 Satz 1 Nummer 2 Buchstabe a, die im Arbeitsbereich einer anerkannten Werkstatt für behinderte Menschen oder bei einem anderen Leistungsanbieter nach § 60 des Neunten Buches tätig sind, erstattet der Bund den Trägern der Einrichtung oder dem anderen Anbieter nach § 60 des Neunten Buches die Beiträge, die auf den Betrag zwischen dem tatsächlich erzielten monatlichen Arbeitsentgelt und 80 Prozent der monatlichen Bezugsgröße entfallen, ohne das tatsächlich erzielte monatliche Arbeitsentgelt 80 Prozent der monatlichen Bezugsgröße nicht übersteigt; der Bund erstattet den Trägern der Einrichtung oder dem anderen Leistungsanbieter nach § 60 des Neunten Buches ferner die Beiträge für behinderte Menschen im Eingangsverfahren und im Berufsbildungsbereich einer anerkannten Werkstatt für behinderte Menschen oder in einer entsprechenden Bildungsmaßnahme bei einem anderen Leistungsanbieter nach § 60 des Neunten Buches, soweit Satz 2 nichts anderes bestimmt. ₂Im Übrigen erstatten die Kostenträger den Trägern der Einrichtung oder dem anderen Leistungsanbieter nach § 60 des Neunten Buches die von diesen getragenen Beiträge für behinderte Menschen; das gilt auch, wenn sie im Eingangsverfahren oder im Berufsbildungsbereich anerkannter Werkstätten für behinderte Menschen oder in einer entsprechenden Bildungsmaßnahme bei einem anderen Leistungsanbieter nach § 60 des Neunten Buches tätig sind, soweit die Bundesagentur für Arbeit, die Träger der Unfallversicherung oder die Träger der Rentenversicherung zuständige Kostenträger sind. ₃Für behinderte Menschen, die im Anschluss an eine Beschäftigung in einer nach dem Neunten Buch anerkannten Werkstatt für behinderte Menschen oder im Anschluss an eine Beschäftigung bei einem anderen Leistungsanbieter nach § 60 des Neunten Buches in einem Inklusionsbetrieb (§ 215 des Neunten Buches) beschäftigt sind, gilt Satz 1 entsprechend. ₄Die zuständigen Stellen, die Erstattungen des Bundes nach Satz 1 oder 3 durchführen, können auch nach erfolgter Erstattung bei den davon umfassten Einrichtungen, anderen Leistungsanbietern nach § 60 des Neunten Buches, Inklusionsbetrieben oder bei deren Trägern die Voraussetzungen der Erstattung prüfen. ₅Soweit es im Einzelfall erforderlich ist, haben die von der Erstattung umfassten Einrichtungen, anderen Leistungsanbietern nach § 60 des Neunten Buches, Inklusionsbetriebe oder deren Träger den zuständigen Stellen auf Verlangen über alle Tatsachen Auskunft zu erteilen, die für die Prüfung der Voraussetzungen der Erstattung erforderlich sind. ₆Sie haben auf Verlangen die Geschäftsbücher, Listen oder andere Unterlagen, aus denen die Angaben über die der Erstattung zu Grunde liegende Beschäftigung hervorgehen, während der Betriebszeit nach ihrer Wahl entweder in ihren eigenen Geschäftsräumen oder denen der zuständigen Stelle zur Einsicht vorzulegen. ₇Das Wahlrecht nach Satz 6 entfällt, wenn besondere Gründe eine Prüfung in den Geschäftsräumen der Einrichtungen, anderen Leistungsanbietern nach § 60 des Neunten Buches, Inklusionsbetriebe oder deren Trägern gerechtfertigt erscheinen lassen.

(1a) ₁Ein auf anderen gesetzlichen Vorschriften beruhender Anspruch auf Ersatz eines Schadens geht auf den Bund über, soweit dieser auf Grund des Schadensereignisses Erstattungsleistungen nach Absatz 1 Satz 1 und 3 erbracht hat. ₂Die nach Landesrecht für die Erstattung von Aufwendungen für die gesetzliche Rentenversicherung der in Werkstätten oder bei einem anderen Leistungsanbieter nach § 60 des Neunten Buches beschäftigten behinderten Menschen zuständige Stelle macht den nach Satz 1 übergegangenen Anspruch geltend. ₃§ 116 Abs. 2 bis 7, 9 und die §§ 117 und 118 des Zehnten Buches gelten entsprechend. ₄Werden Beiträge nach Absatz 1 Satz 2 erstattet, gelten die Sätze 1 und 3 entsprechend mit der Maßgabe, dass der Anspruch auf den Kostenträger übergeht. ₅Der Kostenträger erfragt, ob ein Schadensereignis vorliegt und übermittelt diese Antwort an die Stelle, die den Anspruch auf Ersatz von Beiträgen zur Rentenversicherung geltend macht.

(2) ₁Bei den nach § 4 Absatz 1 versicherten Personen sind unbeschadet der Regelung über die Beitragstragung Vereinbarungen zulässig, wonach Versicherte den antragstellenden Stellen die Beiträge ganz oder teilweise zu erstatten haben. ₂Besteht eine Pflicht zur Antragstellung nach § 11 des Entwicklungshelfer-Gesetzes, so ist eine Vereinbarung zulässig, soweit die Entwicklungshelfer von einer Stelle im Sinne des § 5 Abs. 2 des Entwicklungshelfer-Gesetzes Zuwendungen erhalten, die zur Abdeckung von Risiken bestimmt sind, die von der Rentenversicherung abgesichert werden.

§ 180 Verordnungsermächtigung

Das Bundesministerium für Arbeit und Soziales wird ermächtigt, im Einvernehmen mit dem Bundesministerium der Finanzen durch Rechtsverordnung mit Zustimmung des Bundesrates das Nähere über die Erstattung von Beiträgen für behinderte Menschen, die Zahlung von Vorschüssen sowie die Prüfung der Voraussetzungen der Erstattungen bei den Einrichtungen, bei anderen Leistungsanbietern nach § 60 des Neunten Buches, Inklusionsbetrieben und bei deren Trägern einschließlich deren Mitwirkung gemäß § 179 Abs. 1 zu regeln.

Sechster Titel
Nachversicherung

§ 181 Berechnung und Tragung der Beiträge

(1) ₁Die Berechnung der Beiträge erfolgt nach den Vorschriften, die zum Zeitpunkt der Zahlung der Beiträge für versicherungspflichtige Beschäftigte gelten. ₂Als Zeitpunkt der Zahlung gilt der Tag der Wertstellung des Gegenwerts der Beiträge auf dem Konto des Rentenversicherungsträgers.

(2) ₁Beitragsbemessungsgrundlage sind die beitragspflichtigen Einnahmen aus der Beschäftigung im Nachversicherungszeitraum bis zur jeweiligen Beitragsbemessungsgrenze. ₂Ist die Gewährleistung der Versorgungsanwartschaft auf eine weitere Beschäftigung erstreckt worden, werden für diesen Zeitraum auch die beitragspflichtigen Einnahmen aus der weiteren Beschäftigung, bei Entwicklungshelfern und Personen, die für eine begrenzte Zeit im Ausland beschäftigt sind, der sich aus § 166 Absatz 1 Nummer 4 und 4a ergebende Betrag bis zur jeweiligen Beitragsbemessungsgrenze zugrunde gelegt.

(2a) ₁Bei nachzuversichernden Soldaten auf Zeit sind abweichend von Absatz 2 Satz 1 Beitragsbemessungsgrundlage die um 20 vom Hundert erhöhten beitragspflichtigen Einnahmen. ₂Bei der Erhöhung der beitragspflichtigen Einnahmen sind abweichend von § 157 auch beitragspflichtige Einnahmen über der jeweiligen Beitragsbemessungsgrenze zu berücksichtigen, höchstens bis zu einem Betrag der um 20 vom Hundert erhöhten Beitragsbemessungsgrenze.

(3) ₁Mindestbeitragsbemessungsgrundlage ist ein Betrag in Höhe von 40 vom Hundert der jeweiligen Bezugsgröße, für Ausbildungszeiten die Hälfte dieses Betrages und für Zeiten einer Teilzeitbeschäftigung der Teil dieses Betrages, der dem Verhältnis der ermäßigten zur regelmäßigen Arbeitszeit entspricht. ₂Mindestbeitragsbemessungsgrundlage für die dem Grundwehrdienst entsprechenden Dienstzeiten von Zeit- oder Berufssoldaten ist der Betrag, der für die Berechnung der Beiträge für Grundwehrdienstleistende im jeweiligen Zeitraum maßgebend war.

(4) Die Beitragsbemessungsgrundlage und die Mindestbeitragsbemessungsgrundlage werden für die Berechnung der Beiträge um den Vomhundertsatz angepasst, um den das vorläufige Durchschnittsentgelt für das Kalenderjahr, in dem die Beiträge gezahlt werden, das Durchschnittsentgelt für das Kalenderjahr, für das die Beiträge gezahlt werden, übersteigt oder unterschreitet.

(5) ₁Die Beiträge werden von den Arbeitgebern, Genossenschaften oder Gemeinschaften getragen. ₂Ist die Gewährleistung der Versorgungsanwartschaft auf eine weitere Beschäftigung erstreckt worden, werden die

Beiträge für diesen Zeitraum von den Arbeitgebern, Genossenschaften oder Gemeinschaften getragen, die die Gewährleistung erstreckt haben; Erstattungsvereinbarungen sind zulässig.

§ 182 Zusammentreffen mit vorhandenen Beiträgen

(1) ₁Sind für den Nachversicherungszeitraum bereits Pflichtbeiträge gezahlt worden, haben die Arbeitgeber, Genossenschaften oder Gemeinschaften die Beiträge für die Nachversicherung nur insoweit zu zahlen, als dadurch die jeweilige Beitragsbemessungsgrenze nicht überschritten wird. ₂Bei nachzuversichernden Soldaten auf Zeit ist eine Überschreitung der Beitragsbemessungsgrenze nach Maßgabe des § 181 Absatz 2a zulässig.

(2) ₁Sind für den Nachversicherungszeitraum bereits freiwillige Beiträge gezahlt worden, werden sie erstattet. ₂Freiwillige Beiträge, die von den Arbeitgebern, Genossenschaften oder Gemeinschaften getragen wurden, gelten als bereits gezahlte Beiträge für die Nachversicherung und werden von dem Gesamtbetrag der Beiträge abgesetzt; ihr Wert erhöht sich um den Vomhundertsatz, um den das vorläufige Durchschnittsentgelt für das Kalenderjahr, in dem die Beiträge für die Nachversicherung gezahlt werden, das Durchschnittsentgelt für das Kalenderjahr, für das die freiwilligen Beiträge gezahlt wurden, übersteigt.

§ 183 Erhöhung und Minderung der Beiträge bei Versorgungsausgleich

(1) ₁Die Beiträge erhöhen sich für Nachzuversichernde, zu deren Lasten ein Versorgungsausgleich durchgeführt worden ist, wenn diese eine Kürzung ihrer Versorgungsbezüge durch die Zahlung eines Kapitalbetrags an den Arbeitgeber oder Träger der Versorgungslast ganz oder teilweise abgewendet haben. ₂Erhöhungsbetrag ist der Betrag, der zum Zeitpunkt der Zahlung der Beiträge für die Nachversicherung erforderlich ist, um Rentenanwartschaften in der gleichen Höhe zu begründen, in der die Minderung der Versorgungsanwartschaften abgewendet wurde.

(2) ₁Die Beiträge mindern sich für Nachzuversichernde, zu deren Lasten ein Versorgungsausgleich durchgeführt worden ist, wenn der Träger der Versorgungslast

1. bereits Aufwendungen des Trägers der Rentenversicherung aus der Versicherung des Ausgleichsberechtigten erstattet hat (§ 225 Abs. 1),

2. zur Ablösung der Erstattungspflicht für die Begründung von Rentenanwartschaften zugunsten des Ausgleichsberechtigten Beiträge gezahlt hat (§ 225 Abs. 2).

₂Minderungsbetrag ist

1. in den Fällen des Satzes 1 Nr. 1 ein Betrag von zwei Dritteln der erstatteten Aufwendungen,

2. in den Fällen des Satzes 1 Nr. 2 der Betrag der gezahlten Beiträge, erhöht um den Vomhundertsatz, um den das vorläufige Durchschnittsentgelt für das Kalenderjahr, in dem die Beiträge für die Nachversicherung gezahlt werden, das Durchschnittsentgelt übersteigt, das für die Berechnung der Beiträge zur Ablösung der Erstattungspflicht maßgebend war.

§ 184 Fälligkeit der Beiträge und Aufschub

(1) ₁Die Beiträge sind zu zahlen, wenn die Voraussetzungen für die Nachversicherung eingetreten sind, insbesondere Gründe für einen Aufschub der Beitragszahlung nicht gegeben sind. ₂§ 24 des Vierten Buches ist mit der Maßgabe anzuwenden, dass die Säumnis drei Monate nach Eintritt der Fälligkeit beginnt und für die Ermittlung des rückständigen Betrages die zu diesem Zeitpunkt geltenden Rechengrößen anzuwenden sind. ₃Sind die Beiträge vor dem 1. Oktober 1994 fällig geworden, beginnt die Säumnis am 1. Januar 1995; für die Berechnung des rückständigen Betrages sind die zu diesem Zeitpunkt geltenden Rechengrößen anzuwenden.

(2) ₁Die Beitragszahlung wird aufgeschoben, wenn

1. die Beschäftigung nach einer Unterbrechung, die infolge ihrer Eigenart oder vertraglich im Voraus zeitlich begrenzt ist, voraussichtlich wieder aufgenommen wird,

2. eine andere Beschäftigung sofort oder voraussichtlich innerhalb von zwei Jahren nach dem Ausscheiden aufgenommen wird, in der wegen Gewährleistung einer Versorgungsanwartschaft Versicherungsfreiheit besteht oder eine Befreiung von der Versicherungspflicht erfolgt, sofern der Nachversicherungszeitraum bei der Versorgungsanwartschaft aus der anderen Beschäftigung berücksichtigt wird,
3. eine widerrufliche Versorgung gezahlt wird, die der aus einer Nachversicherung erwachsenden Rentenanwartschaft mindestens gleichwertig ist.

₂Der Aufschub der Beitragszahlung erstreckt sich in den Fällen des Satzes 1 Nr. 1 und 2 auch auf die Zeit der wieder aufgenommenen oder anderen Beschäftigung und endet mit einem Eintritt der Nachversicherungsvoraussetzungen für diese Beschäftigungen.

(3) Über den Aufschub der Beitragszahlung entscheiden die Arbeitgeber, Genossenschaften oder Gemeinschaften.

(4) ₁Wird die Beitragszahlung aufgeschoben, erteilen die Arbeitgeber, Genossenschaften oder Gemeinschaften den ausgeschiedenen Beschäftigten und dem Träger der Rentenversicherung eine Bescheinigung über den Nachversicherungszeitraum und die Gründe für einen Aufschub der Beitragszahlung (Aufschubbescheinigung). ₂Die ausgeschiedenen Beschäftigten und der Träger der Rentenversicherung können verlangen, dass sich die Aufschubbescheinigung auch auf die beitragspflichtigen Einnahmen erstreckt, die einer Nachversicherung in den einzelnen Kalenderjahren zugrunde zu legen wären.

§ 185 Zahlung der Beiträge und Wirkung der Beitragszahlung

(1) ₁Die Arbeitgeber, Genossenschaften oder Gemeinschaften zahlen die Beiträge unmittelbar an den Träger der Rentenversicherung. ₂Sie haben dem Träger der Rentenversicherung mit der Beitragszahlung mitzuteilen, ob und in welcher Höhe ein Versorgungsausgleich zu Lasten der Nachversicherten durchgeführt und eine Kürzung der Versorgungsbezüge durch die Zahlung eines Kapitalbetrags abgewendet wurde. ₃Satz 1 gilt nicht, wenn der Arbeitgeber ein Träger der Rentenversicherung ist; in diesen Fällen gelten die Beiträge als zu dem Zeitpunkt gezahlt, zu dem die Voraussetzungen für die Nachversicherung eingetreten sind.

(2) ₁Die gezahlten Beiträge gelten als rechtzeitig gezahlte Pflichtbeiträge. ₂Hat das Familiengericht vor Durchführung der Nachversicherung einen Versorgungsausgleich zu Lasten von Nachversicherten durchgeführt, gilt

1. eine Begründung von Rentenanwartschaften und
2. eine Übertragung von Anrechten aus einer Beamtenversorgung auf Grund einer internen Teilung in der Beamtenversorgung

mit der Zahlung der Beiträge an den Träger der Rentenversicherung oder in den Fällen des Absatzes 1 Satz 3 mit dem Eintritt der Voraussetzungen für die Nachversicherung als in der Rentenversicherung übertragen. ₃In den Fällen des Satzes 2 Nr. 2 gelten für die Ermittlung des Abschlags an Entgeltpunkten § 76 Abs. 4 und § 264a Abs. 2 entsprechend; an die Stelle des Monatsbetrags der Rentenanwartschaft tritt der vom Familiengericht für die ausgleichsberechtigte Person durch interne Teilung festgesetzte monatliche Betrag.

(2a) ₁Beiträge, die für frühere Soldaten auf Zeit während des Bezugs von Übergangsgebührnissen gezahlt worden sind, gelten bis zum Ablauf von 18 Monaten nach Wegfall der Übergangsgebührnisse als widerruflich gezahlt. ₂Der Arbeitgeber ist bis dahin zum Widerruf der Zahlung berechtigt, wenn

1. die Nachversicherten bis zum Ablauf eines Jahres nach Wegfall der Übergangsgebührnisse eine Beschäftigung aufgenommen haben, in der wegen Gewährleistung einer Versorgungsanwartschaft Versicherungsfreiheit besteht oder eine Befreiung von der Versicherungspflicht erfolgt ist,
2. der Nachversicherungszeitraum bei der Versorgungsanwartschaft aus dieser Beschäftigung berücksichtigt wird,
3. bis zum Zeitpunkt des Widerrufs Leistungen der Rentenversicherung unter Berücksichtigung der Nachversicherung weder erbracht wurden noch aufgrund eines bis zum Zeitpunkt des Widerrufs gestellten Antrags zu erbringen sind und

SGB VI: Gesetzliche Rentenversicherung §§ 186–187

4. bis zum Zeitpunkt des Widerrufs eine Entscheidung über einen Versorgungsausgleich zu Lasten des Nachversicherten unter Berücksichtigung der Nachversicherung nicht getroffen worden ist.

₃Wird die Zahlung widerrufen, werden die Beiträge zurückgezahlt. ₄Der Anspruch auf Rückzahlung der Beiträge ist nach Ablauf von sechs Monaten fällig. ₅Nach Rückzahlung der Beiträge ist die Nachversicherung als von Anfang an nicht erfolgt und nach § 184 Abs. 2 Satz 1 Nr. 2 aufgeschoben anzusehen.

(3) ₁Die Arbeitgeber, Genossenschaften oder Gemeinschaften erteilen den Nachversicherten oder den Hinterbliebenen und dem Träger der Rentenversicherung eine Bescheinigung über den Nachversicherungszeitraum und die der Nachversicherung in den einzelnen Kalenderjahren zugrunde gelegten beitragspflichtigen Einnahmen (Nachversicherungsbescheinigung). ₂Der Betrag der beitragspflichtigen Einnahmen, der sich aus der Erhöhung nach § 181 Absatz 2a ergibt, ist in der Nachversicherungsbescheinigung gesondert auszuweisen.

(4) Der Träger der Rentenversicherung teilt den Nachversicherten die aufgrund der Nachversicherung in ihrem Versicherungskonto gespeicherten Daten mit.

§ 186 Zahlung an eine berufsständische Versorgungseinrichtung

(1) Nachzuversichernde können beantragen, dass die Arbeitgeber, Genossenschaften oder Gemeinschaften die Beiträge an eine berufsständische Versorgungseinrichtung zahlen, wenn sie

1. im Nachversicherungszeitraum ohne die Versicherungsfreiheit die Voraussetzungen für eine Befreiung nach § 6 Abs. 1 Satz 1 Nr. 1 erfüllt hätten oder

2. innerhalb eines Jahres nach dem Eintritt der Voraussetzungen für die Nachversicherung aufgrund einer durch Gesetz angeordneten oder auf Gesetz beruhenden Verpflichtung Mitglied dieser Einrichtung werden.

(2) Nach dem Tod von Nachzuversichernden steht das Antragsrecht nacheinander zu

1. überlebenden Ehegatten oder Lebenspartner,

2. Waisen gemeinsam,

3. früheren Ehegatten oder Lebenspartner.

(3) Der Antrag kann nur innerhalb eines Jahres nach dem Eintritt der Voraussetzungen für die Nachversicherung gestellt werden.

§ 186a Zeiten einer besonderen Auslandsverwendung im Nachversicherungszeitraum

(1) Liegen Zeiten einer besonderen Auslandsverwendung nach § 76e in einem Nachversicherungszeitraum, gilt § 188 Absatz 1 mit der Maßgabe, dass die Beiträge für die Zuschläge an Entgeltpunkten erst zu zahlen sind, wenn die Voraussetzungen für die Nachversicherung eingetreten sind; § 184 gilt entsprechend.

(2) ₁Der Bund teilt dem Träger der Rentenversicherung die im Nachversicherungszeitraum liegenden Zeiten einer besonderen Auslandsverwendung mit, für die Zuschläge an Entgeltpunkten nach § 76e zu ermitteln sind. ₂Der Nachzuversichernde erhält eine entsprechende Bescheinigung. ₃Der Träger der Rentenversicherung ergänzt die Mitteilung nach § 185 Absatz 4 an den Nachzuversichernden um die Zeiten nach Satz 1.

(3) Werden für Nachzuversichernde Beiträge an eine berufsständische Versorgungseinrichtung nach § 186 gezahlt, sind auch Beiträge nach § 188 Absatz 3 an die berufsständische Versorgungseinrichtung zu zahlen.

**Siebter Titel
Zahlung von Beiträgen
in besonderen Fällen**

§ 187 Zahlung von Beiträgen und Ermittlung von Entgeltpunkten aus Beiträgen beim Versorgungsausgleich

(1) Im Rahmen des Versorgungsausgleichs können Beiträge gezahlt werden, um

1. Rentenanwartschaften, die um einen Abschlag an Entgeltpunkten gemindert worden sind, ganz oder teilweise wieder aufzufüllen,

§ 187 **SGB VI: Gesetzliche Rentenversicherung**

2. auf Grund
   a) einer Entscheidung des Familiengerichts zum Ausgleich von Anrechten durch externe Teilung (§ 15 des Versorgungsausgleichsgesetzes) oder
   b) einer wirksamen Vereinbarung nach § 6 des Versorgungsausgleichsgesetzes Rentenanwartschaften zu begründen,
3. die Erstattungspflicht für die Begründung von Rentenanwartschaften zugunsten des Ausgleichsberechtigten abzulösen (§ 225 Abs. 2).

(2) ₁Für die Zahlung der Beiträge werden die Rentenanwartschaften in Entgeltpunkte umgerechnet. ₂Die Entgeltpunkte werden in der Weise ermittelt, dass der Monatsbetrag der Rentenanwartschaften durch den aktuellen Rentenwert mit seinem Wert bei Ende der Ehezeit oder Lebenspartnerschaftszeit geteilt wird. ₃Der Monatsbetrag der Rentenanwartschaften der knappschaftlichen Rentenversicherung wird durch das 1,3333 fache des aktuellen Rentenwerts geteilt.

(3) ₁Für je einen Entgeltpunkt ist der Betrag zu zahlen, der sich ergibt, wenn der zum Zeitpunkt der Beitragszahlung geltende Beitragssatz auf das für das Kalenderjahr der Beitragszahlung bestimmte vorläufige Durchschnittsentgelt angewendet wird. ₂Der Zahlbetrag wird nach den Rechengrößen zur Durchführung des Versorgungsausgleichs ermittelt, die das Bundesministerium für Arbeit und Soziales im Bundesgesetzblatt bekannt macht. ₃Die Rechengrößen enthalten Faktoren zur Umrechnung von Entgeltpunkten in Beiträge und umgekehrt sowie zur Umrechnung von Kapitalwerten in Entgeltpunkte; dabei können Rundungsvorschriften der Berechnungsgrundsätze unberücksichtigt bleiben, um genauere Ergebnisse zu erzielen.

(3a) Entgeltpunkte aus der Zahlung von Beiträgen nach Absatz 1 Nr. 1 oder Nr. 2 Buchstabe b werden ermittelt, indem die Beiträge mit dem zum Zeitpunkt der Zahlung maßgebenden Faktor nach Absatz 3 vervielfältigt werden.

(4) Nach bindender Bewilligung einer Vollrente wegen Alters ist eine Beitragszahlung zur Wiederauffüllung oder Begründung von Rentenanwartschaften nicht zulässig, wenn der Monat abgelaufen ist, in dem die Regelaltersgrenze erreicht wurde.

(5) ₁Die Beiträge nach Absatz 1 Nr. 1 gelten als zum Zeitpunkt des Endes der Ehezeit oder Lebenspartnerschaftszeit gezahlt, wenn sie von ausgleichspflichtigen Personen, die ihren gewöhnlichen Aufenthalt

1. im Inland haben, bis zum Ende des dritten Kalendermonats,
2. im Ausland haben, bis zum Ende des sechsten Kalendermonats

nach Zugang der Mitteilung über die Rechtskraft der Entscheidung des Familiengerichts gezahlt werden. ₂Ist der Versorgungsausgleich nicht Folgesache im Sinne von § 137 Abs. 2 Nr. 1 des Gesetzes über das Verfahren in Familiensachen und in den Angelegenheiten der freiwilligen Gerichtsbarkeit, tritt an die Stelle des Zeitpunkts des Endes der Ehezeit oder Lebenspartnerschaftszeit der Eingang des Antrags auf Durchführung des Versorgungsausgleichs beim Familiengericht. ₃Im Abänderungsverfahren tritt an die Stelle des Zeitpunkts des Endes der Ehezeit oder Lebenspartnerschaftszeit oder des in Satz 2 genannten Zeitpunkts der Eingang des Abänderungsantrags beim Familiengericht. ₄Hat das Familiengericht das Verfahren über den Versorgungsausgleich ausgesetzt, tritt für die Beitragshöhe an die Stelle des Zeitpunkts des Endes der Ehezeit oder Lebenspartnerschaftszeit oder des in Satz 2 oder 3 genannten Zeitpunkts der Zeitpunkt der Wiederaufnahme des Verfahrens über den Versorgungsausgleich.

(6) ₁Die Beiträge nach Absatz 1 Nr. 2 Buchstabe b gelten zu dem Zeitpunkt als gezahlt, zu dem die Vereinbarung nach § 6 des Versorgungsausgleichsgesetzes geschlossen worden ist, wenn sie bis zum Ende des dritten Kalendermonats nach Zugang der Mitteilung über die Rechtskraft der Entscheidung des Familiengerichts gezahlt werden. ₂An die Stelle der Frist von drei Kalendermonaten tritt die Frist von sechs Kalendermonaten, wenn die ausgleichspflichtige Person ihren gewöhnlichen Aufenthalt im Ausland hat. ₃Liegt der sich aus Satz 1 ergebende Zeitpunkt

1. vor dem Ende der Ehezeit oder der Lebenspartnerschaftszeit, tritt an die Stelle

des Zeitpunkts nach Satz 1 das Ende der Ehezeit oder Lebenspartnerschaftszeit;
2. in den Fällen, in denen der Versorgungsausgleich nicht Folgesache im Sinne des § 137 Abs. 2 Satz 1 Nr. 1 des Gesetzes über das Verfahren in Familiensachen und in den Angelegenheiten der freiwilligen Gerichtsbarkeit ist, vor dem Eingang des Antrags auf Durchführung des Versorgungsausgleichs beim Familiengericht, tritt an die Stelle des Zeitpunkts nach Satz 1 der Eingang des Antrags auf Durchführung des Versorgungsausgleichs beim Familiengericht;
3. vor dem Eingang des Abänderungsantrags beim Familiengericht, tritt an die Stelle des Zeitpunkts nach Satz 1 der Eingang des Abänderungsantrags beim Familiengericht;
4. in den Fällen, in denen das Familiengericht den Versorgungsausgleich ausgesetzt hat, vor dem Zeitpunkt der Wiederaufnahme des Verfahrens über den Versorgungsausgleich, tritt für die Beitragshöhe an die Stelle des Zeitpunkts nach Satz 1 der Zeitpunkt der Wiederaufnahme des Verfahrens über den Versorgungsausgleich.

₄Ist eine Verzinsung der Beiträge vereinbart worden, tritt an die Stelle der in den Sätzen 1 bis 3 genannten Zeitpunkte für die Beitragshöhe der Zeitpunkt, bis zu dem Zinsen zu berechnen sind.

(7) Sind Beiträge nach Absatz 1 Nr. 1 gezahlt worden und ergeht eine Entscheidung zur Abänderung des Wertausgleichs nach der Scheidung, sind im Umfang der Abänderung zuviel gezahlte Beiträge unter Anrechnung der gewährten Leistungen zurückzuzahlen.

§ 187a Zahlung von Beiträgen bei vorzeitiger Inspruchnahme einer Rente wegen Alters

(1) ₁Bis zum Erreichen der Regelaltersgrenze können Rentenminderungen, die durch die vorzeitige Inanspruchnahme einer Rente wegen Alters entstehen, durch Zahlung von Beiträgen ausgeglichen werden. ₂Die Berechtigung zu dieser Ausgleichszahlung setzt voraus, dass Versicherte zuvor im Rahmen der Auskunft über die Höhe der Beitragszahlung zum Ausgleich einer Rentenminderung bei vorzeitiger Inanspruchnahme einer Rente wegen Alters (§ 109 Absatz 5 Satz 4) erklärt haben, eine solche Rente in Anspruch nehmen zu wollen. ₃Eine Ausgleichszahlung auf Grundlage einer entsprechenden Auskunft ist ab dem Zeitpunkt nicht mehr zulässig, ab dem Versicherte die Rente wegen Alters, für die die Auskunft erteilt worden ist, nicht beansprucht haben oder ab dem eine Rente wegen Alters ohne Rentenminderungen bezogen werden kann.

(1a) ₁Grundlage für die Ausgleichszahlung ist die Auskunft nach § 109 Absatz 5 Satz 4. ₂Ein berechtigtes Interesse im Sinne des § 109 Absatz 1 Satz 3 für diese Auskunft liegt nach Vollendung des 50. Lebensjahres vor.

(2) ₁Beiträge können bis zu der Höhe gezahlt werden, die sich nach der Auskunft über die Höhe der zum Ausgleich einer Rentenminderung bei vorzeitiger Inanspruchnahme einer Rente wegen Alters als erforderliche Beitragszahlung bei höchstmöglicher Minderung an persönlichen Entgeltpunkten durch eine vorzeitige Inanspruchnahme einer Rente wegen Alters ergibt. ₂Diese Minderung wird auf der Grundlage der Summe aller Entgeltpunkte ermittelt, die mit einem Zugangsfaktor zu vervielfältigen ist und die sich bei Berechnung einer Altersrente unter Zugrundelegung des beabsichtigten Rentenbeginns ergeben würde. ₃Dabei ist für jeden Kalendermonat an bisher nicht bescheinigten künftigen rentenrechtlichen Zeiten bis zum beabsichtigten Rentenbeginn von einer Beitragszahlung nach einem vom Arbeitgeber zu bescheinigenden Arbeitsentgelt auszugehen. ₄Der Bescheinigung ist das gegenwärtige beitragspflichtige Arbeitsentgelt aufgrund der bisherigen Beschäftigung und der bisherigen Arbeitszeit zugrunde zu legen. ₅Soweit eine Vorausbescheinigung nicht vorliegt, ist von den durchschnittlichen monatlichen Entgeltpunkten der Beitragszeiten des Kalenderjahres auszugehen, für das zuletzt Entgeltpunkte ermittelt werden können.

(3) ₁Für je einen geminderten persönlichen Entgeltpunkt ist der Betrag zu zahlen, der sich ergibt, wenn der zur Wiederauffüllung einer im Rahmen des Versorgungsausgleichs geminderten Rentenanwartschaft für einen Entgeltpunkt zu zahlende Betrag durch den jeweiligen Zugangsfaktor geteilt wird. ₂Teilzahlungen sind zulässig; Beiträge können bis zu zweimal im

Kalenderjahr gezahlt werden. ₃Eine Erstattung gezahlter Beiträge erfolgt nicht.

§ 187b Zahlung von Beiträgen bei Abfindungen von Anwartschaften auf betriebliche Altersversorgung oder von Anrechten bei der Versorgungsausgleichskasse

(1) Versicherte, die bei Beendigung eines Arbeitsverhältnisses nach Maßgabe des Gesetzes zur Verbesserung der betrieblichen Altersversorgung eine Abfindung für eine unverfallbare Anwartschaft auf betriebliche Altersversorgung erhalten haben, können innerhalb eines Jahres nach Zahlung der Abfindung Beiträge zur allgemeinen Rentenversicherung bis zur Höhe der geleisteten Abfindung zahlen.

(1a) Absatz 1 gilt entsprechend für die Abfindung von Anrechten, die bei der Versorgungsausgleichskasse begründet wurden.

(2) Nach bindender Bewilligung einer Vollrente wegen Alters ist eine Beitragszahlung nicht zulässig, wenn der Monat abgelaufen ist, in dem die Regelaltersgrenze erreicht wurde.

§ 188 Beitragszahlung für Zeiten einer besonderen Auslandsverwendung

(1) ₁Für Zuschläge an Entgeltpunkten für Zeiten einer besonderen Auslandsverwendung nach § 76e zahlt der Bund Beiträge. ₂Die Beiträge sind zu zahlen, wenn Versicherte die in § 76e genannten Voraussetzungen für den Zuschlag an Entgeltpunkten erfüllen, frühestens nach Beendigung der jeweiligen besonderen Auslandsverwendung. ₃Für die Höhe der Beiträge gilt § 187 Absatz 3 entsprechend. ₄§ 24 des Vierten Buches ist mit der Maßgabe anzuwenden, dass die Säumnis drei Monate nach Eintritt der Fälligkeit beginnt und für die Ermittlung des rückständigen Betrages die zu diesem Zeitpunkt geltenden Rechengrößen anzuwenden sind.

(2) ₁Das Nähere über die Zahlung und Abrechnung der Beiträge für Zeiten einer besonderen Auslandsverwendung können das Bundesministerium der Verteidigung und die Deutsche Rentenversicherung Bund durch Vereinbarung regeln. ₂Die Vereinbarung bedarf der Zustimmung des Bundesministeriums für Arbeit und Soziales.

(3) Für Mitglieder von berufsständischen Versorgungseinrichtungen zahlt der Bund für Zeiten einer besonderen Auslandsverwendung an die berufsständische Versorgungseinrichtung Beiträge in der Höhe, die für Zuschläge an Entgeltpunkten nach Absatz 1 zu entrichten gewesen wären.

Achter Titel
Berechnungsgrundsätze

§ 189 Berechnungsgrundsätze

Die Berechnungsgrundsätze des Zweiten Kapitels (§§ 121 bis 124) gelten entsprechend, soweit nicht etwas anderes bestimmt ist.

Zweiter Unterabschnitt
Verfahren

Erster Titel
Meldungen

§ 190 Meldepflichten bei Beschäftigten und Hausgewerbetreibenden

Versicherungspflichtig Beschäftigte und Hausgewerbetreibende sind nach den Vorschriften über die Meldepflichten der Arbeitgeber nach dem Dritten Abschnitt des Vierten Buches zu melden, soweit nicht etwas anderes bestimmt ist.

§ 190a Meldepflicht von versicherungspflichtigen selbständig Tätigen

(1) ₁Selbständig Tätige nach § 2 Satz 1 Nr. 1 bis 3 und 9 sind verpflichtet, sich innerhalb von drei Monaten nach der Aufnahme der selbständigen Tätigkeit beim zuständigen Rentenversicherungsträger zu melden. ₂Selbständig Tätige nach § 2 Satz 1 Nummer 8 sind verpflichtet, dem zuständigen Rentenversicherungsträger die Erfüllung der für die Eintragung in die Handwerksrolle erforderlichen Voraussetzungen in ihrer Person sowie die Führung eines Handwerksbetriebs als Hauptbetrieb, der bisher als Nebenbetrieb im Sinne der §§ 2 und 3 der Handwerksordnung geführt wurde, innerhalb von drei Monaten ab Vorliegen der genannten Tatbestände zu melden. ₃Eine Meldung ist nicht erforderlich, soweit eine Eintragung der Tatbestände in die Handwerksrolle bereits erfolgt ist. ₄Die Vordrucke des Rentenversicherungsträgers sind zu verwenden.

(2) Das Bundesministerium für Arbeit und Soziales wird ermächtigt, durch Rechtsverordnung mit Zustimmung des Bundesrates Vorschriften zur Erfassung der nach § 2 Satz 1 Nr. 1 bis 3 und 9 versicherten Selbständigen zu erlassen.

§ 191 Meldepflichten bei sonstigen versicherungspflichtigen Personen

₁Eine Meldung nach § 28a Abs. 1 bis 3 des Vierten Buches haben zu erstatten
1. für Seelotsen die Lotsenbrüderschaften,
2. für Personen, für die Beiträge aus Sozialleistungen zu zahlen sind, die Leistungsträger und für Bezieher von Pflegeunterstützungsgeld die soziale oder private Pflegeversicherung,
3. für Personen, die Vorruhestandsgeld beziehen, die zur Zahlung des Vorruhestandsgeldes Verpflichteten,
4. für Entwicklungshelfer, für Personen, die für eine begrenzte Zeit im Ausland beschäftigt sind, für sekundierte Personen oder für sonstige im Ausland beschäftigte Personen die antragstellenden Stellen.

₂§ 28a Abs. 5 sowie die §§ 28b und 28c des Vierten Buches gelten entsprechend.

§ 192 Meldepflichten bei Einberufung zum Wehrdienst oder Zivildienst

(1) Bei Einberufung zu einem Wehrdienst hat das Bundesministerium der Verteidigung oder die von ihm bestimmte Stelle Beginn und Ende des Wehrdienstes zu melden.

(2) Bei Einberufung zu einem Zivildienst hat das Bundesamt für Familie und zivilgesellschaftliche Aufgaben Beginn und Ende des Zivildienstes zu melden.

(3) § 28a Abs. 5 und § 28c des Vierten Buches gelten entsprechend.

§ 192a Meldepflicht für Zeiten einer besonderen Auslandsverwendung

(1) Zeiten einer besonderen Auslandsverwendung, für die Zuschläge an Entgeltpunkten nach § 76e zu ermitteln sind, hat das Bundesministerium der Verteidigung oder die von ihm bestimmte Stelle zu melden.

(2) § 28a Absatz 5 und § 28c des Vierten Buches gelten entsprechend.

§ 193 Meldung von sonstigen rechtserheblichen Zeiten

Anrechnungszeiten sowie Zeiten, die für die Anerkennung von Anrechnungszeiten erheblich sein können, sind für Versicherte durch die zuständige Krankenkasse, die Deutsche Rentenversicherung Knappschaft-Bahn-See, den zugelassenen kommunalen Träger nach § 6a des Zweiten Buches oder durch die Bundesagentur für Arbeit zu melden.

§ 194 Gesonderte Meldung und Hochrechnung

(1) ₁Arbeitgeber haben auf Verlangen des Rentenantragstellers die beitragspflichtigen Einnahmen für abgelaufene Zeiträume frühestens drei Monate vor Rentenbeginn gesondert zu melden. ₂Dies gilt auch bei einem Auskunftsersuchen des Familiengerichts im Versorgungsausgleichsverfahren. ₃Die Aufforderung zur Meldung nach Satz 1 erfolgt elektronisch durch den Träger der Rentenversicherung. ₄Satz 3 gilt nicht für Einzelfälle, in denen ein elektronisches Meldeverfahren nicht wirtschaftlich durchzuführen ist. ₅Die Ausnahmen bestimmt die Deutsche Rentenversicherung Bund in Grundsätzen; diese bedürfen der Genehmigung des Bundesministeriums für Arbeit und Soziales. ₆Erfolgt eine Meldung nach Satz 1, errechnet der Rentenversicherungsträger bei Anträgen auf Altersrente die voraussichtlichen beitragspflichtigen Einnahmen für den verbleibenden Beschäftigungszeitraum bis zum Rentenbeginn für bis zu drei Monaten nach den in den letzten zwölf Kalendermonaten gemeldeten beitragspflichtigen Einnahmen. ₇Die weitere Meldepflicht nach § 28a des Vierten Buches bleibt unberührt.

(2) ₁Eine gesonderte Meldung nach Absatz 1 Satz 1 haben auch die Leistungsträger über die beitragspflichtigen Einnahmen von Beziehern von Sozialleistungen und die Pflegekassen sowie die privaten Versicherungsunternehmen über die beitragspflichtigen Einnahmen nicht erwerbsmäßig tätiger Pflegepersonen zu erstatten. ₂Absatz 1 Satz 6 gilt entsprechend. ₃Die Meldepflicht nach § 191 Satz 1 Nr. 2 und nach § 44 Abs. 3 des Elften Buches bleibt unberührt.

(3) Die Beitragsberechnung erfolgt nach der tatsächlichen beitragspflichtigen Einnahme.

§ 195 Verordnungsermächtigung

Das Bundesministerium für Arbeit und Soziales wird ermächtigt, für Meldungen nach § 193 durch Rechtsverordnung mit Zustimmung des Bundesrates zu bestimmen

1. die zu meldenden Anrechnungszeiten und die zu meldenden Zeiten, die für die Anrechnung von Anrechnungszeiten erheblich sein können,
2. die Voraussetzungen und die Art und Weise der Meldungen sowie
3. das Nähere über die Bearbeitung, Sicherung und Weiterleitung der in den Meldungen enthaltenen Angaben.

Zweiter Titel
Auskunfts- und Mitteilungspflichten

§ 196 Auskunfts- und Mitteilungspflichten

(1) ₁Versicherte oder Personen, für die eine Versicherung durchgeführt werden soll, haben, soweit sie nicht bereits nach § 28o des Vierten Buches auskunftspflichtig sind, dem Träger der Rentenversicherung

1. über alle Tatsachen, die für die Feststellung der Versicherungs- und Beitragspflicht und für die Durchführung den Trägern der Rentenversicherung übertragenen Aufgaben erforderlich sind, auf Verlangen unverzüglich Auskunft zu erteilen,
2. Änderungen in den Verhältnissen, die für die Feststellung der Versicherungs- und Beitragspflicht erheblich sind und nicht durch Dritte gemeldet werden, unverzüglich mitzuteilen.

₂Sie haben dem Träger der Rentenversicherung auf dessen Verlangen unverzüglich die Unterlagen vorzulegen, aus denen die Tatsachen oder die Änderungen in den Verhältnissen hervorgehen.

(2) ₁Die zuständigen Meldebehörden haben der Datenstelle der Rentenversicherung zur Durchführung ihrer Aufgaben nach § 150, zur Durchführung der Versicherung wegen Kindererziehung und zur Weiterleitung der Sterbefallmitteilung nach § 101a des Zehnten Buches die erstmalige Erfassung und jede Änderung des Vor- und des Familiennamens, des Geschlechts oder eines Doktorgrades, den Tag, den Monat, das Jahr und den Ort der Geburt und die Anschrift der alleinigen oder der Hauptwohnung eines Einwohners mitzuteilen. ₂Bei einer Anschriftenänderung ist zusätzlich die bisherige Anschrift, im Falle der Geburt sind zusätzlich die Daten der Mutter nach Satz 1, bei Mehrlingsgeburten zusätzlich die Zahl der geborenen Kinder und im Sterbefall zusätzlich der Sterbetag des Verstorbenen mitzuteilen. ₃Die Datenstelle der Rentenversicherung übermittelt die Daten einer erstmaligen Erfassung oder Änderung taggleich an die zuständige Einzugsstelle nach § 28i des Vierten Buches, soweit diese bekannt ist. ₄Sind der Datenstelle der Rentenversicherung Daten von Personen übermittelt worden, die sie nicht für die Erfüllung ihrer Aufgaben nach Satz 1 benötigt, sind diese Daten von ihr unverzüglich zu löschen.

(2a) ₁Die zuständigen Meldebehörden haben der Datenstelle der Rentenversicherung zur Wahrnehmung ihrer Aufgaben

1. nach § 150 Absatz 1 Satz 1 Nummer 8 zusätzlich zur Sterbefallmitteilung den Familiennamen oder den Lebenspartnerschaftsnamen, den Vornamen, den Tag, den Monat und das Jahr der Geburt und die Anschrift der alleinigen oder der Hauptwohnung des überlebenden Ehegatten oder Lebenspartners des Verstorbenen,
2. nach § 150 Absatz 1 Satz 1 Nummer 9 bei einer Eheschließung oder einer Begründung einer Lebenspartnerschaft eines Einwohners unverzüglich das Datum dieser Eheschließung oder dieser Begründung einer Lebenspartnerschaft

mitzuteilen. ₂Die Datenstelle der Rentenversicherung hat diese Daten an den zuständigen Träger der Rentenversicherung zu übermitteln und anschließend bei sich unverzüglich zu löschen. ₃Stellt die Datenstelle der Rentenversicherung in den Fällen des Satzes 1 Nummer 2 fest, dass der Einwohner keine Witwenrente oder Witwerrente und keine Erziehungsrente bezieht, übermittelt sie die Daten nicht an den zuständigen Träger der Rentenversicherung.

(3) ₁Die Handwerkskammern sind verpflichtet, der Datenstelle der Rentenversicherung unverzüglich Eintragungen, Änderungen und Lö-

schungen in der Handwerksrolle über natürliche Personen und Gesellschafter einer Personengesellschaft zu melden. ₂Von der Meldepflicht ausgenommen sind Eintragungen, Änderungen und Löschungen zu Handwerksbetrieben im Sinne der §§ 2 und 3 der Handwerksordnung sowie Betriebsfortführungen auf Grund des § 4 der Handwerksordnung. ₃Mit den Meldungen sind, soweit vorhanden, die folgenden Angaben zu übermitteln:

1. Familienname und Vornamen,
2. gegebenenfalls Geburtsname,
3. Geburtsdatum,
4. Staatsangehörigkeit,
5. Wohnanschrift,
6. gegebenenfalls Familienname und Vornamen des gesetzlichen Vertreters,
7. die Bezeichnung der Rechtsvorschriften, nach denen der Gewerbetreibende die Voraussetzungen für die Eintragung in die Handwerksrolle erfüllt,
8. Art und Zeitpunkt der Prüfung eines in die Handwerksrolle bereits eingetragenen Gewerbetreibenden, mittels derer die Kenntnisse und Fertigkeiten nachgewiesen wurden, die zur Ausübung des betriebenen Handwerks notwendig sind,
9. Firma und Anschrift der gewerblichen Niederlassung,
10. das zu betreibende Handwerk oder bei Ausübung mehrerer Handwerke diese Handwerke,
11. Tag der Eintragung in die Handwerksrolle oder Tag der Änderung oder Löschung der Eintragung sowie
12. bei einer Änderung oder Löschung den Grund für diese.

₄Die Meldungen haben durch elektronische Datenübermittlung im eXTra-Standard durch das sichere Hypertext-Übertragungsprotokoll (https) zu erfolgen. ₅Bis zum 31. Dezember 2021 können die Meldungen abweichend von Satz 2 über eine von der Datenstelle der Rentenversicherung zur Verfügung gestellte Webanwendung unter Nutzung allgemein zugänglicher Netze übermittelt werden. ₆Die Meldungen sind für jeden Gewerbetreibenden und Gesellschafter gesondert zu erteilen. ₇Die Datenstelle der Rentenversicherung hat die gemeldeten Daten an den zuständigen Träger der Rentenversicherung weiterzuleiten.

§ 196a Elektronische Bescheinigungen

₁Fordert der Träger der Rentenversicherung für Zwecke der gesetzlichen Rentenversicherung Bescheinigungen im Sinne der §§ 18c und 18e des Vierten Buches und im Sinne von § 98 des Zehnten Buches von dem Bescheinigungspflichtigen durch gesicherte und verschlüsselte Datenübertragung an, kann dieser diese Bescheinigungen elektronisch unter den Voraussetzungen des § 108 Absatz 2 des Vierten Buches an die Datenstelle der Rentenversicherung übermitteln. ₂Satz 1 gilt nicht, wenn die Person, für die eine Bescheinigung auszustellen ist, der Übermittlung widerspricht. ₃Die Person, für die die Bescheinigung auszustellen ist, ist von dem Bescheinigungspflichtigen in allgemeiner Form schriftlich auf das Widerspruchsrecht hinzuweisen. ₄Der Träger der Rentenversicherung hat der Person, für die eine Bescheinigung nach Satz 1 elektronisch übermittelt worden ist, unverzüglich einen Ausdruck der Daten zuzuleiten.

**Dritter Titel
Wirksamkeit der Beitragszahlung**

§ 197 Wirksamkeit von Beiträgen

(1) Pflichtbeiträge sind wirksam, wenn sie gezahlt werden, solange der Anspruch auf ihre Zahlung noch nicht verjährt ist.

(2) Freiwillige Beiträge sind wirksam, wenn sie bis zum 31. März des Jahres, das dem Jahr folgt, für das sie gelten sollen, gezahlt werden.

(3) ₁In Fällen besonderer Härte, insbesondere bei drohendem Verlust der Anwartschaft auf eine Rente, ist auf Antrag der Versicherten die Zahlung von Beiträgen auch nach Ablauf der in den Absätzen 1 und 2 genannten Fristen zuzulassen, wenn die Versicherten an der rechtzeitigen Beitragszahlung ohne Verschulden gehindert waren. ₂Der Antrag kann nur innerhalb von drei Monaten nach Wegfall des Hinderungsgrundes gestellt werden. ₃Die Beitragszahlung hat binnen einer vom Träger der Rentenversicherung zu bestimmenden angemessenen Frist zu erfolgen.

(4) Die Wiedereinsetzung in den vorigen Stand nach § 27 des Zehnten Buches ist ausgeschlossen.

§ 198 Neubeginn und Hemmung von Fristen

₁Die Frist des § 197 Abs. 2 wird durch ein Beitragsverfahren oder ein Verfahren über einen Rentenanspruch unterbrochen; die Frist beginnt erneut nach Abschluss des Verfahrens. ₂Diese Tatsachen hemmen auch die Verjährung des Anspruchs auf Zahlung von Beiträgen (§ 25 Abs. 1 Viertes Buch) und des Anspruchs auf Erstattung von zu Unrecht gezahlten Beiträgen (§ 27 Abs. 2 Viertes Buch); die Hemmung endet sechs Monate nach Abschluss eines der in Satz 1 genannten Verfahren.

§ 199 Vermutung der Beitragszahlung

₁Bei Beschäftigungszeiten, die den Trägern der Rentenversicherung ordnungsgemäß gemeldet worden sind, wird vermutet, dass während dieser Zeiten ein versicherungspflichtiges Beschäftigungsverhältnis mit dem gemeldeten Arbeitsentgelt bestanden hat und der Beitrag dafür wirksam gezahlt worden ist. ₂Die Versicherten können von den Trägern der Rentenversicherung die Feststellung verlangen, dass während ein ordnungsgemäß gemeldeten Beschäftigungszeit ein gültiges Versicherungsverhältnis bestanden hat. ₃Die Sätze 1 und 2 sind für Zeiten einer nicht erwerbsmäßigen häuslichen Pflege entsprechend anzuwenden.

§ 200 Änderung der Beitragsberechnungsgrundlagen

₁Bei der Zahlung von freiwilligen Beiträgen für einen zurückliegenden Zeitraum sind

1. die Mindestbeitragsbemessungsgrundlage und der Beitragssatz, die zum Zeitpunkt der Zahlung gelten, und
2. die Beitragsbemessungsgrenze des Jahres, für das die Beiträge gezahlt werden,

maßgebend. ₂Bei Senkung des Beitragssatzes gilt abweichend von Satz 1 der Beitragssatz, der in dem Monat maßgebend war, für den der Beitrag gezahlt wird.

§ 201 Beiträge an nicht zuständige Träger der Rentenversicherung

(1) ₁Beiträge, die an einen nicht zuständigen Träger der Rentenversicherung gezahlt worden sind, gelten als an den zuständigen Träger der Rentenversicherung gezahlt. ₂Eine Überweisung an den zuständigen Träger der Rentenversicherung findet nur in den Fällen des Absatzes 2 statt.

(2) ₁Sind Beiträge an die Deutsche Rentenversicherung Knappschaft-Bahn-See als nicht zuständigen Träger der Rentenversicherung gezahlt, sind sie dem zuständigen Träger der Rentenversicherung zu überweisen. ₂Beiträge sind vom nicht zuständigen Träger der Rentenversicherung an die Deutsche Rentenversicherung Knappschaft-Bahn-See zu überweisen, soweit sie für die Durchführung der Versicherung zuständig ist.

(3) Unterschiedsbeträge zwischen den Beiträgen zur knappschaftlichen Rentenversicherung und den Beiträgen zur allgemeinen Rentenversicherung sind vom Arbeitgeber nachzuzahlen oder ihm zu erstatten.

§ 202 Irrtümliche Pflichtbeitragszahlung

₁Beiträge, die in der irrtümlichen Annahme der Versicherungspflicht gezahlt und deshalb beanstandet worden sind, nicht aber zurückgefordert werden, gelten als freiwillige Beiträge. ₂Werden die Beiträge zurückgefordert, dürfen für diese Zeiträume innerhalb von drei Monaten, nachdem die Beanstandung unanfechtbar geworden ist, freiwillige Beiträge gezahlt werden. ₃Die Sätze 1 und 2 gelten nur, wenn die Berechtigung zur freiwilligen Versicherung in der Zeit bestand, in der die Beiträge als gezahlt gelten oder für die Beiträge gezahlt werden sollen. ₄Fordern Arbeitgeber die von ihnen getragenen Beitragsanteile zurück, sind die Versicherten berechtigt, den an die Arbeitgeber zu erstattenden Betrag zu zahlen.

§ 203 Glaubhaftmachung der Beitragszahlung

(1) Machen Versicherte glaubhaft, dass sie eine versicherungspflichtige Beschäftigung gegen Arbeitsentgelt ausgeübt haben und für diese Beschäftigung entsprechende Beiträge gezahlt worden sind, ist die Beschäftigungszeit als Beitragszeit anzuerkennen.

(2) Machen Versicherte glaubhaft, dass der auf sie entfallende Beitragsanteil vom Arbeitsentgelt abgezogen worden ist, so gilt der Beitrag als gezahlt.

Vierter Titel
Nachzahlung

§ 204 Nachzahlung von Beiträgen bei Ausscheiden aus einer internationalen Organisation

(1) ₁Deutsche, die aus den Diensten einer zwischenstaatlichen oder überstaatlichen Organisation ausscheiden, können auf Antrag für Zeiten dieses Dienstes freiwillige Beiträge nachzahlen, wenn

1. der Dienst auf Veranlassung oder im Interesse der Bundesrepublik Deutschland geleistet wurde und
2. ihnen für diese Zeiten eine lebenslange Versorgung oder Anwartschaft auf eine lebenslange Versorgung für den Fall des Alters und auf Hinterbliebenenversorgung durch die Organisation oder eine andere öffentlich-rechtliche juristische Person nicht gewährleistet ist.

₂Wird die Nachzahlung von freiwilligen Beiträgen für Zeiten beantragt, die bereits mit freiwilligen Beiträgen belegt sind, sind die bereits gezahlten Beiträge zu erstatten.

(2) ₁Der Antrag kann nur innerhalb von sechs Monaten nach Ausscheiden aus den Diensten der Organisation gestellt werden. ₂Ist die Nachzahlung innerhalb dieser Frist ausgeschlossen, weil eine lebenslange Versorgung oder Anwartschaft auf eine lebenslange Versorgung für den Fall des Alters und auf Hinterbliebenenversorgung durch eine andere öffentlich-rechtliche juristische Person gewährleistet ist, kann der Antrag im Fall einer Nachversicherung wegen Ausscheidens aus einer versicherungsfreien Beschäftigung innerhalb von sechs Monaten nach Durchführung der Nachversicherung gestellt werden; diese Antragsfrist läuft frühestens am 31. Dezember 1992 ab. ₃Die Erfüllung der Voraussetzungen für den Bezug einer Rente innerhalb der Antragsfrist steht der Nachzahlung nicht entgegen. ₄Die Beiträge sind spätestens sechs Monate nach Eintritt der Bindungswirkung des Nachzahlungsbescheides nachzuzahlen.

§ 205 Nachzahlung bei Strafverfolgungsmaßnahmen

(1) ₁Versicherte, für die ein Anspruch auf Entschädigung für Zeiten von Strafverfolgungsmaßnahmen nach dem Gesetz über die Entschädigung für Strafverfolgungsmaßnahmen rechtskräftig festgestellt ist, können auf Antrag freiwillige Beiträge für diese Zeiten nachzahlen. ₂Wird für Zeiten der Strafverfolgungsmaßnahme, die bereits mit Beiträgen belegt sind, eine Nachzahlung von freiwilligen Beiträgen beantragt, sind die bereits gezahlten Beiträge denjenigen zu erstatten, die sie getragen haben. ₃Wurde durch die entschädigungspflichtige Strafverfolgungsmaßnahme eine versicherungspflichtige Beschäftigung oder Tätigkeit unterbrochen, gelten die nachgezahlten Beiträge als Pflichtbeiträge. ₄Die Erfüllung der Voraussetzungen für den Bezug einer Rente steht der Nachzahlung nicht entgegen.

(2) ₁Der Antrag kann nur innerhalb eines Jahres nach Ablauf des Kalendermonats des Eintritts der Rechtskraft der die Entschädigungspflicht der Staatskasse feststellenden Entscheidung gestellt werden. ₂Die Beiträge sind innerhalb einer von dem Träger der Rentenversicherung zu bestimmenden angemessenen Frist zu zahlen.

§ 206 Nachzahlung für Geistliche und Ordensleute

(1) Geistliche und sonstige Beschäftigte der als öffentlich-rechtliche Körperschaften anerkannten Religionsgesellschaften, Mitglieder geistlicher Genossenschaften, Diakonissen und Angehörige vergleichbarer karitativer Gemeinschaften, die als Vertriebene anerkannt sind und vor ihrer Vertreibung eine Beschäftigung oder Tätigkeit im Sinne des § 5 Abs. 1 Satz 1 Nr. 2 oder Nr. 3 ausgeübt haben, können, sofern sie eine gleichartige Beschäftigung oder Tätigkeit im Inland nicht wieder aufgenommen haben, auf Antrag für die Zeiten der Versicherungsfreiheit, längstens jedoch bis zum 1. Januar 1943 zurück, freiwillige Beiträge nachzahlen, sofern diese Zeiten nicht bereits mit Beiträgen belegt sind.

(2) Absatz 1 ist nicht anzuwenden, soweit die Zeiten der Versicherungsfreiheit bei einer Versorgung aus einem

1. öffentlich-rechtlichen Dienstverhältnis oder
2. Arbeitsverhältnis mit Anspruch auf Versorgung nach beamtenrechtlichen Vorschriften oder Grundsätzen oder entsprechenden kirchenrechtlichen Regelungen

ruhegehaltfähig sind oder bei Eintritt des Versorgungsfalls als ruhegehaltfähig anerkannt werden.

(3) Die Nachzahlung ist nur zulässig, wenn die allgemeine Wartezeit erfüllt ist oder wenn nach Wohnsitznahme im Inland für mindestens 24 Kalendermonate Pflichtbeiträge gezahlt sind.

§ 207 Nachzahlung für Ausbildungszeiten

(1) Für Zeiten einer schulischen Ausbildung nach dem vollendeten 16. Lebensjahr, die nicht als Anrechnungszeiten berücksichtigt werden, können Versicherte auf Antrag freiwillige Beiträge nachzahlen, sofern diese Zeiten nicht bereits mit Beiträgen belegt sind.

(2) ₁Der Antrag kann nur bis zur Vollendung des 45. Lebensjahres gestellt werden. ₂Bis zum 31. Dezember 2004 kann der Antrag auch nach Vollendung des 45. Lebensjahres gestellt werden. ₃Personen, die aus einer Beschäftigung ausscheiden, in der sie versicherungsfrei waren und für sie nachversichert werden, sowie Personen, die aus einer Beschäftigung ausscheiden, in der sie von der Versicherungspflicht befreit waren, können den Antrag auch innerhalb von sechs Monaten nach Durchführung der Nachversicherung oder nach Wegfall der Befreiung stellen. ₄Die Träger der Rentenversicherung können Teilzahlungen bis zu einem Zeitraum von fünf Jahren zulassen.

(3) ₁Sind Zeiten einer schulischen Ausbildung, für die Beiträge nachgezahlt worden sind, als Anrechnungszeiten zu bewerten, kann sich der Versicherte die Beiträge erstatten lassen. ₂§ 210 Abs. 5 gilt entsprechend.

§ 208 (weggefallen)

§ 209 Berechtigung und Beitragsberechnung zur Nachzahlung

(1) ₁Zur Nachzahlung berechtigt sind Personen, die

1. versicherungspflichtig oder
2. zur freiwilligen Versicherung berechtigt

sind, sofern sich aus den einzelnen Vorschriften über die Nachzahlung nicht etwas anderes ergibt. ₂Nachzahlungen sind nur für Zeiten von der Vollendung des 16. Lebensjahres an zulässig.

(2) Für die Berechnung der Beiträge sind
1. die Mindestbeitragsbemessungsgrundlage,
2. die Beitragsbemessungsgrenze und
3. der Beitragssatz

maßgebend, die zum Zeitpunkt der Nachzahlung gelten.

Fünfter Titel
Beitragserstattung und Beitragsüberwachung

§ 210 Beitragserstattung

(1) ₁Beiträge werden auf Antrag erstattet

1. Versicherten, die nicht versicherungspflichtig sind und nicht das Recht zur freiwilligen Versicherung haben,
2. Versicherten, die die Regelaltersgrenze erreicht und die allgemeine Wartezeit nicht erfüllt haben,
3. Witwen, Witwern, überlebenden Lebenspartnern oder Waisen, wenn wegen nicht erfüllter allgemeiner Wartezeit ein Anspruch auf Rente wegen Todes nicht besteht, Halbwaisen aber nur, wenn eine Witwe, ein Witwer oder ein überlebender Lebenspartner nicht vorhanden ist. ₂Mehreren Waisen steht der Erstattungsbetrag zu gleichen Teilen zu.

(1a) ₁Beiträge werden auf Antrag auch Versicherten erstattet, die versicherungsfrei oder von der Versicherungspflicht befreit sind, wenn sie die allgemeine Wartezeit nicht erfüllt haben. ₂Dies gilt nicht für Personen, die wegen Geringfügigkeit einer Beschäftigung oder selbständigen Tätigkeit versicherungsfrei oder von der Versicherungspflicht befreit sind. ₃Beiträge werden nicht erstattet,

1. wenn während einer Versicherungsfreiheit oder Befreiung von der Versicherungspflicht von dem Recht der freiwilligen Versicherung nach § 7 Gebrauch gemacht wurde oder
2. solange Versicherte als Beamte oder Richter auf Zeit oder auf Probe, Soldaten auf Zeit, Beamte auf Widerruf im Vorbereitungsdienst versicherungsfrei oder nur befristet von der Versicherungspflicht befreit sind.

₄Eine freiwillige Beitragszahlung während einer Versicherungsfreiheit oder Befreiung von der Versicherungspflicht im Sinne des Satzes 3 Nummer 2 ist für eine Beitragserstattung nach Satz 1 unbeachtlich.

(2) Beiträge werden nur erstattet, wenn seit dem Ausscheiden aus der Versicherungspflicht 24 Kalendermonate abgelaufen sind und nicht erneut Versicherungspflicht eingetreten ist.

(3) ₁Beiträge werden in der Höhe erstattet, in der die Versicherten sie getragen haben. ₂War mit den Versicherten ein Nettoarbeitsentgelt vereinbart, wird der von den Arbeitgebern getragene Beitragsanteil der Arbeitnehmer erstattet. ₃Beiträge aufgrund einer Beschäftigung nach § 20 Abs. 2 des Vierten Buches, einer selbstständigen Tätigkeit oder freiwillige Beiträge werden zur Hälfte erstattet. ₄Beiträge der Höherversicherung werden in voller Höhe erstattet. ₅Erstattet werden nur Beiträge, die im Bundesgebiet für Zeiten nach dem 20. Juli 1948, im Land Berlin für Zeiten nach dem 24. Juni 1948 und im Saarland für Zeiten nach dem 19. November 1947 gezahlt worden sind. ₆Beiträge im Beitrittsgebiet werden nur erstattet, wenn sie für Zeiten nach dem 30. Juni 1990 gezahlt worden sind.

(4) ₁Ist zugunsten oder zulasten der Versicherten ein Versorgungsausgleich durchgeführt, wird der zu erstattende Betrag um die Hälfte des Betrages erhöht oder gemindert, der bei Ende der Ehezeit oder Lebenspartnerschaftszeit als Beitrag für den Zuschlag oder den zum Zeitpunkt der Beitragserstattung noch bestehenden Abschlag zu zahlen gewesen wäre. ₂Dies gilt beim Rentensplitting entsprechend.

(5) Haben Versicherte eine Sach- oder Geldleistung aus der Versicherung in Anspruch genommen, können sie nur die Erstattung der später gezahlten Beiträge verlangen.

(6) ₁Der Antrag auf Erstattung nach Absatz 1 kann nicht auf einzelne Beitragszeiten oder Teile der Beiträge beschränkt werden. ₂Mit der Erstattung wird das bisherige Versicherungsverhältnis aufgelöst. ₃Ansprüche aus den bis zur Erstattung zurückgelegten rentenrechtlichen Zeiten bestehen nicht mehr.

§ 211 Sonderregelung bei der Zuständigkeit zu Unrecht gezahlter Beiträge

₁Die Erstattung zu Unrecht gezahlter Beiträge (§ 26 Abs. 2 und 3 Viertes Buch) erfolgt abweichend von den Regelungen des Dritten Kapitels durch

1. die zuständige Einzugsstelle, wenn der Erstattungsanspruch noch nicht verjährt ist und die Beiträge vom Träger der Rentenversicherung noch nicht beanstandet worden sind,

2. den Leistungsträger, wenn die Beitragszahlung auf Versicherungspflicht wegen des Bezugs einer Sozialleistung beruht,

wenn die Träger der Rentenversicherung dies mit den Einzugsstellen oder den Leistungsträgern vereinbart haben. ₂Maßgebend für die Berechnung des Erstattungsbetrags ist die dem Beitrag zugrunde liegende bescheinigte Beitragsbemessungsgrundlage. ₃Der zuständige Träger der Rentenversicherung ist über die Erstattung elektronisch zu benachrichtigen.

§ 212 Beitragsüberwachung

₁Die Träger der Rentenversicherung überwachen die rechtzeitige und vollständige Zahlung der Pflichtbeiträge, soweit sie unmittelbar an sie zu zahlen sind. ₂Die Träger der Rentenversicherung sind zur Prüfung der Beitragszahlung berechtigt.

§ 212a Prüfung der Beitragszahlungen und Meldungen für sonstige Versicherte, Nachversicherte und für Zeiten einer besonderen Auslandsverwendung

(1) ₁Die Träger der Rentenversicherung prüfen bei den Stellen, die die Pflichtbeiträge für sonstige Versicherte sowie für nachversicherte Personen zu zahlen haben (Zahlungspflichtige), ob diese ihre Meldepflichten und ihre sonstigen Pflichten nach diesem Gesetzbuch im Zusammenhang mit der Zahlung von Pflichtbeiträgen ordnungsgemäß erfüllen. ₂Sie prüfen insbesondere die Richtigkeit der Beitragszahlungen und der Meldungen. ₃Eine Prüfung erfolgt mindestens alle vier Jahre; die Prüfung soll in kürzeren Zeitabständen erfolgen, wenn der Zahlungspflichtige dies verlangt. ₄Die Sätze 1 bis 3 gelten entsprechend für die Stellen, die die Bei-

träge für Zeiten einer besonderen Auslandsverwendung zu zahlen haben.

(2) ₁Ein Zahlungspflichtiger ist jeweils nur von einem Träger der Rentenversicherung zu prüfen. ₂Die Träger der Rentenversicherung stimmen sich darüber ab, welche Zahlungspflichtigen sie prüfen. ₃Soweit die Prüfungen durch die Regionalträger durchgeführt werden, ist örtlich der Regionalträger zuständig, in dessen Bereich der Zahlungspflichtige seinen Sitz oder Wohnsitz hat. ₄Eine Prüfung beim Arbeitgeber nach § 28p des Vierten Buches soll zusammen mit einer Prüfung bei den Zahlungspflichtigen durchgeführt werden; eine entsprechende Kennzeichnung des Arbeitgebers in der Datei nach § 28p Abs. 8 Satz 1 des Vierten Buches ist zulässig.

(3) ₁Die Zahlungspflichtigen haben angemessene Prüfhilfen zu leisten. ₂Automatisierte Abrechnungsverfahren sind in die Prüfung einzubeziehen. ₃Die Zahlungspflichtigen und die Träger der Rentenversicherung treffen entsprechende Vereinbarungen.

(4) ₁Zu prüfen sind auch Rechenzentren und vergleichbare Stellen, soweit sie im Auftrag der Zahlungspflichtigen oder einer von ihnen beauftragten Stelle die Pflichtbeiträge berechnen, zahlen oder Meldungen erstatten. ₂Soweit die Prüfungen durch die Regionalträger durchgeführt werden, richtet sich die örtliche Zuständigkeit nach dem Sitz der Stelle. ₃Absatz 3 gilt entsprechend.

(5) ₁Die Deutsche Rentenversicherung Bund führt für die Prüfung bei den Zahlungspflichtigen eine Datei, in der folgende Daten gespeichert werden:

1. der Name,
2. die Anschrift,
3. die Betriebsnummer und, soweit erforderlich, ein weiteres Identifikationsmerkmal der Zahlungspflichtigen,
4. die für die Planung der Prüfung erforderlichen Daten der Zahlungspflichtigen und
5. die Ergebnisse der Prüfung.

₂Sie darf die in dieser Datei gespeicherten Daten nur für die Prüfung bei den Zahlungspflichtigen und bei den Arbeitgebern verwenden. ₃Die Datenstelle der Rentenversicherung führt für die Prüfung bei den Zahlungspflichtigen eine Datei, in der

1. die Betriebsnummern und, soweit erforderlich, ein weiteres Identifikationsmerkmal der Zahlungspflichtigen,
2. die Versicherungsnummern der Versicherten, für welche die Zahlungspflichtigen Pflichtbeiträge zu zahlen haben, und
3. der Beginn und das Ende der Zahlungspflicht

gespeichert werden; im Falle des Satzes 4 darf die Datenstelle die Daten der Stammsatzdatei (§ 150) und der Dateien nach § 28p Abs. 8 Satz 1 und 3 des Vierten Buches für die Prüfung bei den Zahlungspflichtigen verwenden. ₄Die Datenstelle der Rentenversicherung ist verpflichtet, auf Anforderung des prüfenden Trägers der Rentenversicherung

1. die in den Dateien nach den Sätzen 1 und 3 gespeicherten Daten,
2. die in den Versicherungskonten der Rentenversicherung gespeicherten, auf den Prüfungszeitraum entfallenden Daten der Versicherten, für die von den Zahlungspflichtigen Pflichtbeiträge zu zahlen waren oder zu zahlen sind, und
3. die bei den Trägern der Rentenversicherung gespeicherten Daten über die Nachweise der unmittelbar an sie zu zahlenden Pflichtbeiträge

zu erheben und zu verwenden, soweit dies für die Prüfung nach Absatz 1 erforderlich ist. ₅Die dem prüfenden Träger der Rentenversicherung übermittelten Daten sind unverzüglich nach Abschluss der Prüfung bei der Datenstelle der Rentenversicherung und beim prüfenden Träger der Rentenversicherung zu löschen. ₆Die Zahlungspflichtigen und die Träger der Rentenversicherung sind verpflichtet, der Deutschen Rentenversicherung Bund und der Datenstelle der Rentenversicherung die für die Prüfung nach Absatz 1 erforderlichen Daten zu übermitteln. ₇Die Übermittlung darf auch durch Abruf im automatisierten Verfahren erfolgen, ohne dass es einer Genehmigung nach § 79 Abs. 1 des Zehnten Buches bedarf.

(6) Die Bundesregierung kann durch Rechtsverordnung mit Zustimmung des Bundesrates das Nähere über

1. die Pflichten der Zahlungspflichtigen und der in Absatz 4 genannten Stellen bei automatisierten Abrechnungsverfahren,

2. die Durchführung der Prüfung sowie die Behebung von Mängeln, die bei der Prüfung festgestellt worden sind, und
3. den Inhalt der Datei nach Absatz 5 Satz 1 hinsichtlich der für die Planung und für die Speicherung der Ergebnisse der Prüfungen bei Zahlungspflichtigen erforderlichen Daten sowie über den Aufbau und die Aktualisierung dieser Datei

bestimmen.

§ 212b Prüfung der Beitragszahlung bei versicherungspflichtigen Selbständigen

$_1$Die Träger der Rentenversicherung sind berechtigt, Prüfungen bei den versicherungspflichtigen Selbständigen durchzuführen. $_2$§ 212a Abs. 2 Satz 1 bis 3, Abs. 3 Satz 1 und Abs. 6 Nr. 1 und 2 gilt entsprechend. $_3$§ 212a Abs. 4 gilt entsprechend mit der Maßgabe, dass die Prüfung auch bei von den versicherungspflichtigen Selbständigen beauftragten steuerberatenden Stellen durchgeführt werden darf. $_4$§ 98 Abs. 1 Satz 2 bis 4, Abs. 2, 4 und 5 Satz 1 Nr. 2 und Satz 2 des Zehnten Buches gilt entsprechend.

Dritter Abschnitt
Beteiligung des Bundes, Finanzbeziehungen und Erstattungen

Erster Unterabschnitt
Beteiligung des Bundes

§ 213 Zuschüsse des Bundes

(1) Der Bund leistet zu den Ausgaben der allgemeinen Rentenversicherung Zuschüsse.

(2) $_1$Der Bundeszuschuss zu den Ausgaben der allgemeinen Rentenversicherung ändert sich im jeweils folgenden Kalenderjahr in dem Verhältnis, in dem die Bruttolöhne und -gehälter je Arbeitnehmer (§ 68 Abs. 2 Satz 1) im vergangenen Kalenderjahr zu den entsprechenden Bruttolöhnen und -gehältern im vorvergangenen Kalenderjahr stehen. $_2$Bei Veränderungen des Beitragssatzes ändert sich der Bundeszuschuss zusätzlich in dem Verhältnis, in dem der Beitragssatz des Jahres, für das er bestimmt wird, zum Beitragssatz des Vorjahres steht. $_3$Bei Anwendung von Satz 2 ist jeweils der Beitragssatz zugrunde zu legen, der sich ohne Berücksichtigung des zusätzlichen Bundeszuschusses nach Absatz 3 und des Erhöhungsbetrags nach Absatz 4 ergeben würde. $_4$Der Bundeszuschuss wird in den Jahren 2019 bis 2021 um jeweils 400 Millionen Euro, im Jahr 2022 um 560 Millionen Euro und in den Jahren 2023 bis 2025 um jeweils 480 Millionen Euro erhöht; diese Beträge sind jeweils bei den Änderungen des Bundeszuschusses in den darauf folgenden Kalenderjahren nach den Sätzen 1 bis 3 zu berücksichtigen. $_5$Ausgangsbetrag für den nach Satz 1 bis 3 zu ändernden Bundeszuschuss ist jeweils der zuletzt festgesetzte Bundeszuschuss ohne den Minderungsbetrag. $_6$Der Bundeszuschuss wird in den Jahren 2019 bis 2022 um jeweils 400 Millionen Euro erhöht; diese Beträge sind jeweils bei den Änderungen des Bundeszuschusses in den darauf folgenden Kalenderjahren nach den Sätzen 1 bis 3 zu berücksichtigen.

(2a) $_1$Der allgemeine Bundeszuschuss wird für das Jahr 2006 um 170 Millionen Euro und ab dem Jahr 2007 um jeweils 340 Millionen Euro pauschal vermindert. $_2$Abweichungen des pauschalierten Minderungsbetrages von den tatsächlichen zusätzlichen Einnahmen eines Kalenderjahres durch Mehreinnahmen aus der Begrenzung der Sozialversicherungsfreiheit für Sonn-, Feiertags- und Nachtzuschläge auf einen Stundenlohn bis zu 25 Euro und aufgrund der Erhöhung der Pauschalabgaben für geringfügige Beschäftigung ohne Versicherungspflicht im gewerblichen Bereich von 12 vom Hundert auf 15 vom Hundert des Arbeitsentgelts in der gesetzlichen Rentenversicherung sind mit dem Bundeszuschuss nach Absatz 2 des auf die Abrechnung folgenden Haushaltsjahres zu verrechnen; Ausgangsbetrag für den Bundeszuschuss ist der jeweils zuletzt festgestellte Bundeszuschuss nach Absatz 2 ohne Minderungsbetrag.

(3) $_1$Der Bund zahlt zur pauschalen Abgeltung nicht beitragsgedeckter Leistungen an die allgemeine Rentenversicherung in jedem Kalenderjahr einen zusätzlichen Bundeszuschuss. $_2$Der zusätzliche Bundeszuschuss beträgt für die Monate April bis Dezember des Jahres 1998 9,6 Milliarden Deutsche Mark und für das Jahr 1999 15,6 Milliarden Deutsche Mark. $_3$Für die Kalenderjahre ab 2000 verändert sich der zusätzliche Bundes-

zuschuss jährlich entsprechend der Veränderungsrate der Steuern vom Umsatz; hierbei bleiben Änderungen der Steuersätze im Jahr ihres Wirksamwerdens unberücksichtigt. ₄Der sich nach Satz 3 ergebende Betrag des zusätzlichen Bundeszuschusses wird für das Jahr 2000 um 1,1 Milliarden Deutsche Mark, für das Jahr 2001 um 1,1 Milliarden Deutsche Mark, für das Jahr 2002 um 664,679 Millionen Euro und für das Jahr 2003 um 102,258 Millionen Euro gekürzt. ₅Auf den zusätzlichen Bundeszuschuss werden die Erstattungen nach § 291b angerechnet. ₆Für die Zahlung, Aufteilung und Abrechnung des zusätzlichen Bundeszuschusses sind die Vorschriften über den Bundeszuschuss anzuwenden.

(4) ₁Der zusätzliche Bundeszuschuss nach Absatz 3 wird um die Einnahmen des Bundes aus dem Gesetz zur Fortführung der ökologischen Steuerreform abzüglich eines Betrages von 2,5 Milliarden Deutsche Mark im Jahr 2000 sowie eines Betrages von 1,9 Milliarden Deutsche Mark ab dem Jahr 2001 erhöht (Erhöhungsbetrag). ₂Als Erhöhungsbetrag nach Satz 1 werden für das Jahr 2000 2,6 Milliarden Deutsche Mark, für das Jahr 2001 8,14 Milliarden Deutsche Mark, für das Jahr 2002 6,81040 Milliarden Euro und für das Jahr 2003 9,51002 Milliarden Euro festgesetzt. ₃Für die Kalenderjahre nach 2003 verändern sich die Erhöhungsbeträge in dem Verhältnis, in dem die Bruttolöhne und -gehälter im vergangenen Kalenderjahr zu den entsprechenden Bruttolöhnen und -gehältern im vorvergangenen Kalenderjahr stehen; § 68 Abs. 2 Satz 1 gilt entsprechend. ₄Für die Zahlung, Aufteilung und Abrechnung des Erhöhungsbetrags sind die Vorschriften über den Bundeszuschuss anzuwenden.

(5) ₁Ab dem Jahr 2003 verringert sich der Erhöhungsbetrag um 409 Millionen Euro. ₂Bei der Feststellung der Veränderung der Erhöhungsbeträge nach Absatz 4 Satz 3 ist der Abzugsbetrag nach Satz 1 nicht zu berücksichtigen.

(6) Die Festsetzung und Auszahlung der Monatsraten sowie die Abrechnung führt das Bundesversicherungsamt durch.

§ 214 Liquiditätssicherung

(1) Reichen in der allgemeinen Rentenversicherung die liquiden Mittel der Nachhaltigkeitsrücklage nicht aus, die Zahlungsverpflichtungen zu erfüllen, leistet der Bund den Trägern der allgemeinen Rentenversicherung eine Liquiditätshilfe in Höhe der fehlenden Mittel (Bundesgarantie).

(2) Die vom Bund als Liquiditätshilfe zur Verfügung gestellten Mittel sind zurückzuzahlen, sobald und soweit sie im laufenden Kalenderjahr zur Erfüllung der Zahlungsverpflichtungen nicht mehr benötigt werden, spätestens bis zum 31. Dezember des auf die Vergabe folgenden Jahres; Zinsen sind nicht zu zahlen.

§ 214a Liquiditätserfassung

(1) ₁Die Deutsche Rentenversicherung Bund erfasst arbeitstäglich die Liquiditätslage der allgemeinen Rentenversicherung. ₂Die Träger der allgemeinen Rentenversicherung melden die hierfür erforderlichen Daten an die Deutsche Rentenversicherung Bund. ₃Das Erweiterte Direktorium bei der Deutschen Rentenversicherung Bund bestimmt die Einzelheiten des Verfahrens.

(2) ₁Die Deutsche Rentenversicherung Bund legt dem Bundesministerium für Arbeit und Soziales und dem Bundesversicherungsamt monatlich oder auf Anforderung in einer Schnellmeldung Angaben über die Höhe der aktuellen Liquidität vor. ₂Das Nähere zur Ausgestaltung dieses Meldeverfahrens wird durch eine Vereinbarung zwischen dem Bundesversicherungsamt und der Deutschen Rentenversicherung Bund geregelt.

§ 215 Beteiligung des Bundes in der knappschaftlichen Rentenversicherung

In der knappschaftlichen Rentenversicherung trägt der Bund den Unterschiedsbetrag zwischen den Einnahmen und den Ausgaben eines Kalenderjahres; er stellt hiermit zugleich deren dauernde Leistungsfähigkeit sicher.

Zweiter Unterabschnitt
Nachhaltigkeitsrücklage und Finanzausgleich

§ 216 Nachhaltigkeitsrücklage

(1) ₁Die Träger der allgemeinen Rentenversicherung halten eine gemeinsame Nachhaltigkeitsrücklage (Betriebsmittel und Rücklage), der die Überschüsse der Einnahmen über

die Ausgaben zugeführt werden und aus der Defizite zu decken sind. ₂Das Verwaltungsvermögen gehört nicht zu der Nachhaltigkeitsrücklage.

(2) ₁Die gemeinsame Nachhaltigkeitsrücklage wird bis zum Umfang von 50 vom Hundert der durchschnittlichen Ausgaben zu eigenen Lasten aller Träger der allgemeinen Rentenversicherung für einen Kalendermonat dauerhaft von der Deutschen Rentenversicherung Bund verwaltet. ₂Überschreitet die gemeinsame Nachhaltigkeitsrücklage über einen längeren Zeitraum diesen Umfang, ist sie insoweit von den Trägern der allgemeinen Rentenversicherung zu verwalten. ₃Das Nähere hierzu regelt das Erweiterte Direktorium bei der Deutschen Rentenversicherung Bund.

§ 217 Anlage der Nachhaltigkeitsrücklage

(1) ₁Die Nachhaltigkeitsrücklage ist liquide anzulegen. ₂Als liquide gelten alle Vermögensanlagen mit einer Laufzeit, Kündigungsfrist oder Restlaufzeit bis zu zwölf Monaten, Vermögensanlagen mit einer Kündigungsfrist jedoch nur dann, wenn neben einer angemessenen Verzinsung ein Rückfluss mindestens in Höhe des angelegten Betrages gewährleistet ist. ₃Soweit ein Rückfluss mindestens in Höhe des angelegten Betrages nicht gewährleistet ist, gelten Vermögensanlagen mit einer Kündigungsfrist bis zu zwölf Monaten auch dann als liquide, wenn der Unterschiedsbetrag durch eine entsprechende höhere Verzinsung mindestens ausgeglichen wird. ₄Als liquide gelten auch Vermögensanlagen mit einer Laufzeit oder Restlaufzeit von mehr als zwölf Monaten, wenn neben einer angemessenen Verzinsung gewährleistet ist, dass die Vermögensanlagen innerhalb von zwölf Monaten mindestens zu einem Preis in Höhe der Anschaffungskosten veräußert werden können oder ein Unterschiedsbetrag zu den Anschaffungskosten durch eine höhere Verzinsung mindestens ausgeglichen wird.

(2) Vermögensanlagen in Anteilscheinen an Sondervermögen gelten als liquide, wenn das Sondervermögen nur aus Vermögensgegenständen besteht, die die Träger der Rentenversicherung auch unmittelbar nach Absatz 1 erwerben können.

(3) Abweichend von den Absätzen 1 und 2 darf die Nachhaltigkeitsrücklage ganz oder teilweise längstens bis zum nächsten gesetzlich vorgegebenen Zahlungstermin festgelegt werden, wenn gemäß der Liquiditätserfassung nach § 214a erkennbar ist, dass der allgemeinen Rentenversicherung die liquiden Mittel der Nachhaltigkeitsrücklage nicht ausreichen, die Zahlungsverpflichtungen zu erfüllen.

§ 218 (weggefallen)

§ 219 Finanzverbund in der allgemeinen Rentenversicherung

(1) ₁Die Ausgaben für Renten, Beitragserstattungen, die von der allgemeinen Rentenversicherung zu tragenden Beiträge zur Krankenversicherung und die sonstigen Geldleistungen, die nicht Leistungen zur Teilhabe oder Aufwendungen für Verwaltungs- und Verfahrenskosten sowie Investitionen sind, werden von den Trägern der allgemeinen Rentenversicherung nach dem Verhältnis ihrer Beitragseinnahmen jeweils für ein Kalenderjahr gemeinsam getragen. ₂Die Zuschüsse des Bundes, die Beitragszahlung des Bundes für Kindererziehungszeiten und die Erstattungen des Bundes, mit Ausnahme der Erstattung für Kinderzuschüsse nach § 270 und der Erstattung durch den Träger der Versorgungslast im Beitrittsgebiet nach § 290a an die Träger der allgemeinen Rentenversicherung, werden nach dem Verhältnis ihrer Beitragseinnahmen zugeordnet. ₃Die gemeinsame Nachhaltigkeitsrücklage einschließlich der Erträge hieraus wird den Trägern der allgemeinen Rentenversicherung nach dem Verhältnis ihrer Beitragseinnahmen zugeordnet.

(2) ₁Die Regionalträger und die Deutsche Rentenversicherung Knappschaft-Bahn-See als Träger der allgemeinen Rentenversicherung überweisen monatlich vollständig die von ihnen verwalteten Mittel an den Renten Service der Deutschen Post AG oder an die Deutsche Rentenversicherung Bund, soweit sie nicht unmittelbar für Leistungen zur Teilhabe, Verwaltungs- und Verfahrenskosten, Ausgaben für die Schaffung oder Erhaltung nicht liquider Teile des Anlagevermögens benötigt werden oder von ihnen als Nachhaltigkeitsrücklage zu verwalten sind. ₂Zu den monatlichen Zahlungsterminen zählen insbeson-

dere die Termine für die Vorschüsse zur Auszahlung der Rentenleistungen in das Inland und die Termine für sonstige gemeinsam zu finanzierende Ausgaben einschließlich der Verpflichtungen der Deutschen Rentenversicherung Bund aus der Durchführung des Zahlungsverkehrs für den Risikostrukturausgleich gemäß § 266 des Fünften Buches. ₃Das Nähere hierzu regelt das Erweiterte Direktorium bei der Deutschen Rentenversicherung Bund.

(3) ₁Die Deutsche Rentenversicherung Bund füllt die für die jeweiligen Zahlungsverpflichtungen der allgemeinen Rentenversicherung fehlenden Mittel unter Berücksichtigung der Zahlungen Dritter auf. ₂Reichen die verfügbaren Mittel aller Träger der allgemeinen Rentenversicherung nicht aus, die jeweiligen Zahlungsverpflichtungen zu erfüllen, beantragt sie zusätzliche finanzielle Hilfen des Bundes.

§ 220 Aufwendungen für Leistungen zur Teilhabe, Verwaltung und Verfahren

(1) ₁Die jährlichen Ausgaben im Bereich der allgemeinen Rentenversicherung und der knappschaftlichen Rentenversicherung für Leistungen zur Teilhabe werden entsprechend der voraussichtlichen Entwicklung der Bruttolöhne und -gehälter je Arbeitnehmer (§ 68 Abs. 2 Satz 1) festgesetzt. ₂Überschreiten die Ausgaben am Ende eines Kalenderjahres den für dieses Kalenderjahr jeweils bestimmten Betrag, wird der sich für den jeweiligen Bereich für das zweite Kalenderjahr nach dem Jahr der Überschreitung der Ausgaben nach Satz 1 ergebende Betrag entsprechend vermindert. ₃Die Ausgaben für die Erstattung von Beiträgen nach § 179 Absatz 1 Satz 2, die auf Grund einer Leistung nach § 16 im Eingangsverfahren und im Berufsbildungsbereich der Werkstätten für behinderte Menschen erbracht werden, gelten nicht als Ausgaben im Sinne des Satzes 2.

(2) ₁Die Träger der allgemeinen Rentenversicherung stimmen die auf sie entfallenden Anteile an dem Gesamtbetrag der Leistungen zur Teilhabe in der Deutschen Rentenversicherung Bund ab. ₂Dabei ist darauf hinzuwirken, dass die Leistungen zur Teilhabe dem Umfang und den Kosten nach einheitlich erbracht werden. ₃Das Nähere hierzu regelt das Erweiterte Direktorium bei der Deutschen Rentenversicherung Bund.

(3) ₁Die Absätze 1 und 2 gelten für Verwaltungs- und Verfahrenskosten mit der Maßgabe entsprechend, dass auch die Veränderungen der Zahl der Rentner und der Rentenzugänge sowie der Verwaltungsaufgaben zu berücksichtigen sind. ₂Die Deutsche Rentenversicherung Bund wirkt darauf hin, dass die jährlichen Verwaltungs- und Verfahrenskosten bis zum Jahr 2010 um 10 vom Hundert der tatsächlichen Ausgaben für Verwaltungs- und Verfahrenskosten für das Kalenderjahr 2004 vermindert werden. ₃Vom Jahr 2007 an hat die Deutsche Rentenversicherung Bund jedes Jahr dem Bundesministerium für Arbeit und Soziales über die Entwicklung der Verwaltungs- und Verfahrenskosten bei den einzelnen Trägern und in der gesetzlichen Rentenversicherung sowie über die umgesetzten und geplanten Maßnahmen zur Optimierung dieser Kosten zu berichten. ₄Dabei ist gesondert auf die Schlussfolgerungen einzugehen, welche sich aus dem Benchmarking der Versicherungsträger ergeben.

§ 221 Ausgaben für das Anlagevermögen

₁Für die Schaffung oder Erhaltung nicht liquider Teile des Anlagevermögens dürfen Mittel nur aufgewendet werden, wenn dies erforderlich ist, um die ordnungsgemäße und wirtschaftliche Aufgabenerfüllung der Träger der Rentenversicherung zu ermöglichen oder zu sichern. ₂Mittel für die Errichtung, die Erweiterung und den Umbau von Gebäuden der Eigenbetriebe der Träger der Rentenversicherung dürfen nur unter der zusätzlichen Voraussetzung aufgewendet werden, dass diese Vorhaben auch unter Berücksichtigung des Gesamtbedarfs aller Träger der Rentenversicherung erforderlich sind. ₃Die Träger stellen gemeinsam in der Deutschen Rentenversicherung Bund sicher, dass die Notwendigkeit von Bauvorhaben nach Satz 2 nach einheitlichen Grundsätzen beurteilt wird.

§ 222 Ermächtigung

(1) ₁Das Bundesministerium für Arbeit und Soziales wird ermächtigt, im Einvernehmen mit dem Bundesministerium der Finanzen durch Rechtsverordnung mit Zustimmung des Bundesrates das Nähere über den Umfang der gemäß § 221 Satz 1 zur Verfügung stehenden Mittel zu bestimmen. ₂Dabei kann

SGB VI: Gesetzliche Rentenversicherung §§ 223–224

auch die Zulässigkeit entsprechender Ausgaben zeitlich begrenzt werden.

(2) Das Bundesministerium für Arbeit und Soziales wird ermächtigt, durch allgemeine Verwaltungsvorschrift mit Zustimmung des Bundesrates den Umfang des Verwaltungsvermögens abzugrenzen.

Dritter Unterabschnitt
Erstattungen

§ 223 Wanderversicherungsausgleich und Wanderungsausgleich

(1) ₁Soweit im Leistungsfall die Deutsche Rentenversicherung Knappschaft-Bahn-See als Träger der knappschaftlichen Rentenversicherung zuständig ist, erstatten ihr die Träger der allgemeinen Rentenversicherung den von ihnen zu tragenden Anteil der Leistungen. ₂Zu tragen ist der Anteil der Leistungen, der auf Zeiten in der allgemeinen Rentenversicherung entfällt.

(2) ₁Soweit im Leistungsfall ein Träger der allgemeinen Rentenversicherung zuständig ist, erstattet ihm die Deutsche Rentenversicherung Knappschaft-Bahn-See als Träger der knappschaftlichen Rentenversicherung den von ihr zu tragenden Anteil der Leistungen. ₂Zu tragen ist der Anteil der Leistungen, der auf Zeiten in der knappschaftlichen Rentenversicherung entfällt.

(3) ₁Ausgaben für Leistungen zur Teilhabe werden im gleichen Verhältnis wie Rentenleistungen erstattet. ₂Dabei werden nur rentenrechtliche Zeiten bis zum Ablauf des Kalenderjahres vor der Antragstellung berücksichtigt. ₃Eine pauschale Erstattung kann vorgesehen werden.

(4) Die Absätze 1 und 2 gelten entsprechend für die von der Rentenversicherung zu tragenden Beiträge zur gesetzlichen Krankenversicherung sowie für die Zuschüsse zur Krankenversicherung.

(5) Bei der Anwendung der Anrechnungsvorschriften bestimmt sich der auf den jeweiligen Träger der Rentenversicherung entfallende Teil des Anrechnungsbetrags nach dem Verhältnis der Höhe dieser Leistungsanteile.

(6) ₁Die Träger der allgemeinen Rentenversicherung zahlen der Deutschen Rentenversicherung Knappschaft-Bahn-See als Träger der knappschaftlichen Rentenversicherung einen Wanderungsausgleich. ₂Der auf die Träger der allgemeinen Rentenversicherung entfallende Anteil am Wanderungsausgleich bestimmt sich nach dem Verhältnis ihrer Beitragseinnahmen. ₃Für die Berechnung des Wanderungsausgleichs werden miteinander vervielfältigt:

1. Die Differenz zwischen der durchschnittlichen Zahl der knappschaftlich Versicherten in dem Jahr, für das der Wanderungsausgleich gezahlt wird, und der Zahl der am 1. Januar 1991 in der knappschaftlichen Rentenversicherung Versicherten,
2. das Durchschnittsentgelt des Jahres, für das der Wanderungsausgleich gezahlt wird, wobei für das Beitrittsgebiet das Durchschnittsentgelt durch den Faktor der Anlage 10 für dieses Jahr geteilt wird,
3. der Beitragssatz in der allgemeinen Rentenversicherung des Jahres, für das der Wanderungsausgleich gezahlt wird.

₄Als Versicherte der knappschaftlichen Rentenversicherung gelten auch sonstige Versicherte (§ 166). ₅Der Betrag des Wanderungsausgleichs ist mit einem Faktor zu bereinigen, der die längerfristigen Veränderungen der Rentnerzahl und des Rentenvolumens in der knappschaftlichen Rentenversicherung berücksichtigt.

§ 224 Erstattung durch die Bundesagentur für Arbeit

(1) ₁Zum Ausgleich der Aufwendungen, die der Rentenversicherung für Renten wegen voller Erwerbsminderung entstehen, bei denen der Anspruch auch von der jeweiligen Arbeitsmarktlage abhängig ist, zahlt die Bundesagentur für Arbeit den Trägern der Rentenversicherung einen Ausgleichsbetrag. ₂Dieser bemisst sich pauschal nach der Hälfte der Aufwendungen für die Renten wegen voller Erwerbsminderung einschließlich der darauf entfallenden Beteiligung der Rentenversicherung an den Beiträgen zur Krankenversicherung und der durchschnittlichen Dauer des Anspruchs auf Arbeitslosengeld, der anstelle der Rente wegen voller Erwerbsminderung bestanden hätte.

(2) ₁Auf den Ausgleichsbetrag leistet die Bundesagentur für Arbeit Abschlagszahlun-

gen, die in Teilbeträgen am Fälligkeitstag der Rentenvorschüsse in das Inland für den letzten Monat eines Kalendervierteljahres zu zahlen sind. ₂Als Abschlagszahlung werden für das Jahr 2001 185 Millionen Deutsche Mark und für das Jahr 2002 192 Millionen Euro festgesetzt. ₃In den Folgejahren werden die Abschlagszahlungen unter Berücksichtigung der Ergebnisse der Abrechnung für das jeweilige Vorjahr festgesetzt. ₄Die Abrechnung der Erstattungsbeträge erfolgt bis zum 30. September des auf das Jahr der Abschlagszahlung folgenden Jahres.

(3) ₁Das Bundesversicherungsamt führt die Abrechnung und den Zahlungsausgleich zwischen den Trägern der allgemeinen Rentenversicherung sowie der knappschaftlichen Rentenversicherung und die Verteilung auf die Träger der allgemeinen Rentenversicherung durch. ₂Es bestimmt erstmals für das Jahr 2003 die Höhe der jährlichen Abschlagszahlungen.

(4) ₁Für die Abrechnung und die Verteilung ist § 227 Abs. 1 entsprechend anzuwenden. ₂Dabei erfolgt die Abrechnung mit dem Träger der knappschaftlichen Rentenversicherung entsprechend dem Verhältnis, in dem die Ausgaben dieses Trägers für Renten wegen voller Erwerbsminderung unter Einbeziehung der im Wanderversicherungsausgleich zu zahlenden und zu erstattenden Beträge zu den entsprechenden Aufwendungen der Träger der allgemeinen Rentenversicherung zusammenstehen.

§ 224a Tragung pauschalierter Beiträge für Renten wegen voller Erwerbsminderung

(1) ₁Das Bundesversicherungsamt führt für den Gesamtbeitrag nach § 345a des Dritten Buches die Verteilung zwischen den Trägern der allgemeinen Rentenversicherung sowie der knappschaftlichen Rentenversicherung durch. ₂Der Gesamtbeitrag ist mit dem Ausgleichsbetrag der Bundesagentur für Arbeit nach § 224 im Rahmen der Jahresabrechnung für diesen Ausgleichsbetrag zu verrechnen.

(2) ₁Für die Verteilung ist § 227 Abs. 1 entsprechend anzuwenden. ₂Dabei erfolgt die Abrechnung mit dem Träger der knappschaftlichen Rentenversicherung entsprechend dem Verhältnis, in dem die Ausgaben dieses Trägers für Renten wegen voller Erwerbsminderung unter Einbeziehung der im Wanderversicherungsausgleich zu zahlenden und zu erstattenden Beträge zu den entsprechenden Aufwendungen der Träger der allgemeinen Rentenversicherung zusammenstehen.

§ 224b Erstattung für Begutachtung in Angelegenheiten der Grundsicherung

(1) ₁Der Bund erstattet der Deutschen Rentenversicherung Bund zum 1. Mai eines Jahres, erstmals zum 1. Mai 2010, die Kosten und Auslagen, die den Trägern der Rentenversicherung durch die Wahrnehmung ihrer Aufgaben nach § 109a Absatz 2 für das vorangegangene Jahr entstanden sind. ₂Das Bundesministerium für Arbeit und Soziales, das Bundesministerium der Finanzen und die Deutsche Rentenversicherung Bund vereinbaren aufwandsgerechte Pauschalbeträge für die nach § 109a Absatz 2 je Fall entstehenden Kosten und Auslagen.

(2) Für Kosten und Auslagen durch die Wahrnehmung der Aufgaben nach § 109a Absatz 3 gilt Absatz 1 entsprechend.

(3) ₁Das Bundesversicherungsamt führt die Abrechnung nach den Absätzen 1 und 2 durch. ₂Die Deutsche Rentenversicherung Bund übermittelt dem Bundesversicherungsamt bis zum 1. März eines Jahres, erstmals zum 1. März 2010, die Zahl der Fälle des vorangegangenen Jahres. ₃Die Aufteilung des Erstattungsbetrages auf die Träger der Rentenversicherung erfolgt durch die Deutsche Rentenversicherung Bund. ₄Für die Träger der allgemeinen Rentenversicherung erfolgt sie buchhalterisch

§ 225 Erstattung durch den Träger der Versorgungslast

(1) ₁Die Aufwendungen des Trägers der Rentenversicherung aufgrund von Rentenanwartschaften, die durch Entscheidung des Familiengerichts begründet worden sind, werden von dem zuständigen Träger der Versorgungslast erstattet. ₂Ist der Ehegatte oder Lebenspartner, zu dessen Lasten der Versorgungsausgleich durchgeführt wurde, später nachversichert worden, sind nur die Aufwendungen zu erstatten, die bis zum Ende des Kalenderjahres entstanden sind, das der Zah-

lung der Beiträge für die Nachversicherung oder in Fällen des § 185 Abs. 1 Satz 3 dem Eintritt der Voraussetzungen für die Nachversicherung vorausging. ₃Ist die Nachversicherung durch eine Zahlung von Beiträgen an eine berufsständische Versorgungseinrichtung ersetzt worden (§ 186 Abs. 1), geht die Erstattungspflicht nach Satz 1 mit dem Ende des in Satz 2 genannten Kalenderjahres auf die berufsständische Versorgungseinrichtung als neuen Träger der Versorgungslast über.

(2) ₁Wird durch Entscheidung des Familiengerichts eine Rentenanwartschaft begründet, deren Monatsbetrag 1 vom Hundert der bei Ende der Ehezeit oder Lebenspartnerschaftszeit geltenden monatlichen Bezugsgröße nicht übersteigt, hat der Träger der Versorgungslast Beiträge zu zahlen. ₂Absatz 1 ist nicht anzuwenden. ₃Im Fall einer Abänderung einer Entscheidung des Familiengerichts gilt § 187 Abs. 7 entsprechend.

§ 226 Verordnungsermächtigung

(1) Die Bundesregierung wird ermächtigt, durch Rechtsverordnung mit Zustimmung des Bundesrates das Nähere über die Berechnung und Durchführung der Erstattung von Aufwendungen durch den Träger der Versorgungslast zu bestimmen.

(2) Das Bundesministerium für Arbeit und Soziales wird ermächtigt, im Einvernehmen mit dem Bundesministerium der Finanzen durch Rechtsverordnung mit Zustimmung des Bundesrates das Nähere über die Erstattung gemäß § 223 Abs. 3 zu bestimmen.

(3) Das Bundesministerium für Arbeit und Soziales wird ermächtigt, im Einvernehmen mit dem Bundesministerium der Finanzen durch Rechtsverordnung mit Zustimmung des Bundesrates das Nähere zur Ermittlung des Wanderungsausgleichs nach § 223 Absatz 6 zu bestimmen.

(4) Das Bundesministerium für Arbeits und Soziales wird ermächtigt, im Einvernehmen mit dem Bundesministerium der Finanzen durch Rechtsverordnung mit Zustimmung des Bundesrates das Nähere über die Pauschalierung des Ausgleichsbetrags gemäß § 224 zu bestimmen.

(5) Das Bundesministerium für Arbeit und Soziales wird ermächtigt, durch Rechtsverordnung mit Zustimmung des Bundesrates das Nähere über die Verteilung der pauschalierten Beiträge für Renten wegen voller Erwerbsminderung gemäß § 224a zu bestimmen.

Vierter Unterabschnitt
Abrechnung der Aufwendungen

§ 227 Abrechnung der Aufwendungen

(1) ₁Die Deutsche Rentenversicherung Bund verteilt die Beträge nach § 219 Abs. 1 und § 223 auf die Träger der allgemeinen Rentenversicherung und führt die Abrechnung der Träger der allgemeinen Rentenversicherung mit dem Träger der knappschaftlichen Rentenversicherung sowie mit der Deutschen Post AG durch. ₂Die Ausgleiche der Zahlungsverpflichtungen zwischen den Trägern der allgemeinen Rentenversicherung erfolgen ausschließlich buchhalterisch. ₃Die Zahlungsausgleiche der allgemeinen Rentenversicherung mit dem Träger der knappschaftlichen Rentenversicherung und mit der Deutschen Post AG werden von der Deutschen Rentenversicherung Bund innerhalb von vier Wochen nach Bekanntgabe der Abrechnung durchgeführt.

(1a) ₁Das Bundesversicherungsamt führt die Abrechnung der Zahlungen des Bundes an die gesetzliche Rentenversicherung durch. ₂Nachzahlungen des Bundes an die allgemeine Rentenversicherung werden zugunsten der Deutschen Rentenversicherung Bund und Nachzahlungen an die knappschaftliche Rentenversicherung werden an den Träger der knappschaftlichen Rentenversicherung innerhalb von vier Wochen nach Bekanntgabe der Abrechnung ausgeführt.

(2) Die Deutsche Post AG teilt der Deutschen Rentenversicherung Bund und dem Bundesversicherungsamt zum Ablauf eines Kalenderjahres die Beträge mit, die auf Anweisung der Träger der allgemeinen Rentenversicherung gezahlt worden sind.

(3) Im Übrigen obliegt dem Erweiterten Direktorium bei der Deutschen Rentenversicherung Bund die Aufstellung von Grundsätzen zur und die Steuerung der Finanzausstattung und der Finanzverwaltung im Rahmen des geltenden Rechts für das gesamte System der Deutschen Rentenversicherung.

Fünftes Kapitel
Sonderregelungen

Erster Abschnitt
Ergänzungen für Sonderfälle

Erster Unterabschnitt
Grundsatz

§ 228 Grundsatz

Die Vorschriften dieses Abschnitts ergänzen die Vorschriften der vorangehenden Kapitel für Sachverhalte, die von dem Zeitpunkt des Inkrafttretens der Vorschriften der vorangehenden Kapitel an nicht mehr oder nur noch übergangsweise eintreten können.

§ 228a Besonderheiten für das Beitrittsgebiet

(1) ₁Soweit Vorschriften dieses Buches bei Arbeitsentgelten, Arbeitseinkommen oder Beitragsbemessungsgrundlagen

1. an die Bezugsgröße anknüpfen, ist die Bezugsgröße für das Beitrittsgebiet (Bezugsgröße [Ost]),
2. an die Beitragsbemessungsgrenze anknüpfen, ist die Beitragsbemessungsgrenze für das Beitrittsgebiet (Beitragsbemessungsgrenze [Ost], Anlage 2a)

maßgebend, wenn die Einnahmen aus einer Beschäftigung oder Tätigkeit im Beitrittsgebiet erzielt werden. ₂Satz 1 gilt für die Ermittlung der Beitragsbemessungsgrundlagen bei sonstigen Versicherten entsprechend.

(2) (weggefallen)

(3) Soweit Vorschriften dieses Buches bei Einkommensanrechnung auf Renten wegen Todes an den aktuellen Rentenwert anknüpfen, ist der aktuelle Rentenwert (Ost) maßgebend, wenn der Berechtigte seinen gewöhnlichen Aufenthalt im Beitrittsgebiet hat.

§ 228b Maßgebende Werte in der Anpassungsphase

Bei der Festsetzung von Werten für Zeiten bis einschließlich 31. Dezember 2024 sind, soweit Vorschriften dieses Buches auf die Veränderung der Bruttolöhne und -gehälter je Arbeitnehmer (§ 68 Abs. 2 Satz 1) oder auf das Durchschnittsentgelt abstellen, die für das Bundesgebiet ohne das Beitrittsgebiet ermittelten Werte maßgebend, sofern nicht in den nachstehenden Vorschriften etwas anderes bestimmt ist.

Zweiter Unterabschnitt
Versicherter Personenkreis

§ 229 Versicherungspflicht

(1) ₁Personen, die am 31. Dezember 1991 als

1. Mitglieder des Vorstandes einer Aktiengesellschaft,
2. selbständig tätige Lehrer, Erzieher oder Pflegepersonen im Zusammenhang mit ihrer selbständigen Tätigkeit keinen Angestellten, aber mindestens einen Arbeiter beschäftigt haben und

versicherungspflichtig waren, bleiben in dieser Tätigkeit versicherungspflichtig. ₂Sie werden jedoch auf Antrag von der Versicherungspflicht befreit. ₃Die Befreiung wirkt vom Eingang des Antrags an. ₄Sie ist auf die jeweilige Tätigkeit beschränkt.

(1a) ₁Mitglieder des Vorstandes einer Aktiengesellschaft, die am 6. November 2003 in einer weiteren Beschäftigung oder selbständigen Tätigkeit nicht versicherungspflichtig waren, bleiben in dieser Beschäftigung oder selbständigen Tätigkeit nicht versicherungspflichtig. ₂Sie können bis zum 31. Dezember 2004 die Versicherungspflicht mit Wirkung für die Zukunft beantragen.

(1b) ₁Personen, die am 28. Juni 2011 auf Grund einer Beschäftigung im Ausland bei einer amtlichen Vertretung des Bundes oder der Länder oder bei deren Leitern, deutschen Mitgliedern oder Bediensteten versicherungspflichtig waren, bleiben in dieser Beschäftigung versicherungspflichtig. ₂Die Versicherungspflicht endet, wenn dies von Arbeitgeber und Arbeitnehmer gemeinsam beantragt wird; der Antrag kann bis zum 30. Juni 2012 gestellt werden. ₃Die Versicherungspflicht endet von dem Kalendermonat an, der auf den Tag des Eingangs des Antrags folgt.

(2) Handwerker, die am 31. Dezember 1991 nicht versicherungspflichtig waren, bleiben in dieser Tätigkeit nicht versicherungspflichtig.

(2a) Handwerker, die am 31. Dezember 2003 versicherungspflichtig waren, bleiben in dieser Tätigkeit versicherungspflichtig; § 6 Abs. 1 Satz 1 Nr. 4 bleibt unberührt.

(3) ₁§ 2 Satz 1 Nr. 9 Buchstabe b zweiter Halbsatz und Satz 4 Nr. 3 ist auch anzuwenden, soweit die Tätigkeit in der Zeit vom 1. Januar 1999 bis zum 1. Juli 2006 ausgeübt worden ist. ₂§ 2 Satz 1 Nr. 1, 2 und 9 Buchstabe a in der ab 1. Mai 2007 geltenden Fassung ist auch anzuwenden, soweit Arbeitnehmer in der Zeit vom 1. Januar 1999 bis zum 30. April 2007 beschäftigt wurden.

(4) Bezieher von Sozialleistungen, die am 31. Dezember 1995 auf Antrag versicherungspflichtig waren und nach § 4 Abs. 3a die Voraussetzungen für die Versicherungspflicht nicht mehr erfüllen, bleiben für die Zeit des Bezugs der jeweiligen Sozialleistung versicherungspflichtig.

(5) Personen, die am 31. Dezember 2012 als Beschäftigte nach § 5 Absatz 2 in der bis zum 31. Dezember 2012 geltenden Fassung wegen Verzichts auf die Versicherungsfreiheit in einer geringfügigen Beschäftigung oder mehreren geringfügigen Beschäftigungen versicherungspflichtig waren, bleiben insoweit versicherungspflichtig; § 6 Absatz 1b in der ab dem 1. Januar 2013 geltenden Fassung gilt für diese Personen bezogen auf die am 31. Dezember 2012 ausgeübte Beschäftigung und weitere Beschäftigungen, auf die sich der Verzicht auf die Versicherungsfreiheit nach § 5 Absatz 2 in der bis zum 31. Dezember 2012 geltenden Fassung erstrecken würde, nicht.

(6) ₁Personen, die am 31. März 2003 in einer Beschäftigung oder selbständige Tätigkeit ohne einen Verzicht auf die Versicherungsfreiheit (§ 5 Absatz 2 Satz 2 in der bis zum 31. Dezember 2012 geltenden Fassung) versicherungspflichtig waren, die die Merkmale einer geringfügigen Beschäftigung oder selbständigen Tätigkeit in der ab 1. April 2003 geltenden Fassung von § 8 des Vierten Buches oder die Merkmale einer geringfügigen Beschäftigung oder selbständigen Tätigkeit im Privathaushalt (§ 8a Viertes Buch) erfüllt, bleiben in dieser Beschäftigung oder selbständigen Tätigkeit versicherungspflichtig. ₂Sie werden auf ihren Antrag von der Versicherungspflicht befreit. ₃Die Befreiung wirkt vom 1. April 2003 an, wenn sie bis zum 30. Juni 2003 beantragt wird, sonst vom Eingang des Antrags an. ₄Sie ist auf die jeweilige Beschäftigung oder selbständige Tätigkeit beschränkt. ₅Für Personen, die die Voraussetzungen für die Versicherungspflicht nach § 2 Satz 1 Nr. 10 erfüllen, endet die Befreiung nach Satz 2 am 31. Juli 2004.

(7) ₁Selbständig Tätige, die am 31. Dezember 2012 nicht versicherungspflichtig waren, weil sie versicherungspflichtige Arbeitnehmer beschäftigt haben, bleiben in dieser Tätigkeit nicht versicherungspflichtig, wenn der beschäftigte Arbeitnehmer nicht geringfügig beschäftigt nach § 8 Absatz 1 Nummer 1 des Vierten Buches in der bis zum 31. Dezember 2012 geltenden Fassung ist. ₂Personen, die am 31. Dezember 2012 in einer selbständigen Tätigkeit versicherungspflichtig waren, die die Merkmale einer geringfügigen Tätigkeit in der ab dem 1. Januar 2013 geltenden Fassung von § 8 Absatz 3 in Verbindung mit § 8 Absatz 1 Nummer 1 oder § 8 Absatz 3 in Verbindung mit den §§ 8a und 8 Absatz 1 Nummer 1 des Vierten Buches erfüllt, bleiben in dieser selbständigen Tätigkeit bis zum 31. Dezember 2014 versicherungspflichtig.

§ 229a Versicherungspflicht im Beitrittsgebiet

(1) Personen, die am 31. Dezember 1991 im Beitrittsgebiet versicherungspflichtig waren, nicht ab 1. Januar 1992 nach den §§ 1 bis 3 versicherungspflichtig geworden sind und nicht bis zum 31. Dezember 1994 beantragt haben, dass die Versicherungspflicht enden soll, bleiben in der jeweiligen Tätigkeit oder für die Zeit des jeweiligen Leistungsbezugs versicherungspflichtig.

(2) Im Beitrittsgebiet selbständig tätige Landwirte, die die Voraussetzungen des § 2 Abs. 1 Nr. 1 des Zweiten Gesetzes über die Krankenversicherung der Landwirte erfüllt haben, in der Krankenversicherung der Landwirte als Unternehmer versichert waren und am 1. Januar 1995 in dieser Tätigkeit versicherungspflichtig waren, bleiben in dieser Tätigkeit versicherungspflichtig.

§ 230 Versicherungsfreiheit

(1) ₁Personen, die am 31. Dezember 1991 als

1. Polizeivollzugsbeamte auf Widerruf,
2. Handwerker oder
3. Mitglieder der Pensionskasse deutscher Eisenbahnen und Straßenbahnen

versicherungsfrei waren, bleiben in dieser Beschäftigung oder selbständigen Tätigkeit versicherungsfrei. ₂Handwerker, die am 31. Dezember 1991 aufgrund eines Lebensversicherungsvertrages versicherungsfrei waren, und Personen, die am 31. Dezember 1991 als Versorgungsbezieher versicherungsfrei waren, bleiben in jeder Beschäftigung und jeder selbständigen Tätigkeit versicherungsfrei.

(2) ₁Personen, die am 31. Dezember 1991 als versicherungspflichtige

1. Beschäftigte von Körperschaften, Anstalten oder Stiftungen des öffentlichen Rechts oder ihrer Verbände oder
2. satzungsmäßige Mitglieder geistlicher Genossenschaften, Diakonissen oder Angehörige ähnlicher Gemeinschaften,

nicht versicherungsfrei und nicht von der Versicherungspflicht befreit waren, bleiben in dieser Beschäftigung versicherungspflichtig. ₂Sie werden jedoch auf Antrag unter den Voraussetzungen des § 5 Abs. 1 Satz 1 von der Versicherungspflicht befreit. ₃Über die Befreiung entscheidet der Träger der Rentenversicherung, nachdem für Beschäftigte beim Bund und bei Arbeitgebern, die der Aufsicht des Bundes unterstehen, das zuständige Bundesministerium, im Übrigen die oberste Verwaltungsbehörde des Landes, in dem die Arbeitgeber, Genossenschaften oder Gemeinschaften ihren Sitz haben, das Vorliegen der Voraussetzungen bestätigt hat. ₄Die Befreiung wirkt vom Eingang des Antrags an. ₅Sie ist auf die jeweilige Beschäftigung beschränkt.

(3) ₁Personen, die am 31. Dezember 1991 als Beschäftigte oder selbständig Tätige nicht versicherungsfrei und nicht von der Versicherungspflicht befreit waren, werden in dieser Beschäftigung oder selbständigen Tätigkeit nicht nach § 5 Abs. 4 Nr. 2 und 3 versicherungsfrei. ₂Sie werden jedoch auf Antrag von der Versicherungspflicht befreit. ₃Die Befreiung wirkt vom Eingang des Antrags an. ₄Sie bezieht sich auf jede Beschäftigung oder selbständige Tätigkeit.

(4) ₁Personen, die am 1. Oktober 1996 in einer Beschäftigung oder selbständigen Tätigkeit als ordentliche Studierende einer Fachschule oder Hochschule versicherungsfrei waren, bleiben in dieser Beschäftigung oder selbständigen Tätigkeit versicherungsfrei. ₂Sie können jedoch beantragen, dass die Versicherungsfreiheit endet.

(5) § 5 Abs. 1 Satz 4 ist nicht anzuwenden, wenn vor dem 1. Februar 2002 aufgrund einer Entscheidung nach § 5 Abs. 1 Satz 3 bereits Versicherungsfreiheit nach § 5 Abs. 1 Satz 1 Nr. 2 oder 3 vorlag.

(6) Personen, die nach § 5 Abs. 1 Satz 1 Nr. 2 in der bis zum 31. Dezember 2008 geltenden Fassung versicherungsfrei waren, bleiben in dieser Beschäftigung versicherungsfrei.

(7) Personen, die eine Versorgung nach § 6 des Streitkräftepersonalstruktur-Anpassungsgesetzes beziehen, sind nicht nach § 5 Absatz 4 Nummer 2 versicherungsfrei.

(8) ₁Personen, die am 31. Dezember 2012 als Beschäftigte nach § 5 Absatz 2 Satz 1 Nummer 1 in der bis zum 31. Dezember 2012 geltenden Fassung versicherungsfrei waren, bleiben in dieser Beschäftigung versicherungsfrei, solange die Voraussetzungen einer geringfügigen Beschäftigung nach § 8 Absatz 1 Nummer 1 oder § 8a in Verbindung mit § 8 Absatz 1 Nummer 1 des Vierten Buches in der bis zum 31. Dezember 2012 geltenden Fassung vorliegen. ₂Sie können durch schriftliche Erklärung gegenüber dem Arbeitgeber auf die Versicherungsfreiheit verzichten; der Verzicht kann nur mit Wirkung für die Zukunft und bei mehreren Beschäftigungen nur einheitlich erklärt werden und ist für die Dauer der Beschäftigungen bindend.

(9) ₁Personen, die am 31. Dezember 2016 wegen des Bezugs einer Vollrente wegen Alters vor Erreichen der Regelaltersgrenze in einer Beschäftigung oder selbständigen Tätigkeit versicherungsfrei waren, bleiben in dieser Beschäftigung oder selbständigen Tätigkeit versicherungsfrei. ₂Beschäftigte können durch schriftliche Erklärung gegenüber dem Arbeitgeber auf die Versicherungsfreiheit verzichten. ₃Der Verzicht kann nur mit Wirkung für die Zukunft erklärt werden und ist für die Dauer der Beschäftigung bindend. ₄Die Sätze 2 und 3 gelten entsprechend für Selbständige, die den Verzicht gegenüber dem zuständigen Träger der Rentenversicherung erklären.

§ 231 Befreiung von der Versicherungspflicht

(1) ₁Personen, die am 31. Dezember 1991 von der Versicherungspflicht befreit waren, bleiben in derselben Beschäftigung oder selbständigen Tätigkeit von der Versicherungspflicht befreit. ₂Personen, die am 31. Dezember 1991 als

1. Angestellte im Zusammenhang mit der Erhöhung oder dem Wegfall der Jahresarbeitsverdienstgrenze,
2. Handwerker oder
3. Empfänger von Versorgungsbezügen

von der Versicherungspflicht befreit waren, bleiben in jeder Beschäftigung oder selbständigen Tätigkeit und bei Wehrdienstleistungen von der Versicherungspflicht befreit.

(2) Personen, die aufgrund eines bis zum 31. Dezember 1995 gestellten Antrags spätestens mit Wirkung von diesem Zeitpunkt an nach § 6 Abs. 1 Nr. 1 in der zu diesem Zeitpunkt geltenden Fassung von der Versicherungspflicht befreit sind, bleiben in der jeweiligen Beschäftigung oder selbständigen Tätigkeit befreit.

(3) Mitglieder von berufsständischen Versorgungseinrichtungen, die nur deshalb Pflichtmitglied ihrer berufsständischen Kammer sind, weil die am 31. Dezember 1994 für bestimmte Angehörige ihrer Berufsgruppe bestehende Verpflichtung zur Mitgliedschaft in einer berufsständischen Kammer nach dem 31. Dezember 1994 auf weitere Angehörige der jeweiligen Berufsgruppe erstreckt worden ist, werden bei Vorliegen der übrigen Voraussetzungen nach § 6 Abs. 1 von der Versicherungspflicht befreit, wenn

1. die Verkündung des Gesetzes, mit dem die Verpflichtung zur Mitgliedschaft in einer berufsständischen Kammer auf weitere Angehörige der Berufsgruppe erstreckt worden ist, vor dem 1. Juli 1996 erfolgt und
2. mit der Erstreckung der Verpflichtung zur Mitgliedschaft in einer berufsständischen Kammer auf weitere Angehörige der Berufsgruppe hinsichtlich des Kreises der Personen, die der berufsständischen Kammer als Pflichtmitglieder angehören, eine Rechtslage geschaffen worden ist, die am 31. Dezember 1994 bereits in mindestens der Hälfte aller Bundesländer bestanden hat.

(4) Mitglieder von berufsständischen Versorgungseinrichtungen, die nur deshalb Pflichtmitglied einer berufsständischen Versorgungseinrichtung sind, weil eine für ihre Berufsgruppe am 31. Dezember 1994 bestehende Verpflichtung zur Mitgliedschaft in der berufsständischen Versorgungseinrichtung nach dem 31. Dezember 1994 auf diejenigen Angehörigen der Berufsgruppe erstreckt worden ist, die einen gesetzlich vorgeschriebenen Vorbereitungs- oder Anwärterdienst ableisten, werden bei Vorliegen der übrigen Voraussetzungen nach § 6 Abs. 1 von der Versicherungspflicht befreit, wenn

1. die Änderung der versorgungsrechtlichen Regelungen, mit der die Verpflichtung zur Mitgliedschaft in der berufsständischen Versorgungseinrichtung auf Personen erstreckt worden ist, die einen gesetzlich vorgeschriebenen Vorbereitungs- oder Anwärterdienst ableisten, vor dem 1. Juli 1996 erfolgt und
2. mit der Erstreckung der Verpflichtung zur Mitgliedschaft in der berufsständischen Versorgungseinrichtung auf Personen, die einen gesetzlich vorgeschriebenen Vorbereitungs- oder Anwärterdienst ableisten, hinsichtlich des Kreises der Personen, die der berufsständischen Versorgungseinrichtung als Pflichtmitglieder angehören, eine Rechtslage geschaffen worden ist, die für die jeweilige Berufsgruppe bereits am 31. Dezember 1994 in mindestens einem Bundesland bestanden hat.

(4a) Die Änderungen der Bundesrechtsanwaltsordnung und der Patentanwaltsordnung durch Artikel 1 Nummer 3 und Artikel 6 des Gesetzes zur Neuordnung des Rechts der Syndikusanwälte und zur Änderung der Finanzgerichtsordnung vom 21. Dezember 2015 (BGBl. I S. 2517) gelten nicht als Änderungen, mit denen der Kreis der Pflichtmitglieder einer berufsständischen Kammer im Sinne des § 6 Absatz 1 Satz 3 erweitert wird.

(4b) ₁Eine Befreiung von der Versicherungspflicht als Syndikusrechtsanwalt oder Syndikuspatentanwalt nach § 6 Absatz 1 Satz 1 Nummer 1, die unter Berücksichtigung der Bundesrechtsanwaltsordnung in der ab dem 1. Januar 2016 geltenden Fassung oder der Patentanwaltsordnung in der ab dem 1. Januar 2016 geltenden Fassung erteilt wurde, wirkt auf Antrag vom Beginn derjenigen Beschäftigung an, für die die Befreiung von der Versicherungspflicht erteilt wird. ₂Sie wirkt auch vom Beginn davor liegender Beschäftigungen an, wenn während dieser Beschäftigungen eine Pflichtmitgliedschaft in einem berufsständischen Versorgungswerk bestand. ₃Die Befreiung nach den Sätzen 1 und 2 wirkt frühestens ab dem 1. April 2014. ₄Die Befreiung wirkt jedoch auch für Zeiten vor dem 1. April 2014, wenn für diese Zeiten einkommensbezogene Pflichtbeiträge an ein berufsständisches Versorgungswerk gezahlt wurden. ₅Die Sätze 1 bis 4 gelten nicht für Beschäftigungen, für die eine Befreiung von der Versicherungspflicht als Syndikusrechtsanwalt oder Syndikuspatentanwalt auf Grund einer vor dem 4. April 2014 ergangenen Entscheidung bestandskräftig abgelehnt wurde. ₆Der Antrag auf rückwirkende Befreiung nach den Sätzen 1 und 2 kann nur bis zum Ablauf des 1. April 2016 gestellt werden.

(4c) ₁Eine durch Gesetz angeordnete oder auf Gesetz beruhende Verpflichtung zur Mitgliedschaft in einer berufsständischen Versorgungseinrichtung im Sinne des § 6 Absatz 1 Satz 1 Nummer 1 gilt als gegeben für Personen, die

1. nach dem 3. April 2014 auf ihre Rechte aus der Zulassung zur Rechtsanwaltschaft oder Patentanwaltschaft verzichtet haben und
2. bis zum Ablauf des 1. April 2016 die Zulassung als Syndikusrechtsanwalt oder Syndikuspatentanwalt nach der Bundesrechtsanwaltsordnung in der ab dem 1. Januar 2016 geltenden Fassung oder der Patentanwaltsordnung in der ab dem 1. Januar 2016 geltenden Fassung beantragen.

₂Satz 1 gilt nur, solange die Personen als Syndikusrechtsanwalt oder Syndikuspatentanwalt zugelassen sind und als freiwilliges Mitglied in einem Versorgungswerk einkommensbezogene Beiträge zahlen. ₃Satz 1 gilt nicht, wenn vor dem 1. Januar 2016 infolge eines Ortswechsels der anwaltlichen Tätigkeit eine Pflichtmitgliedschaft in dem neu zuständigen berufsständischen Versorgungswerk wegen Überschreitens einer Altersgrenze nicht mehr begründet werden konnte.

(4d) ₁Tritt in einer berufsständischen Versorgungseinrichtung, in der am 1. Januar 2016 eine Altersgrenze für die Begründung einer Pflichtmitgliedschaft bestand, eine Aufhebung dieser Altersgrenze bis zum Ablauf des 31. Dezember 2018 in Kraft, wirkt eine Befreiung von der Versicherungspflicht bei Personen, die infolge eines Ortswechsels eine Pflichtmitgliedschaft in einer solchen berufsständischen Versorgungseinrichtung bisher nicht begründen konnten und Beiträge als freiwillige Mitglieder entrichtet haben, auf Antrag vom Beginn des 36. Kalendermonats vor Inkrafttreten der Aufhebung der Altersgrenze in der jeweiligen berufsständischen Versorgungseinrichtung. ₂Der Antrag kann nur bis zum Ablauf von drei Kalendermonaten nach Inkrafttreten der Aufhebung der Altersgrenze gestellt werden.

(5) ₁Personen, die am 31. Dezember 1998 eine selbständige Tätigkeit ausgeübt haben, in der sie nicht versicherungspflichtig waren, und danach gemäß § 2 Satz 1 Nr. 9 versicherungspflichtig werden, werden auf Antrag von dieser Versicherungspflicht befreit, wenn sie

1. vor dem 2. Januar 1949 geboren sind oder
2. vor dem 10. Dezember 1998 mit einem öffentlichen oder privaten Versicherungsunternehmen einen Lebens- oder Rentenversicherungsvertrag abgeschlossen haben, der so ausgestaltet ist oder bis zum 30. Juni 2000 oder binnen eines Jahres nach Eintritt der Versicherungspflicht so ausgestaltet wird, dass

   a) Leistungen für den Fall der Invalidität und des Erlebens des 60. oder eines höheren Lebensjahres sowie im Todesfall Leistungen an Hinterbliebene erbracht werden und

   b) für die Versicherung mindestens ebenso viel Beiträge aufzuwenden sind, wie Beiträge zur Rentenversicherung zu zahlen wären, oder

3. vor dem 10. Dezember 1998 eine vergleichbare Form der Vorsorge betrieben haben oder nach diesem Zeitpunkt bis zum 30. Juni 2000 oder binnen eines Jahres nach Eintritt der Versicherungspflicht entsprechend ausgestalten; eine vergleichbare Vorsorge liegt vor, wenn

   a) vorhandenes Vermögen oder

   b) Vermögen, das aufgrund einer auf Dauer angelegten vertraglichen Verpflichtung angespart wird, insgesamt gewährleisten, dass eine Sicherung für den Fall der Invalidität und des Erlebens des 60. oder eines höheren Lebensjahres sowie im Todesfall für Hinterbliebene vorhanden ist, deren wirtschaftlicher Wert nicht hinter dem einer Lebens- oder Rentenversicherung nach Nummer 2 zurückbleibt.

₂Satz 1 Nr. 2 gilt entsprechend für eine Zusage auf eine betriebliche Altersversorgung, durch die die leistungsbezogenen und aufwandsbezogenen Voraussetzungen des Satzes 1 Nr. 2 erfüllt werden. ₃Die Befreiung ist binnen eines Jahres nach Eintritt der Versicherungspflicht zu beantragen; die Frist läuft nicht vor dem 30. Juni 2000 ab. ₄Die Befreiung wirkt vom Eintritt der Versicherungspflicht an.

(6) ₁Personen, die am 31. Dezember 1998 eine nach § 2 Satz 1 Nr. 1 bis 3 oder § 229a Abs. 1 versicherungspflichtige selbständige Tätigkeit ausgeübt haben, werden auf Antrag von dieser Versicherungspflicht befreit, wenn sie

1. glaubhaft machen, dass sie bis zu diesem Zeitpunkt von der Versicherungspflicht keine Kenntnis hatten, und
2. vor dem 2. Januar 1949 geboren sind oder
3. vor dem 10. Dezember 1998 eine anderweitige Vorsorge im Sinne des Absatzes 5 Satz 1 Nr. 2 oder 3 oder Satz 2 für den Fall der Invalidität und des Erlebens des 60. oder eines höheren Lebensjahres sowie im Todesfall für Hinterbliebene getroffen haben; Absatz 5 Satz 1 Nr. 2 und 3 und Satz 2 sind mit der Maßgabe anzuwenden, dass an die Stelle des Datums 30. Juni 2000 jeweils das Datum 30. September 2001 tritt.

₂Die Befreiung ist bis zum 30. September 2001 zu beantragen; sie wirkt vom Eintritt der Versicherungspflicht an.

(7) Personen, die nach § 6 Abs. 1 Satz 1 Nr. 2 in der bis zum 31. Dezember 2008 geltenden Fassung von der Versicherungspflicht befreit waren, bleiben in jeder Beschäftigung oder der Versicherungspflicht befreit.

(8) Personen, die die Voraussetzungen für eine Befreiung von der Versicherungspflicht nach § 6 Abs. 1 Satz 1 Nr. 2 in der bis zum 31. Dezember 2008 geltenden Fassung erfüllen, nicht aber die Voraussetzungen nach § 6 Abs. 1 Satz 1 Nr. 2 in der ab 1. Januar 2009 geltenden Fassung, werden von der Versicherungspflicht befreit, wenn ihnen nach beamtenrechtlichen Grundsätzen oder entsprechenden kirchenrechtlichen Regelungen Anwartschaft auf Versorgung bei verminderter Erwerbsfähigkeit und im Alter sowie auf Hinterbliebenenversorgung durch eine für einen bestimmten Personenkreis geschaffene Versorgungseinrichtung gewährleistet ist und sie an einer nichtöffentlichen Schule beschäftigt sind, die vor dem 13. November 2008 Mitglied der Versorgungseinrichtung geworden ist.

(9) § 6 Absatz 1b gilt bis zum 31. Dezember 2014 nicht für Personen, die am 31. Dezember 2012 in einer mehr als geringfügigen Beschäftigung nach § 8 Absatz 1 Nummer 1 oder § 8a in Verbindung mit § 8 Absatz 1 Nummer 1 des Vierten Buches versicherungspflichtig waren, die die Merkmale einer geringfügigen Beschäftigung nach diesen Vorschriften in der ab dem 1. Januar 2013 geltenden Fassung erfüllt, solange das Arbeitsentgelt aus dieser Beschäftigung 400 Euro monatlich übersteigt.

§ 231a Befreiung von der Versicherungspflicht im Beitrittsgebiet

Selbständig Tätige, die am 31. Dezember 1991 im Beitrittsgebiet aufgrund eines Versicherungsvertrages von der Versicherungspflicht befreit waren und nicht bis zum 31. Dezember 1994 erklärt haben, dass die Befreiung von der Versicherungspflicht enden soll, bleiben in jeder Beschäftigung oder selbständigen Tätigkeit und bei Wehrdienstleistungen von der Versicherungspflicht befreit.

§ 232 Freiwillige Versicherung

(1) ₁Personen, die nicht versicherungspflichtig sind und vor dem 1. Januar 1992 vom Recht der Selbstversicherung, der Weiterversicherung oder der freiwilligen Versicherung Gebrauch gemacht haben, können sich weiterhin freiwillig versichern. ₂Dies gilt für Personen, die von dem Recht der Selbstversicherung oder Weiterversicherung Gebrauch gemacht haben, auch dann, wenn sie nicht Deutsche sind und ihren gewöhnlichen Aufenthalt im Ausland haben.

(2) Nach bindender Bewilligung einer Vollrente wegen Alters oder für Zeiten des Bezugs einer solchen Rente ist eine freiwillige Versicherung nicht zulässig, wenn der Monat

abgelaufen ist, in dem die Regelaltersgrenze erreicht wurde.

§ 233 Nachversicherung

(1) ₁Personen, die vor dem 1. Januar 1992 aus einer Beschäftigung ausgeschieden sind, in der sie nach dem jeweils geltenden, dem § 5 Abs. 1, § 6 Abs. 1 Satz 1 Nr. 2, § 230 Abs. 1 Nr. 1 und 3 oder § 231 Abs. 1 Satz 1 sinngemäß entsprechenden Recht nicht versicherungspflichtig, versicherungsfrei oder von der Versicherungspflicht befreit waren, werden weiterhin nach den bisherigen Vorschriften nachversichert, wenn sie ohne Anspruch oder Anwartschaft auf Versorgung aus der Beschäftigung ausgeschieden sind. ₂Dies gilt für Personen, die ihren Anspruch auf Versorgung vor dem 1. Januar 1992 verloren haben, entsprechend. ₃Wehrpflichtige, die während ihres Grundwehrdienstes vom 1. März 1957 bis zum 30. April 1961 nicht versicherungspflichtig waren, werden für die Zeit des Dienstes nachversichert, auch wenn die Voraussetzungen des Satzes 1 nicht vorliegen.

(2) ₁Personen, die nach dem 31. Dezember 1991 aus einer Beschäftigung ausgeschieden sind, in der sie nach § 5 Abs. 1, § 6 Abs. 1 Satz 1 Nr. 2, § 230 Abs. 1 Nr. 1 und 3 oder § 231 Abs. 1 Satz 2 versicherungsfrei oder von der Versicherungspflicht befreit waren, werden nach den vom 1. Januar 1992 an geltenden Vorschriften auch für Zeiträume vorher nachversichert, in denen sie nach dem jeweils geltenden, diesen Vorschriften sinngemäß entsprechenden Recht nicht versicherungspflichtig, versicherungsfrei oder von der Versicherungspflicht befreit waren. ₂Dies gilt für Personen, die ihren Anspruch auf Versorgung nach dem 31. Dezember 1991 verloren haben, entsprechend.

(3) Die Nachversicherung erstreckt sich auch auf Zeiträume, in denen die nachzuversichernden Personen mangels einer der § 4 Abs. 1 Satz 2 entsprechenden Vorschrift oder in den Fällen des Absatzes 2 wegen Überschreitens der jeweiligen Jahresarbeitsverdienstgrenze nicht versicherungspflichtig oder versicherungsfrei waren.

§ 233a Nachversicherung im Beitrittsgebiet

(1) ₁Personen, die vor dem 1. Januar 1992 aus einer Beschäftigung im Beitrittsgebiet ausgeschieden sind, in der sie nach dem jeweils geltenden, dem § 5 Abs. 1, § 6 Abs. 1 Satz 1 Nr. 2 und § 230 Abs. 1 Nr. 3 sinngemäß entsprechenden Recht nicht versicherungspflichtig, versicherungsfrei oder von der Versicherungspflicht befreit waren, werden nachversichert, wenn sie

1. ohne Anspruch oder Anwartschaft auf Versorgung aus der Beschäftigung ausgeschieden sind und

2. einen Anspruch auf eine nach den Vorschriften dieses Buches zu berechnende Rente haben oder aufgrund der Nachversicherung erwerben würden.

₂Der Nachversicherung werden die bisherigen Vorschriften, die im Gebiet der Bundesrepublik Deutschland außerhalb des Beitrittsgebiets anzuwenden sind oder anzuwenden waren, fiktiv zugrunde gelegt; Regelungen, nach denen eine Nachversicherung nur erfolgt, wenn sie innerhalb einer bestimmten Frist oder bis zu einem bestimmten Zeitpunkt beantragt worden ist, finden keine Anwendung. ₃Die Sätze 1 und 2 gelten entsprechend

1. für Personen, die aus einer Beschäftigung außerhalb des Beitrittsgebiets ausgeschieden sind, wenn sie aufgrund ihres gewöhnlichen Aufenthalts im Beitrittsgebiet nicht nachversichert werden konnten,

2. für Personen, die ihren Anspruch auf Versorgung vor dem 1. Januar 1992 verloren haben.

₄Für Personen, die aus einer Beschäftigung mit Anwartschaft auf Versorgung nach kirchenrechtlichen Regelungen oder mit Anwartschaft auf die in der Gemeinschaft übliche Versorgung im Sinne des § 5 Abs. 1 Satz 1 Nr. 3 ausgeschieden sind, erfolgt eine Nachversicherung nach Satz 1 oder 2 nur, wenn sie bis zum 31. Dezember 1994 beantragt wird.

(2) ₁Personen, die nach dem 31. Dezember 1991 aus einer Beschäftigung im Beitrittsgebiet ausgeschieden sind, in der sie nach § 5 Abs. 1 versicherungsfrei waren, werden nach den vom 1. Januar 1992 an geltenden Vorschriften auch für Zeiten vorher nachversichert, in denen sie nach dieser Vorschrift oder dem jeweils geltenden, dieser Vorschrift sinngemäß entsprechenden Recht nicht versicherungspflichtig, versicherungsfrei oder von der Versicherungspflicht befreit waren, wenn sie

einen Anspruch auf eine nach den Vorschriften dieses Buches zu berechnende Rente haben oder aufgrund der Nachversicherung erwerben würden. ₂Dies gilt für Personen, die ihren Anspruch auf Versorgung nach dem 31. Dezember 1991 verloren haben, entsprechend.

(3) Pfarrer, Pastoren, Prediger, Vikare und andere Mitarbeiter von Religionsgesellschaften im Beitrittsgebiet, für die aufgrund von Vereinbarungen zwischen den Religionsgesellschaften und der Deutschen Demokratischen Republik Beiträge zur Sozialversicherung für Zeiten im Dienst der Religionsgesellschaften nachgezahlt wurden, gelten für die Zeiträume, für die Beiträge nachgezahlt worden sind, als nachversichert, wenn sie einen Anspruch auf eine nach den Vorschriften dieses Buches zu berechnende Rente haben oder aufgrund der Nachversicherung erwerben würden.

(4) ₁Diakonissen, für die aufgrund von Vereinbarungen zwischen dem Bund der Evangelischen Kirchen im Beitrittsgebiet und der Deutschen Demokratischen Republik Zeiten einer Tätigkeit in den Evangelischen Diakonissenmutterhäusern und Diakoniewerken vor dem 1. Januar 1985 im Beitrittsgebiet bei der Gewährung und Berechnung von Renten aus der Sozialversicherung zu berücksichtigen waren, werden für diese Zeiträume nachversichert, wenn sie einen Anspruch auf eine nach den Vorschriften dieses Buches zu berechnende Rente haben oder aufgrund der Nachversicherung erwerben würden. ₂Dies gilt entsprechend für Mitglieder geistlicher Genossenschaften, die vor dem 1. Januar 1985 im Beitrittsgebiet eine vergleichbare Tätigkeit ausgeübt haben. ₃Für Personen, die nach dem 31. Dezember 1984 aus der Gemeinschaft ausgeschieden sind, geht die Nachversicherung nach Satz 1 oder 2 für Zeiträume vor dem 1. Januar 1985 der Nachversicherung nach Absatz 1 oder 2 vor.

(5) Die Absätze 1 und 2 gelten nicht für Zeiten, für die Ansprüche oder Anwartschaften aus einem Sonderversorgungssystem des Beitrittsgebiets im Sinne des Artikels 3 § 1 Abs. 3 des Renten-Überleitungsgesetzes erworben worden sind.

Dritter Unterabschnitt
Teilhabe

§ 234 Übergangsgeldanspruch und -berechnung bei Arbeitslosenhilfe

(1) Bei Leistungen zur medizinischen Rehabilitation oder sonstigen Leistungen zur Teilhabe haben Versicherte auch nach dem 31. Dezember 2004 Anspruch auf Übergangsgeld, die unmittelbar vor Beginn der Arbeitsunfähigkeit oder wenn sie nicht arbeitsunfähig waren, unmittelbar vor Beginn der Leistungen Arbeitslosenhilfe bezogen haben, und für die von dem der Arbeitslosenhilfe zugrunde liegenden Arbeitsentgelt oder Arbeitseinkommen Beiträge zur Rentenversicherung gezahlt worden sind.

(2) Für Anspruchsberechtigte nach Absatz 1 ist für die Berechnung des Übergangsgeldes § 21 Abs. 4 in Verbindung mit § 47b des Fünften Buches jeweils in der am 31. Dezember 2004 geltenden Fassung anzuwenden.

§ 234a Übergangsgeldanspruch und -berechnung bei Unterhaltsgeldbezug

(1) Bei Leistungen zur medizinischen Rehabilitation oder sonstigen Leistungen zur Teilhabe haben Versicherte, die unmittelbar vor Beginn der Arbeitsunfähigkeit oder, wenn sie nicht arbeitsunfähig waren, unmittelbar vor Beginn der Leistungen Unterhaltsgeld bezogen haben, und für die von dem dem Unterhaltsgeld zugrunde liegenden Arbeitsentgelt oder Arbeitseinkommen Beiträge zur Rentenversicherung gezahlt worden sind, auch nach dem 31. Dezember 2004 Anspruch auf Übergangsgeld.

(2) Für Anspruchsberechtigte nach Absatz 1 ist für die Berechnung des Übergangsgeldes § 21 Abs. 4 dieses Buches in Verbindung mit § 47b des Fünften Buches jeweils in der am 30. Juni 2004 geltenden Fassung anzuwenden.

Vierter Unterabschnitt
Anspruchsvoraussetzungen für einzelne Renten

§ 235 Regelaltersrente

(1) ₁Versicherte, die vor dem 1. Januar 1964 geboren sind, haben Anspruch auf Regelaltersrente, wenn sie

1. die Regelaltersgrenze erreicht und
2. die allgemeine Wartezeit erfüllt

haben. ₂Die Regelaltersgrenze wird frühestens mit Vollendung des 65. Lebensjahres erreicht.

(2) ₁Versicherte, die vor dem 1. Januar 1947 geboren sind, erreichen die Regelaltersgrenze mit Vollendung des 65. Lebensjahres. ₂Für Versicherte, die nach dem 31. Dezember 1946 geboren sind, wird die Regelaltersgrenze wie folgt angehoben:

Versicherte Geburtsjahr	Anhebung um Monate	auf Alter Jahr	auf Alter Monat
1947	1	65	1
1948	2	65	2
1949	3	65	3
1950	4	65	4
1951	5	65	5
1952	6	65	6
1953	7	65	7
1954	8	65	8
1955	9	65	9
1956	10	65	10
1957	11	65	11
1958	12	66	0
1959	14	66	2
1960	16	66	4
1961	18	66	6
1962	20	66	8
1963	22	66	10.

₃Für Versicherte, die

1. vor dem 1. Januar 1955 geboren sind und vor dem 1. Januar 2007 Altersteilzeitarbeit im Sinne der §§ 2 und 3 Abs. 1 Nr. 1 des Altersteilzeitgesetzes vereinbart haben oder
2. Anpassungsgeld für entlassene Arbeitnehmer des Bergbaus bezogen haben,

wird die Regelaltersgrenze nicht angehoben.

§ 236 Altersrente für langjährig Versicherte

(1) ₁Versicherte, die vor dem 1. Januar 1964 geboren sind, haben frühestens Anspruch auf Altersrente für langjährig Versicherte, wenn sie
1. das 65. Lebensjahr vollendet und
2. die Wartezeit von 35 Jahren erfüllt

haben. ₂Die vorzeitige Inanspruchnahme dieser Altersrente ist nach Vollendung des 63. Lebensjahres möglich.

(2) ₁Versicherte, die vor dem 1. Januar 1949 geboren sind, haben Anspruch auf diese Altersrente nach Vollendung des 65. Lebensjahres. ₂Für Versicherte, die nach dem 31. Dezember 1948 geboren sind, wird die Altersgrenze von 65 Jahren wie folgt angehoben:

Versicherte Geburtsjahr Geburtsmonat	Anhebung um Monate	auf Alter Jahr	auf Alter Monat
1949			
Januar	1	65	1
Februar	2	65	2
März – Dezember	3	65	3
1950	4	65	4
1951	5	65	5
1952	6	65	6
1953	7	65	7
1954	8	65	8
1955	9	65	9
1956	10	65	10
1957	11	65	11
1958	12	66	0
1959	14	66	2
1960	16	66	4
1961	18	66	6
1962	20	66	8
1963	22	66	10.

₃Für Versicherte, die

1. vor dem 1. Januar 1955 geboren sind und vor dem 1. Januar 2007 Altersteilzeitarbeit im Sinne der §§ 2 und 3 Abs. 1 Nr. 1 des Altersteilzeitgesetzes vereinbart haben oder
2. Anpassungsgeld für entlassene Arbeitnehmer des Bergbaus bezogen haben,

wird die Altersgrenze von 65 Jahren nicht angehoben.

(3) Für Versicherte, die
1. nach dem 31. Dezember 1947 geboren sind und
2. entweder
    a) vor dem 1. Januar 1955 geboren sind und vor dem 1. Januar 2007 Altersteilzeitarbeit im Sinne der §§ 2 und 3

Abs. 1 Nr. 1 des Altersteilzeitgesetzes vereinbart haben

oder

b) Anpassungsgeld für entlassene Arbeitnehmer des Bergbaus bezogen haben,

bestimmt sich die Altersgrenze für die vorzeitige Inanspruchnahme wie folgt:

Versicherte Geburtsjahr Geburtsmonat	Vorzeitige Inanspruchnahme möglich ab Alter	
	Jahr	Monat
1948		
Januar – Februar	62	11
März – April	62	10
Mai – Juni	62	9
Juli – August	62	8
September – Oktober	62	7
November – Dezember	62	6
1949		
Januar – Februar	62	5
März – April	62	4
Mai – Juni	62	3
Juli – August	62	2
September – Oktober	62	1
November – Dezember	62	0
1950 – 1963	62	0.

§ 236a Altersrente für schwerbehinderte Menschen

(1) ₁Versicherte, die vor dem 1. Januar 1964 geboren sind, haben frühestens Anspruch auf Altersrente für schwerbehinderte Menschen, wenn sie

1. das 63. Lebensjahr vollendet haben,
2. bei Beginn der Altersrente als schwerbehinderte Menschen (§ 2 Abs. 2 Neuntes Buch) anerkannt sind und
3. die Wartezeit von 35 Jahren erfüllt haben.

₂Die vorzeitige Inanspruchnahme dieser Altersrente ist frühestens nach Vollendung des 60. Lebensjahres möglich.

(2) ₁Versicherte, die vor dem 1. Januar 1952 geboren sind, haben Anspruch auf diese Altersrente nach Vollendung des 63. Lebensjahres; für sie ist die vorzeitige Inanspruchnahme nach Vollendung des 60. Lebensjahres möglich. ₂Für Versicherte, die nach dem 31. Dezember 1951 geboren sind, werden die Altersgrenze von 63 Jahren und die Altersgrenze für die vorzeitige Inanspruchnahme wie folgt angehoben:

Versicherte Geburtsjahr Geburtsmonat	Anhebung um	auf Alter	plus	vorzeitige Inanspruchnahme möglich ab Alter	plus
1952	Monate	Jahr	Monat	Jahr	Monat
Januar	1	63	1	60	1
Februar	2	63	2	60	2
März	3	63	3	60	3
April	4	63	4	60	4
Mai	5	63	5	60	5
Juni – Dezember	6	63	6	60	6
1953	7	63	7	60	7
1954	8	63	8	60	8
1955	9	63	9	60	9
1956	10	63	10	60	10
1957	11	63	11	60	11
1958	12	64	0	61	0
1959	14	64	2	61	2
1960	16	64	4	61	4
1961	18	64	6	61	6
1962	20	64	8	61	8
1963	22	64	10	61	10.

₃Für Versicherte, die

1. am 1. Januar 2007 als schwerbehinderte Menschen (§ 2 Abs. 2 Neuntes Buch) anerkannt waren und
2. entweder
   a) vor dem 1. Januar 1955 geboren sind und vor dem 1. Januar 2007 Altersteilzeitarbeit im Sinne der §§ 2 und 3 Abs. 1 Nr. 1 des Altersteilzeitgesetzes vereinbart haben

   oder

   b) Anpassungsgeld für entlassene Arbeitnehmer des Bergbaus bezogen haben,

werden die Altersgrenzen nicht angehoben.

(3) Versicherte, die vor dem 1. Januar 1951 geboren sind, haben unter den Voraussetzungen nach Absatz 1 Satz 1 Nr. 1 und 3 auch Anspruch auf diese Altersrente, wenn sie bei Beginn der Altersrente berufsunfähig oder erwerbsunfähig nach dem am 31. Dezember 2000 geltenden Recht sind.

(4) Versicherte, die vor dem 17. November 1950 geboren sind und am 16. November 2000 schwerbehindert (§ 2 Abs. 2 Neuntes Buch), berufsunfähig oder erwerbsunfähig nach dem am 31. Dezember 2000 geltenden Recht waren, haben Anspruch auf diese Altersrente, wenn sie
1. das 60. Lebensjahr vollendet haben,
2. bei Beginn der Altersrente
   a) als schwerbehinderte Menschen (§ 2 Abs. 2 Neuntes Buch) anerkannt oder
   b) berufsunfähig oder erwerbsunfähig nach dem am 31. Dezember 2000 geltenden Recht sind und
3. die Wartezeit von 35 Jahren erfüllt haben.

§ 236b Altersrente für besonders langjährig Versicherte

(1) Versicherte, die vor dem 1. Januar 1964 geboren sind, haben frühestens Anspruch auf Altersrente für besonders langjährig Versicherte, wenn sie
1. das 63. Lebensjahr vollendet und
2. die Wartezeit von 45 Jahren erfüllt haben.

(2) ₁Versicherte, die vor dem 1. Januar 1953 geboren sind, haben Anspruch auf diese Altersrente nach Vollendung des 63. Lebensjahres. ₂Für Versicherte, die nach dem 31. Dezember 1952 geboren sind, wird die Altersgrenze von 63 Jahren wie folgt angehoben:

Versicherte Geburtsjahr	Anhebung um Monate	auf Alter	
		Jahr	Monat
1953	2	63	2
1954	4	63	4
1955	6	63	6
1956	8	63	8
1957	10	63	10
1958	12	64	0
1959	14	64	2
1960	16	64	4
1961	18	64	6
1962	20	64	8
1963	22	64	10

§ 237 Altersrente wegen Arbeitslosigkeit oder nach Altersteilzeitarbeit

(1) Versicherte haben Anspruch auf Altersrente, wenn sie
1. vor dem 1. Januar 1952 geboren sind,
2. das 60. Lebensjahr vollendet haben,
3. entweder
   a) bei Beginn der Rente arbeitslos sind und nach Vollendung eines Lebensalters von 58 Jahren und 6 Monaten insgesamt 52 Wochen arbeitslos waren oder Anpassungsgeld für entlassene Arbeitnehmer des Bergbaus bezogen haben oder
   b) die Arbeitszeit aufgrund von Altersteilzeitarbeit im Sinne der §§ 2 und 3 Abs. 1 Nr. 1 des Altersteilzeitgesetzes für mindestens 24 Kalendermonate vermindert haben,
4. in den letzten zehn Jahren vor Beginn der Rente acht Jahre Pflichtbeiträge für eine versicherte Beschäftigung oder Tätigkeit haben, wobei sich der Zeitraum von zehn Jahren um Anrechnungszeiten, Berücksichtigungszeiten und Zeiten des Bezugs einer Rente aus eigener Versicherung, die nicht auch Pflichtbeitragszeiten aufgrund einer versicherten Beschäftigung oder Tätigkeit sind, verlängert, und

§ 237

5. die Wartezeit von 15 Jahren erfüllt haben.

(2) ₁Anspruch auf diese Altersrente haben auch Versicherte, die

1. während der Arbeitslosigkeit von 52 Wochen nur deshalb der Arbeitsvermittlung nicht zur Verfügung standen, weil sie nicht arbeitsbereit waren und nicht alle Möglichkeiten nutzten und nutzen wollten, um ihre Beschäftigungslosigkeit zu beenden,

2. nur deswegen nicht 52 Wochen arbeitslos waren, weil sie im Rahmen einer Arbeitsgelegenheit mit Entschädigung für Mehraufwendungen nach dem Zweiten Buch eine Tätigkeit von 15 Stunden wöchentlich oder mehr ausgeübt haben, oder

3. während der 52 Wochen und zu Beginn der Rente nur deswegen nicht als Arbeitslose galten, weil sie erwerbsfähige Leistungsberechtigte waren, die nach Vollendung des 58. Lebensjahres mindestens für die Dauer von zwölf Monaten Leistungen der Grundsicherung für Arbeitsuchende bezogen haben, ohne dass ihnen eine sozialversicherungspflichtige Beschäftigung angeboten worden ist.

₂Der Zeitraum von zehn Jahren, in dem acht Jahre Pflichtbeiträge für eine versicherte Beschäftigung oder Tätigkeit vorhanden sein müssen, verlängert sich auch um

1. Arbeitslosigkeitszeiten nach Satz 1,
2. Ersatzzeiten,

soweit diese Zeiten nicht auch Pflichtbeiträge für eine versicherte Beschäftigung oder Tätigkeit sind. ₃Vom 1. Januar 2008 an werden Arbeitslosigkeitszeiten nach Satz 1 Nr. 1 nur berücksichtigt, wenn die Arbeitslosigkeit vor dem 1. Januar 2008 begonnen hat und die Versicherten vor dem 2. Januar 1950 geboren sind.

(3) ₁Die Altersgrenze von 60 Jahren wird bei Altersrenten wegen Arbeitslosigkeit oder nach Altersteilzeitarbeit für Versicherte, die nach dem 31. Dezember 1936 geboren sind, angehoben. ₂Die vorzeitige Inanspruchnahme einer solchen Altersrente ist möglich. ₃Die Anhebung der Altersgrenzen und die Möglichkeit der vorzeitigen Inanspruchnahme der Altersrenten bestimmen sich nach Anlage 19.

(4) ₁Die Altersgrenze von 60 Jahren bei der Altersrente wegen Arbeitslosigkeit oder nach Altersteilzeitarbeit wird für Versicherte, die

1. bis zum 14. Februar 1941 geboren sind und

   a) am 14. Februar 1996 arbeitslos waren oder Anpassungsgeld für entlassene Arbeitnehmer des Bergbaus bezogen haben oder

   b) deren Arbeitsverhältnis aufgrund einer Kündigung oder Vereinbarung, die vor dem 14. Februar 1996 erfolgt ist, nach dem 13. Februar 1996 beendet worden ist,

2. bis zum 14. Februar 1944 geboren sind und aufgrund einer Maßnahme nach Artikel 56 § 2 Buchstabe b des Vertrages über die Gründung der Europäischen Gemeinschaft für Kohle und Stahl (EGKS-V), vor dem 14. Februar 1996 genehmigt worden ist, aus einem Betrieb der Montanindustrie ausgeschieden sind oder

3. vor dem 1. Januar 1942 geboren sind und 45 Jahre mit Pflichtbeiträgen für eine versicherte Beschäftigung oder Tätigkeit haben, wobei § 55 Abs. 2 nicht für Zeiten anzuwenden sind, in denen Versicherte wegen des Bezugs von Arbeitslosengeld, Arbeitslosenhilfe oder Arbeitslosengeld II versicherungspflichtig waren,

wie folgt angehoben:

Versicherte Geburtsjahr Geburtsmonat	Anhebung um	auf Alter	plus	vorzeitige Inanspruchnahme möglich ab Alter	plus
	Monate	Jahr	Monat	Jahr	Monat
vor **1941**	0	60	0	60	0
1941	Monate	Jahr	Monat	Jahr	Monat
Januar–April	1	60	1	60	0
Mai–August	2	60	2	60	0
September–Dezember	3	60	3	60	0

§ 237 SGB VI: Gesetzliche Rentenversicherung

Versicherte Geburtsjahr Geburtsmonat	Anhebung um	auf Alter	plus	vorzeitige Inanspruchnahme möglich ab Alter	plus
1942	Monate	Jahr	Monat	Jahr	Monat
Januar–April	4	60	4	60	0
Mai–August	5	60	5	60	0
September–Dezember	6	60	6	60	0
1943	Monate	Jahr	Monat	Jahr	Monat
Januar–April	7	60	7	60	0
Mai–August	8	60	8	60	0
September–Dezember	9	60	9	60	0
1944	Monate	Jahr	Monat	Jahr	Monat
Januar–Februar	10	60	10	60	0

₂Einer vor dem 14. Februar 1996 abgeschlossenen Vereinbarung über die Beendigung des Arbeitsverhältnisses steht eine vor diesem Tag vereinbarte Befristung des Arbeitsverhältnisses oder Bewilligung einer befristeten arbeitsmarktpolitischen Maßnahme gleich. ₃Ein bestehender Vertrauensschutz wird insbesondere durch die spätere Aufnahme eines Arbeitsverhältnisses oder den Eintritt in eine neue arbeitsmarktpolitische Maßnahme nicht berührt.

(5) ₁Die Altersgrenze von 60 Jahren für die vorzeitige Inanspruchnahme wird für Versicherte,

1. die am 1. Januar 2004 arbeitslos waren,
2. deren Arbeitsverhältnis aufgrund einer Kündigung oder Vereinbarung, die vor dem 1. Januar 2004 erfolgt ist, nach dem 31. Dezember 2003 beendet worden ist,
3. deren letztes Arbeitsverhältnis vor dem 1. Januar 2004 beendet worden ist und die am 1. Januar 2004 beschäftigungslos im Sinne des § 138 Abs. 1 Nr. 1 des Dritten Buches waren,
4. die vor dem 1. Januar 2004 Altersteilzeitarbeit im Sinne der §§ 2 und 3 Abs. 1 Nr. 1 des Altersteilzeitgesetzes vereinbart haben oder
5. die Anpassungsgeld für entlassene Arbeitnehmer des Bergbaus bezogen haben,

nicht angehoben. ₂Einer vor dem 1. Januar 2004 abgeschlossenen Vereinbarung über die Beendigung des Arbeitsverhältnisses steht eine vor diesem Tag vereinbarte Befristung des Arbeitsverhältnisses oder Bewilligung einer befristeten arbeitsmarktpoliti- schen Maßnahme gleich. ₃Ein bestehender Vertrauensschutz wird insbesondere durch die spätere Aufnahme eines Arbeitsverhältnisses oder den Eintritt in eine neue arbeitsmarktpolitische Maßnahme nicht berührt.

Entscheidung des Bundesverfassungsgerichts (BGBl. I S. 2792)
Aus dem Beschluss des Bundesverfassungsgerichts vom 11. November 2008 – 1 BvL 3/05, 1 BvL 4/05, 1 BvL 5/05, 1 BvL 6/05, 1 BvL 7/05 – wird die Entscheidungsformel veröffentlicht:

1. § 237 Absatz 4 Satz 1 Nummer 3 des Sechsten Buches Sozialgesetzbuch in der Fassung des Artikel 1 Nummer 76 des Gesetzes zur Reform der gesetzlichen Rentenversicherung (Rentenreformgesetz 1999 – RRG 1999) vom 16. Dezember 1997 (Bundesgesetzblatt I Seite 2998), zuletzt geändert durch Artikel 1 Nummer 8 des Fünften Gesetzes zur Änderung des Sechsten Buches Sozialgesetzbuch vom 4. Dezember 2004 (Bundesgesetzblatt I Seite 3183), ist mit dem allgemeinen Gleichheitssatz (Artikel 3 Absatz 1 Grundgesetz) vereinbar.

2. § 237 Absatz 3 des Sechsten Buches Sozialgesetzbuch in der Fassung des Artikel 1 Nummer 76 des Gesetzes zur Reform der gesetzlichen Rentenversicherung (Rentenreformgesetz 1999 – RRG 1999) vom 16. Dezember 1997 (Bundesgesetzblatt I Seite 2998) in Verbindung mit § 77 Absatz 2 Satz 1 Nummer 2 Buchstabe a des Sechsten Buches Sozialgesetzbuch in der Fassung des Artikel 1 Nummer 22 des Gesetzes zur Reform der Renten wegen verminderter Erwerbsfähigkeit vom 20. Dezember 2000 (Bundesgesetzblatt I Seite 1827) ist mit dem Grundgesetz vereinbar.

SGB VI: Gesetzliche Rentenversicherung § 237a

Die vorstehende Entscheidungsformel hat gemäß § 31 Abs. 2 des Bundesverfassungsgerichtsgesetzes Gesetzeskraft.

§ 237a Altersrente für Frauen

(1) Versicherte Frauen haben Anspruch auf Altersrente, wenn sie

1. vor dem 1. Januar 1952 geboren sind,
2. das 60. Lebensjahr vollendet,
3. nach Vollendung des 40. Lebensjahres mehr als zehn Jahre Pflichtbeiträge für eine versicherte Beschäftigung oder Tätigkeit und
4. die Wartezeit von 15 Jahren erfüllt

haben.

(2) ₁Die Altersgrenze von 60 Jahren wird bei Altersrenten für Frauen für Versicherte, die nach dem 31. Dezember 1939 geboren sind, angehoben. ₂Die vorzeitige Inanspruchnahme einer solchen Altersrente ist möglich. ₃Die Anhebung der Altersgrenzen und die Möglichkeit der vorzeitigen Inanspruchnahme bestimmen sich nach Anlage 20.

(3) ₁Die Altersgrenze von 60 Jahren bei der Altersrente für Frauen wird für Frauen, die

1. bis zum 7. Mai 1941 geboren sind und
   a) am 7. Mai 1996 arbeitslos waren, Anpassungsgeld für entlassene Arbeitnehmer des Bergbaus, Vorruhestandsgeld oder Überbrückungsgeld der Seemannskasse bezogen haben oder
   b) deren Arbeitsverhältnis aufgrund einer Kündigung oder Vereinbarung, die vor dem 7. Mai 1996 erfolgt ist, nach dem 6. Mai 1996 beendet worden ist,
2. bis zum 7. Mai 1944 geboren sind und aufgrund einer Maßnahme nach Artikel 56 § 2 Buchstabe b des Vertrages über die Gründung der Europäischen Gemeinschaft für Kohle und Stahl (EGKS-V), die vor dem 7. Mai 1996 genehmigt worden ist, aus einem Betrieb der Montanindustrie ausgeschieden sind oder
3. vor dem 1. Januar 1942 geboren sind und 45 Jahre mit Pflichtbeiträgen für eine versicherte Beschäftigung oder Tätigkeit haben, wobei § 55 Abs. 2 nicht für Zeiten anzuwenden ist, in denen Versicherte wegen des Bezugs von Arbeitslosengeld oder Arbeitslosenhilfe versicherungspflichtig waren,

wie folgt angehoben:

Versicherte Geburtsjahr Geburtsmonat	Anhebung um	auf Alter	plus	vorzeitige Inanspruchnahme möglich ab Alter	plus
	Monate	Jahr	Monat	Jahr	Monat
vor **1941**	0	60	0	60	0
1941	Monate	Jahr	Monat	Jahr	Monat
Januar–April	1	60	1	60	0
Mai–August	2	60	2	60	0
September–Dezember	3	60	3	60	0
1942	Monate	Jahr	Monat	Jahr	Monat
Januar–April	4	60	4	60	0
Mai–August	5	60	5	60	0
September–Dezember	6	60	6	60	0
1943	Monate	Jahr	Monat	Jahr	Monat
Januar–April	7	60	7	60	0
Mai–August	8	60	8	60	0
September–Dezember	9	60	9	60	0
1944	Monate	Jahr	Monat	Jahr	Monat
Januar–April	10	60	10	60	0
Mai	11	60	11	60	0

₂Einer vor dem 7. Mai 1996 abgeschlossenen Vereinbarung über die Beendigung des Arbeitsverhältnisses steht eine vor diesem Tag vereinbarte Befristung des Arbeitsverhältnisses oder Bewilligung einer befristeten arbeitsmarktpolitischen Maßnahme gleich. ₃Ein bestehender Vertrauensschutz wird insbesondere durch die spätere Aufnahme eines Arbeitsverhältnisses oder den Eintritt in eine neue arbeitsmarkpolitische Maßnahme nicht berührt.

§ 238 Altersrente für langjährig unter Tage beschäftigte Bergleute

(1) Versicherte, die vor dem 1. Januar 1964 geboren sind, haben frühestens Anspruch auf Altersrente für langjährig unter Tage beschäftigte Bergleute, wenn sie

1. das 60. Lebensjahr vollendet und
2. die Wartezeit von 25 Jahren erfüllt

haben.

(2) ₁Versicherte, die vor dem 1. Januar 1952 geboren sind, haben Anspruch auf diese Altersrente nach Vollendung des 60. Lebensjahres. ₂Für Versicherte, die nach dem 31. Dezember 1951 geboren sind, wird die Altersgrenze von 60 Jahren wie folgt angehoben:

Versicherte Geburtsjahr Geburtsmonat	Anhebung um	auf Alter	plus
	Monate	Jahr	Monat
1952 Januar	1	60	1
Februar	2	60	2
März	3	60	3
April	4	60	4
Mai	5	60	5
Juni – Dezember	6	60	6
1953	7	60	7
1954	8	60	8
1955	9	60	9
1956	10	60	10
1957	11	60	11
1958	12	61	0
1959	14	61	2
1960	16	61	4
1961	18	61	6
1962	20	61	8
1963	22	61	10.

₃Für Versicherte, die Anpassungsgeld für entlassene Arbeitnehmer des Bergbaus oder Knappschaftsausgleichsleistung bezogen haben, wird die Altersgrenze von 60 Jahren nicht angehoben.

(3) (weggefallen)

(4) Die Wartezeit für die Altersrente für langjährig unter Tage beschäftigte Bergleute ist auch erfüllt, wenn die Versicherten

1. 25 Jahre mit Beitragszeiten aufgrund einer Beschäftigung mit ständigen Arbeiten unter Tage zusammen mit der knappschaftlichen Rentenversicherung zugeordneten Ersatzzeiten haben oder
2. 25 Jahre mit knappschaftlichen Beitragszeiten allein oder zusammen mit der knappschaftlichen Rentenversicherung zugeordneten Ersatzzeiten haben und
   a) 15 Jahre mit Hauerarbeiten (Anlage 9) beschäftigt waren oder
   b) die erforderlichen 25 Jahre mit Beitragszeiten aufgrund einer Beschäftigung mit ständigen Arbeiten unter Tage allein oder zusammen mit der knappschaftlichen Rentenversicherung zugeordneten Ersatzzeiten erfüllen, wenn darauf
      aa) für je zwei volle Kalendermonate mit Hauerarbeiten je drei Kalendermonate und
      bb) für je drei volle Kalendermonate, in denen die Versicherten vor dem 1. Januar 1968 unter Tage mit anderen als Hauerarbeiten beschäftigt waren, je zwei Kalendermonate oder
      cc) die vor dem 1. Januar 1968 verrichteten Arbeiten unter Tage bei Versicherten, die vor dem 1. Januar 1968 Hauerarbeiten verrichtet haben und diese wegen im Bergbau verminderter Berufsfähigkeit aufgeben mussten,

   angerechnet werden.

§ 239 Knappschaftsausgleichsleistung

(1) ₁Versicherte haben Anspruch auf Knappschaftsausgleichsleistung, wenn sie

SGB VI: Gesetzliche Rentenversicherung § 240

1. nach Vollendung des 55. Lebensjahres aus einem knappschaftlichen Betrieb ausscheiden, nach dem 31. Dezember 1971 ihre bisherige Beschäftigung unter Tage infolge im Bergbau verminderter Berufsfähigkeit wechseln mussten und die Wartezeit von 25 Jahren mit Beitragszeiten aufgrund einer Beschäftigung mit ständigen Arbeiten unter Tage erfüllt haben,

2. aus Gründen, die nicht in ihrer Person liegen, nach Vollendung des 55. Lebensjahres oder nach Vollendung des 50. Lebensjahres, wenn sie bis zur Vollendung des 55. Lebensjahres Anpassungsgeld für entlassene Arbeitnehmer des Bergbaus bezogen haben, aus einem knappschaftlichen Betrieb ausscheiden und die Wartezeit von 25 Jahren

   a) mit Beitragszeiten aufgrund einer Beschäftigung unter Tage erfüllt haben oder

   b) mit Beitragszeiten erfüllt haben, eine Beschäftigung unter Tage ausgeübt haben und diese Beschäftigung wegen Krankheit oder körperlicher, geistiger oder seelischer Behinderung aufgeben mussten oder

3. nach Vollendung des 55. Lebensjahres aus einem knappschaftlichen Betrieb ausscheiden und die Wartezeit von 25 Jahren mit knappschaftlichen Beitragszeiten erfüllt haben und

   a) vor dem 1. Januar 1972 15 Jahre mit Hauerarbeiten (Anlage 9) beschäftigt waren, wobei der knappschaftlichen Rentenversicherung zugeordnete Ersatzzeiten infolge einer Einschränkung oder Entziehung der Freiheit oder infolge Verfolgungsmaßnahmen angerechnet werden, oder

   b) vor dem 1. Januar 1972 Hauerarbeiten infolge im Bergbau verminderter Berufsfähigkeit aufgeben mussten und 25 Jahre mit ständigen Arbeiten unter Tage oder mit Arbeiten unter Tage vor dem 1. Januar 1968 beschäftigt waren oder

   c) mindestens fünf Jahre mit Hauerarbeiten beschäftigt waren und insgesamt 25 Jahre mit ständigen Arbeiten unter Tage oder mit Hauerarbeiten beschäftigt waren, wobei auf diese 25 Jahre für je zwei volle Kalendermonate mit Hauerarbeiten je drei Kalendermonate angerechnet werden.

₂Dem Bezug von Anpassungsgeld für entlassene Arbeitnehmer des Bergbaus nach Nummer 2 steht der Bezug der Bergmannsvollrente für längstens fünf Jahre gleich.

(2) Auf die Wartezeit nach Absatz 1 werden angerechnet

1. Zeiten, in denen Versicherte vor dem 1. Januar 1968 unter Tage beschäftigt waren,

2. Anrechnungszeiten wegen Bezugs von Anpassungsgeld für entlassene Arbeitnehmer des Bergbaus auf die Wartezeit nach Absatz 1 Nr. 2 und 3, auf die Wartezeit nach Absatz 1 Nr. 2 Buchstabe a jedoch nur, wenn zuletzt eine Beschäftigung unter Tage ausgeübt worden ist,

3. Ersatzzeiten, die der knappschaftlichen Rentenversicherung zugeordnet sind, auf die Wartezeit nach Absatz 1 Nr. 2 Buchstabe b und Nr. 3 Buchstabe a.

(3) ₁Für die Feststellung und Zahlung der Knappschaftsausgleichsleistung werden die Vorschriften für die Rente wegen voller Erwerbsminderung mit Ausnahme von §§ 59 und 85 angewendet. ₂Der Zugangsfaktor beträgt 1,0. ₃Grundlage für die Ermittlung des Monatsbetrags der Knappschaftsausgleichsleistung sind nur die persönlichen Entgeltpunkte, die auf die knappschaftliche Rentenversicherung entfallen. ₄An die Stelle des Zeitpunkts von § 99 Abs. 1 tritt der Beginn des Kalendermonats, der dem Monat folgt, in dem die knappschaftliche Beschäftigung endete. ₅Neben der Knappschaftsausgleichsleistung wird eine Rente aus eigener Versicherung nicht geleistet. ₆Anspruch auf eine Knappschaftsausgleichsleistung besteht nur, wenn die kalenderjährliche Hinzuverdienstgrenze von 6300 Euro nicht überschritten wird.

§ 240 Rente wegen teilweiser Erwerbsminderung bei Berufsunfähigkeit

(1) Anspruch auf Rente wegen teilweiser Erwerbsminderung haben bei Erfüllung der sonstigen Voraussetzungen bis zum Erreichen der Regelaltersgrenze auch Versicherte, die

1. vor dem 2. Januar 1961 geboren und
2. berufsunfähig

sind.

(2) ₁Berufsunfähig sind Versicherte, deren Erwerbsfähigkeit wegen Krankheit oder Behinderung im Vergleich zur Erwerbsfähigkeit von körperlich, geistig und seelisch gesunden Versicherten mit ähnlicher Ausbildung und gleichwertigen Kenntnissen und Fähigkeiten auf weniger als sechs Stunden gesunken ist. ₂Der Kreis der Tätigkeiten, nach denen die Erwerbsfähigkeit von Versicherten zu beurteilen ist, umfasst alle Tätigkeiten, die ihren Kräften und Fähigkeiten entsprechen und ihnen unter Berücksichtigung der Dauer und des Umfangs ihrer Ausbildung sowie ihres bisherigen Berufs und der besonderen Anforderungen ihrer bisherigen Berufstätigkeit zugemutet werden können. ₃Zumutbar ist stets eine Tätigkeit, für die die Versicherten durch Leistungen zur Teilhabe am Arbeitsleben mit Erfolg ausgebildet oder umgeschult worden sind. ₄Berufsunfähig ist nicht, wer eine zumutbare Tätigkeit mindestens sechs Stunden täglich ausüben kann; dabei ist die jeweilige Arbeitsmarktlage nicht zu berücksichtigen.

§ 241 Rente wegen Erwerbsminderung

(1) Der Zeitraum von fünf Jahren vor Eintritt der Erwerbsminderung oder Berufsunfähigkeit (§ 240), in dem Versicherte für einen Anspruch auf Rente wegen Erwerbsminderung drei Jahre Pflichtbeiträge für eine versicherte Beschäftigung oder Tätigkeit haben müssen, verlängert sich auch um Ersatzzeiten.

(2) ₁Pflichtbeiträge für eine versicherte Beschäftigung oder Tätigkeit vor Eintritt der Erwerbsminderung oder Berufsunfähigkeit (§ 240) sind für Versicherte nicht erforderlich, die vor dem 1. Januar 1984 die allgemeine Wartezeit erfüllt haben, wenn jeder Kalendermonat vom 1. Januar 1984 bis zum Kalendermonat vor Eintritt der Erwerbsminderung oder Berufsunfähigkeit (§ 240) mit

1. Beitragszeiten,
2. beitragsfreien Zeiten,
3. Zeiten, die nur deshalb nicht beitragsfreie Zeiten sind, weil durch sie eine versicherte Beschäftigung oder selbständige Tätigkeit nicht unterbrochen ist, wenn in den letzten sechs Kalendermonaten vor Beginn dieser Zeiten wenigstens ein Pflichtbeitrag, eine beitragsfreie Zeit oder eine Zeit nach Nummer 4, 5 oder 6 liegt,
4. Berücksichtigungszeiten,
5. Zeiten des Bezugs einer Rente wegen verminderter Erwerbsfähigkeit oder
6. Zeiten des gewöhnlichen Aufenthalts im Beitrittsgebiet vor dem 1. Januar 1992

(Anwartschaftserhaltungszeiten) belegt ist oder wenn die Erwerbsminderung oder Berufsunfähigkeit (§ 240) vor dem 1. Januar 1984 eingetreten ist. ₂Für Kalendermonate, für die eine Beitragszahlung noch zulässig ist, ist eine Belegung mit Anwartschaftserhaltungszeiten nicht erforderlich.

§ 242 Rente für Bergleute

(1) Der Zeitraum von fünf Jahren vor Eintritt der im Bergbau verminderten Berufsfähigkeit, in dem Versicherte für einen Anspruch auf Rente wegen im Bergbau verminderter Berufsfähigkeit drei Jahre Pflichtbeiträge für eine knappschaftlich versicherte Beschäftigung oder Tätigkeit haben müssen, verlängert sich auch um Ersatzzeiten.

(2) ₁Pflichtbeiträge für eine knappschaftlich versicherte Beschäftigung oder Tätigkeit vor Eintritt der im Bergbau verminderten Berufsfähigkeit sind für Versicherte nicht erforderlich, die vor dem 1. Januar 1984 die allgemeine Wartezeit erfüllt haben, wenn jeder Kalendermonat vom 1. Januar 1984 bis zum Kalendermonat vor Eintritt der im Bergbau verminderten Berufsfähigkeit mit Anwartschaftserhaltungszeiten belegt ist oder wenn die im Bergbau verminderte Berufsfähigkeit vor dem 1. Januar 1984 eingetreten ist. ₂Für Kalendermonate, die für eine Beitragszahlung noch zulässig ist, ist eine Belegung mit Anwartschaftserhaltungszeiten nicht erforderlich.

(3) Die Wartezeit für die Rente für Bergleute wegen Vollendung des 50. Lebensjahres ist auch erfüllt, wenn die Versicherten

1. 25 Jahre mit Beitragszeiten aufgrund einer Beschäftigung mit ständigen Arbeiten unter Tage zusammen mit der knappschaftlichen Rentenversicherung zugeordneten Ersatzzeiten haben oder

2. 25 Jahre mit knappschaftlichen Beitragszeiten allein oder zusammen mit der knappschaftlichen Rentenversicherung zugeordneten Ersatzzeiten haben und
a) 15 Jahre mit Hauerarbeiten (Anlage 9) beschäftigt waren oder
b) die erforderlichen 25 Jahre mit Beitragszeiten aufgrund einer Beschäftigung mit ständigen Arbeiten unter Tage allein oder zusammen mit der knappschaftlichen Rentenversicherung zugeordneten Ersatzzeiten erfüllen, wenn darauf
aa) für je zwei volle Kalendermonate mit Hauerarbeiten je drei Kalendermonate und
bb) für je drei volle Kalendermonate, in denen Versicherte vor dem 1. Januar 1968 unter Tage mit anderen als Hauerarbeiten beschäftigt waren, je zwei Kalendermonate oder
cc) die vor dem 1. Januar 1968 verrichteten Arbeiten unter Tage bei Versicherten, die vor dem 1. Januar 1968 Hauerarbeiten verrichtet haben und diese wegen im Bergbau verminderter Berufsfähigkeit aufgeben mussten,

angerechnet werden.

§ 242a Witwenrente und Witwerrente

(1) ₁Anspruch auf kleine Witwenrente oder kleine Witwerrente besteht ohne Beschränkung auf 24 Kalendermonate, wenn der Ehegatte vor dem 1. Januar 2002 verstorben ist. ₂Dies gilt auch, wenn mindestens ein Ehegatte vor dem 2. Januar 1962 geboren ist und die Ehe vor dem 1. Januar 2002 geschlossen wurde.

(2) Anspruch auf große Witwenrente oder große Witwerrente haben bei Erfüllung der sonstigen Voraussetzungen auch Witwen oder Witwer, die

1. vor dem 2. Januar 1961 geboren und berufsunfähig (§ 240 Abs. 2) sind oder
2. am 31. Dezember 2000 bereits berufsunfähig oder erwerbsunfähig waren und dies ununterbrochen sind.

(3) Anspruch auf Witwenrente oder Witwerrente haben bei Erfüllung der sonstigen Voraussetzungen auch Witwen oder Witwer, die nicht mindestens ein Jahr verheiratet waren, wenn die Ehe vor dem 1. Januar 2002 geschlossen wurde.

(4) Anspruch auf große Witwenrente oder große Witwerrente besteht ab Vollendung des 45. Lebensjahres, wenn die sonstigen Voraussetzungen erfüllt sind und der Versicherte vor dem 1. Januar 2012 verstorben ist.

(5) Die Altersgrenze von 45 Jahren für die große Witwenrente oder große Witwerrente wird, wenn der Versicherte nach dem 31. Dezember 2011 verstorben ist, wie folgt angehoben:

Todesjahr des Versicherten	Anhebung um Monate	auf Alter Jahr	Monat
2012	1	45	1
2013	2	45	2
2014	3	45	3
2015	4	45	4
2016	5	45	5
2017	6	45	6
2018	7	45	7
2019	8	45	8
2020	9	45	9
2021	10	45	10
2022	11	45	11
2023	12	46	0
2024	14	46	2
2025	16	46	4
2026	18	46	6
2027	20	46	8
2028	22	46	10
ab 2029	24	47	0.

§ 243 Witwenrente und Witwerrente an vor dem 1. Juli 1977 geschiedene Ehegatten

(1) Anspruch auf kleine Witwenrente oder kleine Witwerrente besteht ohne Beschränkung auf 24 Kalendermonate auch für geschiedene Ehegatten,

1. deren Ehe vor dem 1. Juli 1977 geschieden ist,
2. die weder wieder geheiratet noch eine Lebenspartnerschaft begründet haben und
3. die im letzten Jahr vor dem Tod des geschiedenen Ehegatten (Versicherter) Un-

terhalt von diesem erhalten haben oder im letzten wirtschaftlichen Dauerzustand vor dessen Tod einen Anspruch hierauf hatten,

wenn der Versicherte die allgemeine Wartezeit erfüllt hat und nach dem 30. April 1942 gestorben ist.

(2) Anspruch auf große Witwenrente oder große Witwerrente besteht auch für geschiedene Ehegatten,

1. deren Ehe vor dem 1. Juli 1977 geschieden ist,
2. die weder wieder geheiratet noch eine Lebenspartnerschaft begründet haben und
3. die im letzten Jahr vor dem Tod des Versicherten Unterhalt von diesem erhalten haben oder im letzten wirtschaftlichen Dauerzustand vor dessen Tod einen Anspruch hierauf hatten und
4. die entweder
   a) ein eigenes Kind oder ein Kind des Versicherten erziehen (§ 46 Abs. 2),
   b) das 45. Lebensjahr vollendet haben,
   c) erwerbsgemindert sind,
   d) vor dem 2. Januar 1961 geboren und berufsunfähig (§ 240 Abs. 2) sind oder
   e) am 31. Dezember 2000 bereits berufsunfähig oder erwerbsunfähig waren und dies ununterbrochen sind,

wenn der Versicherte die allgemeine Wartezeit erfüllt hat und nach dem 30. April 1942 gestorben ist.

(3) ₁Anspruch auf große Witwenrente oder große Witwerrente besteht auch ohne Vorliegen der in Absatz 2 Nr. 3 genannten Unterhaltsvoraussetzungen für geschiedene Ehegatten, die

1. einen Unterhaltsanspruch nach Absatz 2 Nr. 3 wegen eines Arbeitsentgelts oder Arbeitseinkommens aus eigener Beschäftigung oder selbständiger Tätigkeit oder entsprechender Ersatzleistungen oder wegen des Gesamteinkommens des Versicherten nicht hatten und
2. zum Zeitpunkt der Scheidung entweder
   a) ein eigenes Kind oder ein Kind des Versicherten erzogen haben (§ 46 Abs. 2) oder
   b) das 45. Lebensjahr vollendet hatten und

3. entweder
   a) ein eigenes Kind oder ein Kind des Versicherten erziehen (§ 46 Abs. 2),
   b) erwerbsgemindert sind,
   c) vor dem 2. Januar 1961 geboren und berufsunfähig (§ 240 Abs. 2) sind,
   d) am 31. Dezember 2000 bereits berufsunfähig oder erwerbsunfähig waren und dies ununterbrochen sind oder
   e) das 60. Lebensjahr vollendet haben,

wenn auch vor Anwendung der Vorschriften über die Einkommensanrechnung auf Renten wegen Todes weder ein Anspruch auf Hinterbliebenenrente für eine Witwe oder einen Witwer noch für einen überlebenden Lebenspartner des Versicherten aus dessen Rentenanwartschaften besteht. ₂Wenn der Versicherte nach dem 31. Dezember 2011 verstorben ist, wird die Altersgrenze von 60 Jahren wie folgt angehoben:

Todesjahr des Versicherten	Anhebung um Monate	auf Alter	
		Jahr	Monat
2012	1	60	1
2013	2	60	2
2014	3	60	3
2015	4	60	4
2016	5	60	5
2017	6	60	6
2018	7	60	7
2019	8	60	8
2020	9	60	9
2021	10	60	10
2022	11	60	11
2023	12	61	0
2024	14	61	2
2025	16	61	4
2026	18	61	6
2027	20	61	8
2028	22	61	10
ab 2029	24	62	0.

(4) Anspruch auf kleine oder große Witwenrente oder Witwerrente nach dem vorletzten Ehegatten besteht unter den sonstigen Voraussetzungen der Absätze 1 bis 3 auch für geschiedene Ehegatten, die wieder geheiratet haben, wenn die erneute Ehe aufgelöst oder für nichtig erklärt ist oder wenn eine

Lebenspartnerschaft begründet und diese wieder aufgehoben oder aufgelöst ist.

(5) Geschiedenen Ehegatten stehen Ehegatten gleich, deren Ehe für nichtig erklärt oder aufgehoben ist.

§ 243a Rente wegen Todes an vor dem 1. Juli 1977 geschiedene Ehegatten im Beitrittsgebiet

₁Bestimmt sich der Unterhaltsanspruch des geschiedenen Ehegatten nach dem Recht, das im Beitrittsgebiet gegolten hat, ist § 243 nicht anzuwenden. ₂In diesen Fällen besteht Anspruch auf Erziehungsrente bei Erfüllung der sonstigen Voraussetzungen auch, wenn die Ehe vor dem 1. Juli 1977 geschieden ist.

§ 243b Wartezeit

Die Erfüllung der Wartezeit von 15 Jahren ist Voraussetzung für einen Anspruch auf

1. Altersrente wegen Arbeitslosigkeit oder nach Altersteilzeitarbeit und
2. Altersrente für Frauen.

§ 244 Anrechenbare Zeiten

(1) Sind auf die Wartezeit von 35 Jahren eine pauschale Anrechnungszeit und Berücksichtigungszeiten wegen Kindererziehung anzurechnen, die vor dem Ende der Gesamtzeit für die Ermittlung der pauschalen Anrechnungszeit liegen, darf die Anzahl an Monaten mit solchen Zeiten nicht die Gesamtlücke für die Ermittlung der pauschalen Anrechnungszeit überschreiten.

(2) Auf die Wartezeit von 15 Jahren werden Kalendermonate mit Beitragszeiten und Ersatzzeiten angerechnet.

(3) ₁Auf die Wartezeit von 45 Jahren werden Zeiten des Bezugs von Arbeitslosenhilfe und Arbeitslosengeld II nicht angerechnet. ₂Zeiten vor dem 1. Januar 2001, für die der Bezug von Leistungen nach § 51 Absatz 3a Nummer 3 Buchstabe a mit Ausnahme der Arbeitslosenhilfe oder nach Buchstabe b glaubhaft gemacht ist, werden auf die Wartezeit von 45 Jahren angerechnet. ₃Als Mittel der Glaubhaftmachung können auch Versicherungen an Eides statt zugelassen werden. ₄Der Träger der Rentenversicherung ist für die Abnahme eidesstattlicher Versicherungen zuständig.

(4) Auf die Wartezeit von 25 Jahren werden auch Anrechnungszeiten wegen des Bezugs von Anpassungsgeld für entlassene Arbeitnehmer des Bergbaus angerechnet, wenn zuletzt vor Beginn dieser Leistung eine Beschäftigung unter Tage ausgeübt worden ist.

§ 244a Wartezeiterfüllung durch Zuschläge an Entgeltpunkten für Arbeitsentgelt aus geringfügiger versicherungsfreier Beschäftigung

₁Sind Zuschläge an Entgeltpunkten für Arbeitsentgelt aus geringfügiger versicherungsfreier Beschäftigung nach § 264b ermittelt, wird auf die Wartezeit die volle Anzahl an Monaten angerechnet, die sich ergibt, wenn die Zuschläge an Entgeltpunkten durch die Zahl 0,0313 geteilt werden. ₂Zuschläge an Entgeltpunkten aus einer geringfügigen versicherungsfreien Beschäftigung, die in Kalendermonaten ausgeübt wurde, die bereits auf die Wartezeit anzurechnen sind, bleiben unberücksichtigt. ₃Wartezeitmonate für in die Ehezeit, Lebenspartnerschaftszeit oder Splittingzeit fallende Kalendermonate einer geringfügigen versicherungsfreien Beschäftigung sind vor Anwendung von § 52 Absatz 1 oder 1a gesondert zu ermitteln.

§ 245 Vorzeitige Wartezeiterfüllung

(1) Die Vorschrift über die vorzeitige Wartezeiterfüllung findet nur Anwendung, wenn Versicherte nach dem 31. Dezember 1972 vermindert erwerbsfähig geworden oder gestorben sind.

(2) Sind Versicherte vor dem 1. Januar 1992 vermindert erwerbsfähig geworden oder gestorben, ist die allgemeine Wartezeit auch vorzeitig erfüllt, wenn sie

1. nach dem 30. April 1942 wegen eines Arbeitsunfalls oder einer Berufskrankheit,
2. nach dem 31. Dezember 1956 wegen einer Wehrdienstbeschädigung nach dem Soldatenversorgungsgesetz als Wehrdienstleistender oder als Soldat auf Zeit oder wegen einer Zivildienstbeschädigung nach dem Zivildienstgesetz als Zivildienstleistender,
3. während eines aufgrund gesetzlicher Dienstpflicht oder Wehrpflicht oder während eines Krieges geleisteten militäri-

schen oder militärähnlichen Dienstes (§§ 2 und 3 Bundesversorgungsgesetz),
4. nach dem 31. Dezember 1956 wegen eines Dienstes nach Nummer 3 oder während oder wegen einer anschließenden Kriegsgefangenschaft,
5. wegen unmittelbarer Kriegseinwirkung (§ 5 Bundesversorgungsgesetz),
6. nach dem 29. Januar 1933 wegen Verfolgungsmaßnahmen als Verfolgter des Nationalsozialismus (§§ 1 und 2 Bundesentschädigungsgesetz),
7. nach dem 31. Dezember 1956 während oder wegen eines Gewahrsams (§ 1 Häftlingshilfegesetz),
8. nach dem 31. Dezember 1956 während oder wegen Internierung oder Verschleppung (§ 250 Abs. 1 Nr. 2) oder
9. nach dem 30. Juni 1944 wegen Vertreibung oder Flucht als Vertriebener (§§ 1 bis 5 Bundesvertriebenengesetz),

vermindert erwerbsfähig geworden oder gestorben sind.

(3) Sind Versicherte vor dem 1. Januar 1992 und nach dem 31. Dezember 1972 erwerbsunfähig geworden oder gestorben, ist die allgemeine Wartezeit auch vorzeitig erfüllt, wenn sie

1. wegen eines Unfalls und vor Ablauf von sechs Jahren nach Beendigung einer Ausbildung erwerbsunfähig geworden oder gestorben sind und
2. in den zwei Jahren vor Eintritt der Erwerbsunfähigkeit oder des Todes mindestens sechs Kalendermonate mit Pflichtbeiträgen für eine versicherte Beschäftigung oder Tätigkeit haben.

§ 245a Wartezeiterfüllung bei früherem Anspruch auf Hinterbliebenenrente im Beitrittsgebiet

Die allgemeine Wartezeit gilt für einen Anspruch auf Hinterbliebenenrente als erfüllt, wenn der Berechtigte bereits vor dem 1. Januar 1992 einen Anspruch auf Hinterbliebenenrente nach den Vorschriften des Beitrittsgebiets gehabt hat.

§ 246 Beitragsgeminderte Zeiten

₁Zeiten, für die für Arbeiter in der Zeit vom 1. Oktober 1921 und für Angestellte in der Zeit vom 1. August 1921 bis zum 31. Dezember 1923 Beiträge gezahlt worden sind, sind beitragsgeminderte Zeiten. ₂Bei Beginn einer Rente vor dem 1. Januar 2009 gelten die ersten 36 Kalendermonate mit Pflichtbeiträgen für Zeiten einer versicherten Beschäftigung oder selbständigen Tätigkeit bis zur Vollendung des 25. Lebensjahres stets als Zeiten einer beruflichen Ausbildung. ₃Auf die ersten 36 Kalendermonate werden Anrechnungszeiten wegen einer Lehre angerechnet.

§ 247 Beitragszeiten

(1) ₁Beitragszeiten sind auch Zeiten, für die in der Zeit vom 1. Januar 1984 bis zum 31. Dezember 1991 für Anrechnungszeiten Beiträge gezahlt worden sind, die der Versicherte ganz oder teilweise getragen hat. ₂Die Zeiten sind Pflichtbeitragszeiten, wenn ein Leistungsträger die Beiträge mitgetragen hat.

(2) Pflichtbeitragszeiten aufgrund einer versicherten Beschäftigung sind auch Zeiten, für die die Bundesagentur für Arbeit in der Zeit vom 1. Juli 1978 bis zum 31. Dezember 1982 oder ein anderer Leistungsträger in der Zeit vom 1. Oktober 1974 bis zum 31. Dezember 1983 wegen des Bezugs von Sozialleistungen Pflichtbeiträge gezahlt hat.

(2a) Pflichtbeitragszeiten aufgrund einer versicherten Beschäftigung sind auch Zeiten, in denen in der Zeit vom 1. Juni 1945 bis 30. Juni 1965 Personen als Lehrling oder sonst zu ihrer Berufsausbildung beschäftigt waren und grundsätzlich Versicherungspflicht bestand, eine Zahlung von Pflichtbeiträgen für diese Zeiten jedoch nicht erfolgte (Zeiten einer beruflichen Ausbildung).

(3) ₁Beitragszeiten sind auch Zeiten, für die nach den Reichsversicherungsgesetzen Pflichtbeiträge (Pflichtbeitragszeiten) oder freiwillige Beiträge gezahlt worden sind. ₂Zeiten vor dem 1. Januar 1924 sind jedoch nur Beitragszeiten, wenn

1. in der Zeit vom 1. Januar 1924 bis zum 30. November 1948 mindestens ein Beitrag für diese Zeit gezahlt worden ist,
2. nach dem 30. November 1948 bis zum Ablauf von drei Jahren nach dem Ende einer Ersatzzeit mindestens ein Beitrag gezahlt worden ist oder
3. mindestens die Wartezeit von 15 Jahren erfüllt ist.

§ 248 Beitragszeiten im Beitrittsgebiet und im Saarland

(1) Pflichtbeitragszeiten sind auch Zeiten, in denen Personen aufgrund gesetzlicher Pflicht nach dem 8. Mai 1945 mehr als drei Tage Wehrdienst oder Zivildienst im Beitrittsgebiet geleistet haben.

(2) Für Versicherte, die bereits vor Erfüllung der allgemeinen Wartezeit voll erwerbsgemindert waren und seitdem ununterbrochen voll erwerbsgemindert sind, gelten Zeiten des gewöhnlichen Aufenthalts im Beitrittsgebiet nach Vollendung des 16. Lebensjahres und nach Eintritt der vollen Erwerbsminderung in der Zeit vom 1. Juli 1975 bis zum 31. Dezember 1991 als Pflichtbeitragszeiten.

(3) $_1$Den Beitragszeiten nach Bundesrecht stehen Zeiten nach dem 8. Mai 1945 gleich, für die Beiträge zu einem System der gesetzlichen Rentenversicherung nach vor dem Inkrafttreten von Bundesrecht geltenden Rechtsvorschriften gezahlt worden sind; dies gilt entsprechend für Beitragszeiten im Saarland bis zum 31. Dezember 1956. $_2$Beitragszeiten im Beitrittsgebiet sind nicht

1. Zeiten der Schul-, Fach- oder Hochschulausbildung,
2. Zeiten einer Beschäftigung oder selbständigen Tätigkeit neben dem Bezug einer Altersrente oder einer Versorgung wegen Alters,
3. Zeiten der freiwilligen Versicherung vor dem 1. Januar 1991 nach der Verordnung über die freiwillige und zusätzliche Versicherung in der Sozialversicherung vom 28. Januar 1947, in denen Beiträge nicht mindestens in der in Anlage 11 genannten Höhe gezahlt worden sind.

(4) $_1$Die Beitragszeiten werden abweichend von den Vorschriften des Dritten Kapitels der knappschaftlichen Rentenversicherung zugeordnet, wenn für die versicherte Beschäftigung Beiträge nach einem Beitragssatz für bergbaulich Versicherte gezahlt worden sind. $_2$Zeiten der Versicherungspflicht von selbständig Tätigen im Beitrittsgebiet werden der allgemeinen Rentenversicherung zugeordnet.

§ 249 Beitragszeiten wegen Kindererziehung

(1) Die Kindererziehungszeit für ein vor dem 1. Januar 1992 geborenes Kind endet 24 Kalendermonate nach Ablauf des Monats der Geburt.

(2) $_1$Bei der Anrechnung einer Kindererziehungszeit steht der Erziehung im Inland die Erziehung im jeweiligen Geltungsbereich der Reichsversicherungsgesetze gleich. $_2$Dies gilt nicht, wenn Beitragszeiten während desselben Zeitraums aufgrund einer Versicherungslastregelung mit einem anderen Staat nicht in die Versicherungslast der Bundesrepublik Deutschland fallen würden.

(3) (weggefallen)

(4) Ein Elternteil ist von der Anrechnung einer Kindererziehungszeit ausgeschlossen, wenn er vor dem 1. Januar 1921 geboren ist.

(5) Für die Feststellung der Tatsachen, die für die Anrechnung von Kindererziehungszeiten vor dem 1. Januar 1986 erheblich sind, genügt es, wenn sie glaubhaft gemacht sind.

(6) Ist die Mutter vor dem 1. Januar 1986 gestorben, wird die Kindererziehungszeit insgesamt dem Vater zugeordnet.

(7) Bei Folgerenten, die die Voraussetzungen nach § 88 Absatz 1 oder 2 erfüllen und für die ein Zuschlag an persönlichen Entgeltpunkten nach § 307d zu berücksichtigen ist, endet die Kindererziehungszeit für ein vor dem 1. Januar 1992 geborenes Kind zwölf Kalendermonate nach Ablauf des Monats der Geburt.

(8) $_1$Die Anrechnung einer Kindererziehungszeit nach Absatz 1 ist ab dem 13. Kalendermonat nach Ablauf des Monats der Geburt ausgeschlossen, wenn für den Versicherten für dasselbe Kind ein Zuschlag an persönlichen Entgeltpunkten nach § 307d zu berücksichtigen ist. $_2$Satz 1 gilt entsprechend, wenn für einen anderen Versicherten oder Hinterbliebenen für dasselbe Kind ein Zuschlag an persönlichen Entgeltpunkten nach § 307d zu berücksichtigen ist oder zu berücksichtigen war.

§ 249a Beitragszeiten wegen Kindererziehung im Beitrittsgebiet

(1) Elternteile, die am 18. Mai 1990 ihren gewöhnlichen Aufenthalt im Beitrittsgebiet hatten, sind von der Anrechnung einer Kindererziehungszeit ausgeschlossen, wenn sie vor dem 1. Januar 1927 geboren sind.

(2) Ist ein Elternteil bis zum 31. Dezember 1996 gestorben, wird die Kindererziehungs-

zeit im Beitrittsgebiet vor dem 1. Januar 1992 insgesamt der Mutter zugeordnet, es sei denn, es wurde eine wirksame Erklärung zugunsten des Vaters abgegeben.

§ 249b Berücksichtigungszeiten wegen Pflege

Berücksichtigungszeiten sind auf Antrag auch Zeiten der nicht erwerbsmäßigen Pflege eines Pflegebedürftigen in der Zeit vom 1. Januar 1992 bis zum 31. März 1995, solange die Pflegeperson

1. wegen der Pflege berechtigt war, Beiträge zu zahlen oder die Umwandlung von freiwilligen Beiträgen in Pflichtbeiträge zu beantragen, und
2. nicht zu den in § 56 Abs. 4 genannten Personen gehört, die von der Anrechnung einer Kindererziehungszeit ausgeschlossen sind.

Die Zeit der Pflegetätigkeit wird von der Aufnahme der Pflegetätigkeit an als Berücksichtigungszeit angerechnet, wenn der Antrag bis zum Ablauf von drei Kalendermonaten nach Aufnahme der Pflegetätigkeit gestellt wird.

§ 250 Ersatzzeiten

(1) Ersatzzeiten sind Zeiten vor dem 1. Januar 1992, in denen Versicherungspflicht nicht bestanden hat und Versicherte nach vollendetem 14. Lebensjahr

1. militärischen oder militärähnlichen Dienst im Sinne der §§ 2 und 3 des Bundesversorgungsgesetzes aufgrund gesetzlicher Dienstpflicht oder Wehrpflicht oder während eines Krieges geleistet haben oder aufgrund dieses Dienstes kriegsgefangen gewesen sind oder den deutschen Minenräumdienst nach dem 8. Mai 1945 geleistet haben oder im Anschluss an solche Zeiten wegen Krankheit arbeitsunfähig oder unverschuldet arbeitslos gewesen sind,
2. interniert oder verschleppt oder im Anschluss an solche Zeiten wegen Krankheit arbeitsunfähig oder unverschuldet arbeitslos gewesen sind, wenn sie als Deutsche wegen ihrer Volks- oder Staatsangehörigkeit oder in ursächlichem Zusammenhang mit den Kriegsereignissen außerhalb des Gebietes der Bundesrepublik Deutschland interniert oder in ein ausländisches Staatsgebiet verschleppt waren, nach dem 8. Mai 1945 entlassen wurden und innerhalb von zwei Monaten nach der Entlassung im Gebiet der Bundesrepublik Deutschland ständigen Aufenthalt genommen haben, wobei in die Frist von zwei Monaten Zeiten einer unverschuldeten Verzögerung der Rückkehr nicht eingerechnet werden,
3. während oder nach dem Ende eines Krieges, ohne Kriegsteilnehmer zu sein, durch feindliche Maßnahmen bis zum 30. Juni 1945 an der Rückkehr aus Gebieten außerhalb des jeweiligen Geltungsbereichs der Reichsversicherungsgesetze oder danach aus Gebieten außerhalb des Geltungsbereichs dieser Gesetze, soweit es sich nicht um das Beitrittsgebiet handelt, verhindert gewesen oder dort festgehalten worden sind,
4. in ihrer Freiheit eingeschränkt gewesen oder ihnen die Freiheit entzogen worden ist (§§ 43 und 47 Bundesentschädigungsgesetz) oder im Anschluss an solche Zeiten wegen Krankheit arbeitsunfähig oder unverschuldet arbeitslos gewesen sind oder infolge Verfolgungsmaßnahmen
   a) arbeitslos gewesen sind, auch wenn sie der Arbeitsvermittlung nicht zur Verfügung gestanden haben, längstens aber die Zeit bis zum 31. Dezember 1946, oder
   b) bis zum 30. Juni 1945 ihren Aufenthalt in Gebieten außerhalb des jeweiligen Geltungsbereichs der Reichsversicherungsgesetze oder danach in Gebieten außerhalb des Geltungsbereichs der Reichsversicherungsgesetze nach dem Stand vom 30. Juni 1945 genommen oder einen solchen beibehalten haben, längstens aber die Zeit bis zum 31. Dezember 1949,

   wenn sie zum Personenkreis des § 1 des Bundesentschädigungsgesetzes gehören (Verfolgungszeit),
5. in Gewahrsam genommen worden sind oder im Anschluss daran wegen Krankheit arbeitsunfähig oder unverschuldet arbeitslos gewesen sind, wenn sie zum Personenkreis des § 1 des Häftlingshilfe-

gesetzes gehören oder nur deshalb nicht gehören, weil sie vor dem 3. Oktober 1990 ihren gewöhnlichen Aufenthalt im Beitrittsgebiet genommen haben, oder

5a. im Beitrittsgebiet in der Zeit vom 8. Mai 1945 bis zum 30. Juni 1990 einen Freiheitsentzug erlitten haben, soweit eine auf Rehabilitierung oder Kassation erkennende Entscheidung ergangen ist, oder im Anschluss an solche Zeiten wegen Krankheit arbeitsunfähig oder unverschuldet arbeitslos gewesen sind,

6. vertrieben, umgesiedelt oder ausgesiedelt worden oder auf der Flucht oder im Anschluss an solche Zeiten wegen Krankheit arbeitsunfähig oder unverschuldet arbeitslos gewesen sind, mindestens aber die Zeit vom 1. Januar 1945 bis zum 31. Dezember 1946, wenn sie zum Personenkreis der §§ 1 bis 4 des Bundesvertriebenengesetzes gehören.

(2) Ersatzzeiten sind nicht Zeiten,

1. für die eine Nachversicherung durchgeführt oder nur wegen eines fehlenden Antrags nicht durchgeführt worden ist,

2. in denen außerhalb des Gebietes der Bundesrepublik Deutschland ohne das Beitrittsgebiet eine Rente wegen Alters oder anstelle einer solchen eine andere Leistung bezogen worden ist,

3. in denen nach dem 31. Dezember 1956 die Voraussetzungen nach Absatz 1 Nr. 2, 3 und 5 vorliegen und Versicherte eine Beschäftigung oder selbständige Tätigkeit auch aus anderen als den dort genannten Gründen nicht ausgeübt haben.

§ 251 Ersatzzeiten bei Handwerkern

(1) Ersatzzeiten werden bei versicherungspflichtigen Handwerkern, die in diesen Zeiten in die Handwerksrolle eingetragen waren, berücksichtigt, wenn für diese Zeiten Beiträge nicht gezahlt worden sind.

(2) Zeiten, in denen in die Handwerksrolle eingetragene versicherungspflichtige Handwerker im Anschluss an eine Ersatzzeit arbeitsunfähig krank gewesen sind, sind nur dann Ersatzzeiten, wenn sie in ihrem Betrieb mit Ausnahme von Lehrlingen und des Ehegatten oder eines Verwandten ersten Grades, für Zeiten vor dem 1. Mai 1985 mit Ausnahme eines Lehrlings, des Ehegatten oder eines Verwandten ersten Grades, Personen nicht beschäftigt haben, die wegen dieser Beschäftigung versicherungspflichtig waren.

(3) Eine auf eine Ersatzzeit folgende Zeit der unverschuldeten Arbeitslosigkeit vor dem 1. Juli 1969 ist bei Handwerkern nur dann eine Ersatzzeit, wenn und solange sie in der Handwerksrolle gelöscht waren.

§ 252 Anrechnungszeiten

(1) Anrechnungszeiten sind auch Zeiten, in denen Versicherte

1. Anpassungsgeld für entlassene Arbeitnehmer des Bergbaus bezogen haben,

2. nach dem 31. Dezember 1991 eine Knappschaftsausgleichsleistung bezogen haben,

3. nach dem vollendeten 17. Lebensjahr als Lehrling nicht versicherungspflichtig oder versicherungsfrei waren und die Lehrzeit abgeschlossen haben, längstens bis zum 28. Februar 1957, im Saarland bis zum 31. August 1957,

4. vor dem vollendeten 55. Lebensjahr eine Rente wegen Berufsunfähigkeit oder Erwerbsunfähigkeit oder eine Erziehungsrente bezogen haben, in der eine Zurechnungszeit nicht enthalten war,

5. vor dem vollendeten 55. Lebensjahr eine Invalidenrente, ein Ruhegeld oder eine Knappschaftsvollrente bezogen haben, wenn diese Leistung vor dem 1. Januar 1957 weggefallen ist,

6. Schlechtwettergeld bezogen haben, wenn dadurch eine versicherte Beschäftigung oder selbständige Tätigkeit unterbrochen worden ist, längstens bis zum 31. Dezember 1978.

(2) Anrechnungszeiten sind auch Zeiten, für die

1. die Bundesagentur für Arbeit in der Zeit vom 1. Januar 1983,

2. ein anderer Leistungsträger in der Zeit vom 1. Januar 1984

bis zum 31. Dezember 1997 wegen des Bezugs von Sozialleistungen Pflichtbeiträge oder Beiträge für Anrechnungszeiten gezahlt hat.

(3) Anrechnungszeiten wegen Arbeitsunfähigkeit oder Leistungen zur medizinischen Rehabilitation oder zur Teilhabe am Arbeitsleben liegen in der Zeit vom 1. Januar 1984 bis zum 31. Dezember 1997 bei Versicherten, die

1. nicht in der gesetzlichen Krankenversicherung versichert waren oder

2. in der gesetzlichen Krankenversicherung ohne Anspruch auf Krankengeld versichert waren,

nur vor, wenn für diese Zeiten, längstens jedoch für 18 Kalendermonate, Beiträge nach mindestens 70 vom Hundert, für die Zeit vom 1. Januar 1995 an 80 vom Hundert des zuletzt für einen vollen Kalendermonat versicherten Arbeitsentgelts oder Arbeitseinkommens gezahlt worden sind.

(4) (weggefallen)

(5) Zeiten einer Arbeitslosigkeit vor dem 1. Juli 1969 sind bei Handwerkern nur dann Anrechnungszeiten, wenn und solange sie in der Handwerksrolle gelöscht waren.

(6) ₁Bei selbständig Tätigen, die auf Antrag versicherungspflichtig waren, und bei Handwerkern sind Zeiten vor dem 1. Januar 1992, in denen sie

1. wegen Krankheit arbeitsunfähig gewesen sind oder Leistungen zur medizinischen Rehabilitation oder zur Teilhabe am Arbeitsleben erhalten haben,

2. wegen Schwangerschaft oder Mutterschaft während der Schutzfristen nach dem Mutterschutzgesetz eine versicherte selbständige Tätigkeit nicht ausgeübt haben,

nur dann Anrechnungszeiten, wenn sie in ihrem Betrieb mit Ausnahme eines Lehrlings, des Ehegatten oder eines Verwandten ersten Grades Personen nicht beschäftigt haben, die wegen dieser Beschäftigung versicherungspflichtig waren. ₂Anrechnungszeiten nach dem 30. April 1985 liegen auch vor, wenn die Versicherten mit Ausnahme von Lehrlingen und des Ehegatten oder eines Verwandten ersten Grades Personen nicht beschäftigt haben, die wegen dieser Beschäftigung versicherungspflichtig waren.

(7) ₁Zeiten, in denen Versicherte

1. vor dem 1. Januar 1984 arbeitsunfähig geworden sind oder Leistungen zur medizinischen Rehabilitation oder zur Teilhabe am Arbeitsleben erhalten haben,

2. vor dem 1. Januar 1979 Schlechtwettergeld bezogen haben,

3. wegen Arbeitslosigkeit bei einer deutschen Agentur für Arbeit als Arbeitsuchende gemeldet waren und

a) vor dem 1. Juli 1978 eine öffentlich-rechtliche Leistung bezogen haben oder

b) vor dem 1. Januar 1992 eine öffentlich-rechtliche Leistung nur wegen des zu berücksichtigenden Einkommens oder Vermögens nicht bezogen haben,

werden nur berücksichtigt, wenn sie mindestens einen Kalendermonat andauerten. ₂Folgen mehrere Zeiten unmittelbar aufeinander, werden sie zusammengerechnet.

(8) ₁Anrechnungszeiten sind auch Zeiten nach dem 30. April 2003, in denen Versicherte

1. nach Vollendung des 58. Lebensjahres wegen Arbeitslosigkeit bei einer deutschen Agentur für Arbeit gemeldet waren,

2. der Arbeitsvermittlung nur deshalb nicht zur Verfügung standen, weil sie nicht arbeitsbereit waren und nicht alle Möglichkeiten nutzten und nutzen wollten, um ihre Beschäftigungslosigkeit zu beenden, und

3. eine öffentlich-rechtliche Leistung nur wegen des zu berücksichtigenden Einkommens oder Vermögens nicht bezogen haben.

₂Für Zeiten nach Satz 1 gelten die Vorschriften über Anrechnungszeiten wegen Arbeitslosigkeit. ₃Zeiten nach Satz 1 werden nach dem 31. Dezember 2007 nur dann als Anrechnungszeiten berücksichtigt, wenn die Arbeitslosigkeit vor dem 1. Januar 2008 begonnen hat und der Versicherte vor dem 2. Januar 1950 geboren ist.

(9) Anrechnungszeiten liegen bei Beziehern von Arbeitslosenhilfe, Unterhaltsgeld und Arbeitslosengeld II nicht vor, wenn die Bundesagentur für Arbeit oder in den Fällen des § 6a des Zweiten Buches die zugelassenen kommunalen Träger für sie Beiträge an eine Versicherungseinrichtung oder Versorgungseinrichtung, an ein Versicherungsunternehmen oder an sie selbst gezahlt haben.

(10) Anrechnungszeiten liegen nicht vor bei Beziehern von Arbeitslosengeld II, die in der Zeit vom 1. Januar 2011 bis zum 31. Dezember 2012 versicherungspflichtig beschäftigt oder versicherungspflichtig selbständig tätig gewesen sind oder eine Leistung bezogen haben, wegen der sie nach § 3 Satz 1 Nummer 3 versicherungspflichtig gewesen sind.

§ 252a Anrechnungszeiten im Beitrittsgebiet

(1) ₁Anrechnungszeiten im Beitrittsgebiet sind auch Zeiten nach dem 8. Mai 1945, in denen Versicherte

1. wegen Schwangerschaft oder Mutterschaft während der jeweiligen Schutzfristen eine versicherte Beschäftigung oder selbständige Tätigkeit nicht ausgeübt haben,
2. vor dem 1. Januar 1992
   a) Lohnersatzleistungen nach dem Recht der Arbeitsförderung,
   b) Vorruhestandsgeld, Übergangsrente, Invalidenrente bei Erreichen besonderer Altersgrenzen, befristete erweiterte Versorgung oder
   c) Unterstützung während der Zeit der Arbeitsvermittlung
   bezogen haben,
3. vor dem 1. März 1990 arbeitslos waren oder
4. vor dem vollendeten 55. Lebensjahr Invalidenrente, Bergmannsinvalidenrente, Versorgung wegen voller Berufsunfähigkeit oder Teilberufsunfähigkeit, Unfallrente aufgrund eines Körperschadens von 66 2/3 vom Hundert, Kriegsbeschädigtenrente aus dem Beitrittsgebiet, entsprechende Renten aus einem Sonderversorgungssystem oder eine berufsbezogene Zuwendung an Ballettmitglieder in staatlichen Einrichtungen bezogen haben.

₂Anrechnungszeiten nach Satz 1 Nr. 1 liegen vor Vollendung des 17. und nach Vollendung des 25. Lebensjahres nur vor, wenn dadurch eine versicherte Beschäftigung oder selbständige Tätigkeit unterbrochen ist. ₃Für Zeiten nach Satz 1 Nr. 2 und 3 gelten die Vorschriften über Anrechnungszeiten wegen Arbeitslosigkeit. ₄Zeiten des Fernstudiums oder des Abendunterrichts in der Zeit vor dem 1. Juli 1990 sind nicht Anrechnungszeiten wegen schulischer Ausbildung, wenn das Fernstudium oder der Abendunterricht neben einer versicherungspflichtigen Beschäftigung oder Tätigkeit ausgeübt worden ist.

(2) ₁Anstelle von Anrechnungszeiten wegen Krankheit, Schwangerschaft oder Mutterschaft vor dem 1. Juli 1990 werden pauschal Anrechnungszeiten für Ausfalltage ermittelt, wenn im Ausweis für Arbeit und Sozialversicherung Arbeitsausfalltage als Summe eingetragen sind. ₂Dazu ist die im Ausweis eingetragene Anzahl der Arbeitsausfalltage mit der Zahl 7 zu vervielfältigen, durch die Zahl 5 zu teilen und dem Ende der für das jeweilige Kalenderjahr bescheinigten Beschäftigung oder selbständigen Tätigkeit als Anrechnungszeit lückenlos zuzuordnen, wobei Zeiten vor dem 1. Januar 1984 nur berücksichtigt werden, wenn nach der Zuordnung mindestens ein Kalendermonat belegt ist. ₃Insoweit ersetzen sie die für diese Zeit bescheinigten Pflichtbeitragszeiten; dies gilt nicht für die Feststellung von Pflichtbeitragszeiten für einen Anspruch auf Rente.

§ 253 Pauschale Anrechnungszeit

(1) ₁Anrechnungszeit für die Zeit vor dem 1. Januar 1957 ist mindestens die volle Anzahl an Monaten, die sich ergibt, indem

1. der Zeitraum vom Kalendermonat, für den der erste Pflichtbeitrag gezahlt ist, spätestens vom Kalendermonat, in den der Tag nach der Vollendung des 17. Lebensjahres des Versicherten fällt, bis zum Kalendermonat, für den der letzte Pflichtbeitrag vor dem 1. Januar 1957 gezahlt worden ist, ermittelt wird (Gesamtzeit),
2. die Gesamtzeit um die auf sie entfallenden mit Beiträgen und Ersatzzeiten belegten Kalendermonate zur Ermittlung der verbleibenden Zeit gemindert wird (Gesamtlücke) und
3. die Gesamtlücke, höchstens jedoch ein nach unten gerundetes volles Viertel der auf die Gesamtzeit entfallenden Beitragszeiten und Ersatzzeiten, mit dem Verhältnis vervielfältigt wird, in dem die Summe der auf die Gesamtzeit entfallenden mit Beitragszeiten und Ersatzzeiten belegten Kalendermonate zu der Gesamtzeit steht.

₂Dabei werden Zeiten, für die eine Nachversicherung nur wegen eines fehlenden Antrags nicht durchgeführt worden ist, wie Beitragszeiten berücksichtigt.

(2) Der Anteil der pauschalen Anrechnungszeiten, der auf einen Zeitabschnitt entfällt, ist die volle Anzahl an Monaten, die sich ergibt, wenn die pauschale Anrechnungszeit mit der für ihre Ermittlung maßgebenden verbleibenden Zeit in diesem Zeitabschnitt (Teillücke) vervielfältigt und durch die Gesamtlücke geteilt wird.

§ 253a Zurechnungszeit

Beginnt eine Rente wegen verminderter Erwerbsfähigkeit oder eine Erziehungsrente vor dem 1. Januar 2024 oder sind bei einer Hinterbliebenenrente Versicherte vor dem 1. Januar 2024 verstorben, wird das Ende der Zurechnungszeit wie folgt angehoben:

Bei Beginn der Rente oder bei Tod der Versicherten im Jahr	Anhebung um Monate	auf Alter	
		Jahre	Monate
2018	3	62	3
2019	6	62	6
2020	12	63	0
2021	18	63	6
2022	24	64	0
2023	30	64	6

§ 254 Zuordnung beitragsfreier Zeiten zur knappschaftlichen Rentenversicherung

(1) Ersatzzeiten werden der knappschaftlichen Rentenversicherung zugeordnet, wenn vor dieser Zeit der letzte Pflichtbeitrag zur knappschaftlichen Rentenversicherung gezahlt worden ist.

(2) Ersatzzeiten und Anrechnungszeiten wegen einer Lehre werden der knappschaftlichen Rentenversicherung auch dann zugeordnet, wenn nach dieser Zeit die Versicherung beginnt und der erste Pflichtbeitrag zur knappschaftlichen Rentenversicherung gezahlt worden ist.

(3) Anrechnungszeiten wegen des Bezugs von Anpassungsgeld und von Knappschaftsausgleichsleistung sind Zeiten der knappschaftlichen Rentenversicherung.

(4) Die pauschale Anrechnungszeit wird der knappschaftlichen Rentenversicherung in dem Verhältnis zugeordnet, in dem die knappschaftlichen Beitragszeiten und die der knappschaftlichen Rentenversicherung zugeordneten Ersatzzeiten bis zur letzten Pflichtbeitragszeit vor dem 1. Januar 1957 zu allen diesen Beitragszeiten und Ersatzzeiten stehen.

§ 254a Ständige Arbeiten unter Tage im Beitrittsgebiet

Im Beitrittsgebiet vor dem 1. Januar 1992 überwiegend unter Tage ausgeübte Tätigkeiten sind ständige Arbeiten unter Tage.

Fünfter Unterabschnitt
Rentenhöhe und Rentenanpassung

§ 254b Rentenformel für Monatsbetrag der Rente

(1) Bis zum 30. Juni 2024 werden persönliche Entgeltpunkte (Ost) und ein aktueller Rentenwert (Ost) für die Ermittlung des Monatsbetrags der Rente aus Zeiten außerhalb der Bundesrepublik Deutschland ohne das Beitrittsgebiet gebildet, die an die Stelle der persönlichen Entgeltpunkte und des aktuellen Rentenwerts treten.

(2) Liegen der Rente auch persönliche Entgeltpunkte zugrunde, die mit dem aktuellen Rentenwert zu vervielfältigen sind, sind Monatsteilbeträge zu ermitteln, deren Summe den Monatsbetrag der Rente ergibt.

§ 254c Anpassung der Renten

₁Renten, denen ein aktueller Rentenwert (Ost) zugrunde liegt, werden angepasst, indem der bisherige aktuelle Rentenwert (Ost) durch den neuen aktuellen Rentenwert (Ost) ersetzt wird. ₂Rentenbezieher erhalten eine Anpassungsmitteilung, wenn sich die Höhe des aktuellen Rentenwerts (Ost) verändert.

§ 254d Entgeltpunkte (Ost)

(1) An die Stelle der ermittelten Entgeltpunkte treten Entgeltpunkte (Ost) für

1. Zeiten mit Beiträgen für eine Beschäftigung oder selbständige Tätigkeit,
2. Pflichtbeitragszeiten aufgrund der gesetzlichen Pflicht zur Leistung von Wehrdienst oder Zivildienst oder aufgrund eines Wehrdienstverhältnisses besonderer

Art nach § 6 des Einsatz-Weiterverwendungsgesetzes oder aufgrund Bezugs von Sozialleistungen, mit Ausnahme des Bezugs von Arbeitslosengeld II,
3. Zeiten der Erziehung eines Kindes,
4. Zeiten mit freiwilligen Beiträgen vor dem 1. Januar 1992 oder danach bis zum 31. März 1999 zur Aufrechterhaltung des Anspruchs auf Rente wegen verminderter Erwerbsfähigkeit (§ 279b) bei gewöhnlichem Aufenthalt,
4a. Zeiten der nicht erwerbsmäßigen Pflege,
4b. zusätzliche Entgeltpunkte für Arbeitsentgelt aus nach § 23b Abs. 2 Satz 1 bis 4 des Vierten Buches aufgelösten Wertguthaben auf Grund einer Arbeitsleistung

im Beitrittsgebiet und

5. Zeiten mit Beiträgen für eine Beschäftigung oder selbständige Tätigkeit,
6. Zeiten der Erziehung eines Kindes,
7. Zeiten mit freiwilligen Beiträgen bei gewöhnlichem Aufenthalt

im jeweiligen Geltungsbereich der Reichsversicherungsgesetze außerhalb der Bundesrepublik Deutschland (Reichsgebiets-Beitragszeiten).

(2) ₁Absatz 1 findet keine Anwendung auf Zeiten vor dem 19. Mai 1990

1. von Versicherten, die ihren gewöhnlichen Aufenthalt am 18. Mai 1990 oder, falls sie verstorben sind, zuletzt vor dem 19. Mai 1990
   a) im Gebiet der Bundesrepublik Deutschland ohne das Beitrittsgebiet hatten, solange sich der Berechtigte im Inland gewöhnlich aufhält, oder
   b) im Ausland hatten und unmittelbar vor Beginn des Auslandsaufenthalts ihren gewöhnlichen Aufenthalt im Gebiet der Bundesrepublik Deutschland ohne das Beitrittsgebiet hatten,
2. mit Beiträgen aufgrund einer Beschäftigung bei einem Unternehmen im Beitrittsgebiet, für das Arbeitsentgelte in Deutsche Mark gezahlt worden sind.

₂Satz 1 gilt nicht für Zeiten, die von der Wirkung einer Beitragserstattung nach § 286d Abs. 2 nicht erfasst werden.

(3) Für Zeiten mit Beiträgen für eine Beschäftigung oder selbständige Tätigkeit und für Zeiten der Erziehung eines Kindes vor dem 1. Februar 1949 in Berlin gelten ermittelte Entgeltpunkte nicht als Entgeltpunkte (Ost).

§ 255 Rentenartfaktor

(1) Der Rentenartfaktor beträgt für persönliche Entgeltpunkte bei großen Witwenrenten und großen Witwerrenten nach dem Ende des dritten Kalendermonats nach Ablauf des Monats, in dem der Ehegatte verstorben ist, 0,6, wenn der Ehegatte vor dem 1. Januar 2002 verstorben ist oder die Ehe vor diesem Tag geschlossen wurde und mindestens ein Ehegatte vor dem 2. Januar 1962 geboren ist.

(2) Witwenrenten und Witwerrenten aus der Rentenanwartschaft eines vor dem 1. Juli 1977 geschiedenen Ehegatten werden von Beginn an mit dem Rentenartfaktor ermittelt, der für Witwenrenten und Witwerrenten nach dem Ende des dritten Kalendermonats nach Ablauf des Monats, in dem der Ehegatte verstorben ist, maßgebend ist.

§ 255a Bestimmung des aktuellen Rentenwerts (Ost) für die Zeit vom 1. Juli 2018 bis zum 1. Juli 2023

(1) Der aktuelle Rentenwert (Ost) beträgt zum

1. Juli 2018 95,8 Prozent des aktuellen Rentenwerts,

1. Juli 2019 96,5 Prozent des aktuellen Rentenwerts,

1. Juli 2020 97,2 Prozent des aktuellen Rentenwerts,

1. Juli 2021 97,9 Prozent des aktuellen Rentenwerts,

1. Juli 2022 98,6 Prozent des aktuellen Rentenwerts,

1. Juli 2023 99,3 Prozent des aktuellen Rentenwerts.

(2) ₁Für die Zeit vom 1. Juli 2018 bis zum 1. Juli 2023 ist ein Vergleichswert zu dem nach Absatz 1 berechneten aktuellen Rentenwert (Ost) zu ermitteln. ₂Der Vergleichswert wird zum 1. Juli eines jeden Jahres ausgehend von seinem Vorjahreswert nach dem für die Veränderung des aktuellen Rentenwerts geltenden

Verfahren nach den §§ 68 und 255d ermittelt. ³Für die Ermittlung des Vergleichswerts zum 1. Juli 2018 gilt der am 30. Juni 2018 geltende aktuelle Rentenwert (Ost) als Vorjahreswert. ⁴Abweichend von § 68 sind für die Ermittlung des Vergleichswerts jeweils die für das Beitrittsgebiet ermittelten Bruttolöhne und -gehälter je Arbeitnehmer (§ 68 Absatz 2 Satz 1) maßgebend. ⁵Ferner ist § 68 Absatz 2 Satz 3 mit der Maßgabe anzuwenden, dass die für das Beitrittsgebiet ermittelten beitragspflichtigen Bruttolöhne und -gehälter je Arbeitnehmer ohne Beamte einschließlich der Bezieher von Arbeitslosengeld zugrunde zu legen sind. ⁶Übersteigt der Vergleichswert den nach Absatz 1 berechneten aktuellen Rentenwert (Ost), ist der Vergleichswert als aktueller Rentenwert (Ost) zum 1. Juli festzusetzen. ⁷Der festzusetzende aktuelle Rentenwert (Ost) ist mindestens um den Prozentsatz anzupassen, um den der aktuelle Rentenwert angepasst wird und darf den zum 1. Juli festzusetzenden aktuellen Rentenwert nicht übersteigen.

§ 255b Verordnungsermächtigung

(1) Die Bundesregierung wird ermächtigt, durch Rechtsverordnung mit Zustimmung des Bundesrates den zum 1. Juli eines Jahres maßgebenden aktuellen Rentenwert (Ost) bis zum 30. Juni des jeweiligen Jahres zu bestimmen.

(2) ₁Die Bundesregierung wird ermächtigt, durch Rechtsverordnung mit Zustimmung des Bundesrates zum Ende eines jeden Kalenderjahres

1. für das vergangene Kalenderjahr den Wert der Anlage 10,
2. für das folgende Kalenderjahr den vorläufigen Wert der Anlage 10

als das Vielfache des Durchschnittsentgelts der Anlage 1 zum Durchschnittsentgelt im Beitrittsgebiet zu bestimmen. ₂Die Werte nach Satz 1 sind letztmals für das Jahr 2018 zu bestimmen.

§ 255c Anwendung des aktuellen Rentenwerts zum 1. Juli 2024

₁Zum 1. Juli 2024 tritt der aktuelle Rentenwert an die Stelle des aktuellen Rentenwerts (Ost) und die hiervon betroffenen Renten sind insoweit anzupassen. ₂Hierüber erhalten die Rentnerinnen und Rentner eine Anpassungsmitteilung.

§ 255d Bestimmung des aktuellen Rentenwerts für die Zeit vom 1. Juli 2018 bis zum 1. Juli 2026

(1) ₁Für die Bestimmung des aktuellen Rentenwerts für die Zeit vom 1. Juli 2018 bis zum 1. Juli 2019 wird abweichend von § 68 Absatz 4 die Anzahl der Äquivalenzbeitragszahler für das Bundesgebiet ohne das Beitrittsgebiet und das Beitrittsgebiet für die Jahre 2016 bis 2018 getrennt berechnet. ₂Für die weitere Berechnung nach § 68 Absatz 4 werden die jeweiligen Ergebnisse anschließend addiert. ₃Für die Berechnung sind die Werte für das Gesamtvolumen der Beiträge aller in der allgemeinen Rentenversicherung versicherungspflichtig Beschäftigten, der geringfügig Beschäftigten (§ 8 des Vierten Buches) und der Bezieher von Arbeitslosengeld eines Kalenderjahres und das Durchschnittsentgelt nach Anlage 1 für das Bundesgebiet ohne das Beitrittsgebiet und für das Beitrittsgebiet getrennt zu ermitteln und der Berechnung zugrunde zu legen. ₄Für das Beitrittsgebiet ist dabei als Durchschnittsentgelt für das jeweilige Kalenderjahr der Wert der Anlage 1 dividiert durch den Wert der Anlage 10 zu berücksichtigen.

(2) Für die Bestimmung des aktuellen Rentenwerts zum 1. Juli 2020 wird die Anzahl der Äquivalenzbeitragszahler für das Jahr 2018 abweichend von § 68 Absatz 7 nach § 68 Absatz 4 neu ermittelt.

(3) ₁Für die Bestimmung des aktuellen Rentenwerts für die Zeit vom 1. Juli 2018 bis zum 1. Juli 2025 wird abweichend von § 68 Absatz 4 die Anzahl der Äquivalenzrentner für das Bundesgebiet ohne das Beitrittsgebiet und das Beitrittsgebiet für die Jahre 2016 bis 2024 getrennt berechnet. ₂Für die weitere Berechnung nach § 68 Absatz 4 werden die jeweiligen Ergebnisse anschließend addiert. ₃Für die Berechnung sind die Werte für das Gesamtvolumen der Renten abzüglich erstatteter Aufwendungen für Renten und Rententeile eines Kalenderjahres und eine Regelaltersrente mit 45 Entgeltpunkten für das Bundesgebiet ohne das Beitrittsgebiet und das Beitrittsgebiet getrennt zu ermitteln und der Berechnung zugrunde zu legen. ₄Für das Beitrittsgebiet ist dabei bei der Berechnung der Regelaltersrente mit 45 Entgeltpunkten der aktuelle Rentenwert (Ost) zugrunde zu legen.

SGB VI: Gesetzliche Rentenversicherung §§ 256–256a

(4) Für die Bestimmung des aktuellen Rentenwerts zum 1 Juli 2025 sind abweichend von § 68 Absatz 7 die folgenden Daten zugrunde zu legen:

1. die dem Statistischen Bundesamt zu Beginn des Jahres 2025 für die Jahre 2022 und 2023 vorliegenden Daten zu den gesamtdeutschen Bruttolöhnen und -gehältern je Arbeitnehmer (§ 68 Absatz 2 Satz 1) und

2. die der Deutschen Rentenversicherung Bund zu Beginn des Jahres 2025 für das Jahr 2022 vorliegenden Daten zu den gesamtdeutschen beitragspflichtigen Bruttolöhnen und -gehältern je Arbeitnehmer ohne Beamte einschließlich der Bezieher von Arbeitslosengeld.

(5) Für die Bestimmung des aktuellen Rentenwerts zum 1. Juli 2026 wird abweichend von § 68 Absatz 4 als Anzahl an Äquivalenzrentnern für das Jahr 2024 der errechnete Wert aus der Rentenwertbestimmungsverordnung 2025 zugrunde gelegt, der sich aus der Summe der Anzahl der Äquivalenzrentner für das Jahr 2024 für das Bundesgebiet ohne das Beitrittsgebiet und der Anzahl der Äquivalenzrentner für das Jahr 2024 für das Beitrittsgebiet ergibt.

§ 256 Entgeltpunkte für Beitragszeiten

(1) Für Pflichtbeitragszeiten aufgrund einer Beschäftigung in der Zeit vom 1. Juni 1945 bis 30. Juni 1965 (§ 247 Abs. 2a) werden für jeden Kalendermonat 0,025 Entgeltpunkte zugrunde gelegt.

(2) Für Zeiten vor dem 1. Januar 1992, für die für Anrechnungszeiten Beiträge gezahlt worden sind, die Versicherte ganz oder teilweise getragen haben, ist Beitragsbemessungsgrundlage der Betrag, der sich ergibt, wenn das 100fache des gezahlten Beitrags durch den für die jeweilige Zeit maßgebenden Beitragssatz geteilt wird.

(3) $_1$Für Zeiten vom 1. Januar 1982 bis zum 31. Dezember 1991, für die Pflichtbeiträge gezahlt worden sind für Personen, die aufgrund gesetzlicher Pflicht mehr als drei Tage Wehrdienst oder Zivildienst geleistet haben, werden für jedes volle Kalenderjahr 0,75 Entgeltpunkte, für die Zeit vom 1. Mai 1961 bis zum 31. Dezember 1981 1,0 Entgeltpunkte, für jeden Teilzeitraum der entsprechende Anteil zugrunde gelegt. $_2$Satz 1 ist für Zeiten vom 1. Januar 1990 bis zum 31. Dezember 1991 nicht anzuwenden, wenn die Pflichtbeiträge bei einer Verdienstausfallentschädigung aus dem Arbeitsentgelt berechnet worden sind. $_3$Für Zeiten vor dem 1. Mai 1961 gilt Satz 1 mit der Maßgabe, dass auf Antrag 0,75 Entgeltpunkte zugrunde gelegt werden.

(4) Für Zeiten vor dem 1. Januar 1992, für die Pflichtbeiträge für behinderte Menschen in geschützten Einrichtungen gezahlt worden sind, werden auf Antrag für jedes volle Kalenderjahr mindestens 0,75 Entgeltpunkte, für jeden Teilzeitraum der entsprechende Anteil zugrunde gelegt.

(5) $_1$Für Zeiten, für die Beiträge nach Lohn-, Beitrags- oder Gehaltsklassen gezahlt worden sind, werden die Entgeltpunkte der Anlage 3 zugrunde gelegt, wenn die Beiträge nach dem vor dem 1. März 1957 geltenden Recht gezahlt worden sind. $_2$Sind die Beiträge nach dem in der Zeit vom 1. März 1957 bis zum 31. Dezember 1976 geltenden Recht gezahlt worden, werden für jeden Kalendermonat Entgeltpunkte aus der in Anlage 4 angegebenen Beitragsbemessungsgrundlage ermittelt.

(6) $_1$Für Zeiten vor dem 1. Januar 1957, für Beiträge aufgrund von Vorschriften außerhalb des Vierten Kapitels nachgezahlt worden sind, werden Entgeltpunkte ermittelt, indem die Beitragsbemessungsgrundlage durch das Durchschnittsentgelt des Jahres 1957 in Höhe von 5043 Deutsche Mark geteilt wird. $_2$Für Zeiten, für die Beiträge nachgezahlt worden sind, ausgenommen die Zeiten, für die Beiträge wegen Heiratserstattung nachgezahlt worden sind, werden Entgeltpunkte ermittelt, indem die Beitragsbemessungsgrundlage durch das Durchschnittsentgelt des Jahres geteilt wird, in dem die Beiträge gezahlt worden sind.

(7) Für Beiträge, die für Arbeiter in der Zeit vom 1. Oktober 1921 und für Angestellte in der Zeit vom 1. August 1921 bis zum 31. Dezember 1923 gezahlt worden sind, werden für jeden Kalendermonat 0,0625 Entgeltpunkte zugrunde gelegt.

§ 256a Entgeltpunkte für Beitragszeiten im Beitrittsgebiet

(1) $_1$Für Beitragszeiten im Beitrittsgebiet nach dem 8. Mai 1945 werden Entgeltpunkte er-

mittelt, indem der mit den Werten der Anlage 10 vervielfältigte Verdienst (Beitragsbemessungsgrundlage) durch das Durchschnittsentgelt für dasselbe Kalenderjahr geteilt wird. ₂Für das Kalenderjahr des Rentenbeginns und für das davorliegende Kalenderjahr ist der Verdienst mit dem Wert der Anlage 10 zu vervielfältigen, der für diese Kalenderjahre vorläufig bestimmt ist. ₃Die Sätze 1 und 2 sind nicht anzuwenden für Beitragszeiten auf Grund des Bezugs von Arbeitslosengeld II.

(1a) Arbeitsentgelt aus nach § 23b Abs. 2 Satz 1 bis 4 des Vierten Buches aufgelösten Wertguthaben, das durch Arbeitsleistung im Beitrittsgebiet erzielt wurde, wird mit dem vorläufigen Wert der Anlage 10 für das Kalenderjahr vervielfältigt, dem das Arbeitsentgelt zugeordnet ist.

(2) ₁Als Verdienst zählen der tatsächlich erzielte Arbeitsverdienst und die tatsächlich erzielten Einkünfte, für die jeweils Pflichtbeiträge gezahlt worden sind, sowie der Verdienst, für den Beiträge zur Freiwilligen Zusatzrentenversicherung oder freiwillige Beiträge zur Rentenversicherung für Zeiten vor dem 1. Januar 1992 oder danach bis zum 31. März 1999 zur Aufrechterhaltung des Anspruchs auf Rente wegen verminderter Erwerbsfähigkeit (§ 279b) gezahlt worden sind. ₂Für Zeiten der Beschäftigung bei der Deutschen Reichsbahn oder bei der Deutschen Post vor dem 1. Januar 1974 gelten für den oberhalb der im Beitrittsgebiet geltenden Beitragsbemessungsgrenzen nachgewiesenen Arbeitsverdienst Beiträge zur Freiwilligen Zusatzrentenversicherung als gezahlt. ₃Für Zeiten der Beschäftigung bei der Deutschen Reichsbahn oder bei der Deutschen Post vom 1. Januar 1974 bis 30. Juni 1990 gelten für den oberhalb der im Beitrittsgebiet geltenden Beitragsbemessungsgrenzen nachgewiesenen Arbeitsverdienst, höchstens bis zu 650 Mark monatlich, Beiträge zur Freiwilligen Zusatzrentenversicherung als gezahlt, wenn ein Beschäftigungsverhältnis bei der Deutschen Reichsbahn oder bei der Deutschen Post am 1. Januar 1974 bereits zehn Jahre ununterbrochen bestanden hat. ₄Für freiwillige Beiträge nach der Verordnung über die freiwillige und zusätzliche Versicherung in der Sozialversicherung vom 28. Januar 1947 gelten die in Anlage 11 genannten Beträge, für freiwillige Beiträge nach der Verordnung über die freiwillige Versicherung auf Zusatzrente bei der Sozialversicherung vom 15. März 1968 (GBl. II Nr. 29 S. 154) gilt das Zehnfache der gezahlten Beiträge als Verdienst.

(3) ₁Als Verdienst zählen auch die nachgewiesenen beitragspflichtigen Arbeitsverdienste und Einkünfte vor dem 1. Juli 1990, für die wegen der im Beitrittsgebiet jeweils geltenden Beitragsbemessungsgrenzen oder wegen in einem Sonderversorgungssystem erworbener Anwartschaften Pflichtbeiträge oder Beiträge zur Freiwilligen Zusatzrentenversicherung nicht gezahlt werden konnten. ₂Für Versicherte, die berechtigt waren, der Freiwilligen Zusatzrentenversicherung beizutreten, gilt dies für Beträge oberhalb der jeweiligen Beitragsbemessungsgrenzen zur Freiwilligen Zusatzrentenversicherung nur, wenn die zulässigen Höchstbeiträge zur Freiwilligen Zusatzrentenversicherung gezahlt worden sind. ₃Werden beitragspflichtige Arbeitsverdienste oder Einkünfte, die nach den im Beitrittsgebiet jeweils geltenden Vorschriften Pflichtbeiträge oder Beiträge zur Freiwilligen Zusatzrentenversicherung nicht gezahlt werden konnten, glaubhaft gemacht, werden diese Arbeitsverdienste oder Einkünfte zu fünf Sechsteln berücksichtigt. ₄Als Mittel der Glaubhaftmachung können auch Versicherungen an Eides statt zugelassen werden. ₅Der Träger der Rentenversicherung ist für die Abnahme eidesstattlicher Versicherungen zuständig.

(3a) ₁Als Verdienst zählen für Zeiten vor dem 1. Juli 1990, in denen Versicherte ihren gewöhnlichen Aufenthalt im Gebiet der Bundesrepublik Deutschland ohne das Beitrittsgebiet hatten und Beiträge zu einem System der gesetzlichen Rentenversicherung des Beitrittsgebiets gezahlt worden sind, die Werte der Anlagen 1 bis 16 zum Fremdrentengesetz. ₂Für jeden Teilzeitraum wird der entsprechende Anteil zugrunde gelegt. ₃Dabei zählen Kalendermonate, die zum Teil mit Anrechnungszeiten wegen Krankheit oder für Ausfalltage belegt sind, als Zeiten mit vollwertigen Beiträgen. ₄Für eine Teilzeitbeschäftigung nach dem 31. Dezember 1949 werden zur Ermittlung der Entgeltpunkte die Beiträge berücksichtigt, die dem Verhältnis der Teilzeitbeschäftigung zu einer Vollzeitbeschäftigung entsprechen. ₅Für Pflichtbeitragszeiten für eine Berufsausbildung werden für jeden Kalendermonat 0,025 Entgeltpunkte zugrunde gelegt. ₆Für glaubhaft gemachte Beitragszeiten werden fünf Sechstel der Entgeltpunkte zugrunde gelegt.

(4) Für Zeiten vor dem 1. Januar 1992, in denen Personen aufgrund gesetzlicher Pflicht mehr als drei Tage Wehrdienst oder Zivildienst im Beitrittsgebiet geleistet haben, werden für jedes volle Kalenderjahr 0,75 Entgeltpunkte, für jeden Teilzeitraum der entsprechende Anteil zugrunde gelegt.

(5) Für Pflichtbeitragszeiten bei Erwerbsunfähigkeit vor dem 1. Januar 1992 werden für jedes volle Kalenderjahr mindestens 0,75 Entgeltpunkte, für jeden Teilzeitraum der entsprechende Anteil zugrunde gelegt.

§ 256b Entgeltpunkte für glaubhaft gemachte Beitragszeiten

(1) ₁Für glaubhaft gemachte Pflichtbeitragszeiten nach dem 31. Dezember 1949 werden zur Ermittlung von Entgeltpunkten als Beitragsbemessungsgrundlage für ein Kalenderjahr einer Vollzeitbeschäftigung die Durchschnittsverdienste berücksichtigt, die sich

1. nach Einstufung der Beschäftigung in eine der in Anlage 13 genannten Qualifikationsgruppen und
2. nach Zuordnung der Beschäftigung zu einem der in Anlage 14 genannten Bereiche

für dieses Kalenderjahr ergeben, höchstens jedoch fünf Sechstel der jeweiligen Beitragsbemessungsgrenze; für jeden Teilzeitraum wird der entsprechende Anteil zugrunde gelegt. ₂Für glaubhaft gemachte Pflichtbeitragszeiten nach Einführung des Euro werden als Beitragsbemessungsgrundlage Durchschnittsverdienste in Höhe des Betrages in Euro berücksichtigt, der zur selben Anzahl an Entgeltpunkten führt, wie er sich für das Kalenderjahr vor Einführung des Euro nach Satz 1 ergeben hätte. ₃Für eine Teilzeitbeschäftigung werden die Beträge berücksichtigt, die dem Verhältnis der Teilzeitbeschäftigung zu einer Vollzeitbeschäftigung entsprechen. ₄Die Bestimmung des maßgeblichen Bereichs richtet sich danach, welchem Bereich der Betrieb, in dem der Versicherte seine Beschäftigung ausgeübt hat, zuzuordnen ist. ₅War der Betrieb Teil einer größeren Unternehmenseinheit, ist für die Bestimmung des Bereichs diese maßgeblich. ₆Kommen nach dem Ergebnis der Ermittlungen mehrere Bereiche in Betracht, ist von ihnen der Bereich mit den niedrigsten Durchschnittsverdiensten des jeweiligen Jahres maßgeblich. ₇Ist eine Zuordnung zu einem oder zu einem von mehreren Bereichen nicht möglich, erfolgt die Zuordnung zu dem Bereich mit den für das jeweilige Jahr niedrigsten Durchschnittsverdiensten. ₈Die Sätze 6 und 7 gelten entsprechend für die Zuordnung zu einer Qualifikationsgruppe. ₉Für Zeiten vor dem 1. Januar 1950 und für Zeiten im Gebiet der Bundesrepublik Deutschland ohne das Beitrittsgebiet vor dem 1. Januar 1991 werden Entgeltpunkte aus fünf Sechsteln der sich aufgrund der Anlagen 1 bis 16 zum Fremdrentengesetz ergebenden Werte ermittelt, es sei denn, die Höhe der Arbeitsentgelte ist bekannt oder kann auf sonstige Weise festgestellt werden.

(2) Für glaubhaft gemachte Pflichtbeitragszeiten für eine Berufsausbildung werden für jeden Kalendermonat 0,0208, mindestens jedoch die nach Absatz 1 ermittelten Entgeltpunkte zugrunde gelegt.

(3) Für glaubhaft gemachte Beitragszeiten mit freiwilligen Beiträgen werden für Zeiten bis zum 28. Februar 1957 die Entgeltpunkte der Anlage 15 zugrunde gelegt, für Zeiten danach für jeden Kalendermonat die Entgeltpunkte, die sich aus fünf Sechsteln der Mindestbeitragsbemessungsgrundlage für freiwillige Beiträge ergeben.

(4) ₁Für glaubhaft gemachte Pflichtbeitragszeiten im Beitrittsgebiet für die Zeit vom 1. März 1971 bis zum 30. Juni 1990 gilt Absatz 1 nur soweit, wie glaubhaft gemacht ist, dass Beiträge zur freiwilligen Zusatzrentenversicherung gezahlt worden sind. ₂Kann eine solche Beitragszahlung nicht glaubhaft gemacht werden, ist als Beitragsbemessungsgrundlage für ein Kalenderjahr höchstens ein Verdienst nach Anlage 16 zu berücksichtigen.

(5) Die Absätze 1 bis 4 sind für selbständig Tätige entsprechend anzuwenden.

§ 256c Entgeltpunkte für nachgewiesene Beitragszeiten ohne Beitragsbemessungsgrundlage

(1) ₁Für Zeiten vor dem 1. Januar 1991, für die eine Pflichtbeitragszahlung nachgewiesen ist, werden, wenn die Höhe der Beitragsbemessungsgrundlage nicht bekannt ist oder nicht auf sonstige Weise festgestellt werden kann, zur Ermittlung von Entgeltpunkten als Beitragsbemessungsgrundlage für ein Kalenderjahr einer Vollzeitbeschäftigung die sich nach den folgenden Absätzen ergebenden Beträge zugrunde gelegt. ₂Für jeden Teilzeitraum wird der entsprechende Anteil zugrunde gelegt. ₃Für eine Teilzeitbeschäftigung nach dem 31. Dezember 1949 werden die Werte berücksichtigt, die dem Verhältnis der Teilzeitbeschäftigung zu einer Vollzeitbeschäftigung entsprechen.

(2) Für Zeiten im Gebiet der Bundesrepublik Deutschland ohne das Beitrittsgebiet und für Zeiten im Beitrittsgebiet vor dem 1. Januar 1950 sind die Beträge maßgebend, die sich aufgrund der Anlagen 1 bis 16 zum Fremdrentengesetz für dieses Kalenderjahr ergeben.

(3) ₁Für Zeiten im Beitrittsgebiet nach dem 31. Dezember 1949 sind die um ein Fünftel erhöhten Beträge maßgebend, die sich

a) nach Einstufung der Beschäftigung in eine der in Anlage 13 genannten Qualifikationsgruppen und

b) nach Zuordnung der Beschäftigung zu einem der in Anlage 14 genannten Bereiche

für dieses Kalenderjahr ergeben. ₂§ 256b Abs. 1 Satz 4 bis 8 ist anzuwenden. ₃Für Pflichtbeitragszeiten für die Zeit vom 1. März 1971 bis zum 30. Juni 1990 gilt dies nur so weit, wie glaubhaft gemacht ist, dass Beiträge zur Freiwilligen Zusatzrentenversicherung gezahlt worden sind. ₄Kann eine solche Beitragszahlung nicht glaubhaft gemacht werden, ist als Beitragsbemessungsgrundlage für ein Kalenderjahr höchstens ein um ein Fünftel erhöhter Verdienst nach Anlage 16 zu berücksichtigen.

(4) Die Absätze 1 bis 3 sind nicht anzuwenden, wenn für Zeiten vor dem 1. Juli 1990 im Beitrittsgebiet beitragspflichtige Arbeitsverdienste und Einkünfte glaubhaft gemacht werden, für die wegen der im Beitrittsgebiet jeweils geltenden Beitragsbemessungsgrenzen oder wegen in einem Sonderversorgungssystem erworbener Anwartschaften Pflichtbeiträge oder Beiträge zur Freiwilligen Zusatzrentenversicherung nicht gezahlt werden konnten.

(5) Die Absätze 1 bis 4 sind für selbständig Tätige entsprechend anzuwenden.

§ 257 Entgeltpunkte für Berliner Beitragszeiten

(1) ₁Für Zeiten, für die Beiträge zur

1. einheitlichen Sozialversicherung der Versicherungsanstalt Berlin in der Zeit vom 1. Juli 1945 bis zum 31. Januar 1949,

2. einheitlichen Sozial- oder Rentenversicherung der Versicherungsanstalt Berlin (West) in der Zeit vom 1. Februar 1949 bis zum 31. März 1952 oder

3. Rentenversicherung der Landesversicherungsanstalt Berlin vom 1. April 1952 bis zum 31. August 1952

gezahlt worden sind, werden Entgeltpunkte ermittelt, indem die Beitragsbemessungsgrundlage durch das Durchschnittsentgelt für dasselbe Kalenderjahr geteilt wird. ₂Die Beitragsbemessungsgrundlage beträgt

1. für die Zeit vom 1. Juli 1945 bis zum 31. März 1946 das Fünffache der gezahlten Beiträge,

2. für die Zeit vom 1. April 1946 bis zum 31. Dezember 1950 das Fünffache der gezahlten Beiträge, höchstens jedoch 7200 Reichsmark oder Deutsche Mark für ein Kalenderjahr.

(2) Für Zeiten, für die freiwillige Beiträge oder Beiträge nach Beitragsklassen gezahlt worden sind, werden die Entgeltpunkte der Anlage 5 zugrunde gelegt.

§ 258 Entgeltpunkte für saarländische Beitragszeiten

(1) Für Zeiten vom 20. November 1947 bis zum 5. Juli 1959, für die Beiträge in Franken gezahlt worden sind, werden Entgeltpunkte ermittelt, indem das mit den Werten der Anlage 6 vervielfältigte Arbeitsentgelt (Beitragsbemessungsgrundlage) durch das Durchschnittsentgelt für dasselbe Kalenderjahr geteilt wird.

(2) ₁Für die für Zeiten vom 31. Dezember 1923 bis zum 3. März 1935 zur Rentenversicherung

SGB VI: Gesetzliche Rentenversicherung §§ 259–259a

der Arbeiter und für Zeiten vom 1. Januar 1924 bis zum 28. Februar 1935 zur Rentenversicherung der Angestellten nach Lohn-, Beitrags- oder Gehaltsklassen in Franken gezahlten und nach der Verordnung über die Überleitung der Sozialversicherung des Saarlandes in der im Bundesgesetzblatt Teil III, Gliederungsnummer 826-4, veröffentlichten bereinigten Fassung umgestellten Beiträge werden die Entgeltpunkte der danach maßgebenden Lohn-, Beitrags- oder Gehaltsklasse der Anlage 3 zugrunde gelegt. ₂Für die für Zeiten vor dem 1. März 1935 zur knappschaftlichen Pensionsversicherung gezahlten Einheitsbeiträge werden die aufgrund des § 26 der Verordnung über die Überleitung der Sozialversicherung des Saarlandes ergangenen satzungsrechtlichen Bestimmungen angewendet und Entgeltpunkte der danach maßgebenden Lohn-, Beitrags- oder Gehaltsklasse der Anlage 3 zugrunde gelegt. ₃Für Zeiten, für die Beiträge vom 20. November 1947 bis zum 31. August 1957 zur Rentenversicherung der Arbeiter und vom 1. Dezember 1947 bis zum 31. August 1957 zur Rentenversicherung der Angestellten nach Lohn-, Beitrags- oder Gehaltsklassen in Franken oder vom 1. Januar 1954 bis zum 31. März 1963 zur saarländischen Altersversorgung der Landwirte und mithelfenden Familienangehörigen gezahlt worden sind, werden die Entgeltpunkte der Anlage 7 zugrunde gelegt.

(3) Wird nachgewiesen, dass das Arbeitsentgelt in Franken in der Zeit vom 20. November 1947 bis zum 31. August 1957 höher war als der Betrag, nach dem Beiträge gezahlt worden sind, wird als Beitragsbemessungsgrundlage das tatsächliche Arbeitsentgelt zugrunde gelegt.

(4) Wird glaubhaft gemacht, dass das Arbeitsentgelt in Franken in der Zeit vom 1. Januar 1948 bis zum 31. August 1957 in der Rentenversicherung der Angestellten oder in der Zeit vom 1. Januar 1949 bis zum 31. August 1957 in der Rentenversicherung der Arbeiter höher war als der Betrag, nach dem Beiträge gezahlt worden sind, wird als Beitragsbemessungsgrundlage das um 10 vom Hundert erhöhte nachgewiesene Arbeitsentgelt zugrunde gelegt.

§ 259 Entgeltpunkte für Beitragszeiten mit Sachbezug

₁Wird glaubhaft gemacht, dass Versicherte vor dem 1. Januar 1957 während mindestens fünf Jahren, für die Pflichtbeiträge aufgrund einer versicherten Beschäftigung in der Rentenversicherung der Arbeiter und der Angestellten gezahlt worden sind, neben Barbezügen in wesentlichem Umfang Sachbezüge erhalten haben, werden für jeden Kalendermonat solcher Zeiten mindestens Entgeltpunkte aufgrund der Beitragsbemessungsgrundlage oder der Lohn-, Gehalts- oder Beitragsklassen der Anlage 8, für jeden Teilzeitraum der entsprechende Anteil zugrunde gelegt. ₂Dies gilt nicht für Zeiten der Ausbildung als Lehrling oder Anlernling. ₃Als Mittel der Glaubhaftmachung können auch Versicherungen an Eides statt zugelassen werden. ₄Der Träger der Rentenversicherung ist für die Abnahme eidesstattlicher Versicherungen zuständig.

§ 259a Besonderheiten für Versicherte der Geburtsjahrgänge vor 1937

(1) ₁Für Versicherte, die vor dem 1. Januar 1937 geboren sind und die ihren gewöhnlichen Aufenthalt am 18. Mai 1990 oder, falls sie verstorben sind, zuletzt vor dem 19. Mai 1990

1. im Gebiet der Bundesrepublik Deutschland ohne das Beitrittsgebiet hatten oder
2. im Ausland hatten und unmittelbar vor Beginn des Auslandsaufenthalts ihren gewöhnlichen Aufenthalt im Gebiet der Bundesrepublik Deutschland ohne das Beitrittsgebiet hatten,

werden für Pflichtbeitragszeiten vor dem 19. Mai 1990 anstelle der nach den §§ 256a bis 256c zu ermittelnden Werte Entgeltpunkte aufgrund der Anlagen 1 bis 16 zum Fremdrentengesetz ermittelt; für jeden Teilzeitraum wird der entsprechende Anteil zugrunde gelegt. ₂Dabei zählen Kalendermonate, die zum Teil mit Anrechnungszeiten wegen Krankheit oder für Ausfalltage belegt sind, als Zeiten mit vollwertigen Beiträgen. ₃Für eine Teilzeitbeschäftigung nach dem 31. Dezember 1949 werden zur Ermittlung der Entgeltpunkte die Beträge berücksichtigt, die dem Verhältnis der Teilzeitbeschäftigung zu einer Vollzeitbeschäftigung entsprechen. ₄Für Pflichtbeitragszeiten für eine Berufsausbildung werden für jeden Kalendermonat 0,025 Entgeltpunkte zugrunde gelegt. ₅Für Zeiten, in denen Personen vor dem 19. Mai 1990 aufgrund gesetzlicher Pflicht mehr als drei Tage Wehrdienst oder Zivildienst im Beitrittsgebiet geleistet haben, werden die Entgeltpunkte nach § 256 Abs. 3 zugrunde gelegt. ₆Für Zeiten mit freiwilligen Beiträgen bis zum 28. Februar 1957 werden Entgeltpunkte aus der jeweils niedrigsten Beitragsklasse für freiwillige Beiträge, für Zeiten danach aus einem Bruttoarbeitsentgelt ermittelt, das für einen Kalendermonat der Mindestbeitragsbemessungsgrundlage entspricht; dabei ist von den Werten im Gebiet der Bundesrepublik Deutschland ohne das Beitrittsgebiet auszugehen. ₇Für glaubhaft gemachte Beitragszeiten werden fünf Sechstel der Entgeltpunkte zugrunde gelegt.

(2) Absatz 1 gilt nicht für Zeiten, die von der Wirkung einer Beitragserstattung nach § 286d Abs. 2 nicht erfasst werden.

§ 259b Besonderheiten bei Zugehörigkeit zu einem Zusatz- oder Sonderversorgungssystem

(1) ₁Für Zeiten der Zugehörigkeit zu einem Zusatz- oder Sonderversorgungssystem im Sinne des Anspruchs- und Anwartschaftsüberführungsgesetzes (AAÜG) vom 25. Juli 1991 (BGBl. I S. 1677) wird bei der Ermittlung der Entgeltpunkte der Verdienst nach dem AAÜG zugrunde gelegt. ₂§ 259a ist nicht anzuwenden.

(2) Als Zeiten der Zugehörigkeit zu einem Versorgungssystem gelten auch Zeiten, die vor Einführung eines Versorgungssystems in der Sozialpflichtversicherung oder in der freiwilligen Zusatzrentenversicherung zurückgelegt worden sind, wenn diese Zeiten, hätte das Versorgungssystem bereits bestanden, in dem Versorgungssystem zurückgelegt worden wären.

§ 260 Beitragsbemessungsgrenzen

₁Für Zeiten, für die Beiträge aufgrund einer Beschäftigung oder selbständigen Tätigkeit in den dem Deutschen Reich eingegliederten Gebieten gezahlt worden sind, werden mindestens die im übrigen Deutschen Reich geltenden Beitragsbemessungsgrenzen angewendet. ₂Für Beitragszeiten im Beitrittsgebiet und im Saarland werden die im Bundesgebiet geltenden Beitragsbemessungsgrenzen angewendet. ₃Sind vor dem 1. Januar 1984 liegende Arbeitsausfalltage nicht als Anrechnungszeiten zu berücksichtigen, werden diese Arbeitsausfalltage bei der Bestimmung der Beitragsbemessungsgrenze als Beitragszeiten berücksichtigt.

§ 261 Beitragszeiten ohne Entgeltpunkte

Entgeltpunkte werden nicht ermittelt für

1. Pflichtbeiträge zur Rentenversicherung der Arbeiter für Zeiten vor dem 1. Januar 1957, soweit für dieselbe Zeit und Beschäftigung auch Pflichtbeiträge zur Rentenversicherung der Angestellten oder zur knappschaftlichen Rentenversicherung gezahlt worden sind,

2. Pflichtbeiträge zur Rentenversicherung der Arbeiter oder zur Rentenversicherung der Angestellten für Zeiten vor dem 1. Januar 1943, soweit für dieselbe Zeit und Beschäftigung auch Pflichtbeiträge zur knappschaftlichen Pensionsversicherung der Arbeiter oder der Angestellten gezahlt worden sind.

§ 262 Mindestentgeltpunkte bei geringem Arbeitsentgelt

(1) ₁Sind mindestens 35 Jahre mit rentenrechtlichen Zeiten vorhanden und ergibt sich aus den Kalendermonaten mit vollwertigen Pflichtbeiträgen ein Durchschnittswert von weniger als 0,0625 Entgeltpunkten, wird die Summe der Entgeltpunkte für Beitragszeiten erhöht. ₂Die zusätzlichen Entgeltpunkte sind so zu bemessen, dass sich für die Kalendermonate mit vollwertigen Pflichtbeiträgen vor dem 1. Januar 1992 ein Durchschnittswert in Höhe des 1,5fachen des tatsächlichen Durchschnittswerts, höchstens aber in Höhe von 0,0625 Entgeltpunkten ergibt.

(2) Die zusätzlichen Entgeltpunkte werden den Kalendermonaten mit vollwertigen Pflichtbeiträgen vor dem 1. Januar 1992 zu gleichen Teilen zugeordnet; dabei werden Kalendermonaten mit Entgeltpunkten (Ost) zusätzliche Entgeltpunkte (Ost) zugeordnet.

(3) Bei Anwendung der Absätze 1 und 2 gelten Pflichtbeiträge für Zeiten, in denen eine Rente aus eigener Versicherung bezogen

SGB VI: Gesetzliche Rentenversicherung § 263

worden ist, nicht als vollwertige Pflichtbeiträge.

§ 263 Gesamtleistungsbewertung für beitragsfreie und beitragsgeminderte Zeiten

(1) ₁Bei der Gesamtleistungsbewertung für beitragsfreie und beitragsgeminderte Zeiten werden Berücksichtigungszeiten wegen Kindererziehung, die in der Gesamtlücke für die Ermittlung der pauschalen Anrechnungszeit liegen, höchstens mit der Anzahl an Monaten berücksichtigt, die zusammen mit der Anzahl an Monaten mit pauschaler Anrechnungszeit die Anzahl an Monaten der Gesamtlücke ergibt. ₂Für die Gesamtleistungsbewertung werden jedem Kalendermonat an Berücksichtigungszeit wegen Pflege 0,0625 Entgeltpunkte zugeordnet, es sei denn, dass er als Beitragszeit bereits einen höheren Wert hat.

(2) (weggefallen)

(2a) ₁Der sich aus der Gesamtleistungsbewertung ergebende Wert wird für jeden Kalendermonat mit Anrechnungszeiten wegen Krankheit und Arbeitslosigkeit auf 80 vom Hundert begrenzt. ₂Kalendermonate, die nur deshalb Anrechnungszeiten sind, weil Arbeitslosigkeit vor dem 1. März 1990 im Beitrittsgebiet, jedoch nicht vor dem 1. Juli 1978, vorgelegen hat, werden nicht bewertet. ₃Kalendermonate, die nur deshalb Anrechnungszeiten sind, weil Arbeitslosigkeit nach dem 30. Juni 1978 vorgelegen hat, für die vor dem 1. Januar 2005 aber keine Arbeitslosenhilfe gezahlt worden ist, werden nicht bewertet.

(3) ₁Der sich aus der Gesamtleistungsbewertung ergebende Wert wird für jeden Kalendermonat mit Anrechnungszeiten wegen einer Schul- oder Hochschulausbildung auf 75 vom Hundert begrenzt. ₂Der so begrenzte Gesamtleistungswert darf für einen Kalendermonat 0,0625 Entgeltpunkte nicht übersteigen. ₃Zeiten einer Schul- oder Hochschulausbildung werden insgesamt für höchstens drei Jahre bewertet; auf die drei Jahre werden Zeiten einer Fachschulausbildung oder der Teilnahme an einer berufsvorbereitenden Bildungsmaßnahme angerechnet. ₄Bei der begrenzten Gesamtleistungsbewertung für die Zeiten der Schul- oder Hochschulausbildung treten an die Stelle

bei Beginn der Rente im		der Werte	
		75 vom Hundert	0,0625 Entgeltpunkte
Jahr	Monat	die Werte	
2005	Januar	75,00	0,0625
	Februar	73,44	0,0612
	März	71,88	0,0599
	April	70,31	0,0586
	Mai	68,75	0,0573
	Juni	67,19	0,0560
	Juli	65,63	0,0547
	August	64,06	0,0534
	September	62,50	0,0521
	Oktober	60,94	0,0508
	November	59,38	0,0495
	Dezember	57,81	0,0482
2006	Januar	56,25	0,0469
	Februar	54,69	0,0456
	März	53,13	0,0443
	April	51,56	0,0430
	Mai	50,00	0,0417
	Juni	48,44	0,0404
	Juli	46,88	0,0391
	August	45,31	0,0378
	September	43,75	0,0365
	Oktober	42,19	0,0352
	November	40,63	0,0339
	Dezember	39,06	0,0326
2007	Januar	37,50	0,0313
	Februar	35,94	0,0299
	März	34,38	0,0286
	April	32,81	0,0273
	Mai	31,25	0,0260
	Juni	29,69	0,0247
	Juli	28,13	0,0234
	August	26,56	0,0221
	September	25,00	0,0208
	Oktober	23,44	0,0195
	November	21,88	0,0182
	Dezember	20,31	0,0169
2008	Januar	18,75	0,0156
	Februar	17,19	0,0143
	März	15,63	0,0130
	April	14,06	0,0117
	Mai	12,50	0,0104
	Juni	10,94	0,0091
	Juli	9,38	0,0078
	August	7,81	0,0065
	September	6,25	0,0052
	Oktober	4,69	0,0039

bei Beginn der Rente im	der Werte	
	75 vom Hundert	0,0625 Entgeltpunkte
Jahr	Monat	die Werte
	November	3,13	0,0026
	Dezember	1,56	0,0013
2009	Januar	0,00	0,0000

(4) ₁Die Summe der Entgeltpunkte für Anrechnungszeiten, die vor dem 1. Januar 1957 liegen, muss mindestens den Wert erreichen, der sich für eine pauschale Anrechnungszeit ergeben würde. ₂Die zusätzlichen Entgeltpunkte entfallen zu gleichen Teilen auf die begrenzt zu bewertenden Anrechnungszeiten vor dem 1. Januar 1957.

(5) Die Summe der Entgeltpunkte für Kalendermonate, die als Zeiten einer beruflichen Ausbildung gelten (§ 246 Satz 2), ist um einen Zuschlag so zu erhöhen, dass mindestens der Wert erreicht wird, den diese Zeiten als Zeiten einer Schul- oder Hochschulausbildung nach Absatz 3 hätten.

(6) Zeiten beruflicher Ausbildung, die für sich alleine oder bei Zusammenrechnung mit Anrechnungszeiten wegen einer schulischen Ausbildung bis zu drei Jahren, insgesamt drei Jahre überschreiten, sind um einen Zuschlag so zu erhöhen, dass mindestens der Wert erreicht wird, den diese Zeiten nach Absatz 3 hätten.

(7) ₁Für glaubhaft gemachte Zeiten beruflicher Ausbildung sind höchstens fünf Sechstel der im Rahmen der Gesamtleistungsbewertung ermittelten Entgeltpunkte zu berücksichtigen. ₂Dies gilt auch für die in den Absätzen 5 und 6 genannten Zeiten.

§ 263a Gesamtleistungsbewertung für beitragsfreie und beitragsgeminderte Zeiten mit Entgeltpunkten (Ost)

₁Nach der Gesamtleistungsbewertung ermittelte Entgeltpunkte für beitragsfreie Zeiten und der Zuschlag an Entgeltpunkten für beitragsgeminderte Zeiten werden in dem Verhältnis als Entgeltpunkte (Ost) berücksichtigt, in dem die für die Ermittlung des Gesamtleistungswerts zugrunde gelegten Entgeltpunkte (Ost) zu allen zugrunde gelegten Entgeltpunkten stehen. ₂Dabei ist für Entgeltpunkte für Berücksichtigungszeiten § 254d entsprechend anzuwenden.

§ 264 Zuschläge oder Abschläge bei Versorgungsausgleich

₁Sind für Rentenanwartschaften Werteinheiten ermittelt worden, ergeben je 100 Werteinheiten einen Entgeltpunkt. ₂Werteinheiten der knappschaftlichen Rentenversicherung sind zuvor mit der allgemeinen Bemessungsgrundlage der knappschaftlichen Rentenversicherung für das Jahr 1991 zu vervielfältigen und durch die allgemeine Bemessungsgrundlage der Rentenversicherung der Arbeiter und der Angestellten für dasselbe Jahr zu teilen.

§ 264a Zuschläge oder Abschläge bei Versorgungsausgleich im Beitrittsgebiet

(1) Ein zugunsten oder zulasten von Versicherten durchgeführter Versorgungsausgleich wird durch einen Zuschlag oder Abschlag an Entgeltpunkten (Ost) berücksichtigt, soweit Entgeltpunkte (Ost) übertragen wurden oder das Familiengericht die Umrechnung des Monatsbetrags der begründeten Rentenanwartschaften in Entgeltpunkte (Ost) nach § 16 Abs. 3 des Versorgungsausgleichsgesetzes angeordnet hat.

(2) Die Entgeltpunkte (Ost) werden in der Weise ermittelt, dass der Monatsbetrag der Rentenanwartschaften durch den aktuellen Rentenwert (Ost) mit seinem Wert bei Ende der Ehezeit oder Lebenspartnerschaftszeit geteilt wird.

(3) Die Entgeltpunkte (Ost) treten bei der Anwendung der Vorschriften über den Versorgungsausgleich an die Stelle von Entgeltpunkten.

§ 264b Zuschläge an Entgeltpunkten für Arbeitsentgelt aus geringfügiger versicherungsfreier Beschäftigung

₁Für Arbeitsentgelt aus geringfügiger Beschäftigung, in der Beschäftigte nach § 230 Absatz 8 versicherungsfrei sind und für das der Arbeitgeber einen Beitragsanteil getragen hat, werden Zuschläge an Entgeltpunkten ermittelt. ₂Zuschläge an Entgeltpunkten sind auch zu ermitteln, wenn ein Arbeitgeber einen Beitragsanteil für Arbeitsentgelt aus

SGB VI: Gesetzliche Rentenversicherung §§ 264c–265

einer vor dem 1. Januar 2013 ausgeübten geringfügigen versicherungsfreien Beschäftigung getragen hat. ₃Für die Ermittlung der Zuschläge an Entgeltpunkten nach Satz 1 und 2 gilt § 76b Absatz 2 bis 4 entsprechend.

§ 264c Zuschlag bei Hinterbliebenenrenten

(1) ₁Der Zuschlag bei Witwenrenten und Witwerrenten besteht aus persönlichen Entgeltpunkten (Ost), wenn den Zeiten der Kindererziehung ausschließlich Entgeltpunkte (Ost) zugrunde liegen. ₂Der Zuschlag bei Waisenrenten besteht aus persönlichen Entgeltpunkten (Ost), wenn der Rente des verstorbenen Versicherten ausschließlich Entgeltpunkte (Ost) zugrunde liegen.

(2) Die Witwenrente oder Witwerrente erhöht sich nicht um einen Zuschlag an persönlichen Entgeltpunkten, wenn der Ehegatte vor dem 1. Januar 2002 verstorben ist oder die Ehe vor diesem Zeitpunkt geschlossen wurde und mindestens ein Ehegatte vor dem 2. Januar 1962 geboren ist.

§ 264d Zugangsfaktor

₁Beginnt eine Rente wegen verminderter Erwerbsfähigkeit vor dem 1. Januar 2024 oder ist bei einer Rente wegen Todes der Versicherte vor dem 1. Januar 2024 verstorben, ist bei der Ermittlung des Zugangsfaktors anstelle der Vollendung des 65. Lebensjahres und des 62. Lebensjahres jeweils das in der nachfolgenden Tabelle aufgeführte Lebensalter maßgebend:

Bei Beginn der Rente oder bei Tod des Versicherten im		tritt an die Stelle des Lebensalters	
		65 Jahre	62 Jahre
		das Lebensalter	das Lebensalter
Jahr	Monat	Jahre	Monate	Jahre	Monate
vor 2012		63	0	60	0
2012	Januar	63	1	60	1
2012	Februar	63	2	60	2
2012	März	63	3	60	3
2012	April	63	4	60	4
2012	Mai	63	5	60	5
2012	Juni – Dezember	63	6	60	6

Bei Beginn der Rente oder bei Tod des Versicherten im	tritt an die Stelle des Lebensalters	
	65 Jahre	62 Jahre
	das Lebensalter	das Lebensalter
Jahr	Jahre	Monate	Jahre	Monate
2013	63	7	60	7
2014	63	8	60	8
2015	63	9	60	9
2016	63	10	60	10
2017	63	11	60	11
2018	64	0	61	0
2019	64	2	61	2
2020	64	4	61	4
2021	64	6	61	6
2022	64	8	61	8
2023	64	10	61	10.

₂§ 77 Abs. 4 ist mit der Maßgabe anzuwenden, dass an die Stelle von 40 Jahren 35 Jahre treten.

§ 265 Knappschaftliche Besonderheiten

(1) Für Beiträge zur knappschaftlichen Rentenversicherung, die für Arbeiter in der Zeit vom 1. Oktober 1921 und für Angestellte in der Zeit vom 1. August 1921 bis zum 31. Dezember 1923 gezahlt worden sind, werden für jeden Kalendermonat 0,0625 Entgeltpunkte zugrunde gelegt.

(2) Für Zeiten, in denen Versicherte eine Bergmannsprämie vor dem 1. Januar 1992 bezogen haben, wird die der Ermittlung von Entgeltpunkten zugrunde zu legende Beitragsbemessungsgrundlage für jedes volle Kalenderjahr des Bezugs der Bergmannsprämie um das 200fache der Bergmannsprämie und für jeden Kalendermonat um ein Zwölftel dieses Jahresbetrags erhöht.

(3) Bei Kalendermonaten mit Beitragszeiten der Rentenversicherung der Arbeiter und der Angestellten, die beitragsgeminderte Zeiten sind, weil sie auch mit Ersatzzeiten belegt sind, die der knappschaftlichen Rentenversicherung zugeordnet sind, werden für die Ermittlung des Wertes für beitragsgeminderte Zeiten die Entgeltpunkte für diese Beitragszeiten zuvor mit 0,75 vervielfältigt.

(4) Bei Kalendermonaten mit Beitragszeiten der knappschaftlichen Rentenversicherung,

die beitragsgeminderte Zeiten sind, weil sie auch mit Ersatzzeiten belegt sind, die der Rentenversicherung der Arbeiter und der Angestellten zugeordnet sind, werden für die Ermittlung des Wertes für beitragsgeminderte Zeiten die ohne Anwendung des § 84 Abs. 1 ermittelten Entgeltpunkte für diese Beitragszeiten zuvor mit 1,3333 vervielfältigt.

(5) Für die Ermittlung der zusätzlichen Entgeltpunkte des Leistungszuschlags für ständige Arbeiten unter Tage werden auch Zeiten berücksichtigt, in denen Versicherte vor dem 1. Januar 1968 unter Tage beschäftigt waren, wobei für je drei volle Kalendermonate mit anderen als Hauerarbeiten je zwei Kalendermonate angerechnet werden.

(6) § 85 Abs. 1 Satz 1 gilt nicht für Zeiten, in denen eine Rente wegen Berufsunfähigkeit oder wegen Erwerbsunfähigkeit bezogen worden ist.

(7) Der Rentenartfaktor beträgt für persönliche Entgeltpunkte bei großen Witwenrenten und großen Witwerrenten in der knappschaftlichen Rentenversicherung nach dem Ende des dritten Kalendermonats nach Ablauf des Monats, in dem der Ehegatte verstorben ist, 0,8, wenn der Ehegatte vor dem 1. Januar 2002 verstorben ist oder die Ehe vor diesem Tag geschlossen wurde und mindestens ein Ehegatte vor dem 2. Januar 1962 geboren ist.

(8) ₁Beginnt eine Rente für Bergleute vor dem 1. Januar 2024 ist bei der Ermittlung des Zugangsfaktors abhängig vom Rentenbeginn anstelle der Vollendung des 64. Lebensjahres die Vollendung des nachstehend angegebenen Lebensalters maßgebend:

Bei Beginn der Rente im		tritt an die Stelle des Lebensalters	
		64 Jahre	
		das Lebensalter	
Jahr	Monat	Jahre	Monate
2012	Januar	62	1
2012	Februar	62	2
2012	März	62	3
2012	April	62	4
2012	Mai	62	5
2012	Juni – Dezember	62	6

Bei Beginn der Rente im	tritt an die Stelle des Lebensalters	
	64 Jahre	
	das Lebensalter	
Jahr	Jahre	Monate
2013	62	7
2014	62	8
2015	62	9
2016	62	10
2017	62	11
2018	63	0
2019	63	2
2020	63	4
2021	63	6
2022	63	8
2023	63	10.

₂§ 86a ist mit der Maßgabe anzuwenden, dass an die Stelle von 40 Jahren 35 Jahre treten.

§ 265a Knappschaftliche Besonderheiten bei rentenrechtlichen Zeiten im Beitrittsgebiet

Entgeltpunkte aus dem Leistungszuschlag werden in dem Verhältnis als Entgeltpunkte (Ost) berücksichtigt, in dem die Kalendermonate mit ständigen Arbeiten unter Tage, die gleichzeitig Beitragszeiten mit Entgeltpunkten (Ost) sind, zu allen Kalendermonaten mit ständigen Arbeiten unter Tage stehen.

Sechster Unterabschnitt
Zusammentreffen von Renten und von Einkommen

§ 266 Erhöhung des Grenzbetrags

Bestand am 31. Dezember 1991 Anspruch auf eine Rente nach den Vorschriften im Gebiet der Bundesrepublik Deutschland ohne das Beitrittsgebiet und auf eine Rente aus der Unfallversicherung, ist Grenzbetrag für diese und eine sich unmittelbar anschließende Rente mindestens der sich nach den §§ 311 und 312 ergebende, um die Beträge nach § 93 Abs. 2 Nr. 1 Buchstabe b und Nr. 2 Buchstabe a geminderte Betrag.

§ 267 Rente und Leistungen aus der Unfallversicherung

Bei der Ermittlung der Summe der zusammentreffenden Rentenbeträge bleibt bei der Rente aus der Unfallversicherung auch die Kinderzulage unberücksichtigt.

Siebter Unterabschnitt
Beginn von Witwenrenten und Witwerrenten an vor dem 1. Juli 1977 geschiedene Ehegatten und Änderung von Renten beim Versorgungsausgleich

§ 268 Beginn von Witwenrenten und Witwerrenten an vor dem 1. Juli 1977 geschiedene Ehegatten

Witwenrenten und Witwerrenten aus der Rentenanwartschaft eines vor dem 1. Juli 1977 geschiedenen Ehegatten werden vor Ablauf des Kalendermonats an geleistet, in dem die Rente beantragt wird.

§ 268a Änderung von Renten beim Versorgungsausgleich

(1) § 101 Abs. 3 Satz 4 in der am 31. August 2009 geltenden Fassung gilt nicht in den Fällen, in denen vor dem 30. März 2005 die zunächst nicht auf Grund des Versorgungsausgleichs gekürzte Rente begonnen hat und die Entscheidung des Familiengerichts über den Versorgungsausgleich wirksam geworden ist.

(2) § 101 Abs. 3 in der bis zum 31. August 2009 geltenden Fassung ist weiterhin anzuwenden, wenn vor dem 1. September 2009 das Verfahren über den Versorgungsausgleich eingeleitet worden ist und die auf Grund des Versorgungsausgleichs zu kürzende Rente begonnen hat.

Achter Unterabschnitt
Zusatzleistungen

§ 269 Steigerungsbeträge

(1) $_1$Für Beiträge der Höherversicherung und für Beiträge nach § 248 Abs. 3 Satz 2 Nr. 3 werden zusätzlich zum Monatsbetrag einer Rente Steigerungsbeträge geleistet. $_2$Diese betragen bei einer Rente aus eigener Versicherung bei Zahlung des Beitrags im Alter

bis zu 30 Jahren 1,6667 vom Hundert,
von 31 bis 35 Jahren 1,5 vom Hundert,
von 36 bis 40 Jahren 1,3333 vom Hundert,
von 41 bis 45 Jahren 1,1667 vom Hundert,
von 46 bis 50 Jahren 1,0 vom Hundert,
von 51 bis 55 Jahren 0,9167 vom Hundert,
von 56 und mehr Jahren 0,8333 vom Hundert

des Nennwerts des Beitrags, bei einer Hinterbliebenenrente vervielfältigt mit dem für die Rente maßgebenden Rentenartfaktor der allgemeinen Rentenversicherung. $_3$Das Alter des Versicherten bestimmt sich nach dem Unterschied zwischen dem Kalenderjahr der Beitragszahlung und dem Geburtsjahr des Versicherten. $_4$Für Beiträge, die für Arbeiter in der Zeit vom 1. Oktober 1921 und für Angestellte in der Zeit vom 1. August 1921 bis zum 31. Dezember 1923 gezahlt worden sind, werden Steigerungsbeträge nicht geleistet.

(2) $_1$Werden auf eine Witwenrente oder Witwerrente nach dem vorletzten Ehegatten Ansprüche infolge Auflösung der letzten Ehe angerechnet, werden hierauf auch die zu einer Witwenrente oder Witwerrente nach dem letzten Ehegatten geleisteten Steigerungsbeträge aus Beiträgen der Höherversicherung angerechnet. $_2$Werden zu einer Witwenrente oder Witwerrente nach dem vorletzten Ehegatten Steigerungsbeträge aus Beiträgen der Höherversicherung gezahlt, werden hierauf auch Ansprüche infolge Auflösung der letzten Ehe angerechnet, soweit sie noch nicht auf die Witwenrente oder Witwerrente nach dem vorletzten Ehegatten angerechnet worden sind.

(3) Werden Witwenrenten oder Witwerrenten auf mehrere Berechtigte aufgeteilt, werden im gleichen Verhältnis auch hierzu gezahlte Steigerungsbeträge aus Beiträgen der Höherversicherung aufgeteilt.

(4) Werden Witwenrenten oder Witwerrenten bei Wiederheirat des Berechtigten abgefunden, werden auch die hierzu gezahlten Steigerungsbeträge aus Beiträgen der Höherversicherung abgefunden.

§ 269a (weggefallen)

§ 269b Rentenabfindung bei Wiederheirat von Witwen und Witwern

$_1$Die Rentenabfindung bei Wiederheirat von Witwen und Witwern erfolgt ohne Anrechnung der bereits geleisteten kleinen Witwenrente oder kleinen Witwerrente, wenn der vorletzte Ehegatte vor dem 1. Januar 2002 verstorben ist. ₂Dies gilt auch, wenn mindestens ein Ehegatte in der vorletzten Ehe vor dem 2. Januar 1962 geboren ist und diese Ehe vor dem 1. Januar 2002 geschlossen wurde.

§ 270 (weggefallen)

§ 270a (weggefallen)

Neunter Unterabschnitt
Leistungen an Berechtigte im Ausland und Auszahlung

§ 270b Rente wegen teilweiser Erwerbsminderung bei Berufsunfähigkeit

Berechtigte erhalten eine Rente wegen teilweiser Erwerbsminderung bei Berufsunfähigkeit (§ 240) nur, wenn sie auf diese Rente bereits für die Zeit, in der sie ihren gewöhnlichen Aufenthalt noch im Inland gehabt haben, einen Anspruch hatten.

§ 271 Höhe der Rente

₁Bundesgebiets-Beitragszeiten sind auch Zeiten, für die nach den vor dem 9. Mai 1945 geltenden Reichsversicherungsgesetzen
1. Pflichtbeiträge für eine Beschäftigung oder selbständige Tätigkeit im Inland oder
2. freiwillige Beiträge für die Zeit des gewöhnlichen Aufenthalts im Inland oder außerhalb des jeweiligen Geltungsbereichs der Reichsversicherungsgesetze

gezahlt worden sind. ₂Kindererziehungszeiten sind Bundesgebiets-Beitragszeiten, wenn die Erziehung des Kindes im Gebiet der Bundesrepublik Deutschland erfolgt ist.

§ 272 Besonderheiten

(1) Die persönlichen Entgeltpunkte von Berechtigten die vor dem 19. Mai 1950 geboren sind und vor dem 19. Mai 1990 ihren gewöhnlichen Aufenthalt im Ausland genommen haben, werden zusätzlich ermittelt aus
1. Entgeltpunkten für Beitragszeiten nach dem Fremdrentengesetz, begrenzt auf die Höhe der Entgeltpunkte für Bundesgebiets-Beitragszeiten,
2. dem Leistungszuschlag für Beitragszeiten nach dem Fremdrentengesetz, begrenzt auf die Höhe des Leistungszuschlags für Bundesgebiets-Beitragszeiten,
3. dem Abschlag an Entgeltpunkten aus einem durchgeführten Versorgungsausgleich oder Rentensplitting, der auf Beitragszeiten nach dem Fremdrentengesetz entfällt, in dem Verhältnis, in dem die nach Nummer 1 begrenzten Entgeltpunkte für Beitragszeiten nach dem Fremdrentengesetz zu allen Entgeltpunkten für diese Zeiten stehen und
4. dem Zuschlag an persönlichen Entgeltpunkten bei Waisenrenten aus Beitragszeiten nach dem Fremdrentengesetz in dem sich nach Nummer 3 ergebenden Verhältnis.

(2) Entgeltpunkte für Beitragszeiten nach dem Fremdrentengesetz, die nach Absatz 1 aufgrund von Entgeltpunkten (Ost) zusätzlich zu berücksichtigen sind, gelten als Entgeltpunkte (Ost).

(3) ₁Zu den Entgeltpunkten von Berechtigten im Sinne von Absatz 1, die auf die Höhe der Entgeltpunkte für Bundesgebiets-Beitragszeiten begrenzt zu berücksichtigen sind, gehören auch Reichsgebiets-Beitragszeiten. ₂Bei der Ermittlung von Entgeltpunkten aus einem Leistungszuschlag, aus einem Abschlag aus einem durchgeführten Versorgungsausgleich oder Rentensplitting und für den Zuschlag bei einer Waisenrente sind Reichsgebiets-Beitragszeiten wie Beitragszeiten nach dem Fremdrentengesetz zu berücksichtigen.

§ 272a Fälligkeit und Auszahlung laufender Geldleistungen bei Beginn vor dem 1. April 2004

(1) ₁Bei Beginn laufender Geldleistungen mit Ausnahme des Übergangsgeldes vor dem 1. April 2004 werden diese zu Beginn des Monats fällig, zu dessen Beginn die Anspruchsvoraussetzungen erfüllt sind; sie werden am letzten Bankarbeitstag des Monats ausgezahlt, der dem Monat der Fälligkeit vorausgeht. ₂§ 118 Abs. 1 Satz 2 und 3 gilt entsprechend.

(2) Absatz 1 gilt auch für aufgrund des § 89 zu zahlende Renten, für Regelaltersrenten, die im Anschluss an eine Erziehungsrente oder Rente wegen verminderter Erwerbsfähigkeit zu zahlen sind, und für Renten wegen Todes, die im Anschluss an eine Rente des verstorbenen Versicherten zu zahlen sind, wenn aus einem

Versicherungskonto bei ununterbrochen anerkannten Rentenansprüchen der erstmalige Rentenbeginn vor dem 1. April 2004 liegt.

Zehnter Unterabschnitt
Organisation, Datenverarbeitung und Datenschutz
Erster Titel
Organisation

§ 273 Zuständigkeit der Deutschen Rentenversicherung Knappschaft-Bahn-See

(1) ₁Für Beschäftigte ist die Deutsche Rentenversicherung Knappschaft-Bahn-See als Träger der knappschaftlichen Rentenversicherung auch zuständig, wenn die Versicherten auf Grund der Beschäftigung in einem nichtknappschaftlichen Betrieb bereits vor dem 1. Januar 1992 bei der Bundesknappschaft versichert waren, solange diese Beschäftigung andauert. ₂Werden Beschäftigte in einem Betrieb oder Betriebsteil, für dessen Beschäftigte die Bundesknappschaft bereits vor dem 1. Januar 1992 zuständig war, infolge einer Verschmelzung, Umwandlung oder einer sonstigen Maßnahme innerhalb von 18 Kalendermonaten nach dieser Maßnahme in einem anderen Betrieb oder Betriebsteil des Unternehmens tätig, bleibt die Deutsche Rentenversicherung Knappschaft-Bahn-See als Träger der knappschaftlichen Rentenversicherung für die Dauer dieser Beschäftigung zuständig.

(2) Für Versicherte, die

1. bis zum 31. Dezember 1955 von dem Recht der Selbstversicherung oder

2. bis zum 31. Dezember 1967 von dem Recht der Weiterversicherung

in der knappschaftlichen Rentenversicherung Gebrauch gemacht haben, ist die Deutsche Rentenversicherung Knappschaft-Bahn-See als Träger der knappschaftlichen Rentenversicherung für die freiwillige Versicherung zuständig.

(3) ₁Für Personen, die zum Zeitpunkt des Zuständigkeitswechsels nach § 130 und § 136 bereits eine Rente beziehen, bleibt der bisher zuständige Träger der Rentenversicherung für die Dauer des Bezugs dieser Rente weiterhin zuständig. ₂Bestand am 31. Dezember 2004 bei einem bisher zuständigen Träger der Rentenversicherung ein laufender Geschäftsvorfall, bleibt die Zuständigkeit bis zu dessen Abschluss erhalten.

(4) ₁Beschäftigte, die bei der Bundesknappschaft beschäftigt sind, sind bis zum 30. September 2005 in der knappschaftlichen Rentenversicherung versichert. ₂Für Versicherte, die am 30. September 2005 bei der Bundesknappschaft beschäftigt und in der knappschaftlichen Rentenversicherung versichert sind, bleibt die Deutsche Rentenversicherung Knappschaft-Bahn-See als Träger der knappschaftlichen Rentenversicherung für die Dauer dieser Beschäftigung zuständig. ₃Dies gilt auch für Beschäftigte der Deutschen Rentenversicherung Knappschaft-Bahn-See, deren Beschäftigung unmittelbar an ein am 30. September 2005 bei der Bundesknappschaft bestehendes Ausbildungsverhältnis anschließt.

(5) Für Beschäftigte, die am 31. Dezember 1993 nach § 3 der Satzung der damaligen Bundesbahn-Versicherungsanstalt bei diesem Versicherungsträger versichert waren und nicht zu dem Personenkreis gehören, für den die Deutsche Rentenversicherung Knappschaft-Bahn-See nach § 129 Abs. 1 zuständig ist, bleibt die Deutsche Rentenversicherung Knappschaft-Bahn-See zuständig.

§ 273a Zuständigkeit in Zweifelsfällen

Ob im Beitrittsgebiet ein Betrieb knappschaftlich ist, einem knappschaftlichen Betrieb gleichgestellt ist oder die Zuständigkeit der Deutschen Rentenversicherung Knappschaft-Bahn-See als Träger der knappschaftlichen Rentenversicherung für Arbeitnehmer außerhalb von knappschaftlichen Betrieben, die denen in knappschaftlichen Betrieben gleichgestellt sind, gegeben ist, entscheidet in Zweifelsfällen das Bundesversicherungsamt.

Zweiter Titel
Datenverarbeitung und Datenschutz

§ 274 Dateien bei der Datenstelle hinsichtlich der Verordnung (EWG) Nr. 1408/71 des Rates vom 14. Juni 1971

(1) § 150 Absatz 3 Satz 1 ist nicht im Verhältnis zu Staaten und Personengruppen anzuwenden, auf welche die Verordnung (EWG) Nr. 1408/71 des Rates vom 14. Juni 1971 zur

Anwendung der Systeme der sozialen Sicherheit auf Arbeitnehmer und Selbständige sowie deren Familienangehörige, die innerhalb der Gemeinschaft zu- und abwandern (ABl. L 149 vom 5. 7. 1971, S. 2), die zuletzt durch die Verordnung (EG) Nr. 592/2008 (ABl. L 177 vom 4. 7. 2008, S. 1) geändert worden ist, weiter Anwendung findet.

(2) Für die Prüfung, ob eine Beschäftigung den Voraussetzungen entspricht, nach denen eine Bescheinigung über weiterhin anzuwendende Rechtsvorschriften (Bescheinigung E 101) nach den Artikeln 11 und 11a der Verordnung (EWG) Nr. 574/72 des Rates vom 21. März 1972 über die Durchführung der Verordnung (EWG) Nr. 1408/71 über die Anwendung der Systeme der sozialen Sicherheit auf Arbeitnehmer und Selbständige sowie deren Familienangehörige, die innerhalb der Gemeinschaft zu- und abwandern (ABl. L 74 vom 27. 3. 1972, S. 1), die zuletzt durch die Verordnung (EG) Nr. 120/2009 (ABl. L 39 vom 10. 2. 2009, S. 29) geändert worden ist, ausgestellt werden kann, werden nach § 150 Absatz 3 vom Träger der Rentenversicherung folgende Daten gespeichert:

1. die in der Bescheinigung E 101 enthaltenen Daten,
2. ein Identifikationsmerkmal des Arbeitnehmers, der Arbeitnehmerin oder des Selbstständigen,
3. ein Identifikationsmerkmal des ausländischen Arbeitgebers,
4. ein Identifikationsmerkmal des inländischen Arbeitgebers,
5. die Mitteilung über eine Anfrage beim ausstellenden Träger einer Bescheinigung E 101 und
6. das Ergebnis der Überprüfung einer Bescheinigung E 101.

§ 274a (weggefallen)

§ 274b (weggefallen)

Dritter Titel
Übergangsvorschriften zur Zuständigkeit der Rentenversicherungsträger

§ 274c Ausgleichsverfahren

(1) ₁Versicherte, die vor dem 1. Januar 2005 eine Versicherungsnummer erhalten haben (Bestandsversicherte), bleiben dem am 31. Dezember 2004 zuständigen Träger zugeordnet. ₂Ausgenommen sind Zuständigkeitswechsel

1. zwischen den Regionalträgern,
2. in die Zuständigkeit der Deutschen Rentenversicherung Knappschaft-Bahn-See und
3. auf Grund des Ausgleichsverfahrens nach Absatz 2 bis 6.

(2) ₁Das Erweiterte Direktorium der Deutschen Rentenversicherung Bund beschließt ein Ausgleichsverfahren, das die Zuständigkeit für Bestandsversicherte so festlegt, dass in einem Zeitraum von 15 Jahren eine Verteilung von 45 zu 55 vom Hundert zwischen den Bundesträgern und den Regionalträgern hergestellt wird. ₂Für das Ausgleichsverfahren wird jährlich für jeden Versichertenjahrgang und jeden örtlichen Zuständigkeitsbereich eines Regionalträgers gesondert die Differenz zwischen der Ist-Verteilung und der Soll-Verteilung zwischen den Bundes- und den Regionalträgern ermittelt und jeweils ein der Restlaufzeit entsprechender Anteil der auszugleichenden Versichertenzahl neu zugeordnet. ₃Erfasst werden erstmalig im Jahr 2005 Bestandsversicherte der Geburtsjahrgänge ab 1945 und jünger. ₄In den Folgejahren ist der Geburtsjahrgang, ab dem Bestandsversicherte in das Ausgleichsverfahren einbezogen werden, jeweils um eins zu erhöhen.

(3) Ausgenommen von dem Ausgleichsverfahren sind Bestandsversicherte,

1. für die die Deutsche Rentenversicherung Knappschaft-Bahn-See zuständig ist,
2. die bereits einmal von einem Zuständigkeitswechsel nach Absatz 2 betroffen waren,
3. die bereits Leistungen beziehen oder bei denen ein Leistungsverfahren anhängig ist, oder
4. solange deren Anwartschaften oder Rentenansprüche ganz oder teilweise im Sinne der §§ 53 und 54 des Ersten Buches übertragen, verpfändet oder gepfändet sind.

(4) Bestandsversicherte, für die zwischen- oder überstaatliches Recht zur Anwendung kommt, sind ebenfalls entsprechend der Quote zwischen Bundes- und Landesebene unter Berücksichtigung der Aufgabenentwicklung der Verbindungsstellen auszugleichen.

(5) ₁Die Ausführung des Ausgleichsverfahrens erfolgt durch die Datenstelle der Rentenversicherung; der zur Abwicklung verwendete Stammdatensatz ist entsprechend den Erfordernissen für die Dauer des Ausgleichsverfahrens zu erweitern. ₂Über Zuständigkeitswechsel sind die betroffenen Versicherten und deren Rentenversicherungsträger unverzüglich zu unterrichten.

(6) ₁Bis zum Abschluss des Ausgleichsverfahrens veröffentlicht die Deutsche Rentenversicherung Bund jährlich, erstmals im Jahr 2006, einen Bericht über die tatsächliche Arbeitsmengenverteilung zwischen den Bundes- und den Regionalträgern im Berichtsjahr sowie eine Prognose über die künftige Entwicklung auf beiden Ebenen. ₂Auf dieser Grundlage entscheidet das Erweiterte Direktorium, ob weiterer Bedarf zur Stabilisierung der Arbeitsmengen zwischen den Trägern der Rentenversicherung besteht und beschließt die erforderlichen Maßnahmen.

**Elfter Unterabschnitt
Finanzierung**

Erster Titel
(weggefallen)

§ 275 (weggefallen)

**Zweiter Titel
Beiträge**

§ 275a Beitragsbemessungsgrenzen im Beitrittsgebiet für die Zeit bis zum 31. Dezember 2024

₁Die Beitragsbemessungsgrenzen (Ost) in der allgemeinen Rentenversicherung sowie in der knappschaftlichen Rentenversicherung verändern sich zum 1. Januar eines jeden Kalenderjahres auf die Werte, die sich ergeben, wenn die für dieses Kalenderjahr jeweils geltenden Werte der Anlage 2 durch den für dieses Kalenderjahr bestimmten Wert der Anlage 10 geteilt werden. ₂Dabei ist von den ungerundeten Beträgen auszugehen, aus denen die Beitragsbemessungsgrenzen errechnet wurden. ₃Die Beitragsbemessungsgrenzen (Ost) sind für das Jahr, für das sie bestimmt werden, auf das nächsthöhere Vielfache von 600 aufzurunden. ₄Für die Zeit ab 1. Januar 2025 sind Beitragsbemessungsgrenzen (Ost) nicht mehr zu bestimmen.

§ 275b Verordnungsermächtigung

Die Bundesregierung wird ermächtigt, durch Rechtsverordnung mit Zustimmung des Bundesrates die Beitragsbemessungsgrenzen in Ergänzung der Anlage 2a festzusetzen.

§ 276 (weggefallen)

§ 276a Arbeitgeberanteil bei Versicherungsfreiheit

(1) ₁Für geringfügig Beschäftigte nach § 8 Absatz 1 Nummer 1 des Vierten Buches, die in dieser Beschäftigung nach § 230 Absatz 8 versicherungsfrei sind, tragen die Arbeitgeber einen Beitragsanteil in Höhe von 15 Prozent des Arbeitsentgelts, das beitragspflichtig wäre, wenn die Beschäftigten versicherungspflichtig wären. ₂Für geringfügig Beschäftigte in Privathaushalten nach § 8a Satz 1 des Vierten Buches, die in dieser Beschäftigung nach § 230 Absatz 8 versicherungsfrei sind, tragen die Arbeitgeber einen Beitragsanteil in Höhe von 5 Prozent des Arbeitsentgelts, das beitragspflichtig wäre, wenn die Beschäftigten versicherungspflichtig wären.

(1a) Für Beschäftigte, die nach § 230 Absatz 9 wegen des Bezugs einer Vollrente wegen Alters vor Erreichen der Regelaltersgrenze versicherungsfrei sind, gilt § 172 entsprechend.

(2) Für den Beitragsanteil des Arbeitgebers gelten die Vorschriften des Dritten Abschnitts des Vierten Buches sowie die Bußgeldvorschriften des § 111 Absatz 1 Nummer 2 bis 4, 8 und Absatz 2 und 4 des Vierten Buches entsprechend.

§ 276b Gleitzone

(1) ₁Für Arbeitnehmer, die am 31. Dezember 2012 in einer mehr als geringfügigen Beschäftigung nach § 8 Absatz 1 Nummer 1 oder § 8a in Verbindung mit § 8 Absatz 1 Nummer 1 des Vierten Buches versicherungspflichtig waren, die die Merkmale einer geringfügigen Beschäftigung nach diesen Vorschriften in der ab dem 1. Januar 2013 geltenden Fassung erfüllt, gilt für diese Beschäftigung weiterhin § 163 Absatz 10 mit Maßgabe folgender Formel:

$$F \times 400 + (2 - F) \times (AE - 400).$$

₂Satz 1 gilt längstens bis zum 31. Dezember 2014. ₃Die Beitragstragung nach § 168 Absatz 1 Nummer 1b und 1c findet keine Anwendung.

(2) ₁Für Arbeitnehmer, die am 31. Dezember 2012 oberhalb des oberen Grenzbetrages der Gleitzone (§ 20 Absatz 2 des Vierten Buches in der bis zum 31. Dezember 2012 geltenden Fassung) beschäftigt waren und in derselben Beschäftigung ab dem 1. Januar 2013 in der Gleitzone versicherungspflichtig beschäftigt sind, ist § 163 Absatz 10 in der ab dem 1. Januar 2013 geltenden Fassung nur anzuwenden, wenn der Arbeitnehmer die Anwendung der Gleitzonenregelung schriftlich gegenüber dem Arbeitgeber erklärt. ₂Eine Erklärung nach Satz 1 ist nur bis zum 31. Dezember 2014 und mit Wirkung für die Zukunft möglich.

§ 277 Beitragsrecht bei Nachversicherung

(1) ₁Die Durchführung der Nachversicherung von Personen, die vor dem 1. Januar 1992 aus einer nachversicherungspflichtigen Beschäftigung ausgeschieden sind oder ihren Anspruch auf Versorgung verloren haben und bis zum 31. Dezember 1991 nicht nachversichert worden sind, richtet sich nach den vom 1. Januar 1992 an geltenden Vorschriften, soweit nicht nach Vorschriften außerhalb dieses Buches anstelle einer Zahlung von Beiträgen für die Nachversicherung eine Erstattung der Aufwendungen aus der Nachversicherung vorgesehen ist. ₂Eine erteilte Aufschubbescheinigung bleibt wirksam, es sei denn, dass nach den vom 1. Januar 1992 an geltenden Vorschriften Gründe für einen Aufschub der Beitragszahlung nicht mehr gegeben sind.

(2) § 181 Absatz 2a ist nicht anzuwenden, wenn die Nachversicherungsbeiträge vor dem 1. Januar 2016 fällig geworden sind.

§ 277a Durchführung der Nachversicherung im Beitrittsgebiet

(1) ₁Bei der Durchführung der Nachversicherung von Personen, die eine nachversicherungspflichtige Beschäftigung im Beitrittsgebiet ausgeübt haben, ist die Beitragsbemessungsgrundlage für die Berechnung der Beiträge für Zeiten im Beitrittsgebiet vor dem 1. Januar 1992 mit den entsprechenden Werten der Anlage 10 und mit dem Verhältniswert zu vervielfältigen, in dem zum Zeitpunkt der Zahlung die Bezugsgröße (Ost) zur Bezugsgröße steht; die Beitragsbemessungsgrundlage ist nur bis zu einem Betrag zu berücksichtigen, der dem durch die entsprechenden Werte der Anlage 10 geteilten Betrag der jeweiligen Beitragsbemessungsgrenze in der allgemeinen Rentenversicherung entspricht. ₂§ 181 Abs. 4 bleibt unberührt. ₃Für Personen, die nach § 233a Abs. 1 Satz 2 als nachversichert gelten, erfolgt anstelle einer Zahlung von Beiträgen für die Nachversicherung eine Erstattung der Aufwendungen aus der Nachversicherung; der Durchführung der Nachversicherung und der Erstattung werden die bisherigen Vorschriften, die im Gebiet der Bundesrepublik Deutschland außerhalb des Beitrittsgebiets anzuwenden sind, fiktiv zugrunde gelegt.

(2) ₁Für Pfarrer, Pastoren, Prediger, Vikare und andere Mitarbeiter von Religionsgesellschaften im Beitrittsgebiet, die nach § 233a Abs. 3 als nachversichert gelten, gilt die Nachversicherung mit den Entgelten als durchgeführt, für die Beiträge nachgezahlt worden sind. ₂Die Religionsgesellschaften haben den Nachversicherten die jeweiligen Entgelte zu bescheinigen.

(3) ₁Für Diakonissen und Mitglieder geistlicher Genossenschaften im Beitrittsgebiet, die nach § 233a Abs. 4 nachversichert werden, ist Beitragsbemessungsgrundlage für Zeiten

1. bis zum 31. Mai 1958 ein monatliches Arbeitsentgelt von 270 Deutsche Mark,
2. vom 1. Juni 1958 bis 30. Juni 1967 ein monatliches Arbeitsentgelt von 340 Deutsche Mark,
3. vom 1. Juli 1967 bis 28. Februar 1971 ein monatliches Arbeitsentgelt von 420 Deutsche Mark,
4. vom 1. März 1971 bis 30. September 1976 ein monatliches Arbeitsentgelt von 470 Deutsche Mark und
5. vom 1. Oktober 1976 bis 31. Dezember 1984 ein monatliches Arbeitsentgelt von 520 Deutsche Mark.

₂Die Beitragsbemessungsgrundlage ist für die Berechnung der Beiträge mit den entsprechenden Werten der Anlage 10 und mit dem Verhältniswert zu vervielfältigen, in dem zum

SGB VI: Gesetzliche Rentenversicherung §§ 278–279

Zeitpunkt der Zahlung die Bezugsgröße (Ost) zur Bezugsgröße steht. ₃§ 181 Abs. 4 bleibt unberührt.

§ 278 Mindestbeitragsbemessungsgrundlage für die Nachversicherung

(1) Mindestbeitragsbemessungsgrundlage ist für Zeiten

1. bis zum 31. Dezember 1956 ein monatliches Arbeitsentgelt von 150 Deutsche Mark,
2. vom 1. Januar 1957 bis zum 31. Dezember 1976 ein monatliches Arbeitsentgelt in Höhe von 20 vom Hundert der jeweiligen Beitragsbemessungsgrenze in der Rentenversicherung der Arbeiter und der Angestellten.

(2) Mindestbeitragsbemessungsgrundlage für Ausbildungszeiten ist

1. bis zum 31. Dezember 1967 ein monatliches Arbeitsentgelt von 150 Deutsche Mark,
2. vom 1. Januar 1968 bis zum 31. Dezember 1976 ein monatliches Arbeitsentgelt in Höhe von 10 vom Hundert der jeweiligen Beitragsbemessungsgrenze in der Rentenversicherung der Arbeiter und der Angestellten.

(3) Mindestbeitragsbemessungsgrundlage für Zeiten einer Teilzeitbeschäftigung ist der Teil des sich aus Absatz 1 ergebenden Betrages, der dem Verhältnis der ermäßigten zur regelmäßigen Arbeitszeit entspricht.

§ 278a Mindestbeitragsbemessungsgrundlage für die Nachversicherung im Beitrittsgebiet

(1) Mindestbeitragsbemessungsgrundlage ist für Zeiten im Beitrittsgebiet

1. bis zum 31. Dezember 1956 ein monatliches Arbeitsentgelt von 150 Deutsche Mark, das durch den jeweiligen Wert der Anlage 10 zu teilen ist,
2. vom 1. Januar 1957 bis zum 30. Juni 1990 ein monatliches Arbeitsentgelt in Höhe von 20 vom Hundert der durch den Wert der Anlage 10 geteilten jeweiligen Beitragsbemessungsgrenze in der Rentenversicherung der Arbeiter und der Angestellten,
3. vom 1. Juli 1990 an ein monatliches Arbeitsentgelt in Höhe von 40 vom Hundert der jeweiligen Bezugsgröße (Ost).

(2) Mindestbeitragsbemessungsgrundlage für Ausbildungszeiten im Beitrittsgebiet ist

1. bis zum 31. Dezember 1967 ein monatliches Arbeitsentgelt von 150 Deutsche Mark, das durch den jeweiligen Wert der Anlage 10 zu teilen ist,
2. vom 1. Januar 1968 bis zum 30. Juni 1990 ein monatliches Arbeitsentgelt in Höhe von 10 vom Hundert der durch den Wert der Anlage 10 geteilten jeweiligen Beitragsbemessungsgrenze in der Rentenversicherung der Arbeiter und der Angestellten,
3. vom 1. Juli 1990 an ein monatliches Arbeitsentgelt in Höhe von 20 vom Hundert der jeweiligen Bezugsgröße (Ost).

(3) Mindestbeitragsbemessungsgrundlage für Zeiten einer Teilzeitbeschäftigung ist der Teil des sich aus Absatz 1 ergebenden Betrages, der dem Verhältnis der ermäßigten zur regelmäßigen Arbeitszeit entspricht.

§ 279 Beitragspflichtige Einnahmen bei Hebammen und Handwerkern

(1) Beitragspflichtige Einnahmen bei selbständig tätigen Hebammen mit Niederlassungserlaubnis sind mindestens 40 vom Hundert der Bezugsgröße.

(2) ₁Beitragspflichtige Einnahmen bei selbständig tätigen Handwerkern, die in ihrem Gewerbebetrieb mit Ausnahme von Lehrlingen und des Ehegatten oder eines Verwandten ersten Grades keine wegen dieser Beschäftigung versicherungspflichtigen Personen beschäftigen (Alleinhandwerker) und die im Jahr 1991 von der Möglichkeit Gebrauch gemacht haben, Pflichtbeiträge für weniger als zwölf Monate zu zahlen, sind für Zeiten, die sich ununterbrochen anschließen, mindestens 50 vom Hundert der Bezugsgröße. ₂Für Alleinhandwerker, die im Jahr 1991 für jeden Monat Beiträge von einem niedrigeren Arbeitseinkommen als dem Durchschnittsentgelt gezahlt haben, sind beitragspflichtige Einnahmen für Zeiten, die sich ununterbrochen anschließen und in denen die im letzten Einkommensteuerbescheid ausgewiesenen Jahreseinkünfte aus Gewerbebetrieb vor Abzug der Sonderausgaben und Freibeträge

weniger als 50 vom Hundert der Bezugsgröße betragen, mindestens 40 vom Hundert der Bezugsgröße. ₃Abweichend von Satz 2 sind beitragspflichtige Einnahmen bei Alleinhandwerker, die auch die Voraussetzungen von Satz 1 erfüllen, mindestens 20 vom Hundert der Bezugsgröße. ₄Die Regelungen in den Sätzen 1 bis 3 sind nur anzuwenden, wenn dies bis zum 30. Juni 1992 beantragt wird.

§ 279a Beitragspflichtige Einnahmen mitarbeitender Ehegatten im Beitrittsgebiet

Beitragspflichtige Einnahmen bei im Beitrittsgebiet mitarbeitenden Ehegatten sind die Einnahmen aus der Tätigkeit.

§ 279b Beitragsbemessungsgrundlage für freiwillig Versicherte

₁Für freiwillig Versicherte, die ihren gewöhnlichen Aufenthalt im Beitrittsgebiet haben, ist Beitragsbemessungsgrundlage ein Betrag von der Mindestbemessungsgrundlage (§ 167) bis zur Beitragsbemessungsgrenze. ₂§ 228a gilt nicht.

§ 279c Beitragstragung im Beitrittsgebiet

Die Beiträge werden bei mitarbeitenden Ehegatten von diesen und den selbständig Tätigen je zur Hälfte getragen.

§ 279d Beitragszahlung im Beitrittsgebiet

₁Für die Zahlung der Beiträge von mitarbeitenden Ehegatten gelten die Vorschriften über den Gesamtsozialversicherungsbeitrag. ₂Für die Beitragszahlung gelten die selbständig Tätigen als Arbeitgeber.

§§ 279e und 279f (weggefallen)

§ 279g Sonderregelungen bei Altersteilzeitbeschäftigten

Bei Arbeitnehmern, für die die Vorschriften des Altersteilzeitgesetzes in der bis zum 30. Juni 2004 geltenden Fassung anzuwenden sind, weil mit der Altersteilzeitarbeit vor dem 1. Juli 2004 begonnen wurde (§ 15g des Altersteilzeitgesetzes), sind § 163 Abs. 5 und § 168 Abs. 1 Nr. 6 und 7 in der bis zum 30. Juni 2004 geltenden Fassung anzuwenden.

§ 280 Höherversicherung für Zeiten vor 1998

Beiträge für Zeiten vor 1998 sind zur Höherversicherung gezahlt, wenn sie als solche bezeichnet sind.

§ 281 Nachversicherung

(1) ₁Sind für den Nachversicherungszeitraum bereits freiwillige Beiträge vor dem 1. Januar 1992 gezahlt worden, werden diese Beiträge nicht erstattet. ₂Sie gelten als Beiträge zur Höherversicherung.

(2) Soweit nach dem vor dem 1. Januar 1992 geltenden Recht Beiträge im Rahmen der Nachversicherung nachzuentrichten waren und noch nicht nachentrichtet sind, gelten sie erst mit der Zahlung im Sinne des § 181 Abs. 1 Satz 2 als rechtzeitig entrichtete Pflichtbeiträge.

§ 281a Zahlung von Beiträgen im Rahmen des Versorgungsausgleichs im Beitrittsgebiet

(1) Im Rahmen des Versorgungsausgleichs können Beiträge gezahlt werden, um

1. Rentenanwartschaften, die durch einen Abschlag an Entgeltpunkten (Ost) gemindert worden sind, ganz oder teilweise wieder aufzufüllen,

2. die Erstattungspflicht für die Begründung von Rentenanwartschaften in Entgeltpunkten (Ost) zugunsten des Ausgleichsberechtigten abzulösen (§ 225 Abs. 2, § 264a).

(2) ₁Für die Zahlung von Beiträgen werden die Rentenanwartschaften in Entgeltpunkte (Ost) umgerechnet, soweit das Familiengericht dies angeordnet hat (§ 264a Abs. 1). ₂Die Entgeltpunkte (Ost) werden in der Weise ermittelt, daß der Monatsbetrag der Rentenanwartschaften durch den aktuellen Rentenwert (Ost) mit seinem Wert bei Ende der Ehezeit oder Lebenspartnerschaftszeit geteilt wird.

(3) ₁Für je einen Entgeltpunkt (Ost) ist der Betrag zu zahlen, der sich ergibt, wenn der im Zeitpunkt der Beitragszahlung geltende Beitragssatz auf das für das Kalenderjahr der Beitragszahlung zugrunde zu legende Durchschnittsentgelt im Beitrittsgebiet angewendet wird. ₂Als Durchschnittsentgelt im Beitrittsgebiet ist das durch den vorläufigen Wert der Anlage 10 geteilte vorläufige

Durchschnittsentgelt im übrigen Bundesgebiet zugrunde zu legen. ₃Der Zahlbetrag wird nach den Rechengrößen zur Durchführung des Versorgungsausgleichs ermittelt, die das Bundesministerium für Arbeit und Soziales im Bundesgesetzblatt bekannt macht. ₄Die Rechengrößen enthalten Faktoren zur Umrechnung von Entgeltpunkten (Ost) in Beiträge und umgekehrt; dabei können Rundungsvorschriften der Berechnungsgrundsätze unberücksichtigt bleiben, um genauere Ergebnisse zu erzielen.

(4) § 187 Abs. 4,5 und 7 gilt auch für die Zahlung von Beiträgen im Rahmen des Versorgungsausgleichs im Beitrittsgebiet.

§ 281b Verordnungsermächtigung

Die Bundesregierung wird ermächtigt, durch Rechtsverordnung mit Zustimmung des Bundesrates für die Fälle, in denen nach Vorschriften außerhalb dieses Buches anstelle einer Zahlung von Beiträgen für die Nachversicherung eine Erstattung der Aufwendungen aus der Nachversicherung vorgesehen ist (§ 277), das Nähere über die Berechnung und Durchführung der Erstattung zu regeln.

Dritter Titel
Verfahren

§ 281c Meldepflichten im Beitrittsgebiet

₁Eine Meldung nach § 28a Abs. 1 bis 3 des Vierten Buches haben für im Beitrittsgebiet mitarbeitende Ehegatten die selbständig Tätigen zu erstatten. ₂§ 28a Abs. 5 sowie die §§ 28b und 28c des Vierten Buches gelten entsprechend.

§ 282 Nachzahlung nach Erreichen der Regelaltersgrenze

(1) ₁Vor dem 1. Januar 1955 geborene Elternteile, denen Kindererziehungszeiten anzurechnen sind oder die von § 286g Satz 1 Nummer 1 erfasst werden und die bis zum Erreichen der Regelaltersgrenze die allgemeine Wartezeit nicht erfüllt haben, können auf Antrag freiwillige Beiträge für so viele Monate nachzahlen, wie zur Erfüllung der allgemeinen Wartezeit noch erforderlich sind. ₂Beiträge können nur für Zeiten nachgezahlt werden, die noch nicht mit Beiträgen belegt sind.

(2) ₁Versicherte, die bis zum Erreichen der Regelaltersgrenze die allgemeine Wartezeit nicht erfüllt haben und am 10. August 2010 aufgrund des § 7 Absatz 2 und des § 232 Absatz 1 in der bis zum 10. August 2010 geltenden Fassung nicht das Recht zur freiwilligen Versicherung hatten, können auf Antrag freiwillige Beiträge für so viele Monate nachzahlen, wie zur Erfüllung der allgemeinen Wartezeit noch erforderlich sind. ₂Beiträge können nur für Zeiten nachgezahlt werden, die noch nicht mit Beiträgen belegt sind. ₃Der Antrag kann nur bis zum 31. Dezember 2015 gestellt werden.

(3) ₁Versicherte, die

1. nach § 1 Absatz 4 des Streitkräftepersonalstruktur-Anpassungsgesetzes oder nach § 3 Absatz 2 des Bundeswehrbeamtinnen- und Bundeswehrbeamten-Ausgliederungsgesetzes beurlaubt worden sind und
2. bis zum Erreichen der Regelaltersgrenze die allgemeine Wartezeit nicht erfüllt haben,

können, wenn zwischen der Beurlaubung und der maßgebenden gesetzlichen oder besonderen Altersgrenze weniger als 60 Kalendermonate liegen, auf Antrag freiwillige Beiträge für so viele Monate nachzahlen, wie zur Erfüllung der allgemeinen Wartezeit noch erforderlich sind. ₂Beiträge können nur für Zeiten nachgezahlt werden, die noch nicht mit Beiträgen belegt sind.

§ 283 (weggefallen)

§ 284 Nachzahlung für Vertriebene, Flüchtlinge und Evakuierte

₁Personen im Sinne der §§ 1 bis 4 des Bundesvertriebenengesetzes und des § 1 des Bundesevakuiertengesetzes, die

1. vor der Vertreibung, der Flucht oder der Evakuierung selbständig tätig waren und
2. binnen drei Jahren nach der Vertreibung, der Flucht oder der Evakuierung oder nach Beendigung einer Ersatzzeit wegen Vertreibung, Umsiedlung, Aussiedlung oder Flucht einen Pflichtbeitrag gezahlt haben,

können auf Antrag freiwillige Beiträge für Zeiten vor Erreichen der Regelaltersgrenze bis zur Vollendung des 16. Lebensjahres, längstens aber bis zum 1. Januar 1924 zurück, nachzahlen, sofern diese Zeiten nicht bereits mit Beiträgen belegt sind. ₂Nach bindender Bewilligung einer Vollrente wegen Alters ist eine Nachzahlung nicht zulässig, wenn der Monat abgelaufen ist, in dem die Regelaltersgrenze erreicht wurde.

§ 285 Nachzahlung bei Nachversicherung

₁Personen, die nachversichert worden sind und die aufgrund der Nachversicherung die allgemeine Wartezeit vor dem 1. Januar 1984 erfüllen, können für Zeiten nach dem 31. Dezember 1983 auf Antrag freiwillige Beiträge nachzahlen, sofern diese Zeiten nicht bereits mit Beiträgen belegt sind. ₂Der Antrag kann nur innerhalb von sechs Monaten nach Durchführung der Nachversicherung gestellt werden. ₃Die Erfüllung der Voraussetzungen für den Bezug einer Rente innerhalb der Antragsfrist steht der Nachzahlung nicht entgegen. ₄Die Beiträge sind spätestens sechs Monate nach Eintritt der Bindungswirkung des Nachzahlungsbescheides nachzuzahlen.

§ 286 Versicherungskarten

(1) Werden nach dem 31. Dezember 1991 Versicherungskarten, die nicht aufgerechnet sind, den Trägern der Rentenversicherung vorgelegt, haben die Träger der Rentenversicherung entsprechend den Regelungen über die Klärung des Versicherungskontos zu verfahren.

(2) Wenn auf einer vor dem 1. Januar 1992 rechtzeitig umgetauschten Versicherungskarte

1. Beschäftigungszeiten, die nicht länger als ein Jahr vor dem Ausstellungstag der Karte liegen, ordnungsgemäß bescheinigt oder
2. Beitragsmarken von Pflichtversicherten oder freiwillig Versicherten ordnungsgemäß verwendet sind,

so wird vermutet, dass während der in Nummer 1 genannten Zeiten ein die Versicherungspflicht begründendes Beschäftigungsverhältnis mit dem angegebenen Arbeitsentgelt bestanden hat und die dafür zu zahlenden Beiträge rechtzeitig gezahlt worden sind und während der mit Beitragsmarken belegten Zeiten ein gültiges Versicherungsverhältnis vorgelegen hat.

(3) ₁Nach Ablauf von zehn Jahren nach Aufrechnung der Versicherungskarte können von den Trägern der Rentenversicherung

1. die Richtigkeit der Eintragung der Beschäftigungszeiten, der Arbeitsentgelte und der Beiträge und
2. die Rechtsgültigkeit der Verwendung der in der Aufrechnung der Versicherungskarte bescheinigten Beitragsmarken

nicht mehr angefochten werden. ₂Dies gilt nicht, wenn Versicherte oder ihre Vertreter oder zur Fürsorge für sie Verpflichtete die Eintragung in die Entgeltbescheinigung oder die Verwendung der Marken in betrügerischer Absicht herbeigeführt haben. ₃Die Sätze 1 und 2 gelten für die knappschaftliche Rentenversicherung entsprechend.

(4) ₁Verlorene, unbrauchbare oder zerstörte Versicherungskarten werden durch die Träger der Rentenversicherung vorbehaltlich des § 286a Abs. 1 ersetzt. ₂Nachgewiesene Beiträge und Arbeitsentgelte werden beglaubigt übertragen.

(5) Machen Versicherte für Zeiten vor dem 1. Januar 1973 glaubhaft, dass sie eine versicherungspflichtige Beschäftigung gegen Arbeitsentgelt ausgeübt haben, die vor dem Ausstellungstag der Versicherungskarte liegt oder nicht auf der Karte bescheinigt ist, und für diese Beschäftigung entsprechende Beiträge gezahlt worden sind, ist die Beschäftigungszeit als Beitragszeit anzuerkennen.

(6) § 203 Abs. 2 gilt für Zeiten vor dem 1. Januar 1973 mit der Maßgabe, dass es einer Eintragung in die Versicherungskarte nicht bedarf.

(7) Die Absätze 1 bis 3 gelten entsprechend für den Nachweis der Seefahrtzeiten und Durchschnittsheuern der Seeleute.

§ 286a Glaubhaftmachung der Beitragszahlung und Aufteilung von Beiträgen

(1) ₁Fehlen für Zeiten vor dem 1. Januar 1950 die Versicherungsunterlagen, die von einem Träger der Rentenversicherung aufzubewahren gewesen sind, und wären diese in einem vernichteten oder nicht erreichbaren Teil des Karten- oder Kontenarchivs aufzubewahren gewesen oder ist glaubhaft gemacht, dass die Versicherungskarten bei dem Arbeitgeber oder Versicherten oder nach den Umständen des Falles auf dem Weg zum Träger der Ren-

tenversicherung verloren gegangen, unbrauchbar geworden oder zerstört worden sind, sind die Zeiten der Beschäftigung oder Tätigkeit als Beitragszeit anzuerkennen, wenn glaubhaft gemacht wird, dass der Versicherte eine versicherungspflichtige Beschäftigung oder Tätigkeit ausgeübt hat und dass dafür Beiträge gezahlt worden sind. ₂Satz 1 gilt auch für freiwillig Versicherte, soweit sie die für die Feststellung rechtserheblichen Zeiten glaubhaft machen. ₃Als Mittel der Glaubhaftmachung können auch Versicherungen an Eides statt zugelassen werden. ₄Der Träger der Rentenversicherung ist für die Abnahme eidesstattlicher Versicherungen zuständig.

(2) ₁Sind in Unterlagen

1. Arbeitsentgelte in einem Gesamtbetrag für die über einen Lohn- oder Gehaltszahlungszeitraum hinausgehende Zeit,
2. Anzahl und Höhe von Beiträgen ohne eine bestimmbare zeitliche Zuordnung

bescheinigt, sind sie gleichmäßig auf die Beitragszahlungszeiträume zu verteilen. ₂Bei der Zahlung von Beiträgen nach Lohn-, Beitrags- oder Gehaltsklassen sind die niedrigsten Beiträge an den Beginn und die höchsten Beiträge an das Ende des Beitragszahlungszeitraums zu legen. ₃Ist der Beginn der Versicherung nicht bekannt, wird vermutet, dass die Versicherung mit der Vollendung des 14. Lebensjahres, frühestens am 1. Januar 1923, begonnen hat. ₄Ist das Ende der Versicherung nicht bekannt, wird vermutet, dass die Versicherung mit dem

1. Kalendermonat vor Beginn der zu berechnenden Rente bei einer Rente wegen Alters, bei einer Rente wegen Erwerbsunfähigkeit, auf die erst nach Erfüllung einer Wartezeit von 20 Jahren ein Anspruch besteht, oder bei einer Erziehungsrente,
2. Eintritt der maßgebenden Minderung der Erwerbsfähigkeit bei einer Rente wegen verminderter Erwerbsfähigkeit,
3. Tod des Versicherten bei einer Hinterbliebenenrente

geendet hat. ₅Für die knappschaftliche Rentenversicherung wird als Beginn der Versicherung die satzungsmäßige Mindestaltersgrenze vermutet.

§ 286b Glaubhaftmachung der Beitragszahlung im Beitrittsgebiet

₁Machen Versicherte glaubhaft, dass sie im Beitrittsgebiet in der Zeit vom 9. Mai 1945 bis 31. Dezember 1991 ein beitragspflichtiges Arbeitsentgelt oder Arbeitseinkommen erzielt haben und von diesem entsprechende Beiträge gezahlt worden sind, sind die dem Arbeitsentgelt oder Arbeitseinkommen zugrunde liegenden Zeiträume als Beitragszeit anzuerkennen. ₂Satz 1 gilt auch für freiwillig Versicherte, soweit sie die für die Feststellung rechtserheblichen Zeiten glaubhaft machen. ₃Als Mittel der Glaubhaftmachung können auch Versicherungen an Eides statt zugelassen werden. ₄Der Träger der Rentenversicherung ist für die Abnahme eidesstattlicher Versicherungen zuständig.

§ 286c Vermutung der Beitragszahlung im Beitrittsgebiet

₁Sind in den Versicherungsunterlagen des Beitrittsgebiets für Zeiten vor dem 1. Januar 1992 Arbeitszeiten oder Zeiten der selbstständigen Tätigkeit ordnungsgemäß bescheinigt, wird vermutet, dass während dieser Zeit Versicherungspflicht bestanden hat und für das angegebene Arbeitsentgelt oder Arbeitseinkommen die Beiträge gezahlt worden sind. ₂Satz 1 gilt nicht für Zeiten, in denen eine Rente aus der Rentenversicherung oder eine Versorgung bezogen wurde, die nach den bis zum 31. Dezember 1991 im Beitrittsgebiet geltenden Vorschriften zur Versicherungs- oder Beitragsfreiheit führte.

§ 286d Beitragserstattung

(1) Sind Beitragszeiten im Beitrittsgebiet zurückgelegt, gilt § 210 Abs. 5 mit der Maßgabe, dass eine Sachleistung, die vor dem 1. Januar 1991 im Beitrittsgebiet in Anspruch genommen worden ist, eine Erstattung nicht ausschließt.

(2) ₁Die Wirkung der Erstattung umfasst nicht Beitragszeiten, die nach dem 20. Juni 1948 und vor dem 19. Mai 1990 im Beitrittsgebiet oder nach dem 31. Januar 1949 und vor dem 19. Mai 1990 in Berlin (Ost) zurückgelegt worden sind, wenn die Erstattung bis zum 31. Dezember 1991 durchgeführt worden ist.

₂Sind für diese Zeiten Beiträge nachgezahlt worden, werden auf Antrag anstelle der Beitragszeiten nach Satz 1 die gesamten nachgezahlten Beiträge berücksichtigt. ₃Werden die nachgezahlten Beiträge nicht berücksichtigt, sind sie zu erstatten.

(3) Für die Verjährung von Ansprüchen, die am 31. Dezember 2001 bestanden haben, gilt Artikel 229 § 6 Abs. 4 des Einführungsgesetzes zum Bürgerlichen Gesetzbuche entsprechend.

(4) Ein Anspruch auf Beitragserstattung nach § 210 Absatz 1a besteht nicht, wenn am 10. August 2010 aufgrund des § 232 Absatz 1 Satz 2 Nummer 2 in der bis zum 10. August 2010 geltenden Fassung das Recht zur freiwilligen Versicherung bestand.

§ 286e Ausweis für Arbeit und Sozialversicherung

Versicherte, die für die Durchführung der Versicherung sowie für die Feststellung und Erbringung von Leistungen einschließlich der Rentenauskunft erforderliche Daten mit Eintragungen im Ausweis für Arbeit und Sozialversicherung nachweisen können, sind berechtigt,

1. in einer beglaubigten Abschrift des vollständigen Ausweises oder von Auszügen des Ausweises die Daten unkenntlich zu machen, die für den Träger der Rentenversicherung nicht erforderlich sind, und
2. diese Abschrift dem Träger der Rentenversicherung als Nachweis vorzulegen.

Satz 1 gilt entsprechend für Beweismittel im Sinne des § 29 Abs. 4 des Zehnten Buches.

§ 286f Erstattung zu Unrecht gezahlter Pflichtbeiträge an die berufsständische Versorgungseinrichtung

₁Pflichtbeiträge, die auf Grund einer Befreiung nach § 231 Absatz 4b und 4d zu Unrecht entrichtet wurden, werden abweichend von § 211 und abweichend von § 26 Absatz 3 des Vierten Buches von dem zuständigen Träger der Rentenversicherung beanstandet und unmittelbar an die zuständige berufsständische Versorgungseinrichtung erstattet. ₂Zinsen nach § 27 Absatz 1 des Vierten Buches sind nicht zu zahlen. ₃Sind Beiträge nach Maßgabe der Sätze 1 und 2 erstattet worden, scheidet eine Erstattung nach den allgemeinen Vorschriften aus.

§ 286g Erstattung von nach dem 21. Juli 2009 gezahlten freiwilligen Beiträgen

₁Nach dem 21. Juli 2009 gezahlte freiwillige Beiträge werden auf Antrag in voller Höhe erstattet, wenn

1. Kindererziehungszeiten durch Bescheid für Elternteile festgestellt wurden, die von der Anrechnung nach § 56 Absatz 4 Nummer 3 in der ab dem 1. Juli 2014 geltenden Fassung ausgeschlossen sind, und
2. ohne diese Kindererziehungszeiten die allgemeine Wartezeit nicht erfüllt ist.

₂§ 44 des Ersten Buches und § 210 Absatz 5 gelten entsprechend. ₃Sind freiwillige Beiträge für den Personenkreis nach Satz 1 nach dem 30. Juni 2014 zur Hälfte erstattet worden, wird die andere Hälfte auf Antrag nach dieser Vorschrift erstattet; § 210 Absatz 6 bleibt unberührt.

Vierter Titel
Berechnungsgrundlagen

§ 287 (weggefallen)

§ 287a (weggefallen)

§ 287b Ausgaben für Leistungen zur Teilhabe

(1) Bei der Anwendung von § 220 Abs. 1 ist die Veränderung der Bruttolöhne und -gehälter für die Bundesrepublik Deutschland ohne das Beitrittsgebiet und für das Beitrittsgebiet jeweils getrennt festzustellen.

(2) ₁Die jährlichen Ausgaben für Leistungen zur Teilhabe werden in der Zeit vom 1. Januar 2014 bis zum 31. Dezember 2050 bedarfsgerecht unter Berücksichtigung einer Demografiekomponente fortgeschrieben. ₂Die Demografiekomponente ist zusätzlich zur voraussichtlichen Entwicklung der Bruttolöhne und -gehälter je Arbeitnehmer bei der Festsetzung der jährlichen Ausgaben für Leistungen zur Teilhabe nach § 220 Absatz 1 Satz 1 als gesonderter Faktor zu berücksichtigen. ₃Der Faktor wird wie folgt festgesetzt:

Jahr	Demografiekomponente
2014	1,0192
2015	1,0126
2016	1,0073
2017	1,0026
2018	0,9975
2019	0,9946
2020	0,9938
2021	0,9936
2022	0,9935
2023	0,9938
2024	0,9931
2025	0,9929
2026	0,9943
2027	0,9919
2028	0,9907
2029	0,9887
2030	0,9878
2031	0,9863
2032	0,9875
2033	0,9893
2034	0,9907
2035	0,9914
2036	0,9934
2037	0,9924
2038	0,9948
2039	0,9963
2040	0,9997
2041	1,0033
2042	1,0051
2043	1,0063
2044	1,0044
2045	1,0032
2046	1,0028
2047	1,0009
2048	0,9981
2049	0,9979
2050	0,9978

§ 287c (weggefallen)

§ 287d Erstattungen in besonderen Fällen

(1) Der Bund erstattet den Trägern der Rentenversicherung im Beitrittsgebiet die Aufwendungen für Kriegsbeschädigtenrenten und für die Auszahlung der weiteren Sonderleistungen.

(2) ₁Das Bundesversicherungsamt verteilt die Beträge nach Absatz 1 auf die allgemeine und die knappschaftliche Rentenversicherung, setzt die Vorschüsse fest und führt die Abrechnung durch. ₂Für die Träger der allgemeinen Rentenversicherung ist § 219 Abs. 1 entsprechend anzuwenden.

(3) § 179 Abs. 1a ist anzuwenden, wenn

1. das Erstattungsverfahren am 1. Januar 2001 noch nicht abschließend entschieden war und

2. das Schadensereignis nach dem 30. Juni 1983 eingetreten ist.

§ 287e Veränderung des Bundeszuschusses im Beitrittsgebiet

(1) § 213 Abs. 2 gilt für die Bundesrepublik Deutschland ohne das Beitrittsgebiet.

(2) ₁Der Zuschuss des Bundes zu den Ausgaben der allgemeinen Rentenversicherung, soweit sie für das Beitrittsgebiet zuständig ist (Bundeszuschuss-Beitrittsgebiet), wird jeweils für ein Kalenderjahr in der Höhe geleistet, die sich ergibt, wenn die Rentenausgaben für dieses Kalenderjahr einschließlich der Aufwendungen für Kindererziehungsleistungen für Mütter der Geburtsjahrgänge vor 1927 und abzüglich erstatteter Aufwendungen für Renten und Rententeile mit dem Verhältnis vervielfältigt werden, in dem der Bundeszuschuss in der Bundesrepublik Deutschland ohne das Beitrittsgebiet zu den Rentenausgaben desselben Kalenderjahres einschließlich der Aufwendungen aus der Erbringung von Kindererziehungsleistungen für Mütter der Geburtsjahrgänge vor 1921 steht. ₂Der Bundeszuschuss-Beitrittsgebiet ist auf die Träger der allgemeinen Rentenversicherung im Beitrittsgebiet entsprechend ihrem jeweiligen Verhältnis an den Beitragseinnahmen buchhalterisch aufzuteilen.

§ 287f Getrennte Abrechnung

Die Abrechnung und die Verteilung nach § 227 Absatz 1 und 1a erfolgen für Zahlungen bis zum Jahr 2024 für die Bundesrepublik Deutschland ohne das Beitrittsgebiet und für das Beitrittsgebiet getrennt.

§ 288 (weggefallen)

Fünfter Titel
Erstattungen

§ 289 Wanderversicherungsausgleich

(1) Hat ein Träger der allgemeinen Rentenversicherung eine Gesamtleistung mit einem knappschaftlichen Leistungsanteil festgestellt, so erstattet die Deutsche Rentenversicherung Knappschaft-Bahn-See als Träger der knappschaftlichen Rentenversicherung den auf sie entfallenden Leistungsanteil ohne Kinderzuschuss an die Träger der allgemeinen Rentenversicherung.

(2) Hat die Deutsche Rentenversicherung Knappschaft-Bahn-See als Träger der knappschaftlichen Rentenversicherung eine Gesamtleistung mit einem Leistungsanteil der allgemeinen Rentenversicherung festgestellt, erstatten ihr die Träger der allgemeinen Rentenversicherung den von ihnen zu tragenden Leistungsanteil und den Kinderzuschuss.

(3) Die Absätze 1 und 2 gelten entsprechend für die von der Rentenversicherung zu tragenden Beiträge zur gesetzlichen Krankenversicherung sowie für die Zuschüsse zur Krankenversicherung.

(4) Bei der Anwendung der Anrechnungsvorschriften gilt § 223 Abs. 5 entsprechend.

§ 289a Besonderheiten beim Wanderversicherungsausgleich

₁Wurde der letzte Beitrag bis zum 31. Dezember 1991 im Beitrittsgebiet gezahlt, erstatten die Regionalträger im Beitrittsgebiet der Deutschen Rentenversicherung Knappschaft-Bahn-See als Träger der knappschaftlichen Rentenversicherung den Anteil der Leistungen, der nicht auf Zeiten in der knappschaftlichen Rentenversicherung entfällt. ₂Dabei kann auch eine pauschale Erstattung vorgesehen werden. ₃Die jährliche Abrechnung führt die Deutsche Rentenversicherung Bund entsprechend § 227 durch.

§ 290 Erstattung durch den Träger der Versorgungslast

₁Die Aufwendungen des Trägers der Rentenversicherung aufgrund von Rentenanwartschaften, die durch Entscheidung des Familiengerichts vor dem 1. Januar 1992 begründet worden sind, werden von dem zuständigen Träger der Versorgungslast erstattet, wenn der Ehegatte, zu dessen Lasten der Versorgungsausgleich durchgeführt worden ist, vor dem 1. Januar 1992 nachversichert wurde. ₂Dies gilt nicht, wenn der Träger der Versorgungslast

1. Beiträge zur Ablösung der Erstattungspflicht gezahlt hat,
2. ungekürzte Beiträge für die Nachversicherung gezahlt hat, weil die Begründung von Rentenanwartschaften durch eine Übertragung von Rentenanwartschaften ersetzt worden ist.

§ 290a Erstattung durch den Träger der Versorgungslast im Beitrittsgebiet

Bei Renten, die nach den Vorschriften des Beitrittsgebiets berechnet worden sind, werden die Aufwendungen der Träger der Rentenversicherung für die Berücksichtigung von Zeiten, für die bei Renten, die nach den Vorschriften dieses Buches berechnet werden, eine Nachversicherung als durchgeführt gilt, pauschal vom Bund und sonstigen Trägern der Versorgungslast erstattet.

§ 291 (weggefallen)

§ 291a Erstattung von Invalidenrenten und Aufwendungen für Pflichtbeitragszeiten bei Erwerbsunfähigkeit

(1) Der Bund erstattet den Trägern der Rentenversicherung die Aufwendungen für Rententeile aus der Anrechnung von Pflichtbeitragszeiten bei Erwerbsunfähigkeit im Beitrittsgebiet in der Zeit vom 1. Juli 1975 bis zum 31. Dezember 1991.

(2) Der Bund erstattet den Trägern der Rentenversicherung die Aufwendungen für die Zahlung von Invalidenrenten für behinderte Menschen.

§ 291b Erstattung nicht beitragsgedeckter Leistungen

Der Bund erstattet den Trägern der allgemeinen Rentenversicherung die Aufwendungen für Leistungen nach dem Fremdrentenrecht.

§ 292 Verordnungsermächtigung

(1) Das Bundesministerium für Arbeit und Soziales wird ermächtigt, im Einvernehmen

SGB VI: Gesetzliche Rentenversicherung §§ 292a–293

mit dem Bundesministerium der Finanzen durch Rechtsverordnung mit Zustimmung des Bundesrates das Nähere über die Erstattungen gemäß § 287d zu bestimmen.

(2) Das Bundesministerium für Arbeit und Soziales wird ermächtigt, im Einvernehmen mit dem Bundesministerium der Finanzen durch Rechtsverordnung mit Zustimmung des Bundesrates das Nähere über die Erstattungen gemäß § 289a zu bestimmen.

(3) Das Bundesministerium für Arbeit und Soziales wird ermächtigt, im Einvernehmen mit dem Bundesministerium der Finanzen durch Rechtsverordnung mit Zustimmung des Bundesrates das Nähere über die Erstattungen gemäß § 291a zu bestimmen, wobei eine pauschale Erstattung vorgesehen werden kann.

§ 292a Verordnungsermächtigung für das Beitrittsgebiet

$_1$Das Bundesministerium für Arbeit und Soziales wird ermächtigt, im Einvernehmen mit dem Bundesministerium des Innern und dem Bundesministerium der Finanzen durch Rechtsverordnung mit Zustimmung des Bundesrates das Nähere über die pauschale Erstattung nach § 290a unter Berücksichtigung der besonderen Verhältnisse im Beitrittsgebiet zu bestimmen. $_2$Das Bundesversicherungsamt führt die Abrechnung mit den Trägern der gesetzlichen Rentenversicherung durch.

Sechster Titel
Vermögensanlagen

§ 293 Vermögensanlagen

(1) $_1$Das am 1. Januar 1992 vorhandene Rücklagevermögen der Deutschen Rentenversicherung Knappschaft-Bahn-See als Träger der knappschaftlichen Rentenversicherung ist nicht vor Ablauf von Festlegungsfristen aufzulösen. $_2$Rückflüsse aus Vermögensanlagen der Deutschen Rentenversicherung Knappschaft-Bahn-See als Träger der knappschaftlichen Rentenversicherung sind Einnahmen der knappschaftlichen Rentenversicherung.

(2) Die am 31. Dezember 1991 vorhandenen Anteile eines Trägers der allgemeinen Rentenversicherung an Gesellschaften, Genossenschaften, Vereinen und anderen Einrichtungen, deren Zweck der Bau und die Bewirtschaftung von Wohnungen ist und die nicht zum Verwaltungsvermögen gehören, können in dem Umfang, in dem sie am 31. Dezember 1991 bestanden haben, gehalten werden.

(3) $_1$Das nicht liquide Anlagevermögen und das liquide Beteiligungsvermögen der Deutschen Rentenversicherung Bund ist unbeschadet von Absatz 2 aufzulösen, soweit es nicht in Eigenbetrieben, Verwaltungsgebäuden, Gesellschaftsanteilen an Rehabilitationseinrichtungen und Vereinsmitgliedschaften bei Rehabilitationseinrichtungen oder Darlehen nach § 221 Satz 1 besteht und soweit die Auflösung unter Beachtung des Grundsatzes der Wirtschaftlichkeit möglich ist. $_2$Dem Grundsatz der Wirtschaftlichkeit entspricht grundsätzlich eine Veräußerung zum Verkehrswert, jedoch nicht unter dem Anschaffungswert, bei liquidem Beteiligungsvermögen mindestens in Höhe des nach dem Ertragswertverfahren zu ermittelnden Wertes. $_3$Bei einer Veräußerung von Grundstücks- und Wohnungseigentum oder von Beteiligungen nach Absatz 2 sind die berechtigten Interessen der Mieter zu berücksichtigen. $_4$Bis zu einer Auflösung ist auf eine angemessene Verzinsung hinzuwirken, die auf den Verkehrswert, mindestens auf den Anschaffungswert der Vermögensanlage bezogen ist. $_5$Für die nicht liquiden Teile des Verwaltungsvermögens der Deutschen Rentenversicherung Knappschaft-Bahn-See als Träger der knappschaftlichen Rentenversicherung gelten die Sätze 1 bis 4 entsprechend.

(4) $_1$Die Deutsche Rentenversicherung Bund und die Deutsche Rentenversicherung Knappschaft-Bahn-See als Träger der knappschaftlichen Rentenversicherung sind verpflichtet, das Bundesministerium für Arbeit und Soziales über die Erfüllung der Verpflichtungen nach Absatz 3 umfassend in monatlichem Abstand zu unterrichten. $_2$Die Erfüllung der Verpflichtungen nach Absatz 3 ist vorrangig durch die vorgenannten Träger zu bewirken. $_3$Im Übrigen ist das Bundesministerium für Arbeit und Soziales berechtigt, die Deutsche Rentenversicherung Bund sowie die Deutsche Rentenversicherung Knappschaft-Bahn-See als Träger der knappschaftlichen Rentenversicherung im Benehmen mit

diesen bei allen Rechtsgeschäften zu vertreten, die zur Erfüllung der Verpflichtungen nach Absatz 3 vorzunehmen sind; insoweit tritt das Bundesministerium für Arbeit und Soziales an die Stelle des jeweiligen Vorstandes. ₄Das Bundesministerium für Arbeit und Soziales kann sich dabei eines Dritten bedienen. ₅Die Deutsche Rentenversicherung Bund und die Deutsche Rentenversicherung Knappschaft-Bahn-See als Träger der knappschaftlichen Rentenversicherung haben dem Bundesministerium für Arbeit und Soziales oder dem von diesem beauftragten Dritten die für die Vornahme dieser Rechtsgeschäfte erforderlichen Unterlagen zu übergeben und die hierfür benötigten Auskünfte zu erteilen. ₆Rechtsgeschäfte über die nach Absatz 3 aufzulösenden Vermögensgegenstände, die von der Deutschen Rentenversicherung Bund oder von der Deutschen Rentenversicherung Knappschaft-Bahn-See als Träger der knappschaftlichen Rentenversicherung vorgenommen werden, bedürfen der Einwilligung des Bundesministeriums für Arbeit und Soziales.

**Zwölfter Unterabschnitt
Leistungen für Kindererziehung an
Mütter der Geburtsjahrgänge vor 1921**

§ 294 Anspruchsvoraussetzungen

(1) ₁Eine Mutter, die vor dem 1. Januar 1921 geboren ist, erhält für jedes Kind, das sie im Gebiet der Bundesrepublik Deutschland lebend geboren hat, eine Leistung für Kindererziehung. ₂Die Geburt im Gebiet der Bundesrepublik Deutschland steht die Geburt im jeweiligen Geltungsbereich der Reichsversicherungsgesetze gleich.

(2) Einer Geburt in den in Absatz 1 genannten Gebieten steht die Geburt außerhalb dieser Gebiete gleich, wenn die Mutter im Zeitpunkt der Geburt des Kindes ihren gewöhnlichen Aufenthalt

1. in diesen Gebieten hatte,
2. zwar außerhalb dieser Gebiete hatte, aber im Zeitpunkt der Geburt des Kindes oder unmittelbar vorher entweder sie selbst oder ihr Ehemann, mit dem sie sich zusammen dort aufgehalten hat, wegen einer dort ausgeübten Beschäftigung oder Tätigkeit Pflichtbeitragszeiten hat oder nur deshalb nicht hat, weil sie selbst oder ihr Ehemann versicherungsfrei oder von der Versicherung befreit war, oder
3. bei Geburten bis zum 31. Dezember 1949 zwar außerhalb dieser Gebiete hatte, aber der gewöhnliche Aufenthalt in den in Absatz 1 genannten Gebieten aus Verfolgungsgründen im Sinne des § 1 des Bundesentschädigungsgesetzes aufgegeben worden ist; dies gilt auch, wenn bei Ehegatten der gemeinsame gewöhnliche Aufenthalt in den in Absatz 1 genannten Gebieten aufgegeben worden ist und nur beim Ehemann Verfolgungsgründe vorgelegen haben.

(3) Absatz 1 Satz 2 gilt nicht, wenn Beitragszeiten zum Zeitpunkt der Geburt aufgrund einer Versicherungslastregelung mit einem anderen Staat nicht in die Versicherungslast der Bundesrepublik Deutschland fallen würden.

(4) Einer Geburt in den in Absatz 1 genannten Gebieten steht bei einer Mutter, die

1. zu den in § 1 des Fremdrentengesetzes genannten Personen gehört oder
2. ihren gewöhnlichen Aufenthalt vor dem 1. September 1939 aus einem Gebiet, in dem Beiträge an einen nichtdeutschen Träger der gesetzlichen Rentenversicherung bei Eintritt des Versicherungsfalls wie nach den Vorschriften der Reichsversicherungsgesetze entrichtete Beiträge zu behandeln waren, in eines der in Absatz 1 genannten Gebiete verlegt hat,

die Geburt in den jeweiligen Herkunftsgebieten gleich.

(5) Eine Mutter, die ihren gewöhnlichen Aufenthalt im Ausland hat, erhält eine Leistung für Kindererziehung nur, wenn sie zu den in den §§ 18 und 19 des Gesetzes zur Regelung der Wiedergutmachung nationalsozialistischen Unrechts in der Sozialversicherung genannten Personen gehört.

§ 294a Besonderheiten für das Beitrittsgebiet

₁Hatte eine Mutter am 18. Mai 1990 ihren gewöhnlichen Aufenthalt im Beitrittsgebiet und bestand für sie am 31. Dezember 1991 ein Anspruch auf eine Altersrente oder Invalidenrente aufgrund des im Beitrittsgebiet geltenden Rechts, ist § 294 nicht anzuwenden. ₂Bestand ein Anspruch auf eine solche Rente nicht, besteht Anspruch auf die Leistung für Kindererziehung bei Erfüllung der sonstigen Voraussetzungen auch, wenn die Mutter vor dem 1. Januar 1927 geboren ist.

§ 295 Höhe der Leistung

Monatliche Höhe der Leistung für Kindererziehung ist das Zweifache des für die Berechnung von Renten jeweils maßgebenden aktuellen Rentenwerts.

§ 295a Höhe der Leistung im Beitrittsgebiet

₁Monatliche Höhe der Leistung für Kindererziehung für Geburten im Beitrittsgebiet ist das Zweifache des für die Berechnung von Renten jeweils maßgebenden aktuellen Rentenwerts (Ost). ₂Dies gilt nicht für Mütter, die ihren gewöhnlichen Aufenthalt am 18. Mai 1990 entweder

1. im Gebiet der Bundesrepublik Deutschland ohne das Beitrittsgebiet oder
2. im Ausland hatten und unmittelbar vor Beginn des Auslandsaufenthalts ihren gewöhnlichen Aufenthalt im Gebiet der Bundesrepublik Deutschland ohne das Beitrittsgebiet

hatten.

§ 296 Beginn und Ende

(1) Eine Leistung für Kindererziehung wird von dem Kalendermonat an gezahlt, zu dessen Beginn die Anspruchsvoraussetzungen erfüllt sind.

(2) Die Leistung wird monatlich im Voraus gezahlt.

(3) Fallen aus tatsächlichen oder rechtlichen Gründen die Anspruchsvoraussetzungen für die Leistung weg, endet sie mit dem Kalendermonat, zu dessen Beginn der Wegfall wirksam ist.

(4) Die Leistung wird bis zum Ende des Kalendermonats gezahlt, in dem die Berechtigte gestorben ist.

§ 297 Zuständigkeit

(1) ₁Zuständig für die Leistung für Kindererziehung ist der Versicherungsträger, der der Mutter eine Versichertenrente zahlt. ₂Bezieht eine Mutter nur Hinterbliebenenrente, ist der Versicherungsträger zuständig, der die Hinterbliebenenrente aus der Versicherung des zuletzt verstorbenen Versicherten zahlt. ₃In den übrigen Fällen ist die Deutsche Rentenversicherung Bund zuständig. ₄Wird für Dezember 1991 eine Leistung für Kindererziehung gezahlt, bleibt der zahlende Versicherungsträger zuständig.

(2) ₁Die Leistung für Kindererziehung wird als Zuschlag zur Rente gezahlt, wenn die Mutter eine Rente bezieht, es sei denn, dass die Rente in vollem Umfang übertragen, verpfändet oder gepfändet ist. ₂Bezieht die Mutter mehrere Renten, wird die Leistung für Kindererziehung als Zuschlag zu der Rente gezahlt, für die die Zuständigkeit nach Absatz 1 maßgebend ist.

(3) In den Fällen des § 104 Abs. 1 Satz 4 des Zehnten Buches ist der Zahlungsempfänger verpflichtet, die Leistung für Kindererziehung an die Mutter weiterzuleiten.

§ 298 Durchführung

(1) ₁Die Mutter hat das Jahr ihrer Geburt, ihren Familiennamen (jetziger und früherer Name mit Namensbestandteilen), ihren Vornamen sowie den Vornamen, das Geburtsdatum und den Geburtsort ihres Kindes nachzuweisen. ₂Für die übrigen anspruchsbegründenden Tatsachen genügt es, wenn sie glaubhaft gemacht werden.

(2) ₁Den Nachweis über den Vornamen, das Geburtsdatum und den Geburtsort ihres Kindes hat die Mutter durch Vorlage einer Personenstandsurkunde oder einer sonstigen öffentlichen Urkunde zu führen. ₂Eine Glaubhaftmachung dieser Tatsachen genügt, wenn die Mutter

1. erklärt, dass sie eine solche Urkunde nicht hat und auch in der Familie nicht beschaffen kann,
2. glaubhaft macht, dass die Anforderung einer Geburtsurkunde bei der für die Führung des Geburtseintrags zuständigen deutschen Stelle erfolglos geblieben ist, wobei die Anforderung auch als erfolglos anzusehen ist, wenn die zuständige Stelle mitteilt, dass für die Erteilung einer Geburtsurkunde der Geburtseintrag erneuert werden müsste, und

3. eine von dem für ihren Wohnort zuständigen Standesamt auszustellende Bescheinigung vorlegt, aus der sich ergibt, dass er ein die Geburt ihres Kindes ausweisendes Personenstandsregister nicht führt und nach seiner Kenntnis bei dem Standesamt I in Berlin ein urkundlicher Nachweis über die Geburt ihres Kindes oder eine Mitteilung hierüber nicht vorliegt.

₃Als Mittel der Glaubhaftmachung können auch Versicherungen an Eides statt zugelassen werden.

§ 299 Anrechnungsfreiheit

₁Die Leistung für Kindererziehung bleibt als Einkommen unberücksichtigt, wenn bei Sozialleistungen aufgrund von Rechtsvorschriften der Anspruch auf diese Leistungen oder deren Höhe von anderem Einkommen abhängig ist. ₂Bei Bezug einer Leistung für Kindererziehung findet § 38 des Zwölften Buches keine Anwendung. ₃Auf Rechtsvorschriften beruhende Leistungen anderer, auf die ein Anspruch nicht besteht, dürfen nicht deshalb versagt werden, weil die Leistung für Kindererziehung bezogen wird.

Zweiter Abschnitt
Ausnahmen von der Anwendung neuen Rechts

Erster Unterabschnitt
Grundsatz

§ 300 Grundsatz

(1) Vorschriften dieses Gesetzbuchs sind von dem Zeitpunkt ihres Inkrafttretens an auf einen Sachverhalt oder Anspruch auch dann anzuwenden, wenn bereits vor diesem Zeitpunkt der Sachverhalt oder Anspruch bestanden hat.

(2) Aufgehobene Vorschriften dieses Gesetzbuchs und durch dieses Gesetzbuch ersetzte Vorschriften sind auch nach dem Zeitpunkt ihrer Aufhebung noch auf den bis dahin bestehenden Anspruch anzuwenden, wenn der Anspruch bis zum Ablauf von drei Kalendermonaten nach der Aufhebung geltend gemacht wird.

(3) Ist eine bereits vorher geleistete Rente neu festzustellen und sind dabei die persönlichen Entgeltpunkte neu zu ermitteln, sind die Vorschriften maßgebend, die bei erstmaliger Feststellung der Rente anzuwenden waren.

(3a) (weggefallen)

(3b) Ist eine nach den Vorschriften des Beitrittsgebiets berechnete Rente neu festgestellt worden, werden Leistungen für Zeiten vor dem 1. Januar 1992 nicht erbracht.

(4) ₁Der Anspruch auf eine Leistung, der am 31. Dezember 1991 bestand, entfällt nicht allein deshalb, weil die Vorschriften, auf denen er beruht, durch Vorschriften dieses Gesetzbuchs ersetzt worden sind. ₂Verwenden die ersetzenden Vorschriften für den gleichen Sachverhalt oder Anspruch andere Begriffe als die aufgehobenen Vorschriften, treten insoweit diese Begriffe an die Stelle der aufgehobenen Begriffe.

(5) Die Absätze 1 bis 4 gelten nicht, soweit in den folgenden Vorschriften etwas anderes bestimmt ist.

Zweiter Unterabschnitt
Leistungen zur Teilhabe

§ 301 Leistungen zur Teilhabe

(1) ₁Für Leistungen zur Teilhabe sind bis zum Ende der Leistungen die Vorschriften anzuwenden, die im Zeitpunkt der Antragstellung oder, wenn den Leistungen ein Antrag nicht vorausging, der Inanspruchnahme galten. ₂Werden Leistungen zur Teilhabe nach dem bis zum 31. Dezember 2000 geltenden Recht bewilligt und besteht deshalb ein Anspruch auf Rente wegen verminderter Erwerbsfähigkeit oder auf große Witwenrente oder große Witwerrente wegen Minderung der Erwerbsfähigkeit nicht, besteht der Anspruch auf Rente weiterhin nicht, solange Übergangsgeld, Verletztengeld oder Versorgungskrankengeld geleistet wird.

(2) Die Träger der Rentenversicherung können die am 31. Dezember 1991 bestehenden Fachkliniken zur Behandlung von Erkrankungen der Atmungsorgane, die nicht überwiegend der Behandlung von Tuberkulose dienen, zur Krankenhausbehandlung weiter betreiben.

(3) Für Leistungen zur Teilhabe haben auch Versicherte die persönlichen Voraussetzun-

gen erfüllt, die erwerbsunfähig oder berufsunfähig sind und bei denen voraussichtlich durch die Leistungen die Erwerbsfähigkeit wesentlich gebessert oder wiederhergestellt werden kann.

§ 301a Einmalzahlungs-Neuregelungsgesetz

(1) ₁Für die Ermittlung der Berechnungsgrundlage für Ansprüche auf Übergangsgeld, die vor dem 1. Januar 2001 entstanden sind, ist § 47 Abs. 1 und 2 des Fünften Buches in der vor dem 22. Juni 2000 jeweils geltenden Fassung für Zeiten nach dem 31. Dezember 1996 mit der Maßgabe entsprechend anzuwenden, dass sich das Regelentgelt um 10 vom Hundert, höchstens aber bis zur Höhe des Betrages der kalendertäglichen Beitragsbemessungsgrenze, erhöht. ₂Das regelmäßige Nettoarbeitsentgelt ist um denselben Vomhundertsatz zu erhöhen.

(2) ₁Die Erhöhung nach Absatz 1 gilt für Ansprüche, über die vor dem 22. Juni 2000 bereits unanfechtbar entschieden war, nur für Zeiten vom 22. Juni 2000 an bis zum Ende der Leistungsdauer. ₂Entscheidungen über die Ansprüche auf Übergangsgeld, die vor dem 22. Juni 2000 unanfechtbar geworden sind, sind nicht nach § 44 Abs. 1 des Zehnten Buches zurückzunehmen.

Dritter Unterabschnitt
Anspruchsvoraussetzungen für einzelne Renten

§ 302 Anspruch auf Altersrente in Sonderfällen

(1) Bestand am 31. Dezember 1991 Anspruch auf eine Rente aus eigener Versicherung und ist der Versicherte vor dem 2. Dezember 1926 geboren, wird die Rente vom 1. Januar 1992 an ausschließlich als Regelaltersrente geleistet.

(2) Bestand am 31. Dezember 1991 Anspruch auf eine nach den Vorschriften des Beitrittsgebiets berechnete Rente wegen Alters vor Vollendung des 65. Lebensjahres, gilt diese Rente vom 1. Januar 1992 an als Regelaltersrente; dies gilt nicht für eine Bergmannsvollrente.

(3) Bestand am 31. Dezember 1991 Anspruch auf eine Rente, die vom 1. Januar 1992 an als Regelaltersrente geleistet wird oder gilt, kann diese weiterhin nur in voller Höhe in Anspruch genommen werden.

(4) Bestand am 31. Dezember 2000 Anspruch auf eine Altersrente für schwerbehinderte Menschen, Berufsunfähige oder Erwerbsunfähige, besteht dieser als Anspruch auf Altersrente für schwerbehinderte Menschen weiter.

(5) (weggefallen)

(6) ₁Würde sich nach § 34 in der ab dem 1. Juli 2017 geltenden Fassung am 1. Juli 2017 ein niedrigerer Anspruch auf Teilrente wegen Alters ergeben, besteht ein am 30. Juni 2017 aufgrund von Hinzuverdienst bestehender Anspruch auf Teilrente wegen Alters unter den sonstigen Voraussetzungen des geltenden Rechts so lange weiter, bis

1. die am 30. Juni 2017 für diese Teilrente geltende monatliche Hinzuverdienstgrenze nach § 34 in der bis zum 30. Juni 2017 geltenden Fassung überschritten wird oder

2. sich nach § 34 in der ab dem 1. Juli 2017 geltenden Fassung eine mindestens gleich hohe Rente ergibt.

₂Als Kalenderjahr nach § 34 Absatz 3c und 3d, in dem erstmals Hinzuverdienst berücksichtigt wurde, gilt das Jahr 2017. ₃Die Hinzuverdienstgrenze nach Satz 1 Nummer 1 wird jährlich entsprechend der prozentualen Veränderung der Bezugsgröße angepasst.

(7) Besteht Anspruch auf eine Rente wegen Alters und eine Aufwandsentschädigung für kommunale Ehrenbeamte, für ehrenamtlich in kommunalen Vertretungskörperschaften Tätige oder für Mitglieder der Selbstverwaltungsorgane, Versichertenälteste oder Vertrauenspersonen der Sozialversicherungsträger, gilt die Aufwandsentschädigung bis zum 30. September 2020 weiterhin nicht als Hinzuverdienst, soweit kein konkreter Verdienstausfall ersetzt wird.

§ 302a Renten wegen verminderter Erwerbsfähigkeit und Bergmannsvollrenten

(1) Bestand am 31. Dezember 1991 Anspruch auf eine nach den Vorschriften des Beitrittsgebiets berechnete Invalidenrente oder eine Bergmannsinvalidenrente, die am 30. Juni 2017 als Rente wegen Erwerbsunfähigkeit

oder als Rente wegen Berufsunfähigkeit geleistet wurde, gilt diese Rente als Rente wegen voller Erwerbsminderung.

(2) (weggefallen)

(3) ₁ Eine als Rente wegen voller Erwerbsminderung geleistete Invalidenrente oder Bergmannsinvalidenrente wird bis zum Erreichen der Regelaltersgrenze geleistet, solange

1. Erwerbsunfähigkeit oder Berufsunfähigkeit oder volle oder teilweise Erwerbsminderung oder Berufsunfähigkeit im Sinne von § 240 Absatz 2 vorliegt oder
2. die persönlichen Voraussetzungen für den Bezug von Blindengeld oder Sonderpflegegeld nach den am 31. Dezember 1991 geltenden Vorschriften des Beitrittsgebiets vorliegen.

₂Bei einer nach § 4 des Anspruchs- und Anwartschaftsüberführungsgesetzes als Invalidenrente überführten Leistung gilt Satz 1 mit der Maßgabe, dass die Rente auch geleistet wird, solange die Erwerbsminderung vorliegt, die vor der Überführung für die Bewilligung der Leistung maßgebend war; war die Leistung befristet, gilt dies bis zum Ablauf der Frist. ₃Die zur Anwendung von Satz 2 erforderlichen Feststellungen trifft der Versorgungsträger, der die Leistung vor der Überführung gezahlt hat.

(4) Bestand am 31. Dezember 1991 Anspruch auf eine Bergmannsrente oder eine Bergmannsvollrente aus dem Beitrittsgebiet, wird diese Rente vom 1. Januar 1992 an als Rente für Bergleute geleistet.

§ 302b Renten wegen verminderter Erwerbsfähigkeit

(1) Bestand am 31. Dezember 2000 Anspruch auf eine Rente wegen Berufsunfähigkeit, die am 30. Juni 2017 weiterhin geleistet wurde, gilt diese Rente bis zum Erreichen der Regelaltersgrenze als Rente wegen teilweiser Erwerbsminderung mit dem bisherigen Rentenartfaktor, solange Berufsunfähigkeit oder teilweise Erwerbsminderung oder Berufsunfähigkeit im Sinne von § 240 Absatz 2 vorliegt.

(2) Bestand am 31. Dezember 2000 Anspruch auf eine Rente wegen Erwerbsunfähigkeit, die am 30. Juni 2017 weiterhin geleistet wurde, gilt diese Rente bis zum Erreichen der Regelaltersgrenze als Rente wegen voller Erwerbsminderung, solange Erwerbsminderung oder volle Erwerbsminderung vorliegt.

(3) Bestand am 31. Dezember 2000 Anspruch auf eine befristete Rente wegen Berufsunfähigkeit oder Erwerbsunfähigkeit, die am 30. Juni 2017 weiterhin geleistet wurde und ist der jeweilige Anspruch nach dem Ablauf der Frist von der jeweiligen Arbeitsmarktlage abhängig, ist die Befristung zu wiederholen, es sei denn, die Versicherten vollenden innerhalb von zwei Jahren nach Beginn der sich anschließenden Frist das 60. Lebensjahr.

§ 303 Witwerrente

₁Ist eine Versicherte vor dem 1. Januar 1986 gestorben oder haben die Ehegatten bis zum 31. Dezember 1988 eine wirksame Erklärung über die weitere Anwendung des bis zum 31. Dezember 1985 geltenden Hinterbliebenenrentenrechts abgegeben, besteht Anspruch auf eine Witwerrente unter den sonstigen Voraussetzungen des geltenden Rechts nur, wenn die Verstorbene den Unterhalt ihrer Familie im letzten wirtschaftlichen Dauerzustand vor dem Tod überwiegend bestritten hat. ₂Satz 1 findet auch auf vor dem 1. Juli 1977 geschiedene Ehegatten Anwendung, wenn die Verstorbene den Unterhalt des geschiedenen Ehemanns im letzten wirtschaftlichen Dauerzustand vor dem Tod überwiegend bestritten hat.

§ 303a Große Witwenrente und große Witwerrente wegen Berufsunfähigkeit oder Erwerbsunfähigkeit

₁Bestand am 31. Dezember 2000 Anspruch auf große Witwenrente oder große Witwerrente wegen Berufsunfähigkeit oder Erwerbsunfähigkeit, besteht der Anspruch weiter, solange die Voraussetzungen vorliegen, die für die Bewilligung der Leistung maßgebend waren. ₂Bei befristeten Renten gilt dies auch für einen Anspruch nach Ablauf der Frist.

§ 304 Waisenrente

Bestand am 31. Dezember 1991 Anspruch auf Waisenrente für eine Person über deren 25. Lebensjahr hinaus, weil sie infolge körperlicher oder geistiger Gebrechen außerstande ist, sich selbst zu unterhalten, besteht der Anspruch weiter, solange dieser Zustand andauert.

§ 305 Wartezeit und sonstige zeitliche Voraussetzungen

War die Wartezeit oder eine sonstige zeitliche Voraussetzung für eine Rente erfüllt und bestand Anspruch auf diese Rente vor dem Zeitpunkt, von dem an geänderte Vorschriften über die Wartezeit oder eine sonstige zeitliche Voraussetzung in Kraft sind, gilt die Wartezeit oder die sonstige zeitliche Voraussetzung auch dann als erfüllt, wenn dies nach der Rechtsänderung nicht mehr der Fall ist.

Vierter Unterabschnitt
Rentenhöhe

§ 306 Grundsatz

(1) Bestand Anspruch auf Leistung einer Rente vor dem Zeitpunkt einer Änderung rentenrechtlicher Vorschriften, werden aus Anlass der Rechtsänderung die einer Rente zugrunde gelegten persönlichen Entgeltpunkte nicht neu bestimmt, soweit nicht in den folgenden Vorschriften etwas anderes bestimmt ist.

(2) Wurde die Leistung einer Rente unterbrochen, so ist, wenn die Unterbrechung weniger als 24 Kalendermonate angedauert hat, die Summe der Entgeltpunkte für diese Rente nur neu zu bestimmen, wenn für die Zeit der Unterbrechung Entgeltpunkte für Beitragszeiten zu ermitteln sind.

(3) Bestand am 31. Dezember 1991 Anspruch auf eine Hinterbliebenenrente, die wegen der Ansprüche weiterer Hinterbliebener auf die Höhe der Versichertenrente gekürzt war, ist die Kürzung aufzuheben, wenn der Anspruch eines Hinterbliebenen wegfällt.

§ 307 Umwertung in persönliche Entgeltpunkte

(1) ₁Besteht am 1. Januar 1992 Anspruch auf eine Rente, werden dafür persönliche Entgeltpunkte ermittelt (Umwertung), indem der Monatsbetrag der zu leistenden anpassungsfähigen Rente einschließlich des Erhöhungsbetrags in einer Halbwaisenrente durch den aktuellen Rentenwert und den für die Rente zu diesem Zeitpunkt maßgebenden Rentenartfaktor geteilt wird. ₂Beruht der Monatsbetrag der Rente sowohl auf Zeiten der allgemeinen Rentenversicherung als auch der knappschaftlichen Rentenversicherung, erfolgt die Umwertung für die jeweiligen Rententeile getrennt. ₃Über die Umwertung ist spätestens in der Mitteilung über die Rentenanpassung zum 1. Juli 1992 zu informieren. ₄Ein besonderer Bescheid ist nicht erforderlich.

(2) Bei der Umwertung ist der Rentenbetrag zugrunde zu legen, der sich vor Anwendung von Vorschriften dieses Gesetzbuchs über die nur anteilige Leistung der Rente ergibt.

(3) Die Absätze 1 und 2 sind für die Ermittlung von persönlichen Entgeltpunkten aus einer vor dem 1. Januar 1992 geleisteten Rente entsprechend anzuwenden.

(4) ₁Abweichend von Absatz 1 sind

1. Erziehungsrenten, auf die am 31. Dezember 1991 ein Anspruch bestand,
2. Renten, die nach Artikel 23 §§ 2 oder 3 des Gesetzes zu dem Vertrag vom 18. Mai 1990 über die Schaffung einer Währungs-, Wirtschafts- und Sozialunion zwischen der Bundesrepublik Deutschland und der Deutschen Demokratischen Republik vom 25. Juni 1990 (BGBl. 1990 II S. 518) berechnet worden sind und nicht mit einer nach den Vorschriften des Beitrittsgebiets berechneten Rente zusammentreffen,

für die Zeit vom 1. Januar 1992 an neu zu berechnen. ₂Dabei sind mindestens die persönlichen Entgeltpunkte zugrunde zu legen, die sich bei einer Umwertung des bisherigen Rentenbetrags ergeben würden.

(5) Renten wegen verminderter Erwerbsfähigkeit, die vom 1. Januar 1992 an als Regelaltersrente geleistet werden, sind auf Antrag neu zu berechnen, wenn nach Eintritt der Minderung der Erwerbsfähigkeit Beitragszeiten zurückgelegt sind.

§ 307a Persönliche Entgeltpunkte aus Bestandsrenten des Beitrittsgebiets

(1) ₁Bestand am 31. Dezember 1991 Anspruch auf eine nach den Vorschriften des Beitrittsgebiets berechnete Rente, werden für den Monatsbetrag der Rente persönliche Entgeltpunkte (Ost) ermittelt. ₂Dafür werden die durchschnittlichen Entgeltpunkte je Arbeitsjahr, höchstens jedoch 1,8 Entgeltpunkte, mit der Anzahl an Arbeitsjahren vervielfältigt. ₃Die Summe der persönlichen Entgelt-

punkte erhöht sich für jedes bisher in der Rente berücksichtigte Kind um 0,75.

(2) ₁Die durchschnittlichen Entgeltpunkte je Arbeitsjahr ergeben sich, wenn

1. die Summe aus dem
   a) für Renten der Sozialpflichtversicherung ermittelten 240fachen beitragspflichtigen Durchschnittseinkommen und
   b) für Renten aus der Freiwilligen Zusatzrentenversicherung ermittelten 600 Mark übersteigenden Durchschnittseinkommen, vervielfältigt mit der Anzahl der Monate der Zugehörigkeit zur freiwilligen Zusatzrentenversicherung,

   durch
2. das Gesamtdurchschnittseinkommen, das sich in Abhängigkeit vom Ende des der bisherigen Rentenberechnung zugrunde liegenden 20-Jahreszeitraums aus Anlage 12 ergibt,

geteilt wird. ₂Als Zeiten der Zugehörigkeit zur Freiwilligen Zusatzrentenversicherung gelten auch Beschäftigungszeiten bei der Deutschen Reichsbahn oder bei der Deutschen Post vor dem 1. Januar 1974; für den oberhalb von 600 Mark nachgewiesenen Arbeitsverdienst gelten Beiträge zur Freiwilligen Zusatzrentenversicherung als gezahlt. ₃Als Zeiten der Zugehörigkeit zur Freiwilligen Zusatzrentenversicherung gelten auch Beschäftigungszeiten bei der Deutschen Reichsbahn oder bei der Deutschen Post vom 1. Januar 1974 bis 30. Juni 1990, wenn ein Beschäftigungsverhältnis bei der Deutschen Reichsbahn oder der Deutschen Post am 1. Januar 1974 bereits zehn Jahre ununterbrochen bestanden hat; für den oberhalb von 600 Mark nachgewiesenen Arbeitsverdienst gelten Beiträge zur Freiwilligen Zusatzrentenversicherung höchstens bis zu 650 Mark monatlich als gezahlt. ₄Sind mindestens 35 Arbeitsjahre zugrunde zu legen und ergeben sich durchschnittliche Entgeltpunkte je Arbeitsjahr von weniger als 0,75, wird dieser Wert auf das 1,5fache, höchstens aber auf 0,75 erhöht. ₅Bei den 35 Arbeitsjahren nach Satz 4 ist zusätzlich zu den Arbeitsjahren nach Absatz 3 eine Kindererziehungspauschale zu berücksichtigen. ₆Die Kindererziehungspauschale beträgt bei einem Kind zehn Jahre, bei zwei Kindern 15 Jahre und bei mehr als zwei Kindern 20 Jahre, wenn diese Kinder bisher in der Rente berücksichtigt worden sind.

(3) Als Arbeitsjahre sind zugrunde zu legen

1. die Jahre einer versicherungspflichtigen Tätigkeit und
2. die Zurechnungsjahre wegen Invalidität vom Rentenbeginn bis zur Vollendung des 55. Lebensjahres des Versicherten.

(4) Für die bisher in der Rente

1. als Arbeitsjahre im Bergbau berücksichtigten Zeiten werden Entgeltpunkte der knappschaftlichen Rentenversicherung zugrunde gelegt,
2. als volle Jahre der Untertagetätigkeit berücksichtigte Zeiten werden für jedes volle Jahr vom elften bis zum zwanzigsten Jahr 0,25 und für jedes weitere Jahr 0,375 zusätzliche Entgeltpunkte für einen Leistungszuschlag ermittelt; die zusätzlichen Entgeltpunkte werden den Kalendermonaten der Untertagetätigkeit zu gleichen Teilen zugeordnet.

(5) ₁Der Zuschlag an persönlichen Entgeltpunkten bei Halbwaisenrenten beträgt 36,8967, derjenige bei Vollwaisenrenten 33,3374 Entgeltpunkte. ₂Liegen der Rente Entgeltpunkte aus Arbeitsjahren im Bergbau zugrunde, beträgt der Zuschlag bei Halbwaisenrenten 27,6795 und bei Vollwaisenrenten 24,9999 Entgeltpunkte der knappschaftlichen Rentenversicherung.

(6) ₁Sind für eine nach den Vorschriften des Beitrittsgebiets berechnete Rente, auf die am 31. Dezember 1991 Anspruch bestand, persönliche Entgeltpunkte nach den Absätzen 1 bis 4 ermittelt worden, sind diese persönlichen Entgeltpunkte einer aus der Rente abgeleiteten Hinterbliebenenrente zugrunde zu legen. ₂Dies gilt nicht, wenn von dem Verstorbenen nach Rentenbeginn rentenrechtliche Zeiten zurückgelegt worden sind oder der Verstorbene eine Rente für Bergleute bezogen hat.

(7) Sind der im Dezember 1991 geleisteten Rente ein beitragspflichtiges Durchschnittseinkommen oder die Jahre der versicherungspflichtigen Tätigkeit nicht zugeordnet, sind sie auf der Grundlage des bis zum 31. Dezember 1991 im Beitrittsgebiet geltenden Rechts zu ermitteln.

(8) ₁Die Träger der Rentenversicherung sind berechtigt, die persönlichen Entgeltpunkte in einem maschinellen Verfahren aus den vorhandenen Daten über den Rentenbeginn und das Durchschnittseinkommen zu ermitteln. ₂Dabei sind Hinterbliebenenrenten mindestens 35 Arbeitsjahre mit jeweils 0,75 Entgeltpunkten zugrunde zu legen. ₃Auf Antrag ist die Rente daraufhin zu überprüfen, ob die zugrunde gelegten Daten der Sach- und Rechtslage entsprechen. ₄Die Anträge von Berechtigten, die Gründe dafür vortragen, dass dies nicht der Fall ist, sind vorrangig zu bearbeiten; dabei sollen zunächst die Anträge älterer Berechtigter bearbeitet werden. ₅Ein Anspruch auf Überprüfung besteht für den Berechtigten nicht vor dem 1. Januar 1994. ₆Eine Überprüfung kann auch von Amts wegen vorgenommen werden. ₇Sie soll dann nach Geburtsjahrgängen gestaffelt erfolgen.

(9) Abweichend von Absatz 1 ist eine Rente nach den Vorschriften dieses Buches neu zu berechnen, wenn eine nach dem am 31. Dezember 1991 geltenden Vorschriften des Beitrittsgebiets berechnete Rente

1. mit einer Zusatzrente aus Beiträgen an die Versicherungsanstalt Berlin (West), die Landesversicherungsanstalt Berlin oder die Bundesversicherungsanstalt für Angestellte in der Zeit vom 1. April 1949 bis zum 31. Dezember 1961,

2. mit einer nach Artikel 23 §§ 2 oder 3 des Gesetzes zu dem Vertrag vom 18. Mai 1990 über die Schaffung einer Währungs-, Wirtschafts- und Sozialunion zwischen der Bundesrepublik Deutschland und der Deutschen Demokratischen Republik vom 25. Juni 1990 (BGBl. 1991 II S. 518) berechneten Rente oder

3. mit einer nach den am 31. Dezember 1991 geltenden Vorschriften über die Erbringung von Leistungen an Berechtigte im Ausland berechneten Rente

zusammentrifft oder

4. geleistet wird und der Versicherte seinen gewöhnlichen Aufenthalt am 18. Mai 1990 oder, falls der Versicherte verstorben ist, zuletzt vor dem 19. Mai 1990

    a) im Gebiet der Bundesrepublik Deutschland ohne das Beitrittsgebiet hatte oder

    b) im Ausland hatte und unmittelbar vor Beginn des Auslandsaufenthalts seinen gewöhnlichen Aufenthalt im Gebiet der Bundesrepublik Deutschland ohne das Beitrittsgebiet hatte.

(10) ₁Abweichend von Absatz 1 ist eine Rente nach den Vorschriften dieses Buches auch neu zu berechnen, wenn aus im Bundesgebiet ohne das Beitrittsgebiet zurückgelegten rentenrechtlichen Zeiten eine Leistung noch nicht erbracht worden ist und die Voraussetzungen für einen Rentenanspruch nach den Vorschriften dieses Buches erfüllt sind. ₂Eine Neuberechnung erfolgt nicht, wenn im Bundesgebiet ohne das Beitrittsgebiet zurückgelegte rentenrechtliche Zeiten bei der Ermittlung der persönlichen Entgeltpunkte (Ost) als Arbeitsjahre berücksichtigt worden sind.

(11) Abweichend von den Absätzen 1 bis 10 sind Übergangshinterbliebenenrenten, auf die am 31. Dezember 1991 ein Anspruch bestand, für die Zeit vom 1. Januar 1992 an neu zu berechnen.

(12) Bestand am 31. Dezember 1991 ein Bescheid nach den Vorschriften des Beitrittsgebiets und findet auf den neuen Rentenbescheid dieses Buch Anwendung, gilt das neue Recht vom Zeitpunkt des Inkrafttretens an ohne Rücksicht auf die Bestandskraft des alten Bescheides.

§ 307b Bestandsrenten aus überführten Renten des Beitrittsgebiets

(1) ₁Bestand am 31. Dezember 1991 Anspruch auf eine nach dem Anspruchs- und Anwartschaftsüberführungsgesetz überführte Rente des Beitrittsgebiets, ist die Rente nach den Vorschriften dieses Buches neu zu berechnen. ₂Für die Zeit vom 1. Januar 1992 an ist zusätzlich eine Vergleichsrente zu ermitteln. ₃Die höhere der beiden Renten ist zu leisten. ₄Eine Nachzahlung für die Zeit vor dem 1. Januar 1992 erfolgt nur, soweit der Monatsbetrag der neu berechneten Rente den Monatsbetrag der überführten Leistung einschließlich einer Rente aus der Sozialpflichtversicherung übersteigt.

(2) ₁Die neue Rentenberechnung nach den Vorschriften dieses Buches erfolgt für Zeiten des Bezugs der als Rente überführten Leistung, frühestens für die Zeit ab 1. Juli 1990. ₂Dabei tritt anstelle des aktuellen Renten-

werts (Ost) für die Zeit vom 1. Juli 1990 bis 31. Dezember 1990 der Wert 14,93 Deutsche Mark, für die Zeit vom 1. Januar 1991 bis 30. Juni 1991 der Wert 17,18 Deutsche Mark und für die Zeit vom 1. Juli 1991 bis 31. Dezember 1991 der Wert 19,76 Deutsche Mark. ₃Satz 1 und Absatz 1 Satz 2 gelten auch bei Änderung des Bescheides über die Neuberechnung. ₄§ 44 Abs. 4 Satz 1 des Zehnten Buches Sozialgesetzbuch ist nicht anzuwenden, wenn das Überprüfungsverfahren innerhalb von vier Jahren nach Ablauf des Jahres der erstmaligen Erteilung eines Rentenbescheides nach Absatz 1 begonnen hat.

(3) Für den Monatsbetrag der Vergleichsrente sind persönliche Entgeltpunkte (Ost) aufgrund der vorhandenen Daten des bereits geklärten oder noch zu klärenden Versicherungsverlaufs wie folgt zu ermitteln:

1. Die persönlichen Entgeltpunkte (Ost) ergeben sich, indem die Anzahl der bei der Rentenneuberechnung berücksichtigten Kalendermonate mit rentenrechtlichen Zeiten mit den durchschnittlichen Entgeltpunkten pro Monat, höchstens jedoch mit dem Wert 0,15 vervielfältigt wird. Grundlage der zu berücksichtigenden Kalendermonate einer Rente für Bergleute sind nur die Monate, die auf die knappschaftliche Rentenversicherung entfallen.

2. Bei der Anzahl der berücksichtigten Kalendermonate mit rentenrechtlichen Zeiten bleiben Kalendermonate, die ausschließlich Zeiten der Erziehung eines Kindes sind, außer Betracht.

3. Die durchschnittlichen Entgeltpunkte pro Monat ergeben sich, wenn auf der Grundlage der letzten 20 Kalenderjahre vor dem Ende der letzten versicherungspflichtigen Beschäftigung oder Tätigkeit die Summe der Arbeitsentgelte oder Arbeitseinkommen, vervielfältigt mit 240 und geteilt durch die Anzahl der dabei berücksichtigten Kalendermonate mit Pflichtbeiträgen für eine versicherte Beschäftigung oder Tätigkeit, durch das Gesamtdurchschnittseinkommen aus Anlage 12 und durch 12 geteilt wird. Arbeitsentgelte und Arbeitseinkommen sind für Zeiten vor dem 1. März 1971 bis zu höchstens 600 Mark für jeden belegten Kalendermonat zu berücksichtigen. Für Zeiten vor 1946 werden Arbeitsentgelte und Arbeitseinkommen für die Ermittlung der durchschnittlichen Entgeltpunkte pro Monat nicht berücksichtigt.

4. Sind mindestens 35 Jahre mit rentenrechtlichen Zeiten einschließlich Zeiten der Erziehung von Kindern vorhanden und ergeben sich durchschnittliche Entgeltpunkte pro Monat von weniger als 0,0625, wird dieser Wert auf das 1,5fache, höchstens aber auf 0,0625 erhöht.

5. Die Summe der persönlichen Entgeltpunkte (Ost) erhöht sich für jedes Kind, für das Beitragszeiten wegen Kindererziehung anzuerkennen sind, für die Zeit bis zum 30. Juni 1998 um 0,75, für die Zeit vom 1. Juli 1998 bis 30. Juni 1999 um 0,85, für die Zeit vom 1. Juli 1999 bis 30. Juni 2000 um 0,9 und für die Zeit ab 1. Juli 2000 um 1,0.

6. Zuschlag an persönlichen Entgeltpunkten (Ost) bei Waisenrenten ist der bei der Rentenneuberechnung ermittelte Zuschlag.

7. Entgeltpunkte (Ost) für ständige Arbeiten unter Tage sind die bei der Rentenneuberechnung ermittelten zusätzlichen Entgeltpunkte.

(4) ₁Die nach Absatz 1 Satz 3 maßgebende Rente ist mit dem um 6,84 vom Hundert erhöhten Monatsbetrag der am 31. Dezember 1991 überführten Leistung einschließlich einer Rente aus der Sozialpflichtversicherung (weiterzuzahlender Betrag) und dem nach dem Einigungsvertrag besitzgeschützten Zahlbetrag, der sich für den 1. Juli 1990 nach den Vorschriften des im Beitrittsgebiet geltenden Rentenrechts und den maßgebenden leistungsrechtlichen Regelungen des jeweiligen Versorgungssystems ergeben hätte, zu vergleichen. ₂Die höchste Rente ist zu leisten. ₃Bei der Ermittlung des Betrages der überführten Leistung einschließlich der Rente aus der Sozialpflichtversicherung ist das Rentenangleichungsgesetz vom 28. Juni 1990 (GBl. I Nr. 38 S. 495) mit der Maßgabe anzuwenden, dass vor Angleichung höhere Rente so lange geleistet wird, bis die anzugleichende Rente den bisherigen Betrag übersteigt.

(5) ₁Der besitzgeschützte Zahlbetrag ist zum 1. Juli eines jeden Jahres mit dem aktuellen Rentenwert anzupassen. ₂Die Anpassung er-

SGB VI: Gesetzliche Rentenversicherung §§ 307c–307d

folgt, indem aus dem besitzgeschützten Zahlbetrag persönliche Entgeltpunkte ermittelt werden. ₃Hierzu wird der besitzgeschützte Zahlbetrag durch den aktuellen Rentenwert in Höhe von 41,44 Deutsche Mark und den für diese Rente maßgebenden Rentenartfaktor geteilt.

(6) ₁Der weiterzuzahlende Betrag oder der besitzgeschützte Zahlbetrag wird nur so lange gezahlt, bis der Monatsbetrag die Rente nach Absatz 1 Satz 3 erreicht. ₂Eine Aufhebung oder Änderung der bisherigen Bescheide ist nicht erforderlich.

(7) Für die Zeit ab 1. Januar 1992 erfolgt eine Nachzahlung nur, soweit die nach Absatz 4 maßgebende Leistung höher ist als die bereits bezogene Leistung.

(8) Die Absätze 1 bis 7 sind auch anzuwenden, wenn im Einzelfall festgestellt wird, dass in einer nach den Vorschriften des Beitrittsgebiets berechneten Bestandsrente Zeiten der Zugehörigkeit zu einem Zusatz- oder Sonderversorgungssystem berücksichtigt worden sind.

§ 307c Durchführung der Neuberechnung von Bestandsrenten nach § 307b

(1) ₁Für die Neuberechnung von Bestandsrenten nach § 307b sind die erforderlichen Daten auch aus allen dem Berechtigten zur Verfügung stehenden Nachweisen über rentenrechtliche Zeiten und erzielte Arbeitsentgelte oder Arbeitseinkommen zu ermitteln. ₂Der Berechtigte wird aufgefordert, die Nachweise zur Verfügung zu stellen und auch anzugeben, ob er oder die Person, von der sich die Berechtigung ableitet, Zeiten einer Beschäftigung oder Tätigkeit nach § 6 Abs. 2 oder 3 oder § 7 des Anspruchs- und Anwartschaftsüberführungsgesetzes hat. ₃Dabei werden die älteren Berechtigten und die Personen zuerst aufgefordert, deren Leistungen nach § 10 des Anspruchs- und Anwartschaftsüberführungsgesetzes vorläufig begrenzt sind. ₄Die von dem Berechtigten für Zeiten im Sinne des § 259b übersandten Unterlagen werden dem nach § 8 Abs. 4 des Anspruchs- und Anwartschaftsüberführungsgesetzes jeweils zuständigen Versorgungsträger unverzüglich zur Verfügung gestellt, damit dieser die Mitteilung nach § 8 des Anspruchs- und Anwartschaftsüberführungsgesetzes erstellt. ₅Kommt der Berechtigte der Aufforderung nicht nach, wird er nach sechs Monaten hieran erinnert. ₆Gleichzeitig wird der Versorgungsträger aufgefordert, die ihm bekannten Daten mitzuteilen. ₇Weitere Ermittlungen werden nicht durchgeführt.

(2) ₁Stehen bei der Neuberechnung Unterlagen nicht zur Verfügung und erklärt der Berechtigte glaubhaft, dass auch er über Unterlagen nicht verfügt und diese auch nicht beschaffen kann, ist zur Feststellung von Art und Umfang der rentenrechtlichen Zeiten von seinem Vorbringen auszugehen, es sei denn, es liegen Anhaltspunkte vor, dass dieses nicht zutrifft. ₂Lässt sich auch auf diese Weise der Verdienst für Beitragszeiten nicht feststellen, ist § 256c entsprechend anzuwenden. ₃Lässt sich die Art der ausgeübten Beschäftigung oder Tätigkeit nicht feststellen, sind die Zeiten der Rentenversicherung der Angestellten zuzuordnen. ₄Kommt der Berechtigte der Aufforderung nach Absatz 1 nicht nach, teilt jedoch der Versorgungsträger Daten mit, wird die Neuberechnung ohne weitere Ermittlungen aus den bekannten Daten vorgenommen.

(3) Unterschreitet der Monatsbetrag der nach Absatz 1 neu berechneten Rente den Monatsbetrag der zuletzt vor der Neuberechnung gezahlten Rente, wird dieser solange weitergezahlt, bis die neu berechnete Rente den weiterzuzahlenden Betrag erreicht.

§ 307d Zuschlag an persönlichen Entgeltpunkten für Kindererziehung

(1) Bestand am 30. Juni 2014 Anspruch auf eine Rente, wird ein Zuschlag an persönlichen Entgeltpunkten für Kindererziehung für ein vor dem 1. Januar 1992 geborenes Kind berücksichtigt, wenn

1. in der Rente eine Kindererziehungszeit für den zwölften Kalendermonat nach Ablauf des Monats der Geburt angerechnet wurde,
2. kein Anspruch nach den §§ 294 und 294a besteht.

(2) ₁Der Zuschlag beträgt für jedes Kind einen persönlichen Entgeltpunkt. ₂Sind für Kindererziehungszeiten ausschließlich Entgeltpunkte (Ost) zugeordnet worden, beträgt der Zuschlag für jedes Kind einen persönlichen Ent-

geltpunkt (Ost). ₃Ist die Kindererziehungszeit nach Absatz 1 Nummer 1 in der knappschaftlichen Rentenversicherung berücksichtigt worden, wird der Zuschlag an persönlichen Entgeltpunkten und persönlichen Entgeltpunkten (Ost) mit 0,75 vervielfältigt.

(3) Folgt auf eine Rente mit einem Zuschlag nach Absatz 1 eine Rente, die die Voraussetzungen nach § 88 Absatz 1 oder 2 erfüllt, ist der Zuschlag an persönlichen Entgeltpunkten nach den Absätzen 1 und 2 weiter zu berücksichtigen.

(4) Der Zuschlag nach Absatz 1 ist nicht zu berücksichtigen, wenn die Anrechnung von Kindererziehungszeiten nach § 56 Absatz 4 in der Fassung ab dem 1. Juli 2014 ganz oder teilweise ausgeschlossen ist.

§ 308 Umstellungsrenten

(1) Der Rentenartfaktor beträgt für Umstellungsrenten, die als Renten wegen Erwerbsunfähigkeit gelten, 0,8667.

(2) ₁Umstellungsrenten als Renten wegen Erwerbsunfähigkeit werden auf Antrag nach den vom 1. Januar 1992 an geltenden Vorschriften neu berechnet, wenn für Versicherte nach Vollendung des 55. Lebensjahres für zwölf Kalendermonate Beiträge gezahlt worden sind und sie erwerbsunfähig sind. ₂Diese neu berechneten Renten werden nur geleistet, wenn sie um zwei Dreizehntel höher sind als die Umstellungsrenten.

(3) Entgeltpunkte für am 1. Januar 1992 laufende Umstellungsrenten werden zu gleichen Teilen lückenlos auf die Zeit vom Kalendermonat der Vollendung des 15. Lebensjahres bis zum Kalendermonat vor der Vollendung des 55. Lebensjahres der Versicherten verteilt.

§ 309 Neufeststellung auf Antrag

(1) ₁Eine nach den Vorschriften dieses Buches berechnete Rente ist auf Antrag vom Beginn an nach dem am 1. Januar 1996 geltenden Recht neu festzustellen und zu leisten, wenn sie vor diesem Zeitpunkt begonnen hat und
1. beitragsgeminderte Zeiten wegen des Besuchs einer Schule, Fachschule oder Hochschule enthält oder
2. Anrechnungszeiten im Beitrittsgebiet wegen des Bezugs einer Übergangsrente, einer Invalidenrente bei Erreichen besonderer Altersgrenzen, einer befristeten erweiterten Versorgung oder einer berufsbezogenen Zuwendung an Ballettmitglieder in staatlichen Einrichtungen zu berücksichtigen sind oder
3. Verfolgungszeiten nach dem Beruflichen Rehabilitierungsgesetz anerkannt sind.

₂Bei einem Rentenbeginn nach dem 31. Dezember 1995 ist Satz 1 mit der Maßgabe anzuwenden, dass die Rente auf der Grundlage des Rechts festzustellen und zu leisten ist, das bei erstmaliger Feststellung der Rente anzuwenden war. ₃In Fällen des Satzes 1 Nr. 3 ist bei der Feststellung der Rente nach Satz 1 und 2 der § 11 Satz 2 des Beruflichen Rehabilitierungsgesetzes in der Fassung des Zweiten Gesetzes zur Verbesserung rehabilitierungsrechtlicher Vorschriften für Opfer der politischen Verfolgung in der ehemaligen DDR vom 17. Dezember 1999 (BGBl. I S. 2662) anzuwenden.

(1a) Eine nach den Vorschriften dieses Buches berechnete Rente ist auf Antrag vom Beginn an neu festzustellen und zu leisten, wenn Zeiten nach dem Beruflichen Rehabilitierungsgesetz anerkannt sind oder wenn § 3 Abs. 1 Satz 2 des Beruflichen Rehabilitierungsgesetzes anzuwenden ist.

(2) Eine Rente ist auf Antrag neu festzustellen, wenn sie vor dem 1. Januar 2001 nach den Vorschriften dieses Gesetzbuches bereits neu festgestellt worden war.

(3) ₁Eine nach den Vorschriften dieses Buches berechnete Rente ist auf Antrag von Beginn an neu festzustellen und zu leisten, wenn der Rentenbeginn vor dem 22. Juli 2017 liegt und Anrechnungszeiten, mit Ausnahme von Anrechnungszeiten wegen Arbeitsunfähigkeit oder Arbeitslosigkeit, aufgrund der Anwendung des § 58 Absatz 1 Satz 3 in der bis zum 21. Juli 2017 geltenden Fassung in der Rente nicht berücksichtigt wurden. ₂Abweichend von § 300 Absatz 3 ist bei der Neufeststellung der Rente nach Satz 1 die Regelung des § 58 Absatz 1 Satz 3 und des § 74 Satz 3 in der jeweils ab dem 22. Juli 2017 geltenden Fassung anzuwenden.

§ 310 Erneute Neufeststellung von Renten

Ist eine Rente, die vor dem 1. Januar 2001 nach den Vorschriften dieses Gesetzbuchs neu festgestellt worden war, erneut neu festzustellen und sind dabei die persönlichen Entgeltpunkte neu zu ermitteln, sind der neu festzustellenden Rente mindestens die bisherigen persönlichen Entgeltpunkte zugrunde zu legen; dies gilt nicht, soweit die bisherigen persönlichen Entgeltpunkte auf einer rechtswidrigen Begünstigung beruhen oder eine wesentliche Änderung der tatsächlichen Verhältnisse zu Ungunsten des Rentenbeziehers eingetreten ist.

§ 310a Neufeststellung von Renten mit Zeiten der Beschäftigung bei der Deutschen Reichsbahn oder bei der Deutschen Post

(1) ₁Eine nach den Vorschriften dieses Buches berechnete Rente mit Zeiten der Beschäftigung bei der Deutschen Reichsbahn oder bei der Deutschen Post und Arbeitsverdiensten oberhalb der im Beitrittsgebiet geltenden Beitragsbemessungsgrenzen ist auf Antrag neu festzustellen, wenn sie vor dem 3. August 2001 begonnen hat. ₂Abweichend von § 300 Abs. 3 sind bei der Neufeststellung der Rente § 256a Abs. 2 und § 307a Abs. 2 in der am 1. Dezember 1998 geltenden Fassung anzuwenden.

(2) Die Neufeststellung erfolgt für die Zeit ab Rentenbeginn, frühestens für die Zeit ab 1. Dezember 1998.

§ 310b Neufeststellung von Renten mit überführten Zeiten nach dem Anspruchs- und Anwartschaftsüberführungsgesetz

₁Eine nach den Vorschriften dieses Buches berechnete Rente, die Zeiten der Zugehörigkeit zu einem Versorgungssystem nach dem Anspruchs- und Anwartschaftsüberführungsgesetz enthält und für die die Arbeitsentgelte oder Arbeitseinkommen nach § 7 des Anspruchs- und Anwartschaftsüberführungsgesetzes in der Fassung des Renten-Überleitungsgesetzes vom 25. Juli 1991 (BGBl. I S. 1606) begrenzt worden sind, oder die Zeiten enthält, die nach § 22a des Fremdrentengesetzes begrenzt worden sind, ist neu festzustellen. ₂Bei der Neufeststellung der Rente sind § 6 Abs. 2 oder 3 und § 7 des Anspruchs- und Anwartschaftsüberführungsgesetzes, § 22a des Fremdrentengesetzes und § 307b in der am 1. Mai 1999 geltenden Fassung anzuwenden. ₃Die Sätze 1 und 2 gelten auf Antrag entsprechend in den Fällen des § 4 Abs. 4 des Anspruchs- und Anwartschaftsüberführungsgesetzes.

§ 310c Neufeststellung von Renten wegen Beschäftigungszeiten während des Bezugs einer Invalidenrente

₁Wurden während des Bezugs einer Invalidenrente oder einer Versorgung wegen Invalidität oder wegen des Bezugs von Blindengeld oder Sonderpflegegeld nach den Vorschriften des Beitrittsgebiets bis zum 31. Dezember 1991 Zeiten einer Beschäftigung zurückgelegt, besteht ab 1. September 2001 Anspruch auf Neufeststellung einer nach den Vorschriften dieses Buches berechneten Rente, wenn sie vor dem 1. Juli 2002 begonnen hat. ₂Abweichend von § 300 Abs. 3 sind bei der Neufeststellung der Rente die Regelungen über die Berücksichtigung von Beitragszeiten aufgrund einer Beschäftigung oder selbständigen Tätigkeit während des Bezugs einer Leistung nach Satz 1 in der seit dem 1. Juli 2002 geltenden Fassung anzuwenden. ₃Der neu festgestellten Rente sind mindestens die bisherigen persönlichen Entgeltpunkte zugrunde zu legen; dies gilt nicht, soweit die bisherigen persönlichen Entgeltpunkte auf einer rechtswidrigen Begünstigung beruhen oder eine wesentliche Änderung der tatsächlichen Verhältnisse zu Ungunsten des Rentenbeziehers eingetreten ist.

Fünfter Unterabschnitt
Zusammentreffen von Renten und von Einkommen

§ 311 Rente und Leistungen aus der Unfallversicherung

(1) Bestand am 31. Dezember 1991 Anspruch auf eine Rente nach den Vorschriften im Gebiet der Bundesrepublik Deutschland ohne das Beitrittsgebiet und auf eine Rente aus der Unfallversicherung, die für die Leistung der Rente zu berücksichtigen war, wird die Rente insoweit nicht geleistet, als die Summe dieser Renten den Grenzbetrag übersteigt.

(2) Bei der Ermittlung der Summe der zusammentreffenden Renten bleiben unberücksichtigt

1. bei der Rente
   a) der Betrag, der den Grenzbetrag übersteigt,
   b) der auf den Leistungszuschlag für ständige Arbeiten unter Tage entfallende Anteil,
   c) der auf den Erhöhungsbetrag in Waisenrenten entfallende Anteil,
2. bei der Verletztenrente aus der Unfallversicherung je 16,67 vom Hundert des aktuellen Rentenwerts für jeden Prozentpunkt der Minderung der Erwerbsfähigkeit, wenn diese mindestens 60 vom Hundert beträgt und die Rente aufgrund einer entschädigungspflichtigen Silikose oder Siliko-Tuberkulose geleistet wird.

(3) Bestand am 31. Dezember 1991 Anspruch auf eine Rente nach den Vorschriften im Gebiet der Bundesrepublik Deutschland ohne das Beitrittsgebiet und auf eine Rente aus der Unfallversicherung, die für die Leistung der Rente nicht zu berücksichtigen war, verbleibt es für die Leistung dieser Rente dabei.

(4) Bestand am 31. Dezember 1991 Anspruch auf eine Rente nach den Vorschriften im Gebiet der Bundesrepublik Deutschland ohne das Beitrittsgebiet mit Zeiten sowohl der Rentenversicherung der Arbeiter oder der Angestellten als auch der knappschaftlichen Rentenversicherung und ruhte wegen einer Rente aus der Unfallversicherung die Rente mit den Zeiten der knappschaftlichen Rentenversicherung vorrangig, verbleibt es für die Leistung dieser Rente dabei.

(5) ₁Der Grenzbetrag beträgt

1. bei Renten, für die die allgemeine Wartezeit in der knappschaftlichen Rentenversicherung nicht erfüllt ist,
   a) bei Renten aus eigener Versicherung 80 vom Hundert,
   b) bei Witwenrenten oder Witwerrenten 48 vom Hundert,
2. bei Renten, für die die allgemeine Wartezeit in der knappschaftlichen Rentenversicherung erfüllt ist,
   a) bei Renten aus eigener Versicherung 95 vom Hundert,
   b) bei Witwenrenten oder Witwerrenten 57 vom Hundert

eines Zwölftels des Jahresarbeitsverdienstes, der der Berechnung der Rente aus der Unfallversicherung zugrunde liegt, mindestens jedoch des Betrages, der sich ergibt, wenn der im Dezember 1991 zugrunde liegende persönliche Vomhundertsatz mit zwei Dritteln des aktuellen Rentenwerts vervielfältigt wird (Mindestgrenzbetrag). ₂Beruht die Rente ausschließlich auf Zeiten der knappschaftlichen Rentenversicherung, ist der persönliche Vomhundertsatz mit 1,0106 zu vervielfältigen. ₃Beruht sie auch auf Zeiten der Rentenversicherung der Arbeiter oder der Angestellten, ist ein durchschnittlicher persönlicher Vomhundertsatz zu ermitteln, indem der Vomhundertsatz nach Satz 2 und der persönliche Vomhundertsatz der Rentenversicherung der Arbeiter und der Angestellten mit der ihrer Ermittlung zugrunde liegenden jeweiligen Anzahl an Monaten vervielfältigt und die Summe beider Ergebnisse durch die Summe aller Monate geteilt wird. ₄Liegt der Rente ein persönlicher Vomhundertsatz nicht zugrunde, ist Mindestgrenzbetrag bei Renten aus eigener Versicherung das 50fache, bei Witwenrenten oder Witwerrenten das 30fache des aktuellen Rentenwerts. ₅Für die ersten drei Monate nach Beginn der Witwenrente oder Witwerrente wird der Grenzbetrag mit dem für eine Rente aus eigener Versicherung geltenden Vomhundertsatz ermittelt.

(6) Der Grenzbetrag beträgt bei Halbwaisenrenten das 13,33fache, bei Vollwaisenrenten das 20fache des aktuellen Rentenwerts.

(7) ₁Für die von einem Träger mit Sitz außerhalb des Geltungsbereichs dieses Gesetzbuchs geleistete Rente wegen eines Arbeitsunfalls oder einer Berufskrankheit ist ein Jahresarbeitsverdienst nicht festzustellen. ₂Bei einer an eine Witwe oder einen Witwer geleisteten Rente gilt ihr um zwei Drittel erhöhter Betrag als Vollrente.

(8) Bestand vor Inkrafttreten von Vorschriften über das Zusammentreffen von Renten und Leistungen aus der Unfallversicherung Anspruch auf eine Rente und auf eine Rente aus der Unfallversicherung, die für die Leistung

SGB VI: Gesetzliche Rentenversicherung §§ 312–314

der Rente nicht zu berücksichtigen war, verbleibt es für die Leistung dieser Rente dabei.

§ 312 Mindestgrenzbetrag bei Versicherungsfällen vor dem 1. Januar 1979

(1) Bestand am 31. Dezember 1991 Anspruch auf eine Rente, die auf einem Versicherungsfall vor dem 1. Januar 1979 beruht, und ruhte diese wegen einer Rente aus der Unfallversicherung, beträgt der Mindestgrenzbetrag

1. bei einer Rente aus eigener Versicherung 85 vom Hundert,
2. bei einer Witwenrente oder Witwerrente 51 vom Hundert

des Betrages, der sich ergibt, wenn der im Dezember 1991 zugrunde liegende persönliche Vomhundertsatz mit zwei Dritteln des aktuellen Rentenwerts vervielfältigt wird.

(2) Bestand am 31. Dezember 1991 Anspruch auf eine Rente, für die die allgemeine Wartezeit in der knappschaftlichen Rentenversicherung erfüllt ist und die auf einem Versicherungsfall vor dem 1. Januar 1979 beruht, und ruhte diese Rente wegen einer Rente aus der Unfallversicherung, die auf einem Unfall oder Tod vor dem 1. Januar 1979 beruht, beträgt der Mindestgrenzbetrag

1. bei einer Rente aus eigener Versicherung 100 vom Hundert,
2. bei einer Witwenrente oder Witwerrente 60 vom Hundert

des Betrages, der sich ergibt, wenn der im Dezember 1991 zugrunde liegende persönliche Vomhundertsatz mit zwei Dritteln des aktuellen Rentenwerts vervielfältigt wird.

(3) § 311 Abs. 5 Satz 2 und 3, Abs. 7 ist anzuwenden.

§ 313 Hinzuverdienst bei Renten wegen verminderter Erwerbsfähigkeit

(1) $_1$Würde sich nach den §§ 96a und 313 in der ab dem 1. Juli 2017 geltenden Fassung am 1. Juli 2017 eine niedrigere teilweise zu leistende Rente ergeben, wird eine am 30. Juni 2017 aufgrund von Hinzuverdienst teilweise geleistete Rente wegen verminderter Erwerbsfähigkeit unter den sonstigen Voraussetzungen des geltenden Rechts so lange weitergeleistet, bis

1. die am 30. Juni 2017 für diese anteilig geleistete Rente geltende Hinzuverdienstgrenze nach den §§ 96a und 313 in der bis zum 30. Juni 2017 geltenden Fassung überschritten wird oder
2. sich nach den §§ 96a und 313 in der ab dem 1. Juli 2017 geltenden Fassung eine mindestens gleich hohe Rente ergibt.

$_2$Als Kalenderjahr nach § 96a Absatz 5 in Verbindung mit § 34 Absatz 3c und 3d, in dem erstmals Hinzuverdienst berücksichtigt wurde, gilt das Jahr 2017. $_3$Die Hinzuverdienstgrenze nach Satz 1 Nummer 1 wird jährlich entsprechend der prozentualen Veränderung der Bezugsgröße angepasst.

(2) bis (4) (weggefallen)

(5) Bestand am 31. Dezember 1991 Anspruch auf eine nach den Vorschriften des Beitrittsgebiets berechnete Rente und ist diese Rente nicht nach den Vorschriften dieses Buches neu zu berechnen, werden als Entgeltpunkte im Sinne des § 96a Absatz 1c die nach § 307a ermittelten durchschnittlichen Entgeltpunkte zugrunde gelegt.

(6) Für Versicherte, die am 31. Dezember 1991 Anspruch auf eine nach den Vorschriften des Beitrittsgebiets berechnete Invalidenrente oder Bergmannsinvalidenrente hatten und die die persönlichen Voraussetzungen für den Bezug von Blindengeld oder Sonderpflegegeld nach den am 31. Dezember 1991 geltenden Vorschriften des Beitrittsgebiets erfüllen, gilt für diese Rente eine Hinzuverdienstgrenze nicht.

(7) (weggefallen)

(8) Besteht Anspruch auf eine Rente wegen verminderter Erwerbsfähigkeit und eine Aufwandsentschädigung für kommunale Ehrenbeamte, für ehrenamtlich in kommunalen Vertretungskörperschaften Tätige oder für Mitglieder der Selbstverwaltungsorgane, Versichertenälteste oder Vertrauenspersonen der Sozialversicherungsträger, gilt die Aufwandsentschädigung bis zum 30. September 2020 weiterhin nicht als Hinzuverdienst, soweit kein konkreter Verdienstausfall ersetzt wird.

§ 314 Einkommensanrechnung auf Renten wegen Todes

(1) Ist der Versicherte vor dem 1. Januar 1986 gestorben oder haben die Ehegatten bis zum

31. Dezember 1988 eine wirksame Erklärung über die weitere Anwendung des bis zum 31. Dezember 1985 geltenden Hinterbliebenenrentenrechts abgegeben, werden auf eine Witwenrente oder Witwerrente die Vorschriften über die Einkommensanrechnung auf Renten wegen Todes nicht angewendet.

(2) $_1$Ist der Versicherte vor dem 1. Januar 1986 gestorben und ist eine erneute Ehe der Witwe oder des Witwers aufgelöst oder für nichtig erklärt worden, werden auf eine Witwenrente oder Witwerrente nach dem vorletzten Ehegatten die Vorschriften über die Einkommensanrechnung auf Renten wegen Todes nicht angewendet. $_2$Besteht für denselben Zeitraum Anspruch auf Witwenrente oder Witwerrente oder auf eine solche Rente aus der Unfallversicherung, werden diese Ansprüche in der Höhe berücksichtigt, die sich nach Anwendung der Vorschriften über die Einkommensanrechnung auf Renten wegen Todes ergibt.

(3) $_1$Auf eine Witwenrente oder Witwerrente nach dem vorletzten Ehegatten, bei der Einkommen nach § 114 Absatz 1 des Vierten Buches zu berücksichtigen ist, ist eine Witwenrente oder Witwerrente nach dem letzten Ehegatten in der Höhe anzurechnen, die sich nach Anwendung der Vorschriften über die Einkommensanrechnung auf Renten wegen Todes ergibt. $_2$§ 97 Absatz 3 Satz 1 und 3 findet in diesen Fällen keine Anwendung.

§ 314a Einkommensanrechnung auf Renten wegen Todes aus dem Beitrittsgebiet

(1) Bestand am 31. Dezember 1991 Anspruch auf Witwenrente oder Witwerrente aufgrund des im Beitrittsgebiet geltenden Rechts oder bestand ein solcher Anspruch nur deshalb nicht, weil die im Beitrittsgebiet geltenden besonderen Voraussetzungen nicht erfüllt waren, werden vom 1. Januar 1992 an die Witwenrente oder Witwerrente die Vorschriften über die Einkommensanrechnung auf Renten wegen Todes angewendet.

(2) Hatte der Versicherte oder die Witwe oder der Witwer am 18. Mai 1990 den gewöhnlichen Aufenthalt im Beitrittsgebiet, ist § 314 Absatz 1 und 2 nicht anzuwenden.

Sechster Unterabschnitt
Zusatzleistungen

§ 315 Zuschuss zur Krankenversicherung

(1) Bestand am 31. Dezember 1991 Anspruch auf einen Zuschuss zu den Aufwendungen für die Krankenversicherung und war der Berechtigte bereits zu diesem Zeitpunkt nicht in der gesetzlichen Krankenversicherung oder bei einem der deutschen Aufsicht unterliegenden Krankenversicherungsunternehmen versichert, wird dieser Zuschuss in der bisherigen Höhe zur Rente und einer sich unmittelbar daran anschließenden Rente desselben Berechtigten weitergeleistet.

(2) Besteht am 1. Januar 1992 Anspruch auf einen Zuschuss zu den Aufwendungen für die Krankenversicherung, der nicht nur nach Anwendung der Vorschriften eines Rentenanpassungsgesetzes für Dezember 1991 höher als der Beitragsanteil war, den der Träger der Rentenversicherung als Krankenversicherungsbeitrag für pflichtversicherte Rentenbezieher zu tragen hat, wird der Zuschuss zu der Rente und einer sich unmittelbar daran anschließenden Rente desselben Berechtigten mindestens in der bisherigen Höhe, höchstens in Höhe der Hälfte der tatsächlichen Aufwendungen für die Krankenversicherung, weitergeleistet.

(3) $_1$Bestand am 31. Dezember 1991 nach einem Rentenanpassungsgesetz Anspruch auf einen Auffüllbetrag, der als Zuschuss zu den Aufwendungen für die Krankenversicherung gilt, wird dieser in der bisherigen Höhe weitergeleistet. $_2$Rentenerhöhungen, die sich aufgrund von Rentenanpassungen nach dem 31. Dezember 1991 ergeben, werden hierauf angerechnet.

(4) Bestand am 30. April 2007 Anspruch auf einen Zuschuss zu den Aufwendungen für die Krankenversicherung und war der Berechtigte bereits zu diesem Zeitpunkt in einer ausländischen gesetzlichen Krankenversicherung pflichtversichert, wird dieser Zuschuss zu der Rente und einer sich unmittelbar daran anschließenden Rente desselben Berechtigten weitergeleistet.

§ 315a Auffüllbetrag

$_1$Ist der für den Berechtigten nach Anwendung des § 307a ermittelte Monatsbetrag der Rente

SGB VI: Gesetzliche Rentenversicherung §§ 315b–317a

für Dezember 1991 niedriger als der für denselben Monat ausgezahlte und nach dem am 31. Dezember 1991 geltenden Recht oder nach § 302a Abs. 3 weiterhin zustehende Rentenbetrag einschließlich des Ehegattenzuschlags, wird ein Auffüllbetrag in Höhe der Differenz geleistet. ₂Bei dem Vergleich werden die für Dezember 1991 nach den Vorschriften des Beitrittsgebiets geleisteten Rentenbeträge zuvor um 6,84 vom Hundert erhöht; Zusatzrenten nach § 307a Abs. 9 Nr. 1, Zusatzrenten nach der Verordnung über die freiwillige und zusätzliche Versicherung in der Sozialversicherung vom 28. Januar 1947 und Zusatzrenten nach der Verordnung über die freiwillige Versicherung auf Zusatzrenten bei der Sozialversicherung vom 15. März 1968 bleiben außer Betracht. ₃Bei der Ermittlung der für Dezember 1991 nach den Vorschriften des Beitrittsgebiets geleisteten Rentenbeträge ist das Rentenangleichungsgesetz vom 28. Juni 1990 (GBl. I Nr. 38 S. 495) mit der Maßgabe anzuwenden, dass eine vor Angleichung höherer Rente so lange geleistet wird, bis die anzugleichende Rente den bisherigen Betrag übersteigt. ₄Der Auffüllbetrag wird vom 1. Januar 1996 an bei jeder Rentenanpassung um ein Fünftel des Auffüllbetrags, mindestens aber um 20 Deutsche Mark vermindert; durch die Verminderung darf der bisherige Zahlbetrag der Rente nicht unterschritten werden. ₅Ein danach noch verbleibender Auffüllbetrag wird bei den folgenden Rentenanpassungen im Umfang dieser Rentenanpassungen abgeschmolzen.

§ 315b Renten aus freiwilligen Beiträgen des Beitrittsgebiets

Bestand am 31. Dezember 1991 Anspruch auf eine

1. Rente nach der Verordnung über die Neuregelung der freiwilligen Versicherungen in der Sozialversicherung vom 25. Juli 1953 (GBl. Nr. 80 S. 823),
2. Zusatzrente nach der Verordnung über die freiwillige und zusätzliche Versicherung in der Sozialversicherung vom 28. Januar 1947,
3. Zusatzrente nach der Verordnung über die freiwillige Versicherung auf Zusatzrenten bei der Sozialversicherung vom 15. März 1968,

wird diese in Höhe des um 6,84 vom Hundert erhöhten bisherigen Betrages weitergeleistet.

§ 316 (weggefallen)

Siebter Unterabschnitt
Leistungen an Berechtigte im Ausland

§ 317 Grundsatz

(1) ₁Bestand Anspruch auf Leistung einer Rente vor dem Zeitpunkt, von dem an geänderte Vorschriften über Leistungen an Berechtigte im Ausland gelten, wird die Rente allein aus Anlass der Rechtsänderung nicht neu berechnet. ₂Dies gilt nicht, wenn dem Berechtigten die Rente aus Beitragszeiten im Beitrittsgebiet nicht oder nicht in vollem Umfang gezahlt werden konnte. ₃Die Rente ist mindestens aus den bisherigen persönlichen Entgeltpunkten weiterzuleisten.

(2) Eine Rente an einen Hinterbliebenen ist mindestens aus den persönlichen Entgeltpunkten des verstorbenen Versicherten zu leisten, aus denen seine Rente geleistet worden ist, wenn er am 31. Dezember 1991 Anspruch auf Leistung einer Rente ins Ausland hatte und diese Rente bis zu seinem Tode bezogen hat.

(2a) ₁Bestand am 31. Dezember 1991 Anspruch auf eine Rente und ist diese Rente aufgrund einer nach dem 31. Dezember 1991 eingetretenen Änderung in den Verhältnissen, die für die Anwendung der Vorschriften über Leistungen an Berechtigte im Ausland von Bedeutung sind, neu festzustellen, ist bei der Neufeststellung das am 1. Januar 1992 geltende Recht anzuwenden. ₂Hierbei sind für Berechtigte mindestens die nach § 307 ermittelten persönlichen Entgeltpunkte in dem in § 114 Abs. 1 Satz 2 genannten Verhältnis zugrunde zu legen.

(3) Bestand am 31. Dezember 1991 Anspruch auf eine Rente, bei der der Anspruch oder die Höhe von der Minderung der Erwerbsfähigkeit abhängig war, und wurde hierbei die jeweilige Arbeitsmarktlage berücksichtigt oder hätte sie berücksichtigt werden können, gilt dies auch weiterhin.

(4) Berechtigte erhalten eine Rente wegen Berufsunfähigkeit nur, wenn sie auf diese Rente bereits für die Zeit, in der sie ihren gewöhnlichen Aufenthalt noch im Inland gehabt haben, einen Anspruch hatten.

§ 317a Neufeststellung

(1) ₁Eine nach den Vorschriften dieses Buches berechnete Rente, in der die persönlichen

Entgeltpunkte zu 70 vom Hundert berücksichtigt wurden, wird ab dem 1. Oktober 2013 neu festgestellt. ₂Bei der Neufeststellung sind die §§ 113, 114 und 272 in der am 1. Oktober 2013 geltenden Fassung anzuwenden.

(2) ₁Bestand am 31. Dezember 1991 Anspruch auf eine Rente, in der der Rentenbetrag zu 70 vom Hundert berücksichtigt wurde, wird diese auf Antrag ab 1. Oktober 2013 neu festgestellt. ₂Bei der Neufeststellung sind das am 1. Januar 1992 geltende Recht und die §§ 113, 114 und 272 in der am 1. Oktober 2013 geltenden Fassung anzuwenden.

§ 318 (weggefallen)

§ 319 Zusatzleistungen

(1) Bestand am 31. Dezember 1991 bei gewöhnlichem Aufenthalt im Ausland Anspruch auf einen Zuschuss zu den Aufwendungen für die Krankenversicherung, wird dieser Zuschuss in der bisherigen Höhe der Rente und einer sich unmittelbar daran anschließenden Rente desselben Berechtigten weitergeleistet.

(2) Berechtigte erhalten für ein Kind einen Kinderzuschuss zu einer Rente nur, wenn sie bei gewöhnlichem Aufenthalt im Ausland hierauf am 31. Dezember 1991 einen Anspruch hatten.

Achter Unterabschnitt
Zusatzleistungen bei gleichzeitigem Anspruch auf Renten nach dem Übergangsrecht für Renten nach den Vorschriften des Beitrittsgebiets

§ 319a Rentenzuschlag bei Rentenbeginn in den Jahren 1992 und 1993

₁Ist der für den Berechtigten nach Anwendung der Vorschriften dieses Buches ermittelte Monatsbetrag der Rente bei Rentenbeginn in der Zeit vom 1. Januar 1992 bis 31. Dezember 1993 niedriger als der für den Monat des Rentenbeginns nach dem Übergangsrecht für Renten nach den Vorschriften des Beitrittsgebiets einschließlich der darin enthaltenen Vorschriften über das Zusammentreffen von Renten ermittelte Betrag, wird ein Rentenzuschlag in Höhe der Differenz geleistet, solange die rentenrechtlichen Voraussetzungen dafür vorliegen. ₂Der Rentenzuschlag wird vom 1. Januar 1996 an bei jeder Rentenanpassung um ein Fünftel des Rentenzuschlags, mindestens aber um 20 Deutsche Mark vermindert; durch die Verminderung darf der bisherige Zahlbetrag der Rente nicht unterschritten werden. ₃Ein danach noch verbleibender Rentenzuschlag wird bei den folgenden Rentenanpassungen im Umfang dieser Rentenanpassungen abgeschmolzen.

Neunter Unterabschnitt
Leistungen bei gleichzeitigem Anspruch auf Renten nach dem Übergangsrecht für Renten nach den Vorschriften des Beitrittsgebiets

§ 319b Übergangszuschlag

₁Besteht für denselben Zeitraum Anspruch auf Leistungen nach den Vorschriften dieses Buches und auf solche nach dem Übergangsrecht für Renten nach den Vorschriften des Beitrittsgebiets, werden die Leistungen nach den Vorschriften dieses Buches erbracht. ₂Ist nach Anwendung der jeweiligen Vorschriften über das Zusammentreffen von Renten und von Einkommen die Gesamtleistung nach dem Übergangsrecht für Renten nach den Vorschriften des Beitrittsgebiets höher als die Gesamtleistung nach den Vorschriften dieses Buches, wird zusätzlich zu den Leistungen nach den Vorschriften dieses Buches ein Übergangszuschlag geleistet. ₃Bestand am 31. Dezember 1991 Anspruch auf eine Rente nach den Vorschriften des Beitrittsgebiets und liegen die rentenrechtlichen Voraussetzungen danach noch vor, wird für die Feststellung der Gesamtleistung nach dem Übergangsrecht für Renten nach den Vorschriften des Beitrittsgebiets die am 31. Dezember 1991 gezahlte und um 6,84 vom Hundert erhöhte Rente berücksichtigt. ₄Der Übergangszuschlag wird in Höhe der Differenz zwischen der Gesamtleistung nach dem Übergangsrecht für Renten nach den Vorschriften des Beitrittsgebiets und der Gesamtleistung nach den Vorschriften dieses Buches gezahlt.

Sechstes Kapitel
Bußgeldvorschriften

§ 320 Bußgeldvorschriften

(1) Ordnungswidrig handelt, wer vorsätzlich oder leichtfertig

SGB VI: Gesetzliche Rentenversicherung § 321

1. entgegen § 190a Abs. 1 Satz 1 oder 2 eine Meldung nicht, nicht richtig oder nicht rechtzeitig erstattet,
2. entgegen § 196 Abs. 1 Satz 1 eine Auskunft oder eine Änderung nicht, nicht richtig, nicht vollständig oder nicht rechtzeitig erteilt oder mitteilt oder
3. entgegen § 196 Abs. 1 Satz 2 die erforderlichen Unterlagen nicht, nicht vollständig oder nicht rechtzeitig vorlegt.

(2) Die Ordnungswidrigkeit kann mit einer Geldbuße bis zu zweitausendfünfhundert Euro geahndet werden.

§ 321 Zusammenarbeit zur Verfolgung und Ahndung von Ordnungswidrigkeiten

₁Zur Verfolgung und Ahndung von Ordnungswidrigkeiten arbeiten die Rentenversicherungsträger im Rahmen der Prüfung bei den Arbeitgebern nach § 28p des Vierten Buches insbesondere mit der Bundesagentur für Arbeit, den Krankenkassen, den Behörden der Zollverwaltung, den in § 71 des Aufenthaltsgesetzes genannten Behörden, den Finanzbehörden, den nach Landesrecht für die Verfolgung und Ahndung von Ordnungswidrigkeiten nach dem Schwarzarbeitsbekämpfungsgesetz zuständigen Behörden, den Trägern der Sozialhilfe, den Unfallversicherungsträgern und den für den Arbeitsschutz zuständigen Landesbehörden zusammen, wenn sich im Einzelfall konkrete Anhaltspunkte für

1. Verstöße gegen das Schwarzarbeitsbekämpfungsgesetz,
2. eine Beschäftigung oder Tätigkeit von Ausländern ohne den erforderlichen Aufenthaltstitel nach § 4 Abs. 3 des Aufenthaltsgesetzes, eine Aufenthaltsgestattung oder eine Duldung, die zur Ausübung der Beschäftigung berechtigen, oder eine Genehmigung nach § 284 Abs. 1 des Dritten Buches,
3. Verstöße gegen die Mitwirkungspflicht nach § 60 Abs. 1 Satz 1 Nr. 2 des Ersten Buches gegenüber einer Dienststelle der Bundesagentur für Arbeit, einem Träger der gesetzlichen Kranken-, Pflege- oder Unfallversicherung oder einem Träger der Sozialhilfe oder gegen die Meldepflicht nach § 8a des Asylbewerberleistungsgesetzes,
4. Verstöße gegen das Arbeitnehmerüberlassungsgesetz,
5. Verstöße gegen die Bestimmungen des Vierten, Fünften und Siebten Buches sowie dieses Buches über die Verpflichtung zur Zahlung von Sozialversicherungsbeiträgen, soweit sie im Zusammenhang mit den in den Nummern 1 bis 4 genannten Verstößen stehen,
6. Verstöße gegen die Steuergesetze,
7. Verstöße gegen das Aufenthaltsgesetz

ergeben. ₂Sie unterrichten die für die Verfolgung und Ahndung zuständigen Behörden, die Träger der Sozialhilfe sowie die Behörden nach § 71 des Aufenthaltsgesetzes. ₃Die Unterrichtung kann auch Angaben über die Tatsachen enthalten, die für die Abgabe der Meldungen des Arbeitgebers und die Einziehung der Beiträge zur Sozialversicherung erforderlich sind.

Anlage 1

Durchschnittsentgelt in Euro/DM/RM

Jahr	Durchschnittsentgelt	Jahr	Durchschnittsentgelt
1891	700	39	2 092
92	700	1940	2 156
93	709	41	2 297
94	714	42	2 310
95	714	43	2 324
96	728	44	2 292
97	741	45	1 778
98	755	46	1 778
99	773	47	1 833
1900	796	48	2 219
01	814	49	2 838
02	841	1950	3 161
03	855	51	3 579
04	887	52	3 852
05	910	53	4 061
06	946	54	4 234
07	987	55	4 548
08	1 019	56	4 844
09	1 046	57	5 043
1910	1 078	58	5 330
11	1 119	59	5 602
12	1 164	1960	6 101
13	1 182	61	6 723
14	1 219	62	7 328
15	1 178	63	7 775
16	1 233	64	8 467
17	1 446	65	9 229
18	1 706	66	9 893
19	2 010	67	10 219
1920	3 729	68	10 842
21	9 974	69	11 839
24	1 233	1970	13 343
25	1 469	71	14 931
26	1 642	72	16 335
27	1 742	73	18 295
28	1 983	74	20 381
29	2 110	75	21 808
1930	2 074	76	23 335
31	1 924	77	24 945
32	1 651	78	26 242
33	1 583	79	27 685
34	1 605	1980	29 485
35	1 692	81	30 900
36	1 783	82	32 198
37	1 856	83	33 293
38	1 947	84	34 292

SGB VI: Gesetzliche Rentenversicherung — Anlage 1

Jahr	Durchschnittsentgelt		Jahr	Durchschnittsentgelt	
85	35 286		04	29 060	29 428 *)
86	36 627		05	29 202	29 569 *)
87	37 726		06	29 494	29 304 *)
88	38 896		07	29 951	29 488 *)
89	40 063		08	30 625	30 084 *)
1990	41 946		09	30 506	30 879 *)
91	44 421	43 917 *)	2010	31 144	32 003 *)
92	46 820	45 889 *)	11	32 100	30 268 *)
93	48 178	49 663 *)	12	33 002	32 446 *)
94	49 142	51 877 *)	13	33 659	34 071 *)
95	50 665	50 972 *)	14	34 514	34 857 *)
96	51 678	51 108 *)	15	35 363	34 999 *)
97	52 143	53 806 *)	16	36 187	36 267 *)
98	52 925	53 745 *)	17	. . . . .	37 103 *)
99	53 507	53 082 *)	18	. . . . .	37 873 *)
2000	54 256	54 513 *)			
01	55 216	54 684 *)			
02	28 626	28 518 *)			
03	28 938	29 230 *)			

*) vorläufiges Durchschnittsentgelt i. S. des § 69 Abs. 2 Nr. 2.

Anlage 2

Jährliche Beitragsbemessungsgrenzen in Euro/DM/RM

Zeitraum	Allgemeine Rentenversicherung		Knappschaftliche Rentenversicherung
	Arbeiter	Angestellten	
1. 1. 1924 – 31. 12. 1924	1 056	4 080	
1. 1. 1925 – 30. 4. 1925	1 380	4 080	
1. 5. 1925 – 31. 12. 1925	1 380	6 000	
1. 1. 1926 – 31. 12. 1926	1 908	6 000	
1. 1. 1927 – 31. 12. 1927	2 016	6 000	
1. 1. 1928 – 31. 8. 1928	2 748	6 000	
1. 9. 1928 – 31. 12. 1928	2 748	8 400	
1. 1. 1929 – 31. 12.1929	2 928	8 400	
1 1. 1930 – 31. 12. 1930	2 880	8 400	
1. 1. 1931 – 31. 12.1931	2 676	8 400	
1. 1. 1932 – 31. 12. 1932	2 292	8 400	
1. 1. 1933 – 31. 12. 1933	2 196	8 400	
1. 1. 1934 – 31. 12.1934	2 004	7 200	
1. 1. 1935 – 31. 12. 1935	2 112	7 200	
1. 1. 1936 – 31. 12. 1936	2 220	7 200	
1. 1. 1937 – 31. 12. 1937	2 316	7 200	
1. 1. 1938 – 31. 12. 1938	2 700	7 200	
1. 1. 1939 – 31. 12. 1939	3 000	7 200	
1. 1. 1940 – 31. 12. 1940	3 096	7 200	
1. 1. 1941 – 31. 12. 1941	3 300	7 200	
1. 1. 1942 – 30. 6. 1942	3 312	7 200	
1. 7. 1942 – 31. 12. 1942	3 600	7 200	
1. 1. 1943 – 28. 2. 1947	3 600	7 200	4 800
1. 3. 1947 – 31. 5. 1949	3 600	7 200	7 200
1. 6. 1949 – 31. 8. 1952	7 200		8 400
1. 9. 1952 – 31. 12. 1958	9 000		12 000
1. 1. 1959 – 31. 12.1959	9 600		12 000
1. 1. 1960 – 31. 12. 1960	10 200		12 000
1. 1. 1961 – 31. 12. 1961	10 800		13 200
1. 1. 1962 – 31. 12. 1962	11 400		13 200
1. 1. 1963 – 31. 12. 1963	12 000		14 400
1. 1. 1964 – 31. 12. 1964	13 200		16 800
1. 1. 1965 – 31. 12. 1965	14 400		18 000
1. 1. 1966 – 31. 12. 1966	15 600		19 200
1. 1. 1967 – 31. 12. 1967	16 800		20 400
1. 1. 1968 – 31. 12. 1968	19 200		22 800
1. 1. 1969 – 31. 12. 1969	20 400		24 000
1. 1. 1970 – 31. 12. 1970	21 600		25 200
1. 1. 1971 – 31. 12. 1971	22 800		27 600
1. 1. 1972 – 31. 12. 1972	25 200		30 000
1. 1. 1973 – 31. 12. 1973	27 600		33 600
1. 1. 1974 – 31. 12. 1974	30 000		37 200
1. 1. 1975 – 31. 12. 1975	33 600		40 800
1. 1. 1976 – 31. 12. 1976	37 200		45 600
1. 1. 1977 – 31. 12. 1977	40 800		50 400

SGB VI: Gesetzliche Rentenversicherung — Anlage 2

Zeitraum	Allgemeine Rentenversicherung		Knappschaftliche Rentenversicherung
	Arbeiter	Angestellten	
1. 1. 1978 – 31. 12. 1978	44 400		55 200
1. 1. 1979 – 31. 12. 1979	48 000		57 600
1. 1. 1980 – 31. 12. 1980	50 400		61 200
1. 1. 1981 – 31. 12. 1981	52 800		64 800
1. 1. 1982 – 31. 12. 1982	56 400		69 600
1. 1. 1983 – 31. 12. 1983	60 000		73 200
1. 1. 1984 – 31. 12. 1984	62 400		76 800
1. 1. 1985 – 31. 12. 1985	64 800		80 400
1. 1. 1986 – 31. 12. 1986	67 200		82 800
1. 1. 1987 – 31. 12. 1987	68 400		85 200
1. 1. 1988 – 31. 12. 1988	72 000		87 600
1. 1. 1989 – 31. 12. 1989	73 200		90 000
1. 1. 1990 – 31. 12. 1990	75 600		93 600
1. 1. 1991 – 31. 12. 1991	78 000		96 000
1. 1. 1992 – 31. 12. 1992	81 600		100 800
1. 1. 1993 – 31. 12. 1993	86 400		106 800
1. 1. 1994 – 31. 12. 1994	91 200		112 800
1. 1. 1995 – 31. 12. 1995	93 600		115 200
1. 1. 1996 – 31. 12. 1996	96 000		117 600
1. 1. 1997 – 31. 12. 1997	98 400		121 200
1. 1. 1998 – 31. 12. 1998	100 800		123 600
1. 1. 1999 – 31. 12. 1999	102 000		124 800
1. 1. 2000 – 31. 12. 2000	103 200		127 200
1. 1. 2001 – 31. 12. 2001	104 400		128 400
1. 1. 2002 – 31. 12. 2002	54 000		66 600
1. 1. 2003 – 31. 12. 2003	61 200		75 000
1. 1. 2004 – 31. 12. 2004	61 800		76 200
1. 1. 2005 – 31. 12. 2005	62 400		76 800
1. 1. 2006 – 31. 12. 2006	63 000		77 400
1. 1. 2007 – 31. 12. 2007	63 000		77 400
1. 1. 2008 – 31. 12. 2008	63 600		78 600
1. 1. 2009 – 31. 12. 2009	64 800		79 800
1. 1. 2010 – 31. 12. 2010	66 000		81 600
1. 1. 2011 – 31. 12. 2011	66 000		81 000
1. 1. 2012 – 31. 12. 2012	67 200		82 800
1. 1. 2013 – 31. 12. 2013	69 600		85 200
1. 1. 2014 – 31. 12. 2014	71 400		87 600
1. 1. 2015 – 31. 12. 2015	72 600		89 400
1. 1. 2016 – 31. 12. 2016	74 400		91 800
1. 1. 2017 – 31. 12. 2017	76 200		94 200
1. 1. 2018 – 31. 12. 2018	78 000		96 000

Anlage 2a

Jährliche Beitragsbemessungsgrenzen des Beitrittsgebiets in Euro/DM

Zeitraum	Allgemeine Rentenversicherung	Knappschaftliche Rentenversicherung
1. 7. 1990 – 31. 12. 1990	32 400	32 400
1. 1. 1991 – 30. 6. 1991	36 000	36 000
1. 7. 1991 – 31. 12. 1991	40 800	40 800
1. 1. 1992 – 31. 12. 1992	57 600	70 800
1. 1. 1993 – 31. 12. 1993	63 600	78 000
1. 1. 1994 – 31. 12. 1994	70 800	87 600
1. 1. 1995 – 31. 12. 1995	76 800	93 600
1. 1. 1996 – 31. 12. 1996	81 600	100 800
1. 1. 1997 – 31. 12. 1997	85 200	104 400
1. 1. 1998 – 31. 12. 1998	84 000	103 200
1. 1. 1999 – 31. 12. 1999	86 400	105 600
1. 1. 2000 – 31. 12. 2000	85 200	104 400
1. 1. 2001 – 31. 12. 2001	87 600	108 000
1. 1. 2002 – 31. 12. 2002	45 000	55 800
1. 1. 2003 – 31. 12. 2003	51 000	63 000
1. 1. 2004 – 31. 12. 2004	52 200	64 200
1. 1. 2005 – 31. 12. 2005	52 800	64 800
1. 1. 2006 – 31. 12. 2006	52 800	64 800
1. 1. 2007 – 31. 12. 2007	54 600	66 600
1. 1. 2008 – 31. 12. 2008	54 000	66 600
1. 1. 2009 – 31. 12. 2009	54 600	67 200
1. 1. 2010 – 31. 12. 2010	55 800	68 400
1. 1. 2011 – 31. 12. 2011	57 600	70 800
1. 1. 2012 – 31. 12. 2012	57 600	70 800
1. 1. 2013 – 31. 12. 2013	58 800	72 600
1. 1. 2014 – 31. 12. 2014	60 000	73 800
1. 1. 2015 – 31. 12. 2015	62 400	76 200
1. 1. 2016 – 31. 12. 2016	64 800	79 800
1. 1. 2017 – 31. 12. 2017	68 400	84 000
1. 1. 2018 – 31. 12. 2018	69 600	85 800

Anlage 2b

Jährliche Höchstwerte an Entgeltpunkten

Zeitraum	Allgemeine Rentenversicherung		Knappschaftliche Rentenversicherung
	Arbeiter	Angestellten	
1. 1. 1935 – 31. 12. 1935	1,2482	4,2553	
1. 1. 1936 – 31. 12. 1936	1,2451	4,0381	
1. 1. 1937 – 31. 12. 1937	1,2478	3,8793	
1. 1. 1938 – 31. 12. 1938	1,3867	3,6980	
1. 1. 1939 – 31. 12. 1939	1,4340	3,4417	
1. 1. 1940 – 31. 12. 1940	1,4360	3,3395	
1. 1. 1941 – 31. 12. 1941	1,4367	3,1345	
1. 1. 1942 – 30. 6. 1942	1,4338	3,1169	
1. 7. 1942 – 31. 12. 1942	1,5584	3,1169	
1. 1. 1943 – 31. 12. 1943	1,5491	3,0981	2,0654
1. 1. 1944 – 31. 12. 1944	1,5707	3,1414	2,0942
1. 1. 1945 – 31. 12. 1945	2,0247	4,0495	2,6997
1. 1. 1946 – 31. 12. 1946	2,0247	4,0495	2,6997
1. 1. 1947 – 28. 2. 1947	1,9640	3,9280	2,6187
1. 3. 1947 – 31. 12. 1947	1,9640	3,9280	3,9280
1. 1. 1948 – 31. 12. 1948	1,6224	3,2447	3,2447
1. 1. 1949 – 31. 5. 1949	1,2685	2,5370	2,5370
1. 6. 1949 – 31. 12. 1949	2,5370		2,9598
1. 1. 1950 – 31. 12. 1950	2,2778		2,6574
1. 1. 1951 – 31. 12. 1951	2,0117		2,3470
1. 1. 1952 – 31. 8. 1952	1,8692		2,1807
1. 9. 1952 – 31. 12. 1952	2,3364		3,1153
1. 1. 1953 – 31. 12. 1953	2,2162		2,9549
1. 1. 1954 – 31. 12. 1954	2,1256		2,8342
1. 1. 1955 – 31. 12. 1955	1,9789		2,6385
1. 1. 1956 – 31. 12. 1956	1,8580		2,4773
1. 1. 1957 – 31. 12. 1957	1,7847		2,3795
1. 1. 1958 – 31. 12. 1958	1,6886		2,2514
1. 1. 1959 – 31. 12.1959	1,7137		2,1421
1. 1. 1960 – 31. 12. 1960	1,6719		1,9669
1. 1. 1961 – 31. 12. 1961	1,6064		1,9634
1. 1. 1962 – 31. 12. 1962	1,5557		1,8013
1. 1. 1963 – 31. 12. 1963	1,5434		1,8521
1. 1. 1964 – 31. 12. 1964	1,5590		1,9842
1. 1. 1965 – 31. 12. 1965	1,5603		1,9504
1. 1. 1966 – 31. 12. 1966	1,5769		1,9408
1. 1. 1967 – 31. 12. 1967	1,6440		1,9963
1. 1. 1968 – 31. 12. 1968	1,7709		2,1029
1. 1. 1969 – 31. 12. 1969	1,7231		2,0272
1. 1. 1970 – 31. 12. 1970	1,6188		1,8886
1. 1. 1971 – 31. 12. 1971	1,5270		1,8485
1. 1. 1972 – 31. 12. 1972	1,5427		1,8365
1. 1. 1973 – 31. 12. 1973	1,5086		1,8366
1. 1. 1974 – 31. 12. 1974	1,4720		1,8252
1. 1. 1975 – 31. 12. 1975	1,5407		1,8709

Anlage 2b — SGB VI: Gesetzliche Rentenversicherung

Zeitraum	Allgemeine Rentenversicherung		Knappschaftliche Rentenversicherung
	Arbeiter	Angestellten	
1. 1. 1976 – 31. 12. 1976	1,5942		1,9541
1. 1. 1977 – 31. 12. 1977	1,6356		2,0204
1. 1. 1978 – 31. 12. 1978	1,6919		2,1035
1. 1. 1979 – 31. 12. 1979	1,7338		2,0805
1. 1. 1980 – 31. 12. 1980	1,7093		2,0756
1. 1. 1981 – 31. 12. 1981	1,7087		2,0971
1. 1. 1982 – 31. 12. 1982	1,7517		2,1616
1. 1. 1983 – 31. 12. 1983	1,8022		2,1987
1. 1. 1984 – 31. 12. 1984	1,8197		2,2396
1. 1. 1985 – 31. 12. 1985	1,8364		2,2785
1. 1. 1986 – 31. 12. 1986	1,8347		2,2606
1. 1. 1987 – 31. 12. 1987	1,8131		2,2584
1. 1. 1988 – 31. 12. 1988	1,8511		2,2522
1. 1. 1989 – 31. 12. 1989	1,8271		2,2465
1. 1. 1990 – 31. 12. 1990	1,8023		2,2314

Jährliche Höchstwerte an Entgeltpunkten

Zeitraum	Allgemeine Rentenversicherung		Knappschaftliche Rentenversicherung	
	endgültige	vorläufige	endgültige	vorläufige
1. 1. 1991 – 31. 12. 1991	1,7559	1,7761	2,1611	2,1859
1. 1. 1992 – 31. 12. 1992	1,7428	1,7782	2,1529	2,1966
1. 1. 1993 – 31. 12. 1993	1,7933	1,7397	2,2168	2,1505
1. 1. 1994 – 31. 12. 1994	1,8558	1,7580	2,2954	2,1744
1. 1. 1995 – 31. 12. 1995	1,8474	1,8363	2,2738	2,2601
1. 1. 1996 – 31. 12. 1996	1,8577	1,8784	2,2756	2,3010
1. 1. 1997 – 31. 12. 1997	1,8871	1,8288	2,3244	2,2525
1. 1. 1998 – 31. 12. 1998	1,9046	1,8755	2,3354	2,2997
1. 1. 1999 – 31. 12. 1999	1,9063	1,9216	2,3324	2,3511
1. 1. 2000 – 31. 12. 2000	1,9021	1,8931	2,3444	2,3334
1. 1. 2001 – 31. 12. 2001		1,9092		2,3480
1. 1. 2002 – 31. 12. 2002		1,8935		2,3354

Der Gesetzgeber hat die Anlage 2b seit dem Kalenderjahr 2003 nicht mehr fortgeführt. Die Entgeltpunkte ergeben sich aus folgender Berechungsregel nach § 70 Abs. 1 SGB VI:
jährliche Beitragsbemessungsgrenze (West) für die Rentenversicherung ÷ Durchschnittsentgelt (siehe Anlage 1 SGB VI).

Anlage 3

Entgeltpunkte für Beiträge nach Lohn-, Beitrags- oder Gehaltsklassen

1. Rentenversicherung der Arbeiter

Zeitraum	Lohn- oder Beitragsklassen (Wochenbeiträge)											
	I (1)	II (2)	III (3)	IV (4)	V (5)	VI (6)	VII	VIII	IX	X	XI	XII
1. 1. 1891 – 31. 12. 1899	0,0071	0,0118	0,0178	0,0305	0,0306							
1. 1. 1900 – 31. 12. 1906	0,0061	0,0099	0,0152	0,0220	0,0263							
1. 1. 1907 – 30. 9. 1921	0,0044	0,0070	0,0108	0,0155	0,0164	0,0223						
1. 1. 1924 – 31. 12. 1933	0,0029	0,0055	0,0089	0,0122	0,0138	0,0169	0,0200					
1. 1. 1934 – 27. 6. 1942	0,0026	0,0045	0,0076	0,0108	0,0128	0,0157	0,0200	0,0240	0,0276	0,0292		
28. 6. 1942 – 29. 5. 1949	0,0024	0,0043	0,0071	0,0100	0,0118	0,0157	0,0185	0,0214	0,0244	0,0271		
30. 5. 1949 – 31. 12. 1954	0,0014	0,0024	0,0041	0,0057	0,0082	0,0114	0,0163	0,0228	0,0294	0,0359	0,0424	0,0534
1. 1. 1955 – 31. 12. 1955	0,0011	0,0020	0,0033	0,0046	0,0066	0,0092	0,0132	0,0185	0,0237	0,0290	0,0343	
1. 1. 1956 – 31. 12. 1956	0,0010	0,0019	0,0031	0,0043	0,0062	0,0087	0,0124	0,0173	0,0223	0,0273	0,0322	
1. 1. 1957 – 28. 2. 1957	0,0010	0,0018	0,0030	0,0042	0,0059	0,0083	0,0119	0,0167	0,0214	0,0262	0,0309	

2. Rentenversicherung der Angestellten

Zeitraum	Gehalts- oder Beitragsklassen (Monatsbeiträge)											
	I (A)	II (B)	III (C)	IV (D)	V (E)	VI (F)	VII (G)	VII (H)	IX (J)	X (K)	XI	XII
1. 1. 1913 – 31. 7. 1921	0,0254	0,0443	0,0632	0,0824	0,1085	0,1400	0,1714	0,2159	0,2824	0,4513		
1. 1. 1924 – 31. 12. 1933	0,0151	0,0421	0,0835	0,1380	0,1975	0,2441	0,2996	0,3575	0,3982	0,4357		
1. 1. 1934 – 31. 12. 1942	0,0136	0,0389	0,0761	0,1265	0,1776	0,2291	0,2816	0,3332	0,3844	0,4037		
1. 7. 1942 – 31. 5. 1949	0,0119	0,0360	0,0716	0,1188	0,1663	0,2143	0,2617	0,3087	0,3562	0,1509	0,1809	0,2223
1. 6. 1949 – 31. 12. 1954	0,0034	0,0102	0,0170	0,0238	0,0340	0,0476	0,0679	0,0951	0,1223	0,1237	0,1512	
1. 1. 1955 – 31. 12. 1955	0,0027	0,0082	0,0137	0,0192	0,0275	0,0385	0,0550	0,0770	0,0989	0,1161	0,1419	
1. 1. 1956 – 31. 12. 1956	0,0026	0,0077	0,0129	0,0181	0,0258	0,0361	0,0516	0,0723	0,0929	0,1115	0,1363	
1. 1. 1957 – 28. 2. 1957	0,0025	0,0074	0,0124	0,0174	0,0248	0,0347	0,0496	0,0694	0,0892			

3. Knappschaftliche Rentenversicherung

Arbeiter

Zeitraum	I	II	III	IV	V	VI	VII	VIII	IX	X
					Beitragsklasse					
bis 30. 9. 1921	0,0446	0,0595	0,0743	0,0892	0,1040	0,1189	0,1338			
1. 1. 1924 – 30. 6. 1926	0,0446	0,0595	0,0743	0,0892	0,1040	0,1189	0,1338	0,1387	0,1533	0,1705
1. 7. 1926 – 31. 12. 1938	0,0405	0,0541	0,0676	0,0811	0,0946	0,1081	0,1216	0,1062	0,1173	
1. 1. 1939 – 31. 12. 1942	0,0279	0,0391	0,0503	0,0615	0,0726	0,0838	0,0950			

Angestellte

Zeitraum	A	B	C	D	E	F	G	H	J	K
					Gehaltsklasse					
bis 31. 7. 1921	0,0223	0,0446	0,0892	0,1486	0,2081	0,2378	0,2378	0,2378		
1. 1. 1924 – 30. 6. 1926	0,0223	0,0446	0,0892	0,1486	0,2081	0,2378	0,2378	0,2378	0,2173	0,2173
1. 7. 1926 – 31. 12. 1938	0,0203	0,0405	0,0811	0,1351	0,1892	0,2162	0,2162	0,2175		
1. 1. 1939 – 31. 12. 1942	0,0168	0,0335	0,0671	0,1118	0,1565	0,1788	0,1788			
Doppelversicherung* 1. 1. 1924 – 30. 6. 1926	0,0297	0,0595	0,1189	0,1982	0,2774	0,3171	0,3171	0,3171		

*) Diese Werte sind nur anzusetzen, wenn neben Beiträgen zur knappschaftlichen Pensionsversicherung der Angestellten Beiträge zur Rentenversicherung der Angestellten gezahlt sind.

Anlage 4

Beitragsbemessungsgrundlage für Beitragsklassen

Bezeichnung der Beitragsklasse			Beitragsbemessungs-grundlage DM
I			12,50
II			50
III	A	100	100
IV			150
V	B	200	200
VI			250
VII	C	300	300
VIII			350
IX	D	400	400
X			450
XI	E	500	500
XII			550
XIII	F	600	600
XIV			650
XV	G	700	700
XVI	H		750
XVII	J	800	800
XVIII	K		850
XIX	L	900	900
XX	M		950
XXI	N	1000	1000
XXII	O		1050
XXIII	P	1100	1100
XXIV	Q		1150
XXV	R	1200	1200
XXVI	S		1250
XXVII	T	1300	1300
XXVIII	U		1350
XXIX	V	1400	1400
		1500	1500
		1600	1600
		1700	1700
		1800	1800
		1900	1900
		2000	2000
		2100	2100
		2200	2200
		2300	2300
		2400	2400
		2500	2500
		2600	2600
		2800	2800
		3100	3100

Anlage 5

Entgeltpunkte für Berliner Beiträge

1. Freiwillige Beiträge zur Versicherungsanstalt Berlin

Zeitraum	Beitragswert zur Rentenversicherung (Gesamtbeitragswert zur Kranken- und Rentenversicherung)	
	6 (12) RM/DM	12 (20) RM/DM
1. 7. 1945 – 31. 5. 1949	0,0360	0,1188
1. 6. 1949 – 31. 12. 1950	0,0170	0,0340

2. Beiträge nach Beitragsklassen

Zeitraum	I/II	III	IV	V	VI	VII	VIII	IX	X	XI	XII
						Monatsbeiträge					
1. 6. 1949 – 31. 12. 1954	0,0102	0,0170	0,0238	0,0340	0,0476	0,0679	0,0951	0,1223	0,1509	0,1809	0,2223
						Wochenbeiträge					
1. 6. 1949 – 31. 12. 1954	0,0024	0,0041	0,0057	0,0082	0,0114	0,163	0,0228	0,0294	0,0359	0,0424	0,0534

Anlage 6

Werte zur Umrechnung der Beitragsbemessungsgrundlagen von Franken in Deutsche Mark

Jahr	Umrechnungswert
1947	0,0143
1948	0,0143
1949	0,0147
1950	0,0148
1951	0,0127
1952	0,0113
1953	0,0112
1954	0,0113
1955	0,0113
1956	0,0108
1957	0,0103
1958	0,0093
1959	0,0091

Anlage 7

Entgeltpunkte für saarländische Beiträge

1. Rentenversicherung der Arbeiter

Beitragsklassen/Beitragswert in Franken
(Wochenbeiträge)

Zeitraum	Lohn- oder Beitragsklassen									
	I	II	III	IV	V	VI	VII	VIII	IX	X
20.11.1947 – 30.4.1948	0,0027	0,0054	0,0080	0,0107	0,0134	0,0161	0,0188	0,0215	0,0241	0,0268
1.5.1948 – 31.12.1950	0,0021	0,0041	0,0062	0,0082	0,0103	0,0123	0,0144	0,0164	0,0185	0,0205
1.1.1951 – 31.8.1951	0,0014	0,0028	0,0042	0,0056	0,0070	0,0083	0,0097	0,0111	0,0125	0,0139
1.9.1951 – 31.12.1951	0,0015	0,0030	0,0045	0,0067	0,0097	0,0126	0,0156	0,0186	0,0215	0,0245

Zeitraum	Lohn- oder Beitragsklassen									
	XI	XII	XIII	XIV	XV	XVI	XVII	XVIII	XIX	XX
20.11.1947 – 30.4.1948	0,0226	0,0247	0,0267	0,0288	0,0308	0,0223	0,0236	0,0250	0,0355	0,0436
1.5.1948 – 31.12.1950	0,0153	0,0167	0,0181	0,0195	0,0208					
1.1.1951 – 31.8.1951	0,0275	0,0304	0,0371	0,0436	0,0516					
1.9.1951 – 31.12.1951										

(Monatsbeiträge)

Zeitraum	Lohn- oder Beitragsklassen											
	1	2	3	4	5	6	7	8	9	10	11	12
1.1.1952 – 31.12.1955	0,0098	0,0197	0,0394	0,0591	0,0788	0,0984	0,1181	0,1575	0,1969	0,2363	0,1861	0,2482
1.1.1956 – 31.12.1956	0,0078	0,0155	0,0310	0,0465	0,0620	0,0776	0,0931	0,1008	0,1241	0,1551	0,1705	0,2273
1.1.1957 – 31.8.1957	0,0071	0,0142	0,0284	0,0426	0,0568	0,0710	0,0852	0,0924	0,1137	0,1421		

SGB VI: Gesetzliche Rentenversicherung — Anlage 7

2. Rentenversicherung der Angestellten

Beitragsklassen/Beitragswert in Franken (Monatsbeiträge)

Zeitraum	Gehalts- oder Beitragsklassen									
	A (1)	B (2)	C (3)	D (4)	E (5)	F (6)	G (7)	H (8)	J (9)	K (10)
1. 12. 1947 – 30. 4. 1948	0,0112	0,0224	0,0336	0,0449	0,0561	0,0673	0,0785	0,0897	0,1009	0,1122
1. 5. 1948 – 31. 12. 1950	0,0088	0,0176	0,0264	0,0352	0,0440	0,0528	0,0617	0,0705	0,0793	0,0881
1. 1. 1951 – 31. 8. 1951	0,0060	0,0119	0,0179	0,0238	0,0298	0,0358	0,0417	0,0477	0,0537	0,0596
1. 9. 1951 – 31. 12. 1951	0,0064	0,0128	0,0193	0,0289	0,0418	0,0547	0,0676	0,0805	0,0934	0,1063
1. 1. 1952 – 31. 12. 1955	0,0098	0,0197	0,0394	0,0591	0,0788	0,0984	0,1181	0,1575	0,1969	0,2363
1. 1. 1996 – 31. 12. 1956	0,0078	0,0155	0,0310	0,0465	0,0620	0,0776	0,0931	0,1008	0,1241	0,1551
1. 1. 1957 – 31. 8. 1957	0,0071	0,0142	0,0284	0,0426	0,0568	0,0710	0,0852	0,0924	0,1137	0,1421

Zeitraum	Gehalts- oder Beitragsklassen									
	L (11)	M (12)	N	O	P	Q	R	S	T	U
1. 12. 1947 – 30. 4. 1948	0,1335	0,1669	0,2003	0,1233	0,1321	0,1573	0,1835	0,2097	0,1290	0,1452
1. 5. 1948 – 31. 12. 1950	0,0969	0,1057	0,1145	0,0835	0,0894	0,0954	0,1013	0,1129		
1. 1. 1951 – 31. 8. 1951	0,0656	0,0715	0,0775	0,1936	0,2258					
1. 9. 1951 – 31. 12. 1951	0,1193	0,1322	0,1613							
1. 1. 1952 – 31. 12. 1955										
1. 1. 1956 – 31. 12. 1956	0,1861	0,2482								
1. 1. 1957 – 31. 8. 1957	0,1705	0,2273								

3. Landwirteversorgung

Zeitraum	Lohn- oder Beitragsklassen										
	2	3	4	5	6	7	8	9	10	11	12
1. 1. 1954 – 31. 12. 1955	0,0197	0,0394	0,0591	0,0788	0,0984	0,1181	0,1575	0,1969	0,2363	0,1861	0,2482
1. 1. 1956 – 31. 12. 1956	0,0155	0,0310	0,0465	0,0620	0,0776	0,0931	0,1008	0,1241	0,1551	0,1705	0,2273
1. 1. 1957 – 31. 8. 1957	0,0142	0,0284	0,0426	0,0568	0,0710	0,0852	0,0924	0,1137	0,1421	0,1705	0,2273
1. 9. 1957 – 31. 12. 1957	0,0142	0,0284	0,0426	0,0568	0,0710	0,0852	0,0924	0,1137	0,1421	0,1457	0,1942
1. 1. 1958 – 31. 12. 1958	0,0121	0,0243	0,0364	0,0486	0,0607	0,0728	0,0789	0,0971	0,1214	0,1356	0,1808
1. 1. 1959 – 31. 12. 1959	0,0113	0,0226	0,0339	0,0452	0,0565	0,0678	0,0735	0,0904	0,1130	0,1164	0,1552
1. 1. 1960 – 31. 12. 1960	0,0097	0,0194	0,0291	0,0388	0,0485	0,0582	0,0630	0,0776	0,0970	0,1056	0,1408
1. 1. 1961 – 31. 12. 1961	0,0088	0,0176	0,0264	0,0352	0,0440	0,0528	0,0572	0,0704	0,0880	0,0969	0,1292
1. 1. 1962 – 31. 12. 1962	0,0081	0,0162	0,0242	0,0323	0,0404	0,0485	0,0525	0,0646	0,0808	0,0913	0,1218
1. 1. 1963 – 31. 3. 1963	0,0076	0,0152	0,0228	0,0304	0,0381	0,0457	0,0495	0,0609	0,0761		

Anlage 8

Lohn-, Beitrags- oder Gehaltsklassen und Beitragsbemessungsgrundlagen in RM/DM für Sachbezugszeiten, in denen der Versicherte nicht Lehrling oder Anlernling war

Zeitraum	Rentenversicherung der Arbeiter					Rentenversicherung der Angestellten	
	Arbeiter *) in der Gruppe			Arbeiterinnen **) in der Gruppe		Angestellte	
	1	2	3	1	2	männlich	weiblich
1. 1. 1891 – 31. 12. 1899	IV	III	III	III	II	D	B
1. 1. 1900 – 31. 12. 1906	IV	IV	III	III	III	D	C
1. 1. 1907 – 31. 7. 1921	V	V	IV	III	III	E	C
1. 8. 1921 – 30. 9. 1921	V	V	IV	III	III	–	–
1. 1. 1924 – 31. 12. 1925	V	V	IV	IV	III	C	B
1. 1. 1926 – 31. 12. 1927	VI	V	V	IV	IV	C	C
1. 1. 1928 – 31. 12. 1933	VII	VI	V	IV	IV	C	C
1. 1. 1934 – 31. 12. 1938	VI	V	V	IV	IV	C	C
1. 1. 1939 – 28./30. 6. 1942	VII	VI	V	V	IV	D	C
1942	2124	1824	1500	1428	1176	2604	1776
1943	2160	1860	1536	1440	1188	2628	1788
1944	2160	1860	1548	1452	1200	2604	1764
1945	1872	1608	1368	1272	1068	2028	1368
1946	1992	1716	1452	1308	1116	2016	1332
1947	2088	1788	1536	1344	1152	2088	1380
1948	2424	2076	1776	1584	1344	2544	1668
1949	2916	2508	2124	1896	1620	3264	2136
1950	2976	2556	2124	1992	1668	3612	2604
1951	3396	2916	2412	2280	1908	4092	2940
1952	3672	3156	2592	2460	2052	4380	3156
1953	3828	3300	2688	2568	2100	4584	3324
1954	3972	3420	2772	2664	2148	4740	3456
1955	4308	3708	2976	2844	2328	4848	3528
1956	4596	3948	3144	3048	2484	5124	3744

Angestellte

Zeitraum	männlich	weiblich
1. 1. 1891 – 31. 12. 1899	IV	II
1. 1. 1900 – 31. 12. 1906	IV	III
1. 1. 1907 – 31. 12. 1912	V	III

*) Arbeiter in der Rentenversicherung der Arbeiter

Gruppe 1

Arbeiter, die aufgrund ihrer Fachausbildung ihre Arbeiten unter eigener Verantwortung selbständig ausführen.
Hierzu gehören u. a.:
Landwirtschaftsmeister
Melkermeister und Alleinmelker
Meister der Tierzucht, des Brennerei- und Molkereifaches, der Gärtner-, Kellerei- und Weinbauberufe
Handwerksmeister
Haumeister
Gruppe 2

Arbeiter, die aufgrund einer abgeschlossenen Lehre oder mehr als sechsjähriger Berufserfahrung alle anfallenden Arbeiten beherrschen und ohne Anleitung verrichten, die motorgetriebene landwirtschaftliche Maschinen bedienen, pflegen oder reparieren, sowie Aufsichtskräfte und Arbeiter, die mit Spezialarbeiten beschäftigt werden.
Hierzu gehören u. a.:
landwirtschaftlicher Gehilfe
Gehilfe und Spezialarbeiter der Tierzucht, des Brennerei- und Molkereifaches, der Gärtner-, Kellerei- und Weinbauberufe
Vorarbeiter einschließlich „Baumeister"
Treckerfahrer (früher Gespannführer)
Kraftfahrer
Landarbeiter mit Facharbeiterbrief oder mehr als sechsjähriger Berufserfahrung
Waldarbeiter, Waldarbeitergehilfe und angelernter Waldarbeiter mit mehr als sechsjähriger Berufserfahrung
Gruppe 3
Arbeiter, die mit einfachen, als Hilfsarbeiten zu bewertenden Arbeiten beschäftigt sind, sowie alle sonstigen Arbeiter, die nicht nach der Leistungsgruppe 1 oder 2 einzustufen sind.
Hierzu gehören u. a.:
Landarbeiter mit weniger als sechsjähriger Berufserfahrung
Hilfsarbeiter
angelernter Waldarbeiter mit weniger als sechsjähriger Berufserfahrung
ungelernter Waldarbeiter
**) Arbeiterinnen in der Rentenversicherung der Arbeiter
Gruppe 1
Arbeiterinnen, die aufgrund einer abgeschlossenen Lehre oder mehr als sechsjähriger Berufserfahrung alle anfallenden Arbeiten beherrschen und ohne Anleitung verrichten, die motorgetriebene landwirtschaftliche Maschinen bedienen, pflegen oder reparieren, sowie Aufsichtskräfte und Arbeiterinnen, die mit Spezialarbeiten beschäftigt werden.
Hierzu gehören u. a.:
Gehilfin
Wirtschafterin
Vorarbeiterin
Spezialarbeiterin
Landarbeiterin mit Facharbeiterbrief oder mehr als sechsjähriger Berufserfahrung
Hausgehilfin (auch außerhalb der Landwirtschaft) mit mehr als sechsjähriger Berufserfahrung
angelernte Waldarbeiterin mit mehr als sechsjähriger Berufserfahrung
Gruppe 2
Arbeiterinnen, die mit einfachen, als Hilfsarbeiten zu bewertenden Arbeiten beschäftigt sind, sowie alle sonstigen Arbeiterinnen, die nicht nach der Leistungsgruppe 1 einzustufen sind.
Hierzu gehören u. a.:
Landarbeiterin mit weniger als sechsjähriger Berufserfahrung
Hausgehilfin (auch außerhalb der Landwirtschaft) mit weniger als sechsjähriger Berufserfahrung
Hilfsarbeiterin
angelernte Waldarbeiterin mit weniger als sechsjähriger Berufserfahrung
ungelernte Waldarbeiterin

SGB VI: Gesetzliche Rentenversicherung — Anlage 9

Anlage 9

Folgende im Gebiet der Bundesrepublik Deutschland ohne das Beitrittsgebiet ausgeübte Arbeiten vor dem 1. Januar 1969 sind

I. Hauerarbeiten:

1. Bezeichnung des Versicherten und erforderliche Beschäftigungsmerkmale

Übliche Bezeichnung:	Erforderliche Merkmale der Beschäftigung:
Abdämmer	Bohr- und Schießarbeiten im Steinkohlenbergbau Saar
Abteilungssteiger	Nummer 8
Anlernhauer	
Anschläger unter Tage	Auffahren beladener Förderwagen ohne mechanische Hilfe in knappschaftlichen Betrieben der Industrie der Steine und Erden und Nummer 1
Aufsichtshauer	Nummern 1, 3 und 4
Ausbildungshauer	überwiegender Einsatz unter Tage
Ausbildungssteiger	überwiegende Beschäftigung unter Tage in der Berufsausbildung
Bandmeister	im Streb- oder Streckenvortrieb
Bandverleger	Nummern 1 und 3
Bediener von Gewinnungs-, Streckenvortriebs- oder Lademaschinen	Nummern 1, 3 und 4; 1 und 3
Berauber	im Kali- oder Steinsalzbergbau und Nummer 4
Betriebsführer unter Tage	Nummer 8
Blaser	Nummern 1 und 3
Blindschachtreparaturhauer	ständige Reparaturarbeiten in Blind- oder Schrägschächten und Nummern 2 und 4
Bohrer	Nummern 1, 3 und 4 oder 1 und 3
Bohrmeister	Nummer 5 (einschließlich Streckenvortrieb) oder 6 oder 7
Drittelführer	Nummern 1, 3 und 4
Elektrohauer	Nummern 1, 5 oder 6 oder beim Streckenvortrieb
Elektrosteiger	Nummer 8
Fahrer von Gewinnungs-, Streckenvortriebs- oder Lademaschinen	Nummern 1, 3 und 4; 1 und 3
Fahrhauer	Nummern 1, 3 und 4; 8
Fahrsteiger	Nummer 8
Firstankernagler	im Erz-, Kali- oder Steinsalzbergbau
Firstankerrauber	im Erz-, Kali- oder Steinsalzbergbau
Gedingeschlepper	Nummern 1 und 3
Grubensteiger	Nummer 8
Hauer	Nummern 1, 3 und 4
Kastler	Raub- oder Umsetzarbeiten in unter starkem Druck stehenden abzuwerfenden Strecken in Abbauen oder in Blindschächten und Nummer 2
Knappe	Nummern 1 und 3
Kohlenstoßtränker	Nummern 1, 3 und 4
Lehrhauer	Nummern 1 und 3
Maschinenhauer	Nummer 1, 5 oder 6 oder beim Streckenvortrieb

Übliche Bezeichnung:	Erforderliche Merkmale der Beschäftigung:
Maschinensteiger	Nummer 8
Maurer	in knappschaftlichen Betrieben der Industrie der Steine und Erden und Nummer 1
Meister im Elektro- oder Maschinenbetrieb	im Steinkohlenbergbau Saar, Nummer 5 oder 6 oder beim Streckenvortrieb
Meisterhauer	überwiegender Einsatz unter Tage
Neubergmann	Nummern 1 und 3
Oberhauer	
Obersteiger unter Tage	Nummer 8
Partiemann	
Pfeilerrücker	Nummern 1 und 3
Rauber	Nummern 1, 3 und 4; 1 und 3; 2 und Raub- oder Umsetzarbeiten in unter starkem Druck stehenden abzuwerfenden Strecken, in Abbauen oder Blindschächten
Reviersteiger	Nummer 8
Rohrleger	Nummern 1 und 3
Rutschenverleger	Nummern 1 und 3
Rolllochmaurer	im Erzbergbau oder in knappschaftlichen Betrieben der Industrie der Steine und Erden und Nummer 1
Rutschenmeister	
Schachthauer	ständige Reparaturarbeiten im Schacht und Nummer 4
Schachtsteiger	Nummer 8
Schießmeister	
Schießsteiger	überwiegende Beaufsichtigung der durchzuführenden Schießarbeiten
Schrapperfahrer	im Kali- oder Steinsalzbergbau und Nummer 1
Stapelreparaturhauer	ständige Reparaturarbeiten in Blind- oder Schrägschächten und Nummern 2 und 4
Stempelwart	
Stückenschießer	im Kali- oder Steinsalzbergbau und Nummer 4
Umsetzer	Nummern 1 und 3
Vermessungssteiger	überwiegend unter Tage
Versetzer	Nummern 1 und 3
Wettermann	im Pech- oder Steinkohlenbergbau
Wettersteiger	im Pech- oder Steinkohlenbergbau
ohne Bezeichnung:	ständige Reparaturarbeiten im Schacht; ständige Reparaturarbeiten in Blind- oder Schrägschächten und Nummer 2; Zimmer-, Reparatur- oder sonstige Instandsetzungsarbeiten im Abbau, beim Streckenvortrieb oder in der Aus- und Vorrichtung und Nummer 2; Aufwältigungs- und Gewältigungsarbeiten und Nummer 2; Erweitern von Strecken und Nummer 2; Nachreißarbeiten und Nummer 2.

Es ist unschädlich, wenn der Versicherte unter einer anderen Bezeichnung als der üblichen beschäftigt war, sofern seine Beschäftigung den erforderlichen Merkmalen entspricht.

2. Beschreibung der in Nummern bezeichneten Beschäftigungsmerkmale

1. Beschäftigung im Gedinge oder zu besonders vereinbartem Lohn (fester Lohn, der infolge besonders gelagerter Verhältnisse an Stelle eines regelrechten Gedinges gezahlt wurde und im Rahmen des möglichen Gedingeverdienstes lag),

SGB VI: Gesetzliche Rentenversicherung Anlage 9

2. Beschäftigung gegen einen Lohn, der mindestens dem höchsten tariflichen Schichtlohn entsprach,
3. Beschäftigung im Abbau (bei der Gewinnung, beim Ausbau, bei Raubarbeiten, beim Umbau der Fördermittel oder beim Gewinnen und Einbringen des Versatzes; auch bei planmäßiger Versatzgewinnung in besonderen Bergemühlen unter Tage außerhalb des Abbaues) oder beim Streckenvortrieb oder auch in der Aus- und Vorrichtung,
4. Beschäftigung als Besitzer eines Hauerscheins oder, soweit für die einzelne Bergbauart der Besitz eines Hauerscheins für die Ausübung von Hauerarbeiten nicht eingeführt war, als durch den Betrieb im Einvernehmen mit der Bergbehörde einem Hauer Gleichgestellter,
5. Beschäftigung im Abbau,
6. Beschäftigung in der Aus- und Vorrichtung,
7. Beschäftigung bei der Entgasung,
8. tägliche Beaufsichtigung von Personen, die Arbeiten unter den in den Nummern 1 bis 7 genannten Bedingungen ausführten, und zwar während des überwiegenden Teils der Schicht.

II. Gleichgestellte Arbeiten:

Hauerarbeiten sind auch Zeiten, in denen ein Versicherter

1. vor Ablegen seiner Hauerprüfung als Knappe unter Tage beschäftigt war, wenn er nach der Hauerprüfung eine der unter I. bezeichneten Beschäftigungen ausübte,
2. der für den Einsatz unter Tage bestimmten Grubenwehr – nicht nur als Gerätewart – angehörte,
3. Mitglied des Betriebsrates war, bisher eine der unter I. oder Nummer 1 genannten Beschäftigungen ausübte und wegen der Betriebsratstätigkeit hiervon freigestellt wurde,
4. bis zu drei Monaten im Kalenderjahr eine sonstige Beschäftigung ausübte, wenn er aus betrieblichen Gründen aus einer unter I. oder Nummer 1 genannten Beschäftigung herausgenommen wurde.

Anlage 10

Werte zur Umrechnung der Beitragsbemessungsgrundlagen des Beitrittsgebiets

Jahr	Umrechnungswert	Vorläufiger Umrechnungswert
1945	1,0000	
1946	1,0000	
1947	1,0000	
1948	1,0000	
1949	1,0000	
1950	0,9931	
1951	1,0502	
1952	1,0617	
1953	1,0458	
1954	1,0185	
1955	1,0656	
1956	1,1029	
1957	1,1081	
1958	1,0992	
1959	1,0838	
1960	1,1451	
1961	1,2374	
1962	1,3156	
1963	1,3667	
1964	1,4568	
1965	1,5462	
1966	1,6018	
1967	1,5927	
1968	1,6405	
1969	1,7321	
1970	1,8875	
1971	2,0490	
1972	2,1705	
1973	2,3637	
1974	2,5451	
1975	2,6272	
1976	2,7344	
1977	2,8343	
1978	2,8923	
1979	2,9734	
1980	3,1208	
1981	3,1634	
1982	3,2147	
1983	3,2627	
1984	3,2885	
1985	3,3129	
1986	3,2968	
1987	3,2548	
1988	3,2381	
1989	3,2330	

SGB VI: Gesetzliche Rentenversicherung Anlage 10

Jahr	Umrechnungswert	Vorläufiger Umrechnungswert
1. Halbjahr 1990	3,0707	
2. Halbjahr 1990	2,3473	
1991	1,7235	1,8644
1992	1,4393	1,4652
1993	1,3197	1,3739
1994	1,2687	1,2913
1995	1,2317	1,2302
1996	1,2209	1,1760
1997	1,2089	1,1638
1998	1,2113	1,2001
1999	1,2054	1,1857
2000	1,2030	1,2160
2001	1,2003	1,1937
2002	1,1972	1,1983
2003	1,1943	1,1949
2004	1,1932	1,1912
2005	1,1827	1,1885
2006	1,1827	1,1911
2007	1,1841	1,1622
2008	1,1857	1,1827
2009	1,1712	1,1868
2010	1,1726	1,1889
2011	1,1740	1,1429
2012	1,1785	1,1754
2013	1,1762	1,1767
2014	1,1665	1,1873
2015	1,1502	1,1717
2016	1,1415	1,1479
2017		1,1193
2018		1,248
2019	1,0840	
2020	1,0700	
2021	1,0560	
2022	1,0420	
2023	1,0280	
2024	1,0140	

Verdienst für freiwillige Beiträge im Beitrittsgebiet

Monatsbeitrag in Mark	entsprechender Verdienst im Zeitraum	
	1. Februar 1947 bis 31. Dezember 1961	1. Januar 1962 bis 31. Dezember 1990
3	15	keine Beitragszeit nach § 248
6	30	
9	45	
12	60	
15	75	75
18	90	90
21	105	105
24	120	120
27	135	135
30	150	150
36	180	180
42	210	210
48	240	240
54	270	270
60	300	300

Anlage 12

Gesamtdurchschnittseinkommen zur Umwertung der anpassungsfähigen Bestandsrenten des Beitrittsgebiets

Ende des 20-Jahres-zeitraumes		Gesamt-durchschnitts-einkommen	Ende des 20-Jahres-zeitraumes		Gesamt-durchschnitts-einkommen
Jahr	Monat		Jahr	Monat	
1991	2. Halbjahr	205 278	1968		97 328
1991	1. Halbjahr	197 966	1967		92 938
1990	2. Halbjahr	192 565	1966		88 355
1989		189 270	1965		83 957
1988		183 713	1964		82 093
1987		178 310	1963		80 195
1986		173 135	1962		78 220
1985		168 201	1961		76 146
1984		163 519	1960		73 979
1983		158 903	1959		71 651
1982		154 388	1958		69 211
1981		149 942	1957		66 897
1980		145 607	1956		64 704
1979		141 487	1955		62 390
1978		137 345	1954		59 838
1977		133 121	1953		56 925
1976		128 871	1952		53 963
1975		124 729	1951		50 863
1974		120 696	1950		47 404
1973		116 845	1949		43 340
1972		112 988	1948		38 867
1971		109 090	1947		36 110
1970		105 211	1946 und früher		35 560
1969		101 325			

Anlage 13

Definition der Qualifikationsgruppen

₁Versicherte sind in eine der nachstehenden Qualifikationsgruppen einzustufen, wenn sie deren Qualifikationsmerkmale erfüllen und eine entsprechende Tätigkeit ausgeübt haben. ₂Haben Versicherte aufgrund langjähriger Berufserfahrung Fähigkeiten erworben, die üblicherweise denen von Versicherten einer höheren Qualifikationsgruppe entsprechen, sind sie in diese Qualifikationsgruppe einzustufen.

Qualifikationsgruppe 1

Hochschulabsolventen

1. Personen, die in Form eines Direkt-, Fern-, Abend- oder externen Studiums an einer Universität, Hochschule, Ingenieurhochschule, Akademie oder an einem Institut mit Hochschulcharakter ein Diplom erworben oder ein Staatsexamen abgelegt haben.

2. Personen, denen aufgrund gesetzlicher Bestimmungen oder wissenschaftlicher Leistungen ein wissenschaftlicher Grad oder Titel zuerkannt worden ist (z. B. Attestation im Bereich Volksbildung, Dr. h. c., Professor).

3. Inhaber gleichwertiger Abschlusszeugnisse staatlich anerkannter höherer Schulen und Universitäten.

Hierzu zählen nicht Teilnehmer an einem verkürzten Sonderstudium (z. B. Teilstudium), das nicht mit dem Erwerb eines Diploms oder Staatsexamens abschloss.

Qualifikationsgruppe 2

Fachschulabsolventen

1. Personen, die an einer Ingenieur- oder Fachschule in einer beliebigen Studienform oder extern den Fachschulabschluss entsprechend den geltenden Rechtsvorschriften erworben haben und denen eine Berufsbezeichnung der Fachschulausbildung erteilt worden ist.

2. Personen, denen aufgrund gesetzlicher Bestimmungen im Beitrittsgebiet der Fachschulabschluss bzw. eine Berufsbezeichnung der Fachschulausbildung zuerkannt worden ist.

3. Personen, die an staatlich anerkannten mittleren und höheren Fachschulen außerhalb des Beitrittsgebiets eine Ausbildung abgeschlossen haben, die der Anforderung des Fachschulabschlusses im Beitrittsgebiet entsprach, und ein entsprechendes Zeugnis besitzen.

4. Technische Fachkräfte, die berechtigt die Berufsbezeichnung „Techniker" führen, sowie Fachkräfte, die berechtigt eine dem „Techniker" gleichwertige Berufsbezeichnung entsprechend der Systematik der Berufe im Beitrittsgebiet (z. B. Topograph, Grubensteiger) führten.

Hierzu zählen nicht Teilnehmer an einem Fachschulstudium, das nicht zum Fachschulabschluss führte, und Meister, auch wenn die Ausbildung an einer Ingenieur- oder Fachschule erfolgte.

Qualifikationsgruppe 3

Meister

Personen, die einen urkundlichen Nachweis über eine abgeschlossene Qualifikation als Meister bzw. als Meister des Handwerks besitzen bzw. denen aufgrund langjähriger Berufserfahrung entsprechend den gesetzlichen Bestimmungen im Beitrittsgebiet die Qualifikation als Meister zuerkannt wurde.

Hierzu zählen nicht in Meisterfunktion eingesetzte oder den Begriff „Meister" als Tätigkeitsbezeichnung führende Personen, die einen Meisterabschluss nicht haben (z. B. Platzmeister, Wagenmeister).

Qualifikationsgruppe 4

Facharbeiter

Personen, die über die Berufsausbildung oder im Rahmen der Erwachsenenqualifizierung nach abgeschlossener Ausbildung in einem Ausbildungsberuf die Facharbeiterprüfung bestanden haben und im Besitz eines Facharbeiterzeugnisses (Facharbeiterbrief) sind oder denen aufgrund langjähriger Berufserfahrung entsprechend den gesetzlichen Bestimmungen im Beitrittsgebiet die Facharbeiterqualifikation zuerkannt worden ist.

Hierzu zählen nicht Personen, die im Rahmen der Berufsausbildung oder der Erwachsenenqualifizierung auf Teilgebieten eines Ausbildungsberufes entsprechend der Systematik der Ausbildungsberufe im Beitrittsgebiet ausgebildet worden sind.

Qualifikationsgruppe 5

Angelernte und ungelernte Tätigkeiten

1. Personen, die in der Berufsausbildung oder im Rahmen der Erwachsenenqualifizierung eine Ausbildung auf Teilgebieten eines Ausbildungsberufes abgeschlossen haben und im Besitz eines entsprechenden Zeugnisses sind.
2. Personen, die in einer produktionstechnischen oder anderen speziellen Schulung für eine bestimmte Tätigkeit angelernt worden sind.
3. Personen ohne Ausbildung oder spezielle Schulung für die ausgeübte Tätigkeit.

Anlage 14

Bereich

Energie- und Brennstoffindustrie	Tabelle 1
Chemische Industrie	Tabelle 2
Metallurgie	Tabelle 3
Baumaterialienindustrie	Tabelle 4
Wasserwirtschaft	Tabelle 5
Maschinen- und Fahrzeugbau	Tabelle 6
Elektrotechnik/Elektronik/Gerätebau	Tabelle 7
Leichtindustrie (ohne Textilindustrie)	Tabelle 8
Textilindustrie	Tabelle 9
Lebensmittelindustrie	Tabelle 10
Bauwirtschaft	Tabelle 11
Sonstige produzierende Bereiche	Tabelle 12
Produzierendes Handwerk	Tabelle 13
Land- und Forstwirtschaft	Tabelle 14
Verkehr	Tabelle 15
Post- und Fernmeldewesen	Tabelle 16
Handel	Tabelle 17
Bildung, Gesundheitswesen, Kultur und Sozialwesen	Tabelle 18
Wissenschaft, Hoch- und Fachschulwesen	Tabelle 19
Staatliche Verwaltung und Gesellschaftliche Organisationen	Tabelle 20
Sonstige nichtproduzierende Bereiche	Tabelle 21
Landwirtschaftliche Produktionsgenossenschaften	Tabelle 22
Produktionsgenossenschaften des Handwerks	Tabelle 23

SGB VI: Gesetzliche Rentenversicherung

Anlage 14

Tabelle 1
Bereich: Energie- und Brennstoffindustrie

Jahr	Qualifikationsgruppe				
	1	2	3	4	5
1950	5 371	4 139	4 377	3 218	2 622
1951	5 995	4 746	4 976	3 675	3 005
1952	6 404	5 178	5 386	3 995	3 278
1953	6 745	5 550	5 728	4 267	3 513
1954	7 028	5 866	6 011	4 495	3 712
1955	7 582	6 406	6 518	4 892	4 052
1956	7 861	6 709	6 782	5 108	4 243
1957	7 981	6 872	6 902	5 216	4 343
1958	8 289	7 193	7 180	5 443	4 543
1959	8 545	7 465	7 408	5 632	4 712
1960	9 290	8 163	8 056	6 142	5 150
1961	10 150	8 966	8 800	6 727	5 651
1962	10 965	9 730	9 502	7 281	6 128
1963	11 689	10 415	10 120	7 773	6 553
1964	12 720	11 376	11 002	8 469	7 150
1965	13 691	12 285	11 826	9 123	7 712
1966	14 484	13 036	12 494	9 657	8 173
1967	14 656	13 227	12 623	9 776	8 282
1968	15 484	14 009	13 315	10 331	8 758
1969	16 593	15 046	14 244	11 071	9 392
1970	18 545	16 850	15 892	12 372	10 499
1971	20 341	18 516	17 400	13 567	11 516
1972	22 349	20 379	19 082	14 902	12 649
1973	25 037	22 866	21 338	16 688	14 161
1974	27 715	25 348	23 576	18 463	15 661
1975	30 138	27 149	24 314	19 244	16 560
1976	32 525	29 544	26 820	21 008	17 732
1977	35 012	32 063	29 439	22 876	18 959
1978	35 781	32 839	30 225	23 890	20 255
1979	36 981	34 055	31 412	25 166	22 029
1980	40 926	37 726	34 514	27 479	23 435
1981	43 557	40 222	36 538	28 911	24 049
1982	44 903	41 417	37 598	29 631	24 572
1983	46 165	42 545	38 570	30 305	25 066
1984	46 455	42 785	39 320	30 926	25 773
1985	46 723	43 018	40 297	31 387	26 847
1986	47 542	43 602	41 121	32 148	26 900
1987	49 929	45 662	43 249	34 009	27 929
1988	51 441	46 954	44 762	35 088	28 958
1989	52 290	47 678	45 704	35 757	29 662
I/90	26 612	24 265	23 261	18 199	15 097
II/90	30 833	28 113	26 949	21 084	17 491

Jahr	Qualifikationsgruppe (endgültige Werte)					Qualifikationsgruppe (vorläufige Werte)				
	1	2	3	4	5	1	2	3	4	5
1991	65 305	59 544	57 078	44 656	37 046	64 564	58 868	56 431	44 149	36 626
1992	68 831	62 759	60 160	47 067	39 046	67 463	61 511	58 965	46 132	38 270
1993	70 827	64 579	61 905	48 432	40 178	73 011	66 571	63 814	49 926	41 418
1994	72 244	65 871	63 143	49 401	40 982	76 265	69 537	66 657	52 150	43 263
1995	74 484	67 913	65 100	50 932	42 252	74 935	68 325	65 495	51 241	42 508
1996	75 974	69 271	66 402	51 951	43 097	75 134	68 506	65 669	51 377	42 621
1997	76 658	69 894	67 000	52 419	43 485	79 102	72 124	69 136	54 090	44 872
1998	77 808	70 942	68 005	53 205	44 137	79 013	72 042	69 058	54 029	44 821
1999	78 664	71 722	68 753	53 790	44 623	78 038	71 152	68 206	53 363	44 268
2000	79 765	72 726	69 716	54 543	45 248	80 142	73 070	70 045	54 801	45 461
2001	81 177	74 013	70 950	55 508	46 049	80 395	73 300	70 266	54 973	45 605

SGB VI: Gesetzliche Rentenversicherung Anlage 14

Tabelle 2
Bereich: Chemische Industrie

Jahr	Qualifikationsgruppe				
	1	2	3	4	5
1950	4 993	3 848	4 070	2 992	2 437
1951	5 574	4 412	4 627	3 417	2 794
1952	5 954	4 814	5 008	3 715	3 048
1953	6 272	5 160	5 326	3 967	3 266
1954	6 535	5 454	5 589	4 180	3 452
1955	7 046	5 952	6 056	4 546	3 765
1956	7 311	6 241	6 308	4 751	3 946
1957	7 430	6 398	6 426	4 856	4 044
1958	7 725	6 703	6 691	5 072	4 234
1959	7 971	6 963	6 910	5 253	4 396
1960	8 645	7 596	7 496	5 715	4 792
1961	9 332	8 242	8 090	6 184	5 195
1962	10 126	8 986	8 774	6 724	5 659
1963	10 778	9 603	9 331	7 167	6 042
1964	11 837	10 587	10 238	7 881	6 654
1965	12 824	11 507	11 078	8 546	7 224
1966	13 587	12 229	11 720	9 060	7 667
1967	13 723	12 385	11 819	9 154	7 754
1968	14 458	13 080	12 432	9 646	8 178
1969	15 538	14 089	13 338	10 367	8 794
1970	17 476	15 879	14 976	11 659	9 894
1971	19 219	17 495	16 440	12 819	10 881
1972	20 796	18 963	17 756	13 866	11 770
1973	23 306	21 285	19 863	15 534	13 182
1974	25 855	23 648	21 994	17 225	14 611
1975	28 383	25 568	22 898	18 124	15 596
1976	30 050	27 296	24 780	19 410	16 382
1977	32 282	29 562	27 143	21 092	17 481
1978	33 148	30 423	28 001	22 132	18 764
1979	34 345	31 627	29 173	23 373	20 459
1980	37 178	34 271	31 354	24 962	21 289
1981	39 004	36 018	32 719	25 889	21 535
1982	40 315	37 185	33 756	26 604	22 062
1983	41 639	38 374	34 789	27 334	22 609
1984	42 016	38 697	35 563	27 971	23 310
1985	42 427	39 063	36 592	28 501	24 379
1986	43 371	39 777	37 514	29 328	24 541
1987	44 970	41 127	38 954	30 631	25 156
1988	46 006	41 993	40 033	31 381	25 898
1989	47 312	43 139	41 353	32 353	26 839
I/90	24 410	22 257	21 335	16 693	13 847
II/90	27 059	24 673	23 651	18 504	15 350

Anlage 14 — SGB VI: Gesetzliche Rentenversicherung

Jahr	Qualifikationsgruppe (endgültige Werte)					Qualifikationsgruppe (vorläufige Werte)				
	1	2	3	4	5	1	2	3	4	5
1991	57 311	52 258	50 093	39 192	32 511	56 661	51 665	49 525	38 747	32 143
1992	60 406	55 080	52 798	41 308	34 267	59 205	53 985	51 748	40 487	33 586
1993	62 158	56 677	54 329	42 506	35 261	64 074	58 425	56 004	43 817	36 348
1994	63 401	57 811	55 416	43 356	35 966	66 930	61 029	58 500	45 769	37 968
1995	65 366	59 603	57 134	44 700	37 081	65 763	59 964	57 480	44 971	37 306
1996	66 673	60 795	58 277	45 594	37 823	65 937	60 123	57 633	45 090	37 405
1997	67 273	61 342	58 801	46 004	38 163	69 419	63 298	60 676	47 471	39 380
1998	68 282	62 262	59 683	46 694	38 735	69 340	63 227	60 608	47 418	39 336
1999	69 033	62 947	60 340	47 208	39 161	68 484	62 446	59 859	46 832	38 850
2000	69 999	63 828	61 185	47 869	39 709	70 330	64 130	61 473	48 095	39 897
2001	71 238	64 958	62 268	48 716	40 412	70 552	64 332	61 667	48 247	40 023

SGB VI: Gesetzliche Rentenversicherung Anlage 14

Tabelle 3
Bereich: Metallurgie

Jahr	Qualifikationsgruppe				
	1	2	3	4	5
1950	5 963	4 596	4 861	3 573	2 911
1951	6 660	5 272	5 528	4 083	3 338
1952	7 117	5 755	5 986	4 440	3 644
1953	7 500	6 171	6 369	4 745	3 906
1954	7 819	6 526	6 687	5 001	4 130
1955	8 430	7 122	7 247	5 440	4 505
1956	8 656	7 388	7 467	5 625	4 672
1957	8 703	7 494	7 526	5 688	4 736
1958	8 952	7 768	7 754	5 878	4 907
1959	9 139	7 984	7 923	6 023	5 040
1960	9 800	8 611	8 498	6 478	5 432
1961	10 578	9 343	9 171	7 010	5 889
1962	11 366	10 086	9 849	7 547	6 352
1963	12 026	10 716	10 412	7 997	6 742
1964	13 225	11 828	11 438	8 805	7 434
1965	14 202	12 744	12 268	9 464	8 000
1966	14 944	13 450	12 890	9 964	8 433
1967	15 043	13 576	12 956	10 034	8 500
1968	15 787	14 283	13 575	10 533	8 930
1969	16 986	15 402	14 581	11 333	9 614
1970	18 919	17 190	16 212	12 622	10 711
1971	20 773	18 909	17 769	13 855	11 760
1972	22 653	20 656	19 342	15 105	12 821
1973	25 204	23 018	21 480	16 799	14 256
1974	27 751	25 381	23 607	18 487	15 682
1975	30 367	27 355	24 498	19 390	16 686
1976	32 171	29 223	26 529	20 780	17 539
1977	34 249	31 364	28 798	22 377	18 546
1978	35 422	32 509	29 921	23 650	20 051
1979	36 662	33 760	31 140	24 949	21 838
1980	39 861	36 744	33 616	26 764	22 826
1981	41 412	38 241	34 739	27 487	22 865
1982	42 765	39 445	35 808	28 220	23 402
1983	43 947	40 501	36 718	28 849	23 862
1984	43 989	40 514	37 233	29 284	24 405
1985	44 287	40 775	38 196	29 751	25 447
1986	45 478	41 710	39 336	30 752	25 733
1987	46 911	42 901	40 634	31 953	26 241
1988	47 761	43 594	41 560	32 578	26 886
1989	48 503	44 225	42 394	33 168	27 514
I/90	25 129	22 912	21 963	17 184	14 255
II/90	25 335	23 100	22 144	17 325	14 371

Anlage 14 SGB VI: Gesetzliche Rentenversicherung

Jahr	Qualifikationsgruppe (endgültige Werte)					Qualifikationsgruppe (vorläufige Werte)				
	1	2	3	4	5	1	2	3	4	5
1991	53 660	48 926	46 901	36 695	30 438	53 051	48 371	46 369	36 278	30 093
1992	56 558	51 568	49 434	38 677	32 082	55 433	50 543	48 451	37 907	31 444
1993	58 198	53 063	50 868	39 799	33 012	59 992	54 700	52 436	41 025	34 030
1994	59 362	54 124	51 885	40 595	33 672	62 666	57 137	54 773	42 854	35 547
1995	61 202	55 802	53 493	41 853	34 716	61 573	56 141	53 818	42 107	34 927
1996	62 426	56 918	54 563	42 690	35 410	61 736	56 289	53 960	42 219	35 019
1997	62 988	57 430	55 054	43 074	35 729	64 997	59 262	56 810	44 448	36 868
1998	63 933	58 291	55 880	43 720	36 265	64 923	59 195	56 746	44 398	36 826
1999	64 636	58 932	56 495	44 201	36 664	64 122	58 464	56 045	43 849	36 372
2000	65 541	59 757	57 286	44 820	37 177	65 851	60 040	57 556	45 032	37 353
2001	66 701	60 815	58 300	45 613	37 835	66 058	60 229	57 738	45 173	37 471

Tabelle 4
Bereich: Baumaterialienindustrie

Jahr	Qualifikationsgruppe				
	1	2	3	4	5
1950	4 437	3 419	3 616	2 658	2 166
1951	4 955	3 922	4 113	3 037	2 484
1952	5 295	4 281	4 453	3 304	2 711
1953	5 580	4 591	4 739	3 530	2 906
1954	5 817	4 855	4 975	3 720	3 072
1955	6 267	5 294	5 387	4 043	3 349
1956	6 592	5 627	5 687	4 284	3 558
1957	6 791	5 848	5 873	4 438	3 696
1958	7 157	6 211	6 199	4 699	3 923
1959	7 486	6 540	6 490	4 934	4 128
1960	8 237	7 238	7 143	5 445	4 566
1961	8 957	7 912	7 766	5 936	4 987
1962	9 687	8 596	8 394	6 432	5 414
1963	10 362	9 233	8 971	6 891	5 809
1964	11 270	10 079	9 747	7 503	6 335
1965	12 291	11 029	10 617	8 190	6 924
1966	13 082	11 774	11 284	8 722	7 382
1967	13 245	11 953	11 408	8 835	7 484
1968	14 038	12 701	12 072	9 366	7 940
1969	15 980	14 489	13 717	10 662	9 044
1970	17 236	15 660	14 770	11 499	9 758
1971	19 104	17 390	16 341	12 742	10 816
1972	20 613	18 796	17 600	13 745	11 666
1973	23 006	21 011	19 607	15 334	13 013
1974	25 677	23 484	21 842	17 105	14 510
1975	28 116	25 328	22 683	17 953	15 449
1976	29 814	27 082	24 585	19 257	16 254
1977	31 398	28 753	26 401	20 515	17 003
1978	32 071	29 434	27 091	21 413	18 155
1979	33 187	30 561	28 189	22 585	19 769
1980	35 943	33 133	30 312	24 133	20 582
1981	37 691	34 805	31 618	25 017	20 810
1982	39 112	36 075	32 749	25 810	21 403
1983	40 236	37 081	33 617	26 413	21 847
1984	40 626	37 416	34 386	27 045	22 539
1985	40 611	37 391	35 026	27 281	23 335
1986	41 528	38 086	35 919	28 081	23 498
1987	42 642	38 998	36 937	29 046	23 853
1988	43 310	39 532	37 687	29 542	24 380
1989	44 461	40 540	38 861	30 404	25 221
I/90	23 515	21 442	20 554	16 081	13 340
II/90	26 838	24 470	23 457	18 352	15 224

Anlage 14 — SGB VI: Gesetzliche Rentenversicherung

Jahr	Qualifikationsgruppe (endgültige Werte)					Qualifikationsgruppe (vorläufige Werte)				
	1	2	3	4	5	1	2	3	4	5
1991	56 843	51 828	49 682	38 870	32 245	56 198	51 240	49 118	38 429	31 879
1992	59 913	54 627	52 365	40 969	33 986	58 722	53 540	51 324	40 154	33 310
1993	61 650	56 211	53 884	42 157	34 972	63 551	57 944	55 545	43 457	36 050
1994	62 883	57 335	54 962	43 000	35 671	66 384	60 527	58 020	45 394	37 656
1995	64 832	59 112	56 666	44 333	36 777	65 226	59 471	57 009	44 602	37 000
1996	66 129	60 294	57 799	45 220	37 513	65 398	59 628	57 160	44 720	37 088
1997	66 724	60 837	58 319	45 627	37 851	68 852	62 777	60 179	47 082	39 057
1998	67 725	61 750	59 194	46 311	38 419	68 774	62 706	60 111	47 029	39 014
1999	68 470	62 429	59 845	46 820	38 842	67 925	61 932	59 369	46 448	38 532
2000	69 429	63 303	60 683	47 475	39 386	69 757	63 603	60 970	47 700	39 572
2001	70 658	64 423	61 757	48 315	40 083	69 976	63 802	61 162	47 850	39 697

SGB VI: Gesetzliche Rentenversicherung Anlage 14

Tabelle 5
Bereich: Wasserwirtschaft

Jahr	Qualifikationsgruppe				
	1	2	3	4	5
1950	4 491	3 461	3 660	2 690	2 192
1951	5 014	3 969	4 162	3 074	2 513
1952	5 357	4 332	4 506	3 342	2 743
1953	5 645	4 644	4 794	3 571	2 940
1954	5 883	4 910	5 032	3 763	3 107
1955	6 336	5 353	5 446	4 088	3 386
1956	6 632	5 661	5 722	4 310	3 579
1957	6 798	5 854	5 879	4 443	3 700
1958	7 129	6 186	6 175	4 681	3 908
1959	7 420	6 482	6 433	4 891	4 092
1960	8 118	7 134	7 040	5 367	4 500
1961	8 637	7 629	7 488	5 724	4 809
1962	9 268	8 224	8 031	6 154	5 179
1963	9 807	8 738	8 491	6 522	5 498
1964	10 660	9 534	9 220	7 097	5 992
1965	11 735	10 530	10 137	7 820	6 611
1966	12 553	11 298	10 828	8 370	7 083
1967	12 585	11 358	10 839	8 395	7 111
1968	13 362	12 089	11 490	8 915	7 558
1969	14 433	13 087	12 390	9 630	8 169
1970	16 113	14 641	13 808	10 750	9 123
1971	17 895	16 290	15 308	11 936	10 132
1972	19 395	17 686	16 560	12 932	10 977
1973	22 141	20 221	18 869	14 757	12 523
1974	24 532	22 437	20 869	16 343	13 863
1975	27 086	24 400	21 852	17 295	14 883
1976	28 675	26 047	23 646	18 522	15 633
1977	29 592	27 099	24 881	19 334	16 024
1978	29 877	27 421	25 238	19 948	16 913
1979	30 591	28 170	25 984	20 818	18 222
1980	33 218	30 620	28 014	22 303	19 021
1981	35 196	32 501	29 525	23 361	19 433
1982	36 751	33 898	30 772	24 252	20 111
1983	37 611	34 662	31 424	24 690	20 422
1984	38 519	35 475	32 602	25 642	21 370
1985	38 176	35 148	32 925	25 645	21 936
1986	39 464	36 194	34 134	26 686	22 330
1987	40 702	37 223	35 256	27 724	22 768
1988	42 154	38 477	36 681	28 754	23 730
1989	43 397	39 570	37 932	29 676	24 618
I/90	23 236	21 187	20 309	15 890	13 181
II/90	25 345	23 110	22 153	17 331	14 378

Jahr	Qualifikationsgruppe (endgültige Werte)					Qualifikationsgruppe (vorläufige Werte)				
	1	2	3	4	5	1	2	3	4	5
1991	53 681	48 947	46 920	36 707	30 453	53 072	48 392	46 388	36 291	30 107
1992	56 580	51 590	49 454	38 689	32 097	55 455	50 565	48 471	37 920	31 459
1993	58 221	53 086	50 888	39 811	33 028	60 016	54 723	52 457	41 039	34 047
1994	59 385	54 148	51 906	40 607	33 689	62 691	57 162	54 795	42 867	35 563
1995	61 226	55 827	53 515	41 866	34 733	61 598	56 165	53 840	42 120	34 944
1996	62 451	56 944	54 585	42 703	35 428	61 760	56 314	53 982	42 231	35 037
1997	63 013	57 456	55 076	43 087	35 747	65 022	59 288	56 833	44 462	36 886
1998	63 958	58 318	55 902	43 733	36 283	64 949	59 222	56 768	44 411	36 845
1999	64 662	58 959	56 517	44 214	36 682	64 147	58 490	56 067	43 863	36 390
2000	65 567	59 784	57 308	44 833	37 196	65 877	60 068	57 579	45 045	37 371
2001	66 728	60 842	58 322	45 627	37 854	66 085	60 256	57 760	45 187	37 489

SGB VI: Gesetzliche Rentenversicherung Anlage 14

Tabelle 6
Bereich: Maschinen- und Fahrzeugbau

Jahr	Qualifikationsgruppe				
	1	2	3	4	5
1950	5 191	4 001	4 231	3 110	2 534
1951	5 796	4 588	4 811	3 553	2 906
1952	6 193	5 008	5 209	3 864	3 171
1953	6 525	5 369	5 541	4 128	3 398
1954	6 801	5 676	5 816	4 350	3 592
1955	7 340	6 201	6 309	4 736	3 923
1956	7 543	6 439	6 508	4 902	4 071
1957	7 592	6 537	6 566	4 962	4 132
1958	7 817	6 783	6 771	5 132	4 285
1959	7 988	6 978	6 925	5 265	4 405
1960	8 577	7 537	7 437	5 670	4 754
1961	9 368	8 274	8 122	6 208	5 215
1962	10 221	9 070	8 857	6 787	5 712
1963	10 798	9 621	9 349	7 180	6 053
1964	11 732	10 493	10 147	7 811	6 595
1965	12 757	11 448	11 020	8 501	7 186
1966	13 541	12 187	11 681	9 029	7 641
1967	13 723	12 385	11 819	9 154	7 754
1968	14 458	13 080	12 432	9 646	8 178
1969	15 881	14 400	13 653	10 596	8 989
1970	17 690	16 073	15 159	11 802	10 015
1971	19 392	17 652	16 587	12 934	10 979
1972	21 222	19 352	18 120	14 151	12 011
1973	23 705	21 650	20 203	15 800	13 408
1974	26 213	23 975	22 299	17 463	14 813
1975	28 650	25 809	23 114	18 294	15 742
1976	30 561	27 760	25 201	19 739	16 661
1977	32 242	29 526	27 110	21 065	17 459
1978	33 148	30 423	28 001	22 132	18 764
1979	34 265	31 554	29 105	23 318	20 411
1980	37 093	34 193	31 282	24 905	21 241
1981	39 179	36 180	32 866	26 005	21 632
1982	40 671	37 513	34 055	26 839	22 257
1983	42 046	38 749	35 129	27 601	22 830
1984	42 554	39 192	36 018	28 329	23 609
1985	42 914	39 511	37 012	28 828	24 659
1986	43 942	40 301	38 007	29 714	24 864
1987	45 100	41 245	39 066	30 720	25 228
1988	45 920	41 915	39 958	31 323	25 850
1989	46 844	42 712	40 944	32 033	26 573
I/90	23 933	21 822	20 919	16 366	13 576
II/90	27 354	24 942	23 909	18 705	15 517

Jahr	Qualifikationsgruppe (endgültige Werte)					Qualifikationsgruppe (vorläufige Werte)				
	1	2	3	4	5	1	2	3	4	5
1991	57 936	52 827	50 639	39 617	32 865	57 279	52 228	50 065	39 168	32 492
1992	61 065	55 680	53 374	41 756	34 640	59 851	54 573	52 313	40 927	33 951
1993	62 836	57 295	54 922	42 967	35 645	64 773	59 061	56 615	44 292	36 743
1994	64 093	58 441	56 020	43 826	36 358	67 660	61 693	59 138	46 266	38 381
1995	66 080	60 253	57 757	45 185	37 485	66 480	60 618	58 107	45 459	37 712
1996	67 402	61 458	58 912	46 089	38 235	66 657	60 779	58 261	45 579	37 812
1997	68 009	62 011	59 442	46 504	38 579	70 177	63 989	61 338	47 986	39 809
1998	69 029	62 941	60 334	47 202	39 158	70 098	63 916	61 268	47 933	39 764
1999	69 788	63 633	60 998	47 721	39 589	69 233	63 127	60 512	47 341	39 273
2000	70 765	64 524	61 852	48 389	40 143	71 100	64 829	62 144	48 618	40 333
2001	72 018	65 666	62 947	49 245	40 854	71 323	65 033	62 340	48 771	40 460

SGB VI: Gesetzliche Rentenversicherung — Anlage 14

Tabelle 7
Bereich: Elektrotechnik/Elektronik/Gerätebau

Jahr	Qualifikationsgruppe				
	1	2	3	4	5
1950	4 814	3 710	3 924	2 884	2 350
1951	5 375	4 255	4 462	3 295	2 694
1952	5 743	4 644	4 830	3 583	2 940
1953	6 051	4 978	5 139	3 828	3 151
1954	6 307	5 264	5 394	4 034	3 331
1955	6 803	5 747	5 848	4 390	3 636
1956	6 975	5 953	6 017	4 532	3 764
1957	7 002	6 030	6 056	4 576	3 811
1958	7 192	6 241	6 230	4 722	3 942
1959	7 332	6 405	6 356	4 832	4 043
1960	7 864	6 910	6 819	5 198	4 359
1961	8 584	7 582	7 442	5 688	4 779
1962	9 344	8 292	8 097	6 204	5 222
1963	9 926	8 844	8 594	6 601	5 564
1964	10 891	9 740	9 420	7 251	6 122
1965	11 913	10 690	10 290	7 938	6 711
1966	12 714	11 443	10 967	8 477	7 174
1967	12 881	11 625	11 094	8 592	7 279
1968	13 665	12 363	11 751	9 117	7 729
1969	15 022	13 621	12 896	10 023	8 502
1970	16 781	15 248	14 381	11 196	9 501
1971	18 528	16 866	15 849	12 358	10 490
1972	20 156	18 380	17 210	13 440	11 408
1973	22 707	20 738	19 352	15 134	12 843
1974	25 033	22 895	21 295	16 677	14 146
1975	27 429	24 709	22 129	17 515	15 071
1976	29 068	26 404	23 970	18 775	15 847
1977	30 636	28 055	25 759	20 016	16 589
1978	31 553	28 958	26 653	21 067	17 861
1979	32 868	30 267	27 918	22 367	19 578
1980	35 730	32 936	30 132	23 990	20 460
1981	37 997	35 088	31 875	25 221	20 979
1982	40 003	36 897	33 495	26 398	21 891
1983	41 277	38 040	34 487	27 096	22 412
1984	41 927	38 614	35 487	27 911	23 260
1985	42 206	38 859	36 401	28 352	24 251
1986	42 845	39 294	37 058	28 971	24 243
1987	43 806	40 062	37 945	29 838	24 505
1988	44 722	40 821	38 916	30 505	25 175
1989	45 482	41 471	39 754	31 102	25 801
I/90	23 276	21 222	20 344	15 916	13 203
II/90	26 886	24 515	23 500	18 385	15 251

Anlage 14　　　　　　　　　　　SGB VI: Gesetzliche Rentenversicherung

Jahr	Qualifikationsgruppe (endgültige Werte)					Qualifikationsgruppe (vorläufige Werte)				
	1	2	3	4	5	1	2	3	4	5
1991	56 945	51 923	49 773	38 940	32 302	56 299	51 334	49 208	38 498	31 935
1992	60 020	54 727	52 461	41 043	34 046	58 827	53 639	51 418	40 226	33 369
1993	61 761	56 314	53 982	42 233	35 033	63 665	58 050	55 647	43 535	36 114
1994	62 996	57 440	55 062	43 078	35 734	66 502	60 638	58 127	45 476	37 723
1995	64 949	59 221	56 769	44 413	36 842	65 343	59 580	57 113	44 683	37 065
1996	66 248	60 405	57 904	45 301	37 579	65 516	59 738	57 264	44 801	37 163
1997	66 844	60 949	58 425	45 709	37 917	68 976	62 893	60 289	47 167	39 126
1998	67 847	61 863	59 301	46 395	38 486	68 898	62 821	60 220	47 113	39 082
1999	68 593	62 543	59 953	46 905	38 909	68 047	62 046	59 477	46 532	38 600
2000	69 553	63 419	60 792	47 562	39 454	69 882	63 719	61 080	47 787	39 641
2001	70 784	64 542	61 868	48 404	40 152	70 102	63 919	61 272	47 937	39 765

SGB VI: Gesetzliche Rentenversicherung   Anlage 14

Tabelle 8
Bereich: Leichtindustrie (ohne Textilindustrie)

Jahr	Qualifikationsgruppe				
	1	2	3	4	5
1950	4 024	3 101	3 279	2 410	1 964
1951	4 493	3 556	3 729	2 754	2 252
1952	4 800	3 881	4 037	2 995	2 457
1953	5 058	4 161	4 295	3 199	2 634
1954	5 271	4 400	4 508	3 371	2 784
1955	5 695	4 812	4 896	3 675	3 044
1956	5 930	5 062	5 116	3 854	3 201
1957	6 047	5 207	5 229	3 952	3 291
1958	6 308	5 474	5 464	4 142	3 457
1959	6 531	5 705	5 662	4 304	3 601
1960	7 099	6 238	6 156	4 693	3 935
1961	7 675	6 779	6 654	5 086	4 273
1962	8 314	7 378	7 205	5 521	4 646
1963	8 836	7 873	7 650	5 876	4 954
1964	9 693	8 669	8 383	6 453	5 448
1965	10 468	9 393	9 043	6 976	5 897
1966	11 035	9 932	9 519	7 358	6 227
1967	11 288	10 187	9 722	7 529	6 378
1968	11 916	10 781	10 247	7 950	6 740
1969	12 666	11 485	10 873	8 451	7 169
1970	14 376	13 062	12 320	9 591	8 139
1971	15 939	14 509	13 634	10 631	9 024
1972	17 538	15 992	14 974	11 694	9 926
1973	19 677	17 971	16 770	13 115	11 130
1974	21 850	19 984	18 587	14 556	12 347
1975	24 034	21 650	19 389	15 347	13 206
1976	25 651	23 300	21 152	16 568	13 984
1977	26 982	24 709	22 687	17 629	14 611
1978	27 843	25 554	23 519	18 590	15 761
1979	28 914	26 626	24 560	19 677	17 223
1980	31 429	28 972	26 505	21 102	17 997
1981	33 226	30 682	27 872	22 054	18 345
1982	34 969	32 254	29 280	23 076	19 136
1983	36 298	33 452	30 327	23 828	19 709
1984	36 949	34 030	31 274	24 597	20 499
1985	37 246	34 292	32 123	25 020	21 401
1986	38 367	35 188	33 185	25 944	21 709
1987	39 624	36 238	34 323	26 990	22 165
1988	40 485	36 954	35 229	27 615	22 790
1989	41 610	37 940	36 370	28 454	23 604
I/90	20 924	19 078	18 288	14 308	11 869
II/90	22 406	20 430	19 585	15 322	12 711

Anlage 14 SGB VI: Gesetzliche Rentenversicherung

Jahr	Qualifikationsgruppe (endgültige Werte)					Qualifikationsgruppe (vorläufige Werte)				
	1	2	3	4	5	1	2	3	4	5
1991	47 456	43 271	41 481	32 452	26 922	46 918	42 780	41 011	32 084	26 617
1992	50 019	45 608	43 721	34 204	28 376	49 024	44 701	42 852	33 525	27 812
1993	51 470	46 931	44 989	35 196	29 199	53 056	48 377	46 376	36 282	30 099
1994	52 499	47 870	45 889	35 900	29 783	55 421	50 534	48 443	37 898	31 441
1995	54 126	49 354	47 312	37 013	30 706	54 455	49 653	47 598	37 237	30 893
1996	55 209	50 341	48 258	37 753	31 320	54 599	49 785	47 725	37 336	30 974
1997	55 706	50 794	48 692	38 093	31 602	57 482	52 414	50 245	39 308	32 610
1998	56 542	51 556	49 422	38 664	32 076	57 417	52 355	50 188	39 263	32 573
1999	57 164	52 123	49 966	39 089	32 429	56 709	51 708	49 568	38 779	32 171
2000	57 964	52 853	50 666	39 636	32 883	58 238	53 103	50 905	39 824	33 038
2001	58 990	53 788	51 563	40 338	33 465	58 422	53 270	51 065	39 949	33 142

Tabelle 9
Bereich: Textilindustrie

Jahr	Qualifikationsgruppe				
	1	2	3	4	5
1950	3 539	2 727	2 884	2 120	1 727
1951	3 951	3 128	3 280	2 422	1 981
1952	4 221	3 413	3 551	2 634	2 161
1953	4 448	3 660	3 777	2 814	2 317
1954	4 636	3 869	3 965	2 965	2 449
1955	4 986	4 212	4 286	3 217	2 664
1956	5 246	4 478	4 526	3 409	2 831
1957	5 406	4 655	4 675	3 533	2 942
1958	5 699	4 945	4 936	3 742	3 124
1959	5 963	5 209	5 169	3 930	3 288
1960	6 573	5 776	5 699	4 345	3 643
1961	7 123	6 292	6 176	4 721	3 966
1962	7 761	6 887	6 725	5 153	4 337
1963	8 321	7 414	7 204	5 533	4 665
1964	9 041	8 086	7 819	6 019	5 082
1965	9 779	8 775	8 447	6 517	5 509
1966	10 369	9 332	8 944	6 914	5 851
1967	10 537	9 509	9 075	7 029	5 954
1968	11 124	10 063	9 565	7 421	6 292
1969	12 200	11 062	10 472	8 140	6 905
1970	13 441	12 213	11 518	8 967	7 610
1971	14 961	13 619	12 797	9 979	8 470
1972	16 442	14 993	14 039	10 963	9 306
1973	18 545	16 937	15 805	12 360	10 489
1974	20 634	18 872	17 553	13 746	11 660
1975	22 699	20 448	18 312	14 494	12 472
1976	24 237	22 015	19 986	15 654	13 213
1977	25 898	23 716	21 775	16 921	14 024
1978	26 806	24 602	22 643	17 897	15 174
1979	27 756	25 559	23 576	18 888	16 533
1980	30 152	27 794	25 428	20 244	17 266
1981	32 175	29 712	26 991	21 356	17 765
1982	33 588	30 980	28 124	22 165	18 381
1983	34 804	32 075	29 079	22 848	18 898
1984	35 335	32 543	29 908	23 523	19 603
1985	35 651	32 824	30 748	23 949	20 485
1986	37 226	34 141	32 198	25 172	21 063
1987	38 805	35 488	33 613	26 432	21 707
1988	40 357	36 836	35 117	27 528	22 718
1989	41 610	37 940	36 370	28 454	23 604
I/90	20 782	18 949	18 166	14 212	11 789
II/90	22 546	20 557	19 706	15 417	12 790

Jahr	Qualifikationsgruppe (endgültige Werte)					Qualifikationsgruppe (vorläufige Werte)				
	1	2	3	4	5	1	2	3	4	5
1991	47 753	43 540	41 737	32 653	27 089	47 211	43 046	41 264	32 283	26 782
1992	50 332	45 891	43 991	34 416	28 552	49 331	44 979	43 117	33 732	27 985
1993	51 792	47 222	45 267	35 414	29 380	53 388	48 678	46 662	36 506	30 286
1994	52 828	48 166	46 172	36 122	29 968	55 768	50 847	48 742	38 133	31 636
1995	54 466	49 659	47 603	37 242	30 897	54 796	49 961	47 892	37 468	31 084
1996	55 555	50 652	48 555	37 987	31 515	54 941	50 093	48 019	37 567	31 167
1997	56 055	51 108	48 992	38 329	31 799	57 843	52 738	50 554	39 551	32 813
1998	56 896	51 875	49 727	38 904	32 276	57 777	52 678	50 497	39 506	32 776
1999	57 522	52 446	50 274	39 332	32 631	57 064	52 028	49 874	39 019	32 371
2000	58 327	53 180	50 978	39 883	33 088	58 603	53 431	51 219	40 071	33 244
2001	59 359	54 121	51 880	40 589	33 674	58 787	53 600	51 380	40 197	33 349

Tabelle 10
Bereich: Lebensmittelindustrie

Jahr	Qualifikationsgruppe				
	1	2	3	4	5
1950	4 095	3 156	3 338	2 454	1 999
1951	4 573	3 620	3 796	2 803	2 292
1952	4 886	3 951	4 109	3 048	2 501
1953	5 148	4 235	4 372	3 257	2 681
1954	5 365	4 478	4 589	3 432	2 834
1955	5 782	4 885	4 970	3 731	3 090
1956	6 053	5 167	5 222	3 934	3 267
1957	6 206	5 344	5 367	4 056	3 378
1958	6 510	5 649	5 639	4 274	3 568
1959	6 777	5 920	5 875	4 466	3 737
1960	7 405	6 507	6 421	4 895	4 105
1961	7 960	7 031	6 901	5 275	4 432
1962	8 620	7 649	7 469	5 723	4 817
1963	9 114	8 121	7 891	6 060	5 109
1964	9 987	8 932	8 638	6 649	5 614
1965	10 824	9 712	9 350	7 213	6 097
1966	11 587	10 429	9 995	7 726	6 539
1967	11 925	10 762	10 271	7 955	6 738
1968	12 523	11 329	10 768	8 355	7 083
1969	13 550	12 286	11 631	9 040	7 669
1970	15 232	13 839	13 052	10 162	8 623
1971	16 946	15 426	14 496	11 303	9 594
1972	18 634	16 992	15 910	12 425	10 546
1973	20 842	19 035	17 763	13 892	11 789
1974	23 209	21 227	19 743	15 462	13 115
1975	25 827	23 266	20 836	16 491	14 191
1976	27 418	24 905	22 610	17 710	14 948
1977	28 989	26 547	24 375	18 941	15 698
1978	29 638	27 201	25 036	19 788	16 777
1979	30 631	28 207	26 018	20 845	18 246
1980	33 218	30 620	28 014	22 303	19 021
1981	34 889	32 218	29 267	23 158	19 263
1982	36 395	33 569	30 474	24 017	19 916
1983	37 837	34 870	31 613	24 838	20 544
1984	38 429	35 393	32 527	25 582	21 320
1985	38 574	35 515	33 269	25 913	22 165
1986	39 464	36 194	34 134	26 686	22 330
1987	40 357	36 908	34 957	27 489	22 575
1988	41 298	37 696	35 936	28 170	23 248
1989	42 674	38 910	37 299	29 182	24 208
I/90	22 128	20 175	19 340	15 131	12 552
II/90	23 889	21 782	20 880	16 335	13 551

Jahr	Qualifikationsgruppe (endgültige Werte)					Qualifikationsgruppe (vorläufige Werte)				
	1	2	3	4	5	1	2	3	4	5
1991	50 597	46 134	44 224	34 598	28 701	50 023	45 611	43 722	34 205	28 375
1992	53 329	48 625	46 612	36 466	30 251	52 269	47 659	45 686	35 741	29 650
1993	54 876	50 035	47 964	37 524	31 128	56 568	51 578	49 443	38 681	32 088
1994	55 974	51 036	48 923	38 274	31 751	59 089	53 877	51 646	40 404	33 518
1995	57 709	52 618	50 440	39 460	32 735	58 059	52 937	50 746	39 700	32 933
1996	58 863	53 670	51 449	40 249	33 390	58 213	53 077	50 880	39 805	33 021
1997	59 393	54 153	51 912	40 611	33 691	61 287	55 880	53 567	41 907	34 765
1998	60 284	54 965	52 691	41 220	34 196	61 218	55 817	53 507	41 859	34 726
1999	60 947	55 570	53 271	41 673	34 572	60 462	55 128	52 846	41 342	34 297
2000	61 800	56 348	54 017	42 256	35 056	62 093	56 614	54 272	42 457	35 222
2001	62 894	57 345	54 973	43 004	35 676	62 288	56 793	54 443	42 590	35 333

Tabelle 11
Bereich: Bauwirtschaft

Jahr	Qualifikationsgruppe				
	1	2	3	4	5
1950	4 347	3 350	3 543	2 604	2 122
1951	4 797	3 797	3 982	2 941	2 405
1952	5 066	4 096	4 261	3 161	2 594
1953	5 276	4 341	4 481	3 338	2 748
1954	5 435	4 537	4 648	3 476	2 871
1955	5 765	4 870	4 955	3 719	3 081
1956	6 210	5 301	5 358	4 035	3 352
1957	6 552	5 642	5 666	4 282	3 566
1958	7 071	6 136	6 125	4 643	3 876
1959	7 575	6 617	6 567	4 992	4 177
1960	8 475	7 447	7 349	5 603	4 698
1961	9 260	8 180	8 029	6 137	5 156
1962	10 012	8 884	8 675	6 648	5 595
1963	10 520	9 374	9 108	6 996	5 898
1964	11 480	10 267	9 929	7 643	6 453
1965	12 646	11 348	10 924	8 427	7 124
1966	13 610	12 250	11 740	9 075	7 680
1967	13 882	12 528	11 957	9 260	7 844
1968	14 901	13 481	12 813	9 942	8 428
1969	16 348	14 823	14 034	10 907	9 253
1970	18 465	16 777	15 823	12 319	10 454
1971	19 996	18 202	17 104	13 337	11 321
1972	21 801	19 879	18 614	14 536	12 339
1973	24 305	22 197	20 714	16 199	13 747
1974	26 821	24 531	22 816	17 868	15 156
1975	29 451	26 530	23 760	18 806	16 182
1976	31 307	28 438	25 816	20 221	17 068
1977	32 804	30 040	27 582	21 433	17 764
1978	33 348	30 606	28 169	22 265	18 877
1979	34 026	31 333	28 902	23 155	20 268
1980	36 497	33 643	30 779	24 505	20 899
1981	38 435	35 493	32 242	25 511	21 221
1982	39 736	36 651	33 271	26 221	21 745
1983	41 141	37 915	34 373	27 007	22 338
1984	41 568	38 284	35 183	27 672	23 061
1985	42 206	38 859	36 401	28 352	24 251
1986	43 196	39 616	37 362	29 209	24 441
1987	44 194	40 417	38 281	30 103	24 722
1988	44 936	41 016	39 102	30 651	25 296
1989	45 695	41 665	39 940	31 247	25 921
I/90	23 248	21 197	20 320	15 897	13 187
II/90	28 102	25 623	24 563	19 217	15 941

Anlage 14 SGB VI: Gesetzliche Rentenversicherung

Jahr	Qualifikationsgruppe (endgültige Werte)					Qualifikationsgruppe (vorläufige Werte)				
	1	2	3	4	5	1	2	3	4	5
1991	59 520	54 270	52 025	40 702	33 763	58 845	53 654	51 434	40 240	33 380
1992	62 734	57 201	54 834	42 900	35 586	61 487	56 063	53 744	42 047	34 879
1993	64 553	58 860	56 424	44 144	36 618	66 544	60 674	58 164	45 505	37 747
1994	65 844	60 037	57 552	45 027	37 350	69 509	63 379	60 756	47 533	39 429
1995	67 885	61 898	59 336	46 423	38 508	68 297	62 274	59 697	46 704	38 742
1996	69 243	63 136	60 523	47 351	39 278	68 478	62 438	59 854	46 828	38 844
1997	69 866	63 704	61 068	47 777	39 632	72 094	65 736	63 015	49 301	40 895
1998	70 914	64 660	61 984	48 494	40 226	72 013	65 661	62 944	49 245	40 849
1999	71 694	65 371	62 666	49 027	40 668	71 124	64 851	62 167	48 637	40 345
2000	72 698	66 286	63 543	49 713	41 237	73 041	66 600	63 844	49 949	41 433
2001	73 985	67 459	64 668	50 593	41 967	73 271	66 809	64 045	50 106	41 563

3

SGB VI: Gesetzliche Rentenversicherung Anlage 14

Tabelle 12
Bereich: Sonstige produzierende Bereiche

Jahr	Qualifikationsgruppe				
	1	2	3	4	5
1950	6 091	4 545	4 844	3 388	2 639
1951	6 530	5 026	5 303	3 737	2 931
1952	6 690	5 277	5 517	3 914	3 087
1953	6 752	5 434	5 631	4 019	3 187
1954	6 749	5 520	5 673	4 071	3 244
1955	6 970	5 781	5 894	4 251	3 402
1956	7 332	6 153	6 227	4 512	3 625
1957	7 551	6 400	6 431	4 680	3 774
1958	7 968	6 812	6 799	4 967	4 019
1959	8 325	7 171	7 111	5 215	4 233
1960	9 155	7 939	7 823	5 757	4 687
1961	9 880	8 618	8 442	6 233	5 088
1962	10 686	9 370	9 126	6 759	5 531
1963	11 299	9 954	9 642	7 162	5 873
1964	12 244	10 831	10 437	7 774	6 388
1965	13 215	11 734	11 250	8 402	6 916
1966	13 972	12 448	11 878	8 893	7 331
1967	14 131	12 628	11 994	9 001	7 430
1968	14 808	13 270	12 547	9 437	7 798
1969	15 910	14 294	13 457	10 143	8 389
1970	17 697	15 936	14 941	11 284	9 338
1971	19 578	17 667	16 497	12 483	10 335
1972	21 203	19 170	17 832	13 518	11 193
1973	23 571	21 349	19 785	15 025	12 439
1974	25 922	23 516	21 715	16 518	13 670
1975	28 308	25 240	22 329	17 125	14 369
1976	29 570	26 611	23 907	18 137	14 884
1977	30 954	28 109	25 579	19 249	15 472
1978	31 667	28 846	26 340	20 266	16 781
1979	32 982	30 174	27 639	21 647	17 712
1980	35 580	32 575	29 560	22 956	18 908
1981	37 108	34 021	30 610	23 548	19 499
1982	38 550	35 297	31 734	24 300	20 226
1983	39 844	36 448	32 720	24 966	20 917
1984	40 299	36 870	33 633	25 790	21 579
1985	40 565	37 127	34 602	26 333	22 121
1986	41 643	37 958	35 637	27 244	22 336
1987	42 525	38 649	36 457	28 063	22 540
1988	43 125	39 112	37 152	28 500	23 018
1989	44 281	40 116	38 333	29 349	23 845
I/90	22 856	20 706	19 785	15 149	12 308
II/90	22 490	20 375	19 470	14 907	12 111

Anlage 14 SGB VI: Gesetzliche Rentenversicherung

Jahr	Qualifikationsgruppe (endgültige Werte)					Qualifikationsgruppe (vorläufige Werte)				
	1	2	3	4	5	1	2	3	4	5
1991	47 634	43 154	41 238	31 573	25 651	47 094	42 665	40 770	31 215	25 360
1992	50 206	45 484	43 465	33 278	27 036	49 208	44 581	42 600	32 617	26 499
1993	51 662	46 803	44 725	34 243	27 820	53 255	48 246	46 104	35 299	28 678
1994	52 695	47 739	45 620	34 928	28 376	55 628	50 396	48 159	36 872	29 956
1995	54 329	49 219	47 034	36 011	29 256	54 658	49 518	47 319	36 229	29 434
1996	55 416	50 203	47 975	36 731	29 841	54 803	49 649	47 445	36 325	29 511
1997	55 915	50 655	48 407	37 062	30 110	57 697	52 271	49 950	38 244	31 070
1998	56 754	51 415	49 133	37 618	30 562	57 633	52 211	49 894	38 200	31 035
1999	57 378	51 981	49 673	38 032	30 898	56 921	51 567	49 278	37 729	30 652
2000	58 181	52 709	50 368	38 564	31 331	58 457	52 957	50 607	38 747	31 479
2001	59 211	53 642	51 260	39 247	31 886	58 640	53 125	50 766	38 869	31 578

3

SGB VI: Gesetzliche Rentenversicherung

Tabelle 13
Bereich: Produzierendes Handwerk

Jahr	Qualifikationsgruppe				
	1	2	3	4	5
1950	2 820	2 173	2 299	1 689	1 377
1951	3 081	2 439	2 557	1 889	1 544
1952	3 220	2 604	2 709	2 009	1 649
1953	3 320	2 731	2 819	2 100	1 729
1954	3 385	2 826	2 895	2 165	1 788
1955	3 566	3 013	3 065	2 301	1 906
1956	3 873	3 306	3 341	2 517	2 090
1957	4 119	3 547	3 562	2 692	2 242
1958	4 481	3 889	3 882	2 942	2 456
1959	4 839	4 227	4 195	3 189	2 669
1960	5 486	4 820	4 757	3 627	3 041
1961	6 215	5 490	5 389	4 119	3 460
1962	6 980	6 194	6 048	4 634	3 900
1963	7 370	6 567	6 381	4 901	4 132
1964	7 906	7 070	6 837	5 263	4 444
1965	8 624	7 738	7 449	5 746	4 858
1966	9 541	8 587	8 230	6 362	5 384
1967	9 922	8 955	8 546	6 619	5 607
1968	10 727	9 705	9 224	7 157	6 067
1969	11 267	10 216	9 672	7 517	6 377
1970	12 746	11 581	10 923	8 504	7 216
1971	14 213	12 938	12 158	9 480	8 047
1972	15 589	14 215	13 311	10 395	8 823
1973	17 446	15 933	14 869	11 628	9 868
1974	19 240	17 597	16 366	12 817	10 872
1975	20 944	18 867	16 897	13 373	11 508
1976	22 194	20 160	18 301	14 335	12 099
1977	23 609	21 620	19 851	15 425	12 785
1978	24 253	22 259	20 487	16 193	13 729
1979	24 761	22 801	21 032	16 850	14 749
1980	27 043	24 928	22 806	18 157	15 485
1981	28 323	26 155	23 759	18 799	15 638
1982	29 713	27 406	24 879	19 607	16 260
1983	30 776	28 363	25 714	20 203	16 711
1984	31 523	29 033	26 682	20 985	17 489
1985	31 842	29 318	27 463	21 391	18 297
1986	32 485	29 793	28 097	21 966	18 381
1987	33 070	30 244	28 646	22 526	18 499
1988	34 194	31 211	29 755	23 324	19 249
1989	35 867	32 703	31 349	24 527	20 346
I/90	18 821	17 160	16 450	12 870	10 676
II/90	17 816	16 245	15 572	12 183	10 107

Jahr	Qualifikationsgruppe (endgültige Werte)					Qualifikationsgruppe (vorläufige Werte)				
	1	2	3	4	5	1	2	3	4	5
1991	37 734	34 407	32 982	25 804	21 407	37 306	34 017	32 607	25 511	21 164
1992	39 772	36 265	34 763	27 197	22 563	38 981	35 544	34 072	26 656	22 114
1993	40 925	37 317	35 771	27 986	23 217	42 187	38 467	36 874	28 849	23 933
1994	41 744	38 063	36 486	28 546	23 681	44 067	40 182	38 517	30 134	25 000
1995	43 038	39 243	37 617	29 431	24 415	43 299	39 481	37 846	29 609	24 564
1996	43 899	40 028	38 369	30 020	24 903	43 414	39 586	37 945	29 688	24 628
1997	44 294	40 388	38 714	30 290	25 127	45 706	41 676	39 949	31 256	25 929
1998	44 958	40 994	39 295	30 744	25 504	45 655	41 629	39 904	31 221	25 899
1999	45 453	41 445	39 727	31 082	25 785	45 091	41 115	39 411	30 835	25 579
2000	46 089	42 025	40 283	31 517	26 146	46 307	42 224	40 474	31 666	26 269
2001	46 905	42 769	40 996	32 075	26 609	46 453	42 357	40 601	31 766	26 352

Tabelle 14
Bereich: Land- und Forstwirtschaft

Jahr	Qualifikationsgruppe				
	1	2	3	4	5
1950	2 793	2 159	2 281	1 684	1 377
1951	3 158	2 506	2 626	1 948	1 598
1952	3 416	2 769	2 879	2 144	1 766
1953	3 644	3 005	3 100	2 319	1 916
1954	3 845	3 216	3 294	2 474	2 050
1955	4 199	3 554	3 616	2 725	2 264
1956	4 605	3 938	3 979	3 009	2 508
1957	4 946	4 266	4 284	3 250	2 716
1958	5 434	4 723	4 714	3 588	3 005
1959	5 926	5 184	5 145	3 927	3 296
1960	6 782	5 968	5 890	4 508	3 792
1961	7 490	6 625	6 504	4 991	4 206
1962	8 172	7 261	7 092	5 455	4 604
1963	8 567	7 643	7 429	5 726	4 841
1964	9 131	8 176	7 910	6 110	5 172
1965	10 345	9 293	8 950	6 927	5 871
1966	11 383	10 257	9 836	7 629	6 475
1967	11 806	10 668	10 187	7 919	6 728
1968	12 815	11 608	11 041	8 600	7 314
1969	14 195	12 888	12 211	9 530	8 112
1970	16 202	14 741	13 916	10 883	9 269
1971	18 243	16 635	15 651	12 274	10 467
1972	19 920	18 187	17 045	13 366	11 383
1973	22 420	20 495	19 139	15 014	12 774
1974	25 169	23 031	21 431	16 813	14 282
1975	27 664	24 933	22 342	17 708	15 255
1976	29 336	26 654	24 203	18 973	16 025
1977	30 791	28 194	25 883	20 102	16 653
1978	31 392	28 810	26 517	20 959	17 769
1979	32 278	29 728	27 424	21 982	19 247
1980	35 005	32 264	29 514	23 488	20 026
1981	36 745	33 923	30 806	24 351	20 237
1982	37 973	35 019	31 784	25 034	20 748
1983	39 601	36 496	33 086	25 996	21 502
1984	39 834	36 695	33 731	26 552	22 146
1985	39 944	36 794	34 480	26 905	23 045
1986	40 556	37 213	35 107	27 493	23 040
1987	41 222	37 717	35 736	28 148	23 155
1988	42 192	38 534	36 747	28 859	23 861
1989	43 738	39 903	38 262	29 990	24 922
I/90	21 340	19 469	18 668	14 633	12 160
II/90	21 574	19 683	18 873	14 793	12 293

Jahr	Qualifikationsgruppe (endgültige Werte)					Qualifikationsgruppe (vorläufige Werte)				
	1	2	3	4	5	1	2	3	4	5
1991	45 694	41 689	39 973	31 332	26 037	45 175	41 216	39 520	30 976	25 741
1992	48 161	43 940	42 132	33 024	27 443	47 204	43 066	41 294	32 367	26 897
1993	49 558	45 214	43 354	33 982	28 239	51 086	46 609	44 690	35 029	29 110
1994	50 549	46 118	44 221	34 662	28 804	53 362	48 686	46 682	36 591	30 407
1995	52 116	47 548	45 592	35 737	29 697	52 432	47 836	45 869	35 953	29 877
1996	53 158	48 499	46 504	36 452	30 291	52 571	47 963	45 990	36 048	29 956
1997	53 636	48 935	46 923	36 780	30 564	55 347	50 496	48 419	37 953	31 538
1998	54 441	49 669	47 627	37 332	31 022	55 284	50 439	48 364	37 910	31 503
1999	55 040	50 215	48 151	37 743	31 363	54 601	49 816	47 768	37 442	31 114
2000	55 811	50 918	48 825	38 271	31 802	56 074	51 159	49 056	38 452	31 953
2001	56 799	51 819	49 689	38 948	32 365	56 251	51 320	49 210	38 573	32 053

Tabelle 15
Bereich: Verkehr

Jahr	Qualifikationsgruppe				
	1	2	3	4	5
1950	5 000	3 888	4 103	3 056	2 518
1951	5 545	4 425	4 632	3 465	2 864
1952	5 884	4 792	4 977	3 739	3 101
1953	6 155	5 098	5 256	3 964	3 297
1954	6 370	5 349	5 476	4 145	3 458
1955	6 825	5 799	5 897	4 479	3 746
1956	7 180	6 161	6 225	4 744	3 978
1957	7 396	6 401	6 427	4 913	4 130
1958	7 794	6 795	6 784	5 201	4 381
1959	8 152	7 154	7 101	5 459	4 609
1960	8 973	7 918	7 818	6 026	5 097
1961	10 029	8 894	8 736	6 749	5 719
1962	10 735	9 563	9 345	7 237	6 142
1963	11 292	10 098	9 821	7 621	6 478
1964	12 325	11 061	10 709	8 327	7 086
1965	13 298	11 972	11 540	8 990	7 659
1966	14 295	12 907	12 387	9 668	8 245
1967	14 536	13 158	12 576	9 831	8 390
1968	15 434	14 002	13 329	10 435	8 910
1969	16 741	15 221	14 434	11 317	9 667
1970	18 926	17 243	16 292	12 798	10 938
1971	21 189	19 343	18 214	14 338	12 264
1972	23 049	21 074	19 774	15 582	13 323
1973	26 224	24 007	22 446	17 697	15 117
1974	28 753	26 350	24 550	19 358	16 513
1975	31 734	28 643	25 711	20 468	17 692
1976	33 300	30 298	27 555	21 700	18 400
1977	35 281	32 355	29 752	23 241	19 357
1978	36 206	33 277	30 674	24 368	20 749
1979	37 834	34 892	32 235	25 956	22 801
1980	40 365	37 261	34 146	27 323	23 402
1981	42 411	39 207	35 668	28 339	23 668
1982	43 844	40 482	36 800	29 118	24 239
1983	45 303	41 800	37 954	29 956	24 887
1984	45 724	42 164	38 803	30 659	25 661
1985	46 451	42 823	40 159	31 435	26 989
1986	48 009	44 088	41 618	32 686	27 463
1987	50 234	46 004	43 611	34 451	28 424
1988	50 657	46 300	44 172	34 780	28 828
1989	51 518	47 033	45 114	35 443	29 517
I/90	26 681	24 359	23 364	18 355	15 287
II/90	28 100	25 654	24 607	19 332	16 100

Anlage 14　　　　　　　　　　　　SGB VI: Gesetzliche Rentenversicherung

Jahr	Qualifikationsgruppe (endgültige Werte)					Qualifikationsgruppe (vorläufige Werte)				
	1	2	3	4	5	1	2	3	4	5
1991	59 516	54 335	52 118	40 945	34 100	58 841	53 719	51 527	40 481	33 713
1992	62 730	57 269	54 932	43 156	35 941	61 483	56 131	53 840	42 298	35 227
1993	64 549	58 930	56 525	44 408	36 983	66 539	60 747	58 268	45 777	38 124
1994	65 840	60 109	57 656	45 296	37 723	69 505	63 454	60 865	47 817	39 823
1995	67 881	61 972	59 443	46 700	38 892	68 293	62 348	59 803	46 984	39 128
1996	69 239	63 211	60 632	47 634	39 670	68 474	62 513	59 962	47 108	39 232
1997	69 862	63 780	61 178	48 063	40 027	72 090	65 814	63 128	49 595	41 303
1998	70 910	64 737	62 096	48 784	40 627	72 009	65 739	63 057	49 539	41 257
1999	71 690	65 449	62 779	49 321	41 074	71 120	64 928	62 279	48 928	40 747
2000	72 694	66 365	63 658	50 011	41 649	73 037	66 679	63 959	50 248	41 846
2001	73 981	67 540	64 785	50 896	42 386	73 267	66 889	64 160	50 406	41 978

SGB VI: Gesetzliche Rentenversicherung — Anlage 14

Tabelle 16
Bereich: Post- und Fernmeldewesen

Jahr	Qualifikationsgruppe				
	1	2	3	4	5
1950	4 519	3 514	3 708	2 762	2 275
1951	4 796	3 827	4 006	2 997	2 477
1952	4 869	3 966	4 119	3 095	2 566
1953	4 875	4 038	4 163	3 140	2 611
1954	4 828	4 055	4 151	3 142	2 621
1955	4 949	4 205	4 276	3 248	2 717
1956	5 241	4 497	4 544	3 463	2 904
1957	5 435	4 703	4 723	3 610	3 035
1958	5 766	5 027	5 018	3 847	3 241
1959	6 071	5 327	5 288	4 065	3 432
1960	6 765	5 970	5 894	4 543	3 843
1961	8 743	7 754	7 616	5 884	4 986
1962	9 418	8 389	8 199	6 349	5 388
1963	10 066	9 002	8 756	6 794	5 775
1964	10 895	9 778	9 467	7 361	6 264
1965	11 559	10 406	10 030	7 814	6 657
1966	12 189	11 005	10 562	8 243	7 030
1967	12 313	11 145	10 652	8 327	7 106
1968	12 821	11 632	11 073	8 669	7 402
1969	13 892	12 631	11 978	9 391	8 022
1970	15 438	14 065	13 289	10 439	8 922
1971	17 840	16 286	15 335	12 072	10 326
1972	19 479	17 810	16 711	13 169	11 259
1973	21 751	19 912	18 617	14 678	12 538
1974	24 515	22 466	20 932	16 505	14 079
1975	26 180	23 630	21 211	16 886	14 595
1976	27 631	25 139	22 863	18 005	15 267
1977	28 959	26 557	24 421	19 077	15 888
1978	29 475	27 091	24 972	19 838	16 892
1979	30 275	27 921	25 795	20 770	18 246
1980	33 045	30 504	27 954	22 368	19 158
1981	34 958	32 317	29 400	23 359	19 508
1982	35 815	33 069	30 061	23 785	19 800
1983	37 775	34 855	31 648	24 979	20 752
1984	39 127	36 081	33 204	26 236	21 958
1985	40 066	36 937	34 638	27 114	23 279
1986	40 394	37 094	35 016	27 501	23 107
1987	41 001	37 548	35 596	28 119	23 200
1988	42 496	38 841	37 056	29 177	24 184
1989	43 068	39 319	37 715	29 629	24 675
I/90	23 690	21 628	20 745	16 297	13 573
II/90	24 566	22 427	21 512	16 901	14 074

Anlage 14 SGB VI: Gesetzliche Rentenversicherung

Jahr	Qualifikationsgruppe (endgültige Werte)					Qualifikationsgruppe (vorläufige Werte)				
	1	2	3	4	5	1	2	3	4	5
1991	52 031	47 501	45 563	35 796	29 809	51 441	46 962	45 046	35 390	29 471
1992	54 841	50 066	48 023	37 729	31 419	53 750	49 070	47 068	36 979	30 794
1993	56 431	51 518	49 416	38 823	32 330	58 171	53 106	50 940	40 020	33 327
1994	57 560	52 548	50 404	39 599	32 977	60 764	55 473	53 209	41 804	34 812
1995	59 344	54 177	51 967	40 827	33 999	59 704	54 506	52 282	41 075	34 205
1996	60 531	55 261	53 006	41 644	34 679	59 862	54 650	52 420	41 183	34 296
1997	61 076	55 758	53 483	42 019	34 991	63 023	57 536	55 189	43 358	36 107
1998	61 992	56 594	54 285	42 649	35 516	62 952	57 471	55 126	43 310	36 066
1999	62 674	57 217	54 882	43 118	35 907	62 175	56 762	54 446	42 775	35 621
2000	63 551	58 018	55 650	43 722	36 410	63 852	58 292	55 914	43 928	36 581
2001	64 676	59 045	56 635	44 496	37 054	64 053	58 476	56 089	44 067	36 697

SGB VI: Gesetzliche Rentenversicherung — Anlage 14

Tabelle 17
Bereich: Handel

Jahr	Qualifikationsgruppe				
	1	2	3	4	5
1950	4 275	3 315	3 501	2 597	2 132
1951	4 606	3 667	3 840	2 862	2 359
1952	4 748	3 860	4 010	3 003	2 483
1953	4 826	3 991	4 116	3 095	2 568
1954	4 853	4 070	4 167	3 146	2 619
1955	5 042	4 279	4 352	3 298	2 754
1956	5 375	4 608	4 656	3 541	2 965
1957	5 611	4 853	4 873	3 719	3 121
1958	5 993	5 222	5 213	3 991	3 358
1959	6 352	5 571	5 530	4 246	3 582
1960	7 079	6 244	6 165	4 747	4 013
1961	7 684	6 813	6 691	5 167	4 377
1962	8 352	7 439	7 270	5 628	4 776
1963	8 764	7 838	7 623	5 917	5 029
1964	9 437	8 471	8 201	6 380	5 432
1965	10 227	9 209	8 877	6 920	5 898
1966	10 816	9 767	9 375	7 322	6 248
1967	11 316	10 246	9 794	7 663	6 545
1968	12 070	10 954	10 430	8 174	6 985
1969	13 120	11 935	11 320	8 889	7 602
1970	14 736	13 432	12 695	9 987	8 546
1971	16 430	14 997	14 121	11 112	9 502
1972	17 798	16 263	15 252	11 994	10 239
1973	20 115	18 423	17 232	13 609	11 640
1974	22 233	20 392	19 013	15 035	12 855
1975	24 507	22 142	19 899	15 889	13 765
1976	25 904	23 593	21 481	16 974	14 434
1977	27 160	24 931	22 948	17 988	15 028
1978	27 402	25 204	23 252	18 520	15 805
1979	28 244	26 064	24 094	19 441	17 103
1980	30 550	28 215	25 873	20 740	17 791
1981	31 894	29 501	26 857	21 384	17 895
1982	33 106	30 588	27 830	22 076	18 423
1983	34 363	31 723	28 824	22 795	18 974
1984	35 081	32 367	29 805	23 598	19 789
1985	35 909	33 125	31 079	24 382	20 969
1986	36 826	33 839	31 958	25 156	21 178
1987	37 198	34 084	32 323	25 581	21 144
1988	37 761	34 532	32 955	25 993	21 582
1989	38 777	35 422	33 986	26 751	22 317
I/90	20 799	18 999	18 229	14 348	11 971
II/90	20 651	18 865	18 100	14 247	11 885

Anlage 14 — SGB VI: Gesetzliche Rentenversicherung

Jahr	Qualifikationsgruppe (endgültige Werte)					Qualifikationsgruppe (vorläufige Werte)				
	1	2	3	4	5	1	2	3	4	5
1991	43 739	39 956	38 336	30 175	25 173	43 243	39 503	37 901	29 833	24 887
1992	46 101	42 114	40 406	31 804	26 532	45 184	41 277	39 603	31 172	26 004
1993	47 438	43 335	41 578	32 726	27 301	48 901	44 671	42 860	33 736	28 144
1994	48 387	44 202	42 410	33 381	27 847	51 080	46 662	44 770	35 239	29 397
1995	49 887	45 572	43 725	34 416	28 710	50 189	45 848	43 990	34 624	28 884
1996	50 885	46 483	44 600	35 104	29 284	50 322	45 970	44 106	34 716	28 961
1997	51 343	46 901	45 001	35 420	29 548	52 980	48 397	46 436	36 550	30 490
1998	52 113	47 605	45 676	35 951	29 991	52 920	48 342	46 384	36 508	30 455
1999	52 686	48 129	46 178	36 346	30 321	52 267	47 745	45 811	36 058	30 080
2000	53 424	48 803	46 824	36 855	30 745	53 676	49 033	47 046	37 030	30 891
2001	54 370	49 667	47 653	37 507	31 289	53 845	49 188	47 194	37 146	30 988

Tabelle 18
Bereich: Bildung, Kultur, Gesundheits- und Sozialwesen

Jahr	Qualifikationsgruppe				
	1	2	3	4	5
1950	4 635	3 521	3 737	2 687	2 148
1951	4 971	3 888	4 088	2 960	2 380
1952	5 102	4 085	4 257	3 103	2 507
1953	5 166	4 214	4 356	3 193	2 593
1954	5 168	4 282	4 392	3 236	2 639
1955	5 366	4 504	4 586	3 396	2 780
1956	5 719	4 854	4 908	3 651	3 000
1957	5 964	5 111	5 133	3 834	3 162
1958	6 271	5 417	5 407	4 055	3 355
1959	6 615	5 756	5 711	4 298	3 567
1960	7 396	6 476	6 389	4 825	4 015
1961	8 021	7 063	6 929	5 251	4 381
1962	8 677	7 675	7 489	5 686	4 749
1963	9 152	8 127	7 889	6 000	5 017
1964	9 890	8 813	8 513	6 484	5 427
1965	10 682	9 550	9 180	7 002	5 866
1966	11 351	10 177	9 737	7 437	6 234
1967	11 785	10 593	10 090	7 716	6 470
1968	12 367	11 142	10 566	8 089	6 784
1969	13 298	12 006	11 338	8 689	7 287
1970	15 024	13 591	12 781	9 805	8 221
1971	17 448	15 809	14 805	11 363	9 520
1972	18 719	16 986	15 845	12 169	10 187
1973	20 726	18 828	17 491	13 424	11 214
1974	22 914	20 837	19 282	14 796	12 337
1975	24 323	22 116	20 473	15 668	13 044
1976	24 451	22 237	20 583	15 717	13 065
1977	25 682	23 361	21 645	16 474	13 673
1978	26 234	23 869	22 115	16 777	13 905
1979	27 285	24 833	23 007	17 399	14 399
1980	28 301	25 764	23 869	17 995	14 871
1981	30 672	27 930	25 874	19 448	16 050
1982	32 514	29 615	27 434	20 560	16 974
1983	33 283	30 326	28 093	20 971	17 320
1984	33 911	30 881	28 608	21 304	17 577
1985	34 265	31 181	28 916	21 499	17 720
1986	35 036	31 750	29 680	22 193	17 816
1987	35 667	32 229	30 285	22 840	17 942
1988	36 969	33 332	31 556	23 715	18 746
1989	39 802	35 844	34 150	25 612	20 381
I/90	21 302	19 184	18 276	13 707	10 908
II/90	20 441	18 409	17 539	13 155	10 468

Jahr	Qualifikationsgruppe (endgültige Werte)					Qualifikationsgruppe (vorläufige Werte)				
	1	2	3	4	5	1	2	3	4	5
1991	43 294	38 990	37 148	27 862	22 171	42 803	38 548	36 726	27 546	21 920
1992	45 632	41 095	39 154	29 367	23 368	44 725	40 279	38 375	28 783	22 904
1993	46 955	42 287	40 289	30 219	24 046	48 403	43 591	41 532	31 150	24 787
1994	47 894	43 133	41 095	30 823	24 527	50 560	45 533	43 383	32 539	25 892
1995	49 379	44 470	42 369	31 779	25 287	49 678	44 740	42 626	31 972	25 441
1996	50 367	45 359	43 216	32 415	25 793	49 810	44 858	42 739	32 056	25 508
1997	50 820	45 767	43 605	32 707	26 025	52 440	47 227	44 996	33 749	26 855
1998	51 582	46 454	44 259	33 198	26 415	52 382	47 173	44 945	33 712	26 825
1999	52 149	46 965	44 746	33 563	26 706	51 735	46 591	44 390	33 296	26 493
2000	52 879	47 623	45 372	34 033	27 080	53 129	47 848	45 587	34 194	27 207
2001	53 815	48 466	46 175	34 635	27 559	53 296	47 998	45 730	34 301	27 294

SGB VI: Gesetzliche Rentenversicherung Anlage 14

Tabelle 19
Bereich: Wissenschaft, Hoch- und Fachschulwesen

Jahr	Qualifikationsgruppe				
	1	2	3	4	5
1950	5 988	4 548	4 827	3 471	2 774
1951	6 433	5 031	5 290	3 831	3 080
1952	6 624	5 302	5 526	4 027	3 255
1953	6 715	5 477	5 662	4 150	3 370
1954	6 733	5 578	5 722	4 216	3 438
1955	7 012	5 885	5 993	4 437	3 633
1956	7 474	6 343	6 414	4 770	3 921
1957	7 778	6 665	6 694	5 000	4 123
1958	8 220	7 101	7 088	5 315	4 397
1959	8 626	7 506	7 446	5 605	4 651
1960	9 607	8 412	8 298	6 268	5 216
1961	10 495	9 241	9 065	6 870	5 731
1962	11 468	10 143	9 897	7 514	6 277
1963	12 140	10 780	10 465	7 959	6 655
1964	13 145	11 714	11 315	8 618	7 214
1965	14 172	12 669	12 179	9 290	7 782
1966	14 963	13 415	12 835	9 804	8 217
1967	15 635	14 054	13 386	10 237	8 584
1968	16 290	14 677	13 918	10 656	8 937
1969	17 535	15 832	14 950	11 458	9 609
1970	19 661	17 785	16 725	12 831	10 758
1971	22 177	20 093	18 818	14 442	12 100
1972	23 995	21 774	20 312	15 599	13 059
1973	26 534	24 104	22 393	17 185	14 357
1974	29 551	26 873	24 867	19 081	15 911
1975	31 589	28 723	26 590	20 348	16 941
1976	32 116	29 208	27 035	20 644	17 160
1977	33 602	30 566	28 321	21 554	17 890
1978	34 639	31 518	29 202	22 153	18 360
1979	36 058	32 818	30 405	22 993	19 029
1980	37 660	34 285	31 763	23 946	19 790
1981	40 619	36 988	34 265	25 756	21 255
1982	42 164	38 405	35 576	26 662	22 012
1983	43 642	39 765	36 837	27 499	22 711
1984	44 824	40 818	37 814	28 160	23 233
1985	45 326	41 247	38 251	28 440	23 441
1986	45 981	41 668	38 951	29 126	23 381
1987	46 815	42 302	39 751	29 979	23 550
1988	48 100	43 368	41 057	30 855	24 390
1989	50 524	45 499	43 349	32 512	25 872
I/90	24 512	22 074	21 032	15 773	12 552
II/90	21 863	19 688	18 757	14 069	11 195

Jahr	Qualifikationsgruppe (endgültige Werte)					Qualifikationsgruppe (vorläufige Werte)				
	1	2	3	4	5	1	2	3	4	5
1991	46 306	41 699	39 727	29 798	23 711	45 781	41 226	39 277	29 460	23 442
1992	48 807	43 951	41 872	31 407	24 991	47 836	43 077	41 040	30 783	24 495
1993	50 222	45 226	43 086	32 318	25 716	51 770	46 620	44 415	33 314	26 509
1994	51 226	46 131	43 948	32 964	26 230	54 078	48 698	46 394	34 799	27 690
1995	52 814	47 561	45 310	33 986	27 043	53 135	47 849	45 585	34 192	27 208
1996	53 870	48 512	46 216	34 666	27 584	53 275	47 976	45 706	34 283	27 279
1997	54 355	48 949	46 632	34 978	27 832	56 088	50 510	48 119	36 093	28 720
1998	55 170	49 683	47 331	35 503	28 249	56 025	50 452	48 065	36 053	28 687
1999	55 777	50 230	47 852	35 894	28 560	55 333	49 830	47 471	35 608	28 333
2000	56 558	50 933	48 522	36 397	28 960	56 825	51 173	48 751	36 568	29 096
2001	57 559	51 835	49 381	37 041	29 473	57 004	51 335	48 905	36 684	29 188

SGB VI: Gesetzliche Rentenversicherung Anlage 14

Tabelle 20
Bereich: Staatliche Verwaltung und gesellschaftliche Organisationen

Jahr	Qualifikationsgruppe				
	1	2	3	4	5
1950	5 248	3 972	4 219	3 018	2 401
1951	5 629	4 384	4 614	3 317	2 649
1952	5 755	4 584	4 783	3 455	2 770
1953	5 813	4 716	4 880	3 540	2 849
1954	5 802	4 780	4 907	3 574	2 886
1955	6 001	5 007	5 102	3 730	3 021
1956	6 358	5 364	5 426	3 981	3 233
1957	6 607	5 626	5 653	4 160	3 388
1958	6 926	5 946	5 934	4 381	3 577
1959	7 296	6 308	6 256	4 631	3 790
1960	8 072	7 022	6 922	5 137	4 213
1961	8 820	7 714	7 560	5 625	4 622
1962	9 601	8 439	8 223	6 133	5 047
1963	10 217	9 019	8 741	6 532	5 384
1964	11 022	9 767	9 417	7 052	5 820
1965	11 904	10 585	10 155	7 618	6 295
1966	12 767	11 387	10 871	8 170	6 756
1967	13 252	11 854	11 263	8 478	7 016
1968	14 207	12 741	12 051	9 085	7 522
1969	15 568	13 993	13 178	9 948	8 239
1970	17 491	15 754	14 773	11 167	9 248
1971	19 745	17 818	16 639	12 593	10 427
1972	21 509	19 444	18 085	13 702	11 340
1973	23 706	21 464	19 886	15 083	12 473
1974	26 081	23 648	21 826	16 570	13 690
1975	27 517	24 968	23 068	17 495	14 446
1976	29 238	26 532	24 555	18 625	15 347
1977	30 949	28 091	26 016	19 734	16 229
1978	31 630	28 716	26 637	20 187	16 571
1979	32 960	29 931	27 783	21 064	17 265
1980	34 142	31 013	28 833	21 849	17 881
1981	35 161	31 949	29 723	22 511	18 398
1982	35 861	32 570	30 348	22 979	18 732
1983	37 041	33 656	31 380	23 755	19 346
1984	37 939	34 459	32 177	24 361	19 797
1985	40 702	36 956	34 588	26 166	21 220
1986	43 209	39 259	36 770	27 773	22 511
1987	43 506	39 401	37 079	28 191	22 342
1988	43 661	39 454	37 399	28 328	22 580
1989	44 328	39 997	38 144	28 804	23 082
I/90	21 909	19 769	18 854	14 237	11 409
II/90	19 304	17 418	16 611	12 544	10 052

Jahr	Qualifikationsgruppe (endgültige Werte)					Qualifikationsgruppe (vorläufige Werte)				
	1	2	3	4	5	1	2	3	4	5
1991	40 886	36 891	35 182	26 568	21 290	40 422	36 473	34 783	26 267	21 049
1992	43 094	38 883	37 082	28 003	22 440	42 237	38 111	36 345	27 446	21 994
1993	44 344	40 011	38 157	28 815	23 091	45 711	41 244	39 334	29 703	23 802
1994	45 231	40 811	38 920	29 391	23 553	47 748	43 082	41 087	31 027	24 864
1995	46 633	42 076	40 127	30 302	24 283	46 916	42 332	40 370	30 486	24 430
1996	47 566	42 918	40 930	30 908	24 769	47 040	42 443	40 477	30 567	24 495
1997	47 994	43 304	41 298	31 186	24 992	49 524	44 685	42 615	32 181	25 789
1998	48 714	43 954	41 917	31 654	25 367	49 469	44 635	42 567	32 144	25 760
1999	49 250	44 437	42 378	32 002	25 646	48 858	44 083	42 041	31 747	25 442
2000	49 940	45 059	42 971	32 450	26 005	50 175	45 273	43 175	32 604	26 128
2001	50 824	45 857	43 732	33 024	26 465	50 334	45 415	43 310	32 706	26 210

Tabelle 21
Bereich: Sonstige nichtproduzierende Bereiche

Jahr	Qualifikationsgruppe				
	1	2	3	4	5
1950	6 199	4 795	5 067	3 745	3 066
1951	6 621	5 260	5 511	4 094	3 364
1952	6 781	5 502	5 719	4 268	3 520
1953	6 843	5 648	5 827	4 367	3 614
1954	6 820	5 710	5 848	4 402	3 654
1955	7 135	6 046	6 150	4 647	3 870
1956	7 601	6 508	6 576	4 987	4 165
1957	7 809	6 745	6 773	5 154	4 316
1958	8 078	7 031	7 018	5 358	4 499
1959	8 496	7 444	7 388	5 658	4 762
1960	9 364	8 252	8 146	6 257	5 278
1961	10 147	8 989	8 827	6 799	5 748
1962	10 934	9 730	9 507	7 343	6 219
1963	11 458	10 238	9 956	7 709	6 541
1964	12 433	11 151	10 794	8 378	7 120
1965	13 446	12 100	11 661	9 072	7 721
1966	14 332	12 936	12 413	9 679	8 248
1967	14 633	13 241	12 653	9 881	8 425
1968	15 209	13 793	13 128	10 266	8 757
1969	16 152	14 679	13 917	10 897	9 299
1970	17 894	16 293	15 388	12 065	10 296
1971	19 885	18 138	17 068	13 397	11 432
1972	21 185	19 354	18 140	14 260	12 165
1973	23 449	21 453	20 047	15 769	13 446
1974	25 532	23 389	21 783	17 152	14 614
1975	28 085	25 731	23 986	18 855	16 079
1976	27 807	25 490	23 771	18 668	15 934
1977	28 271	25 904	24 195	18 988	16 200
1978	28 078	25 742	24 056	18 866	16 089
1979	29 597	27 176	25 408	19 913	16 975
1980	31 343	28 795	26 935	21 095	17 976
1981	32 602	29 969	28 046	21 952	18 697
1982	33 536	30 844	28 879	22 589	19 263
1983	34 254	31 522	29 527	23 082	19 705
1984	34 409	31 682	29 691	23 195	19 824
1985	35 305	32 525	30 483	23 798	20 392
1986	35 811	32 864	31 007	24 293	20 367
1987	36 389	33 299	31 552	24 861	20 459
1988	36 565	33 394	31 845	25 007	20 674
1989	39 454	35 991	34 509	27 039	22 462
I/90	21 533	19 643	18 834	14 757	12 259
II/90	21 356	19 481	18 678	14 635	12 158

Jahr	Qualifikationsgruppe (endgültige Werte)					Qualifikationsgruppe (vorläufige Werte)				
	1	2	3	4	5	1	2	3	4	5
1991	45 232	41 261	39 560	30 997	25 751	44 719	40 793	39 111	30 645	25 459
1992	47 675	43 489	41 696	32 671	27 142	46 727	42 624	40 868	32 021	26 602
1993	49 058	44 750	42 905	33 618	27 929	50 570	46 130	44 228	34 655	28 790
1994	50 039	45 645	43 763	34 290	28 488	52 824	48 186	46 199	36 199	30 073
1995	51 590	47 060	45 120	35 353	29 371	51 903	47 346	45 393	35 568	29 549
1996	52 622	48 001	46 022	36 060	29 958	52 041	47 471	45 514	35 662	29 628
1997	53 096	48 433	46 436	36 385	30 228	54 789	49 978	47 917	37 545	31 192
1998	53 892	49 159	47 133	36 931	30 681	54 727	49 921	47 863	37 502	31 156
1999	54 485	49 700	47 651	37 337	31 018	54 052	49 305	47 272	37 040	30 772
2000	55 248	50 396	48 318	37 860	31 452	55 509	50 634	48 547	38 039	31 601
2001	56 226	51 288	49 173	38 530	32 009	55 684	50 793	48 699	38 158	31 700

Tabelle 22
Bereich: Landwirtschaftliche Produktionsgenossenschaften

Jahr	Qualifikationsgruppe				
	1	2	3	4	5
1952	3 954	3 205	3 332	2 482	2 044
1953	4 060	3 347	3 454	2 584	2 134
1954	4 207	3 519	3 604	2 706	2 243
1955	4 415	3 737	3 802	2 865	2 381
1956	4 636	3 964	4 006	3 030	2 525
1957	4 773	4 117	4 134	3 137	2 621
1958	5 040	4 380	4 373	3 328	2 787
1959	5 262	4 604	4 569	3 487	2 927
1960	5 782	5 088	5 022	3 844	3 233
1961	6 389	5 651	5 548	4 257	3 588
1962	6 961	6 185	6 042	4 647	3 922
1963	7 420	6 620	6 435	4 960	4 193
1964	8 091	7 245	7 009	5 414	4 583
1965	8 819	7 923	7 630	5 905	5 005
1966	9 479	8 541	8 190	6 353	5 392
1967	9 757	8 816	8 419	6 545	5 561
1968	10 406	9 426	8 966	6 984	5 940
1969	11 410	10 359	9 815	7 660	6 520
1970	12 941	11 774	11 115	8 693	7 404
1971	14 976	13 656	12 848	10 076	8 592
1972	16 789	15 328	14 366	11 265	9 594
1973	19 339	17 678	16 509	12 951	11 018
1974	22 016	20 146	18 746	14 706	12 493
1975	25 008	22 539	20 197	16 008	13 790
1976	26 381	23 969	21 765	17 062	14 411
1977	27 543	25 220	23 153	17 982	14 896
1978	28 124	25 811	23 756	18 777	15 919
1979	28 961	26 672	24 606	19 722	17 269
1980	31 652	29 174	26 687	21 239	18 108
1981	33 309	30 751	27 925	22 074	18 345
1982	34 388	31 713	28 784	22 671	18 790
1983	35 978	33 157	30 059	23 618	19 535
1984	37 157	34 229	31 465	24 768	20 657
1985	37 591	34 626	32 449	25 320	21 687
1986	37 890	34 767	32 799	25 686	21 526
1987	38 080	34 842	33 012	26 002	21 390
1988	38 688	35 333	33 695	26 463	21 879
1989	39 880	36 383	34 886	27 344	22 723
I/90	25 887	23 618	22 645	17 750	14 750
II/90	19 249	17 561	16 839	13 199	10 968

Jahr	Qualifikationsgruppe (endgültige Werte)					Qualifikationsgruppe (vorläufige Werte)				
	1	2	3	4	5	1	2	3	4	5
1991	40 770	37 194	35 665	27 956	23 230	40 307	36 772	35 260	27 638	22 967
1992	42 972	39 202	37 591	29 466	24 484	42 117	38 424	36 844	28 879	23 998
1993	44 218	40 339	38 681	30 321	25 194	45 581	41 583	39 874	31 255	25 971
1994	45 102	41 146	39 455	30 927	25 698	47 613	43 436	41 651	32 648	27 128
1995	46 500	42 422	40 678	31 886	26 495	46 783	42 679	40 924	32 080	26 655
1996	47 430	43 270	41 492	32 524	27 025	46 906	42 792	41 033	32 164	26 726
1997	47 857	43 659	41 865	32 817	27 268	49 383	45 052	43 200	33 863	28 138
1998	48 575	44 314	42 493	33 309	27 677	49 327	45 001	43 152	33 825	28 106
1999	49 109	44 801	42 960	33 675	27 981	48 718	44 445	42 619	33 408	27 759
2000	49 797	45 428	43 561	34 146	28 373	50 032	45 643	43 768	34 308	28 507
2001	50 678	46 232	44 332	34 750	28 875	50 189	45 787	43 905	34 416	28 597

Tabelle 23
Bereich: Produktionsgenossenschaften des Handwerks

Jahr	Qualifikationsgruppe				
	1	2	3	4	5
1953	7 062	5 810	5 997	4 467	3 678
1954	6 832	5 703	5 843	4 370	3 609
1955	6 838	5 777	5 878	4 412	3 654
1956	7 306	6 236	6 303	4 748	3 943
1957	7 559	6 509	6 537	4 940	4 114
1958	7 885	6 842	6 830	5 177	4 322
1959	8 256	7 212	7 157	5 441	4 553
1960	9 097	7 993	7 888	6 014	5 042
1961	10 146	8 962	8 797	6 724	5 649
1962	11 163	9 906	9 673	7 412	6 238
1963	12 013	10 704	10 401	7 989	6 735
1964	13 201	11 806	11 417	8 789	7 420
1965	14 496	13 008	12 522	9 660	8 166
1966	15 494	13 945	13 365	10 331	8 743
1967	15 865	14 318	13 664	10 583	8 965
1968	16 805	15 204	14 450	11 212	9 505
1969	18 289	16 583	15 700	12 202	10 351
1970	20 574	18 693	17 630	13 726	11 648
1971	21 659	19 716	18 527	14 446	12 262
1972	23 181	21 138	19 793	15 457	13 120
1973	24 677	22 538	21 031	16 448	13 958
1974	26 952	24 650	22 927	17 955	15 230
1975	29 219	26 321	23 572	18 657	16 055
1976	30 487	27 693	25 140	19 692	16 621
1977	32 303	29 582	27 161	21 106	17 492
1978	33 193	30 464	28 039	22 162	18 790
1979	33 044	30 429	28 068	22 487	19 684
1980	35 638	32 851	30 055	23 928	20 407
1981	37 518	34 646	31 473	24 903	20 715
1982	38 991	35 964	32 648	25 730	21 337
1983	40 942	37 731	34 207	26 876	22 230
1984	40 778	37 557	34 515	27 147	22 624
1985	39 130	36 027	33 748	26 286	22 484
1986	39 152	35 907	33 864	26 474	22 153
1987	39 704	36 311	34 392	27 044	22 210
1988	40 679	37 130	35 397	27 747	22 899
1989	41 776	38 091	36 514	28 567	23 698
I/90	24 606	22 435	21 507	16 826	13 959
II/90	22 228	20 268	19 428	15 201	12 610

Anlage 14　　　　　　　　　　　　SGB VI: Gesetzliche Rentenversicherung

Jahr	Qualifikationsgruppe (endgültige Werte)					Qualifikationsgruppe (vorläufige Werte)				
	1	2	3	4	5	1	2	3	4	5
1991	47 079	42 928	41 149	32 196	26 708	46 545	42 441	40 682	31 831	26 405
1992	49 621	45 246	43 371	33 935	28 150	48 635	44 346	42 509	33 260	27 591
1993	51 060	46 558	44 629	34 919	28 966	52 635	47 994	46 005	35 995	29 860
1994	52 081	47 489	45 522	35 617	29 545	54 980	50 133	48 055	37 600	31 190
1995	53 696	48 961	46 933	36 721	30 461	54 021	49 258	47 217	36 944	30 646
1996	54 770	49 940	47 872	37 455	31 070	54 164	49 389	47 343	37 042	30 727
1997	55 263	50 389	48 303	37 792	31 350	57 025	51 997	49 843	38 998	32 350
1998	56 092	51 145	49 028	38 359	31 820	56 961	51 938	49 787	38 953	32 313
1999	56 709	51 708	49 567	38 781	32 170	56 258	51 296	49 172	38 472	31 914
2000	57 503	52 432	50 261	39 324	32 620	57 775	52 679	50 499	39 510	32 775
2001	58 521	53 360	51 151	40 020	33 197	57 957	52 846	50 657	39 634	32 878

3

Anlage 15

Entgeltpunkte für glaubhaft gemachte Beitragszeiten mit freiwilligen Beiträgen

Zeitraum	Rentenversicherung der Arbeiter Wochenbeiträge
bis 27. 6. 1942	0,0038
28. 6. 1942–29. 5. 1949	0,0036
30. 5. 1949–31. 12. 1954	0,0020
1. 1. 1955–31. 12. 1955	0,0017
1. 1. 1956–31. 12. 1956	0,0016
1. 1. 1957–28. 2. 1957	0,0015

Zeitraum	Rentenversicherung der Angestellten Monatsbeiträge
bis 30. 6. 1942	0,0324
1. 7. 1942–31. 5. 1949	0,0300
1. 6. 1949–31. 12. 1954	0,0085
1. 1. 1955–31. 12. 1955	0,0068
1. 1. 1956–31. 12. 1956	0,0064
1. 1. 1957–28. 2. 1957	0,0062

Zeitraum	Knappschaftliche Rentenversicherung Monatsbeiträge			
	weiterhin		nicht mehr	
	im Bergbau beschäftigte			
	technische	kaufmännische	Arbeiter	Angestellte
	Angestellte			
bis 1943	0,1434	0,1434	0,0269	0,0359
1944	0,1454	0,1454	0,0273	0,0364
1945	0,1875	0,1762	0,0352	0,0469
1946	0,1875	0,1762	0,0352	0,0469
1947	0,1819	0,1759	0,0341	0,0455
1948	0,1502	0,1502	0,0282	0,0376
1949	0,1688	0,1688	0,0220	0,0294
1950	0,1845	0,1764	0,0198	0,0264
1951	0,1630	0,1630	0,0175	0,0233
1952	0,1731	0,1731	0,0162	0,0216
1953	0,2052	0,1765	0,0154	0,0205
1954	0,1968	0,1765	0,0148	0,0197
1955	0,1832	0,1763	0,0137	0,0183
1956	0,1720	0,1720	0,0129	0,0172
bis 28. Februar 1957	0,1652	0,1652	0,0124	0,0165

Anlage 16

Höchstverdienste bei glaubhaft gemachten Beitragszeiten ohne Freiwillige Zusatzrentenversicherung

Kalenderjahr	Betrag in Deutsche Mark
1971	12 293,95
1972	13 022,85
1973	14 182,17
1974	15 270,48
1975	15 762,92
1976	16 406,14
1977	17 006,02
1978	17 353,91
1979	17 840,19
1980	18 724,60
1981	18 980,34
1982	19 287,94
1983	19 576,44
1984	19 730,72
1985	19 877,57
1986	19 780,56
1987	19 528,60
1988	19 428,57
1989	19 397,84
1. Januar 1990–30. Juni 1990	9 212,10

Anlagen 17 und 18

(weggefallen)

Anlage 19

Anhebung der Altersgrenze bei der Altersrente wegen Arbeitslosigkeit oder nach Altersteilzeitarbeit

Versicherte Geburtsjahr Geburtsmonat	Anhebung um . . .	auf Alter	plus	vorzeitige Inanspruchnahme möglich ab Alter	plus
1937	**Monate**	**Jahr**	**Monat**	**Jahr**	**Monat**
Januar	1	60	1	60	0
Februar	2	60	2	60	0
März	3	60	3	60	0
April	4	60	4	60	0
Mai	5	60	5	60	0
Juni	6	60	6	60	0
Juli	7	60	7	60	0
August	8	60	8	60	0
September	9	60	9	60	0
Oktober	10	60	10	60	0
November	11	60	11	60	0
Dezember	12	61	0	60	0
1938	**Monate**	**Jahr**	**Monat**	**Jahr**	**Monat**
Januar	13	61	1	60	0
Februar	14	61	2	60	0
März	15	61	3	60	0
April	16	61	4	60	0
Mai	17	61	5	60	0
Juni	18	61	6	60	0
Juli	19	61	7	60	0
August	20	61	8	60	0
September	21	61	9	60	0
Oktober	22	61	10	60	0
November	23	61	11	60	0
Dezember	24	62	0	60	0
1939	**Monate**	**Jahr**	**Monat**	**Jahr**	**Monat**
Januar	25	62	1	60	0
Februar	26	62	2	60	0
März	27	62	3	60	0
April	28	62	4	60	0
Mai	29	62	5	60	0
Juni	30	62	6	60	0
Juli	31	62	7	60	0
August	32	62	8	60	0
September	33	62	9	60	0
Oktober	34	62	10	60	0
November	35	62	11	60	0
Dezember	36	63	0	60	0

SGB VI: Gesetzliche Rentenversicherung — Anlage 19

Versicherte Geburtsjahr Geburtsmonat	Anhebung um ...	auf Alter	plus	vorzeitige Inanspruchnahme möglich ab Alter	plus
1940	**Monate**	**Jahr**	**Monat**	**Jahr**	**Monat**
Januar	37	63	1	60	0
Februar	38	63	2	60	0
März	39	63	3	60	0
April	40	63	4	60	0
Mai	41	63	5	60	0
Juni	42	63	6	60	0
Juli	43	63	7	60	0
August	44	63	8	60	0
September	45	63	9	60	0
Oktober	46	63	10	60	0
November	47	63	11	60	0
Dezember	48	64	0	60	0
1941	**Monate**	**Jahr**	**Monat**	**Jahr**	**Monat**
Januar	49	64	1	60	0
Februar	50	64	2	60	0
März	51	64	3	60	0
April	52	64	4	60	0
Mai	53	64	5	60	0
Juni	54	64	6	60	0
Juli	55	64	7	60	0
August	56	64	8	60	0
September	57	64	9	60	0
Oktober	58	64	10	60	0
November	59	64	11	60	0
Dezember	60	65	0	60	0
1942 bis 1945	60	65	0	60	0
1946	**Monate**	**Jahr**	**Monat**	**Jahr**	**Monat**
Januar		65	0	60	1
Februar		65	0	60	2
März		65	0	60	3
April		65	0	60	4
Mai		65	0	60	5
Juni		65	0	60	6
Juli		65	0	60	7
August		65	0	60	8
September		65	0	60	9
Oktober		65	0	60	10
November		65	0	60	11
Dezember		65	0	61	0
1947	**Monate**	**Jahr**	**Monat**	**Jahr**	**Monat**
Januar		65	0	61	1
Februar		65	0	61	2
März		65	0	61	3

Anlage 19 — SGB VI: Gesetzliche Rentenversicherung

Versicherte Geburtsjahr Geburtsmonat	Anhebung um ...	auf Alter	plus	vorzeitige Inanspruchnahme möglich ab Alter	plus
April		65	0	61	4
Mai		65	0	61	5
Juni		65	0	61	6
Juli		65	0	61	7
August		65	0	61	8
September		65	0	61	9
Oktober		65	0	61	10
November		65	0	61	11
Dezember		65	0	62	0
1948	**Monate**	**Jahr**	**Monat**	**Jahr**	**Monat**
Januar		65	0	62	1
Februar		65	0	62	2
März		65	0	62	3
April		65	0	62	4
Mai		65	0	62	5
Juni		65	0	62	6
Juli		65	0	62	7
August		65	0	62	8
September		65	0	62	9
Oktober		65	0	62	10
November		65	0	62	11
Dezember		65	0	63	0
1949 bis 1951		65	0	63	0

Anlage 20

Anhebung der Altersgrenze bei der Altersrente für Frauen

Versicherte Geburtsjahr Geburtsmonat	Anhebung um . . .	auf Alter	plus	vorzeitige Inanspruchnahme möglich ab Alter	plus
1940	**Monate**	**Jahr**	**Monat**	**Jahr**	**Monat**
Januar	1	60	1	60	0
Februar	2	60	2	60	0
März	3	60	3	60	0
April	4	60	4	60	0
Mai	5	60	5	60	0
Juni	6	60	6	60	0
Juli	7	60	7	60	0
August	8	60	8	60	0
September	9	60	9	60	0
Oktober	10	60	10	60	0
November	11	60	11	60	0
Dezember	12	61	0	60	0
1941	**Monate**	**Jahr**	**Monat**	**Jahr**	**Monat**
Januar	13	61	1	60	0
Februar	14	61	2	60	0
März	15	61	3	60	0
April	16	61	4	60	0
Mai	17	61	5	60	0
Juni	18	61	6	60	0
Juli	19	61	7	60	0
August	20	61	8	60	0
September	21	61	9	60	0
Oktober	22	61	10	60	0
November	23	61	11	60	0
Dezember	24	62	0	60	0
1942	**Monate**	**Jahr**	**Monat**	**Jahr**	**Monat**
Januar	25	62	1	60	0
Februar	26	62	2	60	0
März	27	62	3	60	0
April	28	62	4	60	0
Mai	29	62	5	60	0
Juni	30	62	6	60	0
Juli	31	62	7	60	0
August	32	62	8	60	0
September	33	62	9	60	0
Oktober	34	62	10	60	0
November	35	62	11	60	0
Dezember	36	63	0	60	0

Anlage 20 — SGB VI: Gesetzliche Rentenversicherung

Versicherte Geburtsjahr Geburtsmonat	Anhebung um ...	auf Alter	plus	vorzeitige Inanspruchnahme möglich ab Alter	plus
1943	Monate	Jahr	Monat	Jahr	Monat
Januar	37	63	1	60	0
Februar	38	63	2	60	0
März	39	63	3	60	0
April	40	63	4	60	0
Mai	41	63	5	60	0
Juni	42	63	6	60	0
Juli	43	63	7	60	0
August	44	63	8	60	0
September	45	63	9	60	0
Oktober	46	63	10	60	0
November	47	63	11	60	0
Dezember	48	64	0	60	0
1944	Monate	Jahr	Monat	Jahr	Monat
Januar	49	64	1	60	0
Februar	50	64	2	60	0
März	51	64	3	60	0
April	52	64	4	60	0
Mai	53	64	5	60	0
Juni	54	64	6	60	0
Juli	55	64	7	60	0
August	56	64	8	60	0
September	57	64	9	60	0
Oktober	58	64	10	60	0
November	59	64	11	60	0
Dezember	60	65	0	60	0
1945 bis 1951	60	65	0	60	0

Stichwortverzeichnis

Die Seitenangaben in fetter Schrift beziehen sich auf die Einführung (Seiten 11 bis 46). Die Angaben mit § beziehen sich auf die gesetzlichen Grundlagen (Seiten 49 bis 323).

Abschläge **34**, **35**, **45**, §§ 77, 264 f.
Abschlagsfreie Rente **37**, §§ 38, 236b
Aktueller Rentenwert **31**, §§ 68, 255e
Altersgrenze **15**, **34**, §§ 235 ff.
Altersrente **17**, **21**, **31**, §§ 33, 65, 235 ff.
Altersrente für besonders langjährig Versicherte **21**, **24**, **36**, §§ 38, 236b
Altersrente für langjährig Versicherte **35**, §§ 36, 236
Altersrente für schwerbehinderte Menschen **37**, §§ 37, 236a
Alterssicherung **13**, § 138
Angestellte **13**, § 231
Anpassung der Rente **39**
Anrechnungszeiten **14**, **27**, §§ 58, 252
Anschlussrehabilitation **20**, § 32
Anspruchsvoraussetzungen § 235 ff.
Antrag **14**, **33**
Arbeitnehmer **13**, § 2
Arbeitsentgelt **13**, **29**, **38**, § 174
Arbeitsleistung **22**, § 42
Arbeitslosengeld **14**, **27**, **36**, §§ 58, 74, 134, 140, 237, 244, 319c
Arbeitsunfall **24**, § 12
Aufsicht **40**
Ausbildung **13**, **18**, **25**, **29**, §§ 1, 162, 168, 207, 247
Auskunfts- und Beratungsstellen **34**, § 131
Auskunfts- und Mitteilungspflichten § 196
Ausland **13**, **33**, § 110
Auszahlung § 118

Beamte **14**, **16**, § 5
Befreiung, Versicherungspflicht **15**, §§ 6, 172, 231
Befristung **38**, § 102
Behinderte Menschen **13**, **37**, **43**, § 1, 16, 176
Beitragsanteil **15**, §§ 76b, 172, 202

Beitragsbemessungsgrenze **42**, §§ 159, 260, 275a
Beitragsbemessungsgrundlage **15**, **42**, § 161
Beitragserstattung **45**, § 210
Beitragsfreie Zeiten **29**, § 60
Beitragssatz **42**, § 158
Beitragszahlung **44**, §§ 174, 181, 197
Beitragszeiten **25**, **29**, §§ 55, 70, 83, 247, 256
Beratungsanspruch **34**, § 131
Berechnungsgrundsätze § 121
Berufsausbildung **13**, **18**, **25**, **29**, §§ 1, 162, 168, 207, 247
Berufskrankheit **24**, §§ 12, 53, 94, 245
Berufssoldaten § 5
Berufsunfähigkeit § 240
Berücksichtigungszeit **29**, § 57
Beweisunterlagen **32**, § 149
Bußgeldvorschriften **46**, § 320

Datenschutz § 147 ff.
Datensicherheit § 147 ff.
Datenstelle **39**, §§ 145, 150
Deutsche Rentenversicherung Knappschaft-Bahn-See §§ 132, 136
Durchschnittsentgelt **30**, **32**, §§ 63, 68, 70

Ehezeit **31**, §§ 52, 76, 187
Ehrenamtlich Tätige **43**, §§ 137, 163, 168
Einnahmen **42**, §§ 162, 167
Elternteil **26**, § 55
Entgeltersatzleistungen **14**, § 51
Entgeltpunkte **23**, **30**, §§ 66, 70 f.
Ermessen **19**, §§ 13, 31
Ersatzzeiten **28**, §§ 51, 250
Erstattungspflicht **45**
Erwerbsfähigkeit **17**, § 103
Erwerbsminderungsrente **23**, **26**, **38**, **40**, § 43
Erziehungsrente **21**, **29**, **31**, **40**, § 47
Erziehungszeiten **14**, **25**, **45**, §§ 56, 70, 177, 249, 294

Familiengericht **32**, **39**, **45**
Finanzierung **42**, § 153
Freiwillig Versicherte **16**, **43**, §§ 7, 21, 161, 167, 171
Freiwillige Beiträge **25**, **44**, § 55

www.WALHALLA.de 325

Stichwortverzeichnis

Freiwillige Versicherung **16**, § 7
Fristwahrung **33**

Geringfügig entlohnte Beschäftigte **15, 36, 43**, §§ 52, 76b
Glaubhaftmachung der Beiträge § 203
Gleitzone **43**, § 276b

Hinterbliebenenrente **17, 29, 31, 38**, §§ 46, 48
Hinzuverdienstgrenzen **32, 39**, §§ 34, 96a

Identifikation **33**

Kindererziehungszeiten **14, 25, 45**, §§ 56, 70, 177, 249, 294
Kinderrehabilitation **18**, § 15a
Kinderzuschuss § 270
Krankengeld **14, 36**, §§ 3, 4, 20, 96a, 166
Krankenkasse **33**, § 13
Kurzarbeitergeld **13, 36**, §§ 1, 20, 164, 168

Leistungen der gesetzlichen Rentenversicherung **17**, §§ 9, 13

Medizinische Rehabilitation **17, 19, 20**, §§ 9, 15, 32
Meldepflicht **38**, § 190
Mindestbeitragsbemessungsgrundlage **43**, §§ 167, 278
Mitteilungspflicht § 196
Mütterrente **25**, §§ 56, 70, 177, 249, 294

Nachversicherung **16**, §§ 8, 181, 233
Nachzahlung, Erreichen der Regelaltersgrenze §§ 204, 282
Niedriglohn, Beitragssatz **43**, §§ 159, 260, 275a

Organisation § 125 ff.

Pauschalbeitrag des Arbeitgebers **43**
Pflegetätigkeit **14, 15**, §§ 3, 34, 176a, 249b
Pflichtbeitragszeiten **25**, §§ 50, 55
Pflichtbeiträge **18, 25, 36**, § 55
Praktikum **15**, §§ 5, 172

Regelaltersgrenze **34**, § 33
Regelaltersrente **35**, §§ 35, 235
Rehabilitation **17**, §§ 9, 15, 32
Rente wegen Alters **34**, §§ 35, 75, 235, 319c
Rente, Befristung § 102
Rentenabfindung § 107
Rentenanpassung **39**, § 65
Rentenansprüche **20**
Rentenantrag **33**, § 194
Rentenanwartschaften **45**
Rentenarten **20**, § 33
Rentenartfaktor **30**, §§ 67, 82
Rentenauskunft **32**, § 109
Rentenbeginn **34**, §§ 99, 235
Rentenberechnung **25, 29, 32, 38**
Rentenbescheid **32**
Rentenende § 100
Rentenformel **31**, § 64
Rentenhöhe **32, 35**, §§ 64, 306
Renteninformation **32**, § 109
Rentenminderungen **32, 45**, § 187a
Rentenrechtliche Zeiten § 54
Rentensplitting **31, 37**, §§ 8, 76c, 120a
Rentenversicherungsnummer **33, 41**
Rentenversicherungsträger **33, 39**, § 125
Rentenwert **32**, §§ 68, 255a, 255c, 255d

Scheidung **31, 34**, §§ 76, 109
Schriftform **34**, § 177
Schwerbehinderte **17, 34, 37**, §§ 37, 236a
Selbstständig Tätige §§ 2, 165, 169, 190a, 212b
Serviceleistungen § 109
Sicherungsziel **30**
Sozialdaten **40**
Sozialleistungsträger **33**
Studium **15, 27**, §§ 5, 172

Teilhabe am Arbeitsleben **17, 19**, §§ 9, 16, 116
Teilrente **21**, § 42
Tod **17, 20, 26, 38**, § 46

Stichwortverzeichnis

Übergangsgeld **14**, **19**, **36**, §§ 3, 4, 20, 96a, 166, 234
Umlageverfahren **13**, **42**, § 153
Unfallversicherung **17**, §§ 93, 311

Verletztengeld **14**, **36**, §§ 3, 4, 20, 96a, 166
Verminderte Erwerbsfähigkeit **23**, §§ 43, 96a
Vermittlungsstelle **40**, § 145
Verschollenheit § 49
Versicherter Personenkreis § 1 ff.
Versicherungsfreiheit **14**, §§ 5, 172, 230
Versicherungskonto **32**, § 149
Versicherungsleben **29**, § 63
Versicherungsnummer **33**, **41**
Versicherungspflicht auf Antrag § 4
Versicherungspflicht, Befreiung von der **15**, §§ 6, 172, 231
Versicherungszeiten **36**, § 149
Versorgungsausgleich **31**, **32**, **37**, **45**, §§ 8, 52, 76, 101, 109, 120 f, 183, 187, 264

Versorgungsbezieher **45**, § 96
Versorgungseinrichtung **15**, §§ 4, 172a, 186
Versorgungskrankengeld **14**, §§ 3, 4, 20, 96a, 166
Vollrente **15**, **21**, **23**, § 42
Vorbereitungsdienst **14**, §§ 5, 172

Waisenrente **17**, § 48
Wartezeit **18**, **24**, § 34, 50
Wehrdienstbeschädigung **24**, §§ 53, 245
Wirksamkeit, Beitragszahlung **44**, § 197
Witwenrente **38**, §§ 46, 48, 242a

Zahlung der Beiträge § 173 ff.
Zugangsfaktor **30**, § 77
Zurechnungszeit **26**, § 59
Zusatzleistungen § 106
Zuschläge § 264
Zuzahlung **20**, § 32

Schnellübersicht

1	Rentenansprüche richtig beurteilen	7
	Abkürzungen	9
2	Einführung	11
3	Gesetzliche Grundlagen – einschließlich Anlagen zum SGB VI	47
4	Stichwortverzeichnis	325